suhrkamp taschenbuch 2226

Mit Michel Foucault starb 1984 einer der bedeutendsten Philosophen Frankreichs. Wenigen ist es wie ihm gelungen, ihre Zeit nicht nur zu reflektieren, sondern ihr das Signum des eigenen Denkens aufzuprägen. Seit Foucault sehen wir »Sexualität«, »Wahnsinn«, »Gefängnis«, »Macht« in einem anderen Licht.

Das vorliegende Buch ist eine Biographie, es schildert das Leben des Philosophen. Und doch: Wenn man eine Biographie Foucaults in Angriff nimmt, tun man das, weil er Bücher geschrieben hat. Und so ist Didier Eribon mit seiner Biographie über Michel Foucault, der bisher einzigen, aufgrund ihres profund recherchierten Faktenreichtums, ihrer intimsten Kenntnis von Person und Werk dieses Denkers ein faszinierendes Portrait gelungen: das der rätselvollen Gestalt Michel Foucaults und mit ihr der letzten vierzig Jahre intellektueller Geschichte nicht nur Frankreichs.

»Vor allem der Existenz ist die Biographie von Eribon gewidmet, die traumhaft schön geschrieben ist, voller Witz und Esprit, durchaus luzide, was die eigenen Bedingungen angeht, mit einer Fülle von erstaunlichen Erklärungen im Detail.«

Wilhelm Schmid, Süddeutsche Zeitung

Didier Eribon ist Wissenschaftsjournalist und veröffentlichte u. a. Interviewbände mit Georges Dumézil und Claude Lévi-Strauss. Er lebt in Paris. Das Werk von Michel Foucault im Suhrkamp Verlag ist auf Seite 519 dieses Bandes verzeichnet.

Didier Eribon
Michel Foucault

Eine Biographie

Aus dem Französischen von
Hans-Horst Henschen

Suhrkamp

Titel der Originalausgabe:
Michel Foucault (1926-1984)
© Flammarion 1989
Umschlagfoto: Martine Franck/Magnum

suhrkamp taschenbuch 2226
Erste Auflage 1993
© der deutschsprachigen Ausgabe
Suhrkamp Verlag Frankfurt am Main 1991
Suhrkamp Taschenbuch Verlag
Druck: Nomos Verlagsgesellschaft, Baden-Baden
Printed in Germany
Umschlag nach Entwürfen
von Willy Fleckhaus und Rolf Staudt

1 2 3 4 5 6 – 98 97 96 95 94 93

Inhalt

ANHANG

Für Olivier Séguret

»*L'Éclair me dure*« –
»Der Blitz gewährt mir Dauer«

René Char,
La Bibliothèque en feu

Vorwort

Der Tod verbirgt kein Geheimnis.
Er öffnet keine Tür. Er ist das
Ende eines Menschen. Was von ihm
überlebt, ist das, was er anderen
Menschen gegeben hat, was in ihrer
Erinnerung bleibt.

Norbert Elias

Es mag paradox erscheinen, eine Biographie Michel Foucaults zu schreiben. Hatte er nicht mehrfach den Begriff des Autors verworfen und damit schon die bloße Möglichkeit einer biographischen Studie verpönt? Als ich mit der Arbeit am vorliegenden Buch begann, wurde mir mehrfach, von Freunden wie Foucault Nahestehenden, dieser Einwand entgegengehalten. Aber trotz seiner offenbaren Triftigkeit scheint sich mir dieser Widerspruch von selbst zu lösen. Gewiß, Foucault hat den Begriff des Autors in Frage gestellt. Aber was heißt das? Er hat gezeigt, daß die Zirkulation der Diskurse in unseren Gesellschaften sich den unabdingbaren Formen des Autor-, des Werk- und des Kommentarbegriffes anbequemen muß. Eben deshalb vermochte auch er selbst sich nicht von der Gesellschaft abzusondern, in der er lebte: er war, wie jedermann, auf jene »Funktionen« verpflichtet, die er beschrieb. Also hat er seine Bücher signiert, also hat er sie durch ein Netz von Vorworten, Artikeln und Interviews miteinander verknüpft, die sich bemühten, die Kohärenz oder die Dynamik seiner Forschungen von einer Etappe zur nächsten kenntlich zu machen; er hat das Spiel des Kommentars gespielt, indem er an seiner Arbeit gewidmeten Kolloquien teilnahm, indem er auf Einwände und auf Kritik antwortete, auf »falsche« und auf »richtige« Deutungen einging. Kurz, Michel Foucault ist ein Autor, er hat ein Werk hinterlassen, das sich der Kommentierung unterwirft. Heute werden nicht nur in Frankreich Seminare über ihn abgehalten, Kongresse und Debatten organisiert; man sammelt die in aller Herren Länder erschienenen Texte, um vollständige Bände seiner »Äußerungen und Schriften« zusammenzustellen; man diskutiert, ob diese oder jene unveröffentlichte Arbeit publiziert, ob eine Ausgabe seiner sämtlichen Vorlesungen am Collège de France veranstaltet werden muß ... Warum sollte einzig die Arbeit des Biographen mit einem Bannfluch belegt bleiben? Weil Foucault sich stets geweigert hat, Einzelheiten seines Privatlebens preiszugeben, wie gelegentlich behauptet wird? Das ist falsch. Abgesehen davon, daß er in mehreren Interviews zahlreiche Hinweise gegeben hat, war er auch mit dem Erscheinen der *Colloqui con Foucault* in Italien einverstanden, einer Reihe von Gesprächen, die sich zu einem großen Teil um die Vergegenwärtigung seines intellektuellen Werdeganges bemühen. Mir selbst hatte er im Jahre 1983 vorgeschlagen, mit ihm gemeinsam eine weitere, vollständigere und »verbindlichere« Sammlung von Gesprächen zusammenzustellen, und zwar im Rahmen einer Reihe, in der Wissenschaftler über ihren Bildungsweg und die Genese ihrer Arbeit Auskunft geben sollten.

Der wirkliche Grund für diesen antibiographischen Widerstand liegt zweifellos anderswo. Er beruht auf dem Skandalon, das – noch heute – die unverblümte Nennung der Homosexualität bildet. Während meiner ganzen Rechercherarbeit wurde mir unausweichlich die eine und einzige Frage gestellt: »Wird in dem Buch denn auch von der Homosexualität die Rede sein?« Die einen fürchteten, daß das falsch aufgefaßt werden könnte. Die anderen waren baß erstaunt, daß man – im Jahre 1989 – überhaupt zögern mochte, sich frei dazu zu äußern. Offensichtlich ist es dem Buch bestimmt, widersprüchliche Reaktionen hervorzurufen: auf der einen Seite diejenigen, die der Meinung sein werden, ich hätte zuviel davon gesprochen; auf der anderen diejenigen, die das Fehlen von Details oder pittoresken Beschreibungen beklagen, etwa aus der Zeit seiner Aufenthalte in Amerika. Was soll ich dazu sagen? Dem Gefühl nach stehe ich den letzteren näher. Die erstgenannten wollte ich nicht schokkieren. Ich war nicht darauf bedacht, die Fakten zu vertuschen, ich hatte kein Buch mit sensationsträchtigen Enthüllungen vor Augen. Das Gleichgewicht aber war nicht immer leicht zu wahren. Ich wollte den sanften, stets eingriffsbereiten Formen von Repression und Zensur widerstehen, und zwar um so hartnäckiger widerstehen, als es sich um ein Buch über Foucault handelte, dessen gesamtes Werk sich ja als Auflehnung gegen die Mächte der »Normierung« lesen läßt. Aber sind Zurschaustellung und Exhibitionismus denn nicht gerade Mittel und Wege, die Durchschlagskraft dieser Mächte und des Voyeurismus, den sie im Gefolge haben, anzuerkennen? Um diese doppelte Klippe zu umgehen, habe ich den Entschluß gefaßt, die Fakten in ihrer Realität zu berichten, wann immer sie berichtet werden mußten, um dies oder jenes Ereignis, diesen oder jenen Aspekt der Laufbahn, des Werkes, des Denkens oder des Lebens – des Todes – von Foucault verständlich zu machen. Ich habe sie dagegen mit Stillschweigen übergangen, wenn sie lediglich jenen geheimen Bereich betrafen, den jeder von uns sich in seiner privaten Existenz einrichtet. Dennoch sollte ein Aspekt klargestellt werden: Foucault selbst hat sich ausführlich dazu geäußert, und zwar in Interviews, die er Homosexuellenzeitschriften in Frankreich wie in anderen Ländern gewährt hat. Alle, die darauf brennen, sich über meine »Enthüllungen« zu empören, sollten also wissen, daß es sich hier häufig nur um Übersetzungen und Zitate handelt.

Foucault liebte jene Formulierung von René Char: *»Développez votre étrangeté légitime.«** Sie möge als Emblem über dieser Arbeit stehen, die ihm gewidmet ist und sich aus nichts anderem speist als der Bewunderung für einen Menschen und ein Werk, dessen nicht nachlassende Ausstrahlung das geistige Leben nicht nur in Frankreich seit nahezu dreißig Jahren erhellt.

Es blieben die Schwierigkeiten zu bewältigen, wie sie jeder Nachforschung eigen sind. Zunächst die Hindernisse, die bei dieser Art Untersuchung zwangsläufig auftauchen: das manchmal schwache Gedächtnis der Zeugen und das langsame Wiederauftauchen ihrer Erinnerungen im Laufe von Besuchen und wiederholten Diskussionen. Um dann von Zeit zu Zeit auf widersprüchliche Berichte hinauszulaufen, bei denen der Schnittpunkt der Übereinstimmung gefunden werden mußte. Ebenso gab es das Problem unauffindbarer oder in Archiven vergrabener Dokumente, zu denen man nur Zugang erhielt, wenn man

---

* »Entwickelt eure rechtmäßige Andersheit«, aus »Suzerain«, in: René Char, *Poèmes et Prose*. (A. d. Ü.)

mit tausend behördlichen Berechtigungsschreiben ausgestattet war oder sich die Komplizenschaft Tausender halbamtlicher Helfer zunutze machen konnte. Um alle diese Dokumente zusammenzutragen und mit allen diesen Zeugen sprechen zu können, bedurfte es ausgedehnter Reisen: diese Studie hat mich von Tunis nach Poitiers, von Lille nach San Francisco, von Clermont-Ferrand nach Uppsala und Warschau geführt... Darüber hinaus war es unerläßlich, sich in sehr heterogenen kulturellen Sphären zu bewegen: vom Wissenschaftshistoriker und emeritierten Professor an der Sorbonne bis zum Chefredakteur von *Libération*; vom schwedischen Diplomaten bis zum Avantgarde-Schriftsteller; vom früheren Generalsekretär im Élysée-Palast bis zu den linken Studentenführern der Universität Vincennes zur Zeit ihrer Gründung usw.

Schließlich mußten die schriftlichen Quellen mit all den Zeugnissen konfrontiert und verglichen werden, die bei Nahestehenden, Freunden, Kollegen, Studenten oder Gegnern in Erfahrung gebracht worden waren.

In bezug auf Foucault ergaben sich jedoch besondere Schwierigkeiten. Er war eine komplexe und facettenreiche Persönlichkeit. »Er trug Masken und wechselte sie ständig«, sagte Dumézil von ihm, der ihn besser kannte als irgend jemand sonst. Ich habe nicht versucht, »die« Wahrheit über Foucault zu enthüllen: hinter jeder Maske taucht immer eine neue auf, und ich glaube nicht an eine Wahrheit der Persönlichkeit, die sich aus den sukzessiven Verkleidungen herausschälen ließe. Gibt es mehrere Foucaults? Tausend Foucaults, wie Dumézil sagte? Zweifellos. Ich habe sie in der Form präsentiert, wie sie mir gegenüber in Erscheinung getreten sind. Und die häufig sehr verschieden von demjenigen waren, den ich zwischen 1979 und 1984 kennengelernt hatte. Aber ich habe mich gehütet, Urteile zu fällen oder bestimmte Präferenzen aufzustellen.

Das Haupthindernis war eher verstohlener, heimtückischer Art. Um ganz einfach die Fakten zusammenzutragen, mußte man sich zunächst von den Foucault umwölkenden Mythologien freimachen, die derart zäh an seiner Persönlichkeit haften, daß sie sich manchmal zwischen ihn und die aus den Dokumenten und Berichten hervorgehenden Evidenzen schieben. Foucault ist erstmals 1966 ins Rampenlicht der »Öffentlichkeit«

getreten, nach dem Erscheinen von *Les Mots et les choses (Die Ordnung der Dinge)*; aber seine Bekanntheit ist sehr rasch mit seiner politischen Aktivität der siebziger Jahre zusammengefallen und assoziiert worden. Und sehr häufig trägt das, was von diesem Zeitpunkt an über ihn geschrieben wurde, das Siegel des *später* entworfenen Bildes des »engagierten Philosophen«, das seinerseits und im Rückblick alles modifiziert zu haben scheint, was Foucault *zuvor* gewesen ist.

Um keine Mißverständnisse aufkommen zu lassen: Wenn das vorliegende Buch sich bemüht, historischen Fakten gegen versteinerte Legenden zur Geltung zu verhelfen, so nicht deshalb, um Foucaults Werk seine innovative Kraft, seinen Reichtum und seine Fruchtbarkeit abzusprechen. Sondern im Gegenteil: um sie ihm im vollen Glanz zurückzuerstatten. Es hat bereits zahllose Deutungen der Arbeit gegeben, die Foucault im Laufe von vierzig Jahren geleistet hat. Sie sind vergessen, verdrängt, außer acht gelassen worden. Sie sind verschwunden. Das Werk Foucaults einer einzigen und entstellenden Version zu entreißen, bedeutet nicht, es zu schmälern. Ihm seine Geschichte zurückzuerstatten, um seine vielgestaltigen Kräfte wiederherzustellen, heißt eher es verdichten, es stärken.

Ein Leben zu schildern ist eine im strengen Sinne unendliche Aufgabe. Und selbst wenn man zwanzig Jahre daran wendete, gäbe es doch immer noch Neues zu entdecken. Selbst wenn man zehn Bände schriebe, wäre doch immer noch ein Ergänzungsband nötig. Es war beispielsweise nicht möglich, hier ein vollständiges Verzeichnis aller Petitionen zusammenzutragen, die Foucault zwischen 1970 und 1984 unterschrieben hat. Ebensowenig war daran zu denken, jede militante Aktion, die er mitgetragen hat, zu vergegenwärtigen. Claude Mauriac hat mehrere hundert Seiten seines Tagebuchs, *Le Temps immobile*, darauf verwendet, und doch war er nur auf einigen wenigen davon präsent. Es konnte auch nicht die Rede davon sein, alle Vorträge aufzulisten, die Foucault auf den Campus der ganzen Welt gehalten hat, oder ein Verzeichnis der Interviews anzulegen, die er Zeitungen, Zeitschriften oder Illustrierten gegeben hat... Ebensowenig konnte ich die Namen all derer aufzählen, die Michel Foucault begegnet sind. Sie sind sehr zahlreich. Und häufig handelt es sich um persönliche Beziehungen ohne uns hier beschäftigende Folgen. Eine Freundschaft kann sehr intensiv sein und sich doch jedem Kommentar verweigern. Zudem hat für eine große Zahl von Menschen die Beziehung zu Michel Foucault offensichtlich gewaltige Bedeutung gehabt. Aber da ich nun einmal eine Biographie Foucaults schrieb, hatte ich mich mehr für diejenigen, die für Michel Foucault, als für jene anderen zu interessieren, für die er Bedeutung hatte.

Die gleiche Wahl hatte ich hinsichtlich der Ereignisse, Texte und zeitlichen Perioden zu treffen, von denen ich spreche. Ich habe diesem Faktum mehr Raum als jenem anderen gewährt, weil es mir bezeichnender schien, ich habe diesen Text ausführlicher als jenen anderen zitiert, weil ich das Gefühl hatte, daß er das Denken Foucaults in der Phase, in der er ihn schrieb, am besten zum Ausdruck brachte oder weil er schwer zugänglich geworden war oder weil davon ganz einfach keine französische Fassung vorlag...

Bei jeder im Buch dargestellten Periode habe ich versucht, die intellektuelle Landschaft, in der sich Foucault entwickelte, zu rekonstruieren. Offensichtlich gibt es keine Philosophie, die im vollen Waffenschmuck ihrer Begriffe und Erfindungen einem einzelgängerischen, der Übung seines Denkens anheimgegebenen Geist entspringt. Man kann ein intellektuelles Projekt und seine Entwicklung nur unter Bezugnahme auf einen theoretischen, institutionellen und politischen Raum verstehen... das, was Pierre Bourdieu ein »Feld« nennen würde. Ich habe also versucht, in eben diesem Buch die Zeugnisse jener Philosophen zusammenzutragen und zu bündeln, die Foucaults Lebensweg begleitet oder gekreuzt, die sein Werk sich entfalten sehen und seine Entwicklung verfolgt haben. Stundenlang und oft mehrfach habe ich besucht und befragt: Henri Gouhier, Georges Canguilhem, Louis Althusser, Gérard Lebrun, Jean-Claude Pariente, Jean-Toussaint Desanti, Gilles Deleuze, Jacques Derrida, Jules Vuillemin, Michel Serres... Andere haben mir Zeugnisse, Berichte, Auskünfte oder Dokumente von ausschlaggebender Bedeutung anvertraut: allen voran Georges Dumézil, aber natürlich auch Paul Veyne, Claude Lévi-Strauss, Pierre Bourdieu, Paul Rabinow, Robert Castel, Jean-Claude Passeron, Mathieu Lindon, Maurice Pinguet... Ich kann hier nicht alle erwähnen, die mir ihre Hilfe haben angedeihen lassen. Ich habe die Namen am Schluß des Bandes zusammengestellt. Sie sind sehr zahlreich: denn dieses Buch wollte vor allem kollektive Geschichte sein. Nicht das Porträt einer Epoche, wie man das Biographien so häufig unterstellt, sondern die Bilder sollten sprechen, wie sie von mehreren Epochen, von mehreren kulturellen Registern entworfen werden: von der École normale supérieure der Rue d'Ulm in den Nachkriegsjahren, von der französischen Literatur der sechziger Jahre, von der Fehde des Strukuralismus, von den Kreisen der äußersten Linken nach 1968, vom Collège de France als Sonderinstitution im französischen Universitätsleben usw.

Mehrfach bin ich bei den Ereignissen, über die ich berichte, präsent oder daran beteiligt gewesen. Ich habe es systematisch zu vermeiden versucht, in der ersten Person zu sprechen. Mit Ausnahme einiger weniger Gelegenheiten – ich glaube: zwei –, bei denen es schwierig war, anders zu verfahren, habe ich meine Augenzeugenschaft durch die anderer ersetzt, die dem Geschehen beiwohnten oder ebenfalls Kenntnis davon hatten.

Das vorliegende Buch ist eine Biographie. Es handelt sich also nicht um eine Studie zum Werk Foucaults. Und doch: Wenn man eine Biographie Foucaults in Angriff nimmt, tut man das, weil er Bücher geschrieben hat. Ich habe versucht, seine Hauptwerke vor Augen zu führen und sie in die ihrer Entstehung zugeordneten zeitlichen Perioden einzubetten. Ich bin den Texten treu geblieben und habe mich ihrer Kommentierung zu enthalten versucht. Dafür habe ich der Aufnahme, die jedes dieser Hauptwerke gefunden hat, viel Platz eingeräumt. Die Rezeption der Bücher ist Bestandteil ihrer Geschichte. Die sukzessiven Rezeptionsschübe machen manchmal sogar das Wesen dieser Geschichte aus wie im Falle von *Folie et déraison*.

Die Geschichte dieser Geschichten schreiben: Vielleicht steht dieses Projekt dem Geist Foucaults näher, als man meinen möchte, der sich, im Zusammenhang mit Binswanger, folgendermaßen äußerte: »Die originären Denkformen führen sich selbst ein: ihre Geschichte ist die einzige Exegeseform, die sie zulassen, und ihr Geschick die einzige Form von Kritik.«

I
Die Psychologie
in der Hölle

»Die Stadt, in der ich geboren bin«

Das Dekor ist nahezu abgeschmackt – ein Theater am Rond-Point der Champs-Élysées. In einem Nebenraum hat sich an diesem sehr frühen Vormittag des 9. Januar 1988 eine kleine Menschenmenge versammelt. Über hundert Personen, trotz des willentlich diskreten, sogar quasi-geheimen Charakters der Zusammenkunft, um einen allzu großen Andrang zu vermeiden. Wissenschaftler und Gelehrte, die aus nahezu allen Weltregionen eingetroffen sind, haben leise Platz genommen, und ein kleiner Mann hat sich erhoben. Er ist 84 Jahre alt, aber seine Stimme klingt fest und sicher. Er beginnt mit dem Verlesen seiner Erklärung: »Die Zahl der Anwesenden, die Verschiedenartigkeit der Beiträger und das Gewicht der gestellten Fragen machen diese Zusammenkunft zu einem bedeutsamen Ereignis im kollektiven Vollzug der Würdigung und Befragung der Arbeiten von Michel Foucault...« Georges Canguilhem kommt gegen Ende des Satzes kaum wieder zu Atem und fährt fort: »Wie alle Philosophen, die ein abgebrochenes Werk – als Witwe ihres Autors – hinterlassen haben, ist Michel Foucault Gegenstand der Prüfung, des Vergleichs, ja sogar des Argwohns geworden. Er war es bereits zu Lebzeiten. Aber seine beißenden Repliken auf Einwände, die häufig genug aus bloßer Routine vorgetragen wurden, waren nicht einfach nur Abwehr, sondern auch blitzartige Erhellung seiner Streifzüge ins Unbewußte der Wissenschaften, ihrer Fragen und ihrer Antworten.«[1]
Mehr als vier Jahre sind verstrichen zwischen Foucaults Tod am 25. Juni 1984 und diesem Kolloquium unter dem Vorsitz und der Eröffnungsansprache jenes außerordentlichen Gelehrten, der Referent seiner *thèse* über *L'Histoire de la folie* (*Wahnsinn und Gesellschaft*) gewesen war. Vier Jahre, in deren Verlauf Foucaults Name sich kaum je aus dem Rampenlicht verloren hat. Wie viele Kommentare haben nicht im Herbst 1986 jenes Buch

---

1 Ansprache zur Eröffnung des Kolloquiums »Foucault philosophe« am 9. Januar 1988 in Paris. Unveröffentlicher Text. Es handelt sich um die Äußerungen, die Canguilhem tatsächlich vorgetragen hat und die sich von jenen anderen unterscheiden, die er, unter dem Titel »Présentation«, für die Protokolle des Kolloquiums (Paris 1989) geschrieben hat.

von Gilles Deleuze mit dem schlichten Titel *Foucault*[2] begrüßt, das damit ein ganz ungewöhnliches Echo fand? Und zwar zum selben Zeitpunkt, da mehrere Zeitschriften Sonderhefte[3] publizierten und alle Zeitungen, von dieser Aktualität beflügelt, Seite um Seite dem Werk Foucaults widmeten: *Le Monde* die Titelseite, *Libération* acht Seiten, der *Nouvel Observateur* sechs usw. In einem wenige Tage vor Erscheinen seines Buches gegebenen Interview erklärte Gilles Deleuze ohne Umschweife: »Das Denken Foucaults erscheint mir als eine der bedeutendsten Philosophien der Moderne.«[4]

»Eines Tages wird das Jahrhundert deleuzisch sein«, hatte Foucault im Jahre 1970 geschrieben. Versuchte Deleuze diese Formulierung nicht zu modifizieren, um umgekehrt zu sagen: foucaldisch war das Jahrhundert, foucaldisch wird es bleiben? Das Jahrhundert: das heißt unsere Welt, der das Antlitz Foucaults für lange Zeit ihr Gepräge verleiht, jenes Antlitz, das sich gegen sein Verblassen verwahrt, wie es die auf dem Sandstrand des Meeresufers sich abzeichnenden Figuren tun, die er am Schluß von *Die Ordnung der Dinge* beschwört und die gewöhnlich verschwinden, wenn die Flut steigt. Oder wenn der Tod eintritt.

»So sieht die Stadt aus, in der ich geboren bin: enthauptete Heilige mit dem Buch in der Hand wachen darüber, daß die Justiz gerecht ist, daß die Schlösser wehrhaft sind [...]. Das ist die erbliche Mitgift meiner Weisheit.«[5] So pflegte Michel Foucault über Poitiers zu sprechen, wo er seine Kindheit und Jugendzeit verbracht hatte. Eine Stadt, um ihre romanischen Kirchen und um ihren aus dem 15. Jahrhundert stammenden Justizpalast gedrängt, dessen Statuen tatsächlich den Kopf eingebüßt haben. Eine Stadt, die geradewegs aus einem Roman Balzacs entsprungen sein könnte. Die Stadt ist schön. Er-

---

2 Gilles Deleuze, *Foucault*, Paris 1986; deutsch: *Foucault*, Frankfurt am Main 1987.
3 *Critique*, Nr. 471–472, August–September 1986; *Le Débat*, Nr. 41, September 1986; *Actes. Cahiers d'action juridique*, Nr. 54, Sommer 1986.
4 Gilles Deleuze, »La Vie comme une œuvre d'art«, in: *Le Nouvel Observateur*, 29. August 1986.
5 Postkarte mit dem Datum des 13. August 1981.

stickend zwar, aber schön. Die ganze Altstadt ist auf der Fels-
klippe des Flußtales zusammengepfercht und scheint der ver-
streichenden Zeit und der Umwälzungen, die sie mit sich
bringt, zu spotten.

Die verstreichende Zeit bannen: vielleicht ist das der Grund,
aus dem die Familie Foucault den Jungen vom Vater auf den
Sohn den gleichen Vornamen gibt: Paul – Großvater Paul Fou-
cault, Vater Paul Foucault, Sohn Paul Foucault... Aber Mme.
Foucault möchte gegenüber den ihr von der Familie ihres Gat-
ten aufgezwungenen Traditionen doch nicht völlig abdanken.
Ihr Sohn muß zwar Paul heißen. Sei's drum. Aber sie fügt einen
Bindestrich und einen zweiten Vornamen hinzu: Michel. Für
die offiziellen Dokumente wie die Schulzeugnisse heißt er Paul.
Punkt und Schluß. Für den Beteiligten selbst ist bald das
Gegenteil der Fall: einfach Michel. Für Mme. Foucault wird er
immer Paul-Michel sein, und dieser Vorname war es denn auch,
mit dem sie, kurz vor ihrem Ableben, sein Andenken beschwor.
Die ganze Familie spricht noch heute von Paul-Michel. Warum
hat er seinen Vornamen geändert? »Weil seine Initialen P.-M.F.
ergaben, wie bei Pierre Mendès France«, sagte Mme. Foucault.
Und das ist die Erklärung, die ihr Sohn ihr gegeben hat. Seinen
Freunden hatte er die Angelegenheit ganz anders dargestellt: er
wollte nicht mehr den Vornamen seines Vaters tragen, den er als
Jugendlicher gehaßt hatte.

Paul Foucault. Der Name des Vaters. Dieser Vater ist Chirurg
in Poitiers und Anatomieprofessor an der École de médecine.
Er ist der Sohn eines Chirurgen aus Fontainebleau. Er hat Anne
Malapert geheiratet, die Tochter eines Chirurgen aus Poitiers
und Professors an der École de médecine. Sie bewohnen das
große weiße Haus, ohne besondere Note, aber nahe am Stadt-
kern gelegen, das Dr. Malapert im Jahre 1903 hat erbauen lassen. Es führt sowohl auf die Rue Arthur-Ranc als auch auf den
Boulevard de Verdun hinaus, der von der Oberstadt ins Tal des
Clain hinabführt. Dr. Paul Foucault und seine Frau werden drei
Kinder haben: Francine, die Älteste, dann Paul, fünfzehn Monate später. Am 15. Oktober 1926, um genau zu sein. Ein zweiter Sohn kommt einige Jahre später zur Welt: Denys. Drei
Kinder, die das Leben von Sprößlingen der Großbourgeoisie in

der Provinz führen werden. Die Familie ist reich. Mme. Foucault besitzt ein Haus in Vendeuvre-du-Poitou, zwanzig Kilometer von Poitiers entfernt. Ein herrliches, von einem Park umgebenes Gebäude, das die Dorfbewohner »das Schloß« nennen. Sie besitzt darüber hinaus Ländereien, Pachtgüter und Felder. Dr. Foucault ist ein sehr angesehener Chirurg, der den ganzen Tag über in den beiden Kliniken von Poitiers operiert. Er gehört zu den Notabeln der Stadt. Kurz: bei den Foucaults fehlt es nicht an Geld. Ein Kindermädchen kümmert sich um die Kleinen, eine Köchin besorgt den Haushalt, es gibt sogar einen Chauffeur... Die Erziehung ist eher streng, obwohl sich Mme. Foucault die Maxime ihres Vaters zu eigen gemacht hat, die da lautet: »Das Wichtigste ist Selbstbeherrschung.« Sie vermeidet es, die Lesegewohnheiten ihrer Kinder zu überwachen oder in bestimmte Richtungen zu lenken. Was die Religion betrifft, so hat es nicht den Anschein, daß sie der Familie allzu große Beschwerden bereitet hätte. Zwar besucht man gemeinsam die Sonntagsmesse in der Kirche Saint-Porchaire im Zentrum der Stadt. Aber Mme. Foucault versäumt es mehr als einmal, sich dazu aufzuraffen, also führt die Großmutter von Francine, Paul-Michel und Denys die Kinder hin. Paul-Michel betätigt sich eine Zeitlang als Chorknabe. Brauch und Herkommen verpflichten schließlich. Später, sehr viel später wird Michel Foucault dann in einem Interview sogar behaupten, daß die Familie eher antiklerikal eingestellt gewesen sei. Offensichtlich lebten die beiden Aspekte – Respekt vor Sitte und Anstand und Entfremdung vom Glauben – in friedlicher Koexistenz.

Wenn Paul-Michel seine Schulzeit im Schatten des Jesuitenordens beginnt, so hat da eher der Zufall seine Hand im Spiel. Oder die Geschichte, was häufig auf dasselbe hinausläuft. Denn das Lycée Henri-IV, das auch Vorschul- und Grundschulklassen umfaßt und folglich sehr kleine Kinder aufnimmt, liegt in der Rue Louis-Renard in einem altertümlichen Gebäude, das zuvor der Kongregation gehört hatte. Öffentliches Gymnasium, aber an eine Kapelle angebaut, die nach Ausmaß und imposanter Gestaltung eher etwas von einer Abtei hat. Der Sohn von Dr. Foucault ist knapp vier Jahre alt, als er zum ersten Mal den viereckigen Hof der Anstalt betritt. Vom Innenportal aus schauen Jahrhunderte von Geschichte auf die ankommenden Kinder herab: ein Porträt des »Stifters« Heinrichs IV. und eines des »Wohltäters« Ludwigs XIV. sind da in Stein gemeißelt. Könige *in effigie*, die die jüngeren Schüler gleichwohl zwangsläufig beeindrucken. Paul-Michel hat übrigens noch nicht das gesetzlich vorgeschriebene Alter erreicht, um in der Anstalt zugelassen werden zu können. Er möchte aber nicht von seiner Schwester getrennt werden. Mme. Foucault hat deshalb mit der Lehrerin gesprochen, die ihr sehr freundlich geantwortet hat: »Sie können ihn mitbringen, wir setzen ihn ganz hinten in die Klasse und beschäftigen ihn mit Farbstiften.« Am 27. Mai 1930 findet er sich also wirklich ganz hinten in der Klasse wieder, mit Farbstiften in den Händen. »Er hat jedenfalls soviel davon profitiert, daß er lesen lernte«, kommentiert Mme. Foucault. Er absolviert zwei Jahre »Vorschule«, bis 1932. Er wird bis zum Grundschulunterricht, bis 1936, in der Anstalt bleiben – dem Zeitpunkt, da er Schüler im eigentlichen Sinne wird: in der Gymnasialstufe. Zu Beginn des Schuljahres 1940 verläßt er das Lycée Henri-IV, nachdem er ein schlechtes Jahr hinter sich hat. Und er tritt daraufhin ins Collège Saint-Stanislas über.

Denn bis dahin hatte er kaum Probleme gehabt. Paul-Michel Foucault war in Mathematik nicht gerade glänzend. Aber seine Noten in Französisch, Geschichte, Griechisch und Latein glichen dieses Handicap weitgehend aus und ermöglichten ihm, regelmäßig die *prix d'excellence** einzuheimsen. Was war in der Tertia passiert, das seine Noten so weit absinken ließ? Mme. Foucault wagte eine Erklärung: Der Gymnasialdirektor hatte eine Hirnverletzung erlitten und konnte sich in der neuen, unter dem Einfluß des Krieges stehenden Situation nicht mehr ausreichend um die Anstalt kümmern. Tatsächlich haben sich die äußeren Umstände erheblich verändert. Die Bevölkerung ist unter dem Zustrom von Flüchtlingen beträchtlich angestiegen, und die Schulen und Gymnasien der Stadt müssen zusätzliche Schüler und Lehrer aus Paris aufnehmen. Das Lycée Henri-IV beherbergt einen Teil des Lycée Janson-de-Sailly, das sich nach Poitiers zurückgezogen hat. Die gesicherte und ruhige Stille des Schulwesens von Poitiers sieht sich deshalb brüsk gestört. Und

* Preise für den besten Notendurchschnitt. (A. d. Ü.)

die eingespielten Hierarchien nicht minder: Michel Foucault wird eines Tages einem seiner Freunde gegenüber auf die Verstörung zu sprechen kommen, die ihn befiel, als er sich von den Neuankömmlingen übertroffen und verdrängt fühlte, er, der doch immer zu den Klassenbesten gehört hatte, ja der Primus gewesen war... Eine andere Erklärung wird von einigen damaligen Klassenkameraden Foucaults gegeben: Der Französischlehrer war ihm nicht wohlgesonnen. M. Guyot hatte keine besondere Vorliebe für die Kinder der Bourgeoisie. Anhänger der Radikalen Partei und Voltairianer, machte sich dieser Lehrer, ganz im Stile der »Dritten Republik«, kaum die Mühe, seine Geringschätzung für die Söhne der Honoratioren zu verbergen. Alles bewog ihn, die Kinder aus den Pariser Wohlstandsvierteln, die seine Klasse überschwemmten, zu verabscheuen. Und in diesen verstärkten Haß bezieht er jetzt die paar Repräsentanten jener verabscheuten Brut ein, die er unter den Sprößlingen seiner guten alten Stadt Poitiers auszumachen glaubt. Verwirrt und desorientiert spürt Paul-Michel Foucault, wie ihm unter den Füßen der Boden seiner schulischen Existenz entgleitet. Seine Ergebnisse spiegeln das unmißverständlich wider. In allen Fächern, außer in der lateinischen Übersetzung. Am Schluß des Schuljahres klingt die Entscheidung des Anstaltsleiters Mme. Foucault wie ein unannehmbares Verdikt in den Ohren: »Die Versetzungsprüfung muß im Oktober wiederholt werden.« Mme. Foucault zieht es vor, die Flucht nach vorn anzutreten: sie meldet ihren Sohn am Collège Saint-Stanislas an, einer geistlichen Anstalt, die damals an der Kreuzung der Rue Jean-Jaurès und der Rue de l'Ancienne-Comédie untergebracht war. Es ist nicht gerade die achtbarste geistliche Lehranstalt der Stadt. Das Collège Saint-Joseph hat einen weitaus besseren Ruf: von den Jesuiten geleitet, nimmt es eher Schüler auf, die der Großbourgeoisie und dem Landadel der Gegend entstammen. Das Collège Saint-Stanislas steht eine Stufe niedriger: es sind in der Hauptsache die Söhne von Großhändlern und Kleinindustriellen, die seine Schülerschaft bilden. Und das Unterrichtsniveau erreicht bei weitem nicht jene Höhe, die übereinstimmend Saint-Joseph zugebilligt wird. Das Collège Saint-Stanislas ist seit 1869 in den Händen der »Frères des Écoles chrétiennes« (Brüder der christlichen Schulen). Man nennt sie auch die »Frères ignorantins« (mißbräuchlich: Ignorantenbrüder). Wir befinden uns im September 1940, als Paul-Michel Foucault dort eintritt. Zu diesem Zeitpunkt ist die Stadt bereits seit einigen Wochen von den Deutschen besetzt. Die freie Zone verläuft in einer Entfernung von zwanzig Kilometern hinter Poitiers. Auf der anderen Seite der Demarkationslinie liegt eine nahezu fremde Welt: Man braucht einen Passierschein, um Zutritt zu erhalten. Noch zu jung, um zum Zwangsarbeitsdienst nach Deutschland einberufen zu werden, dürfen die Schüler der Prima ihre Studien fortsetzen. Sie werden höchstens zur Erntehilfe eingesetzt: sechs Wochen Feldarbeit in den Sommerferien, vor allem mit der Aufgabe, Kartoffelkäfer zu vernichten... Aus der Gruppe markanter Lehrerpersönlichkeiten ist allen Ehemaligen des Collège der merkwürdige Geschichtslehrer in Erinnerung geblieben, der Pater de Montsabert. Dieser Benediktinermönch der Abtei von Ligugé ist zugleich Pfarrer von Croutelle, einem kleinen Dorf in der Umgebung. Er unternimmt alle seine Wege zu Fuß, und nicht selten sieht man ihn auf der Straße von Poitiers nach Ligugé dahinwandern, den Pilgerstab in den Händen und im weiten, staubigen Mönchsflausch. Die Leute halten an, um ihn im Wagen mitzunehmen, trotz seiner abstoßenden Schmutzigkeit: »Einmal habe ich ihn mitgenommen«, erzählt Mme. Foucault, »und danach war der ganze Wagen voller Flöhe.« Dieses Original ist auch ein Gelehrter, der immer mit einem umgehängten Bettelsack voller Bücher spazierengeht. Sein Unterricht ist eine Sternstunde im Leben des Collège. Hier das Zeugnis eines früheren Schülers, aus seinen 1981 in Buchform erschienenen Erinnerungen: »Seine Stunden waren unvergeßlich. Auf der Grundlage einer erstaunlichen Kenntnis von Ereignissen und Menschen fällte er schlagend-scharfe Urteile, an denen auch die Anzüglichkeit ihr Teil hatte. Von seinem Thema und vom Ungestüm seines Denkens ebenso mitgerissen wie von der malerischen Anschaulichkeit seiner Bilder, löste er unweigerlich wahre Stürme von Gelächter aus, die zu einer regelrechten Jahrmarktsatmosphäre ausarteten. Wenn er sich den Ereignissen dann nicht mehr gewachsen fühlte und unfähig war, Ruhe und Ordnung wiederherzustellen, verließ er das Klassenzimmer wie ein Kind weinend und erklärte: ›Meine armen Kinder, ich kann nicht mehr, ich kann nicht mehr.‹ Aber auf das

Versprechen hin, daß mit dem Unfug jetzt Schluß sein sollte und fortan Ruhe herrschen würde, kehrte er zurück und nahm langsam, in vollkommener Stille, den Faden seiner Vorlesung wieder auf. Erneut von seinem Thema und seiner eigenen Verve mitgerissen, schwoll seine Stimme allmählich an, und wieder löste er mit irgendeiner außergewöhnlichen Formulierung einen abermaligen Schwall von Gelächter aus.«[6] Mme. Foucault zufolge scheint er der einzige Lehrer gewesen zu sein, der Paul-Michel geringfügig beeinflußte, der sich seinerseits seit frühester Jugend für Geschichte interessierte. Er hatte mit leidenschaftlicher Begeisterung die *Histoire de France* (Geschichte Frankreichs) von Jacques Bainville gelesen und war von den Abbildungen darin sehr beeindruckt gewesen. Vor allem eine Persönlichkeit hatte ihn als kleinen Jungen fasziniert: Karl der Große. Schon mit zwölf Jahren, erzählte Mme. Foucault, hielt er Geschichtsvorlesungen... für seinen Bruder und seine Schwester. Kurz, der Unterricht von Pater de Montsabert ist wie geschaffen, ihm zu gefallen. Übrigens begeistert diese mit Anekdoten und munteren Sprüchen durchsetzte Geschichtskunde auch alle anderen Schüler. Der bereits zitierte Zeuge schließt seinen Bericht mit folgender Würdigung: »Die auf solche Weise dargebotene Geschichte konnte gar nicht anders als im Gedächtnis haften.«

Paul-Michel durchläuft also die Sekunda, die Prima und die Abschlußklasse im Collège in der Rue Jean-Jaurès. Seine Leistungen sind mehr als zufriedenstellend. Wenn am Ende des Schuljahres die Preise verteilt werden, ist er immer unter den besten: in der Sekunda erhält er beispielsweise den dritten Preis im französischen Aufsatz, den zweiten in Geschichte der französischen Literatur, in Griechisch, in Englisch, in der Übersetzung aus dem Lateinischen, den ersten in lateinischer Literatur und in Geschichte... In beinahe jedem Fach aber wird er von einem seiner Klassenkameraden und Freunde überflügelt, der, und das ist kaum glaublich,... Pierre Rivière heißt. Ob der Philosoph wohl geschmunzelt hat, als er fünfunddreißig Jahre später die unerhörten Aufzeichnungen eines »Elternmörders

6 *Les Collèges Saint-Stanislas et Saint-Joseph de Poitiers. Notes historiques et souvenirs d'anciens*, gesammelt unter der Leitung von Jean Vaudel, Poitiers 1981.

des 19. Jahrhunderts« aus den Archiven klaubte, in denen sie geruht hatten, und sie mitsamt einem Kommentar in seinem heute berühmten Werk *Moi, Pierre Rivière, ayant égorgé ma mère, ma sœur et mon frère (Der Fall Rivière)* veröffentlichte? Wer weiß? Jedenfalls sind die beiden Jungen, im Unterricht Rivalen, einander sonst sehr zugetan. Beide zeichnen sich durch großen Wissensdurst und Lektürehunger aus. Sie stillen ihn bei einer originellen Persönlichkeit der Stadt, dem Abbé Aigrain, der den Spitznamen eines Pico della Mirandola von Poitiers trägt. Er ist Professor an der katholischen Universität von Angers, arbeitet als Musikkritiker an verschiedenen Zeitschriften mit und verfügt zu Hause über eine beeindruckende Bibliothek. Er empfängt Studenten und Gymnasiasten, denen er Bücher empfiehlt und leiht, vor allem aus den Bereichen Philosophie und Geschichte. »Foucault war, genau wie ich selbst, sehr regelmäßiger Besucher beim Abbé Aigrain«, erzählt Pierre Rivière heute, »und diese Bibliothek des Abbé hatte für uns große Bedeutung, weil es sich da um Lesestoff außerhalb jedes Lehrplans handelte.« Lesestoff außerhalb des Lehrplans, und welch verlockender Lesestoff! Eben das bot Paul-Michel Foucault wahrscheinlich auch ein Freund der Familie, René Beauchamp: ein Freudianer der ersten Stunde, der überdies viel für die Einführung der Psychoanalyse in Frankreich getan hat.

In der Prima erzielt Paul-Michel Foucault hervorragende Resultate. Im Jahre 1942 kommt er in die Abiturklasse und schickt sich an, Bekanntschaft mit der Philosophie zu schließen. Der Lehrer, der ihn unterrichten soll, gilt als bedeutende Persönlichkeit, den zu konsultieren selbst Professoren der Universität nicht zögern. Alle Schüler erwarten viel von dem Schuljahr, das sie bei ihm absolvieren sollen. Doch der Kanoniker Duret, der einer Widerstandsorganisation angehört, wird enttarnt und von der Gestapo noch am Vormittag des Schuljahresbeginns inhaftiert. Niemand sieht ihn je wieder. Der Lehrer, der ihn vertritt, erkrankt bereits einige Tage später. Also muß ein Mönch der Abtei von Ligugé die Aufgaben eines Philosophielehrers übernehmen. Dr. Foucault kennt mehrere Mönche der Abtei, mit denen er im Ersten Weltkrieg in der Orient-Armee gedient hat ... Deshalb hat Mme. Foucault nicht gezögert, sich an sie zu wenden, damit sie jemanden nach Saint-Stanislas entsenden, der in der Lage ist, den Philosophieunterricht zu bestreiten. Der Prior betraut Dom Pierrot mit dieser Mission. Dieser Dom Pierrot begnügt sich damit, das Lehrbuch zu kommentieren, um so wenig wie möglich vom Lehrplan abzuweichen: Er soll die Klasse aufs Abitur vorbereiten, und nichts anderes hat er auch im Sinn. Aber er unterhält sich doch recht gerne nach Ende seines Kurses mit den Schülern. Auch als die Zeit seiner »Vertretung« vorbei ist, empfängt Dom Pierrot manchmal noch den Besuch des – wie er sagt – »jungen Foucault«, der ihn mit dem Fahrrad in Ligugé aufsucht. Sie sprechen über Plato, Descartes, Pascal, Bergson... Dom Pierrot erinnert sich noch sehr deutlich an seinen Schüler: »Die jungen Philosophiestudenten, die ich kennengelernt habe, habe ich in zwei Kategorien eingeteilt: diejenigen, für die die Philosophie Gegenstand der Neugier war und die sich in Richtung der Kenntnis der großen Systeme, der großen Werke orientierten usw. Und diejenigen, die darin eher eine Quelle persönlicher Unruhe, vitaler Unruhe sahen. Die ersten sind von Descartes geprägt, die anderen von Pascal. Foucault gehörte der ersten Kategorie an. Man spürte bei ihm eine ungeheure intellektuelle Neugier.«

Da der Philosophieunterricht im Collège Saint-Stanislas gleichwohl erheblichen Störungen ausgesetzt ist, bittet Mme. Foucault einen Professor der philosophischen Fakultät, ihr einen Studenten zu schicken, der ihrem Sohn Privatunterricht gibt. Louis Girard studiert im zweiten Jahr Philosophie, und eines schönen Tages klingelt er an der Tür der Foucaults, Nr. 10 der Rue Arthur-Ranc: »Ich kam dreimal wöchentlich«, erzählt er. »Die Philosophie, die ich selbst an der Philosophischen Fakultät vorgesetzt bekam, war eine Art ziemlich vager, nach der Mode des 19. Jahrhunderts zurechtgestutzter Kantianismus *à la* Boutroux, und eben diesen Kantianismus vermittelte ich ihm weiter. Ich tat das mit einem gewissen Schwung, weil ich zweiundzwanzig Jahre alt war, aber ich hatte selbst noch nicht allzu viel Philosophie betrieben.« Welche Erinnerung hat er an seinen Schüler behalten? »Er stellte hohe Anforderungen. Ich habe später Schüler gehabt, die mir begabter vorgekommen sind, aber keinen, der in der Lage war, das Wesentliche derart rasch zu erfassen und sein Denken mit solcher Strenge zu organisieren.«

Am Schluß des Schuljahres – inzwischen hat Pater Lucien, Lehrer am Priesterseminar, den Philosophieunterricht übernommen, bevor auch er das tragische Geschick des Kanonikers Duret teilen wird – erhält Paul-Michel Foucault den zweiten Preis in Philosophie. Der erste Preis fällt an Pierre Rivière, der heute Mitglied des Staatsrates ist. Foucault bekommt den ersten Preis in Geographie, in Geschichte, in Englisch und in den Naturwissenschaften zugesprochen...

Man sollte sich allerdings hüten – trotz des gegenteiligen Beispiels der beiden von den Deutschen deportierten Philosophielehrer –, im Collège Saint-Stanislas eine wahre »Bastion der Résistance« zu sehen. Natürlich hing dort ein Porträt von Marschall Pétain, wie es in allen Lehranstalten Pflicht war. Überdies hatten sich die Schüler im Hof zu versammeln, um das »Maréchal, nous voilà«* anzustimmen, und wer nicht genügend Inbrunst in seinen Gesang legte, wurde geknufft. Manche sprechen von einem »allgegenwärtigen Vichysmus«, der im Collège herrschte, selbst wenn Widerstandsgruppen es gelegentlich als Treffpunkt benutzt zu haben scheinen, wo Personalausweise oder Entlassungsscheine ausgetauscht wurden. Mehrere Schüler werden später inhaftiert.

Michel Foucault sollte diese schwierige Zeit eines Tages in einem der Gespräche vergegenwärtigen, in denen er sich dem freien autobiographischen Geständnis in bezug auf seine Jugendjahre überließ: »Was mich beeindruckt, wenn ich mir meine Kindheitseindrücke in Erinnerung zu rufen versuche, ist, daß beinahe alle meine gefühlsmäßig starken Reminiszenzen mit der politischen Situation verknüpft sind. Ich erinnere mich, eine meiner ersten großen Anwandlungen von Angst verspürt zu haben, als Kanzler Dollfus von den Nazis ermordet wurde, 1934, glaube ich. Das liegt uns heute schon sehr fern. Und doch erinnere ich mich, daß mich das sehr stark beeindruckte. Ich glaube, es ist mein erstes wirkliches Entsetzen angesichts des Todes gewesen. Ich erinnere mich auch der Flüchtlinge, die aus Spanien kamen. Meiner Meinung nach ist die Kindheit der Jungen und Mädchen meiner Generation von diesen großen historischen Ereignissen geprägt worden. Die Drohung des Krieges

* »Marschall, wir sind angetreten«. (A. d. Ü.)

war unser Horizont, unser Existenzrahmen. Dann ist der Krieg wirklich ausgebrochen. Weitaus mehr als das Familienleben bilden Ereignisse des ›Weltlaufs‹ die eigentliche Substanz unseres Erinnerungsvermögens. Ich sage ›unseres‹, weil ich sicher bin, daß die Mehrzahl der Jungen und Mädchen damals dieselbe Erfahrung machte. Unser Privatleben war wahrhaft bedroht. Und das ist wahrscheinlich der Grund, weswegen ich von der Geschichte und von der Beziehung zwischen persönlicher Erfahrung und jenen Ereignissen fasziniert bin, in die wir verstrickt sind. Ich glaube, das ist der Ausgangspunkt meiner theoretischen Neigung.«[7]

Im Juni 1943 stehen die Abiturprüfungen an, die damals in zwei Teilen vonstatten gingen. Gegen Ende der Prima legten die Schüler die Prüfungen in Französisch, Latein und Griechisch ab... Im darauffolgenden Jahr die in Philosophie, neuen Sprachen, Geschichte und Geographie... Foucault hat den ersten Teil mit dem Prädikat »ziemlich gut« absolviert, und zwar im Juni 1942. Den zweiten bringt er mit derselben Gesamtnote hinter sich. Er erhält 8 von 10 Punkten in Geschichte, 7 von 10 in den naturwissenschaftlichen Fächern, aber nur 10 von 20 in Philosophie.

Was tun nach der Gymnasialzeit? Dr. Foucault hat bereits den Weg gewählt, den er seinen Sohn einschlagen sehen möchte: den gleichen wie er selbst. Paul-Michel soll Mediziner werden. Das Problem liegt darin, daß er nicht will. Er ist seit langem entschlossen, seinen Vater zu enttäuschen. Er begeistert sich für Geschichte und Literatur, und die Vorstellung, ein Medizinstudium zu beginnen, jagt ihm Angst und Schrecken ein. Natürlich fällt die Diskussion etwas gewittrig aus, als er eines Tages seine Entscheidung kundtut. Sein Vater verhehlt seine Enttäuschung nicht und versucht, den jungen Mann wieder zur Vernunft zu bringen. Aber Mme. Foucault, getreu dem geflügelten Wort ihres Vaters – »sich selbst in der Gewalt haben« –, interveniert bei ihrem Gatten: »Besteh' bitte nicht darauf. Er ist ein Junge, der ordentlich arbeitet, er muß tun können, was er will.« Dr. Foucault besteht nicht lange darauf. Er tröstet sich, als er seinen zweiten Sohn ein Medizinstudium beginnen sieht. Dieser zwei-

7 *Ethos*, Herbst 1983, S. 5.

te Sohn ist heute Chirurg im Großraum Paris. Paul-Michel kann also den Weg einschlagen, den er selbst gewählt hat: sich für die Aufnahmeprüfung an der École normale supérieure in der Rue d'Ulm in Paris vorbereiten. Und zu diesem Zweck Vorbereitungsklassen absolvieren: *hypokhâgne* und *khâgne*. Natürlich wäre es ideal, sie in einem der großen Pariser Gymnasien hinter sich bringen zu können, die für ihre hohe Erfolgsquote bei der Aufnahmeprüfung bekannt sind. Aber noch ist Krieg, und es fällt Mme. Foucault schwer, ihren siebzehnjährigen Sohn in die Hauptstadt zu schicken. Also schreibt er sich im Gymnasium von Poitiers ein, das er nach den letzten drei Jahren eines geistlichen Zwischenspiels wiedersieht, an das er sich nur mit Widerwillen zurückerinnert. Er hat die dort herrschende Atmosphäre ebenso verabscheut wie den Unterricht, der ihm erteilt wurde. Und er hat die Religion und die Geistlichen verabscheut. »Er sprach davon nur mit sehr viel Empörung und Antipathie«, sagt einer der ihm damals Nahestehenden.

Zu Beginn des Schuljahres 1943 sieht Paul-Michel Foucault also die Baulichkeiten des städtischen Gymnasiums wieder. Er tritt in die *hypokhâgne* ein und beginnt mit der Vorbereitung auf die Aufnahmeprüfung in der Rue d'Ulm. Mit ihm zusammen tun das etwa dreißig Schüler in den zusammengelegten Klassen von *hypokhâgne* und *khâgne*, und zwei Jahre lang hört Foucault mit großem Interesse die Kurse von Gaston Dez, dem Geschichtslehrer, und von Jean Moreau-Reibel, dem Lehrer für Philosophie. Moreau-Reibel, ehemaliger Zögling der Rue d'Ulm, ist Lehrer am Gymnasium von Clermont-Ferrand gewesen und hat gleichzeitig Vorlesungen an der philosophischen Fakultät von Strasbourg gehalten, die jetzt in die Hauptstadt der Auvergne verlegt ist. Sein Vortragsstil verwirrt die Schüler anfangs ein wenig – durch seinen Mangel an Gliederung, durch das Fehlen jeglichen Planes, durch einen etwas geschwätzigen und zerfahrenen Duktus. Lucette Rabaté erinnert sich, von seinen ersten Unterrichtsstunden, die sie im September 1943 besuchte, völlig aus der Fassung gebracht worden zu sein. Allmählich aber fangen die Schüler an, seinem Vortrag folgen zu können und den Lehrstoff besser zu verstehen. Dieser Aspekt von Verwirrung bleibt natürlich auch dem Generalinspekteur nicht verborgen, der einmal einer Unterrichtsstunde von Moreau-Reibel beiwohnt. In seinem Bericht vom 2. März 1944 spricht er in ziemlich harschen Worten von Foucaults Lehrer: »Die Vorlesung, die ich höre, ist Bestandteil einer Reihe über den ›gesellschaftlichen Willen und die Werte‹ – ein etwas dunkler Titel, dem auch eine gewisse Verworrenheit der Gedankenentwicklung entspricht. M. Moreau-Reibel drückt sich gewandt aus und läßt sich wahrscheinlich von dieser Gewandtheit mitreißen. Man sähe lieber einen deutlicheren, strengeren Aufbau; die Leitvorstellungen werden im Gedankengang geradezu ertränkt. Ungenügende Deutlichkeit der Details. Zuviel Anspielungen auf unzureichend charakterisierte Theorien. M. Moreau-Reibel gewönne viel, wenn er sich selbst gegenüber größere Strenge walten ließe und etwas weniger improvisierte.« Wie dem auch sei: Foucault beginnt sich auf das Spiel einzulassen, er interessiert sich mehr und mehr für die Disziplin, die jener Lehrer etwas verworren darstellt, und macht sich daran, die von ihm zitierten Autoren zu lesen: Bergson, den M. Moreau-Reibel ganz besonders schätzt, Plato, Descartes, Kant, Spinoza... Und da Moreau-Reibel seine Vorlesung gern in Form eines Dialoges hält, erzählt Lucette Rabaté, wählt er sich als Gesprächspartner denjenigen, der sich am besten darauf versteht, ihm zu replizieren: Paul-Michel Foucault. »Die anderen waren ein wenig verloren«, fügt sie hinzu.

Der andere Lehrer, der bei Foucault in großem Ansehen steht, ist Gaston Dez. Er hat am Lehrbuch von Mallet-Issac für die Unterstufe mitgearbeitet, er schreibt regelmäßig Artikel für das Bulletin der »Société des antiquaires de l'Ouest«, er hat sich an einer Gemeinschaftsarbeit mit dem Titel *Visages du Poitou* beteiligt. Seine Unterrichtsmethode ist radikal verschieden von der seines Philosophie-Kollegen: er diktiert seine Vorlesungen. Er diktiert sie sehr langsam. Und da kein schriftlicher Lehrplan vorliegt, ist das Ergebnis, daß er nur einen kleinen Ausschnitt des weitläufigen Gebietes behandelt, in dem die Kandidaten geprüft werden können. Deshalb versuchen die Schüler, sich Mitschriften früherer Jahre zu besorgen. Foucault hat sie sich nicht nur besorgt, sondern auch abgeschrieben und verleiht sie bereitwillig.

Die Phase von 1943 bis 1945 ist natürlich eine schwierige und bewegte Periode. Den ganzen Winter über erschweren Heizprobleme den Aufenthalt in den Klassenräumen. Einige Interne haben die Gefahr auf sich genommen und nachts Holz aus den Räumen der unmittelbar ans Gymnasium angrenzenden Miliz gestohlen. Um dem auf sie fallenden Verdacht entgegenzutreten, gehen Lucette Rabaté und Paul-Michel Foucault zum Direktor und erklären schriftlich, das Holz selbst geliefert zu haben. Die Affäre wird nicht weiter verfolgt. »Zum Glück«, erzählt Lucette Rabaté, »hat man uns nicht gefragt, wo wir das Holz gefunden haben. Ich weiß nicht, was wir darauf geantwortet hätten.« Trotz der häufig widrigen Lebensbedingungen herrschte in der Klasse eine gewisse »studentische Fröhlichkeit«. Die Schüler besuchen die »klassischen Matineen«, die einmal im Monat im Stadttheater veranstaltet werden. Wurden die Stücke so schlecht gespielt, oder hatten die Schüler einfach Lust, sich dabei nach Herzenslust zu amüsieren? Fest steht, daß die Tragödien wahre Lachstürme auslösten. »Während der ganzen Vorstellung von *Andromaque*«, erinnert sich Lucette Rabaté, »hörte Foucault nicht auf, Witze zu reißen und zu lachen.« Eine etwas gekünstelte Heiterkeit vielleicht, aber jedenfalls, fügt sie hinzu, »vermieden wir es, ernsthafte Themen zu streifen, vermieden wir es, die politischen Fragen anzuschneiden, denn die Schüler kamen aus ganz unterschiedlichen Milieus: unter unseren Klassenkameraden gab es beispielsweise ein junges Mädchen, dessen Vater und Bruder bei der Deportation umgekommen sind, und einen anderen Schüler, dessen Vater bei der Befreiung erschossen wurde. Also, irgendwie mißtraute jeder jedem.« Vor allem aber war Foucault doch eher Einzelgänger: er arbeitete pausenlos und gab sich wenig mit den anderen ab. »Eines Tages kurz vor der Prüfung zog ich mit ihm los, um irgendwelche Auskünfte in der Universität einzuholen. Eine Viertelstunde lang gingen wir nebeneinander her, dann sagte er: ›Das ist die erste Erholung, die ich mir dieses Jahr gönne.‹« Eine Erholung von einer Viertelstunde!

Das Schwerwiegendste, Gefährlichste und Schrecklichste sind die Bombardierungen, die auch die Stadt Poitiers nicht verschonen. Die englischen Verbände nehmen den Bahnhof und die Bahnlinie aufs Korn. Während der Fliegeralarme suchen die Schüler in Unterständen Zuflucht. Im Juli 1944 müssen mehrere Viertel in Bahnhofsnähe evakuiert werden, als Vorsichtsmaßnahme. Die Rue Arthur-Ranc liegt direkt in dieser betroffenen Zone. Deshalb richtet sich die ganze Familie Foucault den Sommer über in Vendeuvre ein. Überdies ist der Unterricht dieses Jahr vorzeitig zu Ende: Am 6. Juni 1944 rennt der Hausmeister durch die Korridore des Gymnasiums und ruft: »Sie sind gelandet, sie sind gelandet!« Die alliierten Truppen haben an den Stränden der Normandie Fuß gefaßt. Die Schüler haben in einem wahren Freudentaumel ihre Klassenräume verlassen. Natürlich denkt niemand mehr an Unterricht. Einige Tage später wütet der Krieg in der ganzen Region, und der Lehrbetrieb wird an allen Schulen eingestellt. Das folgende Jahr ist kaum weniger bewegt.

Die Schüler haben sich gleichwohl auf ihren Prüfungswettbewerb vorbereitet, und vierzehn Kandidaten der Académie von Poitiers finden sich vor den Eingangstüren des Hôtel Fumé in der Rue de la Chaîne in den Räumen der juristischen Fakultät ein, um die Prüfungen abzulegen, die in der Zeit vom 24. Mai bis zum 5. Juni 1945 stattfinden. Die Französischprüfung wird aufgrund verschiedener Unregelmäßigkeiten zweimal annulliert. Beim ersten Mal, weil angeblich ein Professor der Sorbonne seinen Studenten einige Tage vor dem Wettbewerb das Prüfungsthema verraten hatte. Beim zweiten Mal, weil die offiziellen Prüfungsunterlagen nicht überall gleichzeitig eingetroffen sind. Alle Kandidaten müssen diese Prüfung wiederholen: insgesamt dreimal sechs Stunden. Die Ergebnisse der schriftlichen Prüfung werden am 16. Juli bekanntgegeben. Zwei Schüler aus Poitiers haben bestanden. Aber Michel Foucault ist nicht dabei. Nach Abschluß der schriftlichen Prüfung ist er hundertundeinster. Und nur hundert Kandidaten dürfen sich der mündlichen Prüfung stellen. Paul-Michel wird nicht in die École normale in der Rue d'Ulm einziehen. Er hat geschuftet wie ein Verrückter, aber es hat nicht gereicht. Er ist schrecklich enttäuscht. Aber nicht entmutigt. Er baut darauf, sich nächstes Jahr erneut zur Prüfung anmelden zu können. Doch hier endet sein schulischer Bildungsweg in Poitiers. Der Beginn des Schuljahres 1945 markiert einen sehr bedeutsamen Wendepunkt seiner Existenz: er zieht nach Paris.

Poitiers: eine bleierne Stadt – die Formel kehrt in allen Zeugnissen jener Zeit wieder. »Ich glaube, es muß schrecklich gewesen sein, seine ganze Kindheit in dieser Atmosphäre zu verbringen«, sagt ein Freund Foucaults, der 1944 nach Poitiers gekommen ist. »Eine enge, schäbige Stadt«, fügen andere hinzu, die ihr entrinnen wollten. Foucault verläßt Poitiers also im Herbst 1945. Aber er wird doch nie völlig mit seiner Geburtsstadt brechen. Ganz einfach deshalb, weil er nicht völlig mit seiner Familie brechen wird. Wie erinnerlich, liebt er seinen Vater kaum. Dr. Foucault scheint seinen Kindern übrigens ziemlich wenig Zeit gewidmet zu haben. Er arbeitete den ganzen Tag und einen Großteil des Abends, und seine Anwesenheit im Familiendomizil blieb spärlich genug. Wenn es denn zum Bruch kam, so war es der mit dem Vater. Michel Foucault wird sich eines Tages dazu äußern, wenn er die Erinnerung an »konfliktuöse Beziehungen hinsichtlich ganz bestimmter Punkte« wachruft, »die einen Interessenschwerpunkt bildeten, von dem sich zu lösen einem nicht gelang«, selbst wenn man die Familie verlassen hatte.[8] Seiner Mutter dagegen wird er lebenslang sehr verbunden bleiben. Während seiner Studienjahre kehrt er in allen Ferien nach Poitiers zurück, und auch danach sucht er regelmäßig seine Eltern auf. Nach dem Tode Dr. Foucaults im Jahre 1959, als seine Mutter sich ins Piroir, ihr Haus in Vendeuvre, zurückgezogen hatte, kommt er sie alljährlich in den Ferien besuchen. »Er schenkte mir immer den ganzen August«, sagte sie. Und manchmal sogar mehr: zu Weihnachten oder im Frühjahr fiel es ihm gelegentlich ein, einige Tage dort zu verbringen. Er hatte sein Zimmer im Erdgeschoß des Hauses. Eine Art kleine, isolierte Wohnung, wo er gern arbeitete. Er kam meistens allein oder, ganz selten, in Begleitung eines Freundes. Mme. Foucault erinnert sich, auf diese Weise Roland Barthes bei sich empfangen zu haben. 1982 überlegt sich Michel Foucault, in der Umgebung ein Haus zu kaufen. Er durchstreift das umliegende Land mit dem Fahrrad, zusammen mit seinem Bruder, hält dabei in allen Dörfern Rast und besichtigt jedes Haus, das zum »Verkauf« steht. Seine Wahl fällt auf ein hübsches Anwesen in Verrue, einige Kilometer von Vendeuvre entfernt –

8 Zitiert nach Thierry Voeltzel, *Vingt ans et après*, Paris 1978, S. 55.

die frühere Wohnung des Landpfarrers. »Die Kur von Verrue«*, wie Foucault lachend sagte. Der Name amüsierte ihn
sehr. Er kauft es und beginnt sogar schon mit den Instandset-
zungsarbeiten. Aber er wird nicht mehr die Zeit haben, es zu
bewohnen.

* Frz. »verrue«: Warze, Schandfleck. (A. d. Ü.)

Die Stimme Hegels

Hinter dem Panthéon, gleich neben der Kirche Saint-Étienne-du-Mont, nimmt ein anderes Lycée Henri-IV, eines der ruhmreichsten Gymnasien Frankreichs, im Laufe der Jahre die Elite der *khâgneux* auf. Mme. Foucault hat einen Professor der Universität von Poitiers getroffen, der ihr die Angelegenheit ohne Umschweife erklärt hat: »Hat man je gesehen, daß jemand Zutritt zur Normale Sup gefunden hat, der aus einer Anstalt der Stadt [*i. e.* Poitiers] kam?« Der Entschluß ist rasch gefaßt: Paul-Michel wird erneut sein Glück versuchen, aber diesmal soll er alle Trümpfe auf seiner Seite haben.

Im Herbst des Jahres 1945 kommt er in Paris an, um sich jenem Allerheiligsten zu nähern, das das Quartier latin von der höchsten Höhe seines Turmes und seiner ständig wiederholten Erfolge bei der Aufnahmeprüfung zur Rue d'Ulm beherrscht. Der junge »Provinzler« – so nämlich sehen ihn seine Klassenkameraden – ist wie ein Pfau herausgeputzt und kommt in ganz unwahrscheinlichen Galoschen daher: er trifft im Paris der unmittelbaren Nachkriegszeit ein, in dem das Leben von Leichtigkeit noch weit entfernt ist und die materiellen Probleme – die Ernährung! – vordringlich sind. Im übrigen richtet sich der junge Foucault nicht gerade mit überschwenglicher Begeisterung in der Hauptstadt ein. Die Lebensbedingungen dort sind zu schwierig, als daß die neue Existenz, die ihn erwartet, ihn verführerisch anmuten könnte. Mme. Foucault ist es nicht gelungen, eine Wohnung für ihn zu kaufen, nicht einmal eine zu mieten. Nachdem er einige Zeit von Maurice Rat beherbergt worden ist, einem Freund der Familie, der aus Vendeuvre stammt und Lehrer für Literatur am Lycée Janson-de-Sailly ist, kommt Paul-Michel in einem Zimmer unter, das ihm die Leiterin einer Schule am Boulevard Raspail vermietet hat. Was ihm in den Augen der anderen Schüler einen eher seltsamen Status verschafft. Damals waren die Schüler der Vorbereitungsklassen in Paris, wie Le Roy Ladurie in Erinnerung ruft, in zwei »Grundkategorien« geschieden: die Externen, Sprößlinge der Pariser Bourgeoisie, die jeden Abend in den Schoß ihrer Familien zurückkehrten, und die aus der Provinz kommenden Internen, die nicht einmal die Möglichkeit in Erwägung zogen, sich ein Zimmer in der Stadt zu mieten.[1] Paul-Michel macht sich dieses Privileg zunutze: seine Eltern haben die erforderlichen Mittel und wollen dem empfindlichen und ungefestigten Jugendlichen den Schock eines Gemeinschaftslebens ersparen, das er, wie er erklärt, über alles verabscheut. Zwar hat er manchmal Mühe, die wenigen Quadratmeter seiner Bleibe ausreichend zu heizen. Aber wenigstens ist er allein. Was dieses in allen Zeugnissen der Zeit auftauchende Bild eines ungebärdigen, rätselhaften, in sich verschlossenen jungen Mannes noch verstärkt. Übrigens halten sich seine Pariser Aktivitäten im Laufe dieses ersten Jahres, wie man betonen sollte, ziemlich in Grenzen: er geht höchstens manchmal mit seiner Schwester ins Kino, die sich ebenfalls nach Paris abgesetzt hat. Beide verbindet die Leidenschaft für amerikanische Filme, die der Krieg ihnen vorenthalten hat. Die übrige Zeit arbeitet er wie ein Verrückter, um die Aufnahmeprüfung zu bestehen.

Dieser *concours* wird von fünfzig Teilnehmern der »K1« des »H-IV« vorbereitet. Fünfzig! Das ist mehr als die Zahl der verfügbaren Plätze: die Rue d'Ulm nimmt insgesamt nur achtunddreißig Studenten der Geisteswissenschaften auf, und dazu kommen als Konkurrenten noch die Schüler der »K2«, der zweiten *khâgne*-Klasse des Gymnasiums, die ebenso zahlreich ist. Wie ersichtlich, sind die Plätze also heiß umkämpft, und das um so mehr, als auch das andere große Pariser Gymnasium, das benachbarte und rivalisierende Louis-le-Grand, sein traditionelles Kontingent von erfolgreichen Kandidaten durchbringen möchte. Wie viele der neunundvierzig Jugendlichen, die sich zusammen mit Michel Foucault zu Beginn dieses Schuljahres vor den Toren der Anstalt in der kleinen Rue Clovis drängen, werden nächsten Sommer auf der Ergebnisliste der Aufgenommenen auftauchen? Ein Siebengestirn hervorragender Lehrer widmet sich der Aufgabe, ihnen eine effiziente Vorbereitung zu ermöglichen. Emmanuel Le Roy Ladurie, der im selben Jahr in die *hypokhâgne* eintrat, hat den Geschichtslehrer beschrieben, bei dem auch Foucault Unterricht hatte: André Alba, der sein

1 Emmanuel Le Roy Ladurie, *Paris-Montpellier, 1945–1963*, Paris 1982, S. 29.

»waschechtes, bürgerlich-antiklerikales Republikanertum« herauskehrt und die Schüler der Linken und extremen Linken damit umgarnt, das heißt eine große Mehrheit. Der Mann schien ein »Schwerverwundeter des Ersten Weltkrieges zu sein; eine eindrucksvolle Narbe verlief quer über seine Stirn«. In Wirklichkeit rührte »dieser Schmiß von einer Verletzung in der Jugendzeit her«.[2] Fast hätte man »sein Gehirn schlagen sehen«, erzählen seine früheren Schüler.

Foucault besucht auch die Kurse von M. Dieny, dem Lehrer für Alte Geschichte. Aus seinem Munde hören die Schüler zum ersten Mal den Namen eines gewissen Dumézil, der damals gerade über die engen Spezialistenkreise hinaus bekannt wird. Weiter ist da Jean Boudout, der Lehrer für Literatur, der seine Schäfchen in den Genuß seiner bemerkenswerten Gelehrsamkeit bringt, die vom Mittelalter bis ins 20. Jahrhundert reicht, jedenfalls bis zu den Gedichten Apollinaires, denn zeitgenössische Autoren tauchen damals im Unterricht noch kaum auf. Am nachhaltigsten aber wird dieses Auditorium der Lehrer prägen, der die Klasse auf die Philosophieprüfung vorbereiten soll: Jean Hyppolite. Und sein Name wird mehr als einmal auf dem Weg auftauchen, den Michel Foucault mit knapper Not eingeschlagen hat. Jean d'Ormesson, der das Gymnasium zwei Jahre zuvor besucht hat, hat ein Porträt dieses »sich hinter sein Pult duckenden Mannes« entworfen, »mit seiner freundlichen, stokkenden, träumerischen, schüchternen Sprache, der seine Satzschlüsse mit pathetischen Seufzern schmückte und vor Eloquenz barst, gerade weil er sich ihr verweigerte«[3], dieses glanzvollen Lehrers, der sich anschickt, Hegel »auf dem Wege über [Valérys] *La Jeune Parque* und [Mallarmés] *Un Coup de dés jamais n'abolira le hasard*«[4] zu erklären. Und d'Ormessons Kommentar dazu: »Ich verstand nichts von alledem.« Zweifellos waren viele in derselben Lage. Aber Hyppolite blendet seine Schüler, und nach dem glanzlosen Unterricht, den Foucault in Poitiers über sich ergehen lassen mußte, erscheint ihm diese manchmal etwas hochtrabende, esoterische und inspirierte Rhetorik überwältigend und genial. Die Philosophie fasziniert, dar-

2 Ebd. S. 27–29.
3 Jean d'Ormesson, *Au revoir et merci*, Paris ²1976, S. 71.
4 Ebd.

an haben die Zeitumstände ihren Teil. Wir schreiben das Jahr 1945, wie nicht vergessen werden sollte, und »unmittelbar nach dem Kriege«, so d'Ormesson, »und mehrere Jahre lang genoß die Philosophie ein unvergleichliches Prestige. Ich weiß nicht, ob es möglich ist, von außen und mit kühler Nüchternheit zu sagen, was sie für uns repräsentierte. Das 19. Jahrhundert war wahrscheinlich das Jahrhundert der Geschichte gewesen, die Mitte des 20. schien der Philosophie zu gehören... Die Literatur, die Malerei, die historische Forschung, die Politik, das Theater, der Film waren in den Händen der Philosophie«.[5]

Hyppolite kommentiert für seine Schüler die *Phänomenologie des Geistes* von Hegel und die *Geometrie* von Descartes. Gerade die Hegel-Vorlesung hat seine Hörer beeindruckt und sich ihnen eingeprägt. Auch Foucault entging dieser Anziehung nicht, im Gegenteil: er, der sich für die Geschichte begeisterte, sieht sich hier wahrscheinlich zum ersten Mal von der Versuchung der Philosophie umgarnt. Man führt ihm ja gerade eine Philosophie vor Augen, die den Lauf der Geschichte illustriert und den geduldigen Fortgang der Vernunft in Richtung ihrer Vollendung darstellt. Die gesamte Geschichte wird umfaßt. Und dieser Geschichte wohnt zudem noch ein Sinn inne. Jean Hyppolite war ohne jeden Zweifel die Leitfigur Foucaults und der Wegbereiter alles dessen, was sein Geschick ausmachen sollte. Foucault hat seinerseits nicht gezögert, seine Dankesschuld diesem Manne gegenüber einzugestehen, dem er mehrere Jahre später im Rahmen der École normale wiederbegegnen und dessen Nachfolge er am Collège de France antreten sollte. Beim Tode Hyppolites im Jahre 1968 wird Foucault sagen: »Diejenigen, die unmittelbar nach dem Kriege die *khâgne* besucht haben, erinnern sich der Vorlesungen von M. Hyppolite über die *Phänomenologie des Geistes*: in dieser Stimme, die sich unaufhörlich zurücknahm und verbesserte, so als ob sie innerhalb des Raumes ihrer eigenen Bewegung nachsann, hörten wir nicht nur die Stimme eines Lehrers; wir nahmen etwas von der Stimme Hegels wahr und überdies wahrscheinlich etwas von der Stimme der Philosophie selbst. Ich glaube nicht,

5 Ebd., S. 76.

daß sich jemand der Macht dieser Präsenz entziehen konnte, sowenig wie der Nähe, die er geduldig beschwor.«[6]

Die Stimme Hegels, die Stimme der Philosophie! Daß dieser inspirierte und brillante Lehrer die Begeisterung seiner jungen Schüler zu wecken vermochte, läßt sich leicht vorstellen. In dieser Hinsicht reiht er sich übrigens in die große Tradition der *khâgne*-Lehrer ein, deren berühmteste Verkörperung die Gestalt Alains bleibt: »Erwecker«, wie Jean-François Sirinelli in seiner Studie über die *»khâgneux* und *normaliens* der Zwischenkriegszeit« sagt, indem er zu Recht auf die bedeutsame Rolle verweist, die jene Lehrer besonderen Schlages in einer so typisch französischen Institution wie der »Vorbereitungsklasse auf die *grandes écoles*« spielten.[7]

Aber die Schuld, in der sich Foucault in der Folge seinem früheren Lehrer gegenüber stehen fühlt, geht sehr viel weiter und ist mehr als bloße Dankbarkeit für die Entdeckung einer spezifischen Begabung am Ausgang der Jugendzeit. Als er 1960 seine *thèse* abschließt, stellt er dieses heute unter dem Titel *Histoire de la folie à l'âge classique* bekannte Werk unter die Schirmherrschaft mehrerer Persönlichkeiten. Diese Förderer, denen er dankt, sind Georges Dumézil, Georges Canguilhem und Jean Hyppolite.[8] In seiner Inauguralvorlesung am Collège de France, zehn Jahre nach der Niederschrift jenes Buches, erweist Foucault seinem früheren *khâgne*-Lehrer eine erneute und nachdrücklichere Huldigung. Manche haben in dieser eine offizielle Festrede abschließenden Passage den einfachen Respekt vor akademischen Konventionen sehen wollen: Foucault trat die Nachfolge Hyppolites an, und die Tradition will es so, daß der Neuberufene eine Laudatio auf seinen verstorbenen oder aus dem Lehrbetrieb ausscheidenden Vorgänger hält. Foucault aber widmet Hyppolite den ganzen Schlußteil dieser Vorlesung,

6 Michel Foucault, »Jean Hyppolite, 1907–1968«, in: *Revue de métaphysique et de morale*, Bd. XIV, April–Juni 1969, Nr. 2, S. 131.

7 Jean-François Sirinelli, *Génération intellectuelle. Khâgneux et normaliens dans l'entre-deux-guerres*, Paris 1988.

8 Michel Foucault, *Folie et déraison. Histoire de la folie à l'âge classique*, Paris 1961. »Préface«, S. X und XI; deutsch: *Wahnsinn und Gesellschaft. Eine Geschichte des Wahns im Zeitalter der Vernunft*, Frankfurt am Main 1969 [die Danksagung fehlt in der dt. Ausgabe].

während er sich doch mit einigen wenigen Worten oder Sätzen hätte zufriedengeben können. Mehr noch, er beteuert, seine künftige Arbeit »unter sein Zeichen« stellen zu wollen.[9] Und 1975, sieben Jahre nach Hyppolites Tod, schickt er seiner Witwe ein Exemplar seines Buches *Surveiller et Punir (Überwachen und Strafen)* mit der folgenden Widmung: »Für Madame Hyppolite, zur Erinnerung an den, dem ich alles verdanke.«

Man mag sich heute über die Bedeutung wundern, die Foucault seinem früheren Lehrer stets gezollt hat, der sein Lehrer im eigentlichen Sinne übrigens nur sehr kurze Zeit war, da er am Lycée Henri-IV nur die beiden ersten Monate des Schuljahres 1945–1946 unterrichtete. Zwar ist Hyppolite Zeitgenosse und Freund Sartres und Merleau-Pontys: er ist 1907 geboren, Sartre 1905 und Merleau-Ponty 1908. Sie waren Schulkameraden an der École normale supériere in der Rue d'Ulm, in die Sartre 1924 eintrat (zusammen mit Aron, Nizan, Canguilhem...), Hyppolite 1925 und Merleau-Ponty 1926. Aber die geistige Statur dieser drei Männer läßt sich schwerlich vergleichen: Hyppolite ist kein »Philosoph« in dem Sinne, wie Sartre und Merleau-Ponty es waren, und das heißt, daß er kein Schöpfer, kein Produzent im Reiche der Ideen war. Aber bei genauerem Hinsehen muß man doch einräumen, daß sein Einfluß sehr viel weitreichender war, als es den Anschein hat. Und zwar einfach deshalb, weil Hyppolite sich der Aufgabe unterzogen hatte, jene *Phänomenologie des Geistes* ins Französische zu übersetzen, die er seinen Schülern vermittelte, und zwar zu einer Zeit, da der Name Hegels im Philosophieunterricht in Frankreich höchst selten fiel; weiter deshalb, weil er damit zum Kommentator und Wortführer des Denkers von Heidelberg geworden war – oder eher von Jena, da es vor allem die Jugendwerke des deutschen Philosophen waren, die ihn an Hegel interessierten. Seine Übersetzung der »Phéno«, wie sie im Philosophenjargon heißen sollte, 1939 und 1941 in zwei Bänden bei Aubier erschienen, eröffnete einem Publikum, das bis dahin wenig Kenntnis davon genommen hatte, den Zugang zu einem Werk, das zu einem der zentralen Bezugspunkte philosophischer Forschung in Frankreich werden sollte. Und seine *thèse* mit dem Titel

9 Michel Foucault, *Die Ordnung des Diskurses*, München 1974, S. 53–54.

Génèse et structure de la »Phénoménologie de l'esprit« (Genese und Struktur der »Phänomenologie des Geistes«), die er 1947 disputiert und veröffentlicht hat, war ein Ereignis. Als Roland Caillois 1948 in der Zeitschrift *Les Temps modernes* die Arbeit rezensiert, verweist er nachdrücklich auf ihre Bedeutung: »Es fehlt nicht an Denkern, die davon überzeugt sind, daß der Hegelianismus die große Frage ist: die Frage auf Leben und Tod der Philosophie. Es ist die Philosophie selbst, die in Frage steht. Eben deshalb verdient die These von Jean Hyppolite gespannteste Aufmerksamkeit. Es handelt sich nicht nur um die Arbeit eines gewissenhaften Historikers... Es handelt sich auch um ein Schlüsselproblem: Ist das Unternehmen Philosophie legitim?«[10] Tatsächlich »fehlt« es bei Kriegsende »nicht an Denkern«, wie Caillois sagt, um Hegel ein Denkmal zu errichten. Denn der Stellenwert des Hegelianismus hat sich in Frankreich im Laufe eines Jahrzehnts von Grund auf verändert: »Im Jahre 1930«, resümiert Vincent Descombes, »war Hegel ein romantischer Philosoph, den der wissenschaftliche Fortschritt seit langem widerlegt hatte (so die Ansicht Brunschvicgs...). 1945 gilt Hegel als Gipfel der klassischen Philosophie und Ursprung von allem, was sich seither getan hat.«[11]

Hyppolite ist natürlich nicht der einzige Akteur dieses Umschlags gewesen. Bereits 1929 hatte Jean Wahl mit der Veröffentlichung seines Buches *La Conscience malheureuse dans la philosophie de Hegel* (Das unglückliche Bewußtsein in der Philosophie Hegels) die Aufmerksamkeit auf Hegel gelenkt, darin einen, wie Roland Caillois formuliert, »mystischen Hegel« vor Augen geführt. Und 1938 hatte Henri Lefebvre die *Hefte* Lenins über die Hegelsche Dialektik veröffentlicht – beides Etappen jenes langsamen Wiederkäuens, jener Maulwurfsarbeit im Sinne von Elisabeth Roudinesco, die die Einführung des Hegelianismus in Frankreich mit der der Psychoanalyse und ihren sukzessiven Schüben und Widerständen vergleicht.[12] Die beiden Strömungen kreuzen sich an einem Schlüsselpunkt ihrer jewei-

10 *Les Temps modernes*, Nr. 31, April 1948.
11 Vincent Descombes, *Das Selbe und das Andere. Fünfundvierzig Jahre Philosophie in Frankreich*, Frankfurt am Main 1981, S. 19 f.
12 Elisabeth Roudinesco, *La Bataille de cent ans. Histoire de la psychanalyse en France*, Bd. II, Paris 1986, S. 150.

ligen Durchbruchsversuche, als Alexandre Kojève mit seinem berühmten Seminar an der École pratique des hautes études beginnt. Die Namen derer, die zwischen 1933 und 1939 sein Auditorium bildeten und später zu Ruhm und Ehren kommen sollten, sind häufig zitiert worden: Alexandre Koyré, Georges Bataille, Pierre Klossowski, Jacques Lacan, Raymond Aron, Maurice Merleau-Ponty, Eric Weil und – auf weniger regelmäßige Weise – André Breton.[13] 1947, in eben dem Jahr, da Hyppolite seine *thèse* disputiert, gibt Raymond Queneau, der ebenfalls zu jenem illustren Auditorium gezählt hat, die Notizen heraus, die er sich während der Vorlesung Kojèves gemacht hat, und zwar unter dem Titel *Introduction à la lecture de Hegel (Hegel. Eine Vergegenwärtigung seines Denkens)*. Die Strömung im Umkreis des Hegelianismus ist so stark, daß Georges Canguilhem im Jahre 1948 schreiben kann: »Im Zeitalter der Weltrevolution und des Weltkrieges entdeckt Frankreich im strengen Sinne eine Philosophie, die eine Zeitgenossin der Französischen Revolution und größtenteils deren Bewußtwerdung ist.«[14]

Jean Hyppolite ist also eine der Gallionsfiguren dieses Triumphes des Hegelianismus im Frankreich der Nachkriegsjahre – eines Triumphes, der noch durch die Woge des Existentialismus verstärkt wird, dem sich Hyppolite erklärtermaßen sehr nahe fühlt. Er wird daran mit allem Nachdruck im Dezember 1955 erinnern, bei einem Vortrag in der Maison de France von Uppsala, deren Direktor zu jener Zeit Michel Foucault heißt. Thema des Vortrags: »Hegel und Kierkegaard im zeitgenössischen französischen Denken«.[15] Denn genau da liegt der Schlüsselpunkt dieser hegelschen Explosion: man liest Hegel nicht mehr als »Professor der Professoren«, als »Systemdenker«, sondern als Autor eines Werkes, das mit seiner Nachwelt konfrontiert wird: mit Feuerbach, Kierkegaard, Marx, Nietzsche... Kurz, man liest Hegel als Begründer der philosophischen Moderne. Merleau-Ponty hat das sehr gut zum Ausdruck gebracht, wenn

13 Raymond Aron, *Erkenntnis und Verantwortung*, München 1985, S. 77.
14 Georges Canguilhem, »Hegel en France«, in: *Revue d'histoire et de philosophie des religions*, Strasbourg, 1948–1949.
15 Jean Hyppolite, *Figures de la pensée philosophique*, Paris 1971, Bd. I, S. 196.

er in einem Kommentar zu einem im Februar 1945 gehaltenen Vortrag Jean Hyppolites über den Existentialismus bei Hegel schreibt: »Hegel steht am Ursprung alles dessen, was seit einem Jahrhundert Größe erlangt hat – beispielsweise der Marxismus, Nietzsche, die deutsche Phänomenologie, die Psychoanalyse; er steht am Anfang des Versuchs, das Irrationale zu erforschen und es in eine erweiterte Rationalität zu integrieren, die die Aufgabe dieses Jahrhunderts bleibt.«[16] Und er fährt fort: »Es fügt sich, daß die Nachfolger Hegels mehr auf dem insistiert haben, was sie von seiner Erbschaft ablehnten, als auf dem, was sie ihm schuldeten.« Merleau-Ponty schließt daraus, daß es keine dringlichere Aufgabe gibt als die des »Rückbezuges abtrünniger Lehren, die ihn vergessen möchten, auf ihren Ursprung bei Hegel«.[17]

Zum besseren Verständnis der ausschlaggebenden Bedeutung dieser »Entdeckung« Hegels muß sie also mit einem ihrer Herkunftssträngen in Zusammenhang gebracht werden – im Sinne jener Filiationen, wie sie sich für die Sicht der Epoche darbieten: es handelt sich natürlich um den Marxismus. Jean Hyppolite hat diesen doppelten Prozeß seinerseits in einem anderen Vortrag hervorgehoben, den er, ebenfalls in der Maison de France, im Dezember 1955 gehalten hat: »Wir griffen erst spät auf einen Hegelianismus zurück, der bereits ganz Europa – mit Ausnahme Frankreichs – erfaßt hatte, aber wir fanden dazu auf dem Wege über die *Phänomenologie des Geistes*, Hegels am wenigsten bekanntes Jugendwerk, und über die mögliche Beziehung von Marx zu Hegel. Es hatte zwar Sozialisten und Philosophen in Frankreich gegeben, aber Hegel und Marx hatten in die französische Philosophie noch nicht Einzug gehalten. Das ist heute geschehen. Die Diskussion über Marxismus und Hegelianismus ist an der Tagesordnung.«[18]

Diese radikale Wandlung des philosophischen Feldes ist folgenreich: Der Marxismus erwirbt sich Heimatrecht, bevor er dann, geradezu blitzartig, zum »unüberschreitbaren Horizont unserer Zeit« wird, wie Sartre in seiner *Kritik der dialektischen Vernunft* sagt, jedenfalls zum Horizont einer Vielzahl von Intellek-

16 Maurice Merleau-Ponty, *Sens et non-sens*, Paris 1948, S. 109.
17 Ebd., S. 110.
18 Jean Hyppolite, *Figures...*, a. a. O., Bd. II, S. 976.

tuellen in den auf den Zweiten Weltkrieg folgenden drei Jahrzehnten.

Hyppolite verkörperte folglich die Ouvertüre zu allem, was die Generation Foucaults begeistern sollte: Marx, aber auch Nietzsche, Freud... Und im Grunde ist Michel Foucault gar nicht weit von Merleau-Ponty entfernt, wenn er 1970 in seiner Inauguralvorlesung im Collège de France erklärt, um das Andenken an seinen früheren Lehrer wachzuhalten: »Unsere ganze Epoche, sei es in der Logik oder in der Epistemologie, sei es mit Marx oder mit Nietzsche, trachtet Hegel zu entkommen. [...] Aber um Hegel wirklich zu entrinnen, muß man ermessen, was es kostet, sich von ihm loszusagen; muß man wissen, wie weit uns Hegel insgeheim vielleicht nachgeschlichen ist; und was in unserem Denken gegen Hegel vielleicht noch von Hegel stammt; man muß ermessen, inwieweit auch noch unser Anrennen gegen ihn seine List ist, hinter der er uns auflauert: unbeweglich und anderswo. Nicht nur ich schulde Jean Hyppolite Dank: denn er hat für uns und vor uns den Weg durchlaufen, auf dem man sich von Hegel entfernt und Distanz nimmt, auf dem man aber auch wieder zu ihm zurückgeführt wird, aber anders und so, daß man ihn von neuem verlassen muß.«[19] Mehr als zwanzig Jahre sind verstrichen seit dem Zeitpunkt, da Merleau-Ponty der Philosophie die Aufgabe zuweist, abtrünnige Strömungen des Denkens wieder auf ihren Ursprung bei Hegel zurückzubeziehen, bis zu diesem Jahr 1970, in dem Foucault an jene begriffliche Anstrengung erinnert, die Hyppolite geleistet hat – vor den Augen einer ganzen Generation philosophischer Lehrlinge, die er in hohem Maße mitgeformt hat.

Michel Foucault wird im Oktober 1968 in seiner bereits erwähnten Rede anläßlich einer von Louis Althusser in der Rue d'Ulm organisierten Gedenkfeier für den jüngst verstorbenen Hyppolite weiter ausführen: »Alle Probleme, die uns aufgegeben sind, uns als seinen Schülern von gestern, alle diese Probleme hat er selbst aufgeworfen, hat er selbst angesprochen, [...] hat er selbst in *Logique et existence* formuliert, einem der großen Bücher unserer Zeit. Unmittelbar nach Kriegsende lehrte er uns, die Beziehungen zwischen Gewalt und Diskurs zu denken;

19 Michel Foucault, *Die Ordnung des Diskurses*, a. a. O., S. 50.

gestern lehrte er uns, die Beziehungen zwischen Logik und Existenz zu denken; und noch jetzt gibt er uns auf, die Beziehungen zwischen Inhalt der Wissenschaft und formaler Notwendigkeit zu denken – er hat uns letztlich gelehrt, daß das Denken eine unaufhörliche Praxis ist, daß es eine bestimmte Art und Weise ist, die Nicht-Philosophie ins Werk zu setzen, ihr aber stets so nahe wie möglich zu bleiben, da wo die Existenz ansetzt.«[20]

Michel Foucault wird noch einen weiteren Gedenkartikel für Hyppolite schreiben, und zwar für einen von ihm herausgegebenen Sammelband, an dem sich Martial Guéroult, Michel Serres, Georges Canguilhem, Jean Laplanche, Suzanne Bachelard und Jean-Claude Pariente beteiligen...[21] Sein berühmt gewordener Beitrag bezieht sich – und das braucht nicht wunderzunehmen – auf »Nietzsche, la généalogie, l'histoire«.

Diese »Stimme Hegels«, die den fünfzig Jugendlichen des Lycée Henri-IV in jenem Herbst des Jahres 1945 plötzlich in die Ohren klingt, übt auf sie die Wirkung eines regelrechten intellektuellen Schocks aus – um nicht zu sagen: eines existentiellen Schocks. Aber »Hippal«, »Maître Hippal«, wie ihn Foucault in der Folge gern nennt, wird an die philosophische Fakultät der Universität Strasbourg berufen, wo Georges Canguilhem lehrt. Seine Schüler haben ihn kaum zwei Monate hören können, und schon springt er ab und überläßt sie ihrer Verwunderung. Foucault wird einige Jahre warten müssen, bevor er ihm an der Sorbonne und in der École normale wiederbegegnet. Hyppolite wird durch einen recht glanzlosen Mann ersetzt, der überdies sehr wohl weiß, daß er sich dem Vergleich mit jenem Leuchtfeuer zu stellen hat, das den großen Schauder der philosophischen Epopöe hat aufblitzen lassen. Die fünfzig Schüler wechseln von der Bewunderung zum Ulk über und witzeln über den »Gnom«, »häßlich wie eine Laus«, als den ihn einige Zeugen beschreiben, und der vor allem mit seinen Notizen nichts anderes anzufangen weiß, als ihnen endlose Stunden der Langeweile zu bereiten. Er zitiert gern Boutroux und Lachelier.

20 Michel Foucault, »Jean Hyppolite, 1907–1968«, a. a. O., S. 136.
21 Michel Foucault (Hg.), *Hommage à Jean Hyppolite*, Paris 1969.

Man ist meilenweit entfernt von der philosophischen Moderne, die im Begriff ist, sich wiederzufinden. Also tuscheln sie fortgesetzt. Eines Tages bricht M. Dreyfus-Lefoyer buchstäblich zusammen: »Ich weiß, daß ich nicht an Hyppolite heranreiche«, ruft er mit vor Erregung und ohnmächtiger Wut brechender Stimme, »aber ich tue mein möglichstes, um Sie durch die Prüfung zu bringen.«

Was Foucault betrifft, so hat er sich im philosophischen Spiel verfangen und widmet sich ihm mit Leidenschaft. Seine schulischen Leistungen steigen sprunghaft an: gegen Ende des ersten Trimesters hatte er im Aufsatz die Note 9,5 erhalten und damit den 22. Platz belegt (wenn auch mit folgendem Kommentar: »Ist sehr viel besser, als seine Note zum Ausdruck bringt – muß sich von einem gewissen Hang zum Hermetismus freimachen – ein strenger Kopf; Aufsatznoten: 14 und 14,5«). Denselben 22. Platz belegt er auch am Ende des 2. Trimesters, mit derselben Note beim Probeexamen; aber am Ende des gesamten Schuljahres liegt er plötzlich mit der Note 15 an erster Stelle. Mit folgender lobenden Bewertung seines Professors: »Eliteschüler«.

»Elite« in Philosophie, aber auch in Geschichte: Er ist siebenter im ersten Trimester mit einer 13, die ihm folgende Bemerkung einträgt: »Gute Arbeit. Sehr ermutigende Ergebnisse«, und er verbessert sich auf den 1. Platz mit einer 16 und folgendem Kommentar: »Sehr gute Ergebnisse«. Im Falle Foucaults sind sich die Lehrer einig. »Ein reger Kopf«, schreibt M. Boudout, der Französischlehrer, ins Zeugnisheft, »er beweist literarischen Geschmack«. In der lateinischen Übersetzung steigt Foucault vom 31. Rang – »passable Ergebnisse« – zum 10. auf – »ausgezeichneter Schüler«. In Griechisch ist er vierter. So daß der Direktor, als Zusammenfassung der im Klassenbuch niedergelegten Ergebnisreihe, zu folgendem Abschlußurteil kommt: »Verdient den Erfolg.«

Rue d'Ulm

Diesmal wird das Hindernis problemlos genommen: Die schriftlichen Prüfungen sind lediglich eine Formalität. Paul-Michel Foucault hat bestanden. Er darf sich also eines schönen Tages im Juli 1946 zwei Prüfern stellen, die in der Aula im ersten Stock der Rue d'Ulm die mündliche Prüfung in Philosophie abnehmen: Pierre-Maxime Schuhl, Professor an der philosophischen Fakultät der Universität Toulouse, und Georges Canguilhem*, einer der bedeutendsten Vertreter der französischen Universitätsphilosophie, der Wissenschaftsgeschichte an der philosophischen Fakultät der Universität Strasbourg lehrt. Es ist das erste Mal, daß Foucault diesem kleinen Mann von Angesicht zu Angesicht gegenübertritt, dessen schroffe Umgangsformen in seltsamem Gegensatz zu seinem meridionalen Akzent stehen, der eher auf einen leutseligen und warmherzigen Charakter schließen läßt. Das erste, aber nicht das letzte Mal. Denn Michel Foucault hat an diesem Tage nicht nur eine Zusammenkunft mit der Rue d'Ulm und den Verheißungen, die diese ehrwürdige Institution allen, die sie aufnimmt, zu machen scheint, sondern gewissermaßen auch ein Stelldichein mit seiner Zukunft: er macht die Bekanntschaft einer der Persönlichkeiten, die dazu ausersehen sind, in seiner Karriere und in seinem Werdegang eine Schlüsselrolle zu spielen. Foucault wird Canguilhem einige Jahre später wiederbegegnen, als er den mündlichen Teil der Prüfung zur *agrégation* ablegt. Er behält diese beiden ersten Zusammentreffen übrigens in schlechter Erinnerung. Vor allem aber stößt er erneut auf Canguilhem, als er sich einen »Doktorvater« für seine *thèse* über *Wahnsinn und Gesellschaft* suchen muß. Diese letzte Episode wird der Ausgangspunkt einer engen Freundschaft und hoher gegenseitiger Wertschätzung der beiden Männer sein. Aber so weit sind wir noch nicht. Im Augenblick, in diesem Jahr 1946, ist Canguilhem für Foucault nur eine der beiden Personen, von denen der Ausgang seines Examens abhängt, ein Professor mit beeindruckender Präsenz, »mit großen und nahezu weit aufgerissenen Augen,

---

* Cf. zur Vita Canguilhems S. 164 ff. des vorliegenden Bandes (A. d. Ü.)

um alles zu erfassen«[1], wie ihn einer seiner Schüler beschreibt. Er steht in dem Ruf, mit den Kandidaten grausam zu verfahren. Foucault ist noch keine zwanzig Jahre alt und hat weniger als eine Stunde Zeit, um seine Prüfer davon zu überzeugen, daß er es verdient, *normalien* zu werden.

Einige Tage später drängt sich eine Menge von Kandidaten in Begleitung ihrer Eltern oder Freunde vorm Eingangsportal der École in der Rue d'Ulm, um die ausgehängte Liste der Aufgenommenen zu studieren. Die Spannung ist beinahe irrwitzig. Für Jugendliche im Alter von neunzehn oder zwanzig Jahren, die zwei oder drei Jahre lang wie verrückt gebüffelt, die alles investiert, die in der Erwartung dieses Tages alles aufs Spiel gesetzt haben, ist das mehr als ein Augenblick der Wahrheit, es ist beinahe eine Frage von Leben oder Tod. Die Schatten von Jaurès, Blum, Herriot, von Jules Romains und Jean-Paul Sartre ... scheinen über den Häuptern zu schweben, und jeder hat das Gefühl, daß in diesem einen und einzigen Augenblick seine gesamte soziale und intellektuelle Existenz auf dem Spiel steht: alles oder nichts. Die weißen Papierrechtecke werden an der Scheibe der Portiersloge angeschlagen: erster Raymond Weil; zweiter Guy Palmade; dritter Jean-Claude Richard. Vierter: Paul Foucault... Foucault schaut sich gerade noch die Namen an, die auf den seinen folgen. Er ist außer sich vor Freude, und es gelingt ihm, herauszufinden, wer seine Kameraden sind, die ebenfalls weiterkommen: Maurice Agulhon, Paul Viallaneix, Robert Mauzi, Jean Knapp usw., mit denen er jetzt mehrere Jahre lang zusammenleben wird und die in der Folge ihre kleine oder große Rolle im Theater seiner Laufbahn spielen werden.

Es sind insgesamt achtunddreißig, die sich im Herbst in den alten, im Stil eines republikanischen Konvents gehaltenen Baulichkeiten der École normale supérieure zusammenfinden. Sechs der »Konskribierten« aus dem Lycée Henri-IV wählen sich eine *thurne*** im Erdgeschoß als Domizil: ein langes Rechteck, in dem sich, von der Tür zum Fenster, Jean Papon, Guy Degen, Guy Verret auf der einen, Robert Strehler, Maurice

---

* Schülerjargon für Zimmer, Zelle. (A. d. Ü.)

1 Bertrand de Saint-Sernin, »Georges Canguilhem à la Sorbonne«, in: *Revue de métaphysique et de morale*, Januar–März 1985, S. 84.

Vouzelaud und Michel Foucault auf der anderen Seite einrichten.

Für Michel Foucault beginnt ein neues Leben. Ein Leben, das er nur mit Mühe ertragen wird. Er ist ein ungebärdiger Einzelgänger, dessen Beziehungen zu den anderen sich kompliziert, häufig sogar konfliktuös gestalten. Er fühlt sich nicht wohl in seiner Haut, sogar etwas kränklich. Und ganz offensichtlich behagt ihm diese von der École aufgezwungene Situation der Promiskuität durchaus nicht. Um so weniger, als die Rue d'Ulm schon an sich ein pathogenes Milieu ist, ein Treibhaus aller möglichen, auch der absurdesten und exzentrischsten Verhaltensweisen, auf persönlicher wie auf intellektueller oder politischer Ebene. Denn die École – das ist in erster Linie der Zwang zu brillieren, sich auszuzeichnen; und wenn es darum geht, die Rolle des außergewöhnlichen Genies zu spielen, die Posen künftigen Ruhmes einzunehmen, sind alle Mittel recht. Nicht wenige kommen dreißig oder vierzig Jahre später mit Groll und Abscheu auf ihre Jahre als *normaliens* zu sprechen. »In der École zeigt sich jeder nur von seiner schlechtesten Seite«, sagt Jean Deprun, heute Professor an der Sorbonne. »Jeder hatte seine besondere Neurose«, fügt Guy Degen hinzu, mehrere Jahre lang *cothurne** von Michel Foucault. Und diesem Michel Foucault wird es nie gelingen, sich an das Leben in Gemeinschaft anzupassen, sich in jene Art von Sozialität zu fügen, wie sie von der inneren Organisation der École gefordert wird. Eines Tages wird er Maurice Pinguet gestehen, daß die in der Rue d'Ulm verbrachten Jahre für ihn »manchmal unerträglich« waren. Foucault zieht sich in seine Einsamkeit zurück, die er nur aufgibt, um sich über die anderen lustig zu machen. Er witzelt über sie mit einer Kälte, die rasch berühmt wird. Er spöttelt und hohnlacht fortgesetzt über manche seiner Kameraden, die er aufs Korn genommen hat und die er mit verletzenden Spitznamen belegt, über die er öffentlich herzieht, vor allem an den »Fleischtöpfen« der École, im Speisesaal, wo Mittag- und Abendessen gemeinschaftlich eingenommen werden. Er gerät mit jedermann in Streit, verfeindet sich mit allen und jedem und legt alle Anzeichen einer bemerkenswerten Aggressivität an den

---

* Schülerjargon: Zimmergenosse. (A. d. Ü.)

Tag, zu der sich überdies eine recht ausgeprägte Megalomanie gesellt. Foucault liebt es, die Genialität zu inszenieren, für deren Verkörperung er sich hält. So daß er sehr rasch und beinahe einmütig verabscheut wird. Es gibt zahlreiche Anekdoten über sein bizarres Verhalten: Eines Tages findet ihn ein Lehrer der Schule in einem Klassenraum auf dem Boden liegend und bemerkt, daß er sich die Brust mit einem Rasiermesser zerfetzt hat. Ein andermal sieht man ihn nachts einen Mitschüler mit einem Dolch in der Hand verfolgen. Und als er 1948 einen Selbstmordversuch unternimmt, finden die meisten seiner Kameraden in dieser Tat die Bestätigung dessen, was sie schon immer vermuteten: sein psychisches Gleichgewicht ist mehr als gestört. Jemand, der ihn bereits in dieser Phase sehr gut gekannt hat, glaubt, »daß er sein ganzes Leben lang dem Wahnsinn nahe war«. Zwei Jahre nach seiner Aufnahme in die École findet sich Foucault im Hôpital Sainte-Anne, in der Praxis von Prof. Delay wieder, einer der angesehensten Kapazitäten der französischen Psychiatrie. Sein Vater, Dr. Foucault, selbst führt ihn zu ihm. Der erste Kontakt mit der Psychiatrie als Institution. Die erste Annäherung auch an jene ungenau markierte Grenze, die – vielleicht weniger radikal, als man glauben möchte – den »Verrückten« vom »Zurechnungsfähigen«, den Geisteskranken vom psychisch Gesunden trennt. Jedenfalls aber verhilft diese schmerzliche Episode Foucault zu einem Privileg, um das ihn viele beneiden: zu einem Einzelzimmer im Krankenrevier der École. Und dieses Zimmer isoliert ihn und verschafft ihm die Ruhe, die er zur Arbeit braucht. Dieses Einzelzimmer im Krankenrevier wird er später erneut bewohnen, als er sich im Jahre 1950–1951 zum zweiten Mal auf die *agrégation* vorbereitet; und erneut dann, als er selbst Vorlesungen hält: diesmal aber aus Gründen der Bequemlichkeit. In der Zwischenzeit kommt es zu mehreren weiteren Selbstmordversuchen oder -inszenierungen: »Foucault war von dieser Idee geradezu besessen«, so das Zeugnis eines seiner Freunde. Eines Tages, als ein anderer ihn fragte: »Wohin gehst du?«, antwortete ihm Foucault zu seiner Überraschung: »Ich gehe ins BHV* und kaufe mir einen Strick, um mich aufzuhängen.« Der Arzt der École, der sich

---

* BHV: Bazar de l'Hôtel de Ville, ein Pariser Warenhaus. (A. d. Ü.)

hinter seine ärztliche Schweigepflicht zurückzieht, beschränkt sich darauf zu sagen, daß »diese Störungen von einer sehr schlecht ausgelebten und verarbeiteten Homosexualität« herrührten. Und tatsächlich, immer wenn Foucault von seinen häufigen nächtlichen Ausflügen in Homosexuellenbars oder Strichgegenden heimkehrt, ist er stundenlang völlig niedergeschlagen, krank, vor Scham ganz zerstört. Und Dr. Étienne hat sich sehr häufig um ihn zu kümmern, um ihn davon abzuhalten, jenen unwiderruflichen Akt zu vollziehen.

Tatsächlich war es zu dieser Zeit keineswegs leicht, seine Homosexualität auszuleben. Dominique Fernandez, der 1950 die École bezog, hat darüber berichtet, welchen pathetischen Anstrich die Situation von Homosexuellen in jenen Jahren haben konnte – »einer Zeit der Scham und der Heimlichkeit«, in der jedermann die Lüste einer Abweichung, die die Öffentlichkeit nicht zulassen mochte, in die Dunkelzone des Nachtlebens zu verdrängen hatte. Fernandez hat die Gefühle, die er bei der Lösung von der Kindheit empfand, zusammengefaßt: »Mir schwante dunkel, daß ich 1.) abseits der anderen aufwachsen würde, von Dingen angezogen, über die ich mit niemandem in meiner Umgebung sprechen konnte; 2.) daß diese Situation eine Quelle endloser Selbstquälerei sein würde; 3.) aber auch das Zeichen einer geheimen und wunderbaren Erwähltheit. Die Mischung aus Stolz und Entsetzen darüber, in eine Freimaurerloge einzutreten, die der Mißbilligung der Öffentlichkeit ausgesetzt sein würde, versetzte mich meine ganze Jugendzeit hindurch in Erregung.«[2] Und hinsichtlich der einschlägigen Literatur, die er um jeden Preis zusammentragen wollte, um sich über seinen »Zustand« klarzuwerden, schreibt er: »Um 1950 und während der ganzen folgenden zehn oder fünfzehn Jahre war in den Büchern, die ich anhäufte, von nichts anderem die Rede als von Trauma, Neurose, natürlicher Minderwertigkeit oder Disposition zum Unglück. Das Porträt, das ich anhand der unzähligen Fälle, die ich in jenen Texten an mir vorbeidefilieren sah, von mir selbst zeichnen konnte, war das eines zum Leiden verurteilten Untermenschen.«[3] Wie viele wurden wohl zum Opfer die-

2 Dominique Fernandez, *Le Rapt de Ganymède*, Paris 1989, S. 292 f.
3 Ebd., S. 82.

ser repressiven Gewalt? Wie viele mußten lügen, manchmal sogar sich selbst belügen? Und darunter auch Michel Foucault, von dem viele *normaliens* erst nachträglich erfuhren, daß er homosexuell war, oder sagen, sie hätten es lediglich vermutet oder gar durch Zufall entdeckt. Oder es gewußt, weil sie selbst homosexuell waren. Aber alle, gleichgültig, ob sie den tieferen Grund seiner Verstörtheit kannten oder nicht, haben einen Foucault in Erinnerung behalten, der sich in unsicherem Gleichgewicht auf jener Linie forttastete, die jederzeit in den Wahnsinn umschlagen kann. Und alle haben sich auf diese Weise sein obsessives Interesse für Psychologie, Psychoanalyse und Psychiatrie erklärt. »Er wollte alles verstehen, was mit dem Privaten und Ausschließenden in Zusammenhang stand«, sagt einer. »Sein sehr ausgeprägtes Interesse für die Psychologie war zweifellos von den Elementen seiner persönlichen Biographie bedingt«, sagt ein anderer. Oder gar: »Als *Wahnsinn und Gesellschaft* erschien, haben alle, die ihn kannten, sehr deutlich gesehen, daß das Buch eng mit seiner persönlichen Geschichte verknüpft war.« Und einer der ihm damals Nahestehenden: »Ich habe immer geglaubt, daß er eines Tages über die Sexualität schreiben würde. Er mußte der Sexualität zentralen Raum in seinem Werk geben, weil sie ja auch in seinem Leben zentral war«; und weiter: »Seine letzten Bücher sind so etwas wie seine persönliche Ethik, die er sich selbst abgerungen hat. Sartre hat nie seine Ethik geschrieben, Foucault dagegen hat es«; oder: »Mit seinem Rückgriff auf das antike Griechenland hat Foucault in seiner *Histoire de la sexualité* (*Sexualität und Wahrheit*) sein eigenes archäologisches Fundament gefunden...« Kurz, alle Welt ist sich darin einig, das Werk Foucaults, ja sogar sein methodisches Vorgehen selbst in dieser Situation verankert zu sehen, die er während seiner Jahre als *normalien* so dramatisch erlebt hat. Natürlich kann es sich nicht darum handeln, das Gesamtwerk Foucaults aus seiner Homosexualität zu erklären – wie es manche Vertreter des amerikanischen Universitätsestablishments glauben tun zu können, die sich überdies ausmalen, das genüge, ihn zu disqualifizieren. Man darf sich hier abgewandelt durchaus Sartres Formulierung als Antwort auf den Vulgärmarxismus zu eigen machen: Natürlich war Paul Valéry ein Kleinbürger, aber nicht alle Kleinbürger sind ein Paul

Valéry. Man kann allerdings in aller Einfachheit gewahr werden, wie hier ein intellektuelles Projekt aus einer Erfahrung erwächst, die man wahrscheinlich als originär bezeichnen muß; wie hat sich ein intellektuelles Abenteuer in den Auseinandersetzungen des individuellen und gesellschaftlichen Lebens »erfunden«, nicht um daran haften zu bleiben, sondern sie zu denken, zu überschreiten, sie in Gestalt der ironischen Rückverweisung der Frage an diejenigen zu problematisieren, die sie an ihn stellten: Wissen Sie eigentlich, was Sie sind? Sind Sie Ihrer Vernunft so sicher? Ihrer wissenschaftlichen Begriffe? Ihrer Wahrnehmungskategorien? Foucault hat seine psychiatrischen Autoren gelesen. Er hat mit Psychologen zusammengearbeitet. Er hätte einer von ihnen werden können. Vielleicht hat ihm seine Homosexualität diesen Weg verstellt? Wie wiederum Dominique Fernandez schreibt: »Damals war die Zeit der Psychiatrie und der Psychoanalyse. Die Ärzte, die die Nachfolge der Priester und der Polizisten angetreten hatten, fällten über das Los des Homosexuellen Urteile, die um so mehr Gehör fanden, als sie von einer scheinbar ›wissenschaftlichen‹ Autorität formuliert wurden und ein gewisses väterliches Wohlwollen verströmten. Wann immer ein Psychoanalytiker schrieb: ›Ich habe noch nie einen glücklichen Homosexuellen getroffen‹, hielt ich dieses Urteil für eine unbezweifelbare Wahrheit und verkroch mich noch tiefer ins Bewußtsein meines Unglücks.«[4] Bis zu dem Tage, da der »Paria« sich erhebt, da die Stimme der Verweigerung laut wird. Einer Verweigerung, die bei Foucault den doppelten Umweg über die Literatur und die Theorie hat nehmen müssen. Einerseits seine Faszination für die Schriftsteller der »Überschreitung«, der »Grenzerfahrung«, des Scheiterns und der Verausgabung; die Hochstimmung und Begeisterung, die er bei der Lektüre von Bataille, Klossowski und bei der Entdeckung der »Möglichkeit des wahnsinnigen Philosophen« spürt, dessen Feuersprache die Dialektik und die Positivitäten verbrennt, wie er im »Vorwort zur Überschreitung« sagt.[5] Und andererseits die historische Prüfung und Befragung des wissenschaftlichen Status der psychologischen Disziplinen, des ärztlichen Blickes und

4 Dominique Fernandez, *Le Rapt de Ganymède*, a. a. O., S. 82.
5 Michel Foucault, »Vorwort zur Überschreitung«, in: *Von der Subversion des Wissens*, hg. von W. Seitter, München 1974, S. 45.

des Gesamtkomplexes der Wissenschaften vom Menschen. Hat er nicht 1981 erklärt: »Jedesmal, wenn ich versucht habe, eine theoretische Arbeit zu leisten, ist sie von Elementen meiner eigenen Existenz ausgegangen: immer in Beziehung zu Prozessen, die ich in meiner Umgebung sich abspielen sah. Weil ich in den Dingen, die ich sah, in den Institutionen, mit denen ich zu schaffen hatte, in meinen Beziehungen zu anderen tiefe Risse und Brüche, Dysfunktionen zu erkennen glaubte – gerade deshalb habe ich eine solche Arbeit unternommen, eine Art autobiographisches Fragment.«[6]

Foucaults Unbehagen kann darüber hinaus auch sein Streben nach einem Exil erklären, um sich aus den Sackgassen zu lösen, in die er sich eingesperrt fühlte: jedenfalls scheint das den Zeugen evident, die sich die Gründe für seine 1955 vollzogene Übersiedlung nach Schweden zurechtzulegen versuchen. Es bedarf erst der sechziger Jahre und der sich damals vollziehenden Entkolonialisierung der Geister, damit Foucault sich allmählich von den normativen Netzen der Repression befreit. Vielleicht nicht genug befreit in den Augen eines Dominique Fernandez, der Barthes und Foucault den schweren Vorwurf macht, über ihre Homosexualität stets Stillschweigen bewahrt zu haben, und zwar sogar zu einem Zeitpunkt, wo ihnen dieses Stillschweigen gar nicht mehr aufgezwungen war. Daß Roger Martin du Gard sich in einem Maße verstecken mochte, daß er – der Nobelpreisträger – einen Roman unveröffentlicht lassen wollte, dessen Hauptpersonen Homosexuelle waren, konnte immerhin noch »legitime Vorsicht« sein. Aber Barthes! Der im Jahre 1975 einen einzigen Abschnitt seines *Roland Barthes par lui-même* (*Über mich selbst*) der »Göttin H.« widmet, von der er auf eher neutrale Weise sagt: »Das Vermögen der Wollust an einer Perversion (in diesem Falle die der beiden H.: Homosexualität und Haschisch) wird immer unterschätzt.« Welche Feigheit!, kommentiert Fernandez, der Foucault denselben Vorwurf macht: »Auch er hat sich nie dazu durchringen können, ein persönliches Bekenntnis dazu abzulegen.«[7] Was von der Wahrheit weit entfernt ist. Tatsache aber ist, daß es für diejenigen, die noch

6 Michel Foucault, »Est-il donc important de penser?«, in: *Libération*, Nr. 30, Mai 1981.

7 Dominique Fernandez, *Le Rapt de Ganymède*, a. a. O., S. 132 f.

jene frühere Situation miterlebt hatten, häufig schwierig gewesen ist, der »Kulturrevolution« zu folgen, wie sie die Generationen nach 1968 inszenierten. Ein einziges Beispiel mag dies versinnbildlichen: 1981 entschließt sich André Baudry, von der aufreizenden Militanz der *gay movements* verunsichert, die Zeitschrift *Arcadie* und die Bewegung gleichen Namens einzustellen, die er seit 1954 geleitet hatte und die drei Jahrzehnte lang die Hoffnung verkörperten, die Homosexualität mit den Mitteln der Diskretion, der Respektabilität und dessen, was er »Würde« nannte, »gesellschaftsfähig« zu machen – das Ganze durch den Gebrauch von Pseudonymen verschleiert. Man versteht nur zu gut, daß mehr als einer von ihnen, aufgefordert, aller Welt und laut einzugestehen, was er bisher so viele Jahre lang zu verschweigen hatte, sich desorientiert fühlen mußte. Das pathetische Echo dieser Gewissensnöte wird noch vernehmbar, als Jean-Paul Aron, an der Schwelle des Todes, die Titelseite des *Nouvel Observateur* zu der Erklärung, daß er Aids hat, *und* zum gleichzeitigen öffentlichen »Geständnis« seiner Homosexualität benutzt.[8] Wenn er Foucault den Vorwurf macht, er habe das Wesen seiner Krankheit geheimgehalten, unterstellt er ihm zugleich, auch diesem »Geständnis« ausgewichen zu sein. War es aber nicht gerade diese Vorstellung des »Geständnisses«, vor der es Foucault graute? Ein Abscheu, dessen Spuren sich in der gesamten, in allen seinen späten Büchern entwickelten Anstrengung erkennen lassen, jenen Sprech-, jenen Mitteilungs-, jenen Geständniszwang von sich zu weisen, abzulehnen, zu entwaffnen. So als ob man den brutalen Erfahrungen des Alltagslebens noch am Ursprung einer historischen Perspektivierung und einer theoretischen Forschung wiederbegegnete.

Stimmen seine Jahrgangskameraden in der Einmütigkeit überein, mit der sie einen absonderlichen und verwirrenden Foucault vor Augen führen, so nicht minder, wenn sie den verbissenen Arbeiter beschreiben, der er damals bereits ist. Unausgesetzt liest er, und er begnügt sich nicht mit bloßem Lesen: er macht sich Notizen, die er minuziös und systematisch in Zettel-

8 Jean-Paul Aron, »Mon sida«, in: *Le Nouvel Observateur*, 30. Oktober 1987.

kästen ordnet. Er hat sogar handgeschriebene und gebundene
Notizen ausfindig gemacht, die Schüler sich bei... Bergsons
Vorlesungen zur Geschichte der Philosophie gemacht haben.
In den Augen seiner Mitschüler ist er ein außergewöhnliches
Wesen, außergewöhnlich hinsichtlich seiner Bildung, seiner
Arbeitsfähigkeit, der Vielzahl seiner Interessengebiete. Er liest
alles: natürlich die klassischen Philosophen, Plato, Kant...
und Hegel, über den er im Juni 1949 seine Zulassungsarbeit
schreibt. Titel: »Die Konstitution eines historischen Transzendentalen in der *Phänomenologie des Geistes von Hegel*.« Er liest
selbstverständlich Marx, weil das jeder tut. Ein wenig später
aber auch Husserl und vor allem Heidegger. 1942 ist das Buch
von Alphonse de Waelhens erschienen, und die jungen Philosophen machen sich anhand seiner Kommentare mit dem Denken von Heidegger vertraut. Foucault stürzt sich ins Studium
der deutschen Sprache, um die Texte im Original lesen zu können. Die Lektüre Heideggers wird für ihn sehr wichtig: »Ich
habe mit der Lektüre von Hegel angefangen, dann mit der von
Marx, schließlich mit Heidegger«, erzählt er gegen Ende seines
Lebens, als er sich seine Ausbildungsjahre vergegenwärtigt.
»Ich habe hier noch die Notizen, die ich mir gemacht habe, als
ich Heidegger las – ich habe haufenweise davon –, und sie sind
auf andere Weise wichtig als die, die ich mir zu Hegel oder
Marx gemacht habe. Mein ganzer philosophischer Werdegang
ist von meiner Heidegger-Lektüre bestimmt worden. Aber ich
muß gestehen, daß schließlich Nietzsche die Oberhand behalten hat [...]. Meine Kenntnis Nietzsches ist sehr viel genauer als
die von Heidegger; dennoch bleibt es dabei, daß das die beiden
grundlegenden Erfahrungen sind, die ich gemacht habe. Wahrscheinlich hätte ich, wenn ich nicht Heidegger gelesen hätte,
auch niemals Nietzsche gelesen.«[9] Seine Nietzsche-Leidenschaft
kommt tatsächlich ein wenig später. Im Augenblick interessiert
er sich sehr für die Psychoanalyse und die Psychologie: er liest
Freud, und für sehr lange Zeit wird das einer seiner bevorzug-
testen Autoren sein, einer seiner Hauptgesprächsgegenstände,
einer seiner wichtigsten Interessenschwerpunkte; aber auch

9 Michel Foucault, »Le Retour de la morale« (Interview), in: *Les Nouvelles
littéraires*, 28. Juni 1984.

Krafft-Ebing, Marie Bonaparte... Er macht viel Aufhebens von einem Buch, das seine ganze Generation geprägt hat, die *Critique des fondements de la psychologie (Kritik der Grundlagen der Psychologie)* von Politzer, eine Arbeit von 1938, die vergriffen ist und deren einziges verfügbares Exemplar die *normaliens* mit glühendem Interesse von Hand zu Hand gehen lassen. An anderen Büchern werden für ihn wichtig: *Individuum und Gesellschaft* und *Die psychologischen Grenzen der Gesellschaft* von Abram Kardiner, dessen Begriff der »Basispersönlichkeit« und dessen Thesen zur Beziehung zwischen individuellen Verhaltensweisen und den Kulturen, in denen sie sich ausprägen, sein späteres Denken beeinflussen werden. Foucault interessiert sich weiter für Margaret Mead und die Geschlechterteilung in primitiven Gesellschaften; für den Kinsey-Report über die Sexualgewohnheiten. Und er liest natürlich Bachelard, der für ihn sehr große Bedeutung bekommt. Aber er ist auch ein bemerkenswerter Literaturkonsument. Kafka, den eine ganze Generation voller Begeisterung entdeckt und den er auf Deutsch liest, um sich mit der Sprache vertraut zu machen; weiter Faulkner, Gide, Jouhandeau und Genet. Man ahnt bereits, welchen Sturm die Romane Genets entfachen werden und welchen Glücksfall zu Beginn der fünfziger Jahre der lange Kommentar Sartres darstellt, für den der Schritt von Proust zu Genet den Übergang von einer als Fluch der Natur erlebten Homosexualität zu einer als Wahl erlebten Homosexualität bedeutet, die man angesichts der Welt vollzieht und ihr ins Gesicht schleudert. Auch de Sade liest Foucault mit Vergnügen und geht sogar so weit, lautstark seine Verachtung für alle zu verkünden, die keine Anhänger des Autors sind.

Nur selten besuchen die *normaliens* Vorlesungen an der Sorbonne. Foucault macht da keine Ausnahme. Sie müssen zwar ihre *licence* im ganz nahegelegenen alten Fakultätsgebäude absolvieren, vermeiden im allgemeinen aber den dortigen Vorlesungsbetrieb. Sie begnügen sich damit, sich bei den zu Ende des Studienjahres stattfindenden Examina zu präsentieren. Foucault aber macht sich gelegentlich auf, um Daniel Lagache und Julian Ajuriaguerra zu hören, die den psychiatrischen Forschungsstand darlegen. Auch bestimmten Vorlesungen von

Henri Gouhier über die Philosophie des 17. Jahrhunderts wohnt er bei. Und von 1949 ab ist er natürlich wieder unter den Hörern von Jean Hyppolite zu finden, der damals an die philosophische Fakultät von Paris berufen wird.

Foucault konzentriert sich besonders auf bestimmte Lehrangebote in der Rue d'Ulm. Regelmäßig hört er Jean Beaufret, den Gesprächspartner und Empfänger von Martin Heideggers *Brief über den Humanismus*. Beaufret kommentiert die *Kritik der Urteilskraft*, spricht aber auch viel über Heidegger, zu dessen treuesten Schülern er gehört und den er als einer der ersten in Frankreich einführt. Foucault bleibt von den Leistungen Beaufrets nachdrücklich geprägt. Mit seinen Freunden spricht er häufig darüber. Weiter sind da die Vorlesungen von Jean Wahl, der den *Parmenides* vor drei Studenten erläutert: Gardies, Knapp und Foucault. Und dann die Vorlesungen von Jean-Toussaint Desanti, eines glühenden Kommunisten, der sich zu dieser Zeit um eine Versöhnung von Marxismus und Phänomenologie bemüht. Es ist das eines der großen Probleme der französischen Philosophie der Nachkriegszeit: Tran Duc Thao publiziert bald darauf ein Buch, das in dieselbe Richtung weist und beträchtlichen Widerhall in philosophischen Kreisen findet. Desanti ist ein brillanter Professor: er übt sehr großen Einfluß auf die *normaliens* aus und trägt viel dazu bei, ihnen den Eintritt in die Kommunistische Partei schmackhaft zu machen.

Am nachhaltigsten beeindruckt die jungen Studenten natürlich die Vorlesung von Merleau-Ponty. Der Existentialismus und die Phänomenologie stehen im Zenit ihres Ruhmes, und die Zöglinge der École sind, wie alle Welt auch, von Sartre fasziniert, der seine Epoche überragt, bewundern aber mehr noch Merleau-Ponty, der akademischer im eigentlichen Sinne, strenger, weniger »mondän« und vor allem kühner ist mit seinem Versuch, die Philosophie für die Beiträge der Wissenschaften vom Menschen zu öffnen. Foucault versäumt keine der Vorlesungen, die Maurice Merleau-Ponty in den Jahren 1947–1948 und 1948–1949 an der École normale hält. Sie behandeln etwa *Die Einheit von Seele und Körper bei Malebranche, Maine de Biran und Bergson*, aber auch die Sprache.[10] Merleau-Ponty

10 Diese Vorlesungen sind auf Betreiben von Jean Deprun (Paris 1968)

begeistert sich für die Probleme der »Rede« und versucht den *normaliens* die Arbeiten von de Saussure nahezubringen. Er hat ein großes Auditorium: Zu dieser Zeit ist die École der einzige Ort in Paris, wo man den Autor der *Phänomenologie der Wahrnehmung*, der damals Professor in Lyon ist, hören kann. Aber dann wird Merleau-Ponty an die Sorbonne berufen, auf einen Lehrstuhl für Kinderpsychologie, den er 1949 übernimmt. Seine getreuen Hörer wechseln zu seinen Vorlesungen also in die Hörsäle der Fakultät hinüber. Merleau-Ponty spricht über »Bewußtsein und Erwerb der Sprache« oder behandelt die Beziehungen zwischen den »Wissenschaften vom Menschen und der Phänomenologie«. Seine Vorlesungen sind, nahezu unmittelbar nachdem er sie gehalten hat, im *Bulletin de psychologie* veröffentlicht worden, und es besteht keinerlei Zweifel, daß Foucault sie sich zunutze gemacht hat.[11] Die Vorlesung über die »Wissenschaften vom Menschen« beispielsweise, die im Studienjahr 1951–1952 vorgetragen wird und mit großer Ausführlichkeit die Theorien von Husserl, Koffka und Goldstein darstellt, ist ohne jeden Zweifel für Michel Foucault, der zu eben dieser Zeit über völlig identische Themen zu unterrichten beginnt, von höchster Bedeutung.

Eine weitere markante Gestalt für die jungen *normaliens* der Rue d'Ulm: ein Mitabsolvent der École, der im Jahre 1948 zum *caïman** in Philosophie berufen, das heißt mit der Aufgabe betraut wird, die Kandidaten auf die *agrégation* vorzubereiten. Er tritt an die Stelle von Georges Gusdorf, der diese Funktion bislang innehatte und jetzt nach Strasbourg geht, um dort zu unterrichten. Er heißt Louis Althusser, und in diesen Jahren – und das wird bis zur Mitte der sechziger Jahre so bleiben – sagt sein Name außerhalb des Quartier latin kaum jemandem etwas. Auf den kleinen Kreis seiner Schüler aber übt er beträchtlichen Einfluß aus. Louis Althusser hat 1948 die Prüfung zur *agrégation* abgelegt. Er ist damals dreißig Jahre alt. Er war bereits vor

---

* Im Studentenjargon: verantwortlicher Tutor für den Philosophieunterricht an der École; wörtlich: Alligator. (A. d. Ü.)

herausgegeben worden; deutsch: Maurice Merleau-Ponty, *Vorlesungen*, hg. von A. Métraux, Berlin 1972.

11 Den Gesamtkomplex dieser Vorlesungen hat kürzlich F. Cynara ediert – *Merleau-Ponty à la Sorbonne*, Paris 1988.

längerer Zeit in die École eingetreten, denn er hatte die Aufnahmeprüfung von 1939 bestanden. Aber er war zum Militärdienst eingezogen worden und in Kriegsgefangenschaft geraten. Er hat fünf Jahre in einem deutschen Kriegsgefangenenlager verbracht. Erst gegen Kriegsende kehrt er wieder an die École zurück und besteht die *agrégation*. Er wird zweiter. Erster wird Jean Deprun. Auf der Liste der erfolgreichen Absolventen stehen weiter: Gilles Deleuze, François Châtelet... Gleich zu Beginn des Studienjahres 1948 übernimmt Althusser die Funktion des *caïman*, und alle Welt preist seine pädagogischen Fähigkeiten. Er läßt seine Schutzbefohlenen im ersten Jahr über Plato arbeiten, hält in Wirklichkeit aber ziemlich wenige Kurse ab. Sehr bald nämlich erliegt er den Nachwirkungen seiner schweren psychologischen Probleme, und sein Unterricht wird immer unregelmäßiger. Häufig kommt es vor, daß er die École mehrere Wochen lang verläßt. Aber er knüpft persönliche Beziehungen zu den jungen Leuten an, die er zu betreuen hat. Er empfängt sie einen nach dem anderen in seinem Büro, widmet ihnen viel Zeit, hört ihnen zu, gibt ihnen Ratschläge und überaus nützliche technische Hilfestellungen, um sie darauf vorzubereiten, wie sie sich dem Prüfungsausschuß eines derart kodifizierten und ritualisierten Examens wie der *agrégation* zu präsentieren haben.

Michel Foucault geht eine tiefe Freundschaftsbeziehung zu Louis Althusser ein. Als er erkrankt, ist es Althusser, der ihm rät, die psychiatrische Hospitalisierung zu verweigern. Es ist aber größtenteils auch – und vor allem – der Einfluß Althussers, der Foucault zum Eintritt in die Kommunistische Partei veranlaßt. Als Althusser die Funktion eines *caïman* übernimmt, ist er noch nicht Kommunist. Er nimmt sogar an den Zusammenkünften der katholischen Gruppe der École teil. Er ist in der Tat sehr katholisch gewesen, jetzt ist er es weniger. Er ist Schüler von Jean Lacroix und Jean Guitton gewesen und unterhält weiterhin ausgezeichnete Beziehungen zu beiden. Althusser schwenkt zum Marxismus und Kommunismus in einem Augenblick über, da nahezu die gesamte École normale und große Teile der französischen Intellektuellengemeinde den gleichen Schritt tun. Der Marxismus und der Eintritt in die Kommunistische Partei sind die Fragen, die das Bewußtsein der französischen Akademiker damals beherrschen. Man hat häufig darauf hingewiesen, daß die Philosophie und die intellektuellen Fragen in Frankreich immer sehr stark von der politischen Konstellation beeinflußt werden. Das gilt auch und gerade für die Jahre nach der Befreiung. Und die École normale, weit davon entfernt, sich bei diesem Phänomen abseits zu halten, hat natürlich nichts Eiligeres zu tun, als es zu beschleunigen und in den Paroxysmus zu treiben. Von 1945, vor allem aber von 1948 an nistet sich die Kommunistische Partei in der Rue d'Ulm ein. Nach einer Äußerung von Jean-François Revel, der die École in der unmittelbaren Nachkriegszeit durchlaufen hat, war der kommunistische Einfluß im Jahre 1945 dagegen noch beschränkt. Aber als der Kalte Krieg seinen Höhepunkt erreicht, als die aufrührerischen Streiks von 1947 einsetzen, ist jeder aufgerufen, »sein Lager zu wählen«, und die École wird in rascher Gangart politisiert, was darauf hinausläuft, daß sie das »Lager der Arbeiterklasse« und damit das der Kommunistischen Partei wählt.[12] Paul Viallaneix berichtet, wie er Zeuge »wahrer Bekehrungsphänomene« wurde, wo Leute, die er als apolitische *khâgneux* kennengelernt hatte, sich mit Leidenschaft und Raserei in den politischen Aktivismus stürzten. Auch den Warnungen eines Jacques Le Goff, der einige Zeit in der Tschechoslowakei verbracht hat, gelingt es nicht, die marxistische Inbrunst seiner Kameraden abzukühlen. Das geht so weit, daß die Historiker sich heute über jene »kommunistische Generation« von *normaliens* wundern.[13] Wie viele waren das? Es ist ziemlich schwierig, das genau zu sagen, weil die »Anhängerschaft« von entfernter und informeller Sympathie bis zur sektiererischsten und zügellosesten Militanz gehen konnte. Emmanuel Le Roy Ladurie, der 1949 in die École eintrat und beinahe sofort zum Sekretär der kommunistischen Zelle wurde, spricht von »etwa vierzig oder fünfzig *(normaliens)* bei insgesamt zweihundert«, die Parteimitglieder waren. Aber, fügt er hinzu, nur eine Gruppe von etwa zwanzig kam zu den Versammlungen. Unter den markanten Persönlichkeiten des »ulmistischen« Kommunismus: Michel Crouzet, Pierre Juquin,

12 Vgl. Emmanuel Le Roy Ladurie, *Paris-Montpellier*, a. a. O., S. 44.
13 Jean-François Sirinelli, »Les Normaliens de la rue d'Ulm après 1945: une génération communiste?«, in: *Revue d'histoire du monde moderne*, Bd. XXXII, Oktober–Dezember 1986, S. 569–588.

Maurice Caveing... Warum waren so viele Intellektuelle Anhänger der Kommunistischen Partei? Zunächst ist daran zu erinnern, daß bei den Wahlen dieser Jahre fünf Millionen Franzosen für diese Partei stimmten, und das machte etwa 25 % der Gesamtzahl der Stimmberechtigten aus. Und wie Maurice Agulhon sagt, »können sich die Leute, die diese Zeit nicht erlebt haben, die Reichweite, die Hartnäckigkeit, die Macht und – sagen wir es ruhig: – die Schamlosigkeit der kommunistischen Propaganda zum Thema Résistance gar nicht vorstellen: ›Wir sind‹, tönte sie, ›die meisten, die Aktivisten, die einzig Effizienten, die wenigen Aufrechten im patriotischen Kampf gewesen, unser Märtyrerverzeichnis ist das umfangreichste, wir haben uns den Ehrentitel einer Partei der Hingerichteten verdient...‹ Die Partei war der unbarmherzige Hüter der patriotischen Reinheit. Gestehen wir es frei: Unser kritischer Geist war untergegangen. Kritischer Geist ist übrigens nicht gerade das, was man mit achtzehn oder zwanzig Jahren in höchstem Maße entwickelt hat, vor allem nicht, wenn ihm vage Gewissensbisse entgegenarbeiten, nicht in der Résistance gekämpft zu haben, und sich folglich die Lust einstellt, sich jener Politik anzuschließen, die sich als ihre Fortsetzung präsentiert.«[14]

Die jungen *normaliens* treten also in recht massiver Zahl ein, wenn auch nicht so massiv, wie es vom Wunschbild einer Partei geschürt wird, die sich lange als Sammelbecken der Intellektuellen, als »Partei der Intelligenz« dargestellt hat und die alles, was im Bereich von Forschung und Denken vor sich ging, kontrollieren, schulmeistern und gleichschalten wollte. Die Realität sieht bei weitem nicht so eindeutig aus. Aber dennoch: ein *normalien* von vieren oder fünfen, und das etwa ein Dutzend Jahre lang, ist durchaus nicht wenig.

Das gesamte Leben an der École ist von der Politik »getränkt«, die Auseinandersetzungen werden hitzig und scharf geführt. Das Klima »intellektuellen Terrors«, das die Mitglieder der Kommunistischen Partei verbreiten, ist mehr als drückend. Alles, was nicht mit der Parteilinie übereinstimmt, wird exkommuniziert, gebrandmarkt. Emmanuel Le Roy Ladurie, der Se-

14 Maurice Agulhon, »Vu des coulisses«, in: *Essais d'ego-histoire*, Paris 1987, S. 21 f.

kretär der Zelle, ist einer der Virulentesten – ein regelrechter Inquisitor, der Befehle gibt, über alles und zu jeder Zeit urteilt und vor allem über die Orthodoxie der *normaliens* wacht.

Zwar gibt es eine kleine sozialistische Gruppe, sie wirkt aber ältlich-tantenhaft und hat nur wenige Anhänger: darunter etwa Jean Erhard, heute Bürgermeister von Riom, Marcel Roncayolo, Guy Palmade... Andere treten jenem kurzlebigen »Rassemblement démocratique révolutionnaire« (Demokratisch-revolutionäre Vereinigung) bei, den Jean-Paul Sartre und David Rousset 1948 ins Leben rufen – eine Organisation, die etwas rasch als die »Partei der *normaliens*« präsentiert wird, obwohl nur wenige *normaliens* darin vertreten sind; aber sie bilden eben auch nahezu die einzige Anhängerschaft dieser Gruppierung. Die Christen sind im »Groupe tala« zusammengeschlossen (d. h. diejenigen, die zur Messe gehen) und in einen linken und einen (verschwindend kleinen) rechten Flügel gespalten. Die weitaus meisten, die »fortschrittlichen Christen«, erliegen der Anziehungskraft der Kommunistischen Partei. Sie verfechten die Idee einer missionarischen Kirche, die sich der Ärmsten der Armen annehmen soll. François Bédarida ist »prince tala«, das heißt derjenige, der seit seinem zweiten Jahr an der École, 1947, die katholische Gruppe leitet. Er kommt aus dem gleichen Jahrgang wie Foucault. Er hat, ganz jung noch, in der Résistance mitgearbeitet und steht der Zeitschrift *Témoignage chrétien* nahe. Er ist »fortschrittlich gesinnt« und damit der Verführung des Kommunismus zugänglich, denn, wie er heute sagt, »der Progressismus, das heißt der Kommunismus, lag damals geradezu in der Luft«. Prokommunistischer Christ: das ist auch der Fall bei Roger Fauroux, der zur Zeit Industrieminister ist, nachdem er Direktor der ENA (École nationale d'Administration) gewesen war.

Natürlich findet sich auch noch eine »Handvoll« von *normaliens*, die der anderen Richtung angehören, nämlich der verunglimpften Rechten, und die Atmosphäre der Rue d'Ulm unter dem Druck des »linken Konformismus« als geradezu erstickend empfinden. Sie spielen ein wenig die Rolle von »komischen Vögeln« und werden von allen anderen systematisch als »Faschisten« behandelt. Dazu zählen Jean d'Ormesson, Jean Charbonnel, der unter General de Gaulle Minister wird, Robert

Poujade, heute Bürgermeister von Dijon… Diese kleine Gruppe setzt sich für den »Rassemblement du peuple français« (RPF) ein, die 1947 von de Gaulle gegründete politische Bewegung, und interessiert sich »in erster Linie für die Zeitschrift der intellektuellen Gaullisten, *Liberté de l'esprit*, in der Claude Mauriac und Maurice Clavel schreiben«.[15]

Im Jahre 1948 tritt Louis Althusser in die KPF ein. In einem Brief an Maria-Antonietta Macciochi hat er die Gründe seines »Eintritts« in die Partei dargelegt: »Als Gymnasiast und Student war ich militanter Anhänger der *Action catholique*. Die Kirche hatte in den dreißiger Jahren ihre eigenen Jugendorganisationen auf die Beine gestellt, um dem Einfluß ›sozialistischer‹ Ideen zu begegnen. Sie hat uns einen heiligen Dienst erwiesen. Wir waren Kleinbürgerkinder. Unser Anstaltsgeistlicher erzählte uns von der ›sozialen Frage‹. Das hat uns einen Zeitgewinn eingebracht. Es ist eine ›List der Vernunft‹: Die Mehrzahl meiner katholischen Schulkameraden jener Zeit sind Kommunisten geworden. Die Volksfront, der Spanische Bürgerkrieg, der Krieg gegen den Faschismus und die Résistance haben uns die ›soziale Frage‹ näher ins Auge fassen lassen, und wir haben ihren wirklichen Namen gelernt: den Klassenkampf. Im Jahre 1948 bin ich Philosophielehrer geworden und in die französische Kommunistische Partei eingetreten. Seit dieser Zeit lehre ich Philosophie an der École normale. Ostern 1949 bin ich nach Italien gereist […]. Ich habe meinen Beruf ausgeübt und versucht, Kommunist zu sein. In der Philosophie Kommunist sein heißt marxistisch-leninistischer Philosoph sein. Es ist nicht leicht, marxistisch-leninistischer Philosoph zu sein.«[16]

Louis Althusser wird erst sehr viel später jener marxistisch-leninistische Philosoph, der *Das Kapital* »neu liest« und während und nach 1968 die Talmudisten der auf diese Weise renovierten »revolutionären Theorie« um sich schart. Aber sein Einfluß ist bereits damals hinreichend stark, einige *normaliens* dazu zu bewegen, sich seinem Akt des Eintritts anzuschließen. Dazu gehört 1950 auch Foucault.

15 Jean Charbonnel, *L'Aventure de la fidélité*, Paris 1976, S. 56 f.
16 Brief Louis Althussers, zitiert von Maria-Antonietta Macciochi in: *Deux mille ans de bonheur*, Paris 1983, S. 379 f.

Im Jahre 1950 – das bedeutet aber auch, daß er vier Jahre an der École verbracht hat, ohne den Schritt zu vollziehen, den ein Großteil seiner Kameraden bereits getan hat. Um genau zu sein, sollte man dennoch darauf hinweisen, daß er bereits zu Beginn seines ersten Studienjahres, im Frühjahr 1947, eintreten wollte. Maurice Agulhon erinnert sich dieses Versuchs von Foucault, in die Reihen der Kommunisten aufgenommen zu werden, der jedoch an einer Hürde scheitert: Foucault will wohl in der Zelle der Partei mitarbeiten, aber nicht in der Studentengewerkschaft. Und das scheint für die Kommunisten, die sein Aufnahmegesuch zu prüfen haben, unannehmbar zu sein und weisen ihn folglich ab. Während seiner ganzen Studentenzeit bleibt Foucault also ohne politische Bindung, wenigstens ohne jede organisatorische Bindung. Gleichwohl aber der KPF nahestehend, wie Jacques Proust präzisiert, der ihn zu dieser Zeit oft besuchte. Nahestehend, wenn auch sehr kritisch eingestellt gegenüber manchen intellektuellen Führungskräften der Partei, etwa Roger Garaudy. Überdies ist Foucault in dieser Phase eher Hegelianer als Marxist. Er arbeitet viel über die *Phänomenologie des Geistes* für seine Diplomarbeit und teilt dieses Interesse mit Louis Althusser, der seine Diplomarbeit einige Jahre zuvor ebenfalls über Hegel geschrieben hat, genau wie sein Freund Jacques Maritain, dem er *Pour Marx (Für Marx)* widmen wird, oder wie Jean Laplanche.

1950 ist aber nicht nur das Jahr, in dem Foucault der Kommunistischen Partei beitritt. Es ist auch das Jahr, in dem er bei der *agrégation* durchfällt. Und das, obwohl er von der Möglichkeit Gebrauch gemacht hat, seinen *concours* in den vier Jahren vorzubereiten, die die École einräumt – anstelle von drei Jahren, auf die sich die Mehrzahl der *normaliens* einrichtet. Im Frühjahr 1950 meldet er sich zur schriftlichen Prüfung und muß sich zu folgendem Problem äußern: »Ist der Mensch ein Teil der Natur?«, bevor er in die Erörterung des Werkes von Auguste Comte einzutreten hat. Er schneidet nicht allzu schlecht ab und steht auch auf der Liste der zum mündlichen Examen zugelassenen Kandidaten. Mit dreiundsiebzig anderen Prüflingen von zweihundertneunzehn, die sich insgesamt gemeldet haben. Was er nicht weiß, ist, daß er nur an neunundzwanzigster Stelle liegt,

und das ist ein schwerwiegendes Handicap, wenn er in die Gruppe der ersten fünfzehn vorstoßen will, die definitiv durchkommen werden. Das mündliche Examen geht damals in zwei Teilen vor sich: zunächst ein *petit oral*, das aus einem Vortrag über ein Thema besteht, das man sich auslost, dann ein *grand oral* mit vier neuen Prüfungen, einem Vortrag und drei Erklärungen von Texten in Französisch, Griechisch und Latein. Das erste, das *petit oral*, aber ist ein Ausscheidungswettbewerb. Und in diesem Teil der Prüfung fällt Foucault durch. Er scheitert an einem Thema, zu dem ihm kaum etwas einfällt: »Die Hypothese« – ein traditionelles Thema, dessen Wege eigentlich vorgespurt sind. Er aber verliert sich in langen Erörterungen über die Hypothesen im *Parmenides* und läßt dabei völlig den Hypothesenbegriff in den Wissenschaften außer acht. Die Wertung: Michel Foucault gehört nicht zu den zwanzig Kandidaten, die zum zweiten Durchgang der mündlichen Prüfung zugelassen sind. Der Prüfungsausschuß, dem der Dekan der Sorbonne, Georges Davy, Pierre-Maxime Schuhl und der Generalinspekteur Bridoux angehören, macht ihm zum Vorwurf, Claude Bernard nicht zitiert zu haben. »Ich habe vergessen, die Hasenpisse zu erwähnen«, spöttelt Foucault später unter Anspielung auf ein berühmtes – und vom Prüfungsausschuß erwartetes – Experiment Claude Bernards. Das Prüfungsprotokoll des Ausschußvorsitzenden, Dekan Davy, zu diesem abgelehnten Kandidaten ist sprechend genug: »Ein zweifellos gebildeter und ausgezeichneter Kandidat, dessen Scheitern als eine Art Zufall aufgefaßt werden sollte. Aber schon im schriftlichen Teil der Prüfung ziemlich weit abgeschlagen, ist ihm beim *oral* und bei der doch eher klassischen *leçon* das Mißgeschick unterlaufen, daß er sich mehr damit abgegeben hat, seine Gelehrsamkeit zu zeigen, als das ihm vorgelegte Thema zu behandeln.« Unter den erfolgreichen Kandidaten dieses Jahres: Pierre Aubenque, Jean-Pierre Faye, Jean-François Lyotard, Jean Laplanche... Unter den Durchgefallenen: Michel Tournier, Michel Butor...
Aber dieses Scheitern Foucaults erregt doch beträchtliches Aufsehen. Alle Welt war überzeugt, daß er zu den Allerbesten zählen würde. Er gilt als einer der brillantesten *normaliens*, und niemand versteht, wie er sich so hat »drankriegen« lassen können. Einige äußern gar die Vermutung, daß er aus politischen

Gründen durchgefallen sein könnte. Aber diese Sicht der Dinge wird bei weitem nicht von allen Augenzeugen geteilt. Allerdings waren seinerzeit viele Interpretationen dieser Art in Umlauf. 1951 beispielsweise kolportiert die den Kommunisten nahestehende Zeitschrift *La Nouvelle Critique* folgende einem Mitglied des Prüfungsausschusses in Philosophie zugeschriebene Äußerung: »Dieses Jahr kommt kein Kommunist durch.« Eines ist sicher: Foucault leidet schmerzlich unter seinem Versagen. So sehr, daß Louis Althusser Jean Laplanche und dessen junge Frau damit beauftragt, sich um ihn zu kümmern und ihn vor allem zu überwachen, um sicherzugehen, daß er keine »Dummheit« macht. Foucault durchlebt eine erneute Krisenzeit, die diesmal aber von kurzer Dauer ist. Er macht sich ziemlich rasch wieder an die Arbeit, um sich auf den *concours* des nächsten Jahres vorzubereiten. Er tut sich mit Jean-Paul Aron zusammen, der zwar kein *normalien* ist, aber Vorlesungen an der École besucht und mit dem er sich angefreundet hat. Foucault schreibt Dutzende von Entwürfen über alle erdenklichen Themen für den mündlichen Vortrag nieder. Er weiß, daß die mündliche Prüfung für ihn die schwer zu umschiffende Klippe sein wird. Im Juni 1951 ist er erneut bereit, sich den schriftlichen Prüfungen zur *agrégation* zu stellen. Sieben Stunden lang hat er sich zu folgendem Problem zu äußern: »Experiment und Theorie: welche philosophischen Konsequenzen resultieren aus der Art und Weise ihrer Definition und der Auffassung ihres Verhältnisses?«, weitere sieben Stunden dann über »Wahrnehmungsaktivität und »Intelligenz«. Schließlich muß er sich, für die letzte Prüfung, sechs Stunden lang vorstellen, daß Bergson und Spinoza einander »im schlaftrunkenen Land der reinen Erinnerung« begegnen und »einen Dialog über Zeit und Ewigkeit in Hinsicht auf eine mögliche Definition der Art von Erörterung beginnen, die die Philosophie den beiden Begriffen zubilligen kann«. Er kommt ganz gut damit zurecht, findet sich erneut auf der Liste der im Wettbewerb Verbliebenen und stellt sich damit einem Prüfungsausschuß, der nicht mehr genau derselbe ist wie im Vorjahr. Der Vorsitzende ist immer noch Georges Davy, es nehmen aber auch Jean Hyppolite und, als stellvertretender Vorsitzender, Georges Canguilhem teil, der Generalinspekteur der Gymnasialstufe des Höheren Bildungswesens geworden ist. Canguilhem hat die den Kandidaten vorgelegten Themen etwas modernisieren wollen. Dafür hat er kämpfen müssen, aber es ist ihm schließlich gelungen, Themen wie die »Sexualität« durchzusetzen. »Sie lesen alle Freud. Jedenfalls sprechen sie von nichts anderem«, hat er beim etwas widerborstigen Ausschußvorsitzenden geltend gemacht. Und eben dieses Thema spielt das Los Foucault zu. Jean Deprun, der diesem Vortrag eigens beiwohnt, weil Foucault sich bei den *normaliens* bereits einer gewissen Bekanntheit erfreut, erinnert sich einer geradezu klassischen Darstellung in drei Teilen: der Sexualität als Natur, der Sexualität als Kultur und der Sexualität als Geschichte, wobei Geschichte hier im Sinne individueller Geschichte aufgefaßt wird, denn Foucault ist sehr nachhaltig von seiner Lektüre in den Bereichen von Psychologie und Psychoanalyse geprägt.

Diesmal kommt Foucault durch. Er wird dritter, *ex aequo* mit Jean-Paul Milou, einem seiner Kameraden an der École. Erster wird Yvon Brès, ein *normalien* seines Jahrganges, der sich bei Foucault entschuldigen kommt, daß er ihn überflügelt hat, was er als Ungerechtigkeit empfindet. Der Prüfungsbericht spielt überdies auf eine gewisse Beklommenheit an, die Foucault offenbar an den Tag legte: »Ein zweifellos ganz ausgezeichneter und gebildeter Kandidat, der aber die *agrégation* beim zweiten Mal mit einer gewissen Angst und vielleicht sogar Befangenheit in Angriff zu nehmen schien«, schreibt Dekan Davy. Nach der Ergebnisverkündung geht Foucault, wütend darüber, nicht Erster geworden zu sein, sich bei Canguilhem über das Thema beklagen, zu dem er sich hat äußern müssen. Was für eine Idee, sagt er ihm dem Sinne nach, die Prüflinge bei der *agrégation* über die Sexualität zu befragen!

Nach der *agrégation* folgt zwangsläufig der Schuldienst! Weil dieser Wettbewerb ja theoretisch zur Gymnasialstufe führt und einem, wenigstens zu damaliger Zeit, die Türen zur Universitätslaufbahn öffnen soll, nach einer mehr oder weniger langen Zeit in einem Gymnasium, die von den *normaliens* als unabwendbares Purgatorium aufgefaßt wird. Und da Foucault wegen seines sehr anfälligen Gesundheitszustandes vom Militärdienst befreit worden ist, stellt sich für ihn die Frage mit einer gewissen Dringlichkeit. Die neuen *agrégés* müssen um die

Versetzung an ein Gymnasium nachsuchen und werden zu diesem Zweck vom Generalinspekteur empfangen. Foucault spricht also mit Canguilhem. Um ihm zu sagen, daß der Schuldienst für ihn nicht in Frage kommt; und da er einen sehr guten Platz belegt hat, darf er darauf hoffen, in die Fondation Thiers aufgenommen zu werden. Das ist eine Institution ganz besonderen Zuschnitts, die im Jahre 1893 von der Schwägerin und Erbin Adolphe Thiers' gegründet worden ist. Alljährlich werden dort einige junge Studenten – ausschließlich männliche – mit einer monatlichen Dotation aufgenommen, die es ihnen ermöglichen soll, unter günstigen äußeren Bedingungen ihre *thèse* vorzubereiten. Nach dem Kriege ist das Statut der Stiftung geringfügig geändert worden: die ihre Existenz sichernden Geldmittel sind stark entwertet worden, also hat sie sich unter die Schirmherrschaft des CNRS (Centre national de la Recherche scientifique) begeben. Diese staatliche Körperschaft weist den Stipendiaten also ihre Monatsgehälter an, die die Hälfte davon an die Stiftung zurücküberweisen müssen, weil sie für Unterkunft und Verpflegung aufkommt. Die Stipendiaten erhalten beim Eintritt den Titel eines Forschungsbeauftragten beim CNRS, den sie nur für die Dauer ihres Stipendiats tragen dürfen. Lange Zeit hat die Zahl der Ausgewählten jährlich fünf betragen: Geisteswissenschaftler, Juristen oder Mediziner. Im Herbst 1950 wuchs der Schub der Neuankömmlinge auf sechs an, darunter Robert Mauzi, Paul Viallaneix und Jean-Louis Gardies. 1951 gibt es sogar zehn! Darunter, neben Michel Foucault, Jean Charbonnel, Pierre Aubenque, Guy Degen, Jean-Bernard Raimond...

Wie findet man Zugang zu diesem merkwürdigen Haus, einem großen Gebäude aus dem 19. Jahrhundert, das an der heutigen Place du Chancelier-Adenauer im 16. Arrondissement von Paris liegt, nahe der Porte Dauphine? Zunächst muß man vom Leiter des Universitätsinstituts empfohlen sein, das man absolviert hat. Dann muß man sich dem Direktor der Stiftung vorstellen. Das ist damals der Gräzist Paul Mazon. Und schließlich muß man, in dem Maße, wie die Stiftung, obwohl unter der Schirmherrschaft des CNRS, wie in der Vergangenheit auch weiterhin von den das Institut de France bildenden Akademien verwaltet wird, die Repräsentanten jeder dieser Akademien aufsuchen, die im Verwaltungsrat vertreten sind. Die Académie française wird von Georges Duhamel vertreten. Jean Charbonnel, der im gleichen Jahr wie Foucault in die Stiftung aufgenommen worden ist, hat seinen Besuch bei dem Schriftsteller beschrieben: »Als ich mich ihm nach herrschender Sitte vorstellen kam, hat er zu mir gesagt, mit seiner leisen Stimme à la Mauriac: ›Hören Sie, junger Mann, ich weiß nicht, ob Sie eines Tages den Ruhm kennenlernen werden, aber ich kann Ihnen sagen, daß einer der Augenblicke, da ich das Gefühl hatte, ihm nahe zu sein, der war, als einer meiner Enkel heimkam und rief: ›Heute habe ich Großvater im Diktat gehabt.‹«[17] Alle Bewerber haben Anspruch auf dieselbe Anekdote des Romanciers.

Nach dieser Serie von Fühlungnahmen und Besuchen dürfen die glücklichen Auserwählten sich endlich in diesem »hehren Haus« einrichten, wie es Jean Charbonnel beschreibt, »ältlich und vorgestrig, aber dem Kult der Intelligenz geweiht und insgesamt reizend. Es gibt einen Kammerdiener, hübsche Möbel, ein Billard, ein Klavier und einen großen Park. Das Dekor war prunkvoll, aber unsere Geldmittel bescheiden... Man trat der modernen Wissenschaft also bei, wie man der Religion beitritt. Man mußte das Gelübde der Armut... und der Keuschheit ablegen.«[18] Michel Foucault hat Paul Mazon bei seinem Antrittsbesuch von zwei Forschungsvorhaben erzählt: einerseits vom »Problem der Wissenschaften vom Menschen bei den Nach-Cartesianern« und andererseits vom »Begriff der Kultur in der zeitgenössischen Psychologie«. »Das erstere ist mir besonders interessant vorgekommen«, schreibt Paul Mazon in seinem Rechenschaftsbericht zu dem Zeitpunkt, als Foucault aus der Stiftung ausscheidet; »es handelte sich darum, ausfindig zu machen, wie sich der Cartesianismus unter fremdem, italienischem und holländischem Einfluß entwickelt und welche Ergebnisse diese Strömung bei Malebranche und Bayle hervorgebracht hatte.«[19] Tatsächlich hatte Michel Foucault Henri Gouhier aufgesucht, um ihn zu bitten, seine *thèse complémentaire* (Nebenfach- bzw. Ergänzungsthese) über Malebranche zu be-

17 Jean Charbonnel, *L'Aventure de la fidélité*, a. a. O., S. 39.
18 Ebd.
19 Rechenschaftsbericht von Paul Mazon im *Annuaire de la fondation Thiers. 1947–1952*, Neue Folge, Fasz. XLI.

treuen. Die *thèse principale* (Hauptthese) sollte sich, wie Paul Mazon anmerkt, auf das Problem der Kultur beziehen, wie es von der zeitgenössischen Psychologie analysiert wird. Foucault beginnt mit gewohnter Verbissenheit daran zu arbeiten. Zu eben diesem Zeitpunkt legt er sich die Gewohnheit zu, jeden Tag in die Bibliothèque nationale (BN) zu gehen – eine Gewohnheit, die er jahrelang beibehält, bis zu seiner Abreise nach Schweden, und die er gleich bei der Rückkehr nach Frankreich wiederaufnimmt. Die BN ist ohne Frage einer der Orte, wo Foucault die meisten Stunden seines Lebens verbracht hat.

Aber er bleibt nur ein Jahr lang Stipendiat der Fondation Thiers, anstelle von dreien, wie sie die Satzung vorsieht. Er hat große Mühe, diese Art von Gemeinschaftsleben zu ertragen, das ihn bereits in der Rue d'Ulm abstieß. Zwar hat dort jeder der Stipendiaten ein Zimmer für sich und kann also in relativer Unabhängigkeit leben. Trotz allem aber handelt es sich um ein Pensionat, in dem man mit einer Gruppe von etwa zwanzig Personen auszukommen gezwungen ist, weil es, über die zehn Stipendiaten des Jahres 1951 hinaus, noch weitere Insassen früherer Jahrgänge gibt. Alle Mahlzeiten müssen in und mit dieser Gruppe eingenommen werden. Wiederum bringt Foucault es fertig, einhellig abgelehnt zu werden. Er greift jedermann an, macht Geschichten und zettelt Auseinandersetzungen an. Seine Beziehungen zu den anderen Stipendiaten stehen im Zeichen ständigen Konfliktes. Was schließlich ein Drama heraufbeschwört, ist eine amouröse Beziehung zu einem der Stipendiaten, die böse endet. Foucault wird verdächtigt, die Post aus den Briefkästen zu entwenden... Er hat kaum mehr Lust zu bleiben, und das Haus verspürt wenig Neigung, ihn zu halten.

Zu Beginn des Studienjahres 1952 findet er einen neuen Einsatzort: er wird Assistent an der Universität Lille.

Die Fastnacht der Narren

Als Michel Foucault in die École aufgenommen wurde, war Georges Gusdorf dort als *caïman* in Philosophie tätig. Heute ist die Reihe seiner Arbeiten über die Geschichte des abendländischen Denkens nur zu gut bekannt. Damals aber hatte er sozusagen noch nichts publiziert. Gusdorf interessierte sich sehr für die Psychologie und hatte 1946 und 1947, zusammen mit seinem Freund Georges Daumézon, für seine Schüler eine Einführung in die Psychopathologie organisiert: mit Vorstellungen von Kranken im Hôpital Sainte-Anne und einer Vorlesungsreihe, für die er, neben Daumézon selbst, namhafte Psychiater wie Lacan oder Ajuriaguerra in die École holte... Gusdorf treibt das Experiment, das er seinen Schülern vorschlägt, sogar noch weiter. Da er sehr eng mit Daumézon verbunden ist – »wir waren beide Protestanten« –, macht er sich diese Freundschaft zunutze, um alljährlich eine Gruppe von *normaliens* in die psychiatrische Klinik zu führen, die letzterer in Fleury-les-Aubrais bei Orléans leitet. Eine Woche lang hören sich die jungen Leute die Erläuterungen der Ärzte und ihrer Assistenten an und gehen im Klinikbereich spazieren. Fleury-les-Aubrais verbreitet durchaus keine Gefängnisatmosphäre: es handelt sich vielmehr um weiträumig in einem Wald verstreute Pavillons.

Als Althusser die Nachfolge von Gusdorf antritt, führt auch er seine Schüler nach Sainte-Anne. Dort wohnen sie den Vorlesungen eines anderen Psychiaters obersten Ranges bei: Henri Ey. Mit Georges Daumézon und Henri Ey sieht sich Michel Foucault sehr bald in engem Kontakt zu den Reformbewegungen in der Psychiatrie; er lernt dort Menschen kennen, die, im Umkreis der Gruppe und der Zeitschrift *Évolution psychiatrique*, den Erkenntnishorizont und die Praktiken ihrer Disziplin in einem sehr liberalen Sinne neu zu denken versuchen. Und was er zum damaligen Zeitpunkt von der Psychiatrie zu sehen bekam, verrät durchaus keinen »repressiven« oder »strafenden« Charakter.

Seit den ersten Jahren in der École normale hat Michel Foucault begonnen, sich aus nächster Nähe mit der Psychologie vertraut zu machen. Nach dem Lizentiat in Philosophie, das er 1948 an der Sorbonne erwirbt, beabsichtigt er, auch ein Lizentiat in Psychologie zu machen. Er hört also die Vorlesungen von Daniel Lagache, der die Fächer allgemeine Psychologie und Sozialpsychologie an der philosophischen Fakultät wahrnimmt. Ebenso muß er die Lehrveranstaltungen für das Zertifikat in Psychophysiologie besuchen. Aber da ist er weniger hartnäckig: er tut sich mit André Vergez und Louis Mazauric zusammen, und jeweils einer der drei besucht die Vorlesung und schreibt mit. 1949 erhält Foucault sein Lizentiat, dem er, im Juni desselben Jahres, noch ein Diplom des Institut de psychologie de Paris hinzufügt, erneut bei Daniel Lagache.

Lagache ist einer der namhaftesten Vertreter der wissenschaftlichen Psychologie der Nachkriegszeit. Er hat zum Jahrgang 1924 der Rue d'Ulm gehört, zusammen mit Aron, Canguilhem, Nizan und Sartre. Er hat die *agrégation* in Philosophie abgelegt, es dann aber vorgezogen, sich in Richtung der klinischen Psychologie zu orientieren. Er hat ziemlich lange in Strasbourg gelehrt, bevor er 1947 an die Sorbonne berufen wird. Seine Inauguralvorlesung über die »Einheit der Psychologie«, in der er sich bemüht, die Psychoanalyse in die klinische Wissenschaft zu integrieren, hat großes Aufsehen erregt. Sie wird 1949 separat veröffentlicht. Gleichzeitig hat er damit begonnen, Vorlesungen am Institut de psychologie zu halten.

Foucault besucht Lagaches Lehrveranstaltungen mit brennendem Interesse. Denn die Psychologie ist der Weg, den er sich gewählt hat. Und zwar in einem Maße, daß er sogar überlegt, ob er Medizin studieren soll. Foucault konsultiert Lagache: Muß man Arzt sein, um sich in Psychologie spezialisieren zu können? Lagache überrascht die Frage nicht. »Damals setzten sich viele Philosophen, die sich der Psychologie, der Psychiatrie oder der Psychoanalyse zuwandten, mit diesem Problem auseinander«, erklärt Didier Anzieu, der sich seinerseits der Psychoanalyse zugewandt hat. Er selbst hat diesen Schritt nicht getan. Einer der wenigen, die ihn tatsächlich vollzogen haben, scheint Jean Laplanche zu sein. Auch Foucault überschreitet die Schwelle nicht: Lagache rät ihm ab, wie er gewöhnlich allen abrät, die ihn diesbezüglich um Rat fragen: »Wenn wir in den Vereinigten Staaten wären, wäre dieser Schritt unerläßlich, aber hier in Frankreich: nein.« Foucault macht sich die Unterredung zunutze, um dem großen Psychiater weitere Fragen zu stellen: er würde ihn gerne im Zusammenhang mit seinen eigenen psychischen Störungen konsultieren. Aber Lagache weigert sich, die Dinge miteinander zu verquicken. Er möchte nicht gleichzeitig der Professor und der Psychotherapeut eines Studenten sein. Deshalb begnügt er sich damit, Foucault die Adresse eines Psychoanalytikers zu geben. Aber diese Empfehlung trifft vorläufig noch auf taube Ohren. Später stürzt sich Foucault wirklich ins Abenteuer einer »Kur«, hält es aber nicht länger als drei Wochen aus. Das ist eines der Probleme, die ihn jahrelang umtreiben: soll er sich einer Psychoanalyse unterziehen oder nicht?

Foucault unterbricht seine wissenschaftliche Ausbildung nach der bestandenen *agrégation* durchaus nicht. Während seiner Zeit als Stipendiat der Fondation Thiers arbeitet er auf den Erwerb eines weiteren Diploms am Institut de psychologie hin. Im Jahre 1952 erhält er dieses Diplom in Psychopathologie, und zwar nach Abschluß eines Kursus, der Lehrveranstaltungen der Professoren Poyer und Delay und vor allem »klinische Vorlesungen« mit »Krankenvorstellungen« im großen Hörsaal von Sainte-Anne umfaßt, ebenso eine Vorlesung von Prof. Benassy in »theoretischer Psychoanalyse«, auch sie im Hôpital Sainte-Anne, weil das Institut de psychologie nicht über eigene Räumlichkeiten verfügt. Pierre Pichot, der die »praktischen Arbeiten« zur Erlangung dieses Diploms übernimmt, erinnert sich jenes Schülers, den er wenig schätzte. Er möchte seine Studenten mit der Technik von Tests vertraut machen, ist jedoch der Meinung, Foucault sei zu sehr *normalien*, zu sehr theoretischer Kopf und von zu großem Widerstand gegen den experimentellen Charakter der Psychologie erfüllt. Foucault spielt, auf ziemlich virulente Weise, auf seine Händel mit den Statthaltern einer rein »wissenschaftlichen« Psychologie in einem seiner ersten Artikel an, den er 1953 geschrieben hat. So erzählt er von der ersten Frage, die man ihm stellte, kaum daß er jenes Heiligtum der experimentellen Psychologie betreten hatte: Wollen Sie wissenschaftliche Psychologie oder Psychologie nach Art von Herrn Merleau-Ponty treiben? Und Foucault ironisiert: »Was daran Aufmerksamkeit verdient, ist nicht so sehr der Dogmatismus, mit dem die ›wahre Psychologie‹ definiert wird, als vielmehr die Verworrenheit und die fundamentale Skepsis, die die Frage voraussetzt. Ein erstaunlicher Biologe wäre, wer da fragte: Wollen Sie wissenschaftliche oder nicht-wissenschaftliche Biologie betreiben?« Und Foucault fügt hinzu: »Man muß der Forschung Rechenschaft über die Wahl ihrer Art von Rationalität abfordern; man muß sie zu ihrer Grundlage befragen, von der man weiß, daß sie nicht die von der Wissenschaft konstituierte Objektivität ist...«[1]

Dennoch entwickelte Foucault seit langem leidenschaftliches Interesse für die Techniken und Experimente der Psychologie, ja er hatte sich sogar das Arbeitsmaterial für den Rorschach-Test gekauft. Natürlich muß man sagen, daß er in guten Händen war: Daniel Lagache ist einer derjenigen, der diese Methode in Frankreich eingeführt hat. Er ist einer ihrer allerersten Anhänger gewesen. Und als sich die französische Rorschach-Gruppe konstituiert, wird er ihr Ehrenpräsident. An der École normale gefällt sich Foucault darin, seine Kameraden dieser »Prüfung« zu unterziehen: es handelt sich darum, mit freien Assoziationen auf Tintenflecken auf verschiedenfarbigen Kartons zu reagieren. Aufgrund der erzielten Resultate gibt Foucault dann eine Interpretation der Tiefenpersönlichkeit dessen, der sich für das Unternehmen hergegeben hat. »Damit werde ich herauskriegen, was in ihren Köpfen vor sich geht«, sagt er zu Maurice Pinguet, der sich dem Experiment entzieht. Ungezählte *normaliens* erinnern sich, auf diese Weise von Foucault »getestet« worden zu sein, der an dieser Vorliebe für den Rorschach-Test Jahr um Jahr festhält und in Clermont-Ferrand wie in Tunis lange Vorlesungsstunden auf etwas verwendet, das für seine Kameraden kaum mehr als bloße Unterhaltung war.

Der Rorschach-Test ist auch eine der Leidenschaften von Jacqueline Verdeaux. Diese Frau wird eine zentrale Rolle in den Ausbildungsjahren von Michel Foucault spielen. Sie kennt die Familie Foucault seit langem. Ihre Eltern sind seit geraumer Zeit mit den Foucaults befreundet. Während des Krieges hat ihr

---

1 Michel Foucault, »La Recherche du psychologue«, in: *Des Chercheurs français s'interrogent*, Paris 1957, S. 173–175.

Vater sie und ihren Bruder nach Poitiers geschickt, um dort Zuflucht zu suchen. Jacqueline Verdeaux ist im Laufe der Zeit Anästhesie-Assistentin von Dr. Foucault geworden, der seine Tätigkeit als Chirurg der Stadt fortsetzte, während er sich gleichzeitig um das Behelfslazarett kümmerte, das im großen Jesuitenkolleg eingerichtet worden war, um die Kriegsverwundeten aufzunehmen, als die deutsche Invasionswelle den Norden Frankreichs überschwemmte. Die junge Frau hat die Stadt verlassen, als die deutschen Truppen in Poitiers einmarschierten. Einige Jahre später, nach der deutschen Kapitulation, bittet Mme. Foucault sie, sich gelegentlich um ihren Sohn zu kümmern, der nach Paris gegangen ist. Foucault kommt regelmäßig zu Georges und Jacqueline Verdeaux zum Essen, Nr. 6 der Rue de Villersexel, eine kleine Straße, die nicht weit von der Nationalversammlung auf den Boulevard Saint-Germain mündet. Jacqueline Verdeaux hat sich der Psychologie zugewandt und arbeitet mit ihrem Mann zusammen, der gerade seine *thèse* bei Jacques Lacan gemacht hat. Sie haben im Hôpital Sainte-Anne ein elektroenzephalographisches Labor eingerichtet. Jean Delay hat ihnen die Räumlichkeiten vermittelt: einige Zimmer auf dem Speicher des Krankenhauses, wo sie sich mit André Ombredane installieren, einem früheren Schüler von Georges Dumas. Ombredane hat gerade ein Buch über Psychodiagnostik übersetzt und Jacqueline Verdeaux, die Germanistin ist, gebeten, diese Übersetzung einem damals bereits ziemlich bekannten Schweizer Psychiater vorzulegen: Roland Kuhn. Gleichzeitig leiht Ombredane ihr ein Buch Kuhns mit dem Titel *Die Phänomenologie der Maske*. Jacqueline Verdeaux liest es und fährt nach Münsterlingen im Thurgau, am Südufer des Bodensees. Sie zeigt Kuhn die Übersetzung von Ombredane, unterbreitet ihm aber gleichzeitig ein eigenes Anliegen: sie möchte ihrerseits *Die Phänomenologie der Maske* übersetzen, die sie fasziniert hat. Kuhn willigt ein, nicht ohne seinerseits einen Vorschlag zu machen: warum übersetzt sie nicht auch ein Buch eines anderen Schweizer Psychiaters, der nur drei Kilometer entfernt praktiziert: Ludwig Binswanger, der die Klinik Bellevue in Kreuzlingen leitet? Er ist der Neffe von Otto Binswanger, der die Klinik von Jena geführt hat, in der Nietzsche betreut wurde. Ludwig Binswanger empfängt Jacqueline Verdeaux, die angesichts der Organisation dieses »Asyls« verblüfft ist, dessen stattliche Baulichkeiten in einem weitläufigen, mit dichten Rosensträuchern durchsetzten Park liegen. Er stellt ihr zahlreiche Fragen, bevor er sich entscheidet, und holt schließlich aus einem Regal seiner Bibliothek jenen Text hervor, den er am liebsten auf Französisch veröffentlicht sähe: es handelt sich um einen langen Aufsatz mit dem Titel *Traum und Existenz*.

Binswanger hat seit langem die Idee von etwas entwickelt, das er »Daseinsanalyse« nennt. Er ist mit Freud, mit Jung, mit Jaspers und mit Heidegger befreundet gewesen und hat sich insbesondere von letzterem beeinflussen lassen. Deshalb ist Foucault auch durchaus nicht verwirrt, als Jacqueline nach Paris zurückkehrt und ihn bittet, ihr bei der Übersetzung zu helfen, denn Binswangers Arbeit wimmelt von philosophischen Begriffen. Schließlich arbeiten sie zusammen an der französischen Fassung. Sie besucht ihn jeden Tag in der École normale, wo er ein Büro hat, weil er ja, auf Ersuchen Althussers – wir stehen im Jahre 1952 –, dort Vorlesungen zu halten begonnen hat, und sie diskutieren gemeinsam die treffende Übersetzung bestimmter Ausdrücke. Eines Abends, nach Ende eines langen Arbeitstages, nimmt Jacqueline Verdeaux ihren jungen Mitarbeiter zu einem Besuch bei Gaston Bachelard mit, der ein leidenschaftlicher Binswanger-Leser ist und später einen ausgedehnten Briefwechsel mit ihm führt.

Jacqueline Verdeaux und Michel Foucault unternehmen darüber hinaus mehrfache Reisen in die Schweiz, um Kuhn und Binswanger aufzusuchen und ihnen die verschiedenen Teilstücke der im Entstehen begriffenen Übersetzung vorzulegen. Die Diskussionen kreisen namentlich um den Wortschatz Heideggers. Sie debattieren stundenlang über das genaue Äquivalent von »Dasein«. Schließlich entscheiden sie sich dann dafür, ganz einfach von *présence* zu sprechen, anstelle des üblicherweise benutzten *être-là*. Als die Übersetzung des Binswanger-Textes fertig ist, sagt Jacqueline zu Foucault: »Wenn Ihnen das Buch gefällt, schreiben Sie doch ein Vorwort dazu.« Er weicht der Schwierigkeit nicht aus und macht sich rasch an die Arbeit.

Einige Zeit darauf erhält Jacqueline Verdeaux, die die Osterferien mit ihrem Mann in der Provence verbringt, ein ziemlich dickes Päckchen. »Hier Ihr Osterei«, sagt das kurze Begleitwort Foucaults zu einem sehr langen Text. Es ist das Vorwort. Jacqueline Verdeaux ist anfangs erstaunt: Der bloßen Seitenzahl nach ist dieses Vorwort offenbar länger als der Haupttext selbst. Und tatsächlich. Dann liest sie. Und ist begeistert. »Genial«, denkt sie.

Gemeinsam suchen sie dann Binswanger auf, um ihm den übersetzten Text und das Vorwort im Zusammenhang vorzulegen. Der Psychiater ist mit der Arbeit der beiden sehr zufrieden. Jetzt muß noch der Verlag überzeugt werden, der zumindest zurückhaltend reagiert angesichts dieses seltsamen Konglomerats aus einem derart langen, von einem Unbekannten verfaßten Vorwort und einem derart kurzen Haupttext von einem beinahe ebenso Unbekannten, jedenfalls in Frankreich. Aber Jacqueline kämpft verbissen und hat letzten Endes gewonnenes Spiel. Das Werk erscheint schließlich 1954 im Verlag Desclée de Brouwer, in der Reihe »Textes et études anthropologiques«. Foucault hat an den Anfang des Buches einen Abschnitt aus René Chars *Partage formel* gestellt: »Im Mannesalter habe ich an der Grenzmauer zwischen Leben und Tod eine zunehmend kahle Leiter sich erheben und anwachsen sehen, mit einem einzigartigen Verlängerungsspielraum ausgestattet: den Traum... Hier also zerstreut sich die Dunkelheit, wird LEBEN in Gestalt einer allegorischen Askese zur Eroberung außergewöhnlicher Mächte, von denen wir uns verworren durchdrungen fühlen, die wir aber aus Mangel an Treue, an unerbittlichem Urteilsvermögen und an Beständigkeit nur unvollständig zum Ausdruck zu bringen vermögen.« Und wie die Studie Foucaults mit einem Gedicht Chars beginnt, so schließt sie auch mit langen Zitaten aus *Partage formel*, das ihm den besten »Schlüssel« zum Verständnis des Traumes zu bieten scheint.

Der Text Foucaults verrät eine starke, funkelnde Schreibweise. Was ihn an Binswanger anzieht, ist die Art und Weise, wie er die Beiträge Freuds und Husserls miteinander versöhnt und darüber hinausgeht. Aber Foucault legt vor allem auch seine eigene Sicht des Traumes dar: »In allen Fällen«, schreibt er, »ist der Tod der absolute Sinn des Traumes«, und gerade im Todestraum

»kann das Dasein das Tiefste über sich selbst erfahren«.[2] Daher die Idee, daß »der Primat des Traumes für eine Erkenntnis der Anthropologie des konkreten Menschen erforderlich ist«. Aber Foucault sieht ebenso die Notwendigkeit – »eine ethische Aufgabe und eine historische Notwendigkeit« –, diesen Primat hinter sich zu lassen.[3] Im Vorbeigehen sei festgehalten, daß Foucault die Arbeiten von Minkowski, *L'Air et les songes* von Bachelard, Melanie Klein und... Jacques Lacan zitiert. Foucault war bereits damals Lacan-Leser und hatte beispielsweise Jean-Claude Passeron, der eine Diplomarbeit über das »Spiegelbildliche« zu schreiben begonnen hatte, zur Lektüre von Lacans Text »Das Spiegelstadium als Bildner der Ich-Funktion« in der *Encyclopédie française* geraten.

Jacqueline Verdeaux und Michel Foucault haben sich also in den Jahren 1952 und 1953 mehrfach mit Roland Kuhn und Ludwig Binswanger in der Schweiz getroffen. Gleich bei ihrer ersten Reise kamen sie am Vorabend der Fastnacht bei Kuhn im Krankenhaus von Münsterlingen an. Die Tradition sieht vor, daß die Kranken sich für diesen Tag Kostüme und Masken anfertigen. Und Ärzte, Schwestern und Patienten treffen sich verkleidet im großen Festsaal. Gegen Ende des Festes wirft jeder seine Maske in ein loderndes Feuer, in dem man die Figur der Fastnacht opfert. Foucault war von dieser seltsamen Zeremonie stark beeindruckt: »Dieses Fest der Narren ähnelt eher einem Totenfest«, vertraut er seiner Freundin an.

Foucault und Jacqueline, die er »seine Frau« nennt, machen sich dann zu Binswanger auf, der zu dem Zeitpunkt aber seine Ferien im Tessin, am Luganer See verbringt. Die beiden Komplizen finden sich also in Florenz wieder und brechen, nachdem sie einige Tage in Venedig verbracht haben, mit dem Auto zur Sommerresidenz des Psychiaters auf. Zuvor haben sie noch die Zeit gefunden, die Kirchen und Museen zu besichtigen. »Er bewunderte die Malerei«, erzählt Jacqueline Verdeaux, »er war es, der mir die Fresken von Masaccio in Florenz verstehen geholfen hat.« Dagegen – und auch hier ist die Erinnerung von Jacqueline Verdeaux vollkommen ungetrübt – verabscheute er

2 »Introduction« zu Ludwig Binswanger, *Le Rêve et l'existence*, Paris 1954, S. 74.
3 Ebd., S. 126.

die Natur. Zeigt sie ihm eine prachtvolle Landschaft, einen im Sonnenlicht funkelnden See, wendet er sich auch schon wieder ostentativ der Straße zu: »Ich kehre ihr den Rücken.« Sie verbringen einige Tage in Gesellschaft des Psychiaters, der sie mehrfach zum Tee bei einem Freund mitnimmt, Szilazyi, einem Philosophen und Heideggerianer, den Foucault in seiner Einleitung zitiert. Die Diskussionen kreisen um Heidegger, um die Phänomenologie, um die Psychoanalyse – immer mit der großen Frage: ist sie eine Wissenschaft? Und eben das hat Binswanger sein Leben lang zu zeigen versucht.

Die mehrfache Begegnung mit Binswanger, dem Menschen und seinem Werk, wird eine sehr bedeutsame Rolle für Foucault spielen. Zwar löst er sich später von dieser Form von »phänomenologischer Psychiatrie«. Binswangers Analysen aber verschaffen ihm Zugang zu einer Art Tiefenrealität des Wahns. »Die Lektüre dessen, was man als ›Daseinsanalyse‹ oder ›phänomenologische Psychiatrie‹ definiert hat, hat für mich unleugbare Bedeutung gehabt«, wird er später sagen; »damals arbeitete ich in psychiatrischen Krankenhäusern, wo ich etwas von den traditionellen Rastern des ärztlichen Blickes Verschiedenes suchte, ein Gegengewicht dazu. Natürlich waren damals jene prächtigen Beschreibungen des Wahns als einzigartiger, unvergleichlicher Grunderfahrung bestimmend. Ich glaube übrigens, daß auch Laing damals von alledem beeindruckt war: auch er hat lange Zeit die ›Daseinsanalyse‹ als Bezugsrahmen benutzt (er mehr als Sartre-, ich mehr als Heidegger-Anhänger) … Ich glaube, daß die ›Daseinsanalyse‹ mir dazu gedient hat, das, was das akademische psychiatrische Wissen an Schwerfälligem und Oppressivem hatte, besser zu erfassen und einzukreisen.«[4]

Jedenfalls sind die hundertzwanzig Seiten der Einleitung von Foucault der beste Spiegel dieser intellektuellen Strömungen der Zeit. In einem tieferen Sinne aber liegt hier ein Text vor, der für die Erfassung seiner eigenen Bestrebungen und der Probleme, die er sich stellt und stellen wird, ausschlaggebend ist – und vielleicht auch für die Erfassung der Genese seines Werkes an seinem Ursprung. Im Jahre 1983 erinnert Foucault in einer ersten, in den Vereinigten Staaten publizierten Fassung seines

4 Ducio Trombadori, *Colloqui con Foucault*, Mailand 1981, S. 41.

Vorwortes zu *L'Usage des plaisirs* (*Der Gebrauch der Lüste*) an alles, was er Binswanger verdankt – und wie er sich davon entfernte: »Formen von Erfahrung in ihrer Geschichte zu studieren, ist ein Motiv, das bei mir von einem alten Projekt herrührt: dem, Methoden der Daseinsanalyse auf dem Gebiet der Psychiatrie und im Bereich der Geisteskrankheit zu benutzen. Aus zwei Gründen, die nicht voneinander unabhängig waren, befriedigte mich dieses Projekt nicht: wegen seiner theoretischen Insuffizienz in der Entwicklung des Erfahrungsbegriffes und wegen der Ambiguität seiner Verbindung zu einer psychiatrischen Praxis, die sie zugleich außer acht ließ und voraussetzte. Man konnte die erste Schwierigkeit zu lösen versuchen, indem man sich auf eine allgemeine Theorie des menschlichen Wesens berief; und das zweite Problem ganz anders behandeln, nämlich durch den so oft wiederholten Rückgriff auf den ›ökonomischen und sozialen Kontext‹; man konnte so das damals vorherrschende Dilemma einer philosophischen Anthropologie und einer Sozialgeschichte akzeptieren. Aber ich habe mich gefragt, ob es nicht möglich war, eher die Historizität der Formen von Erfahrung selbst zu denken, als mit dieser Alternative zu spielen.« Und nach einer langen Gedankenkette, die die Wegstrecke nachvollzieht, die es ihm erlaubt hat, im Sinne einer »Geschichte der Formen von Erfahrung« zu denken, fügt er hinzu: »Man errät, daß die Lektüre Nietzsches zu Beginn der fünfziger Jahre zu dieser Art von Fragen Zugang verschaffte, indem sie mit der doppelten Tradition der Phänomenologie und des Marxismus brach.«[5]

Zusammen mit Jacqueline Verdeaux arbeitet Foucault auch als Psychologe am Hôpital Sainte-Anne. Sein Status ist ziemlich vage: er ist »Praktikant«, was nicht allzu viel besagen will, es sei denn, daß er keine offiziellen Funktionen hat und nicht bezahlt wird. Doch zu dieser Zeit ist er Stipendiat der Fondation Thiers und später Assistent an der Universität Lille; es geht also für ihn nicht darum, sich mit diesem Praktikum am Labor für Elektroenzephalographie seinen Lebensunterhalt zu verdienen. Er hilft

---

5 Vorwortentwurf zur *Histoire de la sexualité*, Bd. II (im Französischen [und im Deutschen] unveröffentlichter Text), in: Paul Rabinow, *The Foucault Reader*, New York 1984, S. 334 und 336. Ich zitiere nach dem frz. Original.

Jacqueline Verdeaux bei den Tests und den Experimenten. Worauf es dabei ankommt, ist die Messung: man mißt die Hirnströme, man mißt den Hautwiderstand der Innenhandfläche, man mißt den Atemrhythmus. Der Proband, an dem das Experiment vorgenommen wird, muß sich in einen Sessel setzen und sieht sich dann mit Elektroden am Kopf, an den Füßen, an den Händen angeschirrt und verschnürt... Diese Gerätschaften erlauben es dem Psychologen, die neurologischen Reaktionen jedes Organs aufzuzeichnen. Manchmal dient Foucault selbst als »Proband«. In den meisten Fällen aber hilft er bei der Vorbereitung der Experimente und ihrer Auswertung. Robert Francès, Psychologe und Musikwissenschaftler, kommt ins Labor, um Tests zum Phänomen des musikalischen Hörens anzustellen. Und wie groß ist das Erstaunen von Jean Deprun, der gebeten worden ist, die Rolle des Versuchskaninchens zu spielen, als er unter den Experimentatoren und technischen Hilfsmitteln Foucault zu Gesicht bekommt!

Das Labor ist aber offenkundig nicht für reine Forschung und spielerische Experimente bestimmt: der Leitung Jean Delays unterstellt, ist es in den Krankenhausapparat integriert, und Georges und Jacqueline Verdeaux sind vor allem mit der Aufgabe betraut, die elektroenzephalographischen »Profile« der Kranken von Sainte-Anne aufzunehmen und Diagnosen zu stellen.

Foucault hat 1982 in einem Interview diese Art von Arbeit mit eigenen Worten geschildert: »Es gab keinen klaren Status für einen Psychologen in einem psychiatrischen Krankenhaus. So hatte ich auch als Psychologiestudent einen sehr merkwürdigen Status. Der Abteilungschef war sehr freundlich zu mir und ließ mich machen, was ich wollte [...]. Ich nahm eine Mittelstellung zwischen Kranken und Ärzten ein, und ich war nicht wegen eines besonderen Verdienstes oder wegen einer speziellen Aufgabe, sondern als Konsequenz dieser Mehrdeutigkeit meines Status dazu gezwungen, den Ärzten gegenüber eine gewisse Distanz zu wahren. Ich weiß, daß das nicht mit einem persönlichen Verdienst zusammenhing, weil ich das damals alles als eine Art Unbehagen empfand. Erst einige Jahre später, als ich begann, ein Buch über die Geschichte der Psychiatrie zu schreiben, hat dieses Unbehagen, diese persönliche Erfahrung die

Form einer historischen Kritik oder einer strukturalen Analyse angenommen.« Und auf die Frage: »Vermittelte das Hôpital Sainte-Anne einem Angestellten einen besonders negativen Eindruck von der Psychiatrie?« antwortet Foucault: »Durchaus nicht. Es war ein großes Krankenhaus und so typisch, wie Sie es sich nur vorstellen können, und ich darf sagen, daß es besser war als die Mehrzahl der großen Provinzkrankenhäuser, die ich später zu Gesicht bekam. Es war eines der besten von Paris. Nein, da gab es nichts Schreckliches. Und eben das war der springende Punkt. Wenn ich diese Art von Arbeit in einem kleinen Provinzkrankenhaus gemacht hätte – vielleicht hätte ich dann gedacht, daß diese Mängel aus seiner geographischen Lage oder seinen besonderen Problemen herrührten.«[6]

Foucault hat als Psychologe nicht nur in einem psychiatrischen Krankenhaus gearbeitet. Dieselbe Art von Tätigkeit hat er auch in einem Gefängnis ausgeübt. Denn 1950 hatte das Gesundheitsministerium Georges und Jacqueline Verdeaux aufgefordert, ein Labor für Elektroenzephalographie im Gefängnis von Fresnes einzurichten, wo das Allgemeine Krankenhaus der französischen Gefängnisse untergebracht war. Das Labor hat zwei Funktionen: es soll auf Verlangen der Ärzte die kranken Sträflinge untersuchen, um eventuelle Schädeltraumen, larvierte Epilepsien oder neurologische Störungen zu entdecken... Und es soll Test-Reihen vornehmen, um die Sträflinge auf bestimmte gefängnisinterne Berufsschulen zu verteilen wie die Druckerei in Melun. Jacqueline Verdeaux geht einmal wöchentlich hin und nimmt ihren Freund Foucault mit. Zwei Jahre lang bringt sie ihm bei, wie man leichte Prüfungen abhält, sie leitet ihn bei der Auswertung der Ergebnisse an, sie trägt ihm Hilfsdienste auf... Gemeinsam diskutieren sie Fälle und legen Merkblätter für jede examinierte Person an.

Im Laufe dieser gesamten Phase badet Foucault also in der beruflichen Atmosphäre der experimentellen Psychologie. Seine Ausbildung hat damit den Universitätsbereich im eigentlichen Sinne hinter sich gelassen, und Foucault betreibt fortan »Feldforschung«, wie ein Ethnologe sagen würde. Er sieht sich mit der Realität der Krankheit und mit der Präsenz der Kranken

6 Interview in: *Ethos*, a. a. O., S. 5.

konfrontiert. Er ist in die Realität zweier Formen von Internierung eingetaucht: die der »Verrückten« und die der »Straffälligen«. Und er ist selbst auf seiten derer, die »beobachten«, »prüfen«, »konstatieren«, selbst wenn sein unsicherer und nur vage definierter Status ihm eine gewisse Distanz zum Beruf des Psychologen auferlegt, den er ausüben lernt.

Stalins Schuster

Bereits vor seiner Berufung nach Lille hat Foucault angefangen, an der École normale supérieure Psychologie zu lehren. Auf Ersuchen Althussers natürlich, der ihn seit seiner *agrégation* dazu gedrängt hat. Foucault beginnt also zwischen Herbst 1951 und Frühjahr 1955 eine Vorlesung in der kleinen Salle Cavaillès zu halten, und zwar montags abends. Das Publikum ist für die École recht zahlreich: zwischen fünfzehn und fünfundzwanzig Hörer, während die Teilnehmerzahl sonst gewöhnlich nur fünf oder sechs beträgt. Mithin ein zahlreiches und sehr begeisterungsfähiges Auditorium. »Das ist genial«, äußert eines Tages Jean-Claude Passeron überschwenglich, als er aus einer der Vorlesungen kommt. Paul Veyne sagt heute dazu: »Seine Vorlesung war berühmt, man ging damals hin wie ins Theater.« Und Jacques Derrida: »Ich war, wie so viele, von seiner Redegewandtheit verblüfft. Das war beeindruckend an Eloquenz, Sachverstand und Brillanz.« Die großen Themen der Werke Foucaults finden sich bereits in den Texten vorformuliert, die er in dieser Zeit schreibt: in seiner Darstellung der Psychologie zwischen 1850 und 1950, die er 1953 verfaßt, auf Bitten von Denis Huisman, der die *Geschichte der Philosophie* von Alfred Weber auf den neusten Stand bringen möchte; und ebenso in seinem ersten Buch, *Maladie mentale et personnalité* (Geisteskrankheit und Persönlichkeit), das er nahezu gleichzeitig schreibt.

Foucault wahrt die Tradition und führt seine Zöglinge ebenfalls nach Sainte-Anne, um sie Krankenvorstellungen beiwohnen zu lassen. Jean-Claude Passeron beispielsweise hat an Demonstrationen von Daumézon teilgenommen. Und Jacques Derrida hat sich eine sehr lebhafte Erinnerung an diese recht pathetischen Sitzungen bewahrt: »Foucault führte uns in Gruppen zu dreien oder vieren hin. Man ging in die Praxis von Daumézon, der seine Studenten klinische Untersuchungen anstellen ließ. Man führte einen Kranken vor, und er wurde von einem jungen Mediziner befragt und examiniert. Wir wohnten dem als Zeugen bei. Das war aufwühlend. Der junge Mediziner zog sich dann zurück, hielt seine Beobachtungen schriftlich fest und führte sie in einer Art Vortrag vor Daumézon aus.«

In dieser Phase wird Foucault zum Mittelpunkt – um nicht zu sagen zum Chef – einer kleinen Schar kommunistischer *normaliens*. Die Gruppe – sie gilt als die verdammte Seele des jungen Professors – setzt sich aus Paul Veyne, Jean-Claude Passeron, Gérard Genette, Maurice Pinguet, Jean Molino und Jean-Louis Van Regemorter zusammen. Sie sind drei oder vier Jahre jünger als Foucault und widmen ihm eine Art Kult. Sie sind Kommunisten, aber nicht wirklich linientreu. Die anderen kommunistischen, und zwar orthodox-kommunistischen *normaliens* bezeichnen sie als die »folkloristische Gruppe« oder gar als »marxistischen Saint-Germain-des-Prés«. Stundenlang diskutieren sie in der Eingangshalle oder im Hof der École. Und »le Fouk's« – so nämlich nennen sie ihren Gruppenältesten (Fouk's entspricht dem deutschen »Fuchs«) – verbringt viel Zeit mit ihnen, wenn er sich in der Rue d'Ulm aufhält. Er hat sich ein Büro in der alten, nicht mehr benutzten Diskothek über der Salle Dussane eingerichtet. Diesen Raum hat er »Psychologisches Laboratorium« genannt. Seine Ausstattung besteht aus wenig mehr als einer Maus in einem Schuhkarton. »Das ist das Labor«, sagt er lachend zu seinen Besuchern und zeigt auf die Schachtel. An den Wänden stehen Regale mit verstaubten 78er Schallplatten, die durch die wachsende Verbreitung der Langspielplatte überflüssig geworden sind. Hier empfängt er seine Studenten und Freunde. Er schwatzt viel mit seinem damaligen Vertrauten: Maurice Pinguet, der Jahre später ein schönes Buch über *La Mort volontaire au Japon* (Der Freitod in Japan) schreiben wird.

Wie die Mitglieder der »folkloristischen Gruppe« ist auch Foucault der Kommunistischen Partei beigetreten. Später hat er sich zu dieser Episode kaum geäußert. 1978 merkt er in seinen Gesprächen mit Ducio Trombadori zur politischen Situation der Zeit an: »Für diejenigen, die unmittelbar nach Kriegsende zwanzig Jahre alt waren, für diejenigen, die diese Tragödie um so schmerzhafter verspürt hatten, als sie nicht daran beteiligt gewesen waren – was konnte die Politik ihnen bieten, wenn es sich darum handelte, zwischen der UdSSR Stalins und Trumans Amerika zu wählen? Oder zwischen der alten französischen SFIO* und der christlichen Demokratie? Viele junge Intellektuelle, darunter ich, hielten eine berufliche Zukunft bürgerlichen Zuschnitts für unerträglich: Professor, Journalist, Schriftsteller oder ähnliches... Die Erfahrung selbst hatte die Notwendigkeit und die Dringlichkeit der Verwirklichung einer Gesellschaft erwiesen, die radikal von derjenigen verschieden war, in der wir gelebt hatten: einer Gesellschaft, die den Nazismus zugelassen, die sich ihm an den Hals geworfen hatte und die geschlossen zu de Gaulle übergeschwenkt war. Angesichts alles dessen zeigte ein Großteil der französischen Jugend die Reaktion totaler Ablehnung...«[1] Für Foucault sollen diese Äußerungen nicht etwa erklären, warum er der Kommunistischen Partei beitrat, sondern warum er... sich für Nietzsche und Bataille interessierte, indem er sich von den traditionellen Formen der Philosophie löste, wie sie für ihn Hegelianismus und Phänomenologie darstellten. Und als sein Gesprächspartner sich über diese Antwort wundert und gleichwohl auf die marxistische Kultur der Zeit verweist, antwortet Foucault: »Für viele unter uns, die wir junge Intellektuelle waren, stellte das Interesse für Nietzsche oder für Bataille keine Form der Distanzierung vom Marxismus oder Kommunismus dar. Es bedeutete im Gegenteil die einzige Möglichkeit der Kommunikation oder des Übergangs zu dem, was wir vom Kommunismus erwarten zu dürfen glaubten. Diese Forderung nach totaler Ablehnung der Welt, in der wir zu leben hatten, wurde natürlich nicht durch die Hegelsche Philosophie erfüllt. Andererseits waren wir auf der Suche nach anderen intellektuellen Wegen, um eben dort anzulangen, wo etwas völlig anderes Gestalt anzunehmen oder zu existieren schien: das heißt der Kommunismus. So kam es, daß ich mich, ohne Marx genau zu kennen, aber den Hegelianismus ablehnend und mich hinsichtlich der Begrenztheiten des Existentialismus unbehaglich fühlend, der Kommunistischen Partei beizutreten entschloß. Das war im Jahre 1950: damals ›Nietzschescher Kommunist‹ zu sein! Eine Sache, die

---

* Section Française de l'Internationale Ouvrière: traditionelle nichtkommunistische sozialistische Partei; Vorläuferin der heutigen Sozialistischen Partei. (A. d. Ü.)

1 Ducio Trombadori, *Colloqui con Foucault*, Mailand 1981, S. 27–29.

wirklich an der Grenze des ›Lebbaren‹ und, wenn man will, vielleicht auch etwas lächerlich war; das wußte ich selbst.«[2]

Offensichtlich hat Foucault seinen intellektuellen und politischen Werdegang hier beträchtlich zurechtgestutzt, denn es war sicherlich nicht der Nietzsche-Einfluß, der ihn in die Kommunistische Partei führte. Seine Nietzsche-Lektüre fällt erst in eine spätere Zeit, und der bestimmende Einfluß dieses Denkers äußerte sich eher im Jahre 1953, wie das die Zeugen jener Epoche festhalten. Maurice Pinguet hat von dieser Nietzsche-Entdeckung Foucaults im Laufe der Sommerferien des Jahres 1953, an den italienischen Stränden, berichtet: »Hegel, Marx, Freud, Heidegger, das waren 1953 seine Bezugspunkte, als sich dann die Begegnung mit Nietzsche vollzog: ich sehe Foucault noch vor mir, wie er am Strand von Civitavecchia in der Sonne die *Unzeitgemäßen Betrachtungen* las.«[3] Paul Veyne bestätigt das: er hat im Jahre 1983 lange Unterhaltungen mit Foucault geführt, die er in seinem Tagebuch festhielt. Foucault hat ihm das Datum präzisiert, an dem seine Nietzsche-Lektüre einsetzte: 1953. So wie er ihm auch erklärte: »Als ich in der Kommunistischen Partei war, schien der Marxismus mir eine vernünftige Lehre zu sein.«

Man braucht übrigens nur die damaligen Texte Foucaults zu lesen, um zu sehen, daß ein Nietzsche-Einfluß darin noch völlig fehlt, während das Vokabular und die Thematik des Marxismus häufig im Vordergrund stehen, selbst wenn es unmöglich ist, Foucault schlicht und einfach als Marxisten abzustempeln. Zur Bestätigung dessen verweise ich auf die erste Ausgabe von *Maladie mentale et personnalité*. Ich werde in Kürze darauf zurückkommen. Gleichwohl muß festgehalten werden, daß die Parteinahme für die KPF, wie Foucault sie praktizierte, nur wenig Ähnlichkeit mit der eines Großteils seiner Kameraden hatte. So ging er nur ganz selten zu den Zusammenkünften seiner Zelle. »Ich erinnere mich jedoch«, erzählt Maurice Pinguet, »daß er eines Abends da war, im ersten Stock jenes kleinen Cafés an der Place Contrescarpe: plötzlich stürzte er sich mit

2 Ebd., S. 30.
3 Maurice Pinguet, »Les Années d'apprentissage«, in: *Le Débat*, Nr. 41, September–November 1986, S. 129 f.

Vehemenz in eine Attacke gegen die Montanunion.«[4] Aber Foucault beteiligte sich nie an militanten Aktivitäten. Nie hat ihn jemand *L'Humanité* verkaufen noch an Flugblattaktionen oder Demonstrationen teilnehmen sehen. Ausgenommen einmal, präzisiert Jean-Louis Gardies, der, als *L'Humanité* eines Tages beschlagnahmt war, sich mit Foucault und einigen anderen vor dem Verlagsgebäude des kommunistischen Blattes einfand, um Exemplare davon im Quartier latin zu verkaufen. »Aber«, fügt er hinzu, »weder er noch ich waren dafür geschaffen. Wir hatten nicht die Seelen von militanten Aktivisten in unserer Brust.« Und vor allem ist es nicht möglich – weder politisch noch intellektuell –, Foucault unter diejenigen einzureihen, die sich selbst als »Stalinisten« bezeichneten. Le Roy Ladurie, einer der auffallendsten davon, notiert in seinen Erinnerungen: »Michel Foucault verfiel damals weitaus weniger als andere in die Exzesse des Stalinismus.«[5]

Dennoch erinnern sich Jean-Claude Passeron und Alexandre Matheron, daß Foucault an einer Vorlesungsreihe in der Maison des Lettres in der Rue Férou, in der Nähe der Place Saint-Sulpice, teilnahm: »Die kommunistischen Kandidaten für die *agrégation* in Philosophie hatten damals eine Arbeitsgruppe gebildet«, erzählt Alexandre Matheron, »für die eine bestimmte Zahl von Philosophen und Parteimitgliedern (Desanti, Vernant usw.) Vorträge zu halten eingewilligt hatten. Auch Foucault, der damals Assistent in Lille war und Vorlesungen an der Rue d'Ulm hielt, war eines Tages gekommen, um über Pawlow zu sprechen«, und zwar im Rahmen eines größeren Vorhabens, das später zu Kapitel VII von *Maladie mentale et personnalité* werden sollte. Zwar fügte sich seine Darstellung, wie Passeron anmerkt, nicht glatt in den geraden Lauf der marxistischen Orthodoxie der Zeit, aber dennoch: Foucault hat damals Stalin zitiert. Tatsächlich schloß sein Vortrag mit der Bezugnahme auf einen Satz Stalins über den armen versoffenen Schuster, der seine Frau und seine Kinder schlägt, um zu erklären, daß die Geisteskrankheiten Früchte von Elend und Ausbeutung sind und nur eine radikale Wandlung der Existenzbedingungen dem ein Ende

4 Ebd., S. 127.
5 Emmanuel Le Roy Ladurie, a. a. O., S. 46.

setzen kann. Hat man darin ein »Blinzeln« in Richtung der »folkloristischen Gruppe« zu sehen, die dem Vortrag beiwohnte, wie Passeron meint? Oder ganz einfach die Tatsache, daß es unmöglich war, den Namen Stalins in einem von der Partei organisierten Vortrag auszulassen, völlig ungeachtet des Themas. Selbst wenn Foucault von seinem Sonderstatus profitierte: niemand machte ihm seine Absenz bei den Zusammenkünften der Zelle zum Vorwurf noch gar, was schwerer wog, seine gemeinsam mit Jean-Louis Van Regemorter vorgetragenen Persiflagen von Artikeln aus *L'Humanité* über die Sowjetunion.

Nimmt man alle Zeugnisse der Zeit zusammen, scheint Foucault kein sehr glühender Anhänger gewesen zu sein. Man kann sogar sagen, daß er es nur aus der Ferne war. Wie läßt sich sonst jene seltsame Unterhaltung erklären, über die Claude Mauriac in seinem Tagebuch berichtet? Die Szene spielt im Jahre 1971, und Foucault sagt zu Jean-Claude Passeron: »Erinnerst du dich, als wir Ghostwriter* für *La Nouvelle Critique* spielten? Und an jenen berühmten Artikel, von dem lange die Rede war: ›Man muß mit Merleau-Ponty abrechnen‹ – so die stehende Formel. Ich glaube zwar, daß dieser Artikel nie geschrieben worden ist. Aber es gibt viele andere Seiten von *La Nouvelle Critique*, deren Autoren wir waren.« Claude Mauriac schaltet sich hier ein und fügt hinzu: »Ich frage mich: waren sie nicht zufällig mit Kanapa gezeichnet?«[6] Nach dem Erscheinen des betreffenden Bandes von *Temps immobile* hat sich denn auch, als eine Art unbestreitbarer Wahrheit, die Vorstellung festgesetzt, daß Foucault Artikel für Jean Kanapa, den Chefredakteur von *La Nouvelle Critique*, geschrieben hat, einen stalinistischen Apparatschik, der von Sartre 1954 in *Les Temps modernes* als »Kretin« apostrophiert wurde. Foucault hat diese Version der Tatsachen übrigens nie dementiert. Auch Claude Mauriac gegenüber nicht. Er hat lediglich präzisiert, und zwar dem Bericht zufolge, den Claude Mauriac in einem späteren Band von *Temps immobile* gibt: »Ich habe nicht *die* Texte Kanapas geschrieben. Höchstens zwei oder drei dieser Artikel. Um der

---

* Frz.: »nègre«. (A. d. Ü.)

6 Claude Mauriac, *Le Temps immobile*, Bd. III: *Et comme l'espérance est violente*, Paris 1977, S. 318 f.

Wahrheit die Ehre zu geben, müßte man sagen...« Der Satz Foucaults bleibt in der Schwebe. Denn Mauriac unterbricht ihn, um ihn darauf aufmerksam zu machen, daß er den im früheren Band berichteten Satz ohne Reaktion habe durchgehen lassen.[7]

Sobald es darum geht, die Einzelheiten dieser Geschichte etwas genauer zu erfassen, werden die Dinge noch unklarer. Der erste Grund erscheint ganz einfach: Kanapa war nicht der Mann, der auf Ghostwriter zurückgreifen mußte, um seine Artikel zu schreiben. Pierre Daix, der im Redaktionsstab der Zeitung saß, bestätigt das mit aller Deutlichkeit: Kanapa schrieb seine Artikel mit großer Sorgfalt und Genauigkeit im Detail, und niemand durfte ihm in seine Produktion dreinreden. Allerhöchstens war »es möglich, ihm dazu zu raten, diese oder jene Formulierung zu ändern, aber erst nach stundenlanger Diskussion«. Der Sohn von Jean Kanapa hat Foucault in den siebziger Jahren getroffen, und Foucault, der wohl wußte, mit wem er da zu tun hatte, hat keinerlei Anspielung auf diese Episode gemacht. Mehr noch: Jerôme Kanapa hat seinem Vater von dieser seiner Begegnung mit Foucault erzählt, aber Jean Kanapa hat sich keiner Verbindung noch irgendeiner Begegnung mit dem Philosophen erinnert. Was Desanti betrifft, so platzt er förmlich vor Lachen, wenn man ihm die Frage stellt: »Das kann nur irgendein Ulk von Foucault sein.« Vielleicht gibt es aber eine andere Lösung: wenn nämlich Foucault für *La Nouvelle Critique* nicht Kanapas Artikel, sondern irgendwelche anderen Artikel unter Pseudonym geschrieben hätte. Aber kein einziges Mitglied des Redaktionsstabes, kein einziger fester Mitarbeiter der Zeitschrift zu jener Zeit, von Annie Kriegel, Jean-Toussaint Desanti, Francis Cohen, Victor Leduc bis hin zu Gilberte Rodrigues, der Redaktionssekretärin und persönlichen Referentin Kanapas, erinnert sich, Foucault begegnet zu sein oder auch nur von ihm reden gehört zu haben. Und es findet sich auch niemand, der seine Mitarbeit an der Zeitschrift für möglich hält. Michel Verret, Philosoph und *normalien* des Jahrgangs 1948, der regelmäßig für *La Nouvelle Critique* gearbeitet hat, pflich-

---

7 Claude Mauriac, *Le Temps immobile*, Bd. IX: *Mauriac et fils*, Paris 1986, S. 290.

tet dieser Auffassung bei: es scheint ihm undenkbar. Und zwar um so mehr, als die Praxis des Pseudonyms, wie er präzisiert, leitenden Angestellten der Verwaltung und hohen Funktionären oder Militärs vorbehalten war. Er selbst zeichnete seine Artikel im allgemeinen mit vollem Namen, so beispielsweise seine lobende Rezension der *Kommunisten* von Louis Aragon oder seine Verteidigung des deutsch-sowjetischen Nichtangriffspaktes, die er zusammen mit Alexandre Matheron und François Furet schreibt und signiert. Eine andere Gallionsfigur des »normalistischen« Kommunismus, Maurice Caveing, schließt die Vorstellung, daß Foucault auf diese Weise im Intellektuellenblatt der Partei habe schreiben können, völlig aus und fügt hinzu, daß sich das jedenfalls kaum mit Foucaults Temperament selbst vertragen hätte. Michel Crouzet, der Sekretär der Zelle, gesteht, in dieser Hinsicht keine Ahnung zu haben. Bleibt also die Person, an die sich die von Mauriac aufgezeichnete Frage richtete: Jean-Claude Passeron. Der aber behauptet, nie für *La Nouvelle Critique* geschrieben zu haben, weder anonym noch anders, und hält es auch bei Foucault für unwahrscheinlich. Er spielt lediglich auf kleine Notizen an, die die *normaliens* liefern durften, *drafts*, die als Material für die großen Artikel der berühmten Namensträger des Blattes zu dienen hatten. Es gibt auch kleinere, meistens nicht signierte Texte, die am Schluß der jeweiligen Nummern von *La Nouvelle Critique* aus jener Zeit auftauchen und vermischte Nachrichten aus dem Quartier latin oder der École normale aufgreifen. Aber weder im einen noch im anderen Falle glaubt Passeron, daß Foucault einer der Autoren gewesen sein kann. Absolut ausgeschlossen: das bekräftigt auch Louis Althusser, und man darf vermuten, daß, wenn irgend jemand auf dem laufenden war, dann er. »Ich glaube«, präzisiert er, »Foucault hat sagen wollen: wir waren für den ›Kanapismus‹ verantwortlich.«

Also was? Claude Mauriac behauptet heute nicht mehr, daß, was er geschrieben hat, der historischen Wahrheit entspricht. Er bestätigt lediglich, daß Foucault diese Äußerungen in seiner Gegenwart gemacht hat. Und Jean-François Sirinelli, der Foucault 1981 für eine Studie über die kommunistischen *normaliens* der Nachkriegszeit befragt hat, erzählt, daß Foucault ihm im Vorbeigehen gesagt habe, daß die *normaliens* für die *Nouvelle*

Critique schrieben, und sich in diese Gruppe einzubeziehen schien. Das Geheimnis bleibt bestehen. Es scheint im Augenblick unmöglich, die faktische Wahrheit zu ermitteln.

Lediglich zwei Fakten sind gesichert: Foucault hat einen Artikel über Descartes für *Clarté* geschrieben, die Zeitschrift der kommunistischen Studenten, und zwar auf Betreiben ihres Leiters Michel Verret. Aber dieser – nach Aussage von Alexandre Matheron, Mitglied des Redaktionsstabes: – »blendende« Text wurde als »zu schwierig für die Masse der Studenten« befunden. Und ist folglich nicht publiziert worden, trotz der günstigen Voten von Matheron und Verret. Zum anderen ist Foucaults Mitgliedschaft sehr »marginal« gewesen. Und eben das hat er 1981 auch Jean-François Sirinelli zu verstehen gegeben. Und von recht kurzer Dauer, wie er hinzufügte. Obwohl sie aber kurz gewesen zu sein scheint, ist Foucaults Mitgliedschaft bei den Kommunisten doch länger gewesen, als er dann wohl sagen mochte: drei Monate, sechs Monate, anderthalb Jahre... je nach den Gesprächspartnern. Nun ist Foucault aber 1953 aus der Partei ausgetreten. Die Gründe dafür sind natürlich vielfältiger Natur. Zunächst – und dieser Gesichtspunkt sollte durchaus nicht vernachlässigt werden: Foucault mußte sich sehr unbehaglich in einer Partei fühlen, die die Homosexualität als Laster der Bourgeoisie und als Zeichen der Dekadenz ablehnte und verurteilte. Foucault hat das Gefühl gehabt, daß seine Homosexualität ihn ins Abseits drängte. Andere waren zur gleichen Zeit aus eben diesem Grunde aus ihren Zellen ausgeschlossen worden. Ein privilegierter Zeuge verleiht dieser Interpretation Nachruck: Louis Althusser selbst. Auf die Frage: Warum hat Foucault die Kommunistische Partei verlassen, antwortet er, ohne zu zögern: »Wegen seiner Homosexualität.«

Foucault hat darüber hinaus einen weiteren Grund angegeben: die Zwistigkeiten, die ihm die sogenannte »Weißkittel«-Affäre eingetragen hat. Im Jahre 1952 wurden Stalins Ärzte angeklagt, ein Komplott gegen das Leben des »genialen Väterchens der Völker« geschmiedet zu haben. Die Denunziation riecht nach Antisemitismus. Aber alle Mitglieder der KPF, und auch Foucault, geben sich Mühe, die offizielle sowjetische Version zu glauben. Hier Foucaults Bericht über die Affäre in der Form, wie er ihn Ducio Trombadori gegeben hat: »Als ich die KPF verließ, geschah das nach dem berüchtigten Komplott der Ärzte Stalins, im Winter 1952, und zwar aufgrund eines fortdauernden Gefühls von Unbehagen. Kurz vor Stalins Tod hatte sich die Nachricht verbreitet, daß eine Gruppe von Ärzten ihm nach dem Leben getrachtet habe. Es war André Wurmser, der eine Zusammenkunft unserer Zelle einberief, um uns Studenten zu erklären, wie das Komplott sich abgespielt habe. Obwohl wir nicht überzeugt waren, strengten wir uns allesamt an, dem Glauben zu schenken, was man uns gerade verkündet hatte. Auch das war Bestandteil einer Einstellung, die ich für verhängnisvoll hielt, die aber auch die meine war; es war meine Verhaltensweise in der Partei: verpflichtet zu sein, an einem Faktum festzuhalten, das jeder Glaubwürdigkeit hohnsprach – genau das war Bestandteil jener Praxis der ›Ich-Spaltung‹ und der Suche nach einer Art und Weise, ›anders‹ zu sein. So schenkten wir denn der Rede Wurmsers Glauben. Drei Monate nach Stalins Tod aber erfuhr man, daß das Ärztekomplott reine Erfindung gewesen war. Was war passiert? Wir schrieben an Wurmser und forderten ihn mehr oder weniger dringlich auf, zu uns zu kommen und uns zu erklären, was es denn nun mit diesem Komplott auf sich habe. Wir erhielten keine Antwort. Sie werden mir sagen: übliche Praxis, kleiner Betriebsunfall während der Fahrt... Tatsache ist, daß ich mich von diesem Augenblick an von der KPF entfernt habe.«[8]

Da Stalin am 5. März 1953 gestorben ist, läßt sich die grundlegende Distanzierung, von der Foucault spricht, auf den Sommer oder Herbst desselben Jahres datieren. Jean-Paul Aron erzählt eine Anekdote, die belegt, daß Foucault im April 1953 noch Mitglied der KP war: zu diesem Zeitpunkt veranstaltete der nämliche André Wurmser ein Treffen in Lille. Gegenstand seiner aggressiven Auslassungen ist diesmal: das Porträt Stalins von Picasso zu brandmarken, das als Titelbild der *Lettres françaises* verwendet worden ist, der von Louis Aragon geleiteten Kulturzeitschrift der KPF. Der Zusammenkunft wohnen auch Michel Simon und Michel Foucault bei. Wurmser erklärt seinen Zuhörern, daß »dieses Porträt, von Thorez verurteilt, sich selbst zerstört, an seiner Verirrung stirbt oder, was auf dasselbe

8 Ducio Trombadori, *Colloqui con Foucault*, a. a. O., S. 33.

herauskommt, an seiner Bösartigkeit«. Laut Jean-Paul Aron beginnen solche Argumente Foucault »ins Wanken zu bringen«.[9] Beginnen! Jedenfalls kommt er noch zu den Versammlungen, bei denen Wurmser spricht. Und da er 1950 eingetreten ist, ist er also etwa drei Jahre in der Kommunistischen Partei geblieben. Was den Marxismus betrifft, so wird sich Foucault davon sehr viel langsamer lösen. Michel Simon erinnert sich, Foucault 1954 vor einem Kreis kommunistischer Studenten erklären gehört zu haben, daß »der Marxismus keine Philosophie ist, wohl aber eine Erfahrung auf dem Wege, der zu einer Philosophie führt«. Und Étienne Verley, kommunistischer *normalien*, hat zusammen mit Foucault an einer von Althusser einberufenen Zusammenkunft mit dem Ziel teilgenommen, eine Studiengruppe zur gemeinschaftlichen Ausarbeitung eines Handbuches der marxistischen Psychologie zu gründen. Das war, wie er sagt, unmittelbar nach dem Erscheinen von *Maladie mentale et personnalité*, das heißt im Frühjahr 1954.

Alles, was sich sagen läßt, ist: Foucault hatte die KPF verlassen und sich vom Marxismus gelöst, bevor er nach Schweden ging, das heißt im Sommer 1955. Aber er blieb mit Louis Althusser eng verbunden. »Als ich die Kommunistische Partei verließ, hat es keinerlei Bannfluch von seiner Seite gegeben; er wollte seine Verbindungen zu mir durchaus nicht abbrechen.«[10] Diese Beziehung zu Althusser hat für die beiden Männer zweifellos eine sehr bedeutsame Rolle gespielt. Und als 1964 *Lire le Capital (Das Kapital lesen)* erscheint, huldigt Althusser Foucault, indem er die »Meister der Lektüre« beschwört, »die Gaston Bachelard und Cavaillès früher für uns waren und die heute Georges Canguilhem und Michel Foucault sind«. Althusser, »le Tus« oder »le vieil Alt«, wie Foucault ihn nennt, hatte mit Begeisterung auf die ersten Bücher seines Zöglings reagiert. Er selbst hatte noch nichts publiziert, als 1961 und 1963 *Wahnsinn und Gesellschaft* und *Die Geburt der Klinik* erschienen. Er schreibt Foucault warmherzige Briefe, in denen von »Pionierarbeit« und »Befreiung« die Rede ist. Aber die Prankenhiebe, die Foucault dem Marxismus 1966 in *Die Ordnung der Dinge* versetzt, las-

9 Jean-Paul Aron, *Les Modernes*, Paris 1984, S. 65 f.
10 Ducio Trombadori, *Colloqui con Foucault*, a. a. O., S. 33.

sen den *caïman* der Rue d'Ulm schwerlich gleichgültig, der gerade mit der Publikation seiner eigenen Arbeiten beginnt. Wenn Foucault da über die theoretischen »Stürme im Wasserglas« spöttelt, versteht natürlich jedermann, daß es sich dabei um den Hof der École normale handelt.[11] Althusser fügt der englischen Übersetzung von *Lire le Capital* also eine Foucault betreffende Fußnote hinzu, die sich wie eine Warnung liest: »Er war einer meiner Schüler, und ein Teil meiner Forschungen ist in seine eingegangen, darunter auch manche meiner Formulierungen. Aber in seinem Denken und Schreiben hat sogar die Bedeutung der Begriffe, die er bei mir entlehnt hat, sich gewandelt und ist zu etwas grundlegend anderem geworden als das, was ich darunter verstand.«[12] Aber trotz dieser mit Diskretion und Entschlossenheit geäußerten theoretischen Meinungsverschiedenheiten bleiben Althusser und Foucault Freunde. Foucault hält stets an einer sehr großen Wertschätzung und seinem sehr großen Respekt für Althusser fest. Und er findet herbe Worte, um diejenigen zu geißeln, die über seinen Professor hohnlachen, als der Wind sich dreht und der Marxismus aus der Mode kommt.

Wenn Foucault sagen kann, er sei »Nietzschescher Kommunist« gewesen, dann deshalb, weil er sich noch innerhalb des von Phänomenologie und Marxismus definierten Raumes bewegte, als er die großen zeitgenössischen Schriftsteller entdeckte, mit denen er sich identifizieren und die er bei jeder Gelegenheit zitieren wird: Bataille und Blanchot, dank denen er die Bindungen fahrenläßt, die ihn noch an die etablierten Orte von Philosophie und Politik fesseln. Selbst wenn die Entdeckung dieser Autoren für seine Zeit durch Vermittlung von Sartre zustande kommt, dessen *Situations I* im Jahre 1948 erschienen, mit ausführlichen Kommentaren zu beiden Autoren. »Man stieß auf Bataille und Blanchot *durch* Sartre, und man las sie *gegen* Sartre«, erklärt Jacques Derrida. Jedenfalls stellen sie für Foucault den Königsweg zum »Nietzscheanismus« dar, wie er später mehrfach wiederholen wird. Ebenso entdeckt er René Char und

11 Michel Foucault, *Die Ordnung der Dinge*, Frankfurt am Main 1971, S. 321.

12 Zitiert nach: *Le Magazine littéraire*, Nr. 207, Mai 1984, S. 57.

das Werk von Beckett. Im Jahre 1953 wird nämlich *Warten auf Godot* aufgeführt, »ein Theaterstück, das einem den Atem stillstehen läßt«.[13]

Für Foucault beginnt damit die Periode der Literaturfaszination, die sich ihre Ausstrahlungskraft bis zum Ende der sechziger Jahre bewahrt, um dann einer eher politischen Sicht der Dinge zu weichen. Im Rückblick auf die fünfziger Jahre sagt Foucault eines Tages zu Paul Veyne: »Damals träumte ich davon, Blanchot zu sein«, und erzählt ihm, daß er mit leidenschaftlicher Begeisterung die Chroniken las, die der Autor seit Januar 1953 regelmäßig in der *Nouvelle Revue française* schreibt. Besonderer Erwähnung wert: Im Oktober 1953 widmet Blanchot Samuel Becketts *L'Innommable (Der Namenlose)* einen langen Essay, in dem er die Spaltung von »Ich« und Autor in diesem Text analysiert.[14] Durch Blanchot hat Foucault wahrscheinlich auch jenes Buch entdeckt, das er fortan sehr häufig zitieren wird – beispielsweise in seiner Inauguralvorlesung am Collège de France von 1970. Er zitiert es in Anführungszeichen, aber ohne Namensnennung des Autors. Im Jahre 1953 dient ein Text Blanchots als Vorwort zur Übersetzung eines Buches von Karl Jaspers über *Strindberg, Van Gogh, Hölderlin, Swedenborg*. Foucault ist seit langem ein aufmerksamer Jaspers-Leser und erwähnt in seinen ersten Artikeln häufig dessen *Allgemeine Psychopathologie*. In seiner Arbeit über *Strindberg, Van Gogh … * entwirft Karl Jaspers in großen Zügen eine Geschichte der Formen des Wahns: »Man wäre versucht zu sagen, wie die Hysterie eine natürliche Bereitschaft vor dem 18. Jahrhundert gehabt haben müsse, so passe die Schizophrenie vielleicht ir-

---

13 Interview in: *Le Magazine littéraire*, Nr. 221, Juli–August 1985.
14 Maurice Blanchot, »Où maintenant, qui maintenant?«, in: *NRF*, Nr. 10, 1953, ern. in: *Le Livre à venir*, Paris 1959. Die Chroniken und literaturkritischen Arbeiten Blanchots sind gesammelt in: *L'Espace littéraire, Le Livre à venir* und *L'Entretien infini*. Eine vollständige Bibliographie mit Erscheinungsdaten und Erstveröffentlichungshinweisen findet sich bei Françoise Collin, *Maurice Blanchot et la question de l'écriture*, Paris 1986. (Dt. Übersetzung von »Où maintenant, qui maintenant?« unter dem Titel »Wer nun? Wo nun?« in: Maurice Blanchot, *Der Gesang der Sirenen*, München 1962, S. 185–195. [A. d. Ü.]).

gendwie zu unserer Zeit.«[15] Das Vorwort von Blanchot trägt den Titel »La Folie par excellence« (Der Wahn schlechthin). Darin findet sich folgende Stelle: »Was die Wissenschaft durch Ursachen begründet, ist deshalb nicht auch wirklich begriffen. Das Verständnis sucht, was sich ihm entzieht, es nähert sich ständig und nachdrücklich dem Augenblick, da Verstehen nicht mehr möglich ist, da das Faktum in seiner absolut konkreten Realität zum Dunklen und Undurchdringlichen wird.«[16] Blanchot ist zweifellos eine der grundlegenden Quellen zum Verständnis der Arbeiten von Foucault in den folgenden Jahren.

Was die Gedichte René Chars betrifft, so finden sich ihre Spuren in zahlreichen Schriften Foucaults – von den frühesten bis zu den spätesten: von der Einführung zu Binswangers *Traum und Existenz* aus dem Jahre 1953 bis zum Vorwort zu *Wahnsinn und Gesellschaft* von 1961, in dem Foucault erklärt: »Ich habe also nur eine Methode beibehalten, die auch in einem Text von Char enthalten ist, in dem sich zugleich die drängendste und zurückhaltendste Definition der Wahrheit findet: ›Ich nahm den Dingen die Illusion, die sie erzeugen, um sich vor uns zu bewahren, und ließ ihnen den Anteil, den sie uns zugestehen.‹«[17] Das Vorwort schließt mit einem weiteren Char-Zitat – drei Zeilen in Anführungszeichen, bei denen Foucault diesmal aber keinen Verweis, nicht einmal einen auf den Namen des Autors gibt: »Pathetische Gefährten, die Ihr kaum mehr murmelt, geht bei gelöschter Lampe und gebt die Schmuckstücke zurück. Ein neues Geheimnis summt Euch in den Ohren. Entwickelt Eure rechtmäßige Andersheit.«[18] Man begegnet Char im Jahre 1984 auf dem Schutzumschlag der letzten Bücher Foucaults wieder,

---

15 Karl Jaspers, *Strindberg, Van Gogh, Hölderlin, Swedenborg*, mit einem Vorwort von Maurice Blanchot, Paris 1953, S. 232–236. (Im dt. Original: *Strindberg und van Gogh. Versuch einer pathographischen Analyse unter vergleichender Heranziehung von Swedenborg und Hölderlin*, Leipzig 1922, S. 129.)

16 Ebd., S. 12.

17 Michel Foucault, *Folie et déraison*, Paris 1961. »Préface«, S. X. (Dt.: *Wahnsinn und Gesellschaft*, Frankfurt am Main 1969, S. 16.)

18 Ebd., S. XI (fehlt in der dt. Ausgabe). Die Verse von Char stammen aus *Partage formel* (cf. René Char, *Œuvres complètes*, Paris o. J. [Bibliothèque de la Pléiade], S. 160).

Der Gebrauch der Lüste und *Die Sorge um sich*. Paul Veyne erzählt, daß Foucault zu Beginn der fünfziger Jahre Gedichte von Char auswendig wußte und fortgesetzt »Le Requin et la Mouette« (»Der Hai und die Möwe«) zitierte. Und einige Jahre später, in Schweden, forderte Foucault seine Studenten und Freunde auf, Gedichte von Char zu rezitieren, bevor sie bei ihm eintraten.

Seltsamerweise aber hat Foucault, der später doch so viele Menschen kennengelernt oder ihren Weg gekreuzt hat, nie die Bekanntschaft seiner Idole gemacht. Bataille ist kurz nach der Rückkehr Foucaults nach Frankreich gestorben. Und weder zu Blanchot noch zu Char hat er Verbindung gehabt. In seinem Essay *Michel Foucault tel que je l'imagine* (Michel Foucault wie ich ihn mir vorstelle), der nach dem Tode des Philosophen erschien, erzählt Blanchot, daß sie nur ein einziges Mal miteinander gesprochen haben: »Zu Michel Foucault habe ich keine persönlichen Beziehungen gehabt. Ich bin ihm nie begegnet, mit Ausnahme eines einzigen Males im Hofe der Sorbonne, während der Ereignisse vom Mai 1968, vielleicht im Juni oder Juli (aber man sagt mir, daß er gar nicht da war), als ich einige Worte an ihn gerichtet habe, ohne daß er wußte, wer mit ihm sprach.«[19] Blanchot rezensiert unmittelbar nach Erscheinen *Wahnsinn und Gesellschaft* und zwei Jahre später auch das Buch über *Raymond Roussel* in der *Nouvelle Revue française*. Foucault analysiert seinerseits das Werk Blanchots in einem langen Aufsatz aus dem Jahre 1966, »La Pensée du dehors«. Ihr einziger Dialog besteht also in dem, was vom einen zum anderen, von Essay zu Essay und von Buch zu Buch zwischen ihnen ausgetauscht wird. »Wir haben uns verfehlt«, sagt Blanchot noch.[20] Vielleicht aber haben sie im Grunde gewünscht, daß es so kam?

Auch René Char ist Foucault nie begegnet. Er hat nicht einmal mit ihm telefoniert, präzisiert Paul Veyne, der mit beiden verbunden war. Eines schönen Tages im Jahre 1980 »verschwören« sich Foucault und Veyne, um Char Aufnahme ins Collège de France zu verschaffen. Das Komplott führt jedoch nicht weit:

19 Maurice Blanchot, *Michel Foucault tel que je l'imagine*, Paris 1986, S. 9.
20 Ebd., S. 10.

sie bemerken bald, daß der Dichter... das »Renten«-Alter überschritten hat. René Char seinerseits brachte dem Philosophen große Wertschätzung entgegen und bewunderte *Wahnsinn und Gesellschaft* sehr. Eines seiner letzten Gedichte trägt sogar eine Widmung »für Michel Foucault«, im Zusammenhang mit dessen Tod. Dieses Gedicht aber – »Demi-jour en Creuse« – ist nicht für Foucault geschrieben. Es ist auf den 21. Juni 1984 datiert, also vier Tage vor seinem Tod. Char hat einfach nur das Autograph Paul Veyne angeboten, der ganz nahe bei ihm auf dem Lande wohnte, in Südfrankreich – ein Geschenk, um ihn über den Schmerz beim Tode seines Freundes hinwegzutrösten. Aber als Paul Veyne liest:

> *Un couple de renards bouleversait la neige,*
> *Piétinant l'orée du terrier nuptial;*
> *Au soir le dur amour révèle à leurs parages*
> *La soif cuisante en miettes de sang.**

ist er zu Tränen gerührt und erzählt dem Dichter: »Man nannte Foucault ›den Fuchs‹.« Daher die von Char hinzugefügte Widmung. Und der Vortrag dieses Vierzeilers bei der Beerdigung Foucaults in Vendeuvre-du-Poitou. Es gibt keine andere Nähe zwischen Char und Foucault als diese Koinzidenz *post mortem*, im Gegensatz zu einer bereits festverankerten Legende. »Ich würde nur zu gern daran glauben«, sagt Paul Veyne in seinem jüngst erschienenen Buch über René Char. Aber »um der Ehrlichkeit willen sei hier Einhalt geboten«.

---

* »Zwielicht in der Creuse.« – Ein Füchsepaar brachte den Schnee durcheinander,/ Stampfend den Saum des Hochzeitslands;/ Des Abends zeigt die harte Liebe ihrer Gegend/ Die heftige Begierde in Form von Blutkrumen.« In: R. Ch., *Die Nachbarschaften Van Goghs*, übers. von Peter Handke, München 1990, S. 21 (A. d. Ü.).

Die Dissonanzen der Liebe

Zu Beginn der fünfziger Jahre zählt die Universität Lille nicht mehr als drei oder vier Philosophieprofessoren. Der Lehrkörper der geisteswissenschaftlichen Fakultät ist noch nicht das, was er zehn oder fünfzehn Jahre später werden sollte. Da aber keiner von ihnen Lust oder Neigung verspürt, Psychologie zu unterrichten, haben Raymond Polin, Olivier Lacombe und Yvon Belaval sich entschlossen, jemanden einzustellen, der sich dieser lästigen Pflicht unterzieht und sie davon entlastet. Sie entwerfen die Idealvorstellung dessen, den sie suchen: eher einen Philosophen, der sich für Psychologie interessiert, als einen bloßen Praktiker des Faches. Eines Tages trägt Raymond Polin dieses Problem in Paris einem seiner Kollegen vor, Jules Vuillemin, der ihm den Namen Foucault nennt. Vuillemin spielt eine wichtige Rolle für die Laufbahn Foucaults, und wir werden Gelegenheit haben, auf ihn zurückzukommen. Für den Augenblick mag es genügen, darauf hinzuweisen, daß er ein Freund Althussers ist und in der Rue d'Ulm Kurse abhält. Eben da hat er Foucaults Bekanntschaft gemacht. Er hält auch Vorlesungen an der anderen École normale supérieure für männliche Studenten in Saint-Cloud, und dort ist er Polin begegnet, der hier ebenfalls unterrichtet. Der Kreis schließt sich: Polin nimmt Kontakt zu Foucault auf und empfängt ihn. Foucault erklärt ihm, daß er eine *thèse* zur »Philosophie der Psychologie« vorbereitet. Was den Professor freut, der ihm ohnehin sehr günstig gesonnen ist wegen des ausgezeichneten Rufes, den Foucault genießt und dessen Echo ihm zu Ohren gekommen ist. Und trotz der Besorgnis, die er aufgrund der Gerüchte empfinden mag, von denen er gleichfalls hat munkeln hören, was nämlich das heikle psychologische Gleichgewicht des Bewerbers betrifft.

Michel Foucault wird also als Assistent für Psychologie an die Universität Lille berufen und übernimmt seine Funktionen im Oktober 1952. Aber er schlägt kein »Domizil« in der Stadt auf. Wie die Professoren drängt er seine wöchentlichen Vorlesungen auf zwei oder drei Tage zusammen, reist mit dem Zug an und steigt in einem kleinen Hotel in Bahnhofsnähe ab.

Die philosophische Fakultät ist in einem weiträumigen blei-grauen Steinpalast im Zentrum der Stadt untergebracht, in der Rue Auguste-Angelier, hinter der Kunstakademie. Die Fassade ist mit einem Giebelfeld geschmückt, und die Eingangshalle öffnet sich auf zwei Säulenreihen. Die Örtlichkeiten sind impo-sant, pomphaft und düster. Hier lehrt Foucault Psychologie und ihre Geschichte. Er legt die Theorien dar, läßt die Autoren Revue passieren und spricht über Psychopathologie ebenso wie über Gestalt-Psychologie oder Rorschach-Tests... Er bringt die Studenten aus der Fassung, als er Coopers *Lederstrumpf* als Einführung in die Psychoanalyse verwendet. Dann aber hält er sich sehr lange bei Freud auf und empfiehlt seinen Hörern die Lektüre von dessen *Cinq Psychanalyses.** Ebenso lange verweilt er bei der Darstellung der »Daseinsanalyse« und bei den Arbei-ten von Kuhn und Binswanger. Und er schließt seine Jahresvor-lesung mit dem Hinweis auf die sowjetischen Physiologen in der Nachfolge von Pawlow. »Was ich damals gehört habe, war sehr deutlich marxistisch geprägt«, sagt Gilles Deleuze, der eine seiner Vorlesungen besucht hat. Eine einzige und aus Zufall. Er unterrichtete am Gymnasium von Amiens und hatte in Lille lediglich seinen Freund Jean-Pierre Bamberger besucht. Letzte-rer nimmt ihn zur Vorlesung Foucaults mit. Daraus ergibt sich ihre erste Begegnung: Jean-Pierre Bamberger lädt beide zu sich nach Hause zum Essen ein. Der Abend wird kein sonderlich großer Erfolg. Zwischen Deleuze und Foucault springt kein Funke über. Und mehrere Jahre müssen verstreichen, bis sich ihre Wege erneut kreuzen.

Foucault lehrt in aller Freiheit. Raymond Polin begnügt sich damit, ihn zu Beginn des Studienjahres zu fragen, welche The-men er zu behandeln gedenkt, und läßt ihm dann allen Spiel-raum, um sein Programm abzuwickeln. Das ist auch besser so, denn es hat den Anschein, daß die Beziehungen zwischen den drei Professoren und ihrem Assistenten in Psychologie eher

---

* »Kanonische« frz. Textsammlung Freudscher Fallgeschichten (Paris 1954), mit »Bruchstück einer Hysterie-Analyse«, »Analyse der Phobie eines fünfjährigen Knaben«, »Bemerkungen über einen Fall von Zwangs-neurose«, »Psychoanalytische Bemerkungen über einen autobiogra-phisch beschriebenen Fall von Paranoia« und »Aus der Geschichte einer infantilen Neurose«. (A. d. Ü.)

gespannt sind. Dennoch ist Foucaults Lehrtätigkeit hinreichend effizient und auffallend genug, um ihm im April 1954 die folgende offizielle »Benotung« vom Dekan der philosophischen Fakultät einzutragen: »Ein junger, sehr dynamischer Assistent. Organisiert seine Lehrveranstaltung in wissenschaftlicher Psychologie mit Talent. Verdient durchaus weiteren Aufstieg.« In der Tat ein *junger* Assistent: man darf nicht vergessen, daß Foucault erst sechsundzwanzig Jahre alt ist, als er berufen wird, und neunundzwanzig, als er seine Stellung aufgibt, um nach Schweden zu gehen.

In Lille hat Foucault einige seiner Freunde von der École wiedergetroffen: Michel Simon, Philosoph des Jahrgangs 1947, der ans Lycée Faidherbe in Lille berufen worden ist, Jean-Paul Aron, der ein Lehramt am Gymnasium von Tourcoing angetreten hat. Und 1954 kommt, gleichfalls ans Lycée Faidherbe berufen, Marcel Neveux an, mit dem Foucault die *khâgne* am Lycée Henri-IV besucht hat. Dieser kleine Kreis macht sich die Gewohnheit zu eigen, zusammen zu Mittag zu essen: »Arbeitsessen«, bei denen viel von Politik die Rede ist – Neveux und Simon sind Mitglieder der Kommunistischen Partei –, aber auch von Literatur – Simon fühlt sich sehr zu Stendhal hingezogen, Foucault und Aron mehr zu Balzac ... Und alle haben die Erinnerung an einen anderen Autor im Gedächtnis behalten, auf den Foucault Stein und Bein schwört: Jacques Chardonne. »*Claire* ist ein Meisterwerk«, wiederholt er seinen Freunden.

Gegen Ende dieser Zeit in Lille, die von Oktober 1952 bis Juni 1955 reicht, spricht Foucault überdies viel von Nietzsche und dem Buch, das er seiner neuen philosophischen Leidenschaft widmen möchte. Aber vor diesem »Blitzschlag« bleiben seine Interessen im wesentlichen auf die Psychologie zentriert.

Foucault ein Psychologe? Foucault ein Philosoph der Psychologie? Die Liste, die er als Beleg für die von ihm absolvierten Lehrveranstaltungen des Studienjahres 1952–1953 einreicht, zeigt deutlich den thematischen Horizont seiner Studien: den Horizont derer, die er abschließt, wie den Horizont derer, die er plant. Hier diese Liste in der Form, wie sie in Foucaults handschriftlicher Fassung im Archiv der Universität Lille aufbewahrt liegt:

»Arbeiten des Studienjahres 52–53:

1. *Maladie mentale et personnalité*. Fertige Arbeit (im Druck bei P.U.F.).
2. »Éléments pour une histoire de la psychologie.« Aufsatz für die Neubearbeitung der *Histoire de la philosophie* von A. Weber. Fertiggestellt. Im Druck.
3. *Psychiatrie et analyse existentielle (thèse complémentaire)*. Fertige Arbeit (im Druck. Desclée).
4. Übersetzung von *Der Gestaltkreis* von [Victor von] Weizsäkker. Erscheint im Juli.
5. Einleitung zu *Traum und Existenz*. Studie, die im Juli bei Desclée erscheinen soll.«

Die beiden Blätter, die diese Liste umfaßt, sind nicht datiert: sie sind aller Wahrscheinlichkeit nach gegen Ende des Studienjahres 1952–1953 niedergeschrieben, das heißt im Mai oder Juni 1953 oder spätestens bei Wiederbeginn des neuen Studienjahres, das heißt im September oder Oktober 1953. Wie dem auch sei: Die angegebenen Erscheinungsdaten sind nicht eingehalten worden: *Maladie mentale et personnalité* ist 1954 publiziert worden, genau wie *Le Rêve et l'existence* von Binswanger mit der Einleitung von Foucault. Aber die Übersetzung des *Gestaltkreises* von Weizsäcker muß bis 1957 auf die Veröffentlichung warten, ebenso wie der Artikel über die Geschichte der Psychologie. Was die Nr. 3 der Liste betrifft, so ist sie nie publiziert worden, und niemand hat je von dieser *thèse complémentaire* reden hören. In seiner Einleitung zu Binswangers Buch spielt Foucault überdies auf ein »späteres Werk« an, »das sich bemühen wird, den Stellenwert der Daseinsanalyse in der Entwicklung des zeitgenössischen Denkens über den Menschen zu umreißen«[1], aber diese »Fortsetzung« ist nie zustande gekommen. Überdies legt er seine *thèse complémentaire* erst 1961 vor, als er seine *thèse principale*, nämlich *Wahnsinn und Gesellschaft*, bereits abgeschlossen hat, und sie bezieht sich auch nicht auf Fragen der Psychologie und Psychiatrie, sondern auf die *Anthropologie* Kants. Also was? Zweifellos muß diese Art von

---

1 Michel Foucault, »Introduction« zu Ludwig Binswanger, *Le rêve et l'existence*, Paris 1954, S. 9–10.

Listen immer mit sehr viel Zurückhaltung aufgenommen werden. Vielleicht hat Foucault denselben Text doppelt gezählt, nämlich die Einleitung zu Binswanger, um die Liste künstlich zu verlängern, und dieses Vorwort ist allerdings gut und gern eine allgemeine Studie zum Thema: »Psychiatrie und Daseinsanalyse«, geschrieben »als Marginalie zu *Traum und Existenz*«.[2]

Selbst wenn also von der Liste in Lille eines der Bücher abgezogen werden muß, die sie als fertiggestellt ankündigt, ist die Summe der in derart kurzer Zeit geschriebenen Texte doch recht eindrucksvoll und stellt hinreichend die enorme Arbeitskraft von Michel Foucault unter Beweis: er liest, er schreibt, er lehrt... In dieser Hinsicht wird er sich im Laufe seines ganzen Lebens kaum ändern.

Darüber hinaus entstehen übrigens bald Pläne zu weiteren Büchern, zusätzlich zu dem bereits erwähnten Nietzsche-Projekt. Als er nach Schweden abreist, trägt er sich mit zwei anderen Buch-Projekten. Jacqueline Verdeaux, noch immer sie, schon wieder sie, hat den jungen Philosophen bei Colette Duhamel eingeführt, die beim Verlag La Table Ronde arbeitet und die ihm – ihnen? – zwei kleine Arbeiten in Auftrag gibt. Die eine soll die Geschichte des Todes behandeln, die andere die des Wahnsinns.

Ende Juli 1951: In der Abtei von Royaumont, die seit einigen Jahren in ein Kulturzentrum verwandelt worden ist, hat ein musikalisches Festival stattgefunden, an dem sich ein junger Komponist beteiligt hatte, Pierre Boulez. Eines Abends hatte er sich ans Klavier gesetzt und eine Mozart-Sonate gespielt. Die ihn umringende kleine Gruppe war sehr beeindruckt gewesen. Boulez gilt in musikalischen Kreisen in Paris bereits als wichtige Persönlichkeit. Der Szene wohnten bei: Michel Foucault und Jean-Paul Aron. Sie waren mit Louis Althusser und einigen *normaliens* da. Denn der *caïman* der École normale hatte sich angewöhnt, seine Zöglinge an diesen der Arbeit überaus förderlichen Ort zu führen, der es ihnen ermöglichte, die Vorbereitungen für das *oral* der *agrégation* unter hervorragenden Bedin-

2 Ebd., S. 9.

gungen zu absolvieren, wenn die schriftlichen Prüfungen einmal vorbei waren. Foucault kam zum zweiten Mal, um sich erneut auf die Abschlußprüfungen vorzubereiten. Auch Jean-Paul Aron mußte wiederholen und war, obwohl selbst kein *normalien*, dank der Freundschaft mit Foucault als Gruppenmitglied aufgenommen worden. Er hat in seinem Buch *Les Modernes* diese erste Begegnung zwischen Boulez und Foucault geschildert: »Ich höre einen dichtumringten jungen Mann in wütenden Tönen über Literatur reden. Er spricht vor allem über den voriges Jahr verstorbenen Gide und beschimpft ihn. Ich informiere mich über diesen Hitzkopf, der wie ein Fallbeil zuschlägt, unerschrocken wie ein Prophet und obendrein schlecht erzogen. Man sagt mir, daß er Boulez heißt, daß er in seinen Kreisen berühmt ist und bereits in der Wiege ein *Livre pour quatuor* und zwei Klaviersonaten veröffentlicht hat, die Messiaen für das Beste vom Besten hält. Richtig ist, daß bei der Explosion der Pariser Schule, die nach 1945 die Nachfolge der Wiener Gruppe antritt und Keim und Mark der europäischen Musik, darunter unter anderen Stockhausen und Xenakis, nach Frankreich zieht, der siebenundzwanzigjährige Boulez sich zu Recht erwählt fühlen darf [...]. Wie es ganz natürlich ist in einer Phase der Infragestellung, beschwört er neue Leitfiguren: Char und Mallarmé. Bald widmet er ihnen zwei bedeutende Partituren; 1955 *Le Marteau sans maître* nach einem älteren Gedicht des ersteren, 1960 *Pli selon pli* nach einem berühmten Gedicht des zweiten. Dieser Kontakt hat weitreichende Konsequenzen für Foucaults Lebensweg. Musik ist immer eine seiner Vorlieben gewesen. Er findet auf dem Wege über die Diskurse zu ihr. Boulez dient ihm als Mittler, bevor er sich mit dem früh verstorbenen Jean Barraqué und Michel Fano, Gilbert Amy und der später durch die Wechselfälle des Musiklebens verstreuten Gruppe um Boulez verbindet.«[3]

In Wirklichkeit übertreibt Jean-Paul Aron die Rolle von Boulez für Foucaults Lebensweg beträchtlich, zweifellos um seiner mehr von Groll als von der Sorge um Wahrheit inspirierten Demonstration willen. Denn Boulez hat mit Foucault nicht vor Ende der siebziger Jahre Freundschaft geschlossen, das heißt

3 Jean-Paul Aron, *Les Modernes*, Paris 1984, S. 64–65.

beinahe dreißig Jahre später. Mehr noch: es hat sich nie um eine enge Beziehung gehandelt. Zwar hat Foucault am Zustandekommen der Wahl von Boulez ins Collège de France im Jahre 1975 mitgewirkt – aber als Foucault ihn anruft, um ihm den Vorschlag zu machen, haben sie sich seit zwanzig Jahren nicht gesehen. Und es ist Le Roy Ladurie, der die offizielle Kandidaturbegründung einreicht. Boulez organisiert 1978 ein Kolloquium, an dem Barthes, Deleuze und Foucault teilnehmen. Und 1983 veröffentlichen Boulez und Foucault einen Dialog über Musik in der Zeitschrift des Centre Beaubourg.[4] Aber das ist beinahe alles. Jedenfalls sind sie einander zu Beginn der fünfziger Jahre kaum begegnet. Das Bild einer alten Freundschaft zwischen Boulez und Foucault ist schlicht und einfach eine Fiktion, selbst wenn es überall und fortgesetzt in Umlauf gebracht wird. Boulez selbst tut übrigens nichts, um dieser Vorstellung Nahrung zu geben: »Wir haben uns eher beiläufig gesehen und zufällig getroffen, als daß wir uns zusammengefunden hätten«, sagt er heute, wenn er sich diese Periode vergegenwärtigt. Er erinnert sich der von Jean-Paul Aron geschilderten Szene in Royaumont sehr deutlich. Aber es war die beinahe einzige. Er sieht Michel Foucault kaum wieder, es sei denn, durch Vermittlung von Jean Barraqué, bei einigen seltenen und flüchtigen Gelegenheiten, und wenn er Le Rêve et l'existence kurz nach Erscheinen des Buches gelesen hat, so deshalb, weil Barraqué ihm sein Exemplar geliehen hatte. Denn der Komponist, der für Foucault enorme Bedeutung gehabt hat, ist nicht Boulez, sondern Jean Barraqué, ein anderer Schüler von Messiaen, der zu Beginn seiner Laufbahn häufig als Rivale von Boulez hingestellt worden ist.

Jean Barraqué ist 1928 geboren. Mit zwanzig Jahren beginnt er Messiaens Vorlesungen über musikalische Analyse am Konservatorium von Paris zu hören. Zwischen 1951 und 1954 macht er ein Praktikum im Groupe de recherches sur la musique contemporaine, neben Boulez und Yvette Grimaux. Und 1952 hat er seine Klaviersonate fertiggestellt. Wahrscheinlich im Laufe des Jahres 1952 hat er Michel Foucault getroffen. Es hat den An-

---

4 »Messieurs, faites vos jeux«, in: CNAC Magazine, Mai–Juni 1983; ern. in: Le Débat, Nr. 41, September–November 1986, S. 178–188.

schein, daß ihr Verhältnis anfangs freundschaftlich verlief, bevor es sich dann zu einer amourösen, nach Art einer stürmischen Leidenschaft erlebten Beziehung steigerte.

Von 1952 bis 1955 schart sich eine kleine Gruppe um sie, darunter besonders Michel Fano und seine Frau. Foucault holt sie nach Schluß der Vorlesung von Messiaen ab, einer regelrechten Liturgie für diese jungen Musiker, und sie gehen zusammen zum Mittag- oder Abendessen. Ihre Diskussionen drehen sich kaum um ernsthafte Fragen: es sind wenig mehr als Witzeleien, Bonmots, Gelächter, Spiele... »Wir lebten in einem permanenten Schauspiel«, erzählt Michel Fano, der sich überdies erinnert, daß sich Foucault von jener neuen Musik, die sie verkörperten, kaum angezogen fühlte. Er zog Bach vor, wie das auch Jacqueline Verdeaux erinnert, mit der er regelmäßig ins Konzert ging. Aber die Beziehung des jungen Musikers zu dem jungen Philosophen prägt beide nachhaltig in ihrer Arbeit. Sie scheinen beide eine ziemlich ähnliche Sicht der Welt zu haben. Denn die Musik ist für Barraqué »das Drama, die Pathetik, der Tod. Sie ist die umfassende Regung, vom Erbeben bis zum Selbstmord. Wenn die Musik das nicht ist, wenn sie keine Überschreitung bis an die Grenzen ist, ist sie nichts«.[5] Foucault rät Barraqué zur Lektüre von Hermann Brochs *Tod des Vergil*, dessen französische Übersetzung zu Beginn des Jahres 1955 erscheint. Barraqué schreibt später verschiedene Kompositionen, die von diesem Buch inspiriert sind: etwa *Le Temps restitué*, dessen erste Fassung 1957 fertiggestellt wird, oder *Discours* von 1961 oder *Chant après chant* von 1966. Er macht sich, noch immer unter dem Einfluß Brochscher Motive, an Entwürfe für ein lyrisches Werk, *L'Homme couché*, die sein früher Tod abbricht. Und Foucault ist es auch, der ihn auf die Nietzsche-Gedichte hinweist, die er 1955 in *Séquence* einfügt:

> *Nun stehst du starr,*
> *schaust rückwärts, ach! wie lange schon!*

5 Jean Barraqué, »Propos impromptus«, in: *Courrier musical de France*, Nr. 26, 1969, S. 78. Zu Jean Barraqué vergleiche man das Sonderheft der Zeitschrift *Entretemps* von 1987, namentlich die biographische Skizze von Rose-Marie Janzen, der ich die Hinweise auf die hier zitierten Texte von Barraqué verdanke.

Was bist du Narr
vor Winters in die Welt entflohn?

Die Welt – ein Thor
zu tausend Wüsten stumm und kalt!
Wer das verlor,
was du verlorst, macht nirgends Halt.

Nun stehst du bleich,
zur Winter-Wanderschaft verflucht,
dem Rauche gleich,
*der stets nach kältern Himmeln sucht. [...]**

Für Foucault ist der Einfluß der Musik, die er zu dieser Zeit entdeckt, ebenfalls ausschlaggebend. In der 1983 in der Zeitschrift *Ethos* publizierten Unterhaltung mit Stephen Riggins erklärt er: »Ich hatte einen Freund, der Komponist war und inzwischen tot ist. Durch ihn habe ich die ganze Generation von Boulez kennengelernt. Das ist für mich eine sehr wichtige Erfahrung gewesen.«[6] Und das wiederum ist mit dem in Zusammenhang zu bringen, was er 1982 »zu Boulez« äußert. Der 1982 geschriebene Text über Boulez, verfaßt aus Anlaß des 10. Jahrestages des Herbstfestivals von Paris, spricht in jeder Zeile von Barraqué, selbst wenn dessen Präsenz im Schatten bleibt, weil er nicht namentlich genannt wird. Beispielsweise vergegenwärtigt der ganze Anfang des Artikels natürlich die Gestalt von Barraqué und nicht die von Boulez, wie man angenommen hat. Man urteile selbst: »Sie fragen mich nach dem wenigen, was ich, auf dem Wege über das Privileg einer damals geschlossenen Freundschaft, von dem wahrgenommen habe, was vor beinahe dreißig Jahren in der Musik passierte? Ich war damals wenig mehr als ein Passant, von der Zuneigung, einer gewissen Unruhe, der Neugier und dem seltsamen Gefühl gebannt, dem beizuwohnen, für das ich nicht einmal Zeitgenosse zu sein in der

---

* »Mitleid hin und her – I. Vereinsamt«, in: Friedrich Nietzsche, *Gesammelte Werke*, München 1927, Bd. XX: *Dichtungen*, S. 150 f.
 (A. d. Ü.)

6 Interview in: *Ethos*, Nr. 2, Herbst 1983, S. 7.

Lage war [...]. So wenig wie damals bin ich heute imstande, über Musik zu sprechen. Ich weiß nur, daß, was ich dunkel – und zumeist durch Vermittlung eines anderen – von dem erriet, was auf seiten von Boulez passierte, es mir ermöglicht hat, die blinde Vertrautheit mit der Welt des Denkens zu brechen, in der ich aufgewachsen war, der ich angehörte und die, für mich wie für viele andere, noch immer Beweiskraft hatte [...]. Zu einer Zeit mit Boulez und der Musik zusammenzutreffen, in der man uns die Privilegien des Sinnes, des Erlebten, des Fleischlichen, der ursprünglichen Erfahrung, der subjektiven Inhalte oder der gesellschaftlichen Bedeutungen beibrachte, hieß das 20. Jahrhundert aus einem Blickwinkel sehen, der nicht vertraut war: dem eines langen Kampfes um das Formale; es hieß anerkennen, daß und wie in Rußland, in Deutschland, in Österreich, in Mitteleuropa die Malerei, die Architektur, die Philosophie, die Linguistik, die Mythologie und die Arbeit des Formalen die alten Probleme herausgefordert und die früheren Denkweisen umgestülpt hatten.«[7]

Die Musik wird also dadurch, daß sie seine blinde Verfallenheit an die kulturellen Werte aufbricht, in denen er sich bis dahin aufgehoben wußte, für Foucault zum Auslöser einer allgemeinen Distanzierung, die es ihm ermöglichen sollte, dem Einfluß von Phänomenologie und Marxismus zu entrinnen. In diesem Sinne kann er Paolo Caruso im Jahre 1967 antworten, daß die Musik für ihn eine ebenso wichtige Rolle gespielt hat wie die Lektüre von Nietzsche. Und er weist, um dieser Äußerung Gewicht zu verleihen, damals darauf hin, daß er die Gedichte Nietzsches eben jenem Jean Barraqué vermittelt habe, »einem der genialsten und von der heutigen Generation am meisten verkannten Musiker«.[8]

Während der zwei oder drei Jahre, die seine Beziehung zu Barraqué dauerte, taucht Foucault also in jenes etwas exaltierte Klima musikalischer Neuerung ein, in jene erregende Atmosphäre von Infragestellung, in der sich Persönlichkeiten zu behaupten und Werke abzuzeichnen beginnen. Aber seine Bezie-

7 Michel Foucault, »Boulez ou l'écran traversé«, in: *Le Nouvel Observateur*, 2. Oktober 1982.
8 Paolo Caruso, Gespräch mit Michel Foucault, in: *La Fiera letteraria*, 28. September 1967.

hung zu Barraqué schwächt sich ziemlich bald nach seiner Abreise nach Schweden ab. Foucault bleibt ihm jedoch in tiefer Zuneigung verbunden. Er schreibt dem in Frankreich verbliebenen Musiker nahezu täglich. Die in Barraqués Archiv erhalten gebliebene Korrespondenz bezeugt die Heftigkeit der Gefühle, die er für ihn empfindet. Seine Briefe sind in einem überreizten Stil gehalten, es sind großartige Zeugnisse literarischer Liebesverfallenheit, die man eines Tages veröffentlichen müßte. Die ersten Briefe machen seinem Bedürfnis Luft, der Trennung von Paris Herr zu werden. Am 29. August 1955, das heißt drei Tage nach seiner Ankunft in Uppsala, schreibt er, seine einzige Hoffnung sei, seine *thèse* hinreichend weit voranzutreiben, um wieder nach Frankreich zurückkehren zu können. Wir haben nur ein einziges Leben, sagt er dem Sinne nach, und das sollten wir gemeinsam leben. Um so weniger haben wir das Recht, es zu vergeuden, zu verbummeln. Einige Tage später schreibt er Barraqué erneut, um ihm mitzuteilen, daß er, wenn er das wünscht, im Mai endgültig nach Frankreich zurückkehren kann.

Im Dezember 1955 und Januar 1956 weilt Foucault in den Weihnachtsferien in Frankreich. Einen Teil der Zeit verbringt er bei seinen Eltern in Poitiers und kehrt dann nach Paris zurück. Aber als er Barraqué wiedersieht, tritt ein Wendepunkt ein. Einige Wochen später, nach der Aufführung von *Séquence* im Petit Marigny, am 10. und 11. März 1956, die versäumen zu müssen Foucault untröstlich ist, schreibt Barraqué ihm einen Brief, der die Trennung signalisiert: »Ich will keinen ›Dezember‹ mehr; ich will nicht mehr Akteur oder Zuschauer dieser Schmach sein. Ich bin aus diesem Schwindel von Wahn aufgetaucht.« Und als Antwort auf einen Brief, den er an einen ihm Nahestehenden gerichtet hat, erhält Barraqué den Rat: »Sie stellen sich falsche Probleme oder genauer: Probleme, die Sie nichts angehen. Es sind die Probleme Foucaults, der Philosoph ist, nicht die Ihren, der Sie Musiker sind. Lassen Sie diesen Menschen nicht auch Sie zerstören, nachdem er sich selbst zerstört hat. Ich halte ihn nicht für fähig, Sie zu zerstören, weil Sie stark sind.«

Im Mai 1956 unternimmt Foucault einen letzten Versuch: er kündigt an, daß er in den Ferien nach Frankreich zurückkehren wird, und fragt Barraqué: Verbringen wir den Sommer zusammen, wie wir uns das versprochen hatten? Die Antwort ist nein. Dennoch wird Barraqué Foucault nicht vergessen. Eines der seltenen Photos von ihm zeigt ihn im Jahre 1966 in seiner Pariser Wohnung. In einem Regal seiner Bibliothek sieht man eine aufgeschlagene Zeitung mit einem großen Photo Foucaults, das aus Anlaß einer Rezension von *Die Ordnung der Dinge* publiziert wurde. Zweifellos hat er viele Äußerungen seines einstigen Freundes im Gedächtnis behalten. Wie kann man umhin, einen schwachen Abglanz der Stimme Foucaults zu vernehmen, wenn Barraqué 1969 in einem Interview erklärt: »Man hat mir eines Tages folgenden Satz von Genet wiedergegeben: ›Genie – das ist Strenge in der Verzweiflung.‹«[9]

Wo also steht Michel Foucault zur Mitte dieses Jahres 1955, als er sich anschickt, Frankreich für eine Reihe von Jahren zu verlassen? Er hat zwei lange Artikel für Sammelbände geschrieben, dazu die »Einleitung« zu dem Binswanger-Buch und sein eigenes erstes Werk – *Maladie mentale et personnalité*. Übrigens ein recht bescheidenes Werk: es erscheint 1954 in der Reihe »Initiation philosophique«, die Jean Lacroix bei den Presses universitaires de France leitet. In Wirklichkeit hat Louis Althusser, der dem katholischen Denker verbunden ist, den Auftrag erteilt. Das Buch wird der zwölfte Band der Reihe. Der erste stammte von Georges Gusdorf und behandelte »Das Wort«, und weiter finden sich beispielsweise eine »Einführung in die Ästhetik« von Maurice Nédoncelle – Band 6 – oder eine Studie über »Charakter und Persönlichkeit« von Gaston Berger – Band 8. Gemäß den Regeln der Reihe darf der Band hundertvierzig Seiten nicht überschreiten. »Wir möchten zeigen«, schreibt Foucault ganz zu Beginn des Buches, »daß die Psychopathologie Analysemethoden erfordert, die von denen der organischen Pathologie verschieden sind, und daß man lediglich einen sprachlichen Kunstgriff anwendet, wenn man ›körperlichen‹ und ›Geisteskrankheiten‹ dieselbe Bedeutung zuschreibt.«[10] Und das muß als Kritik der Theorien von Goldstein aufgefaßt

9 Jean Barraqué, a. a. O., S. 80.
10 Michel Foucault, *Maladie mentale et personnalité*, Paris 1954, S. 12.

werden, von denen sich damals Maurice Merleau-Ponty ebenso beeinflussen ließ wie Georges Canguilhem. Foucault hält sich dann lange bei der »Daseinsanalyse« auf, die er mit etwas mehr Sympathie behandelt und die die Psychiatrie in seinen Augen einen großen Entwicklungsschritt hat tun lassen. Umgekehrt kritisiert er die Psychoanalyse ziemlich harsch, der er den Vorwurf macht, sie »entwirkliche« die »Beziehungen des Menschen zu seiner Umwelt«. An dieser Stelle dürfen dann Pawlow und der Pawlowismus die Szene betreten. Ein ganzes Kapitel ist ihnen vorbehalten. Und das bedeutet mehr als einen bloßen Verweis auf physiologische Befunde, die seinerzeit im Schwange waren. Es handelt sich da vielmehr um einen regelrechten politischen Indikator. Denn Pawlow diente in jenen Jahren als Banner für alle Versuche zur Errichtung jener »materialistischen psychologischen Wissenschaft«, nach der sich die Kommunistische Partei sehnte. *La Raison. Cahiers de psychopathologie scientifique*, eine von marxistischen Psychologen gegründete Zeitschrift – Präsident des Redaktionsstabes ist Henri Wallon und Chefredakteur Louis le Guillant –, bringt diese größtenteils gegen die Psychoanalyse gerichtete Tendenz deutlich zum Ausdruck. Im Inhaltsverzeichnis der ersten Nummer finden sich insbesondere die Übersetzung eines Textes von Pawlow über »Die Psychiatrie des Kindes« und eine Studie von Sven Follin über den »Beitrag von Pawlow zur Psychiatrie«. Das Editorial dieser ersten Nummer ist in *La Nouvelle Critique* nachgedruckt, und dort kann man auch eine Huldigung auf die »bemerkenswerten Arbeiten von Pawlow und seinen Nachfolgern« lesen, in der sich griffige Formeln wie die folgenden finden: »Der Mensch ist ein gesellschaftliches Wesen, und sein gesellschaftliches Leben kann dem, was ihm zustößt, und besonders seiner Krankheit zu keiner Zeit äußerlich sein.« Mit der folgenden Präzisierung dessen, was unter gesellschaftlichem Leben zu verstehen ist: »die materiellen und ideologischen Realitäten«, das heißt, daß »das Brot teurer, die Löhne niedriger, der Krieg wahrscheinlicher wird…«[11]
Die Formulierungen in Foucaults Buch nähern sich diesem Editorial auf geradezu erstaunliche Weise an. Hier etwa einige

11 *La Nouvelle Critique*, April 1951.

Äußerungen im Kapitel »Die Psychologie des Konflikts«, nachdem er die Thesen Pawlows exponiert hat: »Wenn die Umwelt-
bedingungen die normale Dialektik von Reiz und Hemmung
nicht mehr zulassen, bildet sich eine Abwehrhemmung [...].
Die Krankheit ist eine der Formen von Abwehr.«[12] Was darauf
hinausläuft zu sagen, daß »man nicht entfremdet ist, weil man
krank ist, sondern krank ist, weil man entfremdet ist«. Einige
Seiten zuvor hatte er noch geäußert, und zwar mit dem Blick
auf die Fallstudien von Kuhn und Binswanger und in der Perspektive ihrer Eingliederung in eine marxistische Sicht: »Wenn
die Krankheit in diesem Geflecht widersprüchlicher Verhaltensweisen einen privilegierten Ausdrucksmodus findet, dann nicht
deshalb, weil die Elemente des Widerspruches nebeneinander-
treten wie ein paradoxes Wesen des menschlichen Unbewußten;
sondern einfach deshalb, weil der Mensch eine widersprüchliche Erfahrung des Menschen macht; die gesellschaftlichen
Verhältnisse, die von der gegenwärtigen Ökonomie anhand der
Formen von Konkurrenz, Ausbeutung, imperialistischer Kriege
und Klassenkämpfe bestimmt werden, bieten dem Menschen
eine Erfahrung seiner menschlichen Umwelt, die unaufhörlich
vom Widerspruch umgetrieben wird.«[13] Daher dann folgende
Definition der Geisteskrankheit als »Konsequenz der gesellschaftlichen Widersprüche, in denen der Mensch sich historisch
entfremdet hat«.[14] Daher auch die Notwendigkeit, die thera-
peutischen Maßnahmen in neue Bahnen zu lenken: Man darf
voraussetzen, daß »an dem Tage, da der Kranke nicht mehr das
Geschick der Entfremdung erleidet, es möglich sein wird, die
Dialektik der Krankheit in einer menschlichen Persönlichkeit
ins Auge zu fassen«.[15] Und Foucault schließt: »Es gibt keine
Heilung außer der, die neue Beziehungen zur Umwelt zustande
bringt [...]. Die wirkliche Psychologie muß sich des Psycholo-
gismus entledigen, wenn es denn richtig ist, daß sie, wie jede
Wissenschaft, die Aufhebung der Entfremdung zum Ziel
hat.«[16]

12 Michel Foucault, *Maladie mentale et personnalité*, a. a. O., S. 100 f.
13 Ebd., S. 86.
14 Ebd., S. 104.
15 Ebd., S. 83.
16 Ebd., S. 108–110.

Im Vorbeigehen sei darauf hingewiesen, daß hier zum ersten Mal der Begriff der »Archäologie« auftaucht, und zwar mit Bezug auf das, was die Psychoanalyse die »archaischen Stadien« der Entwicklung des Individuums nennt: »Die Psychoanalyse hat eine Psychologie des Kindes aufstellen zu können geglaubt, indem sie die Pathologie des Erwachsenen beschrieb. [...] Jedes libidinöse Stadium ist eine virtuelle pathologische Struktur. Die Neurose ist eine spontane Archäologie der Libido.«[17]

Foucault wollte nicht, daß das Buch eine Neuauflage erlebte. Und 1962 gab er ihm, nach dem Erscheinen von *Wahnsinn und Gesellschaft*, eine neue Fassung, und zwar unter dem Titel *Maladie mentale et psychologie (Psychologie und Geisteskrankheit)* – eine Fassung, in der der ganze Schluß umgeschrieben ist. Pawlow fällt unter den Tisch – zugunsten eines Resümees des großen, in Schweden geschriebenen Buches, das als *thèse* vorgelegt wird. Der zweite Teil des Buches, der mit »Die realen Bedingungen der Krankheit« überschrieben war, wird zu »Wahnsinn und Kultur«. Und die Einzelkapitel dieses zweiten Teiles, »Die historische Bedeutung der Entfremdung« und »Die Psychologie des Konflikts«, werden zu »Die Entstehung der Geisteskrankheit in der Geschichte« und »Der Wahnsinn. Gesamtstruktur«.[18] Aber diese Neufassung ergibt ein derart zwitterhaftes Gebilde, daß Foucault eine weitere Neuauflage untersagt, und er versucht sogar, wenn auch erfolglos, eine Übersetzung ins Englische zu verhindern.* Foucault verleugnet dieses Buch völlig: Wenn er später, in Interviews, von seinem »ersten Buch« spricht, handelt es sich stets um *Wahnsinn und Gesellschaft*, und damit überantwortet er das kleine Werk von 1954

---

* Die deutsche Übersetzung – *Psychologie und Geisteskrankheit*, Frankfurt am Main, 1968 – beruht auf eben dieser zweiten, veränderten Ausgabe. (A. d. Ü.)

17 Ebd., S. 23–26.

18 Zu einer Analyse des Buches von 1954 und der Abweichungen zwischen den beiden Fassungen siehe den Aufsatz von Pierre Macherey, »Aux sources de l'*Histoire de la folie* – une rectification et ses limites«, in: *Critique*, Nr. 471–472, August–September 1986, S. 752–774; und das Vorwort von Hubert Dreyfus zur »kalifornischen Ausgabe« von *Mental Illness and Psychology*, Berkeley, Cal., University of California Press, 1987.

und seine Neuausgabe von 1962 dem Vergessen der Geschichte... und den Bibliothekskatalogen.

Als das Buch 1954 erscheint, diskutiert Michel Foucault mit Hyppolite, der in diesem Jahr zum Direktor der École normale berufen wird, häufig Probleme der Psychologie, über die letzterer viel reflektiert, wie das zahlreiche Philosophen derzeit tun. Denn das Thema der »Entfremdung«, das im Zentrum von Foucaults Werk steht, bestimmt in der Tat die philosophischen Diskussionen der fünfziger Jahre. Hyppolite erwärmt sich so leidenschaftlich für die Psychiatrie, daß er ein ganzes Jahr lang die Untersuchungen von Prof. Baruk im »Asyl« von Charenton verfolgt. In einem Vortrag von 1955 berichtet er: »Ich hatte mich von der Idee überzeugen lassen, daß das Studium des Wahns – die Entfremdung im vollen Wortsinn – im Zentrum einer Anthropologie, einer Erforschung des Menschen zu stehen hatte. Die Heilanstalt ist das Refugium derer, die in unserer zwischenmenschlichen Umwelt nicht mehr alleingelassen werden können. Es ist also ein Mittel zum indirekten Verständnis dieser Umwelt und der Probleme, die sie unablässig dem normalen Menschen stellt.«[19] Hyppolite nimmt auch am Seminar von Lacan teil, das 1951 in der Wohnung des Psychiaters mit einigen wenigen Teilnehmern beginnt und sich 1953 im Hôpital Sainte-Anne etabliert, diesmal vor größerem Publikum. Bei zwei Gelegenheiten ergibt sich 1954 eine öffentliche Diskussion zwischen Lacan und Hyppolite über die Hegelsche Philosophie und die Linguistik – Augenblicke, die für die Entwicklung der Lacanschen Theorie der Reife wichtig werden.[20] Maurice Pinguet zufolge ging Michel Foucault »jede Woche« in die Vorlesung des Psychiaters, der damals noch nicht berühmt war. In seinen Gesprächen mit Ducio Trombadori aber scheint Michel Foucault zu verstehen zu geben, daß er Lacans Seminaren nicht beigewohnt hat. Wenn man sich aber wirklich an den Originalwortlaut hält, so geht daraus eher hervor, daß er Lacan nicht hinreichend gehört hat, um in der Lage zu sein, ihn zu verstehen – zum Zeitpunkt, als man ihm die Frage stellte, nämlich

19 Jean Hyppolite, *Figures de la pensée philosophique*, Paris 1971, Bd. II, S. 885–890.
20 Vgl. Elisabeth Roudinesco, *Histoire de la psychanalyse en France*, a. a. O., Bd. II, S. 310 f.

1978. Eines ist sicher: Foucault kannte den Namen Lacans bereits 1953, er las und zitierte ihn... Was übrigens durchaus nicht überraschend ist, denn er war häufiger Besucher in Sainte-Anne, wie aus den früheren Kapiteln ersichtlich wurde. Und als er 1961 *Wahnsinn und Gesellschaft* veröffentlicht, nennt er Lacans Namen – neben denen von Blanchot, Roussel und Dumézil – als einen derer, die ihn am nachhaltigsten beeinflußten.

Wenden wir uns zu Jean Hyppolite zurück: Um jenes Interesse für Psychoanalyse und Psychiatrie zu konkretisieren, versucht er eine Philosophen und Psychologen umfassende Studiengruppe auf die Beine zu stellen. Die Gründungsversammlung findet am 5. Februar 1955 in der École normale statt. Yvon Brès erinnert sich des genauen Datums: es war der Tag des Sturzes der Regierung Mendès France. Dabei waren: Ombredane, Francès, Foucault...

Aber Foucault steht im Begriff, Frankreich zu verlassen. Er weiß wahrscheinlich noch nicht, daß er das Programm erfüllen wird, das er der Psychologie in seinem Artikel für den Sammelband zum Stand der französischen Forschung, *Des Chercheurs français s'interrogent*, gestellt hat, der zeitgleich mit *Maladie mentale et personnalité* entstanden ist, aber einen gänzlich anderen Tonfall anschlägt. Gegen die positivistische Psychologie, die das wissenschaftliche Stadium erreicht zu haben glaubt, weil sie ihre Tests und Forschungsmethoden vermehrt hat, ruft er in Erinnerung, daß diese technologische Verfeinerung im Gegenteil »nur das Zeichen dafür ist, daß sie die Negativität des Menschen außer acht gelassen hat«[21], das heißt die Analyse der Widersprüche, die doch ihr Ausgangspunkt und ihr »Ursprungsland« gewesen sind. Sie hat vergessen, daß, »wenn die mentale Pathologie immer eine der Quellen psychologischer Erfahrung gewesen ist und bleiben wird, das nicht daran liegt, daß die Krankheit verborgene Strukturen freilegt [...], mit anderen Worten: nicht daran, daß der Mensch darin leichter das Antlitz seiner Wahrheit erkennt, sondern umgekehrt daran, daß er die Nacht dieser Wahrheit und das absolute Element ihres Widerspruches darin entdeckt. Die Krankheit ist die *psychologische*

---

21 Michel Foucault, »La Recherche scientifique du psychologue«, in: *Des Chercheurs français s'interrogent*, Paris 1957, S. 201.

Wahrheit der Gesundheit, insoweit sie ihr *menschlicher Wider-spruch* ist«.[22] Diese psychologische Wissenschaft, die ihrer Ursprünge nicht mehr eingedenk ist, muß an ihre »in Ewigkeit qualvolle« Bestimmung erinnert werden. Und Foucault schließt: »Die Psychologie heilt nur durch Rückkehr in die Hölle.«[23]

22 Ebd., S. 193.
23 Ebd., S. 201.

Uppsala, Warschau, Hamburg

»Wann haben Sie Ihr Abitur gemacht?«, fragt Georges Dumézil, die rituelle Zeremonie parodierend, mit der man seine »Titel auspackt«. Und nachdem er festgestellt hat, daß sein Zeugnis merklich älter ist als das seines Gesprächspartners (nämlich mehr als dreißig Jahre), erklärt er dem Jüngeren: »Ich schlage Dir vor, daß wir uns duzen.« Und an Michel Foucault ist es damit, sein mit Schnaps (anstelle von Hydromel) gefülltes Glas zu erheben: *»Tack ska du ha«* – »Sei bedankt«. Er ist neunundzwanzig Jahre alt und der große Spezialist der indoeuropäischen Mythologie beinahe sechzig. In Schweden aber duzt man sich, wenn man Universitätskreisen angehört, ohne Rücksicht auf Alter oder akademische Würden. Es genügt, daß der »Ältere« die Initiative ergreift.

Denn wir sind tatsächlich in Schweden. Die Szene spielt in Uppsala, etwa siebzig Kilometer nördlich von Stockholm, im Frühling des Jahres 1956, und es ist die erste Begegnung des berühmten Gelehrten und Professors am Collège de France mit dem künftigen Philosophen und Autor von *Wahnsinn und Gesellschaft*. Und doch ist es der Initiative Dumézils zu verdanken, daß Foucault sich Ende August 1955 in der kleinen schwedischen Universitätsstadt einfindet. Aber sie kennen einander noch nicht. Der ursprüngliche Anlaß zu dieser Reise geht nämlich auf eine sehr viel frühere Zeit zurück. Machen wir einen Zeitsprung ins Jahr 1934. Ja, 1934. Foucault war knapp acht Jahre alt, während Dumézil bereits sein drittes Buch veröffentlicht hatte – *Ouranos-Varuna*. Sylvain Lévi hat ihn eingeladen, seine Arbeit am Institut de civilisation indienne vorzustellen, wo jeden Donnerstag eine Diskussionsrunde stattfindet. Im Saal finden sich hervorragende Vertreter der historischen, philologischen und linguistischen Disziplinen ein: Jules Bloch, Marcel Granet, Émile Benveniste... Letzterer steht den Thesen Dumézils damals feindselig gegenüber, die übrigens einige Jahre später auch von Dumézil selbst zurückgenommen werden. Die Debatte schlägt bei dieser Konfrontation eine recht lebhafte Gangart ein. Gegen Schluß, als die Studenten den Saal verlassen, hält einer von ihnen inne, um sich an den Vortragenden zu wenden.

Er heißt Raoul Curiel und wird später ein sehr angesehener Archäologe. Zur Stunde aber plaudert er mit dem Autor über einige Punkte, die an diesem Nachmittag Gegenstand der Auseinandersetzung gewesen sind. Und da beide Freimaurer sind, »erkennen« sie sich recht bald und gehen eine enge und dauerhafte Freundschaft zueinander ein.

Dumézil hat gerade eine lange »Rundreise« durch mehrere Länder hinter sich. Er hat sechs Jahre in der Türkei und zwei in Schweden gelebt, wo er, in der Zeit von 1931–1933, die Stellung eines Französisch-Lektors an der Universität Uppsala bekleidet hat. Er hat den Kontakt zu seinen Freunden im Hohen Norden aufrechterhalten. Nach dem Zweiten Weltkrieg kehrt er häufig nach Schweden zurück, wo seine Arbeiten ihm zu einem spektakulären Durchbruch verhelfen. Deshalb ist es nicht überraschend, daß ihm zwanzig Jahre nach seinem ersten Aufenthalt dort oben Prof. Falk, der das Institut für romanische Sprachen leitet, schreibt und ihn um Rat fragt: Kennt er jemanden, der sich mit einigem Geschick der Aufgaben eines Französisch-Lektors annehmen könnte? Wir schreiben das Jahr 1954, und Dumézil ist verlegen: er kennt die neueren Generationen von *normaliens* nicht mehr und ist schon im Begriff, Falk eine negative Antwort zu geben, als ihm Raoul Curiel von einem jungen Philosophen erzählt, dem er gerade begegnet ist. »Das ist der intelligenteste Mensch, den ich kenne«, versichert er Dumézil. Der ihm vertraut und an Falk schreibt: Ich habe den passenden Mann aufgetrieben. Und er läßt Foucault ein Wort zukommen: Fragen Sie mich nicht, woher ich Ihren Namen kenne, sagt er sinngemäß. Nehmen Sie einfach zur Kenntnis, daß Sie in Schweden eine Stellung erwartet, wenn Sie wollen. Sie haben keine Gelegenheit mehr, einander kennenzulernen, denn Dumézil geht wieder, wie er zu sagen pflegt, auf »Streifzüge« nach Wales. Der »Handel« aber wird geschlossen, und Foucault tritt seine neue Stellung am 26. August 1955 an.

»Ich habe immer Mühe gehabt, bestimmte Züge des gesellschaftlichen und kulturellen Lebens in Frankreich zu ertragen. Das ist der Grund, aus dem ich Frankreich 1955 verlassen habe«, sagt er sehr viel später zur Erklärung seiner Abreise. Und fügt hinzu: »Schweden galt damals als ein freizügigeres Land. Ich entdeckte sehr rasch, daß bestimmte Formen von Freiheit dieselben restriktiven Auswirkungen haben wie eine repressive Gesellschaft.«[1] Und wenn er sich auch weit weg von Frankreich sehnte, um dem Unbehagen und der Verzagtheit, die sein Teil waren, zu entrinnen, so werden die drei Jahre, die er in Uppsala verbringt, für ihn doch recht schwierig. Zunächst wegen des Klimas. Er hat sehr viel Mühe, sich an die eisige Kälte des skandinavischen Winters zu gewöhnen: »Ich bin der Descartes des 20. Jahrhunderts«, sagte er zu seinen Gefährten in der Vereisung, »ich werde hier zugrunde gehen. Glücklicherweise gibt es keine Königin Christine als Zugabe.« Und dann die Nacht, die sich in den Novembermonaten um drei Uhr nachmittags und im Dezember gar schon um zwei Uhr herabsenkt... und die bei allen, die nicht daran gewöhnt sind, ein Gefühl der Verwirrung, eine dumpfe Melancholie auslöst, von der man sich nicht freimachen kann. Und auch das Leben an der Universität Uppsala, die, obwohl eine der ruhmreichsten Nordeuropas, eben doch verzweifelt klein ist, so wie die ganze Stadt: siebzigtausend Einwohner bei damals sechs- bis siebentausend Studenten. Die Atmosphäre ist sehr rigide, sogar steif: Der lutherische Puritanismus lastet darauf mit seinem ganzen Gewicht. Kurze Zeit nach seiner Ankunft und Bestallung schreibt Michel Foucault an Jean Barraqué: »Das Leben in Uppsala ähnelt auf schmerzhafte Weise dem einer Universität.« Denn wenn er davon geträumt hatte, dort eine geistige Offenheit und Weite zu finden, die in Frankreich nicht zu erhoffen war, muß er sehr rasch klein beigeben: die Homosexualität wird in Uppsala nicht großzügiger hingenommen als in Paris; eher sogar weniger. Foucault fühlt sich unwohl, aber er bleibt. Und einige Monate nach seiner Ankunft macht er die Bekanntschaft jenes sehr großen Gelehrten: die von Georges Dumézil. Seit 1947 kommt Dumézil alljährlich nach Schweden, um hier zwei oder drei Monate lang zu arbeiten, nachdem er seine Vorlesungen am Collège de France beendet hat. Die Universität stellt ihm eine kleine Wohnung zur Verfügung. Foucault sieht ihn sehr häufig, sehr regelmäßig in seinen drei Jahren in Uppsala, und zu dieser Zeit bahnt sich zwischen den beiden eine enge Freundschaft, ja eine Art Komplizenschaft an. Denn Foucault, der bereits große

1 Interview in: *Ethos*, Nr. 2, Herbst 1983, S. 4.

Bewunderung für das Werk von Dumézil hegte, entwickelt eine ebenso ausgeprägte Hochachtung vor dem Menschen. Er ist für ihn in gewisser Weise ein Vorbild: ein Vorbild an Strenge und Geduld bei der Arbeit; ein Vorbild auch, was die Vielgestaltigkeit seiner Interessengebiete, was die minuziöse Aufmerksamkeit für die Archive betrifft. Ohne jeden Zweifel hat Dumézil eine ausschlaggebende Rolle für Foucaults geistige Entwicklung gespielt. Der seine Dankesschuld bei Dumézil übrigens nie in Abrede gestellt hat. Schon im Vorwort zu *Wahnsinn und Gesellschaft* versichert er: »Bei dieser ein wenig einsamen Arbeit haben alle, die mir dabei geholfen haben, Anspruch auf meine Dankbarkeit. Als erster Georges Dumézil, ohne den diese Arbeit nicht hätte unternommen werden können.«[2] Das ließe sich noch als einfacher Dank verstehen, mit dem den Umständen Rechnung getragen wird: Dumézil ist derjenige gewesen, dank dem Foucault Arbeitsbedingungen gefunden hat, die es ihm überhaupt erst ermöglichten, das Buch abzuschließen. Als das Werk jedoch erscheint, trägt er diese große intellektuelle Dankesschuld überdies in einem Interview ab, das er der Zeitung *Le Monde* gibt und das am 22. Juli 1961 veröffentlicht wird. Als Antwort auf eine Frage nach den Einflüssen, die auf ihn eingewirkt haben, und nach der Erwähnung von Blanchot, Roussel und Lacan fügt er hinzu: »Aber auch und vor allem Dumézil.« Sein Gesprächspartner wundert sich: »Wie hat ein Religionshistoriker Einfluß auf eine Arbeit über die Geschichte des Wahns nehmen können?« Und Foucault erläutert: »Durch seine Vorstellung von Struktur. Wie Dumézil das bei den Mythen getan hat, so versuche ich, strukturierte Erfahrungsnormen ausfindig zu machen, deren Schema sich mit bestimmten Veränderungen auf verschiedenen Ebenen wiederfindet.«[3] Und Foucault erinnert sich dieser Dankesschuld erneut, und mit noch größerer Intensität, bei seiner Inauguralvorlesung im Collège de France: »Ich glaube, daß ich Georges Dumézil viel verdanke, da er mich zur Arbeit angeregt hat, als ich noch so jung war, zu glauben, daß Schreiben ein Vergnügen ist. Aber auch seinem Werk verdanke ich viel; [...] er hat mich gelehrt, die innere Ökonomie

2 Michel Foucault, *Folie et déraison*, a. a. O., »Préface«, S. X (fehlt in der dt. Ausgabe [A. d. Ü.]).
3 *Le Monde*, 22. Juli 1961.

eines Diskurses ganz anders zu analysieren als mit den Methoden der traditionellen Exegese oder des linguistischen Formalismus; [...] er hat mich gelehrt, die Transformationen eines Diskurses und seine Beziehungen zur Institution zu beschreiben...«[4]

Ein starker geistiger Einfluß also, aber auch eine unwandelbare Freundschaft, die dreißig Jahre gewährt hat, »ohne Schatten und Bruch«, wie Dumézil sagen wird, und die einzig der Tod des Philosophen durchkreuzt. Diese Freundschaft wird ihre Rolle – und welche Rolle! – auch beim weiteren Verlauf der Universitätskarriere Foucaults spielen, vor allem bei seiner Wahl ins Collège de France.

Die erste Begegnung der beiden Männer hat in den Räumlichkeiten der Maison de France in Uppsala stattgefunden. Der Französisch-Lektor ist auch mit der Aufgabe betraut, diesem Kulturinstitut in verkleinertem Maßstab, das seit geraumer Zeit in der kleinen Universitätsstadt existiert, neue Impulse zu vermitteln. Seine Funktion ist dieselbe wie die jedes anderen Kulturinstituts: französische Sprache und Kultur anhand von Vorträgen, Diskussionen und Unterhaltungsbeiträgen bekannt zu machen... In Uppsala aber besteht die ganze Maison de France aus einer Wohnung, die im vierten Stock eines bürgerlichen Wohngebäudes liegt, Nr. 22 in der Johannesgatan, einen Steinwurf weit vom Fyris, dem Fluß, der die Stadt in zwei Hälften teilt: das Universitätsviertel einerseits und die Wohngegenden andererseits. Die Fassade des Gebäudes besteht im Erdgeschoß aus rotem Backstein, in den oberen Stockwerken aus blaßrosa Mauerwerk. Ein Löwe krönt die Eingangshalle. Die Wohnung im vierten Stock ist geteilt: einige Räume, die das Kulturinstitut im eigentlichen Sinne bilden, das heißt eine Bibliothek, eine Diskothek und ein Versammlungsraum. Und zwei »Privat«-Räume, die für den Direktor bestimmt sind: eben dort wohnt Foucault während seines Schweden-Aufenthaltes.

Trotz der Freudlosigkeit der Stadt, eines winzigen Cambridge des Nordens, richtet sich Foucault allmählich in seinem neuen Leben ein und macht sich das Dasein so angenehm wie möglich. Schon in den ersten Tagen hat er die Bekanntschaft eines jungen

4 Michel Foucault, *Die Ordnung des Diskurses*, a. a. O., S. 49.

französischen Biologen gemacht, Jean-François Miquel, der zur gleichen Zeit wie er selbst eingetroffen ist, und sehr rasch haben sie sich entschlossen, alle ihre Mahlzeiten gemeinsam einzunehmen. Zu ihnen gesellt sich ein dritter im Bunde, ein Physiker namens Jacques Papet-Lépine, der beruflich mit Gewittern und Blitzen befaßt ist und eine *thèse* vorbereitet, die einen prächtigen Titel trägt: »Mathematischer Beitrag zu einer Theorie des Blitzschlags«. Abwechselnd kochen sie in der Johannesgatan. Gelegentlich stoßen Costanza Pasquali, die Italienisch-Lektorin, die sie »Mimi« nennen, und Peter Fyson zu ihnen, der Englisch-Lektor, Spezialist für europäische Poesie und ein großer Opern-Liebhaber. Dieser ganze kleine Kreis geht zweimal wöchentlich, nämlich freitags abends und sonntags mittags, in ein Restaurant der Stadt, das sie besonders mögen: das Forum. Eines Tages empfangen sie dort Maurice Chevalier. Michel Foucault und Jean-François Miquel waren nämlich in ein Konzert des Sängers gegangen, der in Stockholm ein Gastspiel gibt. Nach Schluß der Vorstellung gehen sie ihn in seiner Garderobe besuchen... und finden sich kurz darauf mit ihm beim Essen wieder. Um seine Einladung zu »erwidern«, bitten Foucault und Miquel den Star, nach Uppsala zu kommen. Sie bewillkommnen ihn in der Stadt und bitten ihn, mit ihnen im Forum zu speisen.

Eben dort feiern sie auch die Ankünfte und Abreisen ihres geistigen Herrn und Meisters, Georges Dumézil, nachdem sein Gestirn einmal in ihrem kleinen Universum aufgegangen ist. Es entwickelt sich ein wirkliches Gemeinschaftsleben, und zum ersten Mal wird es auch von Foucault akzeptiert. Mehr noch, er selbst hat es ins Leben gerufen. Denn der Mittelpunkt dieses Freundeskreises ist er. Die Maison de France wird sehr bald zum gastfreundlichen Ort, wo alle sich nach der Arbeit oder an den Wochenenden nur zu gern zusammenfinden.

Zwei Neuankömmlinge vollziehen, kurz nach der Bildung der Gruppe, unter Donnergetöse ihren Eintritt ins Gemeinschaftsleben und verbreiten einen Hauch fröhlicher Unordnung. Zum größten Entzücken von Michel Foucault, der von ihrer Gegenwart hingerissen ist. Der erste ist ein junger schwedischer Student, der aus Frankreich kommt. Sein Vater arbeitet an der Schwedischen Botschaft in Paris, folglich hat er seine Schulzeit am Lycée Janson-de-Sailly absolviert. Er kommt nach Uppsala, um dort Jura zu studieren und nach bestandenem Examen in den diplomatischen Dienst einzutreten. Was er später auch tut, denn er wird eine der herausragenden Figuren der schwedischen Außenpolitik, namentlich als Botschafter in Hanoi, mitten im Vietnam-Krieg. Jean-Christophe Oberg ist heute Botschafter in Warschau. Damals ist er gerade erst achtzehn Jahre alt. Er wird Foucaults Sekretär in der Maison de France. Im folgenden Jahr läßt er eine seiner französischen Freundinnen nachkommen. Sie heißt Dani. Foucault »adoptiert« dieses junge Mädchen auf der Stelle und vergöttert sie. Auch sie wird Sekretärin im Kulturinstitut. Denn Jean-Christophe räumt ihr nach und nach seinen Platz. Foucault amüsiert sich sehr mit den beiden. Eines Tages fährt er nach Stockholm, um sich mit Jean-Christophe einen Wagen zu kaufen. Sie kommen mit einem prachtvollen beigen Jaguar zurück, der die gute Gesellschaft von Uppsala verblüfft, die an mehr gesetzte Würde gewöhnt und verdutzt ist, einen Lektor – die unterste Stufe einer sehr straffen Universitätshierarchie – einen solchen Reichtum zur Schau stellen zu sehen. Dumézil erinnerte übrigens gerne daran: Es fehlte Foucault nicht an Geld (denn seine Familie unterstützte ihn auch weiterhin), und er war durchaus nicht der Asket, der Mönch, als den man ihn später häufig beschrieb. Er schlemmte gern in guten Restaurants, er trank gern, und die ihm damals Nahestehenden erinnern sich mancher seiner denkwürdigen »Räusche«, etwa jenes Tages, als er gegen Ende eines Essens einen Toast ausbringen wollte und sturzbetrunken zu Boden taumelte. Es kommt auch vor, daß er sich als Chauffeur verkleidet und Dani zu Einkäufen in die Stadt fährt. Sein Jaguar ist bei allen Uppsalianern, die ihn kannten, zu einer wahren Legende geworden. Jedermann erzählt, daß er wie ein Verrückter fuhr. Dumézil erinnert sich, eines Tages mit ihm im Straßengraben gelandet zu sein. Manche haben eine Vielzahl von Unfällen dieser Art im Gedächtnis behalten, von Unfällen, die zwar glücklicherweise nie schwer waren, aber bei Schnee und Eis durchaus dramatisch hätten verlaufen können.

Aber Uppsala – das ist für Foucault vor allem die Arbeit. Seine beruflichen Aktivitäten verteilen sich auf drei Bereiche. Zunächst muß er sich der Aufgabe als Französisch-Lektor unterziehen. Dumézil ist, als er die Bekanntschaft des jungen Mannes macht, zu dessen Berufung er beigetragen hat, von seinem Erfolg sehr beeindruckt: seine öffentlichen Vorträge ziehen eine zahlreiche und begeisterte Zuhörerschaft an. Die gesamte kultivierte Gesellschaft der Stadt drängte sich dazu, und wie man sagte, führten die Damen der besseren Kreise ihre heiratsfähigen Töchter hin. Dennoch ist diese Vortragsreihe, die jeweils donnerstags um 18 Uhr im großen Hauptgebäude der Universität gegenüber dem Dom aus roten Ziegelsteinen stattfindet, keiner totalen Orthodoxie verpflichtet. Wenigstens zu Anfang nicht. Im ersten Jahr liest Foucault allen Ernstes über »Die Konzeption der Liebe in der französischen Literatur von de Sade bis Jean Genet.« Was natürlich nicht verfehlt, die Universitätsgemeinde in Aufregung zu versetzen. Dann aber wendet sich Foucault unverfänglicheren Themen zu, denn im folgenden Jahr spricht er über »Das zeitgenössische französische Theater« und 1957–1958 über »Die religiöse Erfahrung in der französischen Literatur von Chateaubriand bis Bernanos«. Obwohl dieser letzte Titel in einem streng protestantischen Land auch manches Zähnefletschen verursacht haben mag.[5]

Foucault unterrichtet sechs Stunden pro Woche (zuzüglich vier Stunden »Konversation«). Drei davon sind Vorlesungen für Anfänger und Studenten aller Fächer, die sich ins Französische einführen lassen wollen. Die drei anderen sind der französischen Literatur vorbehalten. Sie bestehen einerseits aus dem berühmten öffentlichen Vortrag und andererseits aus zwei Seminarstunden, die ausschließlich für die Studenten bestimmt sind, die Französisch als Hauptfach gewählt haben. Im Jahre 1956 beispielsweise hält er Seminare über »Das französische Theater des 17. Jahrhunderts« und vor allem über Racine und dessen *Andromaque* – eben daher rühren wahrscheinlich die Seiten in *Wahnsinn und Gesellschaft* über den Wahn des Orestes – oder sogar über das zeitgenössische Theater. Wenn die öffentliche Vorlesung aber auch die Zahl von hundert Zuhörern er-

5 Diese Vorträge sind nie veröffentlicht worden. Auf einen ärgerlichen Druckfehler ist es zurückzuführen, daß der Artikel von Georges Dumézil in *Le Nouvel Observateur* zum Tode Foucaults von »*cours publiés*« spricht. Er hatte »*cours publics*« geschrieben (vgl. vorletzte Seite des Bildteils [A. d. Ü.]).

reichen oder übertreffen kann, so bleiben die Studenten-Vorlesungen im engeren Sinne zahlenmäßig dahinter doch weit zurück. Richtig aber ist, was von allen Augenzeugen der Zeit bestätigt wird: nur sehr wenige Hörer verstehen etwas von den Ausführungen des Lektor-Philosophen, der zweifellos zu sehr Philosoph ist, um ein guter Lektor sein zu können. Wenn die Mitglieder des Lehrkörpers ihren jungen Kollegen auch schätzen, wenn die Präsidentin der Alliance française auch von dem »intellektuellen Genuß« spricht, den sie aus seinen Donnerstagsvorträgen zieht, so halten manche Studenten dagegen Foucaults Unterricht doch nur für einen langen, hermetischen Diskurs. Man stelle sich nämlich wirklich achtzehn- oder zwanzigjährige Studenten vor, die nur über rudimentäre Französischkenntnisse verfügen und sich schwindelerregenden Interpretationen des Werkes von de Sade oder des Wahnsinns bei Racine ausgesetzt sehen! Bei mehreren Studenten von damals schwingt noch verhaltener Zorn in der Stimme mit, wenn sie sich seine Sitzungen in Erinnerung rufen. »Das konnte einem das Französische vermiesen«, »es war wirklich mühsam, seinen Vorlesungen zu folgen«, sagen manche Augenzeugen. Andere dagegen stehen gleichsam noch unter Schock und sprechen von Foucault mit allen Zeichen der Bewunderung. Hinzu kommt, daß die Teilnehmerzahl der Vorlesungen und Seminare sich im Laufe des Jahres noch beträchtlich vermindert, weil die Studenten nämlich so verunsichert sind. Die Kollegen Foucaults schämen sich etwas, ihn so von ihren Studenten im Stich gelassen zu sehen, vermögen aber wenig dagegen auszurichten. Foucault selbst reagiert darauf mit einer Mischung aus Unbehagen und Gereiztheit. Aber das veranlaßt ihn natürlich nicht zum Umschwenken. Er interessiert sich in der Tat nur für die wenigen Studenten, die ihm folgen können. Für die anderen hat er lediglich sein gewohntes Maß an Sarkasmus übrig.

Aber Foucaults Aktivitäten beschränken sich nicht auf den Unterrichtsbetrieb. Er muß darüber hinaus die Maison de France leiten. Als er in Uppsala ankommt, entwirft er dem Repräsentanten der Lokalzeitung *Uppsala Nya Tidning* (sein erstes Interview!) in großen Zügen sein Programm, und wenig später, im Februar 1956, stellt er seine Projekte noch ausführlicher in einem Bericht von mehreren Seiten Länge dar, den er der Botschaft übermittelt. Er gibt darin zunächst einen Bericht über den Zustand der Räumlichkeiten und deutet dann die Richtung an, in die seine Pläne weisen. Während zu Beginn des Semesters nur einige wenige Studenten wöchentlich in die Maison de France kamen, ist ihre Zahl jetzt auf dreißig bis fünfunddreißig regelmäßige Hörer angewachsen, wie er schreibt. Da ihm diese Zahl aber im Verhältnis zur Gesamtzahl der Studenten noch sehr unzureichend erscheint, schlägt er vor:

1.) das Interesse der Studenten für das Kulturinstitut dadurch zu steigern, daß die Unterhaltungsveranstaltungen (Filmprojektionen, Schallplattenabende) vermehrt werden, was wiederum voraussetzt, daß beim Kultusministerium Forderungen nach mehr Lehrmaterial eingereicht werden (Schallplatten, Bücher, Plattenspieler);

2.) in der Maison de France eine Art Studentenfoyer einzurichten: ein Raum ist zum Lesesaal umgestaltet worden, und es sind mehr Abonnements für Zeitungen und Zeitschriften gezeichnet worden. Die Maison de France soll mehrmals abends geöffnet sein, und die schwedischen Studenten sollen nach den Vorträgen und Unterhaltungsveranstaltungen zu Diskussionen aufgefordert werden, zu Diskussionen, die, soweit möglich, auf Französisch geführt werden;

3.) den Bestand der Bibliothek zu vermehren und weiterzuentwickeln.

Foucault fügt hinzu, daß das französische Kulturinstitut in Uppsala ein Publikum erreichen müßte, das sich nicht auf die Mitglieder des romanischen Seminars der Universität beschränken darf. Wenn es denn richtig ist, sagt er, daß die französische Kultur in wissenschaftlichen Kreisen oder nicht-philosophischen Disziplinen an Einfluß eingebüßt hat, ist das wahrscheinlich doch kein unwiderruflicher Zustand. Daher sein Vorschlag, im Rahmen des Instituts französische Anfängerkurse einzurichten, die beispielsweise für junge Studenten und Forscher aller Fächer bestimmt sind, die für ihre Arbeiten oder Reisen das Französische brauchen können.

Wie ersichtlich, ist Foucault weit davon entfernt, seinen administrativen und Verwaltungstätigkeiten mit Gleichgültigkeit zu begegnen. Ebensowenig übrigens seinen Aktivitäten als Ideenlieferant. Also organisiert er im Kulturinstitut Abendgesellschaften, weil er das Haus zu einem der Pole des Kulturlebens von Uppsala machen möchte. Er führt Filme vor, die er kommentiert. Dumézil wies gern auf eine brillante Improvisation Foucaults über eine filmische Fassung von Sartres *Die schmutzigen Hände* hin. Foucault wußte bis um vier Uhr nachmittags nicht, welchen Film er erhalten würde. Und abends sprach er darüber vor einem gebannten Publikum, und zwar mit Leidenschaft und Feuer. Weiter das Theater. Diesmal nicht das analysierte, sondern das gespielte Theater. Mit Jean-Christophe Oberg hat er eine kleine Truppe auf die Beine gestellt, die Stücke auswählt und sie öffentlich aufführt. Natürlich auf Französisch. Auf diese Weise kommt es zu Vorstellungen von *Die Grammatik* von Labiche, *Das Hohelied* von Giraudoux, *Die Launen von Marianne* von Musset und *Der Ball der Diebe* von Jean Anouilh. Foucault übernimmt die Inszenierung, Jean-Christophe Oberg spielt. Zusammen mit mehreren anderen Studenten. Die Stücke werden zunächst in Uppsala gegeben, dann »auf Tournee« in Stockholm, Sundvall... Tourneen, bei denen Foucault die Koffer schleppt, sich um die Kostüme kümmert... Übrigens sind die Reisen nach Stockholm recht zahlreich, denn Foucault hält auch viele Vorträge am französischen Kulturinstitut der Hauptstadt. Er fährt im Wagen hin oder, wenn die ihn begleitende Truppe zu zahlreich ist, mit dem Zug. Ein Zug, dem er den Namen *le soûlographe* gegeben hat – das heißt: mit Rücksicht auf den beschwipsten Zustand, in dem sie heimkehren. »Wir haben die ganze Zeit über gelacht«, erinnert sich Erik Nilsson heute, der damals Freundschaft mit Foucault geschlossen hat. Er leistete seinen Wehrdienst in Uppsala und war in die Maison de France gekommen, um sich Bücher auszuleihen. Von der Gruppe wird er schnell akzeptiert, und er nimmt insbesondere an den Theateraufführungen teil. Foucault hat den jungen Mann ins Herz geschlossen, und als einige Jahre später *Wahnsinn und Gesellschaft* erscheint, ist das Buch ihm gewidmet.

Weiter muß Foucault in Uppsala alle Vortragsredner empfangen, die von der Französischen Botschaft eingeladen werden. Er hat das Vergnügen, seinen früheren Lehrer Jean Hyppolite bei sich zu sehen, weiter zahlreiche später berühmt gewordene Schriftsteller: Marguerite Duras, Claude Simon... Oder Männer der Politik wie Pierre Mendès France. Und er muß auch Albert Camus empfangen. Der französische Schriftsteller erhält nämlich 1957 den Nobelpreis. Die traditionelle Preisverleihungszeremonie in Uppsala verläuft in einer etwas gespannten Atmosphäre: zwei Tage zuvor ist Camus in Stockholm von einem Algerier beschuldigt worden, der ihm sein Schweigen zum Kolonialismus zum Vorwurf gemacht hat. Eben da ist seine berühmte Antwort gefallen: »Ich habe den Terror immer verurteilt, ich werde auch einen Terrorismus verurteilen, der beispielsweise blind in den Straßen von Algier wütet und eines Tages meine Mutter oder meine Familie treffen kann. Ich glaube an die Justiz, aber ich werde meine Mutter verteidigen, bevor es die Justiz tut.« In Uppsala läuft alles zum Besten: die Studenten stellen keine politischen Fragen. Aber jedermann hatte natürlich den Zwischenfall von Stockholm in Erinnerung. Und Jean-Christophe Oberg ist sehr erstaunt, daß Foucault keinerlei Bedenken hinsichtlich der Äußerungen von Camus formuliert und sich hütet, das Thema beim Empfang, der in der Maison de France gegeben wird, anzuschneiden. Denn er kannte bisher einen entschlossenen antikolonialistischen Foucault, der eher die Auffassungen von Mendès France teilte. Aber vielleicht mußte sich der Leiter der Maison de France neutral verhalten? Und es sich versagen, sein wirkliches Empfinden durchscheinen zu lassen.

Zweimal kommt es darüber hinaus zu einem Besuch von Roland Barthes. Diesmal ist es Foucault, der ihn hat einladen lassen. Sie haben sich Ende 1955 kennengelernt, als Foucault in den Weihnachtsferien nach Paris zurückgekehrt war: Robert Mauzi, sein früherer Kamerad in der Rue d'Ulm, dem er sehr verbunden geblieben ist, hat sie miteinander in Kontakt gebracht. Barthes hat damals noch nicht viel veröffentlicht: eigentlich nur *Le Degré zéro de l'écriture* (*Am Nullpunkt der Literatur*) im Jahre 1953. Aber auch Foucault hat augenblicklich nur ein einziges Buch auf der Habenseite: *Maladie mentale et personnalité*.

Sogleich knüpft sich zwischen Barthes und Foucault eine mit Zurückhaltung gemischte Freundschaft. Sie essen oft gemeinsam in den Restaurants des Quartier latin, sie gehen zusammen in die Nachtlokale von Saint-Germain, wann immer Foucault in

Paris ist. Aber diese Freundschaft ist von vornherein durch eine gewisse intellektuelle und persönliche Rivalität vergiftet, die ihre Beziehungen heikel macht. Die beiden Männer haben einen grundverschiedenen Charakter, und die Reibungszonen sind nur allzu zahlreich. So daß die Phasen von Zerwürfnis in den folgenden Jahren häufiger sein werden als die friedlichen Intervalle. Foucault trägt dennoch dazu bei, daß Barthes 1975 ins Collège de France gewählt wird. Wahrscheinlich mehr aus Treue zu einer alten Freundschaft als aus wirklicher Bewunderung für sein Werk, sagen diejenigen, die beide gut gekannt haben. Fest steht, daß Foucault selbst die Laudatio auf den Bewerber schreibt, selbst wenn er, wie das tatsächlich der Fall gewesen zu sein scheint, nicht der ursprüngliche Betreiber von Barthes' Kandidatur gewesen ist. Pierre Nora erinnert sich nämlich, daß Foucault eines Tages zu ihm gesagt hat: »Ich bin sehr genervt, ich muß Barthes treffen, der sich beim Collège de France bewerben will. Ich habe ihn seit langem nicht gesehen. Können Sie mich begleiten?« Alles geht sehr gut, und Pierre Nora läßt die beiden nach zehn Minuten allein. Foucault schreibt zwei Voten, um Barthes seinen Kollegen vorzustellen. Am Ende des einen bemüht er sich, den Kritikern entgegenzutreten, die sich in der ehrwürdigen Institution über die »mondäne« Seite des Kandidaten Luft gemacht haben: »Ich möchte hinzufügen, daß sein Publikum durchaus als modisch gelten kann, wie man sagt. Aber welchen Historiker möchte man glauben machen, daß eine Mode, eine Begeisterung, eine Schwärmerei, ja sogar Übertreibungen nicht zu einem bestimmten Zeitpunkt die Existenz eines fruchtbaren Brennpunktes in einer Kultur zum Ausdruck bringen können? Jene Stimmen, jene wenigen Stimmen, die man heute etwas außerhalb der Universität vernimmt oder zu hören bekommt – glauben Sie, daß sie kein Bestandteil unserer heutigen Geschichte sind; und daß sie nicht zu uns gehören?«[6] Seine Stimme wird jedenfalls gehört, und Barthes wird gewählt. Und aus dieser für Barthes' Leben sehr bedeutsamen Episode ergibt sich eine neue Phase der Freundschaft, die heiterer und diesmal ohne Schatten ist. Wenn auch von kurzer Dauer: Barthes wird am 26. März 1980 in der

6 Unveröffentlichter Text.

Rue des Écoles von einem Lastwagen angefahren. Foucault hält vor der Vollversammlung der Professoren im Collège de France die traditionelle Leichenrede: »Es ist einige Jahre her«, sagt er an diesem Aprilsonntag des Jahres 1980, »als ich Ihnen vorschlug, ihn in Ihren Kreis aufzunehmen, wobei die Originalität und Bedeutung einer Arbeit, die sich mehr als zwanzig Jahre lang in anerkanntem Glanz vollzogen hat, mir erlaubten, zur Unterstützung meines Gesuches nicht zu der Freundschaft, die ich für ihn empfand, Zuflucht nehmen zu müssen. Ich brauchte sie nicht zu vergessen. Das Werk war da. Dieses Werk ist fortan allein. Es wird weiter sprechen; andere werden es zum Sprechen bringen und darüber sprechen. Erlauben Sie mir also, an diesem Nachmittag einzig der Freundschaft Raum zu geben. Einer Freundschaft, die mit dem Tod, den sie haßt, wenigstens jene Ähnlichkeit haben sollte, nicht geschwätzig zu sein. Als Sie ihn wählten, kannten Sie ihn. Sie wußten, daß Sie in seiner Person die seltene Ausgewogenheit von Intelligenz und schöpferischer Kraft wählten. Sie wählten – und wußten es – jemanden, der über das paradoxe Vermögen verfügte, die Dinge so, wie sie sind, zu verstehen und in nie zuvor gesehener Frische neuzuerfinden. Sie hatten das Bewußtsein, einen großen Schriftsteller und erstaunlichen Professor zu wählen, dessen akademische Veranstaltungen für den, der ihnen folgte, keine Lehrstunden, sondern Erfahrung waren [...]. Das Schicksal hat es gefügt, daß die rohe Gewalt der Dinge – die einzige Realität, die er zu hassen imstande war – all dem ein Ende gemacht hat, und zwar an der Schwelle dieses Hauses, in das Eintritt zu gewähren ich Sie für ihn gebeten hatte. Die Bitterkeit wäre unerträglich, wüßte ich nicht, daß er glücklich gewesen ist, hier zu weilen, und fühlte ich mich nicht dazu berechtigt, das sanft lächelnde Zeichen der Freundschaft – durch und über den Kummer hinweg – von ihm zu Ihnen zu tragen.«[7]

In Uppsala läßt sich Foucault seine offiziellen Aktivitäten sehr angelegen sein. Er geht in der Arbeit dafür förmlich auf. In dem Bericht, den der Generalinspekteur Santelli am 26. Januar 1956

7 Michel Foucault, »Roland Barthes, 1915–1980«, in: *Annuaire du Collège de France*, Jahrgang 1979–1980 (80. Gesamtjahrgang).

ans Außenministerium schickt, heißt es: »Das ist eine sehr gewichtige Aufgabe, die er mit einem Bewußtsein und einer Hingabe ausführt, von der sein gehetztes Aussehen Zeugnis ablegt, denn ich habe den Eindruck, daß M. Foucault sich übernimmt und nicht die unerläßlichen Ruhepausen einlegt.« Ein Jahr später schickt M. Gouyon, Kulturattaché, folgende Wertung: »M. Foucault bringt seine Ausstrahlung in Uppsala wie in Stockholm sehr brillant zur Geltung, wo sich Kulturinstitut und Universität um seine geradezu glänzenden Vorträge streiten. Man muß jedoch befürchten, daß er sich als Opfer seines Erfolges und seines ständigen Einsatzes buchstäblich selbst aufreibt: die Schaffung einer Planstelle am Institut (die bedeutete, daß er von seinen Funktionen in Uppsala abgezogen und entbunden würde oder daß der künftige Titular ihn umgekehrt von seiner Arbeit in Stockholm freistellte) ist für ihn eine absolute Notwendigkeit« (6. Mai 1957). Und im Mai 1958 schickt der Kulturattaché, M. Cheval, folgenden Bericht über den Leiter der Maison de France in Uppsala: »M. Foucault ist ein überaus glanzvoller Repräsentant der französischen Kultur im Ausland. Er agiert mit prächtigem Erfolg in Uppsala, wo er sich das Vertrauen von Professoren und Studenten zu erwerben verstanden hat. Auf diesem Posten ist er unersetzlich, und man fragt sich, wer ihn vertreten könnte, wenn er, wie das leider vorhersehbar ist, des nordischen Klimas überdrüssig wird. Jedenfalls gehört M. Foucault zur sehr kleinen Zahl derer, denen man unbesorgt auch einen wichtigeren Posten im Ausland anvertrauen könnte« (25. März 1958).

Für Michel Foucault aber steht der Aufenthalt in Uppsala vor allem mit der Niederschrift seiner *thèse* in Zusammenhang. Denn eben dort beginnt er mit der Arbeit an *Wahnsinn und Gesellschaft*. Und als er 1958 den Dienst quittiert, ist das Manuskript, laut den Aussagen mehrerer seiner damaligen Freunde, nahezu fertig. Mit *Maladie mentale et personnalité* hatte Foucault einkreisen wollen, was »Entfremdung« für das zeitgenössische psychiatrische Denken war, und seine Kritik der ärztlichen und psychologischen Theorien im Lichte eines nach Art von Binswanger gefärbten Marxismus vorgetragen. Damals arbeitete er, wie deutlich geworden ist, in psychiatrischen Krankenhäusern. Ärzte haben ihm vorgeschlagen, eine Geschichte ihrer Disziplin zu schreiben, für ihn selbst aber waren die Narren faszinierender als die Psychiater oder genauer: die Beziehung zwischen den Medizinern und ihren Kranken, das heißt im Grunde die Beziehung zwischen der Vernunft und dem, worüber sie spricht: dem Wahn. Und dann war da noch jener Auftrag von Colette Duhamel. Es sind also alle Elemente beisammen, die darauf hinarbeiten, daß sein Blick schließlich von dem Schatz angezogen wird, der sich in der großen Bibliothek von Uppsala findet, der Carolina Rediviva. Ein wirklicher Schatz! Man urteile selbst: Im Jahre 1950 hat ein Sammler, Dr. Erik Waller, die Sammlungen, die er im Laufe der Jahre zusammengetragen hatte, der Bibliothek als Stiftung vermacht – Stükke, die vom 16. Jahrhundert bis zum beginnenden 20. reichen. Sie umfassen insgesamt einundzwanzigtausend Dokumente: Briefe, Manuskripte, seltene Ausgaben, Zauberbücher... Und vor allem der bemerkenswerte Fundus zur Geschichte der Medizin, den dieser Amateur angelegt hat. Nahezu alles, was an Wichtigem vor 1800 veröffentlicht worden ist, und ein Gutteil des späteren. Ein Katalog dieser »Bibliotheca Walleriana« ist 1955 publiziert worden. Als Foucault diese wahre Goldmine aufspürt, beutet er sie systematisch aus und verwendet sie für seine in Vorbereitung befindliche *thèse*. Jeden Tag geht er um zehn Uhr in die Carolina. Nachdem er eine oder zwei Stunden mit seinem Sekretär oder seiner Sekretärin gearbeitet hat: Jean-Christophe oder Dani. Und er bleibt bis drei oder vier Uhr nachmittags in der Bibliothek. Er schreibt Seite um Seite. Und abends fährt er mit dem Schreiben fort. Immer bei Musikbegleitung. Er verbringt kaum einen Abend, ohne die *Goldberg-Variationen* zu hören. Denn Musik – das ist für ihn Bach. Oder Mozart. Er schreibt seine Seiten und stellt sie um, er überträgt sie sorgfältig ins reine und schreibt sie unaufhörlich wieder neu: links ein Stapel korrekturbedürftiger Blätter, rechts ein Stoß bearbeiteter... Das Buch beginnt Gestalt anzunehmen, und Foucault faßt damals sogar die Möglichkeit ins Auge, seine *thèse* in Schweden zu verfechten. Er hofft, dort eine Gruppe verständnisvollerer Prüfer zu finden als diejenigen, denen er in der französischen Universität zu begegnen fürchtet. In der Bibliothek hat er gerade die Bekanntschaft von Prof. Lindroth gemacht, der den Lehrstuhl für Geistes- und Wissenschaftsgeschichte innehat. Er ist eine sehr bedeutsame Persönlichkeit an der Universität Uppsala. Sie haben gemeinsame Interessenschwerpunkte: Stirn Lindroth hat über Medizin und Philosophie der Renaissance gearbeitet, über Paracelsus. Sie haben miteinander geplaudert, und Lindroth hat Foucault zum Essen eingeladen. Foucault bittet ihn um den Gefallen, seine im Entstehen begriffene Arbeit zu lesen, und bringt ihm einige Kapitel, die bereits fertig sind. Ein enormes Konvolut von handgeschriebenen Seiten – auf sehr dünnem Papier. Leider! Professor Lindroth ist ein waschechter Positivist und hochfliegenden Spekulationen nicht sehr zugetan. Deshalb ist er über Stil und Wortlaut der ihm vorgelegten Seiten schlechterdings entsetzt. Er sieht darin nichts weiter als »hochgeschraubte« Literatur und kann sich keinen Augenblick vorstellen, daß dieses Buch, von dem er gerade Auszüge gelesen hat, einmal zur Erlangung akademischer Würde eingereicht wird. Er schreibt an Foucault, um ihm seine Eindrücke mitzuteilen. Foucault bemüht sich, sein Projekt zu präzisieren, verständlicher zu machen. Aber das ist vergebliche Mühe. Hier einige Erklärungen, die er in einem Brief vom 10. August 1957 vorschlägt: »Ihr Brief ist mir sehr nützlich gewesen, um mir die Mängel meiner Arbeit vor Augen zu führen, und dafür bin ich Ihnen sehr dankbar. Meine erste Unbesonnenheit – das muß ich Ihnen sofort sagen – ist die gewesen, Sie nicht hinreichend davor gewarnt zu haben, daß es sich hier nicht um ein ›Buchfragment‹ handelt, sondern nur um eine Skizze, um eine erste Niederschrift, die ich später auf jeden Fall umarbeiten werde. Ich gebe Ihnen gern zu, daß der Stil unerträglich ist (ich habe den Mangel, mich nicht in spontaner Klarheit ausdrücken zu können). Wohlgemerkt: ich gedenke alle ›geschraubten‹ Ausdrücke zu tilgen, die mir entschlüpft sind. Ich hatte Ihnen diesen Versuch trotz des Stils vorgelegt, um Ihre Meinung, an der mir viel liegt, über den sachlichen Gehalt und die Leitvorstellungen zu hören. Offensichtlich bereitet dieser letztere Punkt Schwierigkeiten. Da habe ich noch versäumt, mein Projekt genauer zu definieren, das eben nicht darin besteht, eine Geschichte der Entwicklungen der psychiatrischen *Wissenschaft* zu schreiben. Sondern eher eine Geschichte des *sozialen, moralischen* und *imaginären* Kontextes, in dem sie sich entwickelt hat. Denn für mich hat es den Anschein, daß es bis zum 19. Jahrhundert, um nicht zu sagen bis heute, kein objektives Wissen vom Wahn gegeben hat, sondern nur die Formulierung einer bestimmten (moralischen, sozialen usw.) Erfahrung von Unvernunft in analogen wissenschaftlichen Begriffen. Daher stammt diese so wenig objektive, so wenig wissenschaftliche, so wenig historische Art und Weise der Fragestellung. Aber vielleicht ist dieses Unternehmen absurd und von vornherein zum Scheitern verurteilt.

Meine dritte große Unbesonnenheit hat schließlich darin bestanden, zunächst die Abschnitte über die medizinischen Theorien in Angriff zu nehmen, während der Bereich der ›Institutionen‹ noch gar nicht klar ist und mir hätte helfen können, in anderen Bereichen deutlicher zu sein. Wenn Sie gütigst erlauben, werde ich Ihnen zeigen, was ich in den Ferien über die Institutionen geschrieben habe... Man bewegt sich da auf sehr viel leichter zu definierendem Terrain, das die sozialen Bedingungen der Anfänge der Psychiatrie liefert...«

Der Professor aber fühlt sich eigentlich kaum aufgeklärt, und Foucault läßt den Gedanken fahren, seine *thèse* in Uppsala zu verfechten. Richtig ist, daß er von seinem Stoff etwas überwältigt scheint und Mühe hat, sein Buch angemessen zu gliedern. Dumézil, der seine Arbeit überwacht und ihm fortgesetzt Neuigkeiten abfordert, der die bereits geschriebenen Seiten liest und sie kommentiert, hat ihm übrigens ebenfalls geraten, sich nicht darauf zu versteifen, seine *thèse* in Schweden zu verfechten: »Veröffentliche sie in Frankreich«, hat er ihm bedeutet. Er weiß, welche Zurückhaltung die Schweden üben, die er besser als irgend jemand sonst kennt. Und er weiß auch, daß Prof. Hasselroth recht hatte, wenn er Foucault im Hinblick auf seine Kollegen anvertraute: »Es wird Ihnen nie gelingen, sie dazu zu bewegen, das zu akzeptieren.« Laut Jean-Christophe Oberg hat Foucault nie ernstlich daran gedacht, seine *thèse* in Schweden zu verfechten. Laut Jean-François Miquel war er dagegen über die ablehnende Haltung Lindroths sehr betrübt, wie Miquel auch davon überzeugt ist, daß darin der wirkliche Grund für seine Abreise gesucht werden muß. Wie dem auch sei, die Schweden bleiben Foucaults im Entstehen begriffenem Werk gegenüber gleichgültig. Kürzlich hat sich in Schweden übrigens eine Polemik entwickelt, in deren Verlauf der unglückliche

Prof. Lindroth besonders belastet wurde. Wie hat er die Zeichen des künftigen Genies nur so verkennen können? Wahrscheinlich versagte es die Tradition der Wissenschaftsgeschichte, in die er sich einbezogen fühlte, diesem sehr germanischen Professor mit seinem Widerstreben vor der »Literatur«, das Gewicht des seiner Beurteilung anheimgegebenen Buches zu ermessen. Manche haben ihre Mißbilligung geäußert, andere haben mildernde Umstände geltend gemacht. Tatsache aber ist: Foucault muß noch einige Jahre warten, bis er seine *thèse* verfechten kann. Als er 1958 dieses Land verläßt, das er als so entschieden wenig entgegenkommend zu beurteilen gelernt hat, ist seine Arbeit sozusagen abgeschlossen. Jedenfalls abgeschlossen, was das verarbeitete Material betrifft. Es bleibt aber noch viel bei der Niederschrift und Gliederung des Textes zu tun.

Vielleicht aber sind einige Seiten eines anderen Buches während dieses Uppsala-Aufenthaltes entstanden. Einige Kilometer von der kleinen Stadt entfernt liegt nämlich das Haus von Linné. Ein Holzhaus, in einer der schönsten Landschaften verloren, die man sich überhaupt denken kann. Foucault nimmt seine kleine Gruppe häufig auf Wallfahrten zu diesem Mekka der Wissenschaftsgeschichte mit. Das Linné gewidmete Kapitel in *Die Ordnung der Dinge* verdankt diesen langen und erschöpfenden Märschen sicherlich viel.

Foucault hat überdies viele andere Gelegenheiten, sein Interesse für die Wissenschaft unter Beweis zu stellen. Die Universität Uppsala zählt nicht weniger als zwei Nobelpreisträger: den Chemiker Theodor Svedberg und seinen Schüler Arne Tiselius, die jeweils in den Jahren 1926 und 1948 preisgekrönt wurden. Foucault hat sich mit ihnen angefreundet, und Svedberg führt ihn ins dritte Kellergeschoß des Forschungszentrums von Uppsala, um ihm eine ganze Woche lang die Funktionsweise des Cyclotrons zu erklären. Und an Michel Foucault ist es, sich Jean-François Miquel gegenüber zu äußern: »Warum habe ich nur nicht Naturwissenschaften studiert, sondern Philosophie?«

Warum hat Foucault sich entschlossen, Uppsala zu verlassen? Sein erster Vertrag sah eine Laufzeit von zwei Jahren vor und war für weitere zwei Jahre verlängert worden. Laut Gunnar Bröberg ist der Grund ganz einfach: Die Lehrverpflichtung war auf zwölf Wochenstunden erweitert worden. Damit wäre es Foucault unmöglich gewesen, weiter an seiner *thèse* zu arbeiten. Und weil er überdies weiß, daß er sie ohnehin nicht in Schweden wird verfechten können, zieht er es vor, nach dem dritten Jahr seinen Abschied zu nehmen. Das Vorlesungsverzeichnis der Universität kündigt für den Beginn des Studienjahres 1958 noch die Vorlesungen von Michel Foucault an. Der Donnerstagsvortrag soll erneut »Die religiöse Erfahrung in der französischen Literatur von Chateaubriand bis Bernanos« behandeln. Aber sie findet nicht mehr statt: Foucault verläßt Uppsala. Das er übrigens, vielen Zeugen von damals zufolge, in ziemlich schlechter Erinnerung behält, trotz der neugeknüpften Freundschaften (er bleibt in Verbindung mit Jean-François und Christina Miquel, mit Jean-Christophe Oberg, mit Erik Nilsson . . .) und trotz der nahezu fertigen *thèse*. Die nächste Etappe seines Periplus wird Polen sein.

Foucault hat ausreichend Zeit gehabt, die Modalitäten seiner Abreise nach Warschau zu organisieren – während eines langen Paris-Aufenthaltes im Juni 1958, eines etwas seltsamen, beinahe improvisierten Aufenthaltes. Der sich eines schönen Tages im Mai entscheidet, als Michel Foucault und Jean-Christophe Oberg im Smoking an einem Empfang in einem Schloß in der Nähe von Uppsala teilnehmen. Sie sind dazu von der Erbin eines der größten Vermögen Schwedens eingeladen worden, die sich in den jungen Französisch-Lektor verliebt hat. Während des Essens stiehlt sich Jean-Christophe Oberg davon, um die Radionachrichten zu hören. Als er wieder hereinkommt, sagt er zu Foucault: »In Frankreich ist allerhand los.« Das ist das mindeste, was man in diesem Augenblick sagen kann: Von Anhängern der *Algérie française*-Bewegung unterstützt, ist General de Gaulle im Begriff, wieder an die Macht zu kommen. Nach einigen Minuten sagen sie sich, ohne zu zögern: »Wir müssen hin.« Sie kehren nach Uppsala zurück, ziehen sich in fliegender Hast um und brechen in Richtung Frankreich auf, natürlich im Jaguar. Jean-Christophe Oberg schildert diese Abenteuerfahrt folgendermaßen: »Michel und ich sind am Mittwoch, dem 28. Mai 1958, aufgebrochen. Die Nacht haben wir in einem kleinen Hotel in Tappernöje in Dänemark verbracht. Am nächsten

Morgen, dem 29. Mai, haben wir die Fähre zwischen Gedser in Dänemark und Großenbrode in Deutschland genommen. Die zweite Nacht der Reise haben wir in Belgien verbracht, in einem winzigen Hotel – dem Select – in La Calamine. Dann sind wir nach Paris weitergefahren, am 30. Mai also, und dort gegen drei Uhr nachmittags angekommen. Paris war in vollem Aufruhr. Ohne ersichtlichen Grund, denn die Partie war bereits entschieden. Wir haben uns in Richtung Champs-Élysées aufgemacht, und zwar durch die Rue de Bassano, die in Höhe der Métro Georges-V von der Polizei gesperrt war. Den Jaguar haben wir in der Avenue Marceau stehenlassen. Wir sind durch den Polizeikordon geschlüpft und auf den Champs-Élysées weitermarschiert. Auf der Stelle waren wir von einer Woge von Demonstranten umringt: ich fand mich auf dem Dach eines Wagens wieder, der in Richtung Arc de triomphe fuhr, während Michel mir folgte, von einem Schwarm junger Leute umgeben, die blau-weiß-rote Fahnen schwenkten. Die Place de l'Étoile war gleichfalls von der Polizei gesperrt, und der Wagen mußte im Schrittempo fahren. Das habe ich ausgenützt, um herunterzuspringen, aber Michel war in der Menge verschwunden. Bei dem Jaguar haben wir uns wieder getroffen und sind in Saint-Germain-des-Prés essen gegangen. Dann haben wir uns wieder getrennt: ich bin in die Schwedische Botschaft gegangen, wo mich meine Eltern erwarteten, die beunruhigt waren, weil sie nicht wußten, wo wir waren oder ob wir überhaupt angekommen waren, und Michel hat seinen Bruder aufgesucht, bei dem er dann wohnte.«

Michel Foucault bleibt einen guten Monat in Paris. Als er nach Uppsala zurückkehrt, tut er das nur, um die Koffer zu packen – nach einem reichlich »begossenen« Festmahl in Gesellschaft der kleinen Gruppe, mit der er die vergangenen drei Jahre verbracht hat.

Warum Warschau? Hinter diesem Umzug darf man noch die Hand Dumézils am Werk sehen. Der Professor mit seinem großen Namen hat überall Freunde! In diesem Fall ist das unter anderen der Quai d'Orsay, wo Philippe Rebeyrol, ein früherer *normalien*, als Leiter des Französischen Unterrichtswesens im

Ausland arbeitet. Mit ihm als Delegationsleiter hat die französische Regierung ein Kulturabkommen mit der polnischen Regierung ausgehandelt, das die Einrichtung eines Centre culturel français im Rahmen der Universität Warschau vorsieht. Was wiederum die Präsenz eines Lektors voraussetzt, aber auch impliziert, daß dieser Lektor über ein Büro, eine Bibliothek verfügt und kulturelle Veranstaltungen organisieren kann. Was damals recht außergewöhnlich ist. Und als schöner diplomatischer Erfolg aufgefaßt wird, der durch eine »Tauwetter«-Phase ermöglicht worden ist, in die die Ost-West-Beziehungen nach einer Periode heftiger Spannungen eingetreten sind.

Es genügt jedoch nicht, einen Lektorenposten zu schaffen; überdies muß jemand gefunden werden, der in der Lage ist, ihn auch auszufüllen: die dortige Aufgabe droht heikel zu werden. Dumézil bittet Rebeyrol, sie Foucault anzuvertrauen. Was der auch tut. Zunächst deshalb, weil er Dumézils Urteil blind vertraut; dann aber auch, weil die offiziellen Beurteilungen von Foucaults Arbeit in Schweden besonders lobend ausgefallen sind.

Im Oktober 1958 fliegt Foucault also nach Warschau und stellt sich dem französischen Botschafter vor, der erst jüngst in die polnische Hauptstadt berufen worden ist, Étienne Burin des Roziers. »Ich habe«, erzählt er, »einen jungen Mann in Erinnerung behalten, lächelnd, freundlich, entspannt, glücklich über die Übernahme einer Aufgabe, deren Bedeutung, Wichtigkeit und große Schwierigkeit ihm von vornherein klar war.«[8]

Zunächst in einem recht dürftigen Zimmer des Hotels Bristol untergebracht, in nächster Nähe der Universität, einem Gebäudekomplex an der Krakowskie Przedmiescie, richtet sich Foucault bald in einer Wohnung ein, die seiner Arbeitsstätte ebenfalls sehr nahe liegt. Einerseits beendet er die Niederschrift seiner *thèse*. Andererseits erfüllt er die administrative und akademische Funktion, die ihm anvertraut ist: die ersten Maßnahmen, die getroffen werden müssen, bestehen darin, dieses »Zentrum für französische Zivilisation« auch wirklich zu realem Leben zu erwecken. Tische und Stühle müssen ebenso herange-

---

8 Étienne Burin des Roziers, »Une rencontre à Varsovie«, in: *Le Débat*, Nr. 41, September–November 1986, S. 133.

schafft werden wie Bücher und Zeitschriften. Foucault hält darüber hinaus Vorlesungen und Vorträge an der Universität, wo er ins Institut für romanische Sprachen der Fakultät für moderne Philosophie einbezogen ist. Er wiederholt die Vorlesungen, die er in Uppsala über das zeitgenössische französische Theater gehalten hat. Auf der Stelle schlägt er seine Studenten und Kollegen durch seine Intelligenz, seinen Ernst und seine Freundlichkeit in Bann. Jedermann erinnert sich heute der exquisiten Höflichkeit, die er fortgesetzt unter Beweis stellte. Er freundet sich darüber hinaus mit dem Präsidenten der Akademie der Wissenschaften an, Prof. Kotarbinski, einer überragenden Gestalt des polnischen Universitätslebens, der in den Augen der Machthaber jedoch als »bürgerlicher Philosoph« gilt, weil er sich von den Theorien des Wiener Kreises beeinflussen läßt.

Allmählich wandelt sich Foucaults Rolle. Denn der Kulturattaché der Botschaft, Jean Bourilly, bittet um eine gewisse Urlaubszeit, um seine *thèse* vorbereiten zu können. Und da Foucault sich ausgezeichnet mit Burin des Roziers versteht, übernimmt er ein Jahr lang *de facto* die Funktionen eines Kulturattachés. Und in dieser Eigenschaft hält er auch eine Reihe von Vorträgen über Apollinaire bei einer Tournee, die ihn von Danzig nach Krakau führt und in deren Verlauf er die von Prof. Zurowski konzipierte Ausstellung zum vierzigsten Todestag des Dichters präsentiert.

»Er widmete sich dieser Rolle [nämlich der eines Kulturattachés] mit viel Bereitwilligkeit und, wie mir schien«, so Burin des Roziers, »ohne Widerwillen, indem er selbst Hand anlegte, bei Kulturveranstaltungen in allen vier Himmelsrichtungen Polens präsent war und die etwas eitlen Riten des diplomatischen Schlendrians mit einer gewissen Nachsicht und Belustigung beobachtete.«[9] Deshalb ist es ganz natürlich, daß der Botschafter ihm vorschlägt, die Stellung von Jean Bourilly zu übernehmen, als der kundtut, daß er seinen Posten definitiv aufgeben möchte, weil er seine *thèse* abgeschlossen hat und auf einen Lehrstuhl an der Sorbonne zählt. Foucault aber stellt einige Bedingungen, bevor er annimmt: »Er war der Meinung«, so Burin des Roziers, »daß der Quai d'Orsay einen falschen Weg eingeschlagen

9 Ebd., S. 134.

habe, wenn er einen Mitarbeiterstab mit Mehrzweck-Verwendbarkeit für unser kulturelles Wirken im Ausland auf die Beine stellte, so als ob ein Kulturattaché oder Lektor sich berufen fühlen mochte, unterschiedlos in Südamerika, in den skandinavischen Ländern, in der slawischen Welt oder im Fernen Osten tätig zu sein. Um nun bei Polen zu bleiben, so willigte Michel Foucault nur ein, dort in leitender Position auszuharren, wenn man ihm erlaubte, selbst die jungen Slavisten zu rekrutieren – wozu er sich anheischig machte –, die ihm in Warschau, Krakau und im übrigen Land zuarbeiten sollten.«[10]

Dieses Projekt sollte jedoch folgenlos bleiben, da Foucault das polnische Hoheitsgebiet überstürzt verlassen mußte. Die Geschichte ist sehr verworren, in den östlichen Ländern anscheinend jedoch geläufig und verbreitet: er hat einen Jungen kennengelernt, mit dem er in diesem traurigen und erstickenden Land glückliche Stunden zu verbringen beginnt. Dieser junge Mann aber arbeitet für den Staatssicherheitsdienst, der die westlichen diplomatischen Vertretungen zu unterwandern versucht. Eines Tages warnt Burin des Roziers Foucault: »Sie müssen Polen verlassen«, verkündet er ihm. »Wann?«, fragt Foucault. »In den allernächsten Stunden«, antwortet der Botschafter.

Diesmal kann Foucault überdies noch im Besitz eines dithyrambischen, von Jean Bourilly geschriebenen Zeugnisses abreisen: »Ein klarer, genauer und scharfsinniger Kopf von großer Bildung, verfügt Michel Foucault über großes Autoritätsgefühl: er kann auf zufriedenstellendste Weise wichtige Funktionen im Ausland erfüllen, sei es im Unterrichtswesen, sei es im Verwaltungsbereich. Bei der Leitung des Studienzentrums im Rahmen der Universität, die er 1958–1959 wahrgenommen hat, hat er sich mit zahlreichen Schwierigkeiten auseinanderzusetzen gehabt, sowohl hinsichtlich der materiellen Bedingungen (Fehlen von Räumlichkeiten für das Zentrum und monatelanges Fehlen einer Privatwohnung) als auch hinsichtlich des Wesens und der eigentlichen Ziele der Aktivität des Zentrums. Dennoch hat er dieser neuen Körperschaft französisch-polnischer Kooperation eine glückliche Ausgangslage zu verschaffen verstanden.«

10 Ebd., S. 136.

Michel Foucault macht sich wieder auf den Weg zu Philippe Rebeyrol am Quai d'Orsay. Um ihm zu sagen, daß er gern nach Deutschland ginge. Foucault hatte sich die deutsche Sprache auf der École normale angeeignet, um Husserl und Heidegger lesen zu können. Dann hatte er sich für Nietzsche begeistert. Leicht nachvollziehbar, daß Deutschland für ihn eine besondere Anziehungskraft hat. Er macht sich also den Weg zu eigen, den Sartre und Aron vor dem Krieg eingeschlagen haben: ein Jahr in einer großen deutschen Stadt zu verbringen. Philippe Rebeyrol schlägt ihm mehrere Möglichkeiten vor: München, Hamburg... Das Netz der französischen Kulturinstitute in Deutschland ist ziemlich dicht. Foucault wählt Hamburg.

Die Funktionen Michel Foucaults in Hamburg sind nahezu identisch mit denen, die er bereits in Uppsala und in Warschau ausgeübt hat: es handelt sich darum, das Kulturinstitut zu leiten, die eingeladenen Vortragsredner zu empfangen (hier macht er denn auch die Bekanntschaft von Alain Robbe-Grillet) und Vorlesungen im Fachbereich Romanistik der philosophischen Fakultät zu halten.

Ehemalige Studenten Foucaults erinnern sich der Vorlesungen, die die französische Literatur betreffen, wie sich das gehört, und in denen er natürlich über das französische Theater spricht, weil das eines seiner Lieblingsthemen ist, und besonders Sartre und Camus kommentiert, nachdem er lange und ausführlich auf das 18. Jahrhundert eingegangen ist. Da seine Vorlesung den Status einer »Ergänzungsveranstaltung« hat und nicht durch eine Prüfung sanktioniert wird, hat Foucault kein sehr zahlreiches Auditorium: zehn bis zwölf Hörer kommen zu den Vorlesungen. Es sind Studenten, die wirklich leidenschaftliches Interesse für die Literatur aufbringen, und diese Situation behagt ihm mehr als jene, die er in Uppsala erleben mußte. Und vor allem unterrichtet er nur zwei Stunden wöchentlich.

Im wesentlichen beschäftigt er sich nämlich mit dem Institut français. Die Wohnung des Direktors nimmt beinahe das ganze zweite Stockwerk ein. Eben da verbringt Foucault jenes Jahr 1959–1960. Vom Direktor abgesehen, zählt das Institut vier Lehrer, die Französischkurse in der Stadt oder in den Räumen des Instituts geben. Darunter Jean-Marie Zemb, heute Professor am Collège de France auf einem Lehrstuhl für deutsche

Kulturgeschichte, und Gilbert Kahn, ein Neffe von Léon Brunschvicg, der eng mit Simone Weil verbunden war.

Wie in Uppsala widmet Foucault einen Teil seiner Zeit dem Theater, und zwar der kleinen Truppe, die Gilbert Kahn zusammengestellt hat. Insbesondere schlägt er vor, ein Stück von Cocteau, *Die Witwenschule*, zu spielen – die Premiere findet im Juni 1960 statt –, und spricht sehr ausführlich über Cocteau mit jenen Studenten, die er zu seinem Freundeskreis gemacht hat, so besonders mit Jürgen Schmidt und Irene Staps, zwei Säulen der Theatergruppe.

Und dann verbringt er – aber das ist keine Überraschung – viel Zeit in der Universitätsbibliothek. Er hat seine *thèse principale* über *Wahnsinn und Gesellschaft* abgeschlossen, und noch während seines Hamburg-Aufenthaltes reist er nach Paris, um sie Jean Hyppolite zur Lektüre vorzulegen, den er als »Doktorvater« gewinnen möchte. Dann macht sich Foucault an die Niederschrift seiner *thèse complémentaire*: die Übersetzung der *Anthropologie* von Kant, die er mit einer langen historischen Einleitung zu kommentieren gedenkt. Als seine beiden *thèses* auf dem besten Wege der Beendigung sind und er bereit ist, sie der Prüfung der Disputation auszusetzen, erreicht ihn die Berufung auf einen Posten im französischen Universitätsbetrieb. Zwar nicht mit dem Titel »Professor«, weil dafür ja die Disputation auch wirklich stattgefunden haben muß. Aber als *chargé d'enseignement** auf einem vakanten Lehrstuhl, mit einem Grad, der in etwa dem entspricht, was wir heute *maître de conférence*** nennen. Der Berufungsvorschlag kommt aus Clermont-Ferrand, und Foucault hat sich entschlossen, seinem Exil außerhalb Frankreichs ein vorläufiges Ende zu setzen.

Niemals mehr wird er administrative oder kulturelle Funktionen wie die übernehmen, die er sich gerade aufzugeben anschickt. Mehrfach aber stellt sich mit allem Nachdruck die Frage, ob er diese Erfahrung erneut machen soll. Im Jahre 1967, als Étienne Burin des Roziers Botschafter in Rom wird, telefo-

---

* Etwa: Lehrbeauftragter, Außerordentlicher Professor. (A. d. Ü.)
** Etwa: Privatdozent. (A. d. Ü.)

niert er mit Foucault – der sich damals in Tunis aufhält –, um ihm den Vorschlag zu unterbreiten, als sein Kulturattaché tätig zu werden. Foucault ließe sich nur zu gern in Versuchung führen. Aber das Projekt zerschlägt sich, denn damals zeichnet sich bereits das Collège de France am Horizont ab. Zuvor, im Jahre 1963, hatte er eingewilligt, sich um das französische Kulturinstitut in Tokio zu kümmern. Aber der Dekan der Fakultät von Clermont-Ferrand hat den Minister flehentlich gebeten, ihn nicht eines Professors zu berauben, der für den Lehrbetrieb an seiner Anstalt unentbehrlich ist. Sehr viel später wiederum ist die Rede davon, Foucault als Kulturattaché nach New York zu berufen: im Jahre 1981, als die Linke in Frankreich an die Macht kommt. Aber die Diskussionen führen zu nichts.

Unter weitgehend anderen Bedingungen aber wird Foucault seine Arbeit als »Botschafter der französischen Kultur in der Welt« fortführen, wie die offiziellen Verwaltungsberichte sagen: nämlich als Professor in Tunis, als Vortragsreisender in einem Dutzend von Ländern und vor allem dank seiner Bücher und ihrem gewaltigen internationalen Erfolg.

Foucault hatte Frankreich 1955 mit dem tiefverwurzelten Gefühl verlassen, sein Leben sei fortan ins Zeichen der Reise, um nicht zu sagen: des Exils, gestellt. Anderswo sein, immer wieder anderswo sein – das schien seine Obsession. Nie wieder nach Frankreich zurückkehren? Vielleicht ja; dann aber dieses Land, mit dem er konfliktuöse Beziehungen unterhält, als strategische Basis zur Organisation mehr oder weniger langer Aufenthalte in anderen Weltregionen benutzen. Als er 1968 für eine Reihe von Vorträgen nach Schweden zurückkehrt, sagt er in einem Interview, daß er, als er Frankreich 1955 verließ, die feste Absicht gehabt habe, sein weiteres Leben »zwischen zwei Koffern« zu verbringen, sich in der ganzen Welt herumzutreiben und »vor allem nie einen Füllfederhalter in die Hand zu nehmen«: »Die Vorstellung, mein Leben dem Schreiben zu widmen, schien mir damals vollkommen absurd, und ich hatte nie auch nur daran gedacht. Erst in Schweden, in der langen schwedischen Nacht, habe ich mir diese Manie, diese schlechte Gewohnheit zugelegt, täglich fünf oder sechs Stunden zu schreiben.«[11] Er fühlte sich damals als »eine Art Tourist in der Welt, nutzlos und überflüssig«. Und er fügt hinzu – wir schreiben Anfang 1968: »Ich fühle mich auch weiterhin genauso überflüssig, mit dem einzigen Unterschied, daß ich kein Tourist mehr bin. Heute bin ich an meinen Schreibtisch gefesselt.«[12] Michel Foucault im Jahre 1955 als Tourist, der nie die Versuchung zum Schreiben gekannt hätte? Das ist wahrscheinlich doch übertrieben, zumal er ja bereits eine gewisse Zahl von Arbeiten publiziert hatte. Richtig aber ist, daß er lebenslang der Meinung war, er habe diesen Beruf des Schreibens, dieses Schreiben als Beruf nie wirklich gewählt. Als er an seinen letzten Büchern arbeitet, unter großen Schwierigkeiten, Hemmungen, Reuegefühlen und im tiefsten Innern wahrscheinlich sogar mit einer gewissen Müdigkeit, einer Lust, alles fallenzulassen, kehrt dieses Thema sehr oft in den Unterhaltungen mit seinen Freunden wieder: »Ich bin durch Zufall zum Schreiben gekommen. Und wenn man einmal damit angefangen hat, ist man ein Gefangener dieser Tätigkeit, man kommt nicht mehr davon los.« Natürlich verspürt er die Versuchung, diesem ganzen Komplex von Zwängen zu entfliehen. Aber entkommt man so leicht den Rollen, in die man seine ganze Existenz hat einfließen lassen?

Foucault hat Frankreich im August 1955 verlassen. Er kehrt im Sommer 1960 zurück. Er ist noch nicht einmal dreiunddreißig Jahre alt. Welches waren die prägenden Fakten seines Lebens im Verlauf dieser Abwesenheit? Im wesentlichen zwei: zunächst die Abwesenheit selbst. Denn Foucault ist damit von keiner der politischen Umwälzungen betroffen gewesen, die die französische Szene in Aufruhr versetzten – mit dem Algerien-Krieg und der Machtergreifung General de Gaulles. Er hat abseits aller Umwälzungen gestanden, die die Linke durchmacht – mit dem Aufkommen einer mächtigen studentischen Gewerkschaftsbewegung, mit dem Auftauchen von Gruppierungen, die sich außerhalb des kommunistischen Einflußbereiches sammeln, im wesentlichen in Universitätskreisen, allesamt Phänomene, die ausschlaggebende Bedeutung für die Auslösung und

11 Unterhaltung mit Michel Foucault, in: *Bonniers Literära Magasin*, Stockholm, März 1968, S. 204.
12 Ebd.

den Verlauf der Ereignisse vom Mai 1968 haben. Während eben dieses Auslandaufenthaltes von Foucault zeichnen sich die tiefen Risse und Brüche ab, die die französische Gesellschaft einige Jahre später dann so gewaltsam erschüttern sollten. Aber auch da wird Foucault abwesend sein. Während der Auseinandersetzungen, die Frankreich im Bannkreis des Algerien-Krieges aufwühlen, ist er in Schweden, Polen und Deutschland. Als der März, April und Mai 1968 die sozialen, politischen und institutionellen Strukturen des Landes zersplittern, ist er in Tunesien.

Der zweite wichtige Aspekt ist natürlich der, daß Michel Foucault seine *thèse* angefangen, niedergeschrieben und fertiggestellt hat – *Folie et déraison. Histoire de la folie à l'âge classique*. Ursprünglich hatte das Buch *L'Autre tour de folie* (Die andere Art des Wahnsinns) heißen sollen, mit Bezug auf das Pascal-Zitat, mit dem Foucault das Vorwort eröffnet. Da es sich aber um eine *thèse* handelt, die der Disputation zugrunde gelegt werden muß, hat Foucault schließlich für einen eher akademischen Titel optiert.

Wahnsinn und Gesellschaft beginnt folgendermaßen:

»Pascal sagt: ›Die Menschen sind so notwendig verrückt, daß nicht verrückt sein nur hieße, verrückt sein nach einer anderen Art von Verrücktheit.‹ Und Dostojewskij schreibt einmal in seinem *Tagebuch eines Schriftstellers*: ›Man wird sich seinen eigenen gesunden Menschenverstand nicht dadurch beweisen können, daß man seinen Nachbarn einsperrt.‹ Die Geschichte dieser anderen Art des Wahnsinns ist zu schreiben – dieser anderen Art, in der die Menschen miteinander in der Haltung überlegener Vernunft verkehren, die ihren Nachbarn einsperrt, und in der sie an der gnadenlosen Sprache des Nicht-Wahnsinns einander erkennen. Wir müssen den Augenblick dieser Verschwörung wiederfinden, bevor er im Reich der Wahrheit endgültig errichtet und durch den lyrischen Protest wiederbelebt worden ist. Man muß in der Geschichte jenen Punkt Null der Geschichte des Wahnsinns wiederzufinden versuchen, an dem der Wahnsinn noch undifferenzierte Erfahrung, noch nicht durch eine Trennung gespaltene Erfahrung ist. Die Beschreibung dieser ›anderen Art‹ des Wahnsinns vom Ursprung ihrer Kurve an wird sich als nötig erweisen, die auf beiden Seiten ihrer Bewegung die Vernunft und den Wahnsinn als künftig äußerliche, für jeden Austausch taube und beide gewissermaßen als tote Dinge herunterfallen läßt.«

Um dieses »heikle Gebiet« durchforschen zu können, kündigt Foucault gleich zu Beginn an, daß auf den Vorteil »endgültiger Wahrheiten« verzichtet werden muß, das heißt darauf, sich auf die von der zeitgenössischen Psychopathologie erarbeiteten Begriffe zu verlassen: »Konstitutiv ist lediglich die Geste, die den Wahnsinn abtrennt, und nicht die Wissenschaft, die in der nach der einmal vollzogenen Trennung wiedereingetretenen Ruhe entsteht.« Die medizinischen Kategorien isolieren den Irren in seinem Wahnsinn. Der Irre und der Vernunftmensch sprechen nicht mehr miteinander: »Es gibt keine gemeinsame Sprache, vielmehr gibt es sie nicht mehr. Die Konstituierung des Wahnsinns als Geisteskrankheit am Ende des achtzehnten Jahrhunderts trifft die Feststellung eines abgebrochenen Dialogs, gibt die Trennung als bereits vollzogen aus und läßt all die unvollkommenen Worte ohne feste Syntax, die ein wenig an Gestammel erinnerten und in denen sich der Austausch zwischen Wahnsinn und Vernunft vollzog, im Vergessen versinken. Die Sprache der Psychiatrie, die ein Monolog der Vernunft *über* den Wahnsinn ist, hat sich nur auf einem solchen Schweigen errichten können.« Es folgt die häufig zitierte, glänzende Definition, mit der Foucault sein Projekt umreißt: »Ich habe nicht versucht, die Geschichte dieser Sprache zu schreiben, vielmehr die Archäologie dieses Schweigens.«[13]

Die Archäologie dieses Schweigens zu schreiben – das führt zur Durchmusterung der gesamten abendländischen Kultur. Da der abendländische Mensch »seit dem frühen Mittelalter eine Beziehung zu etwas (hat), das er vage benennt mit: Wahnsinn, Demenz, Unvernunft«, muß eingeräumt werden, daß die Beziehung Vernunft-Unvernunft für diese Kultur »eine der Dimensionen ihrer Ursprünglichkeit« darstellt und daß sie sich durch diese sie bedrohende Tiefe definiert. In Richtung dieser Tiefe will Foucault uns weisen, in Richtung dieses Gebietes, »wo es eher um die Grenzen als um die Wesenseinheit einer Kultur geht«. Man muß »die Geschichte der *Grenzen* schreiben – die-

13 Michel Foucault, *Wahnsinn und Gesellschaft*, a. a. O., S. 7–10.

ser obskuren Gesten, die, sobald sie ausgeführt, notwendigerweise schon vergessen sind –, mit denen eine Kultur etwas zurückweist, was für sie *außerhalb* liegt; und während ihrer ganzen Geschichte sagt diese geschaffene Leere, dieser freie Raum, durch den sie sich isoliert, ganz genau soviel über sie aus wie über ihre Werte; [...] Eine Kultur über ihre Grenzerfahrungen zu befragen, heißt, sie an den Grenzen der Geschichte über eine Absplitterung, die wie die Geburt ihrer Geschichte ist, zu befragen.«

Hier verankert Foucault seine Arbeit in der Herkunft von Nietzsche: »Im Zentrum dieser Grenzerfahrungen der abendländischen Welt fällt selbstverständlich die Erfahrung mit dem Tragischen selbst auf. Nietzsche wies auf die Struktur des Tragischen hin, auf der die Geschichte des Abendlandes aufbaut und die nichts anderes ist als die Ablehnung, das Vergessen und das stumme Zurücksinken der Tragödie.« Aber »viele andere Erfahrungen gravitieren« um diese eine, zentrale, und jede zieht an den Grenzen unserer Kultur eine »Grenzlinie, die zugleich eine ursprüngliche Ablehnung bedeutet«. Foucault möchte zum Archäologen aller dieser bedrohlichen, aber abgelehnten, verdrängten, vergessenen und gleichwohl immer präsenten Erfahrungen werden. Er kündigt eine Reihe von Studien an, die »im Lichte der großen nietzscheanischen Forschungen« vor sich gehen und versuchen sollen, die anderen Trennungen darzustellen, auf denen unsere Kultur sich errichtet hat. Er zitiert deren zwei: die »absolute Trennung des Traumes, den der Mensch auf seine eigene Wahrheit hin zu befragen sich nicht versagen kann – sei es die seines Schicksals oder die seines Herzens –, die er aber nur jenseits einer wesentlichen Ablehnung befragt, die ihn konstituiert und in die Lächerlichkeit der Traumdeutung zurückdrängt«. Und weiter »die Geschichte, und zwar nicht nur in ethnologischen Termini, der sexuellen Verbote [...]. Man muß in unserer Kultur von den ständig sich bewegenden und obstinaten Formen der Repression sprechen und nicht nur, um die Chronik der Moral und der Toleranz zu verfassen, sondern um als Grenze der abendländischen Welt und als Ursprung ihrer Moral die tragische Abtrennung der glücklichen Welt der Lust an den Tag zu bringen.« Es gab jedoch eine vorrangige Aufgabe zu erfüllen: »von der Erfahrung mit dem Wahnsinn (zu) sprechen«, ihn vor dem Zugriff von Erkenntnis und wissenschaftlichem Diskurs zu erreichen und ihn sich, nachdrücklich noch, selbst aussprechen zu lassen, ihn sich aussprechen zu lassen in jenen »Worten und Texten«, »die von unterhalb der Sprache stammen und die nicht dazu geschaffen waren, zu einer Rede zu werden«.[14]

Soweit das Projekt, das Foucault in jenem ein gutes Dutzend Seiten langen Vorwort ankündigt, das er in der Neuausgabe von 1972 dann unterdrückt. Wie aber steht es mit dem Buch selbst? Es ist natürlich unmöglich, allen diesen Analysen gerecht zu werden, die sich über mehr als sechshundert Druckseiten erstrecken, die so ergiebig, so wuchernd, gedrängt, manchmal irreführend, auch widersprüchlich sind und von einem Register zum anderen springen, indem sie nicht nur die ökonomische Ebene (die in Foucaults Büchern mit historischem Zuschnitt sehr präsent ist, wenn sie manchmal auch in einen sehr überraschenden Ökonomismus abgleitet), sondern auch die juristische oder künstlerische Ebene vergegenwärtigt, um die Kraftlinien der Argumentation zu entfalten. Versuchen wir lediglich einige Schnittpunkte dieser ausladenden Demonstration freizulegen, indem wir vor allem Foucaults eigene Stimme zu Wort kommen lassen, deren Stil hier noch sehr verschieden von ihren späteren Äußerungsformen ist.

Als der Wahnsinn noch Heimatrecht in der Gesellschaft hat, das heißt in der Hochblüte der Renaissance, gibt es gleichwohl bereits eine Spaltungsbewegung, die auf zwei Formen von Wahnsinn hinarbeitet. Auf den der Bilder von Bosch, Breughel oder Dürer einerseits, den beunruhigenden, quälenden, bedrohlichen, der ein tiefes Geheimnis zu enthüllen scheint, in dem sich die Wahrheit unserer Erscheinungswelt verliert, ein Wahnsinn, der gemeinsame Sache mit den Kräften des Bösen und der Finsternis macht, ein Wahnsinn, der dem Sieg Satans ähnelt. Und auf der anderen Seite – wie bei Erasmus und seinem *Lob der Torheit* – ein Wahnsinn, mit dem die Vernunft einen Dialog führt, aber ein Wahnsinn, der bereits auf Distanz gehalten und ins Universum des Diskurses verbannt wird und den man nur beschwört, um sein kritisches Vermögen gegen die menschliche Illusion

14 Ebd., S. 15.

und ihre Anmaßung zu richten. Einerseits ein zutiefst tragischer Wahnsinn. Andererseits ein nahezu gezähmter Wahnsinn, dessen Gewalt sich unterm ironischen Blick des Humanisten abschwächt. Es ist bereits jener Abstand da, der sich im Laufe der Jahrhunderte unaufhörlich weiter vertiefen wird. Und hier spielt sich wahrscheinlich auch die Teilung in zwei Stränge ab. Einer dieser Stränge ist das kritische Bewußtsein, das zur medizinischen Wissenschaft führt. Der andere ist der der tragischen Gestalten, derjenige, der ins Schweigen einmündet und sich dennoch in den Werken von Goya, Van Gogh, Nietzsche und Artaud wieder Bahn bricht. Jedenfalls – und trotz allem – ist der Wahnsinn in diesem Augenblick, da sich der Bruch vollzieht, aber noch präsent und vertraut.

Was sich mit der Heraufkunft des 17. Jahrhunderts verändert, ist, daß der Wahnsinn verworfen und verbannt wird. Diese Strömung, die Foucault das »klassische Ereignis« nennt, umfaßt zwei »Aspekte«.[15] Einerseits wird der Wahnsinn durch eine souveräne Geste der Vernunft in die Schranken gewiesen, die ihn ausschließt und ins Schweigen verbannt – mit der paradigmatischen Formulierung von Descartes »die sind eben von Sinnen« in der ersten *Meditation*, wo er die Grundlagen eines möglichen Zweifels an den Wahrheiten, die das Denken mit Gewißheit wahrzunehmen glaubt, vor Augen führt und verabschiedet. Ein Mensch kann ruhig verrückt sein, die Rechte des Denkens sind nicht mehr in Gefahr. Andererseits wird der Wahnsinn eingesperrt, interniert. Hier setzen die ökonomischen, politischen, moralischen und religiösen Motive mit ihrem ganzen Gewicht an: bei dieser »großen Einsperrung«, die das 17. Jahrhundert durchzieht, werden sich die Armen, die Müßiggänger, die Bettler, die Vagabunden, zu denen sich noch die Lüstlinge, die Geschlechtskranken, die Wüstlinge und die Homosexuellen gesellen, Seite an Seite mit den Wahnsinnigen hinter den Mauern der *hôpitaux généraux*, der »Zuchthäuser« wiederfinden. »Wahrscheinlich knüpft sich eben dort«, so Foucault, »und für Jahrhunderte die Verbindung von Wahnsinn und Straffälligkeit, die der Alienierte unserer Tage als Schicksal erlebt und die der

15 Da die deutsche Fassung teilweise gekürzt ist, wird an manchen Stellen bei der Übersetzung auf die zweite französische Ausgabe: *Histoire de la folie*, Paris 1972, zurückgegriffen. (A. d. Ü.)

Arzt als Wahrheit der Natur entdeckt.«[16] Man ist gewissermaßen vom Wahnsinn zur Unvernunft übergegangen, von einer Epoche, in der der Wahnsinn seine spezifische Eigenart hatte, zu jener anderen, in der er mit der Gruppe der Internierten verschmilzt, derer, die »gebessert« werden müssen. Denn Bestrafung und Züchtigung ist es, was diese Internierung für diejenigen, die ihr anheimfallen, unterschiedslos bereithält – weitaus mehr als Krankheitsbekämpfung.

Die »große Einsperrung« aber hat, wenn sie so das Antlitz dessen definiert, was verworfen werden muß, und es radikal aus der Gesellschaft verbannt, nicht nur eine negative Rolle gespielt. Sie hat auch einen »Erfahrungsbereich« konstituiert, indem sie »Personen und Werte in einem einheitlichen Bereich zusammenführte, zwischen denen die vorhergehenden Kulturen keinerlei Ähnlichkeit wahrgenommen hatten; sie hat sie unmerklich in Richtung des Wahnsinns verschoben und damit eine Erfahrung – die unsrige – vorbereitet, bei der sie sich als bereits in den Zuständigkeitsbereich der Geisteskrankheit Integrierte zu erkennen geben.«[17]

Andererseits wird die Unvernunft in ihrer konkreten Präsenz lokalisiert und herausgearbeitet. Sie kann zum »Wahrnehmungsgegenstand« werden. Und eben das ist zweifellos ein Schlüsselpunkt in Foucaults Buch: »An welchem Horizont ist sie wahrgenommen worden? Natürlich an dem einer gesellschaftlichen Realität. Seit dem 17. Jahrhundert ist die Unvernunft nicht mehr die große Zwangsvorstellung der Welt. Sie hört auch auf, die natürliche Dimension der Abenteuer der Vernunft zu sein. Sie entwickelt den Zuschnitt eines menschlichen Faktums, einer spontanen Varietät auf dem Felde sozialer Gattungen. Was ehedem unausweichliche Gefahr der Dinge und der Sprache des Menschen war, seiner Vernunft und ihres Bodens, nimmt jetzt die Gestalt einer Persönlichkeit an. Genauer: von Persönlichkeiten. Die Unvernunftsmenschen sind Typen, die die Gesellschaft wiedererkennt und isoliert: da gibt es den Wüstling, den Verschwender, den Homosexuellen, den Zauberer, den Selbstmörder, den Libertin. Die Unvernunft beginnt

16 Ebd., S. 100 (fehlt in der dt. Ausgabe, A. d. Ü.).
17 Ebd., S. 96 (fehlt in der dt. Ausgabe, A. d. Ü.).

sich im Sinne eines bestimmten Abstandes zur gesellschaftlichen Norm zu bemessen [...]. Ausschlaggebend ist: daß der Wahnsinn jäh in eine gesellschaftliche Welt eingebrochen ist, wo er jetzt seinen privilegierten und ausschließlichen Erscheinungsort findet; daß man ihm beinahe von einem Tag zum anderen einen begrenzten Bereich zugewiesen hat, wo jedermann ihn wiedererkennen und brandmarken kann – ihn, den man alle Grenzen überschreiten und heimlich die vertrautesten Orte bewohnen gesehen hat; daß man ihn jetzt – und in jeder der Gestalten, in denen er sich verkörpert – mit einem Schlage austreiben kann, durch polizeiliche Ordnungs- und Vorbeugemaßnahmen.« Und Foucault stellt an diesem Punkt die Frage: »Ist es nicht wichtig für unsere Kultur, daß die Unvernunft Erkenntnisgegenstand nur in dem Maße hat werden können, in dem sie zuvor Gegenstand der Exkommunikation gewesen ist?«[18]

Innerhalb dieser Konstellation aber, die die Unvernunft bildet, nimmt die Gestalt des Wahnsinns allmählich wieder eine Sonderstellung ein. Weil man schließlich aus ökonomischer Sicht über den Wert der Internierung selbst mit sich zu Rate gegangen und zu dem Schluß gekommen ist, daß es politisch besser wäre, alle noch Arbeitsfähigen wieder in den Arbeitsmarkt einzugliedern. Wie sollte sich auch die Armut durch Einkerkerung behandeln lassen? In dieser Strömung sieht sich der Wahnsinn erneut von den anderen Formen geschieden, die mit ihm im Gesamtkomplex der Unvernunft koexistierten. Und er allein wird jene Einschließungsorte bewohnen, die er mit ihnen teilte. Die Wahnsinnigen finden sich allein wieder, zusammen mit den Ärzten, die sich um sie kümmern. Das ist die Geburtsstunde des »Asyls«, des »Narrenhauses« und der Medikalisierung der Internierung und der Bedingungen, die für die Konstitution des Wahnsinns als »Geisteskrankheit« gegeben sein müssen. Die Irren sind fortan ihrer Ketten ledig, aber man muß sich hüten, in aller Naivität die positivistische Mythologie zu übernehmen, die das Lob dieser Befreiung anstimmt und sich das Verdienst daran zuschreibt: »Das Asyl des positivistischen Zeitalters, für dessen Gründung man Pinel rühmt, ist kein freies Feld der

18 Ebd., S. 117-119 (fehlt in der dt. Ausgabe, A. d. Ü.).

Beobachtung, der Diagnose und der Therapie, sondern ein juristischer Raum, in dem man angeklagt, beurteilt und verurteilt wird und aus dem man nur durch die Wendung dieses Prozesses in die psychologische Tiefe, das heißt, in die Reue befreit wird. Der Wahnsinn wird im Asyl bestraft, selbst wenn er außerhalb freigesprochen wird. Für lange Zeit und mindestens bis zu unserer Epoche wird er in einer moralischen Welt eingekerkert.« Und Foucault fügt hinzu: »Man glaubt, daß Tuke und Pinel das Asyl für die ärztliche Erkenntnis geöffnet haben. Sie haben keine Wissenschaft hineingetragen, sondern eine Gestalt, deren Kräfte dieser Gelehrsamkeit nur ihre Verkleidung entnahmen oder höchstens ihre Rechtfertigung. [...] Wenn die Gestalt des Arztes den Wahnsinn einkreisen kann, bedeutet das nicht, daß er ihn kennt, sondern daß er ihn bezähmt. Und was für den Positivismus die Gestalt einer Objektivität annimmt, ist nichts anderes als die Kehrseite, der Rückfall dieser Beherrschung.«[19]

Die ärztliche Wissenschaft darf zwar ruhig ihre Siege feiern, gewonnen hat sie die Partie deshalb noch nicht. Denn für Foucault hat das von Pinel gegründete Asyl nicht dazu gedient, die moderne Welt vor dem Wahnsinn zu schützen. Wenn der Wahnsinn nicht mehr als die Nacht angesichts des Lichts des Tages, sondern als beobachtbare Realität gilt, deren Wahrheit der normale Mensch ausspricht, muß umgekehrt auch eingeräumt werden, daß diese Wahrheit mit dem Wahnsinn verkettet ist: »Der Mensch unserer Tage hat nur in dem Rätsel des Irren, der er ist und nicht ist, eine Wahrheit. Jeder Irre trägt und trägt nicht die Wahrheit des Menschen in sich, den er in der Nacktheit seiner Menschlichkeit darstellt.« Kurz: »Der Mensch und der Narr sind durch jenes unantastbare Band einer reziproken und unvereinbaren Wahrheit verbunden.« Und vor allem muß zu eben dem Zeitpunkt, da die Unvernunft zum Verschwinden bestimmt zu sein scheint, die Stimme jener gehört werden, die ihre Fackel wiederaufnehmen – eine Fackel der Finsternis, der Nacht und der unbegrenzten Negation. So wie Goya und »jener Wahnsinn, der der Erfahrung seiner Zeitgenossen so fremd ist«: »Übermittelt er nicht denen, die ihn wahrzunehmen fähig

19 *Wahnsinn und Gesellschaft*, a. a. O., S. 527–530.

sind – Nietzsche und Artaud –, jene kaum hörbaren Worte der klassischen Unvernunft, in denen vom Nichts und von der Nacht die Rede war, aber so, daß er sie bis zum Schrei und zum Furor steigert? Aber so, daß er ihnen zum ersten Mal einen Ausdruck, ein Heimatrecht und einen Einfluß auf die abendländische Kultur mitgibt, von dem aus alle Anfechtungen möglich werden, sogar die totale Anfechtung? Aber so, daß er ihnen ihre ursprüngliche Wildheit zurückgibt?« So wie bei de Sade, bei dem, wie bei Goya, »die Unvernunft ihre Nachtwache fortsetzt«. Aber »durch diese Nachtwache geht sie Verbindungen zu neuen Kräften ein«. Auf dem Wege über Goya und de Sade »hat die abendländische Welt sich die Möglichkeit eröffnet, in der Gewalt ihre Vernunft zu überschreiten und die tragische Erfahrung jenseits der Verheißungen der Dialektik wiederaufzuspüren«.

Foucaults Buch schließt mit der Proklamation: »List und erneuter Triumph des Wahnsinns: diese Welt, die ihn mit den Mitteln der Psychologie zu messen und zu rechtfertigen glaubt, muß sich ihrerseits vor ihm rechtfertigen; weil sie sich in ihren Anstrengungen und Auseinandersetzungen an der Maßlosigkeit von Werken wie denen von Nietzsche, Van Gogh oder Artaud mißt. Und nichts an ihr, vor allem nicht das, was sie vom Wahnsinn erkennen kann, gibt ihr die Gewähr, daß diese Werke des Wahns sie rechtfertigen.«[20]

20 *Histoire de la folie*, a. a. O., S. 549–557 (fehlt in der dt. Ausgabe, A. d. Ü.).

II
Die Ordnung der Dinge

Das Talent eines Dichters

»Begonnen im Laufe der schwedischen Nacht« und beendet »im gleißenden Sonnenlicht der polnischen Freiheit«[1], ist *Wahnsinn und Gesellschaft* zu einem gewaltigen Manuskript von nahezu tausend Seiten Umfang angeschwollen. Neunhundertdreiundvierzig, präzisiert Georges Canguilhem, und dazu kommen Anhänge und Bibliographie. Das nach der Niederschrift des eigentlichen Textes abgefaßte Vorwort ist datiert: »Hamburg, den 5. Februar 1960.« Zu dieser Zeit erfordert die Erlangung des *doctorat d'État* die Vorlage zweier schriftlicher Arbeiten, und *Wahnsinn und Gesellschaft* bildet die *thèse principale*. Die Übersetzung von Kants *Anthropologie in pragmatischer Hinsicht abgefaßt*, annotiert und mit einer einhundertachtundzwanzig Schreibmaschinenseiten langen Einleitung versehen, dient als *thèse complémentaire*.

Bevor er sich wieder in Frankreich niederläßt, hat Foucault nach einem »Betreuer« für seine *thèse* Ausschau gehalten, im vorliegenden Falle: einfach nur einem »Gutachter« bei der Disputation, weil es ja nichts mehr zu »betreuen« gibt: die beiden Arbeiten sind bereits fertig. Bei einer kurzen Paris-Reise sucht er Jean Hyppolite auf und bittet diesen, für ihn die »Patenschaft« zu übernehmen. Hyppolite, damals Direktor der École normale supérieure, willigt ein, was die *thèse complémentaire* betrifft: er kennt das deutsche Denken und die Geschichte der Philosophie gut, das ist sein Spezialgebiet. Für die *thèse principale* aber, die er »mit Bewunderung«[2] liest, zieht er es vor, seinen früheren Schüler zu Georges Canguilhem zu schicken. Canguilhem lehrt seit einigen Jahren Wissenschaftsgeschichte an der Sorbonne, und Hyppolite ist der Meinung, er sei besser geeignet, dieses auslandende Fresko über den Wahnsinn im Laufe der Zeiten, das nur wenig Gemeinsamkeiten mit einer philosophischen *thèse* klassischen Zuschnitts hat, unter seine Universitätsfittiche zu nehmen. Canguilhem müßte sich eigentlich da-

---

1 *Folie et déraison*, a. a. O., »Préface«, S. XI (fehlt in der dt. Ausgabe, A. d. Ü.).

2 Vgl. Georges Canguilhem, »Sur l'*Histoire de la folie* en tant qu'événement«, in: *Le Débat*, Nr. 41, September–November 1986, S. 38.

für interessieren: Hat er nicht selbst eine medizinische *thèse* über *Das Normale und das Pathologische* disputiert? Michel Foucault begegnet also dem Menschen wieder, der bereits bei seinen beiden ersten *rites de passage* amtiert hat, die die Anfänge seiner Universitätslaufbahn markieren: bei der Aufnahmeprüfung zur École normale supérieure und beim mündlichen Teil der *agrégation*. Die Begegnung findet im Vestibül eines Hörsaals der alten Sorbonne statt, wo Canguilhem einige Augenblicke später seine Vorlesung halten wird. Foucault setzt ihm in großen Zügen auseinander, was ihm bei der Arbeit vorgeschwebt hat: er habe zeigen wollen, wie sich die Scheidung vollzogen hat, die bei der Heraufkunft des klassischen Rationalismus den Wahnsinn »verbannt«, und wie das psychiatrische Wissen sich seinen Gegenstand, die Geisteskrankheit, erfunden, bearbeitet und zurechtgelegt hat. Canguilhem hört ihm zu und kommentiert seine Aussagen mit einem einzigen lakonischen Satz, in jenem barschen Tonfall, den er so liebt: »Wenn das wahr wäre, würde man's wissen.« Aber er liest das Werk und verspürt einen »regelrechten Schock«. Er ist davon überzeugt, eine Arbeit obersten Ranges vor Augen zu haben, und willigt ohne Zögern ein, als Gutachter zu fungieren. Er schlägt Foucault lediglich vor, einige Formulierungen, die er für allzu statuarisch hält, zu modifizieren und abzuschwächen. Aber Foucault scheint sehr an der literarischen Form zu hängen, die er dem Werk mitgegeben hat, und zieht es vor, nichts daran zu ändern. Die *thèse* wird disputiert, und das Werk erscheint in der ursprünglichen Form, die Canguilhem gerade gelesen hat.

Es ist angemessen, an dieser Stelle einen Augenblick lang bei der Persönlichkeit zu verweilen, die Foucault hier erneut befragt und beurteilt, angesichts dieses letzten Hindernisses, das ihm den institutionellen Weg, der zur Würde eines »Universitätsprofessors« führt, verstellt. Foucault hat sich in bezug auf »Cang«, wie man ihn an der École normale nennt, nach ihren ersten beiden Begegnungen eine gewisse Bitterkeit bewahrt, liest aber schließlich doch seine Arbeiten und macht sie sich zunutze. Wie hätte er sie denn auch völlig ignorieren können, wo doch Althusser keine Gelegenheit ausließ, die Aufmerksamkeit seiner Zöglinge auf diesen Heros der Wissenschaftsgeschichte zu lenken, und das zu einer Zeit, da die Existentialisten triumphierten? Foucault hat seine persönliche Voreingenommenheit also überwunden und *Das Normale und das Pathologische* wie auch die Aufsätze gelesen, die Canguilhem von Zeit zu Zeit in Fachzeitschriften publiziert. Denn Canguilhem ist vor allem Universitätslehrer und, wie Desanti sagt, »Organisator des philosophischen Stammes«. Er veröffentlicht kaum etwas: keine großen Bücher, sondern nur kleinere Aufsätze; in stetig wiederholten Ansätzen fügt er zusammen, was dann nachträglich Bände ergibt, die in Spezialistenkreisen recht berühmt werden: *La Connaissance de la vie, Études d'histoire et de philosophie des sciences, Idéologie et rationalité dans les sciences de la vie* ... Michel Foucault zitiert ihn im Vorwort zu *Wahnsinn und Gesellschaft* als einen seiner Lehrmeister, und er wird diesen Autor in seiner Inauguralvorlesung am Collège de France im Dezember 1970 erneut zitieren. Im Grunde aber hat Canguilhems Einfluß hauptsächlich in der Phase zwischen diesen beiden Zeitmarken auf ihn eingewirkt, also eher auf *Die Geburt der Klinik* als auf *Wahnsinn und Gesellschaft*. Eben das scheint Foucault in einem Brief vom Juni 1965 an Canguilhem zu bestätigen: »Als ich zu arbeiten begonnen habe, vor etwa zehn Jahren, kannte ich Sie noch nicht – nicht Ihre Bücher. Aber was ich seither gemacht habe, hätte ich sicherlich nicht zustandegebracht, wenn ich Sie nicht gelesen hätte. [Meine Arbeit] trägt im Grunde Ihr Zeichen. Ich wüßte nicht genau zu sagen wie noch wo, noch gar in welchen ›methodischen‹ Aspekten; aber Sie sollten sich darüber im klaren sein, daß sogar und vor allem meine ›Gegen-Positionen‹ – beispielsweise in bezug auf den Vitalismus – nur möglich sind auf der Grundlage dessen, was Sie selbst gemacht haben, auf der Grundlage jener Analyseschicht, die Sie eingeführt haben, jener ›wissenschaftstheoretischen Eidetik‹, die Sie erfunden haben. Faktisch kommen die *Klinik* und alles Spätere von daher und sind vielleicht sogar ganz darin verwurzelt. Eines Tages müßte ich dazu fähig sein, diese Beziehung genau zu erfassen.«

Um »diese Beziehung genau zu erfassen« und den Einfluß dieses zurückhaltenden Lehrers auf eine ganze Generation von Philosophen vielleicht besser zu verstehen, muß man sich in das lange Vorwort vertiefen, das Foucault 1977 für die amerikanische Ausgabe von *Das Normale und das Pathologische* geschrieben hat. In diesem Text verweist er auf Canguilhems Rolle in den Auseinandersetzungen, die das französische Denken in den sechziger und siebziger Jahren geprägt haben: »... dieser Mensch, dessen strenges Werk, das so willentlich beschränkt und so sorgsam auf den besonderen Bereich einer Geschichte der Wissenschaften bezogen ist, die jedenfalls nicht als auffallende und spektakuläre Disziplin gilt, auf bestimmte Weise präsent geblieben ist in den Auseinandersetzungen, in denen selbst Partei zu ergreifen er sich gehütet hat.«[3] Dennoch hat er einmal, ein einziges Mal Partei ergriffen: als er in einem sehr nachdrücklichen und sehr bemerkenswerten Artikel *Die Ordnung der Dinge* kommentiert.[4] »Weil ich von den Einwänden der Sartre-Anhänger gegen Foucault gereizt war«, erinnert sich Canguilhem heute. Nach Foucaults Tod huldigt er seinem dahingegangenen Freund in einem großartigen Artikel, der die Kohärenz des Foucaultschen Denkens von *Wahnsinn und Gesellschaft* bis zu den ersten Bänden von *Sexualität und Wahrheit* nachvollzieht.[5] Im Januar 1988 übernimmt er noch den Vorsitz bei dem Kolloquium, das in Paris stattfindet und unter dem Titel »Foucault philosophe« Forscher aus aller Welt vereint.

Georges Canguilhem ist 1904 in Castelnaudary geboren, im Südwesten Frankreichs. Er hat jenem berühmten Jahrgang 1924 der École normale supérieure angehört, zusammen mit Aron, Sartre und Nizan. Nach der *agrégation* in Philosophie hat er sich auf das Studium der Medizin geworfen und 1943 seine *thèse* disputiert, das heißt mitten im Kriege und im besetzten Frankreich. Die Universität Strasbourg, wo er lehrt, ist zu diesem Zeitpunkt nach Clermont-Ferrand ausgewichen. Canguilhem geht dort seinen normalen Lehrverpflichtungen nach, obwohl er gleichzeitig aktiv in einer Résistance-Organisation mitarbeitet. Nach der Befreiung hält er wieder Vorlesungen in Strasbourg, bevor er Generalinspekteur des nationalen Bildungs-

3 Michel Foucault, »La Vie: l'expérience et la science«, in: *Revue de métaphysique et de morale*, Januar–März 1985, S. 3.

4 Georges Canguilhem, »Mort de l'homme ou épuisement du *cogito*«, in: *Critique*, Nr. 242, Juli 1967, S. 599–618.

5 Vgl. Georges Canguilhem, »Sur l'*Histoire de la folie* en tant qu'événement«, a. a. O.

wesens wird. In dieser Phase zieht er sich die erbitterte Feindschaft der Gymnasiallehrer zu, über deren pädagogische Kompetenz er zu befinden hat. Seine Wutausbrüche und rauhen Umgangsformen machen ihn zum gefürchteten, ja verabscheuten Vorgesetzten. Wie viele wenig freundliche Anekdoten ranken sich nicht um sein Verhalten und seine Äußerungen bei der Ausübung dieser seiner »Inspektions«-Funktion, deren bloße Nennung bereits Mißtrauen weckt. Im Jahre 1955 aber wird er an die Sorbonne berufen, wo er die Nachfolge von Gaston Bachelard antritt, und sehr wahrscheinlich datiert von diesem Augenblick an auch sein weitreichender Einfluß in der französischen Philosophie-Landschaft: ein unterirdischer, nahezu unmerklicher Einfluß; ein Einfluß, der im Schatten bleibt, bis Foucault ihn mit aller Deutlichkeit namhaft macht. Denn Canguilhem hat sein Leben lang über Probleme der wissenschaftlichen Praxis reflektiert, in der von Gaston Bachelard gewiesenen Richtung zwar, aber indem er sich seinerseits auf die Wissenschaften des Lebens konzentriert und die Naturwissenschaften beiseite läßt. Er hat sich vor allem für die Beziehungen zwischen Ideologie und Rationalität interessiert, für den Prozeß der Entdeckung, für die Rolle des Irrtums bei der Erforschung der »Wahrheit«, eines Begriffs, den er ebenfalls in Frage stellt... Und damit hat er sich, wie Foucault das in seinem Text von 1977 sehr deutlich zeigt, in die Tradition der »Begriffs«-Philosophen eingereiht, die von Bachelard, Cavaillès und Koyré verkörpert wird und sich grundlegend und gleichsam aus der Tiefe der Zeiten mit der feindlichen Sippe jener Philosophen der Erfahrung und des Sinnes befehdet, deren Hauptvertreter Sartre und Merleau-Ponty, die Existentialisten und die Phänomenologen, sind.

Canguilhem hat also als Integrationsfigur gedient, sein Name ist zum Slogan, zum streitbaren Ordnungsruf für alle diejenigen geworden, die die ausgetretenen Pfade einer Philosophie des Subjekts verlassen wollten, das heißt für alle, die, von den fünfziger bis in die achtziger Jahre, versucht haben, den theoretischen Diskurs der Philosophie, der Soziologie oder der Psychoanalyse zu erneuern... Canguilhem ist also, wenn man so will, eine Art Vorläufer des Strukturalismus oder genauer: er hat zahlreiche junge Forscher in das eingeführt, was später zum

Strukturalismus werden sollte, indem er ihnen darstellte, was man eine strukturale Geschichte der Wissenschaften nennen könnte.

Damit eine *thèse* disputiert werden kann, muß sie damals gedruckt vorliegen. Und der Dekan der zur Verleihung des »Doktortitels« aufgeforderten Fakultät muß dazu die Erlaubnis erteilen. Canguilhem unterzieht sich also der Aufgabe, das »Gutachten zur Erlangung der Druckerlaubnis als Hauptthese für das *doctorat ès lettres*« zu schreiben. Am 19. April 1960 diktiert er mehrere maschinenschriftliche Seiten in sehr gedrängter Diktion, um einen kurzen Abriß des Werkes zu geben, dem er eine sehr lobende Bewertung erteilt. Man urteile selbst anhand des folgenden Auszuges aus dem langen Text, den er in seinem persönlichen Archiv aufbewahrt hat: »Man ersieht also die Bedeutung dieser Arbeit. Da M. Foucault nie die Vielzahl der Möglichkeiten aus dem Blick verloren hat, die der Wahnsinn, von der Renaissance bis in unsere Tage, dem modernen Menschen in den Spiegeln der bildenden Künste, der Literatur und der Philosophie bietet; da er eine Vielzahl von Leitfäden bald entwirrt, bald miteinander verflochten hat, bietet sich seine *thèse* als simultane Bemühung um Analyse und Synthese dar, deren Strenge die Lektüre nicht immer leicht macht, die dafür jedoch die Intelligenz entschädigt.« Canguilhem fügt hinzu: »Was das zugrundeliegende Material betrifft, so hat M. Foucault eine bemerkenswerte Zahl von Archiven einerseits aufgearbeitet und durchgesehen, andererseits zum ersten Mal erschlossen und ausgebeutet. Der berufsmäßige Historiker kann nicht umhin, dieser Bemühung eines jungen Philosophen, Zugang zu Dokumenten aus erster Hand zu bekommen, mit Sympathie zu begegnen. Umgekehrt wird kein Philosoph M. Foucault vorwerfen können, die Autonomie des philosphischen Urteils durch die Unterwerfung unter die Quellen historischer Information verraten zu haben. Bei der Erarbeitung seiner bemerkenswerten Dokumentation hat sich das Denken von M. Foucault von Anfang bis Ende eine dialektische Schärfe bewahrt, die zum Teil aus seiner Sympathie für die Hegelsche Sicht der Geschichte und aus seiner Vertrautheit mit der *Phänomenologie des Geistes* herrührt. Die Originalität dieser Arbeit besteht im wesentlichen in der Hebung eines Materials auf eine höhere Ebene philosophischer Reflexion, das von den Philosophen und Historikern der Psychiatrie bislang dem alleinigen Ermessen jener Psychiater überlassen wurde, die sich, sehr häufig nur aus modischen oder konventionellen Gründen, für die Geschichte oder Vorgeschichte ihres Spezialgebietes interessierten.« Und Georges Canguilhem schließt seinen Abriß mit einer Formulierung, die den offiziellen Richtlinien Genüge tut: »Ich glaube mich also – von der Bedeutsamkeit der Forschungen M. Foucaults überzeugt – zu dem Schluß berechtigt, daß seine Arbeit die Disputation vor einem Prüfungsausschuß der Philosophischen Fakultät verdient, und schlage dem verehrten Herrn Dekan vor, die Druckerlaubnis zu erteilen.«[6]

Die Druckerlaubnis wird selbstredend erteilt. Zuvor aber muß noch ein Verleger gefunden werden. Michel Foucault hat seine Wahl seit langem getroffen: er träumt davon, bei Gallimard publiziert zu werden, wo die großen Namen der vorhergehenden Generation erschienen sind: nicht zuletzt Sartre und Merleau-Ponty. Er unterbreitet sein Manuskript also Brice Parain, der als Lektor zum engsten Beraterstab der Rue Sébastien-Bottin, dem Sitz von Gallimard, gehört. Brice Parain ist ein Freund von Georges Dumézil. Die beiden Männer haben sich nach dem Ersten Weltkrieg in der Rue d'Ulm kennengelernt, als nach dem Friedensschluß und der Demobilisierung der Soldaten sich alle Jahrgänge in der École gemischt fanden. Zwischen 1941 und 1949 hat Parain mehrere Bücher von Dumézil publiziert. Aber die von ihm herausgegebenen Reihen sind wegen unzulänglichen Verkaufs eingestellt worden.[7] Ist Brice Parain aufgrund dieses Mißerfolges hinsichtlich alles dessen, was auch nur entfernt an akademische Arbeiten erinnert, mißtrauisch geworden? Fest steht, daß er zu Beginn der fünfziger Jahre einen Sammelband mit Aufsätzen abgelehnt hat, den ein junger Ethnologe publizieren wollte, der damals nur ein einziges Buch mit dem Titel *Die elementaren Strukturen der Verwandtschaft* veröffentlicht hatte. Claude Lévi-Strauss – denn um ihn handelt es sich – hat mehrere Jahre warten müssen, bis er den Band dann

6 Unveröffentlichter Text.
7 Georges Dumézil, *Entretiens avec Didier Eribon*, Paris 1987, S. 95-97.

bei Plon erscheinen lassen konnte, und zwar unter einem Titel, der nachgerade dazu berufen war, Erfolg zu haben: *Strukturale Anthropologie.*[8] Auf ganz dieselbe Weise und trotz der wohlwollenden Protektion von Dumézil, der nicht aufhört, Foucault bei allen Schritten seiner Laufbahn zu begleiten, lehnt Brice Parain das Buch ab, das der junge Philosoph ihm anbietet. »Wir veröffentlichen keine *thèses*«, erklärt er dem Autor sinngemäß, der darob sehr niedergeschlagen ist und diese Geschichte seinen Freunden jahrelang in folgender Kurzform weitererzählt: »Sie wollten mein Buch nicht, weil da Fußnoten unten auf den Seiten standen.« Dennoch ist dieser Umweg durch den Verlag Gallimard nicht ganz nutzlos gewesen. Denn man hat einen anderen Lektor des Hauses konsultiert: Roger Caillois. Auch er hat Verbindungen zu Dumézil. Er ist sein Schüler in der Fünften Sektion der École pratique des hautes études gewesen. Caillois ist Mitglied der Jury für den »Prix des critiques« und entschließt sich, dieses imposante Manuskript einem anderen Jury-Mitglied zur Lektüre zu geben. Er möchte gern seine Meinung hören: Hat ein solches Werk Aussicht darauf, preisgekrönt zu werden? Maurice Blanchot hat nicht die Zeit, das ganze Buch zu lesen. Aber er liest hinreichend viel davon, um seine Bedeutung zu ermessen. Er verhehlt Caillois gegenüber nicht seine Begeisterung. Und er äußert sie erneut und öffentlich, als der Band im darauffolgenden Jahr im Druck erscheint.

Die günstige Beurteilung Blanchots genügt aber nicht für die Zuerkennung des »Preises der Kritiker«. Die von Caillois hat ja auch nicht ausgereicht, um das Buch bei Gallimard unterzubringen. Aber das verschlägt nichts. Foucault findet eine Lösung. Jean Delay hat ihm bereits vorgeschlagen, das Buch in einer Reihe unterzubringen, die er bei den Presses universitaires de France herausgibt. Aber Foucault sähe es eben gern, wenn sein Buch dem Ghetto der akademischen Arbeiten entkäme. Er ist vom Erfolg von Claude Lévi-Strauss beeindruckt gewesen und räumt das später gern ein: er bewunderte die Art und Weise, wie letzterer es verstanden hat, die Schranken zwischen den Spezialistenkreisen der fachwissenschaftlichen Publikationen

8 Claude Lévi-Strauss, Didier Eribon, *Das Nahe und das Ferne. Eine Autobiographie in Gesprächen*, Frankfurt am Main 1989, S. 104–105.

und dem großen, aufgeschlossenen Publikum aufzuheben. Nach der Ablehnung bei Gallimard hatte Lévi-Strauss nämlich bei Plon Zuflucht gefunden und dort auch 1955 *Traurige Tropen* und 1958 seine *Strukturale Anthropologie* veröffentlicht.

Es trifft sich, daß Michel Foucault Jacques Bellefroid sehr gut kennt, den literarischen Berater der Librairie Plon. Er hat ihn in Lille getroffen. Bellefroid war damals Gymnasiast und eng mit Jean-Paul Aron befreundet. Seither hat Bellefroid sich in Paris eingerichtet, wo er eine literarische und Verlagslaufbahn eingeschlagen hat. Er schlägt Foucault vor, sein Manuskript jenem Verleger vorzulegen, der die Arbeit von Lévi-Strauss bekannt gemacht hat. Foucault hat diese Episode mehr als zwanzig Jahre später erzählt: »Auf den Rat eines Freundes hin habe ich mein Manuskript zu Plon getragen. Nach einigen Monaten bin ich nachfragen gegangen. Man hat mir zu verstehen gegeben, daß man, um mir mein Manuskript zurückgeben zu können, es erst einmal wiederfinden müsse. Eines Tages hat man es dann schließlich in einer Schublade aufgestöbert und bemerkt, daß es sich um ein geschichtliches Werk handelte. Also hat man es Ariès zu lesen gegeben. Auf diese Weise habe ich seine Bekanntschaft gemacht.«[9]

Philippe Ariès gibt nämlich eine Reihe mit dem Titel »Zivilisation gestern und heute« heraus. Die Librairie Plon versuchte einen neuen Aufschwung zu nehmen und einige anspruchsvolle Reihen zu fördern: Eric de Dampierre kümmert sich um die Soziologie und veröffentlicht vor allem Übersetzungen der Werke Max Webers. Jean Malaurie hat die Reihe »Terre humaine« gegründet. Ariès kümmert sich seinerseits um den historischen Bereich. In seiner Reihe sind bereits *Classes laborieuses, classes dangereuses* (Fleißige Klassen, gefährliche Klassen) von Louis Chevalier erschienen, ebenso ein Werk, dessen Autor er selber ist – *L'Enfant et la famille sous l'Ancien Régime (Geschichte der Kindheit)*. Und eines schönen Tages, schreibt er in seinen Erinnerungen, »kam mir ein dickes Manuskript unter: eine philosophische *thèse* über die Beziehungen zwischen Wahnsinn und Unvernunft im klassischen Zeitalter, von einem

9 Michel Foucault, »Le Style de l'histoire«, Gespräch, in: *Le Matin*, 21. Februar 1984.

mir unbekannten Autor. Bei der Lektüre war ich verblüfft. Aber ich mußte alle Hebel in Bewegung setzen, um es durchzubringen.«[10] Denn der Wind der frohgemuten Anfänge, der bei Plon wehte, war nicht allzu lange zu spüren, und die neuen Verlagsleiter, die das Haus übernommen haben, sehen diese überaus anspruchsvollen, aber sehr wenig einträglichen Reihen nur mit gerunzelter Stirn. Ariès kämpft wie ein Löwe. Und hat schließlich gewonnenes Spiel. *Wahnsinn und Gesellschaft* erscheint also unter dem Verlagssignet von Plon.

Foucault bewahrt diesem Menschen gegenüber, den alles dazu zu bestimmen schien, ihm feindselig gegenüberzutreten, eine lebenslange Dankbarkeit. Denn die Begegnung dieser beiden Persönlichkeiten steht unter keinem besonders günstigen Stern. Sie stehen zueinander wie Tag und Nacht, wie der Teufel und der liebe Gott. Ariès ist katholisch, integristisch und war lange Monarchist, und er hat immer Ideen der Rechten vertreten, um nicht zu sagen: der extremen Rechten. Schwerlich läßt sich jemand vorstellen, der traditionalistischer wäre. Und doch! Dieser Historiker ohne Lehrstuhl, dieser Außenseiter, von den Universitätsinstitutionen auf Abstand gehaltene Mensch, der sich selbst als »Sonntagshistoriker« definiert, war wahrscheinlich, allem Anschein zum Trotz, gerade der geeignetste, um die innovative Kraft zu erkennen, die dieses nicht einzuordnende, allen akademischen Kategorisierungen zuwiderlaufende Werk prägt, das ihm da gerade vorgelegt worden ist.

Beim Tode von Ariès schreibt Michel Foucault: »Philippe Ariès war ein Mensch, dem seine Zuneigung zu versagen schwierig gewesen wäre: Er hielt darauf, der Messe seiner Pfarrei beizuwohnen, aber indem er darauf achtete, Ohropax bei sich zu haben, um sich nicht den liturgischen Albernheiten des Zweiten Vatikanischen Konzils ausgesetzt zu sehen...« Und mit dem Blick auf die Bücher von Ariès fügt er hinzu: »Behutsam und Schicht um Schicht untersuchte er die demographischen Fakten, und zwar nicht als biologischen Hintergrund einer Gesellschaft, sondern als Verhaltensweise sich selbst, der eigenen Herkunft und Zukunft gegenüber; weiter dann die Kindheit, die für ihn eine Gestalt des Lebens war, die von der Einstellung und der

10 Philippe Ariès, *Un historien du dimanche*, Paris 1982, S. 145.

Sensibilität der Erwachsenenwelt herauspräpariert, bewertet und gestaltet wird; schließlich den Tod, den die Menschen ritualisieren, inszenieren, übersteigern und manchmal, wie in der heutigen Zeit, neutralisieren und annullieren. ›Geschichte der Mentalitäten‹ – er selbst hat dieses Wort benutzt. Es genügt jedoch die Lektüre seiner Bücher: er hat eine ›Geschichte der Praktiken‹ vorgelegt, jener Praktiken, die die Form von bescheidenen und hartnäckigen Gewohnheiten haben, so wie jener anderen, die eine prunkvolle Kunst hervorbringen können; und er hat die Einstellung, die Weise des Tuns, Seins, Handelns oder Fühlens herauszuarbeiten versucht, die an der Wurzel beider liegen mochte. Auf die stumme, seit Jahrtausenden unverändert vollzogene Geste ebenso aufmerksam wie auf das einzigartige Werk, das in einem Museum ruht, hat er das Prinzip einer Stilistik der Existenz begründet – ich würde sagen: einer Studie der Formen, anhand deren der Mensch sich manifestiert, erfindet, vergißt oder sich in seinem unausweichlichen Geschick als lebendes und sterbliches Wesen leugnet.«[11]

Dieser im Februar 1984 geschriebene Text bringt Foucaults Gefühlslage natürlich in einem besonderen Wortschatz zum Ausdruck: dem der Arbeit, die er in eben diesem Augenblick abzuschließen im Begriff ist, einer Arbeit über die Kunst der Selbstbeherrschung, über die Ästhetik des »Selbst«, einer Arbeit, die vier Monate später, am Vorabend seines eigenen Todes, in die beiden Bände mit dem Titel *Der Gebrauch der Lüste* und *Die Sorge um sich* einmündet. Sehr deutlich aber lassen sich hier die Motive erkennen, die die dauerhafte und auf den ersten Blick ungewöhnliche Beziehung dieser beiden Männer gelenkt haben. Vor allem aber sieht man, welch wahre, aufrichtige und treue Bewunderung Foucault Ariès entgegenbrachte und in welchem Maße er sich dazu gedrängt fühlte, die »persönliche Schuld«, aus der er ihm zu Dank »verpflichtet« war, immer wieder einzugestehen.[12]

Samstag, der 20. Mai 1961: »Um über den Wahnsinn sprechen zu können, bedürfte es des Talents eines Dichters«, schließt

11 Michel Foucault, »Ariès oder die Sorge um die Wahrheit« in: Michel Foucault, *Von der Freundschaft*, Berlin o. J., S. 117–121.
12 Ebd.

Michel Foucault, nachdem er den Prüfungsausschuß und das Publikum mit der glanzvollen Präsentation seiner Arbeit verblüfft hat. »Aber Sie haben es«, antwortet ihm Georges Canguilhem. Etwas mehr als ein Jahr ist verstrichen vom Augenblick der ersten Begegnung der beiden Männer, die im Vestibül eines Hörsaales der Sorbonne zusammengekommen waren, um über diese Disputation zu sprechen, bis zum heutigen Nachmittag, in dessen Verlauf der Bewerber, so wie das Ritual es vorsieht, die großen Linien seiner Forschungsarbeit den Mitgliedern des Prüfungsausschusses vorträgt, bevor sie ihn dem Frage- und Antwortspiel einer strengen Prüfung unterziehen. Die Sitzung hat um dreizehn Uhr dreißig in der Salle Louis-Girard begonnen: einem Ort, der für die wichtigen *thèses* ausersehen ist und dessen feierlicher Aspekt Eindruck macht – mit seinem erhöhten Podium und dem es in seiner ganzen Länge umlaufenden Holzgeländer, mit seinen altehrwürdigen Täfeleien, mit seinen beiderseits vorspringenden Sitzreihen wie beim Balkon eines italienischen Theaters, mit seiner schwachen und gedämpften Beleuchtung – es ist beinahe dunkel... Der Publikumsandrang ist erheblich. Das ist freilich noch nicht die Menge, die sich zehn Jahre später bei der Inauguralvorlesung im Collège de France drängt. Aber dennoch, der Saal ist voll, und das bedeutet etwa ein rundes Hundert von Personen, und jeder ist in dem Bewußtsein gekommen, einem kleinen Ereignis beizuwohnen.

Den Vorsitz des Ausschusses hat Henri Gouhier. Er ist Philosophiehistoriker, seit 1948 Professor an der Sorbonne und zum »Präsidenten« berufen worden, weil er »der älteste Titular mit der höchsten akademischen Würde« aller Mitglieder des Prüfungsausschusses ist. Das ist Vorschrift. Gouhier ist ein freundlicher, offener Mensch, ein Gelehrter mit polyphoner und stets minutiös genauer Kompetenz. Er genießt hohes Ansehen wegen seiner Arbeiten über Descartes, Malebranche und Maine de Biran, aber auch wegen seiner Bände über *Auguste Comte et la naissance du positivisme* (Auguste Comte und die Entstehung des Positivismus). Nicht weniger bekannt ist seine Leidenschaft für das Theater. Im Jahre 1952 hat er einen Essay über *Le Théâtre et l'existence* (Theater und Existenz) und 1958 einen über *L'Œuvre théâtrale* (Das theatralische Werk) geschrieben. Überdies führt er damals eine Chronik der laufenden Theater-

Ereignisse in der Zeitschrift *La Table ronde*. Um ihn sind versammelt Georges Canguilhem – natürlich – und Daniel Lagache, bei dem Foucault Psychologie studiert hat und der jetzt den Lehrstuhl für Psychopathologie an der Sorbonne bekleidet. Canguilhem und Lagache sind alte Weggefährten. Sie haben sich in der Rue d'Ulm kennengelernt und lehren nicht nur beide an der Sorbonne, sondern haben auch gemeinsam während des Krieges unterrichtet. Lagache ist 1939 als Gerichtsarzt eingezogen worden. In Kriegsgefangenschaft geraten, hat er fliehen und sich wieder der nach Clermont-Ferrand ausgewichenen Universität Strasbourg eingliedern können. In dieser Stadt ist er Canguilhem wiederbegegnet, der an seinen Vorlesungen und Krankenvorstellungen teilnimmt. Als Canguilhem seine medizinische *thèse* publiziert, veröffentlicht Lagache eine Rezension darüber im *Bulletin de la faculté des lettres de Strasbourg*, ein Artikel, der einige Monate später in der *Revue de métaphysique et de morale* wiederabgedruckt wird.[13] Im Jahre 1946 hat er seine *thèse* über *La Jalousie amoureuse* (Liebeseifersucht) disputiert und ist, wie bereits dargestellt, im darauffolgenden Jahr an die Sorbonne berufen worden. Im Jahre 1953 war er, zusammen mit Jacques Lacan, einer der Gründer der Société française de psychanalyse, trotz der Divergenzen, die die beiden Männer damals bereits entzweiten. Und 1958 veröffentlicht er eine Arbeit über *La Psychanalyse et la structure de la personnalité* (Psychoanalyse und Persönlichkeitsstruktur) und bringt ein ausladendes Projekt über *Das Vokabular der Psychoanalyse* auf den Weg, für das er sich der Mitarbeit zweier junger Forscher versichert: Jean Laplanche und Jean-Bertrand Pontalis.

Gouhier, Canguilhem, Lagache. Man versteht: Das Wortgefecht wird nicht gerade eine Erholung für den Kandidaten sein, der sich mit diesem Trio hervorragender Spezialisten auseinanderzusetzen hat. Vor allem wenn man sich bewußt macht, daß die Disputation ihren Ursprung ebensosehr im Initiationsritus mit seinen obligatorischen Prüfungen und notwendigen Fallstricken hat wie in der intellektuellen Auseinandersetzung. Aber das Publikum muß sich gedulden, bevor es sich an den Ansprachen und Wechselreden über *Wahnsinn und Gesellschaft*

---

13 Erneut in Daniel Lagache, *Œuvres*, Bd. I, Paris 1977, S. 439–456.

erfreuen darf. Foucault hat zunächst Rede und Antwort über die *Anthropologie* von Kant zu stehen, denn eine Disputation muß mit der *petite thèse* beginnen. Und da hat er sich gegenüber Jean Hyppolite und Maurice de Gandillac, Professor an der Sorbonne und großer Mittelalter- und Renaissancekenner und Übersetzer zahlreicher deutscher Texte. Foucault erklärt, woran ihm bei der Arbeit gelegen hat, und verweist darauf, daß es zum besseren Verständnis dieses von Kant in einem Zeitraum von beinahe fünfundzwanzig Jahren geschriebenen, überarbeiteten und erneut umgestalteten Textes erforderlich ist, strukturale und genetische Analyse miteinander zu verschränken. Wie ist dieser Schlußstein des Kantschen Gesamtwerkes zustande gekommen, aus welchen sukzessiven Schichten ist er aufgebaut: die genetische Analyse. Welchen Status hat das Werk in der globalen und inneren Disposition des Kantschen Systems, in welcher Beziehung steht diese *Anthropologie* zur von Kant entfalteten »kritischen« Bewegung: die strukturale Analyse. In dieser mündlichen Darstellung – und auch im schriftlichen Text seiner *thèse* – benutzt Foucault ausgiebig ein Vokabular, das berühmt werden wird. Er spricht davon, eine »Archäologie des Kantschen Textes« erarbeiten zu wollen, geht mit sich über die »Schichten« seiner »Tiefengeologie« zu Rate usw. Diese *petite thèse* wird nie veröffentlicht. Einzig die Übersetzung des Kantschen Textes erscheint 1963 bei Vrin, obwohl Foucault, um bestimmten Einwänden des Prüfungsausschusses zu begegnen, erklärt hatte, sie sei nicht zur Veröffentlichung bestimmt, sondern einfach nur der Verankerungspunkt einer allgemeinen Fragestellung zur Möglichkeit einer philosophischen Anthropologie. Im übrigen zieht Foucault es vor, die hundertdreißig Seiten seiner Einführung in den Archiven der Sorbonne ruhen zu lassen, wo sie sich denn auch heute noch finden. Man täusche sich jedoch nicht: sie werden kein totes Papier bleiben. Man wird im weiteren Verlauf sehen, welche wirkliche Bedeutung diesem Essay zukommt und was daraus später resultiert. Denn eben hier liegt der Ursprung zahlreicher Passagen, die später in *Die Ordnung der Dinge* auftauchen.

Im Augenblick aber sind diese Seiten eben nur die *petite thèse*, die »Vorspeise« der ganzen Zeremonie. Jetzt kann man dann zum Hauptgericht übergehen: zur *grande thèse*.

Nach einigen Minuten Pause geht das Schauspiel weiter. Der Vorsitzende des Prüfungsausschusses erteilt dem Kandidaten das Wort. Die Stimme Foucaults erhebt sich, gespannt, nervös, und entfaltet sich in rhythmisierten, abgerissenen Sequenzen; die Formulierungen sind geschliffen wie Diamanten: am Beginn dieser Untersuchung, erklärt er, hat zunächst eher die Idee eines Buches über die Irren gestanden als über die Ärzte. Dieses Buch aber war unmöglich, weil die Stimme des Wahnsinns erstickt, dem Schweigen überantwortet worden ist. Es mußten also die Zeichen eines immerwährenden Kampfes zwischen Vernunft und Unvernunft gesammelt, es mußte zum Sprechen gebracht werden, was noch keine Sprache, noch keine Worte hatte, um sich auszusprechen: daher das unerläßliche Eintauchen in die Archive. Und jene im Staub der Dokumente entdeckte beweiskräftige Wahrheit, daß »der Wahnsinn keine Gegebenheit der Natur« ist, sondern »ein Zivilisationsprodukt«. Der Wahnsinn ist in einer gegebenen Gesellschaft noch immer »ein *anderes* Verhalten«, eine »*andere* Sprache«. Folglich kann es auch keine Geschichte des Wahnsinns geben »ohne eine Geschichte der Kulturen, die ihn als solchen bezeichnen und verfolgen«. Und Foucault fügt hinzu: Um diese Untersuchung zu einem glücklichen Ende zu führen, mußte man sich zunächst von den Begriffen der heutigen Psychiatrie befreien, zumal die medizinische Wissenschaft nur als »eine der historischen Formen der Beziehung von Vernunft und Wahnsinn« auftritt. Und abschließend formuliert Foucault das Problem: Es handelt sich darum zu sehen, was eine Kultur in ihrer Auseinandersetzung mit dem Wahnsinn riskiert.

Nach diesen Präliminarien entwickelt sich die Diskussion. Man hat seither häufig die von Lagache erhobenen Einwände vergegenwärtigt. Heute ist es fast zur Gewohnheit geworden, sich über das Unverständnis lustig zu machen, das vom Repräsentanten der französischen Tradition psychiatrischer Medizin zu Beginn der sechziger Jahre dem Zertrümmerer der Gewißheiten des Denkens und der psychopathologischen Institution entgegengebracht wurde. Übrigens hatte bereits Canguilhem in seinem in vieler Hinsicht warnenden Vor-Gutachten diesen Aspekt hervorgehoben: »Die erneute Infragestellung der Wurzeln des wissenschaftlichen Status der Psychologie ist unter den zahlreichen von dieser Studie ausgelösten Überraschungen nicht die geringste.« Lagache hat in der Tat viele Einwände erhoben und manche Vorbehalte angemeldet. Es muß aber auch daran erinnert werden, daß er von Anfang bis Ende mit äußerster Vorsicht agiert hat, wenn man den Aufzeichnungen Glauben schenken darf, die Henri Gouhier sich während der Diskussion gemacht hat. Seine Einwände richten sich vor allem auf Einzelaspekte, seine Anmerkungen sind an keiner Stelle aggressiv, und im Grunde muß man einräumen, daß er Foucaults Projekt nicht wirklich befehdet und noch weniger verurteilt hat. Seine Interventionen beschränken sich letztlich darauf, die Schwächen des im eigentlichen Sinne ärztlichen, psychiatrischen oder psychoanalytischen Sachgehaltes des Buches hervorzuheben, aber auch darauf hinzuweisen, daß der Autor sich nicht, wie er das ja beansprucht hatte, vollständig von zeitgenössischen Konzepten gelöst hat. Die globale Sicht Foucaults aber, die ihm doch vollkommen fremd sein mußte, scheint er nicht offen gebrandmarkt zu haben.

Vor allem aber muß daran erinnert werden, daß der eigentliche Hauptgegner bei dieser denkwürdigen Sitzung wahrscheinlich der Vorsitzende des Prüfungsausschusses selbst war. Nicht aus feindseliger Voreingenommenheit gegen den Kandidaten. Noch gar gegen seine Arbeit. Sondern ganz einfach aus intellektuellen und beruflichen Skrupeln. »Man hatte mich gebeten, als Spezialist für Philosophiegeschichte an der Prüfung teilzunehmen«, erklärt er heute, »und eben diese Rolle mußte ich spielen.« Gouhier hatte bei der Inszenierung des Zeremoniells also eine sehr genau umrissene Funktion zu übernehmen, und es ist richtig, daß er sich seiner Rolle mit großer Gewissenhaftigkeit entledigte. Er stellt Frage um Frage, gibt Kommentar um Kommentar. Er lehnt manche Interpretationen von Texten oder Werken ab (»Man muß wissen, ob man die Philosophie eines Textes wiedergibt oder über einen Text philosophiert«, entgegnet er dem Kandidaten), er stellt historische Informationen richtig... Es ist hier nicht möglich, sämtliche von Gouhier vorgetragenen Einwände zu rekapitulieren noch gar alle Verweise zu erwähnen, die seine enorme Bildung mobilisiert, um sie als Widerspruch gegen seinen Kontrahenten zu wenden, dessen Begabung er übrigens schätzt, so wie er die Eleganz seines Stils und seine Beredsamkeit schätzt. Seine Anmerkungen beziehen sich auf alle Aspekte des Buches. Seine Einwände gelten namentlich den Abschnitten, die sich mit der Heiligen Schrift befassen: »Ich bin mir Ihrer Interpretation nicht sicher«, sagt er. »Die Texte, die Sie aus der Heiligen Schrift und aus den Kommentaren von Vinzenz von Paul dazu zitieren, sagen nicht, daß Jesus wahnsinnig geworden ist, sondern daß er den Anschein mancher Leidenschaften annehmen, daß er wollte, daß man ihn für einen Wahnsinnigen halten konnte.« Und er fährt fort: »Ich halte es für einen Irrtum, den ›Wahn des Kreuzes‹ im Kapitel über die Irren behandelt zu haben, denn es hat immerfort die Idee einer höheren Weisheit gegeben.« Gouhier diskutiert auch das Thema des »Totentanzes«, indem er Foucaults Ansatz ablehnt, derzufolge die Verspottung des Wahnsinns in den literarischen oder pikturalen Darstellungen den Platz des Todes übernommen habe. »Man sieht warum: Für Sie gibt es philosophische Kontinuität: der Wahnsinn – das ist noch der Tod. Und Sie transponieren: Kontinuität in Kunstgeschichte.« Und das ist in seinen Augen völlig unangemessen. Ebensowenig ist er mit den Beschreibungen der Bilder von Bosch einverstanden. Gouhier wundert sich auch über manche Versäumnisse: »Sie zitieren Shakespeare, aber Sie müßten auch John Ford zitieren, den Wahnsinn von Penthea in *The Broken Heart*.« Er verwirft die in seinen Augen mißbräuchliche Deutung, die Foucault für *Rameaus Neffe* vorschlägt: was der Kandidat die Personen Diderots sagen läßt, ist Gouhier zufolge eine Manipulation des Textes. Dasselbe bei Descartes, und in diesem Falle ist das einer der Angelpunkte der Argumentation von Gouhier. Beispielsweise merkt er zur Hypothese des *malin genie* (bösen Geistes) in den *Meditationen* an: »Der böse Geist symbolisiert die Hypothese einer absurden Welt, in der ich sähe, daß $3 + 2 = 5$ ergibt, während es doch ein Irrtum wäre. Ich sehe da aber durchaus keine Symbolik des Wahnsinns: die Idee wird vorgebracht, indem der Begriff der Bösartigkeit mit dem der Allmacht assoziiert wird. Die Psychologie dieser Person wird zu Beginn der vierten *Meditation* entwickelt: es ist die Idee der Allmacht, wie sie von einer Bilderwelt suggeriert wird, die von einem im Prinzip der Existenz selbst sich findenden Machiavellismus getönt ist. Sie sehen darin eine Drohung der Unvernunft.

Nein, es ist einfach nur die Möglichkeit einer anderen Vernunft. Da liegt die metaphysische Grundlage dieser Hypothese.« Gouhier weigert sich darüber hinaus, in der Formulierung von Descartes in der ersten *Meditation* – »nun ja, sie sind eben von Sinnen« – die Stiftungsgeste der großen Trennung zu sehen, die Vernunft und Unvernunft entzweien wird. Gouhier besteht auf Descartes, weil er sehr wohl gesehen hat, daß diese Seiten im Mittelpunkt von Foucaults Gedankengebäude stehen. Er macht Foucault aber auch den Vorwurf, »in Allegorien zu denken«: »Der Wahnsinn wird verkörpert, er entwickelt sich anhand von mythologischen Begriffen wie: das Mittelalter, die Renaissance, das Klassische Zeitalter, der Abendländische Mensch, das Schicksal, das Nichts, die Erinnerung der Menschen... Es sind diese Personifizierungen, die eine Art metaphysischer Invasion der Geschichte erlauben und gewissermaßen die Erzählung zur Epopöe, die Geschichte zum allegorischen Drama umgestalten, indem sie eine Philosophie ins Leben rufen.« Und zum Abschluß erklärt der Professor und Vorsitzende des Prüfungsausschusses dem Kandidaten: »Ich verstehe nicht, was Sie haben sagen wollen, als Sie den Wahnsinn als die Abwesenheit eines Werkes definierten.« Foucault hält aber zweifellos an der Gültigkeit dieser letzten Äußerung fest, weil er kurze Zeit später einen langen Artikel zur Erklärung dieser Formulierung[14] schreibt, die er in der zweiten Auflage von *Wahnsinn und Gesellschaft* als »etwas unbedachte Wendung« bezeichnet.[15]

Die Zeremonie ist beendet. Mit der Stimme seines Vorsitzenden und vor versammeltem Publikum erkennt der Prüfungsausschuß dem Kandidaten den Titel eines *docteur ès lettres* zu, mit der Bemerkung »sehr ehrenwert«. Einige Tage später schreibt Henri Gouhier einen offiziellen Bericht, der den Verlauf der Disputation zusammenfaßt. Hier der Text, der in voller Länge zitiert zu werden verdient, weil er die ersten Reaktionen auf das

14 Michel Foucault, »La Folie, l'absence d'œuvre«, in: *La Table ronde*, Mai 1964. Wiederaufgenommen als Anhang zu *Histoire de la folie*, Paris 1972, S. 575–582 (fehlt in der deutschen Ausgabe; unter dem Titel »Der Wahnsinn, das abwesende Werk« in: M. F., *Schriften zur Literatur*, München 1974; A. d. Ü.).

15 Michel Foucault, *Histoire de la folie*, a. a. O., »Préface«, S. 8 (fehlt in der deutschen Ausgabe, A. d. Ü.).

im Entstehen begriffene Werk Foucaults zum Ausdruck bringt:
»Am 20. Mai hat M. Michel Foucault, Lehrbeauftragter an der
Philosophischen Fakultät von Clermont-Ferrand, seine *thèse*
für das Doktorat präsentiert:
– Kant: *Anthropologie*. Einführung, Übersetzung und Anmerkungen. *Thèse complémentaire*, begutachtet von M. Hyppolite.
– *Folie et déraison. Histoire de la folie à l'âge classique. Thèse
principale*, begutachtet von M. Canguilhem und mit M. Lagache
als Zweitgutachter.
Dem Prüfungsausschuß gehörten überdies M. de Gandillac für
die *thèse complémentaire* und der Vorsitzende für die *thèse
principale* an.
Die beiden von M. Foucault präsentierten Arbeiten sind sehr
unterschiedlich, und löbliche und kritische Aspekte fallen glei-
chermaßen ins Auge. Hohe Kultur, starke Persönlichkeit, intellektueller Reichtum – das sind die hervorstechenden Eigenschaften von M. Foucault. Die Disputation kann diese Bewertungen nur bestätigen: seine beiden Abhandlungen sind bemerkenswert durch Klarheit, Leichtigkeit und elegante Präzision
eines Denkens, das seinen Weg kennt, das ohne Zögern voran-
schreitet, das sich als Herrn seiner selbst empfindet. Hier und
da aber bemerkt man eine gewisse Gleichgültigkeit gegenüber
den handwerklichen Verpflichtungen, wie sie die anspruchsvollen Arbeiten stets begleitet: eine zwar genaue, aber etwas ra-
sche, nicht ›ausgefeilte‹ Übersetzung des Textes von Kant; ver-
führerische, aber rasch aus einigen wenigen Fakten entwickelte
Ideen: M. Foucault ist mehr Philosoph als Exeget oder Historiker.
Die beiden Gutachter der *thèse complémentaire* heben daran
mit aller Deutlichkeit die Nebeneinanderstellung zweier Arbeiten hervor:
1.) einer historischen Einleitung, die den Grundriß eines mehr
von Nietzsche als von Kant beeinflußten Buches über die Anthropologie bietet, merkt M. Hyppolite an;
2.) der Übersetzung des Textes von Kant, die, auf die Rolle
eines Vorwandes reduziert, revidiert werden müßte. M. de
Gandillac rät dem Kandidaten, diese beiden Teilstücke bei einer
eventuellen Veröffentlichung zu trennen und dem unter dem

Titel *Einführung* skizzierten Buch seinen vollen Umfang zu belassen, den Text Kants aber andernorts und in einer wirklich kritischen Edition zu publizieren.

Die drei Prüfer, die sich speziell mit der *thèse principale* befaßt haben, erkennen die Originalität des Werkes an. Der Autor hat im allgemeinen Bewußtsein nach der Idee gesucht, die die Menschen einer Epoche sich vom Wahnsinn machen, und er bestimmt mehrere mentale ›Strukturen‹ im ›klassischen Zeitalter‹, das heißt im 17., 18. und beginnenden 19. Jahrhundert. Hier lassen sich nun aber nicht alle die Fragen zusammenfassen, die sein Werk aufwirft. Verweisen wir lediglich auf die folgenden: Ist das eine Dialektik oder eine Geschichte von Strukturen?, fragt M. Canguilhem. Hat der Autor sich wirklich von den seitens der zeitgenössischen Psychiatrie entwickelten Begriffen freizumachen verstanden, um seine Strukturen zu definieren und sein historisches Fresko zu zeichnen?, fragt M. Lagache.

Der Vorsitzende hält den Kandidaten an, sich zu der seiner Forschungsarbeit zugrundeliegenden Metaphysik zu erklären: einer gewissen ›Aufwertung‹ der Wahnsinnserfahrung im Lichte von Fällen wie dem von Artaud, Nietzsche oder Van Gogh.

Was bei dieser Disputation vor allem nicht vergessen werden darf, ist ein merkwürdiger Kontrast zwischen dem unbestreitbaren Talent, das jeder dem Kandidaten zuerkennt, und der Mehrung der Vorbehalte, die von Anfang bis Ende der Sitzung geäußert werden. M. Foucault ist zweifellos ein Schriftsteller, aber M. Canguilhem spricht bei manchen Abschnitten von Rhetorik, und der Vorsitzende hält ihn für allzusehr darauf bedacht, nach ›Effekt‹ zu haschen.

Die Gelehrsamkeit ist fraglos vorhanden, aber der Vorsitzende zitiert Fälle, die eine spontane Tendenz erkennen lassen, die Fakten zu überfliegen: man hat den Eindruck, daß Einwände dieser Art noch zahlreicher hätten vorgetragen werden können, wenn der Ausschuß einen Kunsthistoriker, einen Literarhistoriker oder einen Historiker der Institutionen umfaßt hätte. Die psychologische Kompetenz von M. Foucault ist vorhanden: M. Lagache findet gleichwohl, daß der psychiatrische Wissensstand etwas begrenzt und die Seiten über Freud ein wenig flüchtig sind.

Je mehr man also nachdenkt, desto mehr stellt man fest, daß diese beiden *thèses* zahlreiche und ernsthafte Einwände ausgelöst haben. Gleichwohl bleibt der Eindruck bestehen, daß man hier die wirklich originelle *thèse* eines Mannes vor sich hat, den seine Persönlichkeit, seine intellektuelle ›Dynamik‹ und sein Darstellungstalent zur Übernahme eines Universitätslehramtes qualifizieren. Eben deshalb wurde trotz aller Vorbehalte einstimmig das Urteil ›sehr ehrenwert‹ ausgesprochen.

Henri Gouhier, am 25. Mai 1961.«

»Trotz aller Vorbehalte« – im Sinne des Berichts des Vorsitzenden der Prüfungskommission – erhält *Wahnsinn und Gesellschaft* überdies eine Medaille des CNRS. Solche Medaillen werden alljährlich verliehen: eine Goldmedaille für das Gesamtwerk eines Autors, eine Silbermedaille für eine Arbeit, die in bestimmtem zeitlichem Abstand auf die *thèse* eines Autors folgt, und vierundzwanzig Bronzemedaillen werden der jeweils besten *thèse* in einem Einzelfach zuerkannt. Im Fach Philosophie wird mit einer solchen Bronzemedaille Michel Foucault ausgezeichnet. Und da Foucault jetzt den Titel eines *docteur* trägt, kann er an der Universität Clermont-Ferrand auch zum *professeur titulaire** aufsteigen. Das geschieht im Herbst des Jahres 1962. Bleibt nur, daß das Buch seine Leser findet, und zwar auf merkwürdigen und chaotischen Wegen; und daß es auch seinen Status oder eher seine Statuten findet, und zwar anhand der Kommentare, die es überwuchern und dieses »Ereignis«[16], dieses jähe Aufblitzen zum Ausgangspunkt tausend anderer Ereignisse machen – so sehr mehren sich nämlich bald die Deutungen, die da wuchern… und sich verzweigen.

---

* Etwa: Ordentlicher Professor (A. d. Ü.).

16 In dem Sinne, wie Georges Canguilhem von der »*Histoire de la folie* als Ereignis« spricht; a. a. O.

Das Buch und seine Doppelgänger

In den siebziger Jahren hat sich Foucault mehrfach über die Aufnahme beklagt, die *Wahnsinn und Gesellschaft* zum Zeitpunkt seines Erscheinens beschieden war. 1975 erklärt er beispielsweise in einem Interview: »Als ich mich für diese Dinge zu interessieren begann, die so etwas wie die Niederungen der gesellschaftlichen Realität bildeten, haben Barthes, Blanchot und die englischen Anti-Psychiater daran Anteil genommen. Aber man muß leider sagen, daß weder die Politiker- noch die Philosophengemeinde dem allem Aufmerksamkeit geschenkt haben. Keine der Zeitschriften, die institutionell damit betraut sind, auch die leisesten Erschütterungen des philosophischen Universums zu registrieren, hat Notiz davon genommen.«[1] Foucault greift hier *Les Temps modernes* und *Esprit* an, Organe, die er nie geradezu ins Herz geschlossen hatte. Und es ist richtig, daß diese beiden Zeitschriften kein Wort über sein Buch verloren haben. Richtig ist aber auch, daß das Buch unbemerkt am großen gebildeten Publikum vorbeigegangen ist. Hoffte Foucault denn wirklich, es zu erreichen? Im Jahre 1977 entwickelt er erneut derartige Vorstellungen, um die Gründe namhaft zu machen, die zur Erklärung dessen beitragen können, was er als »Halb-Schweigen« in bezug auf sein Buch auffaßt. Er inkriminiert den bleiernen Mantel, den die Macht der Kommunistischen Partei und der marxistischen Ideologie über das Verhalten der Intellektuellen und damit über ihre Fähigkeit zur Wahrnehmung der kritischen Wucht eines Buches breitet, das aus diesem streng begrenzten Rahmen herausfällt.[2]
Aber ist seine – wahrscheinlich retrospektive – Enttäuschung wirklich gerechtfertigt? Es ist jedenfalls schwierig, ihm zu folgen, wenn er behauptet, daß lediglich einige marginale Persönlichkeiten die Bedeutung seiner Arbeit hätten ermessen können.

---

1 *Les Nouvelles litteraires*, 17. März 1975.
2 Michel Foucault, »Wahrheit und Macht«, in: M.F., *Dispositive der Macht. Über Sexualität, Wissen und Wahrheit*, Berlin 1978, S. 21–54, hier S. 23 f.

Den Artikeln von Blanchot[3] und Barthes[4], auf die Foucault anspielt, sollte man noch einen Aufsatz von Michel Serres[5] und einen in den *Annales* erschienenen langen Kommentar mit dem Signum von Robert Mandrou hinzufügen, der der Redaktionssekretär der Zeitschrift war.[6] Überdies sollte präzisiert werden, daß auf den letztgenannten Artikel – und das ist nicht ganz unwichtig – eine »Notiz« von Fernand Braudel folgt, in der der Papst der *nouvelle histoire* dem Autor des Buches seinen Segen erteilt.[7]

Nach den offiziellen – und vertraulichen – Beurteilungen (vertraulich, denn sie wurden nicht einmal dem Betroffenen zur Kenntnis gebracht), die von Georges Canguilhem und Henri Gouhier unmittelbar nach der Disputation geschrieben wurden, stellt dieser schöne Strauß von Rezensionen, die das Erscheinen des Buches begrüßen, die erste öffentliche Reaktion auf das Werk Foucaults dar, und es ist sicherlich nicht uninteressant, einige Passagen daraus zu zitieren. Denn Foucault ist noch ein Unbekannter, und die seinem Buch geltenden Lektüren sind noch nicht durch den Filter eines bereits verfestigten Bildes entstellt. Michel Serres bringt Foucaults Arbeit mit dem Werk von Dumézil in Zusammenhang: »In Wirklichkeit«, schreibt er, »wird die Geschichte des Wahnsinns nie als Genese der psychiatrischen Kategorien verstanden, als Suche nach den Vorzeichen positiver Ideen im klassischen Zeitalter... Beschrieben werden eher die Variationen der Strukturen, die dieser Doppelfamilie von Räumen auferlegt werden können und ihr auch tatsächlich auferlegt worden sind: Struktur der Trennung, der Beziehung, der Fusion, der Grundlage, der Reziprozität, der

---

3 Maurice Blanchot, »L'Oubli, la déraison«, in: *Nouvelle Revue Française*, Oktober 1961, S. 676–686; ern. in: *L'Entretien infini*, Paris 1969.

4 Roland Barthes, »Savoir et folie«, in: *Critique*, Nr. 17, 1961, S. 915–922; ern. in: *Essais critiques*, Paris 1964.

5 Michel Serres, »Géométrie de la folie«, in: *Mercure de France*, Nr. 1188, Herbst 1962, S. 683–696; und Nr. 1189, September 1962, S. 63–81; ern. in: *Hermès ou la communication*, Paris 1968.

6 Robert Mandrou, »Trois Clés pour comprendre L'*Histoire de la folie à l'âge classique*«, in: *Annales, ESC*, Jg. 17, Nr. 4, Juli–August 1962, S. 761–771.

7 Fernand Braudel, »Note«, ebd., S. 771–772.

Ausschließung.«[8] Aber Serres läßt auch die andere Einflußquelle des Buches nicht außer acht: »Diese ganze Strenge des Aufbaus wäre vergeblich, wenn sich nicht, jenseits des strukturalen Verständnisses, eine geheimere Sicht, eine leidenschaftlichere Aufmerksamkeit durchsetzte: das Werk wäre genau, ohne doch gänzlich wahr zu sein. Eben deshalb kreist im Kern dieser logischen Argumentation, im Kern der minutiösen Gelehrsamkeit der historischen Untersuchung eine tiefe, keineswegs vage humanistische, sondern beinahe ehrfürchtige Zuneigung um dieses abseitige Volk, in dem der unendlich Nahe, der eigentliche Andere erkannt wird. So ist das Buch auch ein Schrei. [...] Damit ist diese transparente Geometrie die pathetische Sprache der Menschen, die die äußerste Folter der Ausmerzung, der Ungnade, des Exils, der Quarantäne, des Scherbengerichtes und der Exkommunikation erleiden.«[9] Kurz, hier ist »das Buch aller Einsamkeiten«.[10] Ebensowenig vergißt Serres, den Schatten Nietzsches zu feiern: »Das Buch von Michel Foucault ist für die klassische Tragödie (und in einem allgemeineren Sinne für die klassische Kultur), was der nietzschesche Taumel für die hellenistische Tragödie und Kultur ist: es bringt die unter apollinischem Licht verborgenen Dionysien zu vollster Geltung.«[11] Barthes seinerseits gefällt sich in der Vorstellung, daß Lucien Febvre Foucaults Buch geliebt haben würde, »weil es der Geschichte ein Fragment von ›Natur‹ zurückgibt und in Gegebenheit der Zivilisation verwandelt, was wir für einen medizinischen Befund gehalten hatten: den Wahnsinn«.[12] Und wenig später fügt er hinzu: »In Wirklichkeit definiert Michel Foucault den Wahnsinn an keiner Stelle; der Wahnsinn ist nicht Gegenstand einer Erkenntnis, deren Geschichte nachvollzogen werden muß; wenn man so will, ist er nichts anderes als diese Erkenntnis selbst: der Wahnsinn ist keine Krankheit, er ist je nach den Jahrhunderten variierender und möglicherweise heterogener Sinn; Michel Foucault behandelt den Wahnsinn nie als funktionale Realität: er ist für ihn die reine Funktion eines Paa-

8 Michel Serres, *Hermès ou la communication*, a. a. O., S. 167.

9 Ebd., S. 176.

10 Ebd.

11 Ebd., S. 178.

12 Roland Barthes, *Essais critiques*, a. a. O., S. 168.

res, das sich aus Vernunft und Unvernunft, aus Betrachter und Betrachtetem zusammensetzt.«[13] Aber auch Barthes weiß natürlich, daß dieser dickleibige Band Foucaults »etwas anderes ist als ein Geschichtswerk«, daß er »eine Art kathartische Frage ist, die dem Wissen vorgelegt wird, dem gesamten Wissen und nicht nur dem, das vom Wahnsinn spricht«.[14] Und er schließt mit dem Hinweis auf das, was in künftigen Jahren zum anderen großen Thema Foucaults werden wird, neben dieser Befragung des Wissens, indem er nämlich auf jenen »Taumel des Diskurses« aufmerksam macht, »den Michel Foucault in ein blendendes Licht hebt, das nicht nur beim Kontakt mit dem Wahnsinn erstrahlt, sondern immer dann, wenn der Mensch, sich die Welt vom Leibe haltend, sie als etwas anderes sieht, das heißt immer wenn er schreibt.«[15]

Die Artikel von Barthes und Serres stellen, wenn auch nach Stil und Perspektive sehr unterschiedlich, doch höchst bemerkenswerte Interpretationen von *Wahnsinn und Gesellschaft* dar, die durch Intelligenz und Schärfe des Blickes hervorstechen. Aber, wird man sagen, Barthes war ein Freund Foucaults und Serres sein Kollege in Clermont-Ferrand. Sicherlich, aber das trifft nicht auf Blanchot zu, der von einem »außerordentlichen, ergiebigen, nachdrücklichen und wegen der erforderlichen Wiederholungen beinahe maßlosen Buch« spricht und seinen Kommentar mit einem Hinweis auf Bataille schließt.[16] Es trifft ebensowenig auf Mandrou noch gar auf Braudel zu. Mandrou verweist zunächst auf einen bestimmten Zugang zu dem Buch. Mehr als dem Glanz seiner »allzu brillanten Formulierungen« rät er sich ihm anzuvertrauen, indem man den Umweg über das Vorwort zur Binswanger-Übersetzung einschlägt, »wo der Traum als Erkenntnismittel untersucht wird, und zwar im Sinne seines Verfahrens, das sozusagen dem der wachen Vernunft parallel läuft... Nun ist aber die Wahrheit, ebenso wie der Traum, anders und nicht-anders; und daß sie keinen Platz in unserer zeitgenössischen Zivilisation findet, es sei denn in lyrischer Formulierung von Nerval bis Artaud, ist eben das, was unseren

13 Ebd.
14 Ebd., S. 172.
15 Ebd., S. 174.
16 Maurice Blanchot, a. a. O., S. 291.

Autor stört. Er ergreift heftig Partei gegen diesen Ausschluß.«[17] Und auch Mandrou bezieht sich auf Dumézil, indem er die Erwähnung Dumézils, auf den Foucault in seinem
Le Monde-Interview zu sprechen kommt, aufgreift und folgenden Satz aus *Wahnsinn und Gesellschaft* zitiert, der im
Tonfall Dumézil besonders nahekommt: »Die Unvernunft ist
die große Erinnerung der Völker, ihre größte Treue zur Vergangenheit.«[18] Und er schließt seinen Artikel mit folgendem
Urteil über Foucault selbst: »Sein Buch stellt ihn an die Spitze der Forschungen, die ihn begeistern und uns begeistern.«[19]
Es folgt die »Notiz« Braudels: »Ich füge der vorstehenden
Rezension einige Zeilen hinzu, um die Originalität und den
Pionier-Charakter des Buches von Michel Foucault zu unter-
streichen. Ich sehe darin nicht nur eine jener kollektivpsycho-
logischen Studien, die von Historikern so selten in Angriff
genommen werden und nach denen wir uns, auf den Spuren
von Lucien Febvre, so inbrünstig sehnen. Ich erkenne und
bewundere darin eine besondere Fähigkeit, ein Problem auf
drei oder vier verschiedenen Nebenwegen und in einer Ambiguität in Angriff zu nehmen, die manchmal den Nachteil hat,
sich im materiellen Verfahren widerzuspiegeln (man muß auf-
passen, nicht den Faden zu verlieren), die aber im Grunde die
eigentliche Ambiguität jedes Kollektivphänomens ist. Eine zi-
vilisatorische Wahrheit versinkt in der Dunkelheit widersprüchlicher, bewußter und unbewußter Motivationen. Dieses
großartige Buch versucht, anhand eines besonderen Phäno-
mens, des Wahnsinns, der Spur dessen zu folgen, was die my-
steriöse Bahn mentaler Strukturen einer Zivilisation sein
kann, versucht ausfindig zu machen, wie sie sich von einem
Teil ihrer selbst befreit, ablöst und an dem, was ihr ihre eigene Vergangenheit bietet, die Scheidung zwischen dem, was sie
bewahren, und dem vollzieht, was sie verstoßen, außer acht
lassen, vergessen möchte. Für dieses schwierige Unternehmen
bedurfte es eines Geistes, der behutsam vorzugehen weiß und
nicht einfach nur Historiker, Philosoph, Psychologe oder So-

17 Robert Mandrou, a. a. O., S. 762.
18 Ebd., (Foucaults Satz fehlt in der dt. Ausgabe, A. d. Ü.).
19 Ebd., S. 771.

ziologe ist... Als Beispiel läßt sich diese Methode nicht empfehlen: sie ist nicht für jedermann brauchbar, es bedarf dazu
mehr als bloßen Talents.«[20]
Wahnsinn und Gesellschaft – ein unbemerkt gebliebenes Buch?
Es ließen sich noch weitere Belege anführen, die eine eher wohl-
wollende Aufnahme signalisieren. Beispielsweise der sehr lie-
benswürdige Brief, den Bachelard an Foucault richtet, der ihm
ein Exemplar des Buches zugeschickt hatte. Am 1. August 1961
schreibt ihm der berühmte Philosoph, der für ein Verständnis
dieser Verflechtung von Wissenschaftsgeschichte und poeti-
scher »Vision« besonders prädisponiert ist: »Heute habe ich die
Lektüre Ihres großen Buches beendet... Die Soziologen gehen
sehr weit, wenn sie fremde Völkerschaften untersuchen wollen.
Sie beweisen ihnen, daß wir eine Mischung von Wilden sind. Sie
sind ein wirklicher Forscher. Ich habe mir Ihr Projekt (S. 624)
genau eingeprägt, das 19. Jahrhundert zu erforschen...« Er
schließt seinen Brief mit folgender Einladung: »Ich bin gezwungen, dieses wunderbare Paris zu verlassen, aber im Oktober müssen Sie mich besuchen. Ich möchte Sie dann mündlich
beglückwünschen und Ihnen die Feinheiten, die ich bei der
Lektüre Ihrer Seiten empfand, genüßlich und wieder und wieder aufzählen, kurz: meine aufrichtigste Wertschätzung.«[21] Von
allen Reaktionen sollte besonders die eines blutjungen Philosophen hervorgehoben werden, der in der Rue d'Ulm Foucaults
Schüler war und in der Zwischenzeit Assistent von Jean Wahl
an der Sorbonne geworden ist: Jacques Derrida. Sie sollte besonders hervorgehoben werden, weil sie für die französische
Philosophie-Landschaft der kommenden Jahre schwerwiegen-
de Folgen hat. Jean Wahl hat seinen Assistenten gebeten, im
von ihm geleiteten Collège de philosophie zu sprechen. Derrida
entschließt sich, *Wahnsinn und Gesellschaft* zu kommentieren,
und zwar vor allem jene Descartes betreffende Passage des Buches, weil er der Meinung ist, daß »der Sinn des ganzen Unternehmens Foucaults sich in diesen Seiten voller Anspielungen
und voll einiger Rätsel konzentriert« und daß »die Lektüre
Descartes' und des cartesianischen Cogito, die uns hier vorge-

20 Fernand Braudel, »Note«, a. a. O., S. 771–772.
21 Publiziert in *Michel Foucault, une histoire de la vérité*, Paris 1985,
   S. 119.

schlagen wird, in ihrer Problematik die Totalität des Buches von Foucault im Sinne seiner Intention und der Bedingungen seiner Möglichkeit einschließt.«[22] Es ist der berühmte Vortrag über »Cogito und Geschichte des Wahnsinns«, den Derrida am 4. Mai 1963 hält. Mit den ersten Worten schon erinnert er daran, wie heikel es ist, sich auf die Diskussion dieses Buches einzulassen, das »durch seine Einbildungskraft und durch seinen Stil besticht« und das, wie er hinzufügt, »um so mehr einschüchtert, als [er] – in der glücklichen Lage, ein Schüler Michel Foucaults zu sein – [sich seiner] Bewunderung und Dankbarkeit ihm gegenüber bewußt [ist]«.[23] »Nun ist das Bewußtsein, Schüler zu sein, sobald man mit dem Lehrer, ich will nicht sagen zu streiten, sondern zu dialogisieren oder eher: den unaufhörlichen und schweigenden Dialog, der einen zum Schüler machte, auszusprechen beginnt – kein glückliches.«[24] Und dieses »unaufhörliche Unglück des Schülers« verurteilt ihn dazu, daß dieser »Dialog fälschlicherweise als Streit verstanden zu werden« droht.[25] Fälschlicherweise, denn es ist sehr schwierig, anders zu verfahren: Der Tonfall des ganzen Vortrages ist ziemlich lebhaft, manchmal sogar hart. Trotz der Bewunderung, die er diesem »monumentalen Buch«[26] entgegenbringt, ist der »Schüler« kaum dazu aufgelegt, den »Lehrer« schonungsvoll zu behandeln. Wie bereits Henri Gouhier bei der Disputation der *thèse* weigert sich auch Derrida, in Descartes' Ausruf – »sie sind eben von Sinnen« – die brutale Bekräftigung eines über den Wahnsinn verhängten Scherbengerichtes zu sehen. Das ist in seinen Augen eine sehr »naive« Lektüre des Textes von Descartes. Aber auch eine gefährliche Lektüre, die den Anspruch erhebt, einen Text in eine »historische Struktur«, in ein »totales historisches Projekt« einzugliedern, und ihrerseits Gewalt »gegenüber den Rationalisten und dem Sinn, dem ›guten‹ Sinn übt«.[27] Und

22 Jacques Derrida, »Cogito und Geschichte des Wahnsinns«, in: ders., *Die Schrift und die Differenz*, Frankfurt am Main 1972, S. 53–100, hier S. 54 f.
23 Ebd., S. 53.
24 Ebd.
25 Ebd., S. 53 f.
26 Ebd., S. 99.
27 Ebd., S. 91.

im Schutze einiger rhetorischer Vorsichtsmaßnahmen geht Derrida sogar so weit, die folgende Formulierung zu wagen: »Der strukturalistische Terrorismus würde hier einen Akt des Einschlusses des Cogito vornehmen, der von gleichem Typ wäre wie der der Gewalttätigkeiten im klassischen Zeitalter.«[28] Welches Gefühl mag Foucault gehabt haben, als er diese Äußerungen mitanhörte? Denn er war im Saal anwesend! Mehreren Augenzeugen zufolge hat es den Anschein, als sei seine legendäre Verletzlichkeit hier einmal dickhäutig geblieben und als habe er seinem früheren Schüler diesen argumentativen Sturmangriff nicht verargt. Der Text des Vortrages erscheint einige Monate später in der *Revue de métaphysique et de morale*, die ebenfalls von Jean Wahl herausgegeben wird.[29] Nicht einmal das scheint Foucault übelgenommen zu haben. Und er reagiert auch nicht unwirsch, als Derrida seinen Text 1967 in *Die Schrift und die Differenz* aufnimmt.[30] Foucault schickt ihm sogar einen sehr freundschaftlichen Brief, der den Empfang des Bandes bestätigt. Dennoch kommt es eines Tages zum Streit. Aber auf ganz andere Weise. Und aus welchen Gründen? Das ist schwierig herauszufinden. Hat es Foucault schließlich doch in Harnisch gebracht, diesen Vortrag, der bis dahin nur einem sehr begrenzten Publikum zugänglich war, jetzt in einem Buch wiederveröffentlicht zu sehen? Eine Vermutung wurde laut. Geben wir sie als solche und kommentarlos wieder, ohne jeden Versuch einer Nachprüfung, ob sie allein zu erklären vermag, was bei Foucault als jäher Wandel des Verhaltens in Erscheinung tritt. Als *Die Schrift und die Differenz* veröffentlicht wird, sind Derrida wie Foucault Mitglieder des Redaktionskomitees der Zeitschrift *Critique*. Bei dieser Zeitschrift geht eines Tages ein Artikel von Gérard Granel über den Sammelband von Derrida ein. Voller Elogen über Derrida, aber gespickt mit Gehässigkeiten gegenüber Foucault, der das übelnimmt und Derrida bittet, das Erscheinen dieses Artikels zu verhindern. Derrida weigert sich einzugreifen und zieht es statt dessen vor, sich als Mitglied des Redaktionkomitees nicht zu einem ihn selbst betreffenden Artikel zu äußern. Der Artikel erscheint. Und Foucault schreibt

28 Ebd., S. 92.
29 *Revue de métaphysique et de morale*, 1963, Nr. 4, Oktober–Dezember.
30 *L'Écriture et la différence*, Paris 1967.

unmittelbar darauf eine sehr heftige Erwiderung auf den Vortrag, den Derrida im Jahre 1963 gehalten hatte. Diese Erwiderung publiziert Foucault 1971 in der Zeitschrift *Paideia*, und zwar unter dem Titel »Mon corps, ce papier, ce feu«, bevor er ihn dann an den Schluß der Neuauflage der *Histoire de la folie* von 1972 stellt.[31] Foucault schickt Derrida diese Neuausgabe seines Buches mit einigen Worten der Widmung: »Entschuldige, daß ich Dir so spät antworte.« Neun Jahre später! Der Schluß des Textes von Foucault klingt wie eine Kriegserklärung. Die Rollen sind vertauscht, und es ist nun am Lehrer, seinen früheren Schüler zu beurteilen: »In einem Punkt zumindest bin ich einverstanden: Die klassischen Interpreten, vor Derrida und wie er, haben diese Descartes-Stelle keineswegs aus Unaufmerksamkeit vernachlässigt. Sondern aus System. Aus einem System, dessen bezeichnendster Vertreter heute Derrida ist, in seinem letzten Glanz: Reduktion der diskursiven Praktiken auf textuelle Spuren, Weglassung der sich darin vollziehenden Ereignisse, um nur Wegmarken für eine Lektüre übrigzubehalten; Erfindung einer Stimme hinter den Texten, um nicht die Modi der Implikation des Subjekts in die Diskurse analysieren zu müssen; Kennzeichnung des Originären als im Text Gesagtes und Nicht-Gesagtes, um nicht die diskursiven Praktiken im Felde der Transformationen ersetzen zu müssen, wo sie sich vollziehen.«[32] Und Foucault kommt zum abschließenden Verdikt: »Ich sage nicht, daß das eine Metaphysik ist, *die* Metaphysik oder ihr Ende, das sich in dieser ›Textualisierung‹ der diskursiven Praktiken verbirgt. Ich gehe noch sehr viel weiter: ich sage, daß das eine kleine Pädagogik ist, eine historisch sehr genau bestimmte Pädagogik, die sich auf deutlich sichtbare Weise manifestiert. Eine Pädagogik, die dem Schüler beibringt, daß es nichts außerhalb des Textes gibt [...]. Eine Pädagogik, die der Stimme der Lehrer jene grenzenlose Souveränität verleiht, die ihr den Text endlos zu wiederholen erlaubt.«[33] Damit wird die »Dekonstruktion« Derridas auf eine Aktivität zurückgeführt, die Tradition und Autorität »wiederherstellt«. Im Rei-

---

31 Michel Foucault, *Histoire de la folie*, a. a. O., ²1972, S. 583–603 (und ursprünglich in: *Paideia*, September 1971).
32 Ebd., S. 602.
33 Ebd.

che des Geistes sind die Klingen nicht stumpf. Von diesem Augenblick an ist der Bruch zwischen den beiden Philosophen total, absolut, radikal und dauert nahezu zehn Jahre. Damit sich zwischen ihnen erneute Bindungen knüpfen, bedarf es jenes Zwischenfalles, aufgrund dessen Derrida 1981 in Prag verhaftet und des »Drogenhandels« beschuldigt wird, als er an einem von Dissidenten organisierten Seminar teilnehmen will. In Frankreich schlagen die Wellen der Erregung hoch, und während Regierungskreise bei den tschechischen Behörden intervenieren, mehren sich in französischen Intellektuellenkreisen die Protestaufrufe. Foucault zählt zu den ersten Unterzeichnern und spricht im Rundfunk zugunsten der Solidaritätsaktionen für Derrida. Als Derrida einige Tage später nach Paris zurückkehrt, telefoniert er mit Foucault, um ihm zu danken. Später sehen sie sich bei verschiedenen Gelegenheiten wieder.

Kehren wir jedoch zur *Histoire de la folie* zurück – oder besser zu *Folie et déraison*, denn unter diesem Titel erscheint das Werk im Mai 1961. Abgesehen von den erwähnten Rezensionen in unmittelbarem zeitlichem Abstand sollte nicht unerwähnt bleiben, daß Foucault von *Le Monde* interviewt wird[34] und auch die Ehre eines ihm gewidmeten Artikels im *Times Literary Supplement*[35] erwiesen bekommt. Nun ist das Buch aber schwierig zu lesen. Alle Leser, sogar diejenigen, die es mit Wärme und Wohlwollen begrüßen, heben seinen sperrigen, komplexen, manchmal spitzfindigen, ja sogar hermetischen Charakter hervor. Foucault selbst sagt anläßlich der Neuausgabe von 1972 zu Claude Mauriac: »Wenn ich das Buch heute neu zu schreiben hätte, würde ich weniger Rhetorik hineinpfropfen.«[36] Der Verkauf ist zwar nicht überwältigend. Die Erstauflage im Mai 1961 hat dreitausend Exemplare betragen, mit einer Neuauflage von zwölfhundert weiteren im Februar 1964. Zu diesem Zeitpunkt aber erscheint eine Taschenbuchausgabe, die merklich gekürzt ist und für viele Leser in den acht Jahren bis zur Neuausgabe des integralen Textes einen Hauptweg zum Verständnis des

34 *Le Monde*, 22. Juli 1961.
35 Richard Howard, »The Story of Unreason«, in: *Times Literary Supplement*, 6. Oktober 1961, S. 653–654.
36 Claude Mauriac, *Et comme l'espérance est violente*, Paris 1977, S. 375.

Werkes von Foucault darstellt, zumal das Erscheinen von *Die Ordnung der Dinge* im Jahre 1966 und deren erstaunliche Wirkung ihr zusätzliche Schubkraft verleiht.

Es ist bedauerlicherweise auch diese gekürzte Ausgabe, die 1965 unter dem Titel *Madness and Civilization* ins Englische übersetzt wird. Diese englischsprachige Publikation beweist aber jedenfalls, wie Foucault in seinem Vorwort hervorhebt, in dem er sich über das schwache Echo des Buches in Frankreich beklagt, das Interesse, das die »Anti-Psychiater« dem Werk sehr rasch entgegengebracht haben. Es erscheint nämlich in eben der Reihe, die Ronald Laing herausgibt und die, was nicht der Pikanterie entbehrt, den Titel *Studies in existentialism and phenomenology* trägt, und zwar mit einem Vorwort von David Cooper. Laing und Cooper sind im Begriff, die »Anti-Psychiatrie« zu begründen, deren Geschichte zu Anfang der sechziger Jahre in London einsetzt. Eine Gruppe von Psychiatern, Klinikern und Psychoanalytikern beginnt ihre Erfahrungen auszutauschen. Für sie ist die im extensiven Sinne aufgefaßte Schizophrenie die Folge eines von Familie und Gesellschaft entwickelten repressiven Dispositivs. Im Gefolge dieser »ursprünglichen Gewalt« wirken dann die Relegationsprozesse weiter, die zur psychiatrischen Institution führen. Und die klassische Psychiatrie repräsentiert in den Augen der Anti-Psychiater das Ergebnis der Ankettung, der Ultra-Repression. Ihre Hauptanknüpfungspunkte: Nietzsche, Kierkegaard, Heidegger, aber auch und vor allem Sartre, dem Laing und Cooper ein Buch widmen. Cooper ist der erste, der sich an einem Experiment im traditionellen psychiatrischen Milieu versucht. Er arbeitet in einem Krankenhaus im Norden Londons und beginnt damit, seine Patienten in einem eigenen und einzigen Heim zusammenzufassen. Das Experiment muß jedoch aufgrund der Feindseligkeit des Krankenhausmilieus rasch abgebrochen werden. Und unter dem Eindruck dieses Scheiterns gründen die Anti-Psychiater die *Philadelphia Association*, um originäre und patientenbezogene Aufnahmeorte zu schaffen. Sie eröffnen mehrere dieser *households*, darunter 1965 die berühmte *Kingsey Hall*. Gleichzeitig haben diese »Anti-Psychiater« sich auf einen unzweideutig der Linken verpflichteten Politisierungsprozeß eingelassen, der 1967 beispielsweise zur Einberufung eines »Internationalen Kongresses zur Dialektik der Befreiung« führt. Laing und Cooper gehören zu den Organisatoren. Es nehmen daran aber auch Gregory Bateson und Herbert Marcuse teil.[37] Jedenfalls ist Foucaults Buch der Aufmerksamkeit von Laing und Cooper nicht entgangen. Und sie lassen es in einem gänzlich neuen Licht erstrahlen, indem sie einen anderen Scheinwerfer darauf richten als den, der es bisher in Frankreich erhellte. Und ebenso auf die Art und Weise, wie es konzipiert ist! Denn wenn das Buch zum Zeitpunkt seines Erscheinens in politischen Kreisen unbeachtet geblieben ist, wie Foucault das in den siebziger Jahren beklagt, so liegt das größtenteils daran, daß es eben nicht in dieser Optik geschrieben war. Robert Castel bestätigt das mit allem Nachdruck in einem Artikel, den er dem späteren Geschick von *Wahnsinn und Gesellschaft* gewidmet hat: »Die Michel Foucault zugefallene Rolle des Bannerträgers in einer gegen bestimmte institutionelle Praktiken gerichteten Protestbewegung reiht sich zunächst in einen historischen Prozeß ein. Sie ist kein unmittelbarer Effekt seines Werkes gewesen. [...] *Wahnsinn und Gesellschaft* hatte ein erstes Leben, und zwar das Leben eines akademischen Werkes, das akademische Fragen stellt. Damit ist nichts Pejoratives gemeint, auch nichts, das die Originalität des Werkes in Frage stellt. Seine Neuartigkeit aber tritt zunächst im Rahmen einer wissenschaftstheoretischen Fragestellung in Erscheinung, der völlig vom intellektuellen Zuschnitt der Epoche abgesteckt ist. Die Universitätstradition, die Foucault verlängert (Brunschvicg, Bachelard, Canguilhem), befragt den Wahrheitsanspruch wissenschaftlicher Diskurse und die Bedingungen ihrer Möglichkeit diesseits der Reflexionsschwelle, von der aus die klassische Geschichte der Wissenschaften sich als Verschachtelung reiner Geistesprodukte entfaltet.«[38] Und Castel fügt hinzu: »Foucaults Analysen haben also nur auf einer nicht-praktischen Ebene Einfluß auf die Vorstellung auszuüben vermocht, die man sich zu Beginn der sechziger Jahre von Psychiatrie und Wahnsinn machen konnte.«[39] Castel

37 *Cf.* die der Anti-Psychiatrie gewidmete Sondernummer der Zeitschrift *La Nef*, Nr. 42, Januar–Mai 1971.

38 Robert Castel, »Les Aventures de la pratique«, in: *Le Débat*, Nr. 41, September–November 1986, S. 42–43.

39 Ebd.

sehr eindrucksvoll zusammen, was die erste Rezeption des Buches ausgemacht hat und welche Einflußebenen dabei zweifellos für Foucault maßgeblich waren: »Mitte der sechziger Jahre konnte man *Wahnsinn und Gesellschaft* also lesen: als Universitätsthese im Gefolge der wissenschaftstheoretischen Arbeiten von Bachelard und Canguilhem und zugleich als Beschwörung der dunklen Mächte des Verbots nach Art von Lautréamont oder Antonin Artaud. Diese paradoxe Zwitterstellung verlieh dem Werk seinen einzigartigen Status, der für die einen faszinierend, für die anderen irritierend oder beides gleichzeitig war. Die Zustimmung zu den Thesen des Buches aber zog weder eine genaue politische Option noch irgendein Projekt praktischer Veränderung nach sich.«[40] Erst nach 1968 und nach der Entwicklung der *luttes sectorielles*, wie man damals sagte, d. h. der auf spezifische Bereiche bezogenen Kämpfe – Gefängnis, psychiatrisches Krankenhaus usw. –, wurde das Buch buchstäblich von den gesellschaftlichen Bewegungen aufgegriffen, die eine ganz andere Deutung damit verbanden und ihm ein politisches Gewicht verliehen, das es beim Erscheinen nicht gehabt hatte. Foucault war sich dessen vollkommen bewußt. Als er das Werk für die Neuausgabe von 1972 vorbereitet, läßt er das 1960 geschriebene Vorwort fallen, und nachdem er lange gezögert hat, ob er ein neues schreiben soll, um seine Position in bezug auf die anti-psychiatrische Bewegung zu verdeutlichen, entschließt er sich letztlich, es durch ein sehr kurzes »Nicht-Vorwort« zu ersetzen, und rechtfertigt seine Weigerung, die früheren Einleitungsworte zu aktualisieren, durch den Hinweis, daß ein Autor nicht das Recht hat, den einem Buch angemessenen Gebrauch bindend vorzuschreiben: »Ein Buch«, sagt er in diesem glanzvollen Text, »kommt zustande, ein winziges Ereignis, ein kleiner, handlicher Gegenstand. Von da an ist es in ein unaufhörliches Spiel von Wiederholungen einbezogen; seine Doppelgänger beginnen um es herumzuwimmeln, in seinem Umkreis und außerhalb seiner Reichweite; jede Lektüre verleiht ihm einen Augenblick lang einen ungreifbaren und einzigartigen Körper; Fragmente von ihm gelangen in Umlauf, die bereits als das Ganze aufgefaßt werden, die sich als sein vollständiger Inhalt

40 Ebd., S. 44.

ausgeben und in denen ihm Zuflucht zu finden gelingt; die Kommentare verdoppeln es in Gestalt anderer Diskurse, in denen es doch endlich erscheinen und eingestehen soll, was es bisher zu sagen verweigert hat, in denen es sich alles dessen entledigen soll, was es bisher lärmend zu sein vorgab.« Folglich ist es besser, gar nicht erst den Versuch zu unternehmen, »dieses alte Buch zu rechtfertigen noch es gar heute neuzuschreiben; die Folge von Ereignissen, denen es angehört und die sein wahres Gesetz sind, ist weit davon entfernt, abgeschlossen zu sein«.[41] Läßt sich besser sagen, daß ein Buch sich verändert? Und daß sich dieses jedenfalls verändert hat?

Ganz wie sich übrigens die Rezeption des Buches verändert hat, die die Ärzte-Psychiater ihm bereiteten. Denn sie waren nicht einstimmig bereit, es zu verurteilen, es dem Scheiterhaufen zu weihen. Foucault selbst äußert sich dazu: »Unter Psychiatern und Medizinern gab es unterschiedliche Reaktionen: ein gewisses Interesse bei denen liberaler und marxistischer Observanz, völlige Ablehnung dagegen bei anderen, eher konservativen.«[42] Foucault hatte, wie bereits dargestellt, als Student Verbindung zu den Kreisen dieser fortschrittlichen Psychiatrie gehabt, die sich seit den Nachkriegsjahren in Worten und Taten zu erneuern suchte. Sein Buch aber fiel mit diesen Versuchen natürlich nicht bruchlos zusammen. Wiederum weist Robert Castel darauf hin: »Die fortschrittlichsten Psychiater der damaligen Zeit verfügten oder glaubten über ihre eigene Formel zur Erneuerung ihrer Praktiken zu verfügen. Mit ihrer Aufstellung einer ›Sektorenpolitik‹ erhoben sie Anspruch auf die Durchführung einer ›dritten psychiatrischen Revolution‹ (nach der von Pinel und der Freuds), die die Psychiatrie mit ihrem Jahrhundert versöhnen würde, wenn sie die Mauern des Asyls schleifte und die Hilfeleistung für Geisteskranke in der Gemeinde und in Übereinstimmung mit den von der Population zum Ausdruck gebrachten Bedürfnissen reorganisierte.«[43] Das ist eine Konzeption, die mit Foucaults Thesen nicht zu vereinbaren ist, der ja im Gegenteil in einem solchen fortschrittlichen Optimismus

41 Michel Foucault, *Folie et déraison*, »Préface«, S. 7–8 (nicht in der dt. Ausgabe von *Wahnsinn und Gesellschaft*, A. d. Ü.).
42 Ducio Trombadori, *Colloqui con Foucault*, a. a. O., S. 39.
43 Robert Castel, a. a. O., S. 43.

einen neuen Ausläufer des Positivismus sieht, der stets darauf aus ist, die grundlegende Andersheit des Wahnsinns zu leugnen und ihn aufs Schweigen zu reduzieren. Jedenfalls aber scheinen die Ärzte der Gruppe »Évolution psychiatrique« sein Buch über *Wahnsinn und Gesellschaft* eher mit Wohlwollen aufgenommen zu haben. Ihre Verurteilung sollte erst später einsetzen, das heißt zu eben der Stunde, da das Buch eine ganz andere Bedeutung anzunehmen beginnt und als »Werkzeugkasten«, wie Foucault mit Vorliebe sagt, für Bewegungen dient, die darin gerade die Instrumente einer radikalen Kritik psychiatrischer Institutionen suchen und finden. Von da an beginnen selbst diejenigen, die Foucaults Bemühungen mit Sympathie begegneten, ihr Urteil zu revidieren. Als die anti-psychiatrische Woge mehrere Jahre später von England aus nach Frankreich überschwappt, verhärten sich die Betroffenen in Feindseligkeit und wählen sich als Zielscheibe das Buch, das ihnen als Sprengstoff ihrer Gewißheiten und Einstellungen präsentiert wird. So etwa Lucien Bonnafé, Mitglied der Kommunistischen Partei, der von Foucault als einer derer zitiert wird, die seinem Buch zum Zeitpunkt des Erscheinens mit Wohlwollen begegneten und dennoch an der am 6. und 7. Dezember 1969 in Toulouse stattfindenden Jahresversammlung der »Évolution psychiatrique« teilnehmen, um »die ideologische Konzeption von *Wahnsinn und Gesellschaft*« buchstäblich zu exkommunizieren. Aber Foucault ist bei diesem Treffen nicht zugegen, das ihm seine Schmäher anberaumt haben. Unter ihnen an erster Stelle Henri Ey, der erklärt: »Es handelt sich um eine psychiatrizide Position von so großer Tragweite für die Idee des Menschen selbst, daß wir die Anwesenheit Michel Foucaults unter uns sehr begrüßt hätten. Um ihm sowohl unsere bewundernde Huldigung für die systematische Entwicklung seines Denkens darzubringen als auch zu bestreiten, daß die ›Geisteskrankheit‹ als wunderbare Manifestation des Wahnsinns oder – noch außergewöhnlicher – als Aufblitzen des poetischen Genies aufgefaßt werden kann, denn sie ist etwas anderes als ein Kulturphänomen. Wenn auch manche, von der Verwundbarkeit ihrer eigenen Positionen gehemmt und von den brillanten Paradoxien M. Foucaults verführt, diese Auseinandersetzung durchaus nicht aufnehmen wollten, so bedaure ich, was mich selbst betrifft, das Fehlen dieses *face-à-face* doch lebhaft. Michel Foucault, auf mein Betreiben eingeladen, bedauert das ebensosehr wie wir, wie er mir schrieb, und entschuldigt sich, in diesen Tagen nicht in Toulouse weilen zu können. Wir wollen also so tun, als ob er da wäre. Bei einer intellektuellen Auseinandersetzung kommt es auf die physische Anwesenheit derer, die sich genaugenommen nur mit ihren Ideen bekämpfen, kaum an.«[44] Ebenso fahren auf Foucault die Blitze von Prof. Baruk hernieder. Dieser hervorragende Spezialist läßt nicht davon ab, in Büchern und Artikeln, in Vorträgen und bei Kolloquien Foucaults verhängnisvolle Rolle zu geißeln, den er nur noch als Drahtzieher betrachtet, als Gründervater der Anti-Psychiatrie und Verhetzer eines ganzen Stromes »inkompetenter« Leute, die auf die Zerstörung der von Pinel ins Werk gesetzten humanistischen und befreienden Medizin hinarbeiten.[45]

Foucault nimmt die erbschleicherische Umarmung auf sich, deren Gegenstand sein Buch ist. Er versöhnt sich mit den antipsychiatrischen Bewegungen nach 1968 und macht manchmal gemeinsame Sache mit ihnen. Selbst wenn er häufig vom Infantilismus mancher ihrer extremistischsten Vertreter gereizt wird. Diese Annäherung vollzieht sich übrigens im wesentlichen im Kielwasser einer anderen Betätigung Foucaults: als er 1971 den »Groupe d'information sur les prisons« (Informationsgruppe über die Gefängnisse) gründet. Nie aber nimmt sein Engagement im Umkreis des Asyls ähnlich militante Formen an wie diejenigen, die er seinen Interventionen in Fragen des Strafvollzuges angedeihen läßt. Er beteiligt sich an diesen Bewegungen nur mittelbar und begnügt sich damit, sie ein Stück weit zu begleiten, sie höchstens einmal zu ermutigen.[46] Dennoch pflegt er häufigen Umgang mit Männern wie Cooper oder Basaglia. 1976 läßt er Cooper zu einer Vortragsreihe ins Collège de France einladen. Ebenso nimmt er zusammen mit Cooper 1977 an einer von Jean-Pierre Faye organisierten Debatte unter der

44 »La Conception idéologique de l'*Histoire de la folie* de Michel Foucault«, Jahrestagung der »Évolution psychiatrique« am 6./7. Dezember 1969, in: *Évolution psychiatrique. Cahiers de psychopathologie générale*, Jg. 36, Nr. 2, 1971.
45 Siehe vor allem Henri Baruk, *La Psychiatrie sociale*, Paris 1974.
46 Robert Castel, a. a. O., S. 43.

Schirmherrschaft der Zeitschrift *Change* teil.[47] Er unterstützt die französischen Übersetzungen der Bücher von Thomas Szász, wird Mitglied einer von radikalen italienischen Psychiatern gegründeten Gruppe zur Kritik der psychiatrischen Institution und schreibt einen Beitrag für den Sammelband *Crimini di pace*, um Basaglia bei seinen Auseinandersetzungen mit der italienischen Justiz zu unterstützen. Andere Beiträger zu diesem Band: Sartre, Goffman, Chomsky und Castel...[48] Aber selbst wenn er *a minima*, wie Robert Castel sagt, auf die Werbungsversuche in bezug auf antipsychiatrischen Einsatz[49] reagiert, hat er sich in diesen Kämpfen durchaus teilweise wiedererkannt, konnte er doch einige Jahre später, als Bilanz gezogen wurde, die »bedeutsamen Resultate in der Psychiatrie« jenen »lokalen und spezifischen Kämpfen« gutschreiben.[50]

Bei dieser Ausbeutung seines Buches lassen sich verschiedene Effekte ausmachen. Zunächst läßt sie sich mit Robert Castel als »Verarmung« des Werkes interpretieren. Es spielte mit einer großen Bandbreite von Registern, und in diesem Sinne konnte man davon als von einer »strukturalen Geschichte« sprechen: es setzte Elemente unterschiedlichster Bereiche zueinander in Beziehung – ökonomische, institutionelle, politische, philosophische, wissenschaftliche –, die damit ihren Sinn erhielten. Aber das Buch wurde darauf reduziert, nichts anderes zu sein als Brandmarkung oppressiver Tendenzen: »Die Weite der theoretischen Nebenwege und die Subtilität der Situationsanalysen verkümmern zu einigen simplifizierten Formeln, die die Argumentation der Epigonen wiederholt: es gibt immer und überall nur Repression, Gewalt, Willkür, Einsperrung und Musterung, Absonderung und Ausschluß.«[51] Also Verkümmerung, aber vielleicht auch Verankerungspunkt der Suche nach Einheit, auf die sich Foucault in jenen und in den darauffolgenden Jahren für seine Forschung begibt, Verankerung im Umkreis des Begriffes der »Macht« und des Begriffspaares »Wissen–Macht«.

47 »La Folie encerclée. Dialogue sur l'enfermement et la répression psychiatrique«, in: *Change*, Nr. 32–33, 1977.

48 Turin 1973 (frz. Übersetzung Paris 1980).

49 Robert Castel, a. a. O., S. 47.

50 Michel Foucault, »Wahrheit und Macht«, a. a. O., S. 50 (vgl. Anm. 2).

51 Robert Castel, a. a. O., S. 45.

Eben das ist die Einheit, in der er nach 1970 seine früheren Bücher zusammenfaßt: »Das alles«, sagt er zu Ducio Trombadori, »tauchte auf wie etwas, das mit Geheimtinte geschrieben worden war und auf einem Blatt Papier in Erscheinung trat, wenn man nur das geeignete Reagens zufügte: es war das Wort MACHT.«[52]

---

52 Ducio Trombadori, *Colloqui con Foucault*, a. a. O., S. 77 f. Ich zitiere hier nach der französischen Originalfassung.

Der Dandy und die Reform

Die *thèse* Michel Foucaults hat nicht auf den Druck warten müssen, um aufmerksame Leser zu finden. Zuvor hat bereits das Manuskript im Freundeskreis zirkuliert, und von diesen Freunden wiederum ist Louis Althusser einer der allerersten gewesen, der Kenntnis davon bekommen hat. Er hat es gelesen, geschätzt und gebilligt. Und er leiht es Jules Vuillemin, der damals den Fachbereich Philosophie an der Universität Clermont-Ferrand leitet. Althusser und Vuillemin kennen sich seit langem. Sie sind als Angehörige desselben Jahrgangs in die École normale supérieure aufgenommen worden, nämlich 1939. Damals ist ihre Bekanntschaft sehr flüchtig ausgefallen, weil der zwei Jahre ältere Althusser unverzüglich zum Militärdienst eingezogen wurde und dann fünf Jahre in einem Kriegsgefangenenlager verbrachte. Nach dem Kriege aber haben sich die beiden Männer wiedergetroffen. Und als Althusser die Funktion des *caïman* übernahm, hat er mehrfach Vuillemin zu Vorträgen eingeladen. Wie bereits oben dargestellt: Foucault hatte schon seine Stellung in Lille dank dieser Freundschaft zwischen Althusser und Vuillemin erhalten. Vuillemin wiederum ist ein Vertrauter Merleau-Pontys. Bis zum Beginn der fünfziger Jahre hat er dem Existentialismus und dem Marxismus nahegestanden. Seine beiden 1948 disputierten *thèses* tragen das Mal dieses doppelten Einflusses, denn sie sind mit *Essai sur la signification de la mort* (Versuch über die Bedeutung des Todes) und *L'Être et le travail* (Sein und Arbeit) betitelt. Er hat bei *Les Temps modernes* mitgearbeitet und dort Studien zur Ästhetik veröffentlicht. Seit dieser Zeit hat sich Vuillemin, obwohl er Merleau-Ponty verbunden geblieben ist, sehr verändert: er hat angefangen, sich für Wissenschaftstheorie, für Mathematik, für Logik zu interessieren... Verändert wohl auch politisch. Aber die gegenseitige Wertschätzung, die Althusser und Vuillemin miteinander verbindet, hat unter ihren radikal auseinanderstrebenden Entwicklungen nicht gelitten. Wir schreiben die Jahre, die 1968 vorausgehen, und die französische Universität ist noch nicht von den politischen und ideologischen Spaltungen betroffen, die sie in der Folge zerreißen werden. Im Jahre 1951 ist Vuillemin nach Clermont-Ferrand berufen worden. Und er hat diese Stellung dank Merleau-Ponty erhalten. Der Autor von *Humanismus und Terror* hätte es gern gesehen, daß sein Schüler und Freund auch sein Nachfolger in Lyon geworden wäre, als er die Stadt verließ und an die Sorbonne berufen wurde. Akademische Rivalitäten aber haben das Projekt scheitern lassen. Merleau-Ponty hatte sich damals persönlich ins Kultusministerium begeben, um darum zu bitten, einen geeigneten Lehrstuhl für Vuillemin zu finden. Einige Zeit später wird Vuillemin vom Leiter des Höheren Bildungswesens empfangen, der ihm erklärt: »Es gibt einen Posten für Sie in Clermont-Ferrand. Es handelt sich um einen Lehrstuhl für Psychologie. Aber mit einer Bedingung: Sie müssen dort verfügbar und ansässig sein.« Vuillemin akzeptiert und richtet sich in der Hauptstadt der Auvergne häuslich ein. Er trifft zum gleichen Zeitpunkt ein wie mehrere andere Professoren, die vom Ministerium dorthin berufen werden, das einer etwas schläfrigen Universität neues Leben einhauchen möchte. Darunter sind beispielsweise der Historiker Jacques Droz und der Hellenist Francis Vian. Vuillemin übernimmt einige Jahre lang die Lehrveranstaltungen für Psychologie, bevor er als Philosoph eingesetzt wird und später die Verantwortung für den ganzen Fachbereich übertragen bekommt. Als strenger Lehrer, der vom Bedürfnis nach ernster Forschung umgetrieben wird und vor allem die Qualität des Vorlesungsbetriebes hochhält, schickt er sich damals an, sich mit einer brillanten Mannschaft zu umgeben, um seinen Fachbereich zu einer Art von experimentellem Institut zu machen. Er holt sich junge Kollegen, die er aus dem Setzteich der Rue d'Ulm fischt. Darunter Michel Serres, Maurice Clavelin, Jean-Claude Pariente, Jean-Marie Beyssade... Alle schlagen erfolgreiche Karrieren ein: Serres, Clavelin und Beyssade lehren heute an der Sorbonne und in Nanterre... Pariente führt, noch immer in Clermont, den Vorsitz im Prüfungsausschuß für die *agrégation*. Vuillemin erwägt auch, Althusser zu holen, aber der zieht es vor, weiterhin im geschützten Raum der École normale zu bleiben, vor allem wegen seiner mehr als anfälligen psychischen Gesundheit. Und im Jahre 1960 ist Vuillemins Wahl auf Michel Foucault gefallen. Er hat das Manuskript von *Wahnsinn und Gesellschaft* gelesen und dem Autor nach Hamburg geschrieben: »Willigen Sie ein, als Lehrbeauftragter für Psychologie nach Clermont-

Ferrand zu kommen?« Foucault antwortet unverzüglich mit Ja. Er ist daran interessiert, in Frankreich einen Stützpunkt zu finden – nach seinem langen Periplus im Ausland. Und er nimmt um so bereitwilliger an, als mit der Stellung keine »Ortsansässigkeit« verbunden ist und er also weiter in Paris wohnen kann. Natürlich sind noch manche Formalitäten zu erfüllen, aber alles geht sehr rasch und sehr gut. Um auf einen Posten des Universitätsbetriebes berufen werden zu können, muß man zunächst auf einer »Berufungs«- bzw. »Eignungsliste«[1] verzeichnet sein. Es ist der Philosoph Georges Bastide, der mit der Aufgabe betraut worden ist, den Bericht zur Kandidatur Foucaults abzufassen. Am 15. Juni 1960 schreibt er: »Michel Foucault hat bereits einige kleinere Arbeiten hervorgebracht: Übersetzungen deutscher Werke, vor allem im Bereich von Geschichte und Methodik der Psychologie, populärwissenschaftliche Sachen. Alles übrigens von hohem Kaliber. Sicher ist aber, daß bei diesem Kandidaten seine *thèses* die besten Titel sind.« Und abschließend: »Wir setzen M. Michel Foucault auf die große Liste (sollte man ihn gegebenenfalls für Psychologie einteilen? Oder für Wissenschaftsgeschichte?). Das wäre noch zu diskutieren.« Zur Unterstützung der Kandidatur von Michel Foucault fügt Canguilhem diesem Bericht Bastides die Seiten hinzu, die er gerade zur Erlangung der Druckerlaubnis für *Wahnsinn und Gesellschaft* geschrieben hat, und Hyppolite schließt sich mit einem Empfehlungsbrief an. Damit ist die Affäre glatt gelaufen, und Foucault kann in Clermont-Ferrand, »vom 1. Oktober 1960 an«, nach amtlicher Mitteilung des Ministeriums als »Lehrbeauftragter auf den Lehrstuhl für Philosophie« berufen werden, »als Vertretung für M. Cesari, der langfristig beurlaubt ist«. Später wird er, nach dem Ableben seines Vorgängers, zum »Inhaber des vakanten Philosophie-Lehrstuhls« befördert, und zwar am 1. Mai 1962. Alle Verwaltungsakten sprechen von »Philosophie«. Weil nämlich damals die Psychologie noch keinen autonomen Status als akademische Disziplin hat und, genau wie

1 Die *liste d'aptitude* ist in zwei Kategorien geteilt: einerseits die *liste restreinte* [begrenzte Liste] für die Professorenposten, für Kandidaten bestimmt, die bereits ihre *thèse* disputiert haben. Und andererseits die *liste large* [große Liste] für die Stellen der Lehrbeauftragten bzw. Außerordentlichen Professoren.

die Soziologie, dem Fachbereich Philosophie zugeschlagen wird. Es ist aber durchaus Psychologie, was Foucault zu unterrichten hat, wie das auch sein Amtsvorgänger tat. Der Bericht des Dekans, der sich 1962 für seine Berufung zum Ordentlichen Professor einsetzt, präzisiert das unzweideutig: »Sein Spezialgebiet ist Psychopathologie.« Und im Laufe der ganzen Zeit, die er in Clermont-Ferrand verbringt, ist Foucault offiziell mit dem Unterricht in Psychologie betraut, selbst wenn er sich in Wirklichkeit seinem Lehrplan recht häufig entzieht (aber weniger, als man glauben möchte).

Damit beginnt für ihn ein neues Leben: vom Herbst 1960 bis zum Frühjahr 1966 reist er jede Woche, die für den Universitätskalender zählt, zwischen Paris und Clermont-Ferrand hin und her, wobei er seine Vorlesungen auf einen einzigen Tag zusammenzudrängen bemüht ist, um nur eine Nacht im Hotel verbringen zu müssen. Die Bahnfahrt dauert sechs Stunden, und die Reisebedingungen in den damaligen Zügen sind noch sehr unvollkommen: die »Bourbonnais«-Züge schütteln die Passagiere so durch, daß die aus Paris kommenden Mitglieder des Lehrkörpers – man nennt sie »Sputniks«, denn der Ausdruck »Turbo-Prof« ist seinerzeit noch nicht erfunden – sich ein kleines Spiel ausgedacht haben, das ihnen viel Spaß macht: es handelt sich darum, ob es einem gelingt, seinen Kaffee zu trinken, ohne etwas davon zu verschütten. Foucault hat sich einen kleinen »Trick« zurechtgelegt, indem er nämlich seinen Kaffeelöffel einklemmt, und er erzielt glanzvolle Ergebnisse bei dieser abenteuerlichen Übung.

In jenen Jahren ist die gesamte Universität Clermont-Ferrand in einem weißen Steingebäude an der Avenue Carnot untergebracht, nicht weit vom großen Lycée Blaise-Pascal, wo Bergson unterrichtete. Das Bauwerk stammt aus dem Jahre 1936 und ähnelt – man geht mit der Zeit! – einem Palais de Chaillot in verkleinertem Maßstab. Die Innenräume sehen düster aus: sobald man den Hof betritt, wirkt alles traurig, dunkel, gleichsam von jenem schwarzen Staub bedeckt, der sich auch auf einem Großteil der Stadt abgelagert zu haben scheint, jener Stadt mit ihrer Kathedrale aus schwarzem Stein, ihren weißlichen, mit schwarzen Zierleisten aus Lavagestein geschmückten Häusern, die ihnen eine Art »Leichenbittermiene« verleihen, wie Foucault sagt, als er sie zum ersten Mal zu Gesicht bekommt. Der Fachbereich Philosophie ist im Erdgeschoß des Gebäudes in der Avenue Carnot untergebracht und nimmt einen ganzen Seitentrakt ein: mehrere Zimmer, höchstens ein Dutzend, in denen sich Büros und Vorlesungsräume zusammendrängen. Dieser Trakt »gehört« seit eh und je zur Philosophie. Georges Canguilhem erinnert sich, dort während des Krieges gearbeitet zu haben. Im Jahre 1963 aber muß das Philosophen-Team sein Domizil verlassen und in eine vorgefertigte Wohnbaracke umziehen, eines jener scheußlichen Bauwerke, das aber eine Dauerlösung bleiben wird, weil es noch heute existiert und die Verwaltung beherbergt. In dieser düsteren Kasematte stellt Foucault seinen Studenten die Grundzüge dessen dar, was später zu *Die Ordnung der Dinge* wird. Studenten, die überdies nicht sehr zahlreich sind. Das Fach Philosophie zählt nicht mehr als ein Dutzend eingeschriebene Hörer. Foucaults Auditorium ist etwas größer, weil sich zu den zehn angehenden Philosophen Studenten gesellen, die die psychologischen Vorlesungen bloß besuchen, um beispielsweise Diplome als Krankenschwester oder Sozialarbeiterin zu bekommen. Und das macht eine Gesamtzahl von höchstens dreißig Personen aus.

In den ersten beiden Jahren seines Lebens in Clermont-Ferrand geht Foucault eine enge Freundschaft zu Jules Vuillemin ein. Sie unternehmen gemeinsam lange Spaziergänge in den Straßen der alten Stadt, sie essen häufig zu zweit oder zusammen mit ihren Kollegen im Fachbereich Philosophie. Mittag- und Abendessen mit zehn Personen sind durchaus keine Seltenheit. Vuillemin und Foucault verstehen sich blendend und bewegen sich im kleinen Kreis der Clermonteser Philosophen, in denen warmherzige und sympathiegeprägte kollegiale Beziehungen herrschen, wie Fische im Wasser. Dennoch gab es vieles, das die beiden Männer trennen sollte. Vuillemin hatte sich, wie bereits erwähnt, in Richtung der angelsächsischen analytischen Tradition orientiert und sich für die Schriften von Bertrand Russell, für Logik, Mathematik interessiert... Er publiziert in diesen Jahren die beiden Bände seiner *Philosophie de l'algèbre* (Philosophie der Algebra). Auch politisch ist die Distanz ziemlich groß: Vuillemin entwickelt sich allmählich auf die Rechte zu, Foucault ist, mehr oder weniger, ein Mann der Linken geblieben. Sie diskutieren häufig, und Foucault bringt ihre Auseinandersetzungen manchmal mit folgender Bemerkung zum Abschluß: »Im Grunde bist Du ein rechter Anarchist und ich ein linker.« Was kann es Gemeinsames geben zwischen diesem Mann der Rechten, der sich für Logik interessiert, und einem Mann der Linken, der über Blanchot, Roussel und Bataille schreibt? Foucault und Vuillemin haben dasselbe Bedürfnis nach Strenge, und die intellektuelle Wertschätzung, die sie einander entgegenbringen, überwiegt alle ihre Differenzen. In vieler Hinsicht haben sie dieselbe Wellenlänge.

Diese Verbindung ist dauerhaft und wird für Foucaults Laufbahn weitreichende Folgen haben. Denn im Jahre 1962 verläßt Vuillemin Clermont. Maurice Merleau-Ponty ist einem jähen Herzinfarkt erlegen, und Vuillemin wird als sein Nachfolger ans Collège de France berufen. Michel Foucault hat übrigens zu dieser Wahl beigetragen: er hat Dumézil gebeten, seinen Kollegen aus Clermont-Ferrand zu unterstützen, und ihm damit auch die Stimmen gewonnen, die der Einfluß des berühmten Mythologen zu mobilisieren vermochte. Vuillemin wird also gewählt. Und zwar gegen Raymond Aron, der mehrere Jahre warten muß, bis er erneut seine Kandidatur präsentieren kann. Ein Jahr nach Vuillemin ist die Reihe der Aufnahme ins Collège de France an Hyppolite. Die beiden Philosophen beginnen rasch mit ihrer gegenseitigen Annäherung und unternehmen bald gemeinsame Schritte, um Foucault die Aufnahme in die ruhmreiche Institution in der Rue des Écoles zu ermöglichen, jenes Allerheiligste des akademischen Ruhmes in Frankreich. Mit Unterstützung von, wie könnte es anders sein: Dumézil. Das gemeinsame Votum stammt aus dem Jahre 1969. Zuvor aber hat der Mai 1968 stattfinden müssen, der die Beziehungen zwischen Foucault und Vuillemin verhärtet hat. Aber Vuillemin, der der Studentenrevolte mit heftiger Feindseligkeit begegnet – er sagt das ganz offen in einem Buch, das Ende 1968 erscheint und den Titel *Rebâtir l'université* (Wiederaufbau der Universität) trägt –, weigert sich stets, den politischen Dissens über die Wertschätzung des Werkes siegen zu lassen.

Was aber hätte sie denn vor 1968 zum Zerwürfnis veranlassen können? Oder auch nur zur Uneinigkeit? Sie sprechen häufig über Politik, soviel ist richtig. Aber keiner von beiden gehört einer Partei an, sie gehen keinerlei militantes Engagement ein, und die Politik ist weit davon entfernt, ihre Existenz oder ihr Denken zu bestimmen. Und vor allem muß man sich hüten, auf den damaligen Foucault bereits das Bild des späteren Foucault zu projizieren. Seine früheren Kollegen sind sich im allgemeinen darin einig, ihn »eher links« einzuordnen, obwohl diese Zuschreibung durchaus nicht einstimmig erfolgt. Aber sie beschreiben ihn zunächst als ziemlich weit entfernt von jedem militanten Einsatz, selbst wenn er sich sehr für Politik interessiert, und sind fürbaß erstaunt – um nicht mehr zu sagen – angesichts seines Umschwenkens zur extremen Linken und seiner Parteinahme für radikale Positionen in den siebziger Jahren. »Es ist mir nie gelungen, das wirklich zu glauben«, sagt heute Francine Pariente, die vier Jahre lang, von 1962 bis 1966, seine Assistentin war. Eines ist sicher: eine solche Entwicklung ließ sich nicht voraussehen.

Manche von denen, die ihn damals gut gekannt haben, zögern nicht, ihm ein anderes politisches Etikett anzuheften: Foucault war Gaullist, sagen sie. Jules Vuillemin weist diese Vorstellung zurück. Er hat häufig genug mit Foucault diskutiert, um zu wissen, daß das nicht der Fall war. Aber wenn manche daran festhalten, so mag das daran gelegen haben, daß Foucault auf sehr gutem Fuße mit Étienne Burin des Roziers geblieben ist. Der französische Botschafter in Warschau hatte Polen kurz nach Foucault verlassen, um Generalsekretär im Élysée-Palast zu werden. Eine politische Position obersten Ranges: eine Art Premierminister im Schatten. Foucault läßt diese Gelegenheit, sich dem Zentrum der Macht zu nähern und im Präsidentenpalast in der Rue du Faubourg Saint-Honoré empfangen zu werden, durchaus nicht verstreichen. »Als er mir im Laufe des Jahres 1962 seinen Besuch abstattete«, schreibt Burin des Roziers, »lag ihm die Zukunft unseres Universitätswesens am Herzen. Er erklärte sich sehr aufgeschlossen zu einem Treffen mit Jacques Narbonne bereit, der damals im Generalsekretariat für Universitätsfragen zuständig war.«[2] Jacques Narbonne empfängt ihn in der Tat und erbittet seine Meinung zu einer eventuellen Universitätsreform. Aber dieser Gedankenaustausch

2 Étienne Burin des Roziers, »Une Rencontre à Varsovie«, a. a. O., S. 135 f.

bleibt informell und gibt zu keinem offiziellen Bericht Anlaß. Übrigens auch zu keinen Gefälligkeiten.

Diese Kontakte zur gaullistischen Staatsmacht gehen in den kommenden Jahren noch etwas weiter. Als beispielsweise davon die Rede ist, Foucault zum stellvertretenden Direktor des Universitätswesens im Erziehungsministerium zu machen. Die Affäre scheint abgeschlossen, und mehrere *recteurs d'Académie*** schicken dem Neuernannten bereits Glückwunschschreiben. Verfrüht! Denn die Ernennung Foucaults scheitert an einer Front der Ablehnung. Die Gegner, unter ihnen an erster Stelle der sehr einflußreiche Dekan der Sorbonne, Marcel Durry, und die nicht weniger einflußreiche Marie-Jeanne Durry, seine Frau und Leiterin der École normale supérieure für Mädchen in Sèvres, haben den »besonderen« Charakter der in Aussicht genommenen Person zur Sprache gebracht. Darunter ist zu verstehen: seine Homosexualität. »Stellen Sie sich einen Leiter des Universitätswesens vor, der homosexuell ist«, entrüsten sich die Verächter Foucaults, die nicht zögern, sein polnisches Mißgeschick in Erinnerung zu rufen. Aber die Begebenheit ist nicht ohne Bedeutung. Sie verweist darauf, was für ein Mensch Foucault in jenen Jahren war: ein Akademiker im klassischsten Sinne des Wortes, der durchaus nicht abgeneigt war, die politischen und Verwaltungsfunktionen eines stellvertretenden Direktors des Höheren Bildungwesens zu übernehmen. Foucault als »Akademiker«? Das nimmt wunder. Man sollte aber nicht außer acht lassen, daß es ihm damals sogar gelang, Mitglied der Prüfungskommission zur Aufnahme in die École normale supérieure in der Rue d'Ulm und Mitglied der Prüfungskommission beim Abgang von der ENA, der Ecole nationale d'administration, zu werden. Ja, der ENA! Man wird auch mit aller Deutlichkeit gewahr, welche Rolle die Homosexualität bei dem Abstand gespielt hat, den er stets zur »Institution« oder den die »Institution« ihm gegenüber gewahrt hat. Wahrscheinlich hat damals die ganze philosophische und politische Laufbahn Foucaults auf dem Spiele gestanden. Was wäre denn ein Foucault als hoher Beamter in einem Ministerium gewesen? Oder als Direktor der

---

* Staatlicher Aufsichtsbeamter eines Verwaltungsbezirks im Bildungswesen (Académie). (A. d. Ü.)

staatlichen Rundfunk- und Fernsehanstalt ORTF, wie man ihm das einige Jahre später vorschlägt? Aber versuchen wir nicht, Geschichte im Konjunktiv zu schreiben!

Kehren wir lieber zur realen Geschichte dieser Jahre zurück: 1965 beteiligt sich Foucault an den Plänen zur Universitätsreform, die von Christian Fouchet, dem Erziehungsminister, auf den Weg gebracht wird. Diese Reform ist eines der großen Projekte des Gaullismus und besonders von Georges Pompidou gewesen, dem damaligen Premierminister. Ein Projekt, das über Jahre hinweg die Gemüter erregt hat. »Die Reform von Fouchet-Agrain«, schreibt Jean-Claude Passeron, »ist 1963 in Angriff genommen worden, und zwar im Sinne der Prinzipien von der Pike auf erlernter wissenschaftlicher und beruflicher Spezialisierung, der Revision der Studiengänge und Programme, der Kontrolle der Studentenzahl und -fluktuierung durch Selektion bei der Aufnahme in die Fakultäten. Was davon 1964 durchsikkert, setzt eine Debatte in Gang, an der sich unverzüglich die Lehrergewerkschaft und der französische Studentenverband UNEF, die Intellektuellenkreise (Club Jean Moulin), die Zeitschriften (Sonderheft von *Esprit* im Mai–Juni 1964) und wer immer sonst noch beteiligen. Im Umkreis des Projektes von Fouchet spinnt sich seit 1965 die Auseinandersetzung an, die die Universität ins Leuchtfeuer der Aktualität rückt.«[3]

Christian Fouchet hatte nämlich in der Tat eine Untersuchungskommission zum Höheren Bildungswesen eingesetzt, die den Gesamtkomplex durchdenken sollte. Diese Gruppe, der »Achtzehner-Rat« genannt, hatte sich in den Monaten zwischen November 1963 und März 1964 zusammengefunden. Eben da wurden die großen Prinzipien der Reform formuliert. Blieb nur noch, sie in die Tat umzusetzen. Und dazu wurde eine neue Kommission geschaffen, diesmal eine Kommission aus sogenannten »Lehrenden der Geistes- und Naturwissenschaften«, die ihre Arbeit im Januar 1965 aufnahm. Ihr Ziel: die Vorbereitung der konkreten Modalitäten der Reform. Unter den Mitgliedern dieser neuen Kommission sind auch Professoren des Collège de France wie Fernand Braudel, Andre Lichnérowicz

3 Jean-Claude Passeron, »1950–1980. L'Université mise à la question: changement de décor ou changement de cap«, in: J. Verger (Hg.), *Histoire des universités en France*, Paris 1986, S. 373–374.

und Jules Vuillemin, der nach der ersten Sitzung ausscheidet, mehrere Dekane wie Georges Vedel von der juristischen oder Marc Zamansky von der naturwissenschaftlichen Fakultät von Paris... Weiter sind da Robert Flacellière, der Direktor der École normale supérieure, und Universitätsprofessoren aller Fachrichtungen. Unter ihnen auch Michel Foucault. Wie ist er dahin geraten? Auf Vorschlag von Jean Knapp, dem technischen Berater des Ministers und Zögling des gleichen Jahrgangs der Rue d'Ulm wie Foucault. Im Jahre 1962 war Knapp Kulturattaché in Kopenhagen und hatte Foucault dorthin eingeladen – zu einem Vortrag über *Wahnsinn und Gesellschaft*. Französischer Botschafter in Dänemark war damals Christian Fouchet, dem also Echos des starken Eindrucks zu Ohren gekommen sein mußten, den Foucault hinterlassen hatte. Als Christian Fouchet zum Erziehungsminister berufen wird, holt er sich Jean Knapp in sein Kabinett, und der wiederum nennt ihm den Namen Foucaults als Mitglied der Kommission. Das alles hat nichts Überraschendes: nicht zum ersten Mal wird hier die Bedeutsamkeit der Solidaritätsbindungen und -netze zwischen den Ehemaligen der École normale offenbar, die das akademische, kulturelle und politische Leben Frankreichs durchziehen. Foucault willigt ein, verlangt jedoch, daß auch Jules Vuillemin teilnimmt. Die erste Zusammenkunft der Kommission findet am 22. Januar 1965 statt. Es gibt, bis zum Beginn des Jahres 1966, ungefähr eine Sitzung monatlich, jeweils in der Bibliothek des Ministerkabinetts. Foucault nimmt mit großer Beharrlichkeit an allen diesen Sitzungen teil. Die Protokolle der Kommission bewahren Spuren mancher seiner Interventionen auf. Beispielsweise das vom 5. April 1965 mit Bezug auf die Inhalte des Gymnasialunterrichts: »M. Foucault verlangt, daß bei der Organisation des Unterrichts größeres Gewicht auf die Fächer mit allgemeinbildendem Charakter gelegt wird als auf diejenigen, die ein Universitätsstudium vorwegnehmen. Er wünscht die Grundkenntnisse vertieft zu sehen.« Oder das folgende Urteil über die *agrégation*: sie »trägt nichts Wesentliches bei, was die Eignung der Kandidaten für die Forschung betrifft. Sie ist in der Hauptsache ein Test der intellektuellen Lebendigkeit«; dennoch ist er »einverstanden, daß an der Form eines *concours* festgehalten wird«. Die letzte Sitzung findet am 17. Februar 1966 im

Beisein des Ministers statt. Aus der Lektüre der Sitzungsberichte läßt sich nicht ersehen, daß Foucault hinsichtlich der allgemeinen Richtlinien der Reform oder hinsichtlich der nach den Vorarbeiten übernommenen synthetischen Lösungen irgendwelche nachdrücklicheren Vorbehalte gehabt hätte, und François Chamoux, der Hellenist, der an der Kommissionssitzung teilnahm, bestätigt diesen Eindruck, wie er sich aus den schriftlichen Quellen ergibt. Mehr noch: Foucault hat mehrere Berichte geschrieben, um die Arbeiten der Kommission vorzubereiten. Einer davon, zusammen mit François Chamoux verfaßt und auf den 31. März 1965 datiert, geht auf verschiedene Organisationsprobleme der Fakultäten und besonders auf das System der Doktoratsthese ein, das als zu schwerfällig und altmodisch bewertet wird und das, so die Autoren, besser durch ein System von zeitlich gestaffelten Publikationen ersetzt würde: »Der Abschluß der *thèse principale* drohte dann nicht mehr, wie er das heute manchmal tut, zur Krönung einer derart langwierigen Anstrengung auszuarten, daß der Autor für den Rest seiner Tage davon erschöpft ist.« Ein anderer von Foucault allein geschriebener Bericht bezieht sich auf die Studiengänge in Philosophie. Foucault arbeitet einen detaillierten Plan alles dessen aus, was in den verschiedenen Studienjahren der Universitätsausbildung gelehrt werden sollte. Ebenso legt er ein Zweistufenprogramm für den Gymnasialunterricht vor: demzufolge hätte der Philosophieunterricht in der Prima zu beginnen, mit einer Einführung in die Psychologie, und sich dann bis zur Abschlußklasse fortzusetzen, mit einer Einführung in die philosophischen Probleme im eigentlichen Sinne und in die zeitgenössischen Beiträge der Wissenschaften vom Menschen (Psychoanalyse, Soziologie, Linguistik...).

Parallel zu diesen Kommissionssitzungen in den Räumen des Ministeriums finden zahlreiche Versammlungen auf dem Boden der Universität statt, um die Diskussion so weit wie möglich zu streuen. Denn die Debatten sind sehr intensiv. Wenn in den naturwissenschaftlichen Bereichen auch alles gut geht und in scheinbarem Konsens verläuft, so stößt das Reformprojekt in den anderen Disziplinen doch auf zahlreiche Einwände. Henri Gouhier erinnert sich eines Foucault, der seine Kollegen bei einer Zusammenkunft in der Rue d'Ulm, an der Vertreter aller französischen Universitäten teilnehmen, zur Realitätsbezogenheit mahnt: »Vergessen Sie nicht«, wirft er da ein, »daß wir einer Situation entgegengehen, in der es eine Universität pro Département geben wird.« Foucault hat seine Teilnahme an den Bestrebungen des Reformprogramms also sehr ernst genommen. Im Laufe dieses Jahres erzählt er seinen Studenten in Clermont-Ferrand viel und häufig von den in Paris stattfindenden Diskussionen. Oft fragt er seine Hörer vor dem Beginn einer Vorlesung: »Wollen Sie wissen, wie es mit der Universitätsreform steht?« Und gute zwanzig Minuten lang erklärt er ihnen dann, worum es geht, welche Probleme auftauchen und welche Lösungen vorgeschlagen werden.

Die Reform ist 1967 in Kraft getreten. Bereits im Dezember 1964 hielt die UNEF Veranstaltungen ab, um die großen Linien des Projekts zu verdeutlichen. Im März 1966 organisiert der SNESup, die Gewerkschaft für das Höhere Bildungswesen, einen dreitägigen Streik, um gegen die Beschlüsse der Kommission und des Ministeriums zu protestieren. Eine Bewegung, die laut den Berichten von *Le Monde* mit großem Interesse verfolgt wird. Muß in dieser »Fouchet-Reform«, wie sie später oft genannt worden ist, einer der Hauptauslöser des Mai 1968 gesehen werden? Die Erklärung ist sicherlich zu einfach, um ein derart komplexes Phänomen in den Griff zu bekommen. Aber es ist belustigend, sich vorzustellen, daß Foucault sein Teil zu ihrer Vorbereitung beigetragen hat. Was wiederum – im Vorbeigehen sei's gesagt – jene Essayisten nachgerade lächerlich macht, die in den von Foucault in den sechziger Jahren veröffentlichten Arbeiten die Gründungsrichtlinien eines »68er Denkens« brandmarken wollen, das in engem Zusammenhang mit den Ereignissen gleichen Namens steht.[4] Als er *Die Ordnung der Dinge* schrieb, bereitete Foucault nicht die Revolution vor, träumte er nicht von irgendwelchen Barrikaden... Nein, er diskutierte in den Büros eines gaullistischen Ministers über die Zukunft des Gymnasial- und Universitätsunterrichts in Frankreich.

4 Luc Ferry und Alain Renaut, *La pensée 68. Essai sur l'anti-humanisme contemporain*, Paris 1985; deutsch: *Antihumanistisches Denken. Gegen die französischen Meisterphilosophen*, München 1987.

Es gibt gleichwohl eine politische Etikettierung, mit der sich jedermann einverstanden erklärt: Foucault war heftiger Antikommunist. Seit er die Kommunistische Partei verlassen und seit er in Polen gelebt hat, hat Foucault einen wilden Haß auf alles entwickelt, was auch nur, von fern oder nah, an den Kommunismus erinnert. Die Wechselfälle des Universitätslebens in Clermont-Ferrand geben ihm Gelegenheit, das unter Beweis zu stellen. Als Jules Vuillemin ins Collège de France gewählt wird, fragt er sich, wer an seine Stelle treten könnte. Foucault schlägt ihm den Namen Deleuze vor. Foucault und Deleuze haben sich seit jenem Besuch in Lille vor beinahe zehn Jahren nicht mehr gesehen. Aber Deleuze hat gerade ein Buch publiziert, das natürlich Foucaults Aufmerksamkeit auf sich gelenkt hat. Deleuze ist damals Philosophiehistoriker nachgerade klassischen Stils, selbst wenn man bereits die Originalität sich abzeichnen sieht, die sein späteres Werk prägt. Er hat lediglich ein kleines Buch über Hume veröffentlicht, bis dann seine Studie über *Nietzsche und die Philosophie* erscheint, die in Spezialistenkreisen große Beachtung findet und bei Foucault Begeisterung weckt. Vuillemin ist mit Foucaults Vorschlag vollkommen einverstanden: er schreibt an Deleuze, der sich auf dem Lande von einer schweren Erkrankung erholt, und zwar in nächster Nähe: im Limousin. Einige Zeit darauf taucht er höchstpersönlich in Clermont-Ferrand auf, um einen ganzen Tag mit Vuillemin und Foucault zu verbringen. Das Treffen verläuft harmonisch und zu aller Zufriedenheit. Die Kandidatur Deleuzes findet im Fachbereich Philosophie allgemeine und einstimmige Billigung. Vuillemin läßt sie darüber hinaus durch ein einstimmiges Votum des Fakultätsrates absegnen... Aber dennoch entgeht der Posten dem durch Plebiszit bestimmten Kandidaten. Ein anderer Bewerber hat die Unterstützung des Ministeriums: der Lehrstuhl wird Roger Garaudy zugesprochen, der Mitglied des Politbüros der Kommunistischen Partei ist. Er ist sehr lange der Gralshüter der theoretischen Orthodoxie des Marxismus gewesen, auch und gerade in der Hochblüte der stalinistischen Vulgata. Warum interveniert der Minister zu seinen Gunsten und drängt ihn den Clermontesern auf, die ihn gar nicht wollen? Auf ausdrücklichen Wunsch des Premierministers Georges Pompidou, besagen Gerüchte. Um den Preis welcher Gegenleistungen? Das bleibt ein Rätsel. Der Dekan der Fakultät legt offiziellen Protest ein. Ergebnislos. Garaudy wird berufen und kommt nach Clermont. Zu seinem Unglück! Denn er hat sich der unversöhnlichen Feindschaft Foucaults zu erwehren. Nach dem Weggang von Vuillemin und dem Scheitern von Deleuze versucht auch Foucault Clermont zu verlassen; zuvor aber stürzt er sich in einen langwierigen Grabenkrieg gegen Garaudy, einen Krieg, der um so effizienter ist, als er von Vuillemin die Leitung des Fachbereichs Philosophie übernommen hat. Er ergreift alle Gelegenheiten, alle Vorwände, um seinem Haß freien Lauf zu lassen. Einem wilden Haß. Garaudy versucht die Dinge ins Lot zu bringen. Eines Abends klingelt er bei Foucault in Paris und bittet um Eintritt. Foucault will ihm die Tür vor der Nase zuschlagen. Garaudy setzt den Fuß dazwischen und bleibt hartnäckig. Die Konfrontation endet mit einer Flut von Beschimpfungen. Foucaults Beweggründe sind doppelter Art. Einerseits wettert er gegen die »intellektuelle Nullität« des neuen Professors. »Das ist kein Philosoph«, wiederholt er jedem, der es hören will, »so einen brauchen wir hier nicht.« Das ist sozusagen der offizielle Grund, den er auch in seinen öffentlichen Schmähreden vorbringt. Andererseits verhehlt er den ihm Nahestehenden den zusätzlichen Grund nicht, der ihn zu solchem Handeln treibt: es ist der tiefe Abscheu, den ihm dieser traurige Vertreter eines Stalinismus auf französische Art einflößt, der sich bereits im Vordergrund der Szene tummelte, als er selbst noch eine Zeitlang dem marxistischen Einfluß und der Eintrittswelle in die Kommunistische Partei gehuldigt hatte. Foucault hat noch eine Abrechnung mit Garaudy zu führen. Und er rechnet mit ihm ab!

Garaudy hat alle Sarkasmen, alle Verwünschungen zu ertragen, die der Erfindungsreichtum seines Institutsleiters über ihn verhängt. Und er muß auch seine Zornausbrüche hinnehmen. Hat er in einer Bibliographie einen Rechtschreibfehler gemacht? Unverzüglich wird er zu Foucault gerufen, der seine Inkompetenz geißelt. Das Leben im Fachbereich Philosophie ist mit Vorfällen dieser Art geradezu gespickt. Der Konflikt erreicht seinen Höhepunkt, als Garaudy einen groben Fehler begeht und einer Studentin ein falsches Referatsthema gibt: er verlangt von ihr, die *Gedanken* Mark Aurels aus dem Lateinischen zu übersetzen. Die auf Griechisch geschrieben sind. Der Szene hat ein Zeuge beigewohnt, weil nämlich Michel Serres sich damals das Büro mit Garaudy teilt. Er erzählt die Geschichte Foucault, der buchstäblich außer sich gerät, Garaudy mit allen erdenklichen Schimpfnamen belegt und ihm sogar wegen beruflichen Versagens mit dem Verwaltungsgericht droht... Und der stalinistische Apparatschik, der im Laufe seines Aktivistenlebens doch viele ähnliche Vorfälle erlebt haben muß, weicht vor den wiederholten und immer stürmischeren Angriffen Foucaults zurück. Er bittet um seine »Versetzung auf einen gleichwertigen anderen Posten«. Zwei Jahre nach dem Gewaltstreich des Ministeriums verläßt er die Stadt und geht nach Poitiers. Foucault frohlockt. Er hat einen Feind aus dem Felde geschlagen. Und im selben Augenblick einen Freund gewonnen. Denn von diesem Augenblick an datieren seine Beziehungen zu Deleuze, der schließlich nach Lyon berufen worden ist. Sie sehen sich regelmäßig, wenn Deleuze nach Paris kommt. Und ohne deshalb miteinander vertraut zu werden, sind ihre Bindungen doch so stark, daß Foucault, wenn er verreist ist, Deleuze und seiner Frau mehrfach seine Wohnung zur Verfügung stellt.

Während dieser Jahre in Clermont-Ferrand geht Foucault auch enge freundschaftliche Beziehungen zu Michel Serres ein. Serres arbeitet über Leibniz und verfügt über eine unter Philosophen wenig verbreitete naturwissenschaftliche Bildung. Er diskutiert mit Foucault viele im Entstehen begriffene Abschnitte aus *Die Ordnung der Dinge*. Foucault unterbreitet ihm seine Hypothesen, seine Entdeckungen, seine Einfälle... Und Serres überprüft, kommentiert, kritisiert sie. Auf diese Weise verbringen sie ganze Stunden gemeinsamer Arbeit. Sie verlieren sich aus den Augen, als Foucault Clermont verläßt, und begegnen sich erst 1969 in Vincennes wieder.

Es ist ein »Dandy« – das Wort mag überraschen, aber es kehrt in den Aussagen der Kollegen und Studenten unaufhörlich wieder –, es ist ein »Dandy«, der da jede Woche seine Vorlesung in Clermont hält. Er trägt einen schwarzen Samtanzug, weiße Rollkragenpullover, ein grünes Lodencape... Diejenigen, die ihm zur Zeit der École normale nahegestanden haben, erkennen den unruhig-zerrissenen, kränklichen, sich in seiner Haut nicht wohl fühlenden Jugendlichen, als den sie ihn in Erinnerung behalten haben, kaum wieder. Fünf oder sechs Jahre sind verstrichen, in denen sie ihren früheren Kameraden aus den Augen verloren haben. Man wußte, daß er im Ausland war, daß er seine *thèse* vorbereitete, daß er sich anschickte, sie zu disputieren... und findet nach diesem langen Intervall einen gewandelten Foucault wieder, einen aufgeblühten, entspannten, lachenden Menschen. Einen Menschen, der sich seine Vorliebe für Sarkasmus und Provokation bewahrt, der sie aber in eine Persönlichkeit integriert hat, die, obwohl für viele noch immer rätselhaft, sich wenigstens mit sich selbst und den anderen versöhnt zu haben scheint.

Michel Foucault hat seine Arbeit so organisiert, daß er allen Dingen, die ihn anwidern, aus dem Wege gehen kann. Im Jahre 1962 hat er sich zwei Assistentinnen zugelegt, Nelly Viallaneix und Francine Pariente, die »Foucault's sisters«, wie man sie bald im Seminar nennt, die sich um die Vorlesungen in Sozialpsychologie und Kinderpsychologie kümmern, zwei Bereiche, die Foucault verabscheut. Er selbst hat sich die Vorlesungen in »allgemeiner Psychologie« vorbehalten. Ein ziemlich vager Begriff, unter dem er alles das zusammenfaßt, was ihm beliebt. Hat er seine Studenten nicht von Anfang an gewarnt: »Die allgemeine Psychologie – wie alles Allgemeine gibt es sie gar nicht.« Deshalb kann er sehr ausführlich über die Sprache und die Geschichte linguistischer Theorien sprechen, ebenso über die Psychoanalyse. Eines Tages erklärt er Francine Pariente: »Dieses Jahr werde ich eine Vorlesung über Rechtsgeschichte halten.« Was er dann auch tut. Seine Arbeit über den Wahnsinn liegt noch recht nahe, und er ist bereits auf der Spur seiner künftigen Bücher. Von 1960 bis 1966 tragen seine Vorlesungen fortgesetzt das Siegel dieser Spannung zwischen dem, was er gemacht hat, und dem, was er tun wird, zwischen Vergangenheit und Zukunft, zwischen veröffentlichter Arbeit und im Entstehen begriffenem Werk. Was darauf verweisen mag, daß die entscheidende Tiefenschicht seines Denkens weitgehend einheitlich ist, selbst wenn die sukzessiven Ausdrucksstrebungen sich differenzierte Formen gegeben haben. Er hält auch eine Vorlesung über die Sexualität, und zwar anhand eines Exposés über Freud und die Theorie der infantilen Sexualität. Er verhehlt nicht, daß er diesem Problem eine Arbeit im Gefolge von *Wahnsinn und Gesellschaft* widmen möchte. Als er 1976, unmittelbar nach *Überwachen und Strafen*, den Einleitungsband eines weitausgreifenden Vorhabens veröffentlicht, das unter dem Gesamttitel *Histoire de la sexualité (Sexualität und Wahrheit)* angekündigt wird, werden ihm zahlreiche Fragen über den Übergang vom einen Projekt zum anderen und über die Verbindungen zwischen ihnen gestellt. Tatsächlich lassen sich bereits in den sechziger Jahren Querverbindungen und Vorwegnahmen konstatieren. Den Beweis dafür liefern seine Vorlesungen, die von der Sexualität zur Jurisprudenz und von der Jurisprudenz zur Sexualität übergehen. Foucaults Vorlesungstätigkeit räumt der Psychoanalyse sehr viel Platz ein. Foucault hat Marx seit langem abgeschworen, bleibt Freud jedoch sehr verbunden. Noch immer kommentiert er die *Cinq Psychanalyses** und die *Traumdeutung*. Er zitiert häufig Lacan und empfiehlt seinen Studenten die Lektüre seiner in der Zeitschrift *Psychanalyse* erschienenen Aufsätze. Da er aber Professor für Psychologie ist, vergißt er nicht, seinen Schülern ausführliche Unterweisung im Rorschach-Test zu geben, auf den er mehrere Jahre lang eine oder zwei Vorlesungsstunden wöchentlich verwendet. Wie er auch ausführlich auf die »gegenwärtigen Theorien der Wahrnehmung und Empfindung« eingeht. Auf einen Aspekt muß besonders hingewiesen werden: alle Vorlesungen Foucaults sind pädagogisch äußerst intensiv aufgebaut. Man darf sich keine großen, inspirierten Tiraden vorstellen, die die Köpfe der Hörer überfliegen, ebensowenig komplizierte Verlautbarungen, die für sie zu schwierig wären. Wir sind nicht mehr in Uppsala! Und das alles hat auch nichts zu schaffen mit den späteren Vorlesungen im Collège de France, deren Funktion ja gerade darin besteht, ein neues Forschungsergebnis auf dem Prüfstand zu testen. In Clermont-Ferrand befolgt Foucault beinahe immer das vorgegebene Programm, er definiert Begriffe, er präsentiert verschiedene Theorien und gibt synthetische Zusammenfassungen. Es genügt, die Vorlesungsmitschriften seiner Studenten durchzusehen: alles ist in genau umrissene Paragraphen mit kleinen Erklärungsschema gegliedert.

---

* Vgl. oben S. 106, Fußnote (A. d. Ü.).

Seine Vorlesung ist schulmäßig im besten Sinne des Wortes, und trotz der Distanz, die er der Rolle des Professors gegenüber einnimmt, trotz der Freiheiten, die er sich gegenüber den akademischen Normen gestattet, bleibt er als Universitätslehrer doch recht traditionell. Es ist wirkliche Einführungsarbeit, die er seinen Studenten bietet, auf einfache und genaue Weise. Zwar benutzt er das Material, das er auch in seinen im Entstehen begriffenen Büchern verwendet, und seine Vorlesung über die »zeitgenössischen Probleme der Sprache« beispielsweise schlägt viele der Themen an, die sich in *Die Ordnung der Dinge* wiederfinden, aber er vermengt die beiden Aktivitäten nicht miteinander, er verquickt das jeweilige Publikum seiner beiden Diskursebenen nicht mit dem anderen: Lehre und Schrift.

Michel Foucault ist ein faszinierender Lehrer. Er marschiert auf dem Podium auf und ab, spricht ohne innezuhalten und wendet sich nur selten dem Stoß von Zetteln zu, den er auf dem Pult abgelegt hat: ein kurzes Hinschauen, und die Stimme hebt sich erneut, findet zu ihrem raschen, abgerissenen Rhythmus mit Satzenden zurück, an denen sie über die melodische Kurve einer Frage hinauszudrängen scheint, um mit dem berechenbaren Fallen der Antwort wieder zu den behandelten Problemen zurückzufinden. Foucault bringt seine Studenten gern aus der Fassung. Während der Vorlesung unterbricht er plötzlich und fragt sie: »Wollen Sie wissen, was der Strukturalismus ist?« Und da ihm niemand zu antworten wagt, läßt er einige Augenblicke verstreichen und stürzt sich dann in eine lange Erklärung, die seine Hörer verblüfft. Dann nimmt er den Faden seines Vortrages da wieder auf, wo er ihn zwanzig Minuten zuvor fallengelassen hatte. Die Vorlesung, die die meisten seiner Studenten fürchten – denn sie sind fasziniert, aber immer etwas davon beunruhigt –, ist diejenige, die ihr Professor jenem Rorschach widmet und die abends stattfindet; morgens hat er über Jurisprudenz und Sexualität gesprochen und am frühen Nachmittag über Psychoanalyse, Sprache oder Humanwissenschaften. Foucault teilt seine Studenten immer in Gruppen zu sieben ein. Und da stets zwei oder drei übrigbleiben, nimmt er die beiseite. Und im Laufe des ganzen Kurses prasselt auf diese armen Exilierten, die er die »Beduinen« nennt, ein ganzer Schwarm von Fragen hernieder, die er sich eigens ausdenkt. Und er feixt, wenn die Antworten falsch sind. Oder er gibt, wenn sie richtig sind, neckische Kommentare wie diesen: »Ein Stück Zuzucker für Fräulein Sowieso.« Für die Studenten ist die Sache klar und das Heil naheliegend: man muß alles Erdenkliche tun, um der Situation des »Beduinen« zu entgehen. Wie aber den Klausurthemen entgehen? Gott weiß, daß sie nicht leicht sind. Beispielsweise das folgende: »Die neurotische Familie, das heißt die Familie schlechthin.« Niemand wagt sich in diesen Sumpf zu stürzen, und Foucault hat folglich auch nichts zu korrigieren: jeder weicht aus. Gefürchteter noch ist die mündliche Prüfung fürs Schlußexamen des Studienjahres. Einer bereits vor Aufregung völlig eingeschüchterten Studentin stellt er die Frage – und das ist das Prüfungsthema: »Was wollen Sie denn tun, wenn Sie einmal groß sind?« Die Studentin beginnt sich eine Antwort zurechtzulegen, und Foucault unterbricht sie nach einigen Minuten: »Können Sie mir fünf von Freud beschriebene Fälle von Neurose zitieren?« Sie leistet Folge, und die Prüfung ist beendet.

Trotz allem lieben und bewundern die Studenten ihren Professor. Sie kommen nach den Vorlesungsstunden und plaudern mit ihm, sie begleiten ihn zum Bahnhof zurück, trinken im Café ein letztes Glas mit ihm, bevor sie ihn ziehen lassen... In seinem Jahr in Clermont-Ferrand wird Foucault gegen Ende jeder Vorlesung mit Beifall verabschiedet. Und das hatte man, so weit die Auvergne zurückdenken konnte, noch nie erlebt. Und hat es auch seither nicht mehr.

Foucaults Manieren, seinem Umgangsstil, seinen seltsamen Beziehungen zu den Studenten, seinen Zensuren, die er, wie man mutmaßt, nach der Nase des Schutzbefohlenen verteilt..., ist nicht das Glück vergönnt, allen seinen Kollegen zu gefallen. Wenn er auch im Fachbereich Philosophie sehr geschätzt wird, so hat er in der übrigen Fakultät doch nicht nur Freunde. Für manche ist er schlicht und einfach eine Verkörperung des »Teufels«. Und es ist nicht schwer, sich vorzustellen, daß er, so wie man ihn kennt, es sich nicht nehmen läßt, mit diesem Bild geradezu zu spielen: zu seinem bereits erwähnten »Dandy«-Aspekt gesellt sich noch das »sardonische« Lachen, die immer und überall unter Beweis gestellte »Arroganz«, ebenso das »exzentrische« Verhalten – so jedenfalls äußern sich die Augenzeugen –, all das trägt dazu bei, die kleine, sehr provinzielle Fakultät aus der Fassung zu bringen und eine gewisse Voreingenommenheit gegen die »Pariser Intellektuellen« auf ihn zu konzentrieren. »Pariser Intellektueller«! Genau da liegt das Problem. Er wohnt in Paris – er hat sich in der Rue du Docteur-Finlay im 15. Arrondissement eingerichtet –, er hat häufigen Umgang mit avantgardistischen Literatenkreisen, arbeitet bei verschiedenen Zeitschriften wie *Critique, Tel Quel*, der *NRF* mit…, in denen er über Bataille, Blanchot, Klossowski… schreibt. In Wirklichkeit scheint er gar nicht die geeignete Person zu sein, um in dieser entlegenen, abgeschiedenen Gegend zu lehren. Vielleicht wären seine Studenten oder die anderen Professoren weniger erstaunt, wenn das Ganze sich heute abspielte? Vor 1968 aber schockiert die Präsenz Foucaults ebenso, wie sie verführt. Außerhalb einer kleinen Gruppe von Kollegen und Freunden ist er ziemlich schlecht angesehen, wird er sogar hart kritisiert. Man hat ihm nicht vergeben, daß er Daniel Defert als Assistenten ins Philosophische Seminar geholt hat. Daniel Defert war Schüler der École normale von Saint-Cloud, als Foucault ihm nach seiner Rückkehr aus Deutschland begegnet ist. Er geht zu ihm eine Liebesbeziehung ein, die bis zu seinem Tode dauert. Daniel Defert wird nahezu fünfundzwanzig Jahre lang Foucaults Leben teilen. Und Foucault hat ihn bis zum Ende geliebt, trotz gelegentlicher Spannungen und Zwistigkeiten. Ja sogar Krisen, denn zahlreiche Zeugen erinnern sich der Qualen und Verzweiflungen Foucaults zuzeiten, da der Bruch unabwendbar schien. Jahraus jahrein aber hat die Beziehung allen Prüfungen standgehalten. Foucault legt von der Intensität dieser Beziehung in einem Gespräch Zeugnis ab, das er 1981 mit dem deutschen Cineasten Werner Schröter geführt hat: »Ich lebe in einem Zustand der Leidenschaft zu jemandem. Vielleicht ist diese Leidenschaft zu einem bestimmten Zeitpunkt in Liebe umgeschlagen. In Wirklichkeit handelt es sich um einen Zustand der Leidenschaft bei uns beiden, einen permanenten Zustand, der keinen anderen Grund hat zu endigen als sich selbst und dem ich vollkommen verfallen bin, der durch mich hindurchgeht. Ich glaube, daß es nichts auf der Welt gibt, nichts, was immer es sei, das mich hindern würde, wenn es darum ginge, ihn wiederzusehen, mit ihm zu sprechen.«[5] Als er in Clermont lehrt, steht diese Beziehung noch ganz am Anfang, und Foucault zögert nicht, die Sonderrechte geltend zu machen, die ihm sein Status als Leiter des Fachbereichs verleiht, um seinem Geliebten einen Assistentenposten zu verschaffen. Er macht sich nichts daraus, die Universität vor den Kopf zu stoßen, und antwortet einem Mitglied des Fakultätsrates, der ihn fragt, welchen Kriterien dieser Kandidat seine Wahl und seine Bevorzugung vor einer anderen Bewerberin zu verdanken habe, die älter und mit mehr Titeln geschmückt ist: »Weil wir hier die alten Jungfern nicht mögen.«

Liegt es daran, daß er genug davon hat, Psychologie zu lehren? Liegt es daran, daß er sich in dieser etwas engen Welt unwohl fühlt? Oder ganz einfach daran, wie das einer seiner Freunde ausdrückt, »daß er nicht stillsitzen«, es nirgendwo lange aushalten konnte? Alle diese Gründe scheinen sich zusammenzufinden, um gegen Ende des Studienjahres 1965–1966 auf seinen Abschied von Clermont hinzuwirken. Jedenfalls hatte er bereits mehrfach versucht, diesem etwas erstickenden Universitätsrahmen zu entrinnen. Im Jahre 1963 war er nahe daran, als Leiter des Französischen Kulturinstituts nach Tokio berufen zu werden. Aber er hat den Zureden des Dekans nachgegeben, der ihn zu bleiben gebeten und am 2. September ans Ministerium geschrieben hat, man möge ihn doch nicht seines Professors berauben: »Der Weggang von M. Foucault würde unserer Fakultät zum gegenwärtigen Zeitpunkt einen sehr schweren Schaden zufügen. Es wäre nicht nur unmöglich, ihn zum nächsten Wintersemester zu ersetzen; vielmehr erfordert die äußerst kritische Lage des Fachbereiches Philosophie – eine Lage, über die ich Ihnen mehrfach Bericht erstattet habe – den Verbleib des Leiters des Fachbereiches auch im nächsten Studienjahr. Ich füge ergänzend hinzu, daß M. Foucault in seiner Eigenschaft als Psychologe der einzige ist, der die Neuorganisation des Instituts für angewandte Psychologie, die wir unternommen haben, zu Ende zu führen vermag. Unter diesen Umständen habe ich mich entschlossen, M. Foucault sehr lebhaft dazu zu drängen,

5 In Gérard Courant, *Werner Schröter*, Goethe-Institut, Cinémathèque française, 1981.

das Angebot, das er erhalten hat, abzulehnen. Mit einer Uneigennützigkeit, für die ich ihm sehr dankbar bin, hat er die Triftigkeit der Argumente, die ich ihm angeführt habe, anerkannt.«

Im Jahre 1965 faßt Foucault erneut den Abschied von Clermont ins Auge: Der Soziologe Georges Gurvitch hat ihm vorgeschlagen, sich als Kandidat für die Sorbonne zu bewerben, und sich erboten, ihn zu unterstützen. Aber Canguilhem rät Foucault, nichts dergleichen zu unternehmen, denn die Lage stellt sich eher ungünstig dar: Foucault hat die Mehrheit des Fachbereiches Philosophie gegen sich, der ebenso Philosophen wie Soziologen und Psychologen umfaßt. Einerseits scheint die Sorbonne kaum bereit, Foucault aufzunehmen, und andererseits wird Gurvitch von seinen Kollegen nicht übermäßig geschätzt, die es keineswegs von sich weisen würden, ihm einen Streich zu spielen, indem sie den von ihm geförderten Kandidaten ablehnten. Foucault verzichtet darauf, seine Kandidatur zu präsentieren. Und er schickt einen langen Brief an Georges Canguilhem und dankt ihm dafür, ihm die Augen geöffnet zu haben: »Sie haben mir einen *nachdrücklichen* ›Dienst‹ erwiesen, wie man mit einem etwas merkwürdigen Wort sagt, indem Sie mich hinderten, die Dummheit zu begehen, zu der Gurvitch mich drängte. Darüber besteht für mich, jetzt und dank Ihnen, blendende Klarheit.« Foucault bleibt also in Clermont. Aber er fragt mehrfach bei Jean Sirinelli an, dem Leiter des französischen Unterrichtswesens im Ausland, und bittet ihn, ihm einen Posten ausfindig zu machen. Foucault hat Sirinelli in der Rue d'Ulm kennengelernt, als beide dort zu Beginn der fünfziger Jahre Vorlesungen hielten. Sirinelli ist überdies ein Freund von Barthes. Alles geht also ganz problemlos. Sirinelli sieht nur einfach nicht, welches Auditorium Foucault in Kongo-Kinshasa finden könnte, dessen Universität noch immer unter der Fuchtel der Professoren von Löwen steht, und rät Foucault sehr eindringlich davon ab, sich dorthin versetzen zu lassen, wie das sein Wunsch zu sein scheint.

Foucault wird auch nicht in Brasilien leben: er verbringt dort zwei Monate des Jahres 1965, und zwar auf Einladung von Gérard Lebrun, der 1954 sein Schüler in der Rue d'Ulm gewesen ist und sich seither in São Paulo niedergelassen hat, wo er noch heute lebt und lehrt. Foucault hält dort eine Reihe von Vorträgen. Nein, er hat entschieden kein Sitzfleisch. Im Jahre 1966 erhält er seine Versetzung nach Tunis. *Die Ordnung der Dinge* ist gerade erschienen und erzielt einen aufsehenerregenden und gänzlich unerwarteten Erfolg. Im Getümmel, das das Erscheinen dieses Buches begleitet, erfahren seine Studenten in Clermont als erste davon, daß Michel Foucault der Stadt Lebewohl sagt.

Die Öffnung der Leichname

Von der Niederschrift von *Wahnsinn und Gesellschaft* mit Beschlag belegt, hat Michel Foucault während der Jahre seiner Aufenthalte in Schweden, Polen und Deutschland nichts zum Druck befördert. Kaum wieder in Frankreich heimisch, steigt seine Produktivität ruckartig an, häuft er Bücher und Buchprojekte, Aufsätze und Vorworte... Eine vielgestaltige Bewegung in aufsteigender Linie, die ihre Apotheose 1966 mit *Die Ordnung der Dinge* findet, unmittelbar vor seiner Abreise nach Tunis.

Zunächst die Projekte. Sie waren zahlreich. Das erste davon war eine direkte Fortsetzung von *Wahnsinn und Gesellschaft*. Pierre Nora, der seinerzeit bei Julliard arbeitete, wollte eine neue Reihe herausgeben, »Archives«, und hatte zahlreiche Historiker gebeten, Dokumente zu einem gegebenen Thema oder zu einer gegebenen Epoche zu sammeln und zu kommentieren. Er hat *Wahnsinn und Gesellschaft* gelesen und auch an Foucault geschrieben. Pierre Nora erinnert sich ihrer ersten Begegnung: Foucault erscheint »schwarzgekleidet«, er »trägt einen Notarshut«, »goldene Manschettenknöpfe«... Und vor allem greift er die Anregung des Herausgebers bereitwillig auf. Er erwägt, Texte über die *embastillés*, das heißt die im Bastille-Gefängnis Inhaftierten, zu präsentieren. Das Werk wird in den Fortsetzungshinweisen angekündigt, die in den ersten Bänden der Reihe auftauchen: *Les Fous. Michel Foucault raconte du XVIIe au XIXe siècle, de la Bastille à Sainte-Anne, le voyage au bout de la nuit* (Die Irren. Michel Foucault erzählt die Reise ans Ende der Nacht, vom 17. bis zum 19. Jahrhundert, von der Bastille bis nach Sainte-Anne). »Erscheint demnächst«... Aber es erscheint nicht. Andere Projekte drängen sich vor, die ebenfalls wieder untergehen, bevor sie später dann in anderer Gestalt erneut auftauchen. Wie jene »Geschichte der Hysterie«, für die Foucault im Februar 1964 einen Vertrag mit dem Verlag Flammarion und der »Nouvelle Bibliothèque scientifique« schließt, die Fernand Braudel dort herausgibt. Der große Historiker hat nicht lange gebraucht, um das Talent des jungen Philosophen zu erkennen. Für die Manuskriptabgabe vorgesehener Termin:

Herbst 1965. Sehr bald modifiziert Foucault jedoch sein Projekt und unterschreibt einen neuen Vertrag für ein anderes Buch: diesmal handelt es sich um eine Studie über »Die Idee der Dekadenz«. Die einzige Gemeinsamkeit zwischen den beiden Texten: keiner wird je das Licht des Tages erblicken.

Dennoch scheut Foucault keine Mühe. Im Jahre 1963 veröffentlicht er zwei ganz unterschiedliche Werke. Es handelt sich um seine Studie über *Raymond Roussel*, die bei Gallimard herauskommt, und zwar in der von Georges Lambrichs herausgegebenen Reihe »Le Chemin«, und um *Naissance de la clinique* (*Die Geburt der Klinik*). Er hat dafür Sorge getragen, daß beide am gleichen Tage erscheinen. Um die Gleichwertigkeit der beiden Interessenschwerpunkte unter Beweis zu stellen, die seine Aufmerksamkeit fesseln? Oder vielsagender: um zu zeigen, daß er hier wie da über denselben Gegenstand spricht?

Das Buch über Roussel ist Bestandteil eines ganzen Komplexes. Man könnte sogar von einem »literarischen Zyklus« sprechen, so wie es in den siebziger Jahren einen »Kerker-Zyklus« geben wird, der, von einem Buch ausstrahlend, in eine ganze Konstellation von Artikeln, Vorworten und Interviews eingebettet ist...: zwischen 1962 und 1966 veröffentlicht Foucault eine ganze Reihe von Aufsätzen über Schriftsteller. Wenn es nun aber unmöglich ist, den »Fall Roussel« aus dieser Folge von Studien herauszulösen und zu isolieren, so ist Roussel doch der einzige Autor, dem Foucault jemals ein separates Buch gewidmet hat. Und dieser Autor ist nicht nur kein Philosoph; er ist von den Schriftstellern, die er bewundert, der am wenigsten philosophische. Aber auf alle Fälle der rätselhafteste, der esoterischste. Ein zu seiner Zeit nahezu unbekannter Poet und Dramatiker, den die Avantgarde-Romanciers unter dem Einfluß von Michel Leiris' *Biffures* (*Streichungen*) als einen ihrer Vorläufer entdeckten. Im ersten, 1948 erschienenen Band seiner Autobiographie verweilt Leiris lange bei seinen Erinnerungen an Roussel, den er gut gekannt hat. Warum und wie aber hat Foucault Roussel entdeckt und kommentiert? Aus Zufall, erklärt er in einem Interview, das als Nachwort zur 1983 erschienenen amerikanischen Ausgabe seines Buches dient: »Ich erinnere mich, wie ich auf ihn gestoßen bin: nämlich zu einer Zeit, als ich in Schweden lebte und nur im Sommer nach Frankreich kam, einfach nur für die Ferien. Eines Tages ging ich in die Buchhandlung José Corti, um mir ich weiß nicht mehr welches Buch zu kaufen. José Corti war persönlich anwesend, hinter einem großen Tisch sitzend, ein stattlicher Greis. Er war in ein Gespräch mit einem Freund vertieft. Während ich also geduldig auf das Ende dieses Gespräches wartete, fiel mein Blick zufällig auf eine Buchreihe, deren gelbe, etwas altmodische Färbung die traditionelle Umschlagfarbe der alten Verlage vom Ende des vorigen Jahrhunderts war, kurz: von Büchern, wie man sie heute gar nicht mehr macht. Es handelte sich um Bücher des Verlages und der Buchhandlung Lemerre. Aus Neugier habe ich eines dieser Bücher in die Hand genommen, um zu sehen, was José Corti denn von diesem Lemerre-Fundus, der heute kaum mehr im Handel zu finden ist, verkaufen mochte, und bin über einen Autor gestolpert, der mir damals nicht einmal dem Namen nach bekannt war: Raymond Roussel. Das Buch trug den Titel *La Vue*. Schon bei den ersten Zeilen wurde ich gewahr, daß es sich da um eine außerordentlich schöne Prosa handelte, die seltsamerweise der von Robbe-Grillet nahestand, der gerade zu publizieren begann. Ich habe eine Art Vergleich zwischen *La Vue* und Robbe-Grillet im allgemeinen angestellt, vor allem mit *Le Voyeur*. Als José Corti sein Gespräch beendet hatte, habe ich schüchtern gefragt, wer denn dieser Raymond Roussel sei. Daraufhin hat er mich mit mitleidiger Großmut angesehen und gesagt: ›Nun, eben Roussel...‹ Mir wurde klar, daß ich eigentlich hätte wissen müssen, wer Raymond Roussel war, und ich habe ihn, noch immer ganz schüchtern, gefragt, ob ich dieses Buch kaufen könne, zumal er es ja zum Verkauf anbot. Ich war überrascht oder enttäucht zu sehen, daß es doch recht teuer war. Ich glaube übrigens, daß José Corti mir an jenem Tage auch gesagt haben muß: ›Aber Sie sollten auch *Comment j'ai écrit certains de mes livres* lesen.‹ Später habe ich dann systematisch, wenn auch langsam die Bücher von Raymond Roussel gekauft, die mein lebhaftes Interesse geweckt hatten: ich war von dieser Prosa verhext, in der ich eine ganz eigentümliche Schönheit fand, bevor ich noch wußte, was eigentlich dahintersteckte. Und als ich die Verfahrensweisen und Schreibtechniken von Raymond

Roussel für mich entdeckte, ist eine bestimmte zwanghafte Seite von mir ein zweites Mal verführt worden.«[1]

Raymond Roussel ist 1877 in Paris geboren. Er hatte ein Musikstudium angefangen, bevor er dann siebzehnjährig alles aufgab, um sich mit Tinte und Papier einzuschließen und sich ins Schreiben zu stürzen. Indem er den sonnenhaften und feurigen »Glanz« ausstrahlte, den er in sich erlebte, ohne das geringste Bedürfnis nach anderen, die ihn anerkennen sollten, wie er zu proklamieren nicht müde wird. Sein Fall fesselt den bedeutenden Psychiater Pierre Janet, der Roussels Illuminationen in seinem Buch *De l'angoisse à l'extase* (Von der Angst zur Ekstase) analysiert und diese literarische Überspanntheit mit einer religiösen Ekstase vergleicht. Im Jahre 1897 hat Roussel *La Doublure* (Das Double) veröffentlicht, ein langes Gedicht, das das Leben eines Doppelgängers schildert. Darauf folgt dann *La Vue* (Die Aussicht), das eine Landschaft beschreibt, die nur für denjenigen sichtbar ist, der sein Auge der Oberfläche, in die sie eingeritzt ist, nähert. Wie Hubert Juin in seiner Ausgabe von *Comment j'ai écrit certains de mes livres* (Wie ich einige meiner Bücher geschrieben habe) dazu anmerkt, ist Roussel allein mit seinem Gedicht, das der Außenwelt nichts mehr verdankt und schuldet.[2] Allein auch mit seinen Romanen, die anhand von Verfahrensweisen entstehen, für die er in jenem postumen Werk den Schlüssel liefert: der erste trägt den Titel *Impressions d'Afrique* (*Eindrücke aus Afrika*) und stammt aus dem Jahre 1910; darauf folgen die *Nouvelles Impressions d'Afrique* (Neue Eindrücke aus Afrika), geschrieben während einer Reise nach Australien und Neuseeland, auf der Roussel, bei geschlossenen Vorhängen in der Schiffskabine verbarrikadiert, sich hartnäckig weigert, die draußen vorbeiziehenden Strände und Landschaften zu betrachten. Er schreibt auch für das Theater, und seine Stücke erleben schmetternde Mißerfolge oder provozieren Riesenskandale, die ihm die Unterstützung der Surrealisten eintra-

1 Gespräch mit Charles Ruas als Nachwort zur amerikanischen Ausgabe von *Raymond Roussel*; ern. in: *Le Magazine littéraire*, Nr. 221, Juli–August 1985.

2 In: Raymond Roussel, *Comment j'ai écrit certains de mes livres*, Paris 1935.

gen. Nach seinem Tode fällt er nahezu völlig in Vergessenheit, bis zu dem Tage, da Leiris diese allzu rasch erloschene Flamme wieder entzündet. Bis zu dem Tag auch, da »die Strahlen des Ruhmes« den Blick eines jungen Philosophen anziehen, der, in Schweden im Exil und nur auf der Durchreise in Paris, im Begriff ist, ein Buch über den Wahnsinn zu schreiben, in dem er alle zu Wort kommen lassen will, die mit Wahnsinn geschlagen waren. Welche Faszination mußte Foucault empfinden, als er erfuhr, daß Roussel Patient von Janet gewesen war? Als er erfuhr, daß Roussel 1933 die Klinik von Binswanger in Kreuzlingen gewählt hatte, um sich dort betreuen zu lassen, daß er aber einen Umweg machen wollte, bevor er sich in die Schweiz begab, und einen Zwischenaufenthalt in Palermo einlegte, wo man ihn dann tot in seinem Hotelzimmer fand. Hat er Selbstmord begangen, wie das die offizielle Version behauptet? Oder wurde er von einem Zufallsliebhaber ermordet, wie das andere glauben? Foucault läßt seinerseits die Selbstmordthese gelten, weil sein Buch mit der von Roussel imaginierten Zeremonie einsetzt und schließt: sich auf den Tod vorbereiten und dem Verleger ein Manuskript schicken, in dem erklärt wird, wie er seine Bücher geschrieben hat. Foucault spricht von Roussels Selbstmord auch in dem Artikel, den er 1964 in *Le Monde* veröffentlicht.[3] Übrigens interessiert sich Foucaults Buch, abgesehen von dem Handel von Schrift und Schreiben mit dem Tod, wie er von Roussel in dieser absonderlichen Tat inszeniert wird, nur sehr wenig für biographische Einzelheiten. Einzig fesseln ihn die literarischen Techniken, die von Roussel inszenierten Sprachspiele und Verfahrensweisen. Also die gesamte in *Comment j'ai écrit certains de mes livres* beschriebene Maschinerie, die die Sprache ins Unendliche wuchern zu lassen vermag. »Roussel hat Sprachmaschinen erfunden, die wohl außerhalb des Verfahrens kein anderes Geheimnis besitzen als den sichtbaren und tiefen Bezug, den jede aufgelöste Sprache mit dem Tod unterhält, aufnimmt und unendlich wiederholt.«[4]

Vor dem Beginn der Arbeit an diesem Buch hat Michel Foucault Michel Leiris einen Besuch abgestattet, um ihn um Infor-

---

3 Michel Foucault, »Pourquoi réédite-t-on Raymond Roussel? Un précurseur de notre littérature moderne«, in: *Le Monde*, 22. August 1964.
4 Michel Foucault, *Raymond Roussel*, Frankfurt am Main 1989, S. 64.

mationen über den Autor und sein Werk zu bitten. Aber Leiris läßt sich von den Analysen des Philosophen kaum überzeugen: »Er stattet Roussel mit zuviel philosophischen Ideen aus, der doch gar keine hatte«, sagt er heute. Seiner eigenen Aufsatzsammlung hat er übrigens, um sich von diesem von Foucault imaginierten Roussel abzugrenzen, den Titel *Roussel l'ingénu* (Roussel, der Treuherzige) gegeben.[5] Auch Robbe-Grillet ist kaum begeisterter. Er schreibt bei Gelegenheit des Erscheinens von Foucaults Buch einen langen Artikel über Roussel, richtet es jedoch so ein, daß er nichts über den »fesselnden Essay« Foucaults zu sagen braucht, der in einem einzigen Satz als eines der Zeichen von Interesse vergegenwärtigt wird, wie es jenem »direkten Ahnherrn des modernen Romans« entgegengebracht wird, bevor er dann seinen eigenen Kommentar zum Werk Roussels einsetzen läßt.[6] Heute räumt er ein, daß die Analysen Foucaults ihm damals wenig zusagten. Blanchot dagegen spricht vom »Werk Roussels, wie es das Buch Michel Foucaults für uns auf neue Weise zum Sprechen gebracht hat«. Und er zitiert voller Bewunderung jenen Satz Foucaults, in dem er das Echo und den Widerschein von Themen sieht, die seine eigene Arbeit nicht minder geprägt haben: »Sie [die Sonnenhöhle] ist der Raum der Sprache Roussels, die Leere, aus der er spricht, die Abwesenheit, durch die das Werk und der Wahnsinn miteinander kommunizieren und sich ausschließen. Und diese Leere verstehe ich keineswegs als metaphorisch: Es handelt sich um den Mangel an Worten, die weniger zahlreich sind als die Dinge, die sie bezeichnen und die dieser Ökonomie den Willen verdanken, etwas zu sagen.«[7]

Wenn er auch Roussel gefeiert hat, läßt Foucault doch die Schriftsteller nicht außer acht, die seinem Herzen noch vor dem Autor der *Eindrücke aus Afrika* nahegestanden haben. Beispielsweise schreibt er einen sehr langen Aufsatz anläßlich des Todes

5 Michel Leiris, *Roussel l'ingénu*, Paris 1988.

6 Alain Robbe-Grillet, »Énigmes et transparence chez Raymond Roussel«, in: *Critique*, Dezember 1963, S. 1027–1033.

7 Maurice Blanchot, »Le Problème de Wittgenstein«, in: *Nouvelle Revue Française*, Nr. 131, 1963; ern. in: *L'Entretien infini*, Paris 1969, S. 493; Zitat Foucaults in: M. F., *Raymond Roussel*, a. a. O., S. 189.

von Bataille, »Vorrede zur Überschreitung«, der in einem Sonderheft der Zeitschrift *Critique* erscheint. Bataille ist der Gründer dieser Zeitschrift gewesen, und das Verzeichnis der Mitarbeiter, die sich auf Einladung von Jean Piel zusammenfinden, um ihm zu huldigen, umfaßt Michel Leiris, Alfred Métraux, Raymond Queneau, Maurice Blanchot, Pierre Klossowski, Roland Barthes, Jean Wahl, Philippe Sollers, André Masson... In diesem Text legt Foucault erneut die tieferen Gründe seines Interesses – seiner Leidenschaft – für jene Schriftstellergruppe offen, die er zehn oder fünfzehn Jahre zuvor entdeckt hatte: »Um uns aus dem dialektisch-anthropologischen Schlummer zu wecken, bedurfte es der Nietzscheschen Figuren des Tragischen und des Dionysos, des Todes Gottes, des Hammers des Philosophen, des Übermenschen, der auf Taubenfüßen kommt, und der Wiederkunft. Doch warum ist heute die diskursive Sprache so schlecht gerüstet und so unfähig, diese Figuren gegenwärtig und sich in ihnen zu halten? Warum verstummt sie vor ihnen, warum muß sie, um sie sprechen zu lassen, das Wort den extremen Formen der Sprache überlassen, in denen Bataille, Blanchot und Klossowski dem Denken für heute eine Bleibe und seine Höhe gegeben haben?«[8] Für Foucault liegt die Kraft und die befreiende Gewalt des Werkes von Bataille darin, daß es die traditionelle philosophische Sprache gesprengt hat, indem es die Idee des sprechenden Subjekts pulverisierte: »Das ist das genaue Gegenteil der Bewegung, die seit Sokrates die abendländische Weisheit gebildet hat: jener Weisheit versprach die philosophische Sprache die heitere Einheit einer triumphierenden Subjektivität, die sich in der Sprache gebildet hat.« Während Bataille wahrscheinlich den »Raum einer Erfahrung« definiert, »in der das sprechende Subjekt, anstatt sich auszudrükken, sich aussetzt, seiner eigenen Endlichkeit entgegengeht und sich mit jedem Wort an seinen Tod verwiesen sieht«.[9] Es ist durchaus nicht nebensächlich, darauf hinzuweisen, daß sich in diesem 1963 geschriebenen Aufsatz Foucaults die ersten Umrisse einer Archäologie der Sexualität finden. Aber wir sind noch

8 Michel Foucault, »Vorrede zur Überschreitung«, in: ders., *Von der Subversion des Wissens*, München 1974, S. 40.
9 Ebd., S. 52 f.

weit von dem entfernt, was dann später zu *Der Wille zum Wissen* werden sollte, weil Foucault hier noch in den Begriffen von Verbot und Überschreitung denkt: »Die Entdeckung der Sexualität, der Himmel unbegrenzter Unwirklichkeit, an dem Sade sie gesehen hat, das System der Verbote, in dem sie, wie man nun weiß, gefangen ist, die Überschreitung, deren Gegenstand und Instrument sie in allen Kulturen ist, weisen gebieterisch auf die Unmöglichkeit hin, dieser Grunderfahrung eine Sprache zu leihen, wie sie seit Jahrtausenden von der Dialektik gesprochen worden ist.«[10]

Foucault schreibt auch die »Présentation« zu den *Œuvres complètes* von Bataille, deren erster Band 1970 bei Gallimard erscheint. »Bataille«, so Foucault zu Beginn dieses kurzen Vorwortes, »ist einer der bedeutendsten Schriftsteller seines Jahrhunderts: *Die Geschichte des Auges* und *Madame Edwarda* haben den stetigen Faden der Erzählungen zerrissen, um das zu erzählen, was noch nie erzählt worden ist; die *Somme athéologique* bezieht das Denken ins Spiel – ins gewagte Spiel – der Grenze, des Extrems, des Gipfels, des Übertritts ein. *Der heilige Eros* hat uns Sade näher gebracht und ihn für uns erschwert. Wir verdanken Bataille einen Großteil der Zeitwende, an der wir stehen... Aber was zu tun, zu denken und zu sagen bleibt, steht fraglos ebenfalls in seiner Schuld und wird es noch lange tun...«[11]

Im Juni 1966 erscheint, ebenfalls in der Zeitschrift *Critique*, ein Text über Blanchot mit dem Titel »Das Denken des Außen«: »Der Durchbruch zu einer Sprache, aus der das Subjekt ausgeschlossen ist, die Aufdeckung einer vielleicht unaufhebbaren Unvereinbarkeit zwischen dem Erscheinen der Sprache in ihrem Sein und dem Selbstbewußtsein in seiner Identität ist heute eine Erfahrung, die sich an vielen verschiedenen Punkten der Kultur ankündigt: in der Tätigkeit des Schriftstellers wie in den Versuchen, die Sprache zu formalisieren, im Studium der Mythen und in der Psychoanalyse [...]. Wir stehen vor einem Abgrund, der uns lange Zeit unsichtbar blieb: das Sein der Sprache

10 Ebd., S. 51.
11 Michel Foucault, »Présentation«, in: Georges Bataille, *Œuvres complètes*, Bd. I, Paris 1970, S. 5.

kommt für sich selbst nur im Verschwinden des Subjekts zur Erscheinung.«[12]

An dieser Stelle sollte auch der Artikel über Klossowski erwähnt werden, zumal Foucault nie aufgehört hat, diese drei Namen miteinander zu verknüpfen: Blanchot, Bataille und Klossowski. »La Prose d'Actéon« erscheint im März 1964 in der *Nouvelle Revue Française*. Foucault begnügt sich nicht damit, Klossowski zu kommentieren: er geht ihn überdies häufig besuchen. Er hat ihn 1963 durch Vermittlung von Barthes kennengelernt. Mehrfach gehen sie zu dritt essen, solange zwischen Foucault und Barthes noch kein Zwist ausgebrochen ist, später dann manchmal ohne Barthes. Klossowski liest Foucault Abschnitte aus einem Buch vor, an dem er arbeitet: *Der Baphomet*. Ein Roman, der 1965 erscheint und Foucault gewidmet ist: »Weil er sein erster Hörer und Leser war«, sagt Klossowski heute. Damals arbeitet Klossowski gleichzeitig auch über Nietzsche. Er schreibt, was später dann zu *Nietzsche ou le cercle vicieux* (*Nietzsche und der Circulus vitiosus Deus*) wird, und bereitet den Band vor, der seine Übersetzung der *Fröhlichen Wissenschaft* und ihrer Varianten versammelt und die Ausgabe von Nietzsches *Œuvres complètes* bei Gallimard einleitet. Eine Ausgabe, für die »Gilles Deleuze und Michel Foucault verantwortlich« zeichnen, wie auf dem Schutzumschlag zu lesen steht. Dieser erste Band – der Band V der Gesamtfolge bilden wird – wird von einem kurzen Vorwort der beiden Philosophen eingeleitet. Denn die Welt ist klein! Und auch Deleuze ist damals recht freundschaftlich mit Klossowski verbunden, und auch er widmet ihm einen Artikel, den er später in *Logique du sens* (Logik des Sinns) aufnimmt.

Foucault bewahrt sich immer eine sehr große Bewunderung für Klossowski, wie das die Briefe bezeugen, die er 1969 und 1970 aus Anlaß von *Nietzsche und der Circulus vitiosus Deus* und *La Monnaie vivante* (Die lebendige Münze) an ihn richtet. »Das ist das größte philosophische Buch, das ich gelesen habe, Nietzsche selbst inbegriffen«, schreibt er im Juli 1969 über das erstere. Und im Winter 1970 über das zweite: »Man hat den Ein-

---

12 Michel Foucault, »Das Denken des Außen«, in: *Von der Subversion des Wissens*, a. a. O., S. 57.

druck, daß alles, was auf die eine oder andere Weise zählt – Blanchot, Bataille, *Par-delà le b. et le m.** – verstohlen dorthin führte: und doch ist es heute gesagt... Eben das mußte gedacht werden: Begehren, Wert, Trugbild – ein Dreieck, das uns beherrscht und uns in unserer Geschichte fraglos seit Jahrhunderten konstituiert hat. Dagegen eiferten von der Höhe ihres Maulwurfshügels alle, die sagten und sagen Freud-und-Marx: heute kann man darüber lachen und weiß auch warum. Ohne Sie, Pierre, bliebe uns kaum mehr, als uns an jenen Eckpfeiler zu lehnen, den Sade ein für allemal markiert und den niemand vor Ihnen umgangen hatte – dem sich genaugenommen niemand auch nur genähert hatte.«[13] Als 1981 die Linke an die Macht kommt, wird Jean Gattegno, der auch sein Kollege in Tunis und Vincennes sein wird, als Leiter der Abteilung Buch ins Kultusministerium berufen. Er ruft Foucault an und fragt ihn: »Wen, glaubst Du, sollten wir mit dem ›Grand prix national des letres‹** auszeichnen?« Und Foucault antwortet: »Klossowski, wenn er ihn annimmt.« Klossowski wird ihn annehmen.

Der Bezug auf Nietzsche durchzieht alle Foucaultschen Texte dieser Phase. Zu eben dieser Zeit hält Foucault auch in Royaumont, im Rahmen des vom 4. bis zum 8. Juli 1964 stattfindenden Nietzsche-Kolloquiums unter dem Vorsitz von Martial Guéroult, seinen später berühmt gewordenen Vortrag über »Nietzsche, Marx, Freud«. Foucault macht kein Hehl aus seiner Vorliebe für den ersten der drei. Auf seine Darlegung folgt eine Diskussion, in deren Verlauf sich folgender merkwürdiger Dialog entspinnt:

»M. Demonbynes: ›Im Zusammenhang mit dem Wahnsinn haben Sie gesagt, daß das Erlebnis des Wahns der absoluten Erkenntnis am nächsten kommt. Haben Sie das wirklich sagen wollen?‹
M. Foucault: ›Ja.‹
M. Demonbynes: ›Sie haben nicht ›Bewußtsein‹ oder ›Vorwis-

---

* Nietzsches *Jenseits von Gut und Böse* (A. d. Ü.).
** Großer Staatspreis für Literatur (A. d. Ü.).
13 Diese Briefe sind veröffentlicht in: *Pierre Klossowski. Cahiers pour un temps*, Centre Georges Pompidou, 1985, S. 85–90.

sen‹ oder Ahnung des Wahns sagen wollen? Glauben Sie wirklich, daß man ... daß große Geister wie Nietzsche das ›Erlebnis
des Wahns‹ haben können?‹
M. Foucault: ›Ja, ja.‹«[14]

Einige Jahre später, 1971, erscheint Foucaults Aufsatz »Nietz-
sche, die Genealogie, die Geschichte« in einem Sammelband zu
Ehren von Jean Hyppolite.
In dieser »literarischen« Phase schreibt Foucault auch über
Robbe-Grillet (zu dem er seit ihrer Begegnung in Hamburg
Beziehungen angeknüpft hat), über die Avantgarde-Schriftsteller
im Umkreis von Philippe Sollers und der Zeitschrift *Tel Quel* (er
nimmt 1963 an einem Kolloquium über den Roman und die
Poesie teil, das von der Zeitschrift organisiert wird), über Roger
Laporte, über Butor und Le Clézio usw., aber auch über klassische Autoren: er schreibt ein Vorwort zu jenem »Wahnsinns«-
Werk, nämlich den *Dialogues* von Rousseau, kommentiert Flau-
bert, Jules Verne, Nerval, Mallarmé usw. Der erste Text dieser
langen Reihe ist ein Artikel über Hölderlin, »Le Non du Père«,
der 1962 in *Critique* erscheint. Jean Piel, der die Zeitschrift
leitete, hat *Wahnsinn und Gesellschaft* sehr geschätzt und mit
Foucault Kontakt aufgenommen, um ihm Artikel abzuverlangen. Er kannte die Familie Foucault seit langem: bei der Befreiung war er Beigeordneter des Kommissars der Republik in Poitiers. Er ist sogar von Dr. Foucault operiert worden. Nach dem
Tode von Georges Bataille, seinem Schwager, bittet Jean Piel,
der die Leitung einer Zeitschrift nicht allein übernehmen möchte, im Jahre 1962 Foucault, zusammen mit Roland Barthes und
Michel Deguy ein Redaktionskomitee zu bilden. Die Redaktionssitzungen finden in Gestalt von Arbeitssessen bei Jean Piel
statt. Unter Foucaults Initiativen: er bittet Jules Vuillemin,
Pierre Kaufmann und André Green um Artikel über das postume Buch Merleau-Pontys, *Le Visible et l'invisible* (*Das Sichtbare
und das Unsichtbare*), für ein im Dezember 1964 erscheinendes Sonderheft. Das Redaktionskomitee der Zeitschrift erweitert sich später, um 1967 vor allem Jacques Derrida aufzuneh-

14 Michel Foucault, »Nietzsche, Marx, Freud«, in: *Cahiers de Royaumont:
   Nietzsche*, Paris 1968, S. 182–192. Die Diskussion findet sich
   S. 193–200; die zitierten Äußerungen ebenda S. 199.

men. Der letzte Artikel Foucaults für *Critique* erscheint 1970. Er trägt den Titel »Theatrum philosophicum« und bezieht sich auf zwei Bücher von Gilles Deleuze. Er schließt mit den Worten: »Im Schilderhaus des Palais Luxembourg steckt Duns Scotus seinen Kopf zum Guckfenster hinaus; er trägt den gewaltigen Schnurrbart von Nietzsche, der als Klossowski maskiert ist.«[15]

Im Jahre 1963 erscheint *Die Geburt der Klinik*. 1959 ist Michel Foucaults Vater gestorben. Soll man in diesem Eintauchen und Sichversenken in medizinische Archive die Suche nach einem Weg sehen, sich der eigenen Vergangenheit zu versichern? Sich mit der dahingegangenen Vaterfigur auseinanderzusetzen? Oder ihm die Ehre zu erweisen, die er ihm zu Lebzeiten nicht bezeigen mochte? Foucault hat erklärt, daß der Urprung dieses Buches, wie auch seiner anderen, in einer ganz persönlichen Erfahrung liege. Aber er hat diese Bemerkung nicht näher erläutert. Versuchen wir also nicht, es an seiner Stelle zu tun.

Das Vorwort beginnt mit den Worten: »In diesem Buch ist die Rede vom Raum, von der Sprache und vom Tod. Es ist die Rede vom Blick.«[16] Ein seltsames Echo der Themen und des Vokabulars, die die Texte über Literatur beherrschten. Und doch handelt es sich hier um Wissenschaftsgeschichte. Das Werk erscheint in der Reihe »Galien«, die Georges Canguilhem bei den Presses universitaires de France herausgibt, und trägt den Untertitel *Eine Archäologie des ärztlichen Blicks*. Es ist nicht Canguilhem, der dieses Buch in Auftrag gegeben hat, wie gelegentlich behauptet worden ist: »Ich habe Foucault nie etwas ›in Auftrag‹ gegeben«, sagt er heute, »Foucault hat es mir vorgeschlagen, nachdem er damit fertig war.« Aber dennoch! Welcher Zusammenhang kann zwischen Klossowski und Canguilhem bestehen? Wahrscheinlich jener Zusammenhang, der sich aus einer gemeinsamen Quelle ergibt: Nietzsche. Denjenigen, die angesichts der Koexistenz dieser beiden divergierenden Strömungen im Werk Foucaults ihr Erstaunen geäußert haben,

15 Michel Foucault, »Theatrum philosophicum«, in: M. F., G. Deleuze, *Der Faden ist gerissen*, Berlin 1976, S. 21–58 (hier S. 58).
16 Michel Foucault, *Die Geburt der Klinik. Eine Archäologie des ärztlichen Blicks*, München 1973, S. 7.

und jenen anderen, die einen offenbaren Widerspruch zwischen Foucaults Nietzsche-Orientierung und der Tradition der Wissenschaftsgeschichte gesehen haben, hat Foucault auf sehr deutliche Weise geantwortet: Wissen Sie denn nicht, daß auch Canguilhem selbst seine Arbeit häufig in den Zusammenhang einer Herkunft von Nietzsche gestellt hat? Was Canguilhem bestätigt. Was im Grunde aber bei der erneuten Lektüre von *Die Geburt der Klinik* vor dem Hintergrund der Texte über Literatur in Erstaunen setzt, ist nicht der Widerspruch zwischen zwei Forschungsrichtungen, sondern im Gegenteil: die außerordentliche Konvergenz der beiden Ebenen. Der Beweis für diese Verwandtschaft wird einige Jahre später in *Die Ordnung der Dinge* ins Auge fallen.

Die Geburt der Klinik ist sowohl direkter Nachfolger von *Wahnsinn und Gesellschaft* wie auch Überleitung zu den folgenden Büchern. Direkter Nachfolger, weil es auf die Allgemeinmedizin jene Analysen ausdehnt, die sonst an Konzepten der Psychopathologie praktiziert werden: ihren Ursprung und die Bedingungen ihrer Möglichkeit befragen... Im Unterschied zu *Wahnsinn und Gesellschaft*, das auf mehr als sechshundert Druckseiten mehrere Jahrhunderte abhandelt, ist *Die Geburt der Klinik* ein schmales Buch – von zweihundert Seiten –, das seinen thematischen Schwerpunkt in den letzten Jahren des 18. und zu Beginn des 19. Jahrhunderts ansiedelt: als sich die Medizin als Praxis und Wissenschaft mit der Heraufkunft der pathologischen Anatomie neuorganisiert. Aber auch da begegnet man noch den Prinzipien der »Strukturgeschichte«, in der verschiedene Ebenen – ökonomische, soziale, politische, ideologische, kulturelle – zueinander in Beziehung gesetzt werden, um die Transformationen zutage treten zu lassen, die den Gesamtkomplex der Sprech- und Sehweisen betroffen haben, genauer: das, was in einer gegebenen Epoche zu sagen und zu sehen möglich ist, das Sichtbare und das Sagbare. Neuorganisation des Krankenhausbereiches, Neuorientierung der medizinischen Ausbildung, der wissenschaftlichen Theorien und Praktiken, ökonomische Maßnahmen – alles trägt zu dem Bruch bei, der sich vorbereitet... Der große Wendepunkt stellt sich ein, als man das Bedürfnis verspürt, die Leichname zu zergliedern, zu sezieren. Damit der ärztliche »Blick« die Symptome in ihrer tiefsten

Tiefenschicht entziffern kann, muß er deren Quelle im Körperinneren aufsuchen können. Eben das ist die Aufforderung von Bichat, der Foucault ihr ganzes Gewicht verleiht: »Öffnen Sie einige Leichen: alsbald werden Sie die Dunkelheit schwinden sehen, welche die bloße Beobachtung nicht vertreiben konnte.« Foucault kommentiert diese Äußerung von Bichat mit einer jener glanzvollen Formulierungen, von denen das Buch, wie alle anderen, geradezu wimmelt: »Die Nacht des Lebendigen weicht vor der Helligkeit des Todes.«[17] Nunmehr »bilden Leben, Krankheit und Tod eine technische und begriffliche Dreifaltigkeit. Die alten Kontinuitäten, die im Leben die drohende Krankheit und in der Krankheit die Nähe des Todes ansetzten, sind gebrochen. An ihrer Stelle erhebt sich nun eine Dreiecksfigur, deren Spitze der Tod einnimmt. Von der Höhe des Todes aus können die organischen Abhängigkeiten und die pathologischen Sequenzen gesehen und analysiert werden.«[18] Und eine weitere Wandlung vollzieht sich, diesmal im Bereich der Sprache: Foucault begegnet da den Texten Pinels und ihrem bestimmten Willen wieder, bei der genauen und erschöpfenden Beschreibung der Krankheiten und der Körper als ihren Trägern anzulangen. In dieser doppelten Bewegung handelt es sich nicht nur um eine Transformation ärztlicher Technologien, sondern um die ganze Medizin, die sich neu organisiert, und darüber hinaus um die ganze Wahrnehmung des Lebens und des Todes und um die Grundlagen des Wissens selbst: »Diese Struktur, in der sich der Raum, die Sprache und der Tod ineinanderfügen und die man gewöhnlich als anatomisch-klinische Methode zusammenfaßt, bildet die historische Bedingung einer Medizin, die als positive Medizin gilt. ›Positiv‹ ist hier im vollen Sinn des Wortes zu verstehen...«[19]

In eben dieser Hinsicht verweist *Die Geburt der Klinik* auf Foucaults künftige Forschungen. Sie zeigt nämlich, wie sich die Möglichkeit einer »Wissenschaft vom Individuum« instituiert hat: »Es ist von entscheidender und bleibender Bedeutung für unsere Kultur, daß ihr erster wissenschaftlicher Diskurs über das Individuum seinen Weg über den Tod nehmen mußte. Um

17 Ebd., S. 160 f.
18 Ebd., S. 158.
19 Ebd., S. 207.

in seinen eigenen Augen zum Gegenstand der Wissenschaft zu werden, um in seiner eigenen Sprache eine diskursive Existenz zu gewinnen, mußte sich der abendländische Mensch seiner eigenen Zerstörung stellen; aus der Erfahrung der Unvernunft sind alle Psychologien, ist selbst die Möglichkeit der Psychologie geboren worden; aus der Einführung des Todes in das medizinische Denken ist eine Medizin geboren worden, die sich als Wissenschaft vom Individuum präsentiert.«[20] Eine Ouvertüre zur *Ordnung der Dinge* in dem Sinne, wie Foucault in diesem von ihm beschriebenen Zeitpunkt den Sockel sieht, auf dem alle Wissenschaften vom Menschen aufruhen und sich entfalten werden: auf dieser Möglichkeit für den Menschen, miteins und gleichzeitig Subjekt und Objekt seiner eigenen Erkenntnis zu sein.

Man täusche sich aber nicht, fügt er hinzu. Diese Geburt der positiven Medizin und der ganzen Wissenschaftlichkeit, die die ärztliche Praxis dem Reich der Chimären entreißt, diese Heraufkunft eines neuen Wissens ist zeitgleich und verbunden mit jener Bewegung, die in der gesamten zeitgenössischen Kultur den Tod im Herzen des Individuums verankert: »Ganz allgemein ist vielleicht die Erfahrung der Individualität in der modernen Kultur an die Erfahrung des Todes gebunden: von den geöffneten Leichen Bichats bis zum Menschen Freuds, vom Empedokles Hölderlins bis zum Zarathustra prägt ein hartnäckiger Bezug zum Tod dem Allgemeinen sein besonderes Gesicht auf und verleiht dem Wort eines jeden endlose Vernehmbarkeit [...]. Es mag zunächst befremden, daß die Bewegung, welche der Lyrik des 19. Jahrhunderts zugrunde liegt, eins ist mit jener Bewegung, durch die der Mensch eine positive Erkenntnis seiner selbst gewonnen hat. Aber ist es wirklich verwunderlich, daß der Einbruch der Endlichkeit den Bezug des Menschen zum Tod überschattet, der hier einen wissenschaftlichen und rationalen Diskurs ermöglicht und dort die Quelle einer Sprache aufschließt, die sich in der von den abwesenden Göttern hinterlassenen Leere endlos verströmt?«[21]

20 Ebd.
21 Ebd., S. 207 ff.

Die Geburt der Klinik findet kaum ein Echo. Nicht entgangen ist sie jedoch Jacques Lacan, der in einer Sitzung seines Seminares ausführlich darüber spricht. In den folgenden Wochen werden mehrere Dutzend Exemplare des Buches verkauft. Foucault geht mehrere Male zu den Lacans zum Essen, ohne daß sich engere Bindungen zu den beiden ergäben. Sylvia Lacan hat einen Satz in Erinnerung behalten, den Foucault eines Abends bei ihr in der Rue de Lille äußerte: »Es wird keine Zivilisation geben, solange nicht die Ehe unter Männern zugelassen ist.«

Die Bollwerke der Bourgeoisie

August–September 1965: Michel Foucault ist in Brasilien, in São Paulo. Er gibt Gérard Lebrun ein großes Manuskript zu lesen. Es ist nahezu eine Expertenkonsultation: Lebrun ist Spezialist für Kant und Hegel. Aber er ist auch ein ausgezeichneter Kenner der Phänomenologie und des Werkes von Merleau-Ponty... Er liest das Manuskript, das ihm Foucault zeigt. Man diskutiert... Als das Buch einige Monate später erscheint, stellt Lebrun zu seiner Überraschung fest, daß sich darin auch ein erstes Kapitel findet, das in der Fassung, die er vor Augen gehabt hat, fehlte. Eine »Ouvertüre«, in der sich die Themen des Buches ankündigen: Foucault analysiert ein Bild von Velasquez, *Las Meninas*. Dieses im letzten Augenblick hinzugefügte Bravourstück spielt für den Erfolg des Buches zweifellos eine große Rolle. Es handelt sich um einen Artikel, den Foucault im *Mercure de France* veröffentlicht hatte. Und er hat, wie Pierre Nora erzählt, lange gezögert, ihn hier einzufügen. »Er hielt ihn für zu literarisch, als daß er in seinem Buch hätte auftauchen sollen, ich dagegen fand das sehr gut.« Foucault hätte seinem Buch gern den Gesamttitel »La Prose du monde« gegeben, der jetzt nur über dem zweiten Kapitel steht. So aber wollte auch Merleau-Ponty einen Text überschreiben, der nach seinem Tod in seinem Nachlaß gefunden wurde.[1] Und Foucault möchte nicht allzusehr vom Einfluß jenes Philosophen geprägt erscheinen, den er doch so lange bewundert hat. Oder vielleicht *Les Mots et les choses* (Wörter und Dinge). Foucault zieht den ersten vor. Pierre Nora neigt zum zweiten. Und Foucault fügt sich seinen Argumenten. Die englische Übersetzung kehrt zum ursprünglich vorgesehenen Titel zurück – *The Order of Things* –, und Foucault sagt in mehreren späteren Interviews, daß dieser erstere im Grunde auch besser paßt.*

---

* Auch die deutsche Ausgabe – *Die Ordnung der Dinge. Eine Archäologie der Humanwissenschaften*, Frankfurt am Main 1971 – trägt den von Foucault autorisierten Titel (A. d. Ü.).

1 Zu diesem Text von Merleau-Ponty siehe das Vorwort von Claude Lefort zur Ausgabe, die 1969 bei Gallimard unter dem Titel *La Prose du monde* ediert wurde; deutsch: *Die Prosa der Welt*, München 1984.

»Foucault geht weg wie warme Semmeln« – so ein Artikel, den *Le Nouvel Observateur* den Bestsellern des Sommers 1966 widmet.[2] So erstaunlich das klingt, *Die Ordnung der Dinge* erlebt einen gewaltigen Verkaufserfolg. Autor und Verlag sind davon am meisten überrascht. Handelt es sich doch um ein überaus schwer zugängliches Werk, das für ein beschränktes Publikum bestimmt ist, sofern es sich eben für Wissenschaftsgeschichte interessiert.

Das Buch erscheint im April 1966 bei Gallimard, wo Foucault bereits seine Roussel-Studie veröffentlicht hat. Er hat dieses neue Buch Georges Lambrichs vorgeschlagen. Da Pierre Nora gerade den Verlag Julliard verlassen hat, um bei Gallimard eine »Bibliothèque des sciences humaines« herauszugeben, versteht es sich von selbst, daß *Die Ordnung der Dinge* den ersten Band seiner neuen Reihe bildet. Alle Bücher Foucaults erscheinen fortan unter diesem Signet oder unter dem Zwillingssignet der »Bibliothèque des histoires«, denen er von vornherein eine Qualität und ein Prestige verleiht, die bis zu seinem Tode erhalten bleiben.

Die erste Auflage von dreitausendfünfhundert Exemplaren ist rasch verkauft. Schon im Juni muß eine Neuauflage vorbereitet werden: fünftausend. Wiederum dreitausend im Juli. Und noch einmal dreitausendfünfhundert im September. Dasselbe im November. Der Absatz setzt sich im folgenden Jahr fort: viertausend im März 1967 und fünftausend im November. Sechstausend im April 1968 und sechstausend im Juni 1969 usw. Recht selten nur erreicht ein philosophisches Buch derartige Verkaufsziffern. Heute hat die Gesamtauflage hundertzehntausend Exemplare überschritten.

Natürlich kommt der Erfolg zunächst aus philosophisch interessierten Kreisen: im November 1966 berichtet Jean Lacroix in *Le Monde*, daß die beiden Namen, die am häufigsten in den schriftlichen Arbeiten zur *agrégation* genannt werden, die von Althusser und Foucault sind. Aber es ist darüber hinaus ein Erfolg, der viel weiter reicht. Zeitungsberichten der Zeit zufolge wird das Buch am Strand gelesen oder zumindest dorthin

2 »Foucault comme de petits pains«, in: *Le Nouvel Observateur*, 10. August 1966.

mitgenommen, man läßt es auf den Café-Tischen herumliegen, um der Öffentlichkeit zu zeigen, daß man ein derartiges Ereignis nicht verpaßt hat... *Die Ordnung der Dinge* erlebt einen solchen Erfolg, daß man das Echo davon noch in *Blanche oder das Vergessen* von Louis Aragon (1968) ebenso wie in *Die Chinesin* von Jean-Luc Godard (1967) nachhallen hört, wo sein modischer Ruhm scharfzüngig verspottet wird... Jean-Luc Godard erklärt sogar in einem Interview, daß er gerade gegen Leute vom Schlage eines »Ehrwürden Pater Foucault« Filme machen will. »Wenn ich Foucault nicht so sehr mag, so deshalb, weil er uns sagt: ›Damals haben die Leute dieses oder jenes gedacht, und von diesem oder jenem Zeitpunkt an hat man gedacht, daß...‹ Schon recht, aber kann man dessen denn so sicher sein? Eben dafür machen wir Filme: damit künftige Foucaults solche Sachen nicht mit derartiger Anmaßung behaupten können.«[3]

Wie bereits erwähnt, hatte Foucault im Jahre 1961 davon abgesehen, seine Einführung zu Kants *Anthropologie* zu veröffentlichen. Der gesamte Schluß dieses langen maschinenschriftlichen Textes greift lebhaft – und in einem ziemlich dunklen Stil – die zeitgenössischen Versuche zur Begründung einer »Anthropologie« (im Sinne von Sartre oder Merleau-Ponty, nicht im Sinne von Lévi-Strauss) an, er entmystifiziert die »Illusionen« und wundert sich, daß man sie wuchern lassen kann, ohne sich an ihrer »Kritik« zu versuchen.

Dennoch, schließt er, »haben wir seit mehr als einem halben Jahrhundert ein Modell einer solchen Kritik. Nietzsches Unterfangen läßt sich als Ruhepunkt auffassen, an dem die ausufernde Diskussion über den Menschen stillgestellt wird. Wird der Tod Gottes nicht tatsächlich in einer doppelt mörderischen Geste manifestiert, die, indem sie dem Absoluten ein Ende setzt, gleichzeitig der Mörder des Menschen ist? Denn der Mensch in seiner Endlichkeit ist nicht vom Unendlichen trennbar, dessen Negation und gleichzeitiger Herold er ist. Im Tode des Menschen erfüllt sich der Tod Gottes.« Der Kantischen Frage »Was ist der Mensch« und allen ihren Niederschlägen im zeitgenössi-

---

3 Jean-Luc Godard, »Lutter sur deux fronts«, in: *Cahiers du Cinéma*, Nr. 194, Oktober 1967.

schen Denken, von Husserl bis Merleau-Ponty, muß also »eine Antwort« entgegengehalten werden, »die sie zurückweist und entwaffnet: *Der Übermensch.*« Der Übermensch.[4] Die letzten Seiten dieser *petite thèse* scheinen ganz und gar gegen die *Kritik der dialektischen Vernunft* von Jean-Paul Sartre gerichtet zu sein – 1960 veröffentlicht, aber seit 1958 in den *Temps modernes* vorabgedruckt –, und sicher mehr noch gegen die Arbeiten von Merleau-Ponty. Sie sind eine Art Ausgangspunkt des Buches, das Foucault im Jahre 1966 mit *Les Mots et les choses* überschreibt. Und dort werden sie übrigens beinahe unverändert übernommen: »Mehr als den Tod Gottes, oder vielmehr in der Spur dieses Todes und gemäß einer tiefen Korrelation mit ihm, kündigt das Denken Nietzsches das Ende seines Mörders, das Aufbrechen des Gesichtes des Menschen im Lachen und die Wiederkehr der Masken [...] an.«[5] Gérard Lebrun hat kürzlich daran erinnert, in welchem Ausmaß *Die Ordnung der Dinge* von der negativen Präsenz Merleau-Pontys gezeichnet ist. Foucaults Buch ist von Anfang bis Ende von der Polemik gegen das Denken Husserls und die Interpretation, die Merleau-Ponty dazu gegeben hat, inspiriert und angetrieben. *Die Ordnung der Dinge* ist in erster Linie eine Geste der Verweigerung, der Ablehnung der Phänomenologie. Das Aufblitzen eines Bruches! Und da diese Zeit bereits fern liegt, erklärt Lebrun in seinem Vortrag von 1988, da die phänomenologische Woge ja seit langem verebbt ist, hat *Die Ordnung der Dinge* augenscheinlich viel von ihrer »polemischen Würze« eingebüßt: »So kann der heutige Leser es durchaus vergessen oder braucht es – je nach seinem Alter – nicht einmal zu wissen, daß es sich dabei auch um eine Kampfschrift handelt und eine philosophische Schrift.« An diesen entscheidenden Punkt muß also erinnert werden, der zu verstehen erlaubt, warum das Buch »nicht als Versuch einer neuen Methode verstanden wurde, sondern als ein Angriff«. Bei der Diskussion dieses Vortrags[6], der beim Foucault-Kollo-

4 Michel Foucault, »Introduction à l'*Anthropologie* de Kant«. *Thèse complémentaire*, a. a. O., S. 126–128, unveröffentlicht.

5 Michel Foucault, *Die Ordnung der Dinge*, a. a. O., S. 460.

6 Gérard Lebrun, »Zur Phänomenologie in der *Ordnung der Dinge*«, in: François Ewald und Bernhard Waldenfels (Hg.), *Spiele der Wahrheit. Michel Foucaults Denken*, Frankfurt am Main 1991, S. 15.

quium von 1988 in Paris gehalten wurde, hat Raymond Bellour erzählt, daß er kurz vor dem Erscheinen des Buches Gelegenheit hatte, die Druckfahnen zu lesen: sie enthielten zahlreiche Attacken gegen Sartre, die Foucault in der endgültigen Fassung getilgt hat.

Das Werk, das einen solchen Aufruhr entfachen sollte, stellt sich – so der Untertitel – als *Archäologie der Humanwissenschaften* dar. Es handelt sich darum, herauszufinden, zu welchem Zeitpunkt in der abendländischen Kultur die Infragestellung des Menschen eingesetzt hat; in welchem Augenblick der Mensch als Gegenstand der Wissenschaft aufgetaucht ist. Im Verlauf Hunderter von Druckseiten verknüpfen sich also die glanzvollsten Beschreibungen der Wissensformen durch die Jahrhunderte, von Beginn des 16. Jahrhunderts bis in unsere Zeit. Nahezu fünfhundert Seiten, auf denen Foucault eine atemberaubende Gelehrsamkeit entfaltet. Versuchen wir (!), seinen Leitfaden zusammenzufassen: Jede Epoche ist durch eine unterirdische Konfiguration charakterisiert, die ihre Kultur hervortreten läßt, einen Wissensraster, der jeden wissenschaftlichen Diskurs, jede Aussagenproduktion erst ermöglicht. Foucault bezeichnet dieses »historische *a priori*« mit dem Namen *episteme*: Tiefenschichten, die definieren und umgrenzen, was eine Epoche denken – oder nicht denken – kann. Jede Wissenschaft entwickelt sich im Rahmen einer *episteme* und ist damit an die anderen Wissenschaften, die ihre Zeitgenossen sind, angeschlossen. Foucaults Blick hat sich im wesentlichen auf drei Erkenntnisbereiche gerichtet, die sich im Rahmen der klassischen *episteme* entwickelt haben: die allgemeine Grammatik, die Analyse der Reichtümer und die Naturgeschichte. Diese drei Bereiche weichen im 19. Jahrhundert drei anderen, die ihren Entstehungsort einem neuen Wissensraster verdanken, der sich zu diesem Zeitpunkt bildet: die Philologie, die politische Ökonomie und die Biologie. Foucault zeigt, daß und wie sich in ihren Ergebnissen die Gestalt des Menschen als Erkenntnisgegenstand einnistet: der sprechende Mensch, der arbeitende Mensch, der lebende Mensch.

In eben dieser globalen Um- und Neuverteilung der *episteme* finden die Humanwissenschaften ihren Entstehungsbereich. Aufgrund dieser Nähe aber büßen sie jede Möglichkeit ein, zum

Status wirklicher Wissenschaften aufzusteigen: sie »sind außerstande, Wissenschaften zu sein«, sagt Foucault, weil nur diese bestimmte Situation der »Nachbarschaft« sie ermöglicht, der Nachbarschaft zur Biologie, zur Ökonomie oder zur Philologie, von denen sie lediglich »Projektionen«[7] sind. Dennoch – und das ist der sie aushöhlende Widerspruch – nötigt ihre archäologische Verwurzelung in der modernen *episteme* sie, wissenschaftlich verfahren zu wollen: »Die abendländische Kultur hat unter dem Namen des Menschen ein Wesen konstituiert, das durch ein und dasselbe Spiel von Gründen positives Gebiet des *Wissens* sein muß und nicht Gegenstand der *Wissenschaft* sein kann.«[8]

In dieser allgemeinen Infragestellung der »Humanwissenschaften« weist Foucault der Psychoanalyse und der Ethnologie einen Platz *à part* zu und gewährt ihnen einen privilegierten Sonderstatus als »Gegen-Wissenschaften«: sie bürsten die anderen Humanwissenschaften »gegen den Strich«; sie »hören nicht auf, diesen Menschen ›kaputt‹ zu machen, der in den Humanwissenschaften seine Positivität bildet und erneut bildet«. Und Foucault fügt hinzu: »Man kann von beiden sagen, was Lévi-Strauss von der Ethnologie sagt: daß sie den Menschen auflösen.« Und oberhalb dieser beiden Gegen-Wissenschaften oder eher neben ihnen versetzt eine dritte den von den Humanwissenschaften konstituierten Bereich in Unruhe und bildet den allgemeinsten Widerspruch dazu: die Linguistik. »Zu dritt setzen sie, indem sie es ›darlegen‹, genau das aufs Spiel, was dem Menschen gestattet hat, erkannt zu werden. So spult sich unter unseren Augen das Schicksal des Menschen auf, es spult sich aber in umgekehrter Richtung auf. Auf diesen eigenartigen Spindeln wird es zu den Formen seiner Entstehung, zur Heimat, die es ermöglicht hat, zurückgeführt. Aber ist das nicht eine Art, es zu seinem Ziel zu bringen? Denn die Linguistik spricht nicht mehr vom Menschen selbst, als es die Psychoanalyse oder die Ethnologie tun.«[9]

Dieses der Linguistik zugebilligte Privileg führt uns zu den Problemen zurück, die Foucault seit Beginn der sechziger Jahre in

7 Michel Foucault, *Die Ordnung der Dinge*, a. a. O., S. 439.
8 Ebd., S. 439.
9 Ebd., S. 453–456.

seinen Artikeln über Literatur unaufhörlich beschworen hat: »Auf einem viel längeren und viel unvorhergeseheneren Wege wird man zu dem Ort zurückgeführt, den Nietzsche und Mallarmé schon angezeigt hatten, als der eine fragte: Wer spricht? und der andere die Antwort im *Wort* selbst hatte aufleuchten sehen.« Die Infragestellung der Sprache öffnet sich also auf zwei Horizonte: die Versuche, das Denken zu formalisieren, und, auf der anderen Seite der Kultur, die Literatur: »Wenn die Literatur unserer Tage durch das Sein der Sprache fasziniert ist, so ist das weder das Zeichen eines Endes noch der Beweis einer Radikalisierung, sondern ein Phänomen, das seine Notwendigkeit in einer sehr weiten Konfiguration wurzeln läßt, in der sich das ganze Geäder unseres Denkens und unseres Wissens abzeichnet.« Und erneut erscheinen unter Foucaults Feder, in der Reihenfolge ihres Auftretens: Artaud, Roussel, Kafka, Bataille und Blanchot.[10]

Diese entgegengesetzten und mit der zeitgenössischen Kultur solidarischen Erfahrungen – die Entwicklung der Wissenschaften nach dem Modell der Linguistik und die Gewalt, der Exzeß, der Schrei, die »zu Staub reduzierte Sprache« der Literatur –, diese Erfahrungen kündigen wahrscheinlich das Ende der *episteme* an, die die Heraufkunft des Menschen im Wissen bezeichnet hat. Die letzte Seite des Buches ist derart häufig zitiert worden, daß man zögert, sie erneut im Wortlaut vor Augen zu führen: »Eines ist auf jeden Fall gewiß: der Mensch ist nicht das älteste und auch nicht das konstanteste Problem, das sich dem menschlichen Wissen gestellt hat. Wenn man eine ziemlich kurze Zeitspanne und einen begrenzten geographischen Ausschnitt herausnimmt – die europäische Kultur seit dem 16. Jahrhundert –, kann man sicher sein, daß der Mensch eine junge Erfindung ist. Nicht um ihn und um seine Geheimnisse herum hat das Wissen lange Zeit im dunkeln getappt. [...] Der Mensch ist eine Erfindung, deren junges Datum die Archäologie unseres Denkens ganz offen zeigt. Vielleicht auch das baldige Ende.«[11]

Dieses glanzvolle Buch mit seiner funkelnden, komplexen Schreibweise erlebt also bei seinem Erscheinen einen prompten

10 Ebd., S. 457–459.
11 Ebd., S. 462.

und aufsehenerregenden Erfolg. Es gelänge einem schwerlich, alle die Rezensionen, Artikel, Kritiken und Polemiken erschöpfend zu behandeln, die von allen Seiten laut werden. Foucault wird sogar vom Fernsehen eingeladen, und zwar für Pierre Dumayets Sendung »Lecture pour tous«. Hier einige Presseauszüge der damaligen Zeit: »Das Werk Foucaults ist eines der bedeutendsten dieser Zeit«, schreibt Jean Lacroix in seiner philosophischen Kolumne in *Le Monde*.[12] *Die Ordnung der Dinge* ist eine »beeindruckende Arbeit«, kommentiert Robert Kanters in *Le Figaro*.[13] Und Gilles Deleuze schließt seine Besprechung in *Le Nouvel Observateur*, nachdem er die tausend Facetten des Werkes zum Leuchten gebracht hat, mit folgenden Formulierungen: »Auf die Frage: was gibt es Neues in der Philosophie? geben die Bücher Foucaults von sich aus eine vielsagende Antwort, die lebendigste und auch die überzeugendste. Wir glauben, daß *Die Ordnung der Dinge* ein großes Buch ist, über neue Fragestellungen.«[14] François Châtelet hat diesen ganzen Chor von Stimmen vorweggenommen, wenn er schon im April in *La Quinzaine littéraire* schreibt: »Die Strenge, die Originalität und der Einfallsreichtum von Michel Foucault sind derart groß, daß aus der Lektüre seines letzten Buches unfehlbar ein radikal neuer Blick auf die Vergangenheit der abendländischen Kultur und eine luzidere Auffassung von der Wirrnis ihrer Gegenwart erwachsen.«[15]

Der Erfolg, den *Die Ordnung der Dinge* an ihre Fahnen heften kann, hängt zum Teil mit der kulturellen Landschaft zusammen, aus der das Buch auftaucht: im Jahre 1966 läuft die Auseinandersetzung um den »Strukturalismus« auf vollen Touren. Die *Strukturale Anthropologie* von Claude Lévi-Strauss ist 1958 als Manifest einer neuen Schule, einer neuen »philosophischen« Strömung erschienen. Im Jahre 1962 hat Lévi-Strauss der Sache eine deutliche Wendung gegeben: er greift Sartre gegen Ende

12 Jean Lacroix, »La Fin de l'humanisme«, in: *Le Monde*, 9. Juni 1966.

13 Robert Kanters, »Tu causes, tu causes, c'est tout ce que tu sais faire«, in: *Le Figaro*, 23. Juni 1966.

14 Gilles Deleuze, »L'Homme, une existence douteuse«, in: *Le Nouvel Observateur*, 1. Juni 1966.

15 François Châtelet, »L'Homme, ce Narcisse incertain«, in: *La Quinzaine littéraire*, Nr. 2, 1. April 1966.

des *Wilden Denkens* ziemlich hart an, indem er die Philosophie seines Gegners auf den Stand einer zeitgenössischen Mythologie zurückführt. Zum ersten Mal gerät die ungeteilte Herrschaft, die Sartre fünfundzwanzig Jahre lang auf intellektuellem Gebiet in Frankreich ausgeübt hat, ernsthaft ins Wanken. Wie viele junge Wissenschaftler haben diesen Widerstreit nicht als Befreiung empfunden? Pierre Bourdieu beispielsweise vergegenwärtigt im Vorwort zu seinem *Sens pratique* die Begeisterung, die Lévi-Strauss' Arbeit geweckt hat, und vor allem die »neue Art und Weise ihrer Konzeption der intellektuellen Tätigkeit«, die sie einer ganzen Generation eingängig machte.[16] Man könnte tausend weitere Zeugnisse für den Schock anführen, den Lévi-Strauss' Bücher in allen Bereichen der Kultur ausgelöst haben. Um so mehr, als der Ethnologe bei seiner Rückkehr aus den Vereinigten Staaten die Linguistik Jakobsons in Frankreich eingeführt hat und damit seinem Freund Jacques Lacan einige wesentliche Verbindungsglieder für seine im Entstehen begriffene Theorie lieferte. Lacan, dessen *Écrits* 1966 erscheinen und im Laufe der Jahre gesammelte Texte vereinen ... Seit Anfang der sechziger Jahre sprechen alle Intellektuellenzeitschriften in jedem ihrer Hefte vom Strukturalismus, wenn sie ihm nicht gar Dossiers oder Sondernummern widmen. Strukturalismus und Marxismus, Strukturalismus versus Marxismus, Strukturalismus und Existentialismus, Strukturalismus versus Existentialismus ... Es gibt die Anhänger, die Gegner, es gibt diejenigen, die sich um eine Synthese bemühen ... An allen Punkten des intellektuellen Feldes fühlt sich jedermann aufgerufen, Stellung zu beziehen, oder fühlt sich eher gedrängt, lauthals davon Kenntnis zu geben. Selten ist die kulturelle Gärung intensiver gewesen.

Das Bühnenbild ist aufgebaut, damit sich der Vorhang zu einer neuen Auseinandersetzung heben kann, in der der »Tod des Menschen« die Leidenschaften entfesselt. Vor allem am 15. April 1966 in *La Quinzaine littéraire*: »Wir haben die Generation Sartres als eine zwar beherzte und großmütige Generation kennengelernt, die sich leidenschaftlich ans Leben, an die

---

16 Pierre Bourdieu, *Le Sens pratique*, Paris 1980, S. 8; deutsch: *Sozialer Sinn. Kritik der theoretischen Vernunft*, Frankfurt am Main 1987, S. 10.

Politik, an die Existenz klammerte. Aber wir – wir haben etwas anderes entdeckt, eine andere Leidenschaft: die Leidenschaft für den Begriff und das, was ich das ›System‹ nennen will.«

Frage: »Wofür interessierte sich Sartre als Philosoph?«

Antwort: »Im großen und ganzen wollte Sartre, mit einer historischen Welt konfrontiert, die die bürgerliche Tradition, die sich darin nicht mehr erkannte, als absurd aufzufassen geneigt war, zeigen, daß es darin im Gegenteil überall *Sinn* gab [...].«

Frage: »Wann haben Sie aufgehört, an den ›Sinn‹ zu glauben?«

Antwort: »Die Bruchstelle hat sich an dem Tage gezeigt, als uns Lévi-Strauss für die Gesellschaften und Lacan für das Unbewußte gezeigt haben, daß der ›Sinn‹ wahrscheinlich nur eine Art Oberflächeneffekt, eine Spiegelung, ein Schaum ist und, was uns im Innersten durchquert, was vor uns liegt, was uns in der Zeit und im Raum trägt, das ›System‹ ist.«

Dieses System definiert Foucault unter Bezugnahme auf die Arbeiten von Dumézil und Leroi-Gourhan, die er nicht nennt, die aber für jedermann kenntlich sind, bevor er erneut Lacan ins Spiel bringt:

»[...] die Bedeutung Lacans rührt daher, daß er gezeigt hat, wie und daß sich, durch den Diskurs des Kranken und die Symptome seiner Neurose, die Strukturen, das System der Sprache selbst – und nicht das Subjekt – äußern... Vor jeder menschlichen Existenz gibt es also bereits ein Wissen, ein System, das wir wiederfinden...«

Frage: »Aber wer sondert denn dieses System ab?

Antwort: »Was ist dieses anonyme System ohne Subjekt, was ist das, was da denkt? Das ›Ich‹ ist explodiert – sehen Sie sich die moderne Literatur an –, an der Zeit ist die Entdeckung des ›es gibt‹. Es gibt ein *es*. In gewisser Weise kehrt man zum Standpunkt des 17. Jahrhunderts zurück, mit einem Unterschied allerdings: man setzt nicht den Menschen an die Stelle Gottes, sondern ein anonymes Denken, Wissen ohne Subjekt, Theoretisches ohne Identität [...].«[17]

Ein anderes Interview vom Juni 1966 behält weiterhin Sartre im Visier: »Die *Kritik der dialektischen Vernunft* ist die großartige

17 Interview in: *La Quinzaine littéraire*, Nr. 5, 15. Mai 1966.

und pathetische Anstrengung eines Menschen des 19. Jahrhunderts, das 20. Jahrhundert zu denken. In diesem Sinne ist Sartre der letzte Hegelianer, und ich würde sogar sagen: der letzte Marxist.«[18]

Im Rahmen dieser Interviews exponiert Foucault mit aller Deutlichkeit den theoretischen Raum, in dem er selbst seine Arbeit angesiedelt sehen möchte. Man begegnet immer denselben Namen, die als Banner geschwenkt werden: in der Hauptsache Lacan und Lévi-Strauss, aber auch Dumézil, die »zeitgenössische Literatur«, bei der man hier deutlich sieht, wie sie sich im Denken Foucaults mit den auf Vorgeschichte, Ethnologie oder römische Mythologie spezialisierten Werken verbindet. Manchmal fügt er noch Russell und das »analytische Denken«, die formale Logik, die Informationstheorie, Canguilhem und die Wissenschaftsgeschichte oder Althusser und seine »mutigen Versuche« hinzu, einen christlichen Marxismus mit etwas Teilhard de Chardin-Sauce zu entstauben... Kurz, es hat den Anschein, daß sich Foucault geradezu spielend leicht in der »strukturalistischen« Galaxis ansiedelt.

Die Reaktionen lassen nicht auf sich warten. Die Marxisten gehen zum Gegenangriff über. Foucaults Buch wird in den Kreisen der Partei exkommuniziert. Man verzeiht ihm nicht, daß er behauptet hat, daß »der Marxismus im Denken des 19. Jahrhunderts wie ein Fisch im Wasser ist, das heißt, daß er überall anderswo zu atmen aufhört«. Jacques Milhau schreibt in den *Cahiers du communisme*: »Das antihistorische Vorurteil von Michel Foucault hält nur bei Unterstützung durch eine neo-nietzscheanische Ideologie stand, die, mag er sich davon nun Rechenschaft ablegen oder nicht, nur allzu gut den Absichten einer Klasse dient, deren Interesse darin besteht, die objektiven Wege der Zukunft zu maskieren.«[19] Jeanette Colombel greift Foucault in *La Nouvelle Critique* an, ihr Artikel ist jedoch maßvoll. Sie macht ihm vor allem den Vorwurf, daß er Temporalität und Geschichte außer acht läßt und durch seine

18 »L'Homme est-il mort?«, in: *Arts et loisirs*, 15. Juni 1966.
19 Jacques Milhau, »*Les Mots et les choses* de Foucault«, in: *Cahiers du communisme*, Februar 1968. Als Kommentar zur Aufnahme, die die Kommunistische Partei »strukturalistischen« Thesen bereitet hat, vgl. Jeannine Verdès-Leroux, *Le Réveil des somnambules*, Paris 1987.

Vision der »Apokalypse« und die Verkündigung einer »Auflösung des Menschen« den *status quo* privilegiert: »Foucault präsentiert die Welt als Spektakel und Spiel. Wozu er uns einlädt, ist eine magische Einstellung [...]. Der derart aufgefaßte Strukturalismus trägt zur Aufrechterhaltung der etablierten Ordnung bei.«[20] Wenn man aber von den »politischen« Kommunistenkreisen absieht und sich den »intellektuellen« Zeitschriften der Partei zuwendet, stellt man fest, daß sich die Kritik da professionell gibt: *Les Lettres françaises* bereiten jenem verfemten Buch auf Betreiben von Pierre Daix sogar einen warmherzigen Empfang. Schon im März 1966 hat Raymond Bellour Foucault für die Zeitschrift interviewt. Er setzt seine Befragung im folgenden Jahr mit einem »zweiten Gespräch« fort.[21]

Auch die Katholiken beteiligen sich an der Debatte. Jean-Marie Domenach, der Chefredakteur der Zeitschrift *Esprit*, geht mit sich über diese »neue Leidenschaft« zu Rate und äußert sich folgendermaßen: »Das provozierende Interview, das Michel Foucault der Zeitschrift *La Quinzaine littéraire* gegeben hat, klingt wie das Manifest einer neuen Schule, und man hat noch immer nicht aufgehört, darauf Bezug zu nehmen. [...] Wie viele Fragen hätten wir nicht zu stellen! Wie viele Fragen werden wir stellen! Inzwischen aber mußten wir das Ereignis begrüßen.«[22] Diese Fragen richtet Jean-Marie Domenach tatsächlich an Michel Foucault, der auf eine, die elfte und letzte, auch ausführlich eingeht: »Nimmt ein Denken, das den Zwang des Systems und die Diskontinuität in die Geschichte des Geistes einführt, einem fortschrittlichen politischen Handeln nicht jede Grundlage? Mündet es nicht in das folgende Dilemma: entweder Hinnahme des Systems oder Aufruf zum wilden Ereignis, zum Ausbruch einer äußeren Gewalt, die allein in der Lage ist, das System umzustürzen?« Foucault antwortet mit der Erklärung dessen, was in seinen Augen eine »fortschrittliche Politik« sein kann: »Eine Politik, die die historischen Bedingungen und die spezifi-

20 Jeanette Colombel, »Les Mots de Foucault et les choses«, in: *La Nouvelle Critique*, April 1967.
21 *Les Lettres françaises*, Nr. 1125, 31. März 1966; und Nr. 1187, 15. Juni 1967.
22 Jean-Marie Domenach, »Une nouvelle passion«, in: *Esprit*, Juli–August 1966.

schen Regeln einer Praxis da erkennt, wo andere politische Auffassungen nur ideale Notwendigkeiten, eindeutige Bestimmungen oder das freie Spiel individueller Initiativen sehen...« Zurück an den Absender. Aber dieser bedeutsame Text bleibt nahezu unbemerkt. Dazu muß angemerkt werden, daß er in der Nummer vom... Mai 1968 erscheint. Foucault greift die Hauptelemente seiner Antwort in seiner *Archäologie des Wissens* erneut auf. Eine Antwort, mit der er ein ganz anderes Buch ankündigte, das aber das Licht des Tages nicht erblickte, ein Buch über »die Probleme des historischen Diskurses«, das folgenden Titel tragen sollte: *Le Passé et le présent. Une autre archéologie des sciences humaines* (Vergangenheit und Gegenwart. Eine andere Archäologie der Humanwissenschaften).[23]

Auch François Mauriac kommentiert die allgemeine Schwärmerei für die Thesen Foucaults in seinen berühmten *Bloc-notes* im *Figaro littéraire*: »Wenn es aber bestanden hat, dieses Bewußtsein, was hat denn bewirkt, daß es nicht mehr besteht? Jenen Sartre, der doch Ihr Gegner war, werden Sie mir schließlich noch zum Bruder machen.«[24]

Warum gerade Sartre? Einen Sartre, der sich mit tausend Schwierigkeiten herumschlägt, um den bereits angekündigten zweiten Band seiner *Kritik* zu schreiben und die Wirksamkeit der Synthese zu zeigen, die er zwischen Existentialismus und Marxismus vollziehen möchte? Sartre antwortet also. Eben das ist der Titel eines Interviews, das in einem ihm gewidmeten Sonderheft der Zeitschrift *L'Arc* erscheint. Ja: »Sartre antwortet.« Und mit einem Ungestüm, das der Heftigkeit von Foucaults Attacken gleichkommt.

Frage von Bernard Pingaud: »Sehen Sie in der Einstellung der jungen Generation zu Ihnen etwas Verbindendes?«

Antwort von Sartre: »Wenigstens eine dominierende Tendenz, denn das Phänomen selbst hat keine Allgemeingültigkeit: es ist die Ablehnung der Geschichte. Der Erfolg, den Michel Foucaults letztes Buch erzielt hat, ist dafür charakteristisch. Was finden wir in *Die Ordnung der Dinge*? Keine ›Archäologie‹ der Humanwissenschaften. Der Archäologe ist jemand, der nach

23 Michel Foucault, »Réponse à une question«, in: *Esprit*, Mai 1968.
24 François Mauriac, »Bloc-notes«, in: *Le Figaro*, 15. September 1966.

den Spuren einer verschwundenen Zivilisation sucht, um den Versuch einer Rekonstruktion unternehmen zu können [...]. Was Foucault uns bietet, ist, wie Kanters bereits sehr genau gesehen hat, eine Geologie: die Reihe sukzessiver Schichten, die unseren ›Boden‹ bilden. Jede dieser Schichten definiert die Bedingungen der Möglichkeit einer bestimmten Denkweise, die im Laufe einer bestimmten Periode triumphiert hat. Aber Foucault erklärt uns nicht, was ja gerade das Interessanteste wäre: nämlich wie jedes Denken von diesen Bedingungen aus strukturiert wird und wie die Menschen von einem Denken zum anderen übergehen. Dazu müßte er die Praxis ins Spiel bringen, also die Geschichte, und eben das lehnt er ab. Seine Perspektive bleibt zwar historisch. Er unterscheidet zwischen Epochen, eine vorher und eine nachher. Aber er ersetzt das Kino durch die *laterna magica*, die Bewegung durch eine Abfolge von Unbewegtheiten. Der Erfolg seines Buches beweist zur Genüge, daß man eben das erwartete. Nun wird aber ein wirklich originäres Denken niemals erwartet. Foucault gibt den Leuten, was sie brauchen: eine eklektische Synthese, in der Robbe-Grillet, der Strukturalismus, die Linguistik, Lacan und *Tel Quel* reihum bemüht werden, um die Unmöglichkeit historischer Reflexion zu demonstrieren.«

Und Sartre bemüht natürlich auch den Vergleich zwischen dieser Verabschiedung der Geschichte und der Ablehnung des Marxismus: »Gezielt wird auf den Marxismus. Es handelt sich darum, eine neue Ideologie zu konstituieren, das letzte Bollwerk, das die Bourgeoisie noch gegen Marx errichten kann.«[25]

Es scheint übrigens erwiesen, daß *Die Ordnung der Dinge* zum Zeitpunkt ihres Erscheinens häufig als Buch der »Rechten« aufgefaßt worden ist. Robert Castel, der in den siebziger Jahren zu den Foucault Nahestehenden zählen wird, stellt es als solches in dem Vorwort vor, das er 1968 zur französischen Ausgabe von Marcuses Buch *Vernunft und Revolution* schreibt. Keineswegs ist ihm Foucaults Satz entgangen, der allen denen, »die noch vom Menschen sprechen wollen, von seinem Reich, seiner Befreiung... allen jenen linken und linkischen Reflexionsfor-

25 »Jean-Paul Sartre répond«, in: *L'Arc*, Nr. 30, 1966.

men«, das philosophische und verschwiegene Lachen entgegen-
hält. Castel hat darin einen direkten Angriff auf Marcuse gesehen.[26]

Armselige Bourgeoisie, die kein anderes Bollwerk hat als mein
Buch, spöttelt Foucault später. Und Anfang des Jahres 1968
von Jean-Pierre Elkabbach für eine Sendung von »France-In-
ter« befragt, macht Foucault darauf aufmerksam, daß Sartre,
aufgrund eines merkwürdigen Stammelns der Geschichte, ganz
einfach nur das Vokabular gegen ihn gerichtet hat, das die Kommunisten fünfzehn Jahre zuvor benutzt hatten, um den Existentialismus zu exkommunizieren. Und ganz trocken antwortet Foucault auf die Angriffe Sartres: »Sartre ist ein Mensch, der
ein viel zu bedeutendes Werk zu vollenden hat, ein literarisches,
ein philosophisches, ein politisches Werk, als daß er die Zeit zur
Lektüre meines Buches erübrigen könnte. Er hat es nicht gelesen. Folglich scheint mir das, was er dazu sagt, nicht relevant.«
Und als der Journalist Sartres Formel zur »Ablehnung der Geschichte« ins Spiel bringt, antwortet Foucault: »Dieser Vorwurf
ist mir von keinem Historiker gemacht worden. Es gibt eine Art
Mythos der GESCHICHTE für Philosophen. Wie Sie wissen, sind
die Philosophen im allgemeinen in allen Disziplinen, die nicht
die ihren sind, wenig beschlagen. Es gibt eine Mathematik für
Philosophen, eine Biologie für Philosophen, und siehe da, es
gibt auch eine Geschichte für Philosophen. Die GESCHICHTE
für Philosophen ist eine Art große und weitläufige Kontinuität,
in der sich die Freiheit der Individuen und die ökonomische
oder soziale Determinierung verschränken. Wenn man an eines
dieser großen Themen rührt – Kontinuität, effektive Ausübung
der menschlichen Freiheit, Verbindung der individuellen Freiheit mit den sozialen Determinierungen –, wenn man an einen
dieser drei Mythen rührt, fangen die wohlmeinenden Leute auf
der Stelle an, ›Vergewaltigung‹ oder ›Ermordung‹ der Geschichte zu rufen. In Wirklichkeit haben bereits vor geraumer Zeit so
bedeutende Leute wie Marc Bloch oder Lucien Febvre, die eng-

26 Robert Castel, »Introduction« zu Herbert Marcuses *Raison et Révolution*, Paris 1968 (amerik. Originalausgabe unter dem Titel *Reason and
Revolution. Hegel and the Rise of Social Theory*, New York 1941; deutsche Ausgabe als *Vernunft und Revolution. Hegel und die Entstehung
der Gesellschaftstheorie*, Neuwied 1962. A. d. Ü.).

lischen Historiker usw. diesem Mythos der GESCHICHTE ein Ende gemacht. Sie praktizieren Geschichtsforschung auf ganz andere Weise, und zwar so, daß der philosophische Mythos der GESCHICHTE, dieser philosophische Mythos, den getötet zu haben man mir vorwirft – nun gut, ich bin hingerissen, wenn ich ihn umgebracht habe. Genau das wollte ich nämlich töten: und durchaus nicht die Geschichte im allgemeinen. Man tötet nicht die Geschichte im allgemeinen, aber die GESCHICHTE für Philosophen, ja, die möchte ich ganz und gar umbringen.« Die vollständige Veröffentlichung dieses Schock-Interviews in *La Quinzaine littéraire* erregt großes Aufsehen, und Foucault schreibt an die Redaktion, um ihr mitzuteilen, daß er das Erscheinen dieses Wortlauts nicht autorisiert habe und sich darin durchaus nicht wiedererkennen könne.[27] Vielleicht lag ihm daran, die Polemik zu entschärfen?

Ein Jahr zuvor, im Januar 1967, hatten *Les Temps modernes* zwei sehr gewichtige, mit Michel Amiot und Sylvie Le Bon gezeichnete Artikel veröffentlicht. Auf eben diese Mobilisierung der Sartre-Anhänger hin hatte sich Canguilhem entschlossen, seine gewohnte Zurückhaltung aufzugeben. In *Critique* veröffentlicht er eine lange Studie zu Foucault, zweifellos eine der besten, die je geschrieben worden sind. »Muß man denn seine Besonnenheit fahrenlassen, wie das einige derer getan zu haben scheinen, die wir zu den besten Köpfen von heute zählten?« fragt sich der Wissenschaftshistoriker, der sich über Sartres Einstellung wundert, jenes Sartre, der doch sein früherer Kamerad an der École normale gewesen ist. »Muß man sich denn, wenn man es abgelehnt hat, sich dem akademischen Schlendrian anzubequemen, aufführen wie ein Akademiker, der über seine bevorstehende Ablösung vom Katheder verärgert ist?« Und nach diesen Bemerkungen *ad hominem* geht er der Sache mit einem Gegenangriff auf den Grund: »Trotz der Einwände eines Großteils der Kritiker Foucaults sagt der Archäologie-Begriff durchaus aus, was er aussagen soll. Er bezieht sich auf die Bedingungen einer anderen Geschichte, in der am Konzept des Ereignisses festgehalten wird, in der die Ereignisse jedoch Kon-

27 *La Quinzaine littéraire*, 1. März 1968. Und für die Klarstellung Foucaults: 15. März 1968.

zepte betreffen und nicht Menschen.« Canguilhem schließt seinen Artikel mit einem Hinweis auf den politischen Aspekt der Polemik. Man hat gesagt, daß Foucault ein Reaktionär sei, weil er den Menschen durch das »System« ersetzen wolle? War aber nicht gerade das die Aufgabe, die Jean Cavaillès, der Logiker und hervorragende Wissenschaftstheoretiker, der Philosophie bereits vor zwanzig Jahren zugewiesen hatte: »An die Stelle des erlebnisbezogenen und reflektierten Bewußtseins den Primat des Konzepts, des Systems oder der Struktur setzen?« Cavaillès, der große, von den Deutschen ermordete Widerstandskämpfer, Cavaillès, »der nicht an die Geschichte im existentiellen Sinne glaubte« und der doch »durch seine Teilnahme an der Geschichte, eine auf tragische Weise und bis in den Tod erlittene Teilnahme, vorwegnehmend das Argument derer abgelehnt hat, die, was sie Strukturalismus nennen, zu diskreditieren versuchen, indem sie ihn dazu verdammen, neben anderen Missetaten auch die Passivität angesichts der vollendeten Tatsache zu erzeugen.«[28] Dieser Artikel Canguilhems ist von einer histori-

28 Georges Canguilhem, »Mort de l'homme ou épuisement du *cogito*«, in: *Critique*, Nr. 242, Juli 1967. Man begegnet dieser sehr deutlichen Stellungnahme Canguilhems in einer *hommage* an Jean Cavaillès wieder, die am 28. Oktober 1969 in »France-Culture« gesendet wurde: »Wenn man über ihn spricht, geht das nicht ohne ein bestimmtes Schamgefühl ab, weil man, wenn man ihn überlebt, gewahr wird, daß man weniger gemacht hat als er. Wenn man aber nicht über ihn spricht, wer wird dann noch den Unterschied zwischen diesem rückhaltlosen Engagement, zwischen diesem Handeln ohne Rückendeckung und der Résistance jener Intellektuellen-Widerstandskämpfer benennen können, die nur so viel über sich selbst sprechen, weil sie allein von ihrem Widerstand sprechen können, so diskret war er nämlich? Gegenwärtig stoßen manche Philosophen Entrüstungsschreie aus, weil manche anderen Philosophen die Idee einer Philosophie ohne Subjekt ausgearbeitet haben. Zur Stützung dieser Idee kann das philosophische Werk von Cavaillès herangezogen werden. Seine Philosophie der Mathematik ist nicht mit Bezug auf irgendein Subjekt konstruiert worden, das geeignet wäre, auf prekäre Weise mit Jean Cavaillès identifiziert zu werden. Diese Philosophie, in der Jean Cavaillès radikal abwesend ist, hat eine Form von Handeln geleitet, die auf den verschlungenen Wegen der Logik zu der Überfahrt geführt hat, von der man nicht wiederkehrt. Jean Cavaillès – das ist die Logik der *Résistance*, gelebt bis in den Tod. Mögen es ihm

schen Bedeutung, die zu unterschätzen man unrecht täte. Denn er hebt die heimliche, aber entscheidende Rolle ans Licht, die dieser Philosoph der Wissenschaften und der Wissenschaftstheorie im französischen Denken gespielt hat. Im Grund könnte man, wenn man den Bogen damit auch etwas überspannt, sagen, daß der wirkliche Gegensatz, der die philosophischen Spezialistenkreise in den fünfziger und sechziger Jahren entzweit hat, sich zwischen den beiden von Sartre und Canguilhem verkörperten Polen gebildet hat. Nicht vergessen werden darf, daß Canguilhem eine beträchtliche Zahl von Schülern hatte, die bei ihm ihre theoretischen Werkzeuge gerade gegen den Existentialismus und den Personalismus geschmiedet haben. Die zentrale Stellung, die der frühere Generalinspekteur einnimmt, wird überdies sehr deutlich, als Schüler von Althusser und Lacan an der École normale supérieure einen »Arbeitskreis für Epistemologie« gründen (ein ganzes Programm!) und 1966 die Reihe der *Cahiers pour l'analyse* zu veröffentlichen beginnen: diese Zeitschrift bringt als editorischen Wahlspruch jeder Nummer ein Zitat von Canguilhem.[29]

Denn wenn der Strukturalismus auch von einem Großteil der linken öffentlichen Meinung der »Rechten« zugeordnet wird, prosperiert er dennoch in bestimmten Gruppen, die um Louis Althusser kreisen und häufig zu Gründungszellen von Bewegungen der äußersten, maoistischen Linken werden – kurz vor 1968 und in den darauffolgenden Jahren. Man hat heute Mühe, sich vorzustellen, welchen Einfluß Althusser auf alle Jahrgänge von *normaliens* in den sechziger und siebziger Jahren ausgeübt hat. Seit dem Erscheinen von *Für Marx* und *Das Kapital lesen* im Jahre 1965 ist Althusser, wie Jeannine Verdès-Leroux schreibt, Gegenstand einer »Leidenschaft, einer Schwärmerei, einer nachahmenden Mimikry, wie sie kein anderer Zeitgenosse

die Philosophen der Existenz und der Person nächstes Mal gleichtun, wenn sie können.«

29 Die Fragen, die der »Cercle d'épistémologie« an Foucault über *Die Ordnung der Dinge* richtet, beziehen sich explizit auf den Aufsatz von Canguilhem. Die Antworten Foucaults erscheinen in der Nummer vom Juli 1968 in den *Cahiers pour l'analyse* und sind eine Vorwegnahme seiner *Archäologie des Wissens*.

ausgelöst hat«.[30] Eine zugleich theoretische und politische Leidenschaft, die sich entschlossen auf der Linken ansiedelt, und zwar links von der Linken. Foucault verweist auf diesen Aspekt in einem im März 1968 in Schweden publizierten Interview: Dem von Garaudy verfochtenen »mürben, seichten und humanistischen« Marxismus stellt er den dynamischen und neuerungsfreundlichen Marxismus der Schüler Althussers gegenüber, die, wie er sagt, den »linken Flügel der Kommunistischen Partei« repräsentieren und den strukturalistischen Thesen sehr aufgeschlossen begegnen. »Sie verstehen, worin das Manöver von Sartre und Garaudy besteht«, erklärt Foucault seinem Interviewer, »wenn sie behaupten, daß der Strukturalismus eine für die Rechte typische Ideologie ist. Das erlaubt ihnen nämlich, Leute, die sich in Wirklichkeit links von ihnen befinden, als Komplizen der Rechten zu bezeichnen. Und es erlaubt ihnen überdies, sich als die einzigen Repräsentanten der französischen und kommunistischen Linken vorzustellen. Aber das ist nichts als ein Manöver.« Foucault versucht darüber hinaus, auf allgemeinere Weise die Verbindungen von politischer Aktion und in Strukturbegriffen geführter theoretischer Reflexion neu zu definieren: »Ich glaube, daß eine strenge theoretische Analyse der Art und Weise, wie die ökonomischen, politischen und ideologischen Strukturen funktionieren, eine der notwendigen Bedingungen politischen Handelns ist, und zwar in dem Maße, wie das politische Handeln eine Weise der Manipulation und eventuellen Veränderung, der Umstürzung und Transformation von Strukturen ist. [...] Ich bin nicht der Meinung, daß der Strukturalismus eine ausschließlich theoretische Aktivität für Intellektuelle in ihrem Kämmerlein ist; ich glaube, daß er sich mit Praktiken verbinden kann und muß.« Und etwas später: »Ich glaube, daß der Strukturalismus jedem politischen Handeln ein analytisches Instrument an die Hand geben kann, das unabdingbar ist. Die Politik ist nicht zwangsläufig der Ignoranz geweiht.«[31]

Sehr bald weigert sich Foucault, sich als Strukturalist bezeichnen zu lassen, und hält schließlich die einfache Tatsache, unter

30 Zu Althusser siehe besonders Jeannine Verdès-Leroux, *Le Réveil des somnambules*, a. a. O., S. 282–302.

31 *Bonniers Litterära Magasin*, Stockholm, März 1968.

diese Kategorie subsumiert zu werden, für einen aggressiven Akt. Was soll man also von all den Polemiken halten, die sich im Umkreis dieser unzulänglich treffenden Benennung abspielen, und was von Foucaults Verstrickung in diese ebenso gewaltsamen wie unfaßbaren Kontroversen? War er nun oder war er kein Strukturalist? Claude Lévi-Strauss sagt heute, daß Foucault in seinen Augen recht daran getan habe, diese Gleichstellung abzulehnen, denn nichts Verbindendes stehe zwischen ihrer beider Werk. Und daß dieses ganze Getöse in der Öffentlichkeit, das um eine Gruppe von Forschern gemacht wurde, lediglich ein kurzlebiges Modephänomen gewesen sei. Richtig ist, daß Foucault von allen Kommentatoren frischfröhlich in den »strukturalistischen Stamm« einbezogen wurde. Die berühmte Zeichnung von Maurice Henry in der *Quinzaine littéraire*[32], auf der man Lévi-Strauss, Lacan, Barthes und Foucault im Indianerkostüm miteinander palavern sieht, ist nur der Ausdruck eines allgemeineren Tatbestandes: Die Zeitungen und Zeitschriften sprechen vom Strukturalismus und den Strukturalisten, selbst und vor allem wenn sie die Frage nach dem stellen, was sie vereinen oder trennen mag. Und was ist das im Grunde? Man kann feststellen:

1.) daß Foucault sich in dieser Bezeichnung durchaus wiedererkannt hat. In einem Interview, das am 2. April 1967 von einer Tageszeitung in Tunis veröffentlicht wird, erklärt er sich ausführlich zu diesem Problem. Man fragt ihn: »Für das große Publikum sind Sie der Hohepriester des Strukturalismus; warum?« Er antwortet: »Ich bin höchstens der ›Chorknabe‹ des Strukturalismus. Sagen wir, daß ich die Glocke geläutet habe, daß die Gläubigen niedergekniet sind und die Ungläubigen Schreie ausgestoßen haben. Aber der Gottesdienst hatte bereits seit langem begonnen.« Er fährt dann ernsthafter fort und definiert zwei Formen von Strukturalismus: einerseits eine Methode, die in besonderen Bereichen wie der Linguistik, der Religionsgeschichte oder der Ethnologie besonders ergiebig ist... Und andererseits einen Strukturalismus, »der eine Aktivität ist, anhand deren die nichtspezialisierten Theoretiker sich bemühen, die tatsächlichen Beziehungen zu definieren, wie sie zwi-

---

32 *La Qinzaine littéraire*, 1. Juli 1967.

schen dem oder jenem Ereignis unserer Kultur, der oder jener Wissenschaft, diesem praktischen und jenem theoretischen Bereich existieren können. Anders ausgedrückt: Es handelt sich um eine Art verallgemeinerten und nicht mehr auf einen genau umrissenen wissenschaftlichen Bereich bezogenen Strukturalismus.« Es ist überdies ein Strukturalismus, der »unsere eigene Kultur, unsere gegenwärtige Welt und den Gesamtkomplex der praktischen oder theoretischen Beziehungen betrifft, die unsere Moderne definieren. In dieser Hinsicht darf der Strukturalismus als philosophische Aktivität gelten, wenn man einräumt, daß die Rolle der Philosophie in der Diagnose besteht.« Der strukturalistische Philosoph ist also derjenige, der die Diagnose »dessen, was heute ist«, liefert. Ein vorausweisender Text, eine Erklärung, die zahlreiche Definitionen ankündigt, die Foucault zur Rolle des Intellektuellen abgeben wird, wenn sein Weg erneut die Politik kreuzt. Jedenfalls aber ein Text, in dem er sich mit aller Deutlichkeit als »Strukturalist« bezeichnet.[33]

2.) Weiter: Foucault ist weitgehend als solcher betrachtet worden. Nicht nur von seinen »Feinden«. Um nur ein Beispiel zu geben: In einem 1967 geschriebenen Text, der die Frage »Was ist der Strukturalismus?« zu beantworten versucht, bezieht sich Gilles Deleuze auf Lévi-Strauss und Lacan ebenso wie auf Althusser und Foucault. Er weiß sehr wohl, daß zwischen ihnen durchaus weitreichende Differenzen bestehen. Deshalb zentriert er seinen Artikel um die Frage: »Woran erkennt man den Strukturalismus?« und definiert eine Reihe von formalen Kriterien, die es erlauben, in Werken heterogener Orientierung und Thematik die Leitlinien wiederzufinden, die die Zugehörigkeit zu dieser Strömung begründen.[34]

3.) Richtig ist, daß Foucault dieses Etikett sehr rasch und auf zunehmend lebhafte Weise abgelehnt hat. »Es ist vielmehr an denen, die, zur Bezeichnung verschiedener Arbeiten«, antwortet er 1969 in einem Interview, »immer dasselbe Etikett ›Strukturalismus‹ benutzen, uns zu sagen, worin wir es denn sind. Sie

33 Michel Foucault, »Je suis tout au plus...«, in: *La Presse de Tunis*, 2. April 1967.
34 Gilles Deleuze, »A quoi reconnaît-on le structuralisme?«, in: François Châtelet (Hg.), *Histoire de la philosophie*, Bd. IV: *La Philosophie au XXe siècle*, Paris 1973, S. 293–329.

kennen sicher folgendes Rätsel: Welcher Unterschied besteht zwischen Bernard Shaw und Charlie Chaplin? Es gibt gar keinen, denn sie haben beide einen Bart, ausgenommen natürlich Chaplin!«[35] Im Jahre 1981 sagt er zu Hubert Dreyfus und Paul Rabinow, die ein Buch über ihn vorbereiten, daß er nicht nur nie Strukturalist gewesen sei, sondern daß er als Untertitel zu seinem Werk *Eine Archäologie des Strukturalismus* geplant und sich dabei eher als außenstehender Beobachter denn als praktizierender Vertreter der Humanwissenschaften verstanden habe. Höchstens habe er, wie er den beiden amerikanischen Autoren anvertraut, »der Verführung des strukturalistischen Vokabulars nicht standgehalten«. Was aber Dreyfus und Rabinow nicht hindert, seiner strukturalistischen Phase und dem daraus resultierenden »Scheitern« ein ganzes Kapitel zu widmen.[36]

In beinahe dieselbe Phase fällt auch Foucaults Versuch, die Feindseligkeit zu analysieren, die im Laufe der Zeit durch die strukturalistische Bewegung in Frankreich ausgelöst wird. Der Strukturalismus läutete den Sturm auf den marxistischen Dogmatismus ein, und die französische Kultur, soweit sie unter kommunistischem Einfluß stand, hat seine ätzende Kraft sehr deutlich gespürt. Was durchaus nicht überraschend ist, wie Foucault erklärte: Der Strukturalismus ist in erster Linie eine Bewegung, die uns aus dem Osten erreicht hat (im Gefolge von Jakobson, der Russe war, im Gefolge auch der Formalisten usw.), und die gesamte stalinistische Tradition hat darauf hingearbeitet, ihn zu verdrängen und seine Geburtsstätte zu zerstören. Um dieser Äußerung Nachdruck zu verleihen, erzählt Foucault die folgende Anekdote: 1967 war er zu einer Vortragsreise nach Ungarn aufgebrochen. Alles ließ sich sehr gut an, und er hatte viel Publikum in den Hörsälen – bis zu dem Tage, da er über den Strukturalismus sprechen wollte. Der Rektor der Universität sagte ihm, daß der Vortrag in seinem Büro stattfinden müsse, im kleinen Kreise, weil das ein für die Studenten zu schwieriges Thema sei. Was erregte so große Angst bei diesem Wort, bei diesen Themen, bei dieser Idee, fragt sich Foucault.

35 Michel Foucault, »La Naissance d'un monde«, in: *Le Monde*, 3. Mai 1969.
36 Hubert Dreyfus und Paul Rabinow, *Michel Foucault. Un parcours philosophique*, Paris 1984.

Diese Erklärungen hat er Ducio Trombadori im Jahre 1987 gegeben.[37]

Der Erfolg bleibt Foucault treu. Alle, die in diesem Frühjahr 1966 mit ihm zusammentreffen, beschreiben ihn als einen glücklichen Menschen. Er ist von seinem Durchbruch und seinem wachsenden Ruhm sichtlich hingerissen. Ist er auch mit seinem Buch zufrieden? Nachdem die Euphorie einmal verflogen ist, betrachtet er diesen Band, der ihm weitreichende Bekanntheit verschafft hat und den er doch als den am wenigsten gelungenen derer betrachtet, die er geschrieben hat, mit größerer Gelassenheit. Es gibt sogar eine Periode, in der er ihn mehr oder weniger verleugnet und Pierre Nora bittet, ihn nicht mehr neu aufzulegen. Wie bereits erwähnt, hatte sich Foucault entschlossen, *Maladie mentale et personnalité* nicht mehr verbreiten zu lassen. Er hat eine zweite, vollkommen überarbeitete Fassung davon vorgelegt, die er aber schließlich auch mit einem Weiterveröffentlichungsverbot belegt. Bei *Wahnsinn und Gesellschaft* schlägt Foucaults Selbstkritik einen anderen Weg ein: bei der zweiten Auflage, elf Jahre nach der Erstauslieferung des Buches, unterdrückt er das erste Vorwort, das allzu nachdrücklich auf einer originären »Erfahrung« des Wahns bestand. Bei *Die Ordnung der Dinge* bedarf es der Zuhilfenahme eines weiteren Buches zur endgültigen Klarstellung. Um auf die ungenauen Deutungen zu antworten, deren Gegenstand er gewesen zu sein glaubt, um bestimmte Mißverständnisse zu zerstreuen, um Begriffe zu präzisieren, die sich als problematisch erwiesen haben, und um sich vom »Strukturalismus« abzugrenzen, schreibt Foucault ein ganzes Buch, die *Archäologie des Wissens*, das 1969 erscheint. Und 1972 geht er anläßlich einer Neuauflage der *Geburt der Klinik* ebenfalls zu einigen lexikalischen Veränderungen über. Beispielsweise ändert er den Satz: »Hier soll eine strukturale Analyse eines Signifikats – des Signifikats der ärztlichen Erfahrung – einer Epoche versucht werden« zu folgendem Wortlaut um: »Hier soll die Analyse eines bestimmten Diskurses versucht werden, des Diskurses der medizinischen Erfahrung einer Epoche...«

---

37 Ducio Trombadori, *Colloqui con Foucault*, a. a. O., S. 49–60.

Der Begriff der strukturalen Analyse verschwindet ebenfalls auf der folgenden Seite.[38]

Auf jeder Stufe seines Werkes scheint Foucault also anhand sukzessiver Bearbeitungen fortzuschreiten. Er arbeitet und verändert. Das Recht darauf fordert er im Vorwort zur *Archäologie des Wissens* ein: »Ja, glauben Sie denn, daß ich mir soviel Mühe machen würde und es mir soviel Spaß machen würde zu schreiben, glauben Sie, daß ich mit solcher Hartnäckigkeit den Kopf gesenkt hätte, wenn ich nicht mit etwas fiebriger Hand das Labyrinth bereitete, wo ich umherirre, meine Worte verlagere, ihm ein Souterrain öffne, es fern von ihm selbst einstürze, an ihm Vorkragungen finde, die seine Bahn zusammenfassen und deformieren, wo ich mich verliere und schließlich vor Augen auftauche, die ich nie wieder treffen werde? Mehr als einer schreibt wahrscheinlich wie ich und hat schließlich kein Gesicht mehr. Man frage mich nicht, wer ich bin, und man sage mir nicht, ich solle der gleiche bleiben: das ist eine Moral des Personenstandes; sie beherrscht unsere Papiere. Sie soll uns frei lassen, wenn es sich darum handelt, zu schreiben.«[39]

Eines aber ist sicher: später werden es zweifellos nicht diese beiden Bücher seiner »formalistischen« Periode sein – *Die Ordnung der Dinge* und *Archäologie des Wissens* –, denen seine besondere Vorliebe gilt, wenn er sich rückblickend über sein Werk beugt.

Unter all den Reaktionen, die *Die Ordnung der Dinge* hervorgerufen hat, ist eine, die Foucault sehr zu Herzen geht. Das ist ein Brief von René Magritte. Der Maler schickt ihm einige Bemerkungen über die Begriffe *ressemblance* (Ähnlichkeit) und *similitude* (Gleichartigkeit). Er fügt seiner Sendung eine Reihe von Zeichnungen bei, darunter eine Reproduktion von *Dies ist keine Pfeife*. Foucault antwortet ihm mit einem Dankesbrief und bittet ihn um Auskunft in bezug auf eines seiner Bilder, das den *Balkon* Manets verfremdet [*i. e.* Magrittes *Perspektive*] und für das Foucault sich besonders interessiert. Aus diesem Briefwechsel entwickelt sich eine Studie Foucaults über Magrit-

38 *Die Geburt der Klinik*, a. a. O., S. 15.
39 *Die Archäologie des Wissens*, a. a. O., S. 30.

Photo: Krszysztof Pruszkowski

Michel Foucault als Kind.

Links: Als Chorknabe *(Archiv von Mme. Foucault).*

Mitte: Mit seiner Schwester Francine *(Archiv von Mme. Foucault).*

Unten: Mit Vater und Schwester in den Bergen *(Archiv von Mme. Foucault).*

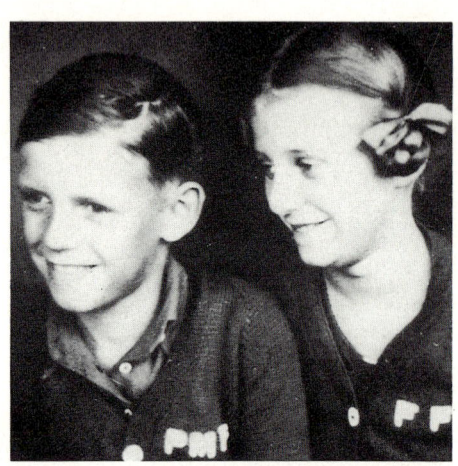

Oben: Klassenbuch der Abiturklasse des Collège Saint-Stanislas, Schuljahr 1942–1943 *(Archiv des Collège Saint-Stanislas).*

Mitte: Anfangsklassen des Lycée Henri-IV von Poitiers. Michel Foucault ist der fünfte von links in der obersten Reihe. Schuljahr 1935–1936 *(Archiv von Mme. Foucault).*

Unten: Zeugnisliste der Sekunda des Collège Saint-Stanislas von Poitiers, Schuljahr 1940–1941 *(Archiv des Collège Saint-Stanislas).*

SECONDE

Instruction religieuse
1ᵉ P. : Jacques Pellion 1
2ᵉ Paul Foucault 1
3ᵉ Pierre Rivière 1
1ᵉ Ac. : Yves Pouvreau 1

Excellence
1ᵉ P. : Pierre Rivière 2
2ᵉ Yves Pouvreau 2
3ᵉ Paul Foucault 2
1ᵉ Ac. : Jacques Pellion 2
2ᵉ Michel Léger 1
3ᵉ Robert Prieur 2
4ᵉ Claude Ranger 2
5ᵉ Patrick Chaumet 2
6ᵉ Jean Goupy 1

Diligence
1ᵉ P. : Pierre Rivière 3
2ᵉ Yves Pouvreau 3
3ᵉ Paul Foucault 3
Jacques Pellion 3
1ᵉ Ac. : Claude Ranger 2
2ᵉ Michel Léger 2
3ᵉ Robert Prieur 2
4ᵉ Louis Dupuis 2
5ᵉ Paul Puichaud 2
6ᵉ Patrick Chaumet 3

Examens
1ᵉ P. : Pierre Rivière 4
2ᵉ Yves Pouvreau 4
3ᵉ Paul Foucault 4
1ᵉ Ac. : Jacques Pellion 4
2ᵉ Robert Prieur 4
3ᵉ Michel Léger 4
4ᵉ Claude Ranger 4
5ᵉ Louis Dupuis 4
6ᵉ Jean Goupy 2

Composition française
1ᵉ P. : Pierre Rivière 5
2ᵉ Jacques Pellion 5
3ᵉ Paul Foucault 5

2ᵉ Ac. Patrick Chaumet 1
3ᵉ Paul Puichaud 1
Claude Ranger 1
4ᵉ Robert Prieur 1
5ᵉ Pierre Marsal 1
6ᵉ Maurice Grelet 1

1ᵉ Ac. Claude Ranger 2
2ᵉ Jean Sorin 1
3ᵉ Michel Léger 4
4ᵉ Jean Goupy 3
5ᵉ Yves Pouvreau 5
6ᵉ Christian Hornbostel 1

Histoire de la littérature française
1ᵉ P. : Pierre Rivière 6
2ᵉ Paul Foucault 6
3ᵉ Claude Ranger 6
1ᵉ Ac. : Jean Goupy 4
2ᵉ Michel Léger 3
3ᵉ Patrick Chaumet 4
4ᵉ Jacques Pellion 6
5ᵉ Yves Pouvreau 6
6ᵉ Christian Hornbostel 2

Version latine
1ᵉ P. : Pierre Rivière 7
2ᵉ Paul Foucault 7
1ᵉ Ac. : Jacques Pellion 7
2ᵉ Jean Sorin 2
3ᵉ Robert Prieur 6
4ᵉ Paul Mitrault 1

Thème latin
1ᵉ P. : Pierre Rivière 8
2ᵉ Michel Léger 6
1ᵉ Ac. Patrick Chaumet 5
2ᵉ Jacques Pellion 5
3ᵉ Charles Hugon de Scœux 1
4ᵉ Paul Puichaud 3

Littérature latine
1ᵉ P. : Paul Foucault 8
2ᵉ Pierre Rivière 8

Rechts: Auf der Rückseite des Großphotos (unten) von 1944 ist Michel Foucault von Lucette Rabaté als »*L'as des as*« gekennzeichnet.

Unten: Die *hypokhâgne* in Poitiers, 1944. Ganz oben Michel Foucault *(Archiv von Lucette Rabaté).*

L'inconscient.

1ère p. Inconscient et représentation.

A) ... présence sans représentation. ce
+ être - que implique l'inconscient :
- moins de science ; et + de réalité.
A mi... association libr... ... : reste
perception...

1/ Bergson et l'inconscient y mémoire
- réalité spatiale de l'inconscient
- l'effort spirituel.

2/ Durkheim et la représentation collective.

B dimension du conflit.

2ème p. Inconscient et conflit

1/ Janet et la csc. y conduite. D'où
caractère relatif de la csc.

2/ Freud : - la csc. et elle aussi relative
            - l'inconscient y résultat d'un
              conflit.
            - le surmoi est aussi / inconscient.

3/ D'où critiques sur l'inconscient
freudien : l'inconscient y chose.

3ème p. L'inconscient et le cogito

Si il faut conjuguer la réalité humaine
à la 1ère personne, c/m admettre l'inconscient.

1 L'inconscient chez Descartes et Kant.
Apparition de la réflexion.

2 La csc. thétique et non thétique.
Nb de la mauvaise foi. Conscience inconsciente

3 Merleau-Ponty : l'implicite de la
réflexion.

Zur Vorbereitung der *agrégation* hat Michel Foucault Dutzende von Entwürfen zu allen erdenklichen Themen niedergeschrieben. Hier: *»L'inconscient«* [Das Unbewußte] *(Archiv von Jean-Paul Aron).*

Michel Foucault 1958 in Schweden, mit seinem Jaguar. *Photo J.-C. Oberg.*

Michel Foucault im Jahre 1957 in der Maison de France von Uppsala. *Photo J.-C. Oberg.*

Georges Canguilhem im Januar 1988 beim Kolloquium »Foucault philosophe«. *Photo Gérard Uferas/Agence Vu.*

Georges Dumézil im Jahre 1949. *Archiv von Claude Dumézil.*

Louis Althusser im Jahre 1976. *Photo Keystone.*

Brief von Michel Foucault an Henri Gouhier vom 4. Mai 1961. Links oben Randbemerkungen von Henri Gouhier während der Doktordisputation Foucaults. *Photo D. R.*

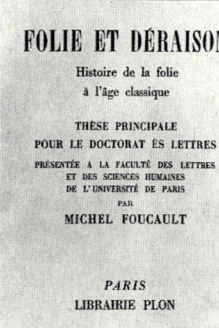

Monsieur le Professeur

Je vous suis très reconnais-

sant d'avoir bien voulu accepter

de présider le jury devant

lequel je dois soutenir ma

thèse. Pour le cas où vous

désirreiz en voir avant la

Unten: Das strukturalistische Frühstück: Michel Foucault, Jacques Lacan, Claude Lévi-Strauss und Roland Barthes. Zeichnung von Maurice Henry, erschienen in: *La Quinzaine littéraire* vom 1. Juli 1967. *Photo D. R.*

UNIVERSITÉ DE PARIS — FACULTÉ DES LETTRES ET DES SCIENCES HUMAINES

FOLIE ET DÉRAISON

Histoire de la folie
à l'âge classique

THÈSE PRINCIPALE
POUR LE DOCTORAT ÈS LETTRES

PRÉSENTÉE A LA FACULTÉ DES LETTRES
ET DES SCIENCES HUMAINES
DE L'UNIVERSITÉ DE PARIS
PAR

MICHEL FOUCAULT

PARIS
LIBRAIRIE PLON

Aus Anlaß der Doktordisputation (1961) gedrucktes Exemplar von *Folie et Déraison* [*Wahnsinn und Gesellschaft*].

soutenance, je me tiens à votre
disposition, le jour que vous en-
visagez le mieux; je suis tous les
jours à Paris, à l'exception de
mardi et de mercredi où je suis
libre à Clermont-Ferrand.

Je vous prie, monsieur le
Professeur, d'accepter avec mes
remerciements très sincères l'expression
de mes sentiments de profond respect

M Foucault

5 q rue Monge. V.

Unten: Michel Foucault im Jahre 1966, nach dem Erscheinen von *Die Ordnung der Dinge*.

Februar 1972. Demonstration nach dem Tode von Pierre Overney. Michel Foucault mit Jean Genet. *Photo Xavier Martin/Sipa Press.*

27. November 1972. Jean-Paul Sartre und Michel Foucault demonstrieren im Pariser Viertel Goutte d'Or zur Unterstützung der Immigranten. *Photo Gérard Aimé.*

A la suite d'une interpellation

M. MICHEL FOUCAULT PORTE PLAINTE CONTRE DES POLICIERS

MM. J.-M. Domenach et Michel Foucault, et une douzaine de membres du groupe d'information sur les prisons, ont été interpellés respectivement le 1er mai aux portes des prisons de Fresnes et de la Santé, alors qu'ils distribuaient un texte sur l'abolition du casier judiciaire. Ils ont été relâchés vers 17 heures. M. M. Foucault a porté plainte pour arrestation illégale, atteinte aux libertés publiques, injures publiques et violences légères avec préméditation.

M. Michel Foucault, professeur au Collège de France, nous a fait le récit suivant :

« *Au poste de police où j'ai été emmené avec mon groupe, un policier, après avoir remarqué que plusieurs de nos noms n'étaient pas de consonance française, nous a demandé quels étaient parmi nous « ceux qui portaient » des noms vraiment gaulois ». Quelques instants après, faisant la mimique de quelqu'un qui tire au revolver, il a crié : « Heil » Hitler ! » Enfin, un autre d'entre eux m'a frappé dans le dos alors que je quittais le commissariat et que j'étais déjà dans la rue.* »

Unten: 18. Februar 1972. Alain Jaubert, Claude Mauriac, Michel Foucault, Jean-Paul Sartre und Michèle Vian, Gilles Deleuze und Daniel Defert auf dem Wege zu einer Pressekonferenz im Justizministerium an der Place Vendôme. *Photo Elie Kagan.*

22. September 1975 in Roissy, nach der Ankunft der französischen Intellektuellen, die des Landes verwiesen worden waren, nachdem sie in Madrid eine Pressekonferenz abgehalten hatten, um gegen das Todesurteil gegen elf politische Aktivisten zu protestieren. Hier: Yves Montand und Michel Foucault. *Photo Pascal Lebrun.*

22. Dezember 1981. Bei der Demonstration zur Unterstützung des polnischen Volkes, vor der Oper von Paris. Ivry Gitlis, Claude Mauriac, Simone Signoret, Michel Foucault und Patrice Chéreau. *Photo Laurent Maous/Gamma.*

Im Januar 1978, beim »Tunix«-Kongreß in Berlin. *Photo Raymond Depardon/Gamma.*

Michel Foucault in seiner Wohnung, 1983. *Photo Martine Franck/Magnum.*

Oktober 1983. Michel Foucault in Berkeley, mit seinen Studenten, die ihm einen Cowboy-Hut geschenkt haben, und Paul Rabinow (zweiter von rechts). *(Archiv von Paul Rabinow).*

Artikel von Georges Dumézil im *Nouvel Observateur* (Juni 1984) zum Tode von Michel Foucault. *Photo D. R.*

UN HOMME HEUREUX

PAR GEORGES DUMÉZIL

Au printemps de 1954, mes amis de l'université d'Uppsala me demandèrent de leur désigner un lecteur français. Procédure peu orthodoxe qu'ignoraient nos Relations culturelles. Mais depuis que j'avais occupé le poste, de 1933 à 1935, des liens étroits m'attachaient à Uppsala, où j'allais presque chaque année travailler un mois ou deux dans l'admirable bibliothèque qu'est la Carolina Rediviva. J'étais fort embarrassé de ma mission, quand Raoul Curiel, qui rentrait d'Afghanistan, me dit qu'il avait mon homme. Il venait de rencontrer un jeune normalien, agrégé de philosophie, encore incertain de sa carrière, qu'il n'hésitait pas à qualifier : « *l'être le plus intelligent qu'il eût connu* ». Je n'en demandai pas plus et j'écrivis à Michel Foucault un éloge sincère de la vie uppsalienne. Il accepta. Comme je passais l'été au pays de Galles, je ne le vis pas avant son départ.

L'année suivante, dès la fin de mes cours du Collège, je repr... le chemin de ma laborieuse Uppsala, curieux de voir à l'œuvre « l'être le plus intelligent du monde ». Or il régnait sur la plus intelligente jeunesse suédoise, sur la « bonne société » universitaire. Ses cours publiés faisaient du bruit. Les mères lui amenaient leurs filles pour l'entendre parler de « l'amour en France de Sade à Jean Genet ». Et lui-même avait trouvé rassemblée dans trois salons de la Carolina une riche bibliothèque médicale du XVIIᵉ et du XVIIIᵉ siècle. Un vieux legs qui dormait en l'attendant : l'« Histoire de la folie » progressait ! Bref, un homme heureux. C'est alors que je le découvris. De trente ans mon cadet, il se trouva, dès ces premières journées, fraternel, ouvert, dévoué, confiant. Il se forma tout naturellement entre nous une amitié qui, pendant les trente autres années qui suivirent, ne devait connaître ni ombre ni déchirure. Je le retrouvai en 1956 à Uppsala, puis il quitta la Suède pour Hambourg, pour Varsovie, pour Clermont-Ferrand. Je n'eus plus à intervenir dans sa carrière sauf quand, un peu plus tard, en 1970, on pensa à lui pour le Collège de France. Ce fut Jules Vuillemin qui le présenta, à la mort de Jean Hyppolite. Je n'étais plus

moi-même que professeur honoraire et je découvrais tardivement les Etats-Unis : mon rôle se borna à écrire de Chicago à six collègues électeurs que, quoi qu'on dît, Michel Foucault n'était pas le Diable. Plutôt le contraire. Il fut plus qu'honorablement élu.

D'autres présenteront son œuvre. Je ne reprendrai que le mot de Raoul Curiel. L'intelligence de Foucault était, littéralement, sans borne, même sophistiquée. Il avait installé son observatoire sur les zones de l'être vivant où les distinctions traditionnelles du corps et de l'esprit, de l'instinct et de l'idée paraissent absurdes : la folie, le crime, la sexualité. De là son regard tournait comme un phare sur l'histoire et sur le présent, prêt aux découvertes les moins rassurantes, capable de tout accepter, sauf de s'arrêter dans une orthodoxie. Une intelligence à foyers multiples, à miroirs mobiles, où le jugement naissant se doublait aussitôt de son contraire sans cependant se détruire ni reculer. Tout cela, il est usuel et ce niveau, sur un fond d'extrême bienveillance, de bonté. Les attachements qu'il a éveillés dans la jeunesse intellectuelle, en France, aux Etats-Unis, au Japon même, même, la résonance des quelques essais qu'il aura eu le temps de publier s'expliquent autant par cette générosité que par la puissance de sa dialectique et la séduction de son art. Notre amitié fut une facile réussite. Après Pierre Gaxotte il y a deux ans, après l'uppsalien Stig Wikander l'hiver dernier, Michel Foucault en se retirant me laisse un peu plus démuni, et non seulement plus démuni : plus vie : de sa substance même.

G. D.

Michel Foucault im Jahre 1977. *Photo Michèle Brancilhon.*

te mit dem Titel »Ceci n'est pas une pipe«, die 1973 in den *Cahiers du chemin* erscheint und später zu einem kleinen Separatdruck wird. Was Magrittes Antwort auf Manet betrifft, so rechnet Foucault damit, sie in einem Buch benutzen zu können, an dem er gerade zu arbeiten beginnt.[40]

40 Michel Foucault, »Ceci n'est pas une pipe«, in: *Cahiers du chemin*, Januar 1968. Neuausgabe (mit zwei Briefen von Magritte) bei Éd. Fata Morgana, 1973 (deutsch: *Dies ist keine Pfeife*, München 1974). Foucaults Brief ist publiziert in den *Œuvres complètes* von René Magritte, Paris 1979, S. 521.

Das offene Meer

Von dem Ruhm umstrahlt, den ihm *Die Ordnung der Dinge* eingetragen hat, langt Michel Foucault in Tunis an. Wie kommt es, daß er sich erneut außerhalb Frankreichs wiederfindet? Zwar hatte er keinerlei Lust mehr, in Clermont-Ferrand zu lehren. Aber anderswo eine ähnliche Position zu finden ist, wie ersichtlich, keine Kleinigkeit. Warum Tunis? Ein erneutes merkwürdiges Zusammentreffen von Umständen. Der dortige Fachbereich Philosophie wurde damals von einem Franzosen geleitet, Gérard Deledalle, einem Spezialisten für angelsächsische Autoren. Er ist 1963 nach Tunis gekommen und hat die *licence de philosophie** eingeführt, die es dort bisher nicht gab. Im Jahre 1964 hat er seinen früheren Lehrer, Jean Wahl, eingeladen, eine Reihe von Vorträgen über Wittgenstein zu halten. Er faßt die Gelegenheit beim Schopfe und fragt ihn, ob er nicht neben ihm in Tunis lehren möchte. Jean Wahl willigt ein, doch aus familiären Gründen, und weil er an schwerem Heimweh leidet, entschließt er sich, bereits nach sechs Monaten wieder nach Paris zurückzukehren. Als er erfährt, daß Foucault nach einer Auslandtätigkeit sucht, schreibt er an Deledalle und fragt an, ob die Position noch frei sei. Ja, sie ist frei. Aber so einfach gehen die Dinge nicht! Zunächst müssen die tunesischen Behörden konsultiert werden. Und erst als sie ihre Zustimmung gegeben haben, darf Foucault offiziell seine Bewerbung einreichen. Auf französischer Seite gibt es keinerlei Probleme: Jean Sirinelli kümmert sich um alles. Foucault wird also administrativ aus Clermont-Ferrand »abberufen«, und zwar auf Betreiben des Außenministeriums. Vorgesehene Vertragsdauer: drei Jahre. Für Foucault aber fällt auch dieses neue und freigewählte Exil wieder eher in den Bereich einer Wartestellung. Was er will, ist: einen Posten in Paris.

Ende September 1966 kommt er in Tunis an. »Ein Land, das von der Geschichte gesegnet ist und, weil es Hannibal und den heiligen Augustinus hervorgebracht hat, das ewige Leben ver-

---

* Philosophiediplom, berechtigt zur Teilnahme an einem *concours* zur Erlangung der Lehrerlaubnis an Sekundarschulen (A. d. Ü.).

dient«, sagt er eines Tages zu Jelila Hafsia[1], bei einem Besuch der Ruinen von Karthago, einer archäologischen Ausgrabungsstätte von schwindelregender Schönheit, mit dem offenen Meer im Hintergrund und der blendenden Sonne, die das ununterdrückbare Gefühl des Eintauchens in die Tiefe der Zeit und der Welt vermitteln. Vor Karthago aber entdeckt Foucault den Glanz einer anderen Landschaft. Gérard Deledalle und seine Frau sind zum Flughafen gekommen, um ihn abzuholen, und begleiten ihn nach Sidi Bou Saïd, wo sie wohnen: sie bringen ihn zunächst im Dar Saïd unter, einem kleinen Hotel, dessen Zimmer sich um einen viereckigen, im Geruch von Jasmin- und Orangenblüten ruhenden, schattigen Innenhof verteilen. In diesem Dorf wird Foucault in den zwei Jahren seines Tunesienaufenthaltes wohnen. Ein Dorf, das sich den die Bucht überwölbenden Hügel hinaufzieht, einige Kilometer von Tunis entfernt. Eine traumhafte Umgebung, in der er nacheinander drei beinahe identische Häuser bewohnt: mit denselben weißen Mauern, denselben blauen Fensterläden. »In diesem Dorf, in dem er glücklich war«, schreibt Jean Daniel, der Foucault damals begegnet ist, »kannte jedermann ihn wegen seiner Gewohnheit, vom frühen Morgen an vor den Fenstern seiner Villa, die auf die Bucht hinausführten, zu arbeiten, und wegen seiner Versessenheit darauf, sich im Sonnenlicht zu bewegen und zu leben. Bei jeder meiner Reisen holte ich ihn zu einem Spaziergang ab, den er lang, rasch und nervös liebte. Er bat mich in ein Zimmer, das sorgfältig kühl und dunkel gehalten wurde und in dessen Hintergrund er eine Art großer, erhöhter Platte hatte, auf die er die Matte legte, die ihm als Bett diente, eine Matte, die er, wie die Araber und die Japaner, tagsüber zusammenrollte. [...] Es traf sich, daß mein Aufenthalt in Tunis mit dem von Daniel Defert zusammenfiel, seinem Vertrauten. Wir gingen also zu dritt zu einem Strand in Gestalt einer Halbinsel, der durch Dünen vor jedem Einblick geschützt war. In dieser imaginären Einöde erinnerte das zugleich ockerfarbene und mondbleiche Licht Foucault an *Das Ufer der Syrten*. Das letzte Mal, als ich ihn an dieser Stelle sah, spielte Foucault auf Julien Gracq und Gide an,

---

1 Jelila Hafsia, »Quand la passion de l'intelligence illuminait Sidi Bou Saïd«, in: *La Presse de Tunis*, 6. Juli 1984.

die sein Freund Roland Barthes mit Wonne neuentdeckte. In dieser Umgebung schien er die Philosophie zu meiden, die Literatur war für ihn eine Zuflucht...«[2]

Aber Foucault ist nach Tunis gekommen, um hier Philosophie zu lehren. Er macht sich mit wirklichem Erfolg an die Arbeit. Die geisteswissenschaftliche Fakultät ist in einem großen Bauwerk aus den fünfziger Jahren untergebracht, am Boulevard du 9-Avril. Es ist das alte Gymnasium der Stadt, das man zur Universität umgestaltet hat. Es überragt die Kasba und den See Sijoumi. Zu Beginn seines Tunis-Aufenthaltes fährt Foucault mit dem Zug von Sidi Bou Saïd in die Stadt. Er geht gern zu Fuß: quer durch die Medina und die Avenue Bourguiba hinauf. Später kauft er sich ein Auto: ein weißes 404-Kabriolett. Seine Vorlesungen werden von den Studenten mit einer gewissen Gier besucht. Die Themen sind sehr verschieden, denn er lehrt in allen drei Studienjahren, die die *licence* umfaßt. Er spricht bei den einen über Nietzsche, bei den anderen über Descartes, und zwar über einen Descartes, der auf dem Wege über die *Cartesianischen Meditationen* von Husserl gelesen wird. Er widmet eine Vorlesung der Ästhetik und analysiert die Entwicklung der Malerei von der Renaissance bis Manet, indem er Gemälde kommentiert, die er anhand von Diapositiven projiziert. Auch die Psychologie wird nicht außer acht gelassen: eine Vorlesung hat die »Projektion« zum Thema, und er stellt darin die Ergebnisse der Psychologie, der Psychiatrie und der Psychoanalyse dar. Mit dem obligatorischen Schwerpunkt des Rorschach-Tests, wie zu erwarten war. Und dann gibt es etwas, woran seine früheren Studenten sich noch heute mit Bewunderung erinnern – seine öffentliche Vorlesung über den »Menschen im abendländischen Denken«. *Die Ordnung der Dinge* ist noch nicht fern! Das Auditorium ist sehr zahlreich – mehr als zweihundert Hörer jeden Freitag – und sehr unterschiedlich: Wie in Uppsala wird auch diese Vortragsreihe von der kultivierten Gesellschaft der Stadt rege besucht, und alle Altersstufen und Berufe sind vertreten. Wenn die jungen Leute, die Foucaults Vorlesungen besuchen, auch über seinen Vortrag begeistert sind, so begegnen

2 Jean Daniel, »La Passion de Michel Foucault«, in: *Le Nouvel Observateur*, 29. Juni 1984.

sie seinen politischen Optionen doch mit größeren Vorbehalten. Heutigen Aussagen zufolge galt er damals lange als reiner »Vertreter der gaullistischen Technokratie«, als »zu westlich, um Tunesien verstehen zu können« usw. Seine feindselige Ablehnung des Marxismus bringt seine Studenten in Verwirrung, die ihn um so bereitwilliger »rechts« einordnen, als sie ihn nur ungern bei jeder Gelegenheit Nietzsche zitieren hören, was sie manchmal sogar als gegen sie selbst gerichtete Provokation auffassen.

Foucault nimmt aktiv am Universitätsleben und am geistigen Leben in Tunis teil. Natürlich verkehrt er mit den französischen Mitgliedern des Lehrkörpers, die in der Stadt angestellt sind, geht freundschaftliche Beziehungen zu Gérard Deledalle und seiner Frau ein, ebenso zu Jean Gattegno, dem er später in Vincennes wiederbegegnet... Er nimmt am »Club philosophique« teil, den die Studenten der Fakultät organisieren. Und er hält Vorträge im »Club Tahar Hadad« am Boulevard Pasteur, der von Jelila Hafsia geleitet wird, die sich leidenschaftlich für den französischen Philosophen einsetzt. Er hält dort zwei Referate: das eine im Februar 1967 über »Strukturalismus und literarische Analyse«, das zweite im April desselben Jahres über »Wahnsinn und Zivilisation«.

Im Jahre 1967 läßt er auch Jean Hyppolite von der Fakultät einladen. Fatma Haddad, seine damalige Assistentin, erinnert sich der Ergriffenheit Foucaults, als er seinen früheren Lehrer dem Auditorium vorstellt. Hyppolite soll über »Hegel und die moderne Philosophie« sprechen. Bevor er beginnt, zeigt er auf den neben ihm sitzenden Foucault: »Offensichtlich hat man sich getäuscht, als man mich einlud, denn die moderne Philosophie – das ist hier.« Foucault hat das Thema des Vortrages mit folgenden Sätzen angekündigt: »Jede philosophische Reflexion von heute ist ein Dialog mit Hegel, und moderne Philosophie praktizieren heißt die Geschichte der Philosophie Hegels nachzeichnen.« Dagegen hat die »Begegnung« mit Paul Ricœur bei den Tunesiern weniger glanzvolle Erinnerungen hinterlassen, die sich, auf dem Höhepunkt der Auseinandersetzungen um den Strukturalismus, eine leidenschaftliche Fehde zwischen den beiden Denkern erwartet hatten. Ricœur ist vom Kulturzentrum von Karthago zu einer Reihe von Vorträgen über die

Philosophie der Sprache eingeladen worden. Foucault begleitet Gérard Deledalle zu einem davon: »Er saß neben mir«, erzählt Deledalle, »und hörte gar nicht auf, witzige Bemerkungen zu machen. Ricœur merkte das.« Als aber nach dem Vortrag die Diskussion einsetzt, sagt Foucault kein Wort. In diesem Augenblick wird Deledalle gewahr, daß es vielleicht keine sonderlich gute Idee war, die beiden Philosophen noch am selben Abend zu sich zum Essen eingeladen zu haben. Er hat die unangenehme und gespannte Atmosphäre in Erinnerung behalten, die den Abend vergiftete. Unmöglich, auch nur das belangloseste intellektuelle Thema anzuschneiden. Als Ricœur wenig später Tunis verläßt, bemerkt er Foucault, der sich anschickt, dasselbe Flugzeug zu nehmen wie er. Er sagt zur Leiterin des Kulturzentrums von Karthago, die ihn zum Flughafen begleitet hat: »Im Flugzeug werden wir diskutieren.« Er schreibt ihr einige Tage später, um sich für seinen Empfang zu bedanken, und fügt hinzu, daß die angekündigte Diskussion nicht stattgefunden hat: Foucault hat so getan, als sähe er ihn nicht, und sich einen Platz am anderen Ende des Flugzeugs gesucht. Wenn er sich auch geweigert hat, das Spiel »Kampf der Ideen« zu spielen, so scheut sich Foucault doch nicht, vor seinen Studenten zum Ausdruck zu bringen, was er denkt. »Ich will zusammenfassen, was Ricœur gesagt hat«, läßt er sie wissen. Und er fragt sie Punkt für Punkt, ob seine Zusammenfassung wahrheitsgetreu ist. Und als sie das bestätigen, sagt er: »Gut, und jetzt wollen wir das alles niedermachen.«

Wenn Foucault in seinen Vorlesungen viel über Kunstgeschichte spricht, so wahrscheinlich deshalb, weil er die ersten Entwürfe eines Buches über Manet vorträgt, das er schreiben möchte. Vor seiner Abreise nach Tunis, am 15. Juni 1966, das heißt nur wenige Monate nach dem Erscheinen von *Die Ordnung der Dinge*, hat er mit Jérôme Lindon, dem Leiter der Éditions de Minuit, einen Vertrag für einen »Essay über Manet« geschlossen, dessen Titel *Le Noir et la surface* (Das Schwarze und die Oberfläche) lauten soll. Das Buch ist nie zustande gekommen, aber Foucault hat mehrere Vorträge gehalten, in denen er erklärt, was an Manets Bildern seine Aufmerksamkeit fesselt. Was ihn an dem Maler des *Opernballes*, der *Bar der Folie-Bergères* oder des *Balkons* interessiert, ist nicht so sehr der Maler, der den

Impressionismus ermöglicht hat, sondern eher derjenige, der, über den Impressionismus hinaus, die gesamte moderne Malerei ermöglicht hat. Denn Manet hat mit einer seit dem Quattrocento geltenden Regel gebrochen, die es dem Maler auferlegte, den Umstand vergessen zu machen, zu maskieren, zu verschleiern, daß die Malerei auf ein bestimmtes Bruchstück von Raum – Mauer oder Leinwand – aufgetragen war, es als »Träger« benutzte. Manet hat diesen Komplex von Konventionen umgestoßen: er hat das Bild-Objekt erfunden, die Leinwand, die ihre eigene Materialität darstellt. Er hat die grundlegenden materialen Elemente der Leinwand in die Darstellung einbezogen, er hat die pikturale Physis in die dargestellte Szene integriert: das von draußen kommende Licht, die großen vertikalen und horizontalen Linien, die das Format des Bildes verdoppeln, die Gewebestruktur der Malfläche. Er hat die Tiefe unterdrückt und aufgehoben, und das Bild ist zum konkreten Raum geworden, vor dem der Betrachter sich fortbewegen kann und soll. Zwar hat Manet nicht die ungegenständliche Malerei erfunden. Alles bei ihm ist gegenständlich. Aber er hat die Malerei von den Konventionen befreit, die auf der Darstellung lasteten, und damit die Bedingungen eines Bruches mit der Repräsentation vorgegeben. Dank Manet konnte die Malerei mit den Eigenschaften des Raumes spielen: mit seinen materiellen, reinen, an sich selbst gegebenen Eigenschaften.

Was Foucault am meisten beschäftigt, ist natürlich die Niederschrift der *Archäologie des Wissens*. Er schreibt mit der ihm eigenen Hartnäckigkeit und müht sich wie der Teufel um Begriffe wie Aussage, diskursive Formation, Regelmäßigkeit und Strategie... Ein ganzes Vokabular, das er aufzustellen und zu fixieren sich bemüht; ein ganzes Spiel von Begriffen, die er zu definieren und miteinander zu verbinden versucht. Er wird seine Arbeit auf dem Umschlag des Buches mit Formulierungen wie diesen vorstellen: »Erklären, was ich in den Büchern habe machen wollen, in denen noch so viele Dinge dunkel geblieben waren? Nicht nur, nicht genau, sondern noch ein wenig mehr: gleichsam mit einer erneuten Drehung der Spirale diesseits dessen ansetzen, was ich unternommen hatte; zeigen, von wo aus ich sprach; den Raum abstecken, der diese Untersuchungen ermöglicht, und vielleicht sogar andere, die ich nie fertigstellen werde; kurz: jenem Wort *Archäologie* Bedeutung verleihen, das ich leer gelassen hatte. [...] Und da, wo die Geschichte der Ideen, die Texte entziffernd, die geheimen Bewegungen des Denkens aufzudecken versuchte (seinen langsamen Fortgang, seine Kämpfe und Niederlagen, seine umgangenen Hindernisse), wollte ich die Ebene des ›bereits Gesagten‹ in seiner Spezifität aufscheinen lassen: seine Erscheinungsbedingungen, die Formen seiner Häufung und ihre Verkettung, die Regeln seiner Transformationen, die es skandierenden Diskontinuitäten. Der Bereich des bereits Gesagten ist das, was man das *Archiv* nennt; die Archäologie ist dazu ausersehen, seine Analyse zu unternehmen.«[3] Foucault weiß, daß sein Einsatz beträchtlich ist. Man hat ihn als Nachfolger Sartres präsentiert, und der angegriffene Meister hat hart zurückgeschlagen. Die Partie ist in vollem Gange, und wenn er gewonnenes Spiel haben will, darf Foucault nicht die Erwartungen eines Publikums enttäuschen, das auf den nächsten Waffengang lauert. Foucault ist an der Arbeit: bei sich zu Hause, an seinem Schreibtisch, von Morgengrauen an; nachmittags dann – auch in Tunis! – in der Nationalbibliothek. Und natürlich diskutiert er häufig mit seinem Institutsleiter, denn sein Buch bezieht sich auf Probleme, die sich mit dessen Interesse für Linguistik und Sprachphilosophie berühren. Foucault konsultiert ihn als Experten für angelsächsische Philosophie und Autoren, die er selbst nur sehr ungenau kennt. Gérard Deledalle grüßt ihn nahezu jeden Tag bei seinen Spaziergängen in Sidi Bou Saïd, und bei jedem seiner Besuche sieht er den Stapel beschriebener Blätter sich höher türmen. Foucault bosselt an seinen Formulierungen mit der peinlichgenauen Hingabe eines Goldschmiedes. Das Buch nimmt Gestalt an. Es ist fertig, als Foucault Tunis verläßt. Es erscheint zu Beginn des Jahres 1969.

Für Foucault aber wird Tunesien nicht nur die Teilung zwischen den Wonnen der Sonne und der philosophischen Askese sein. Seit der Zeit, da er sich aus der Politik zurückgezogen hat, stand zu erwarten, daß die Politik ihn eines schönen Tages einholen würde. Und die Zufälle des Lebens haben es gefügt, daß das in Tunis sein wird, zu eben dem Zeitpunkt, als die

3 *L'Archéologie du savoir*, Paris 1969 (Rückumschlag).

französischen Intellektuellen in den Wirbel des »Mai 1968« gerissen werden, von dem Foucault beinahe nichts zu sehen bekommt: er ist nur für einige Tage Ende Mai nach Paris zurückgekehrt. Nur um am großen Meeting im Stadion Charléty teilzunehmen, wo sich die linken Gruppen mit Pierre Mendès France in der Hoffnung auf einen baldigen Sturz der gaullistischen Staatsmacht verbünden. Foucault geht eines Tages mit Jean Daniel in den Straßen spazieren: »Sie machen keine Revolution, sie sind die Revolution«, sagt er zum Chefredakteur des *Nouvel Observateur*, als er einen Schwarm von Studenten vorbeiziehen sieht. Foucault kehrt nach Tunis in der Gewißheit zurück, daß die gaullistische Staatsmacht ihrem Ende nahe ist, daß die Linke die Macht übernehmen wird und Mendès France oder Mitterrand dazu ausersehen sind, eine bedeutende Rolle bei der Lenkung der Geschicke des Landes zu spielen.

Wenn er aber überzeugt ist, daß die französische Regierung stürzen wird, so weiß er doch auch, daß eben das bei dem tunesischen Regime nicht der Fall sein wird. An der Universität von Tunis hat die Agitation im Dezember 1966 begonnen: Ein Student ist von Polizisten verprügelt worden, weil er sich geweigert hat, einen Fahrschein für den Autobus zu bezahlen. Dieser Zwischenfall hat die Bombe zum Platzen gebracht, und in den Fakultäten ist die Revolte losgebrochen. Aber im Juni 1967 sind die Probleme sehr viel schwerwiegender. Nach der Niederlage der arabischen Armeen gegen die israelischen Truppen im »Sechstagekrieg« durchläuft eine jäh aufflackernde Welle von Gewalt die tunesische Hauptstadt: pro-palästinensische Demonstrationen entarten zu antisemitischen Unruhen. Foucault ist angesichts dieser bedauernswerten Ereignisse sehr schockiert. Er bringt seinen Abscheu darüber in einem Brief an Georges Canguilhem vom 7. Juni 1967 zum Ausdruck: »Hier hat es letzten Montag einen Tag (einen halben Tag) lang Pogromatmosphäre gegeben. Es war sehr viel ernster, als *Le Monde* berichtet hat: an die fünfzig Brandstiftungen. 150 oder 200 Geschäfte – natürlich die armseligsten – geplündert, das unvergeßliche Schauspiel der geschändeten Synagoge, auf die Straßen gezerrte, mit Füßen getretene und verbrannte Teppiche, herumrennende Leute, die sich in ein Gebäude flüchten, an das die Menge Feuer legen will. Und dann Stille, heruntergelassene

Rolläden, niemand oder kaum jemand im ganzen Viertel, Kinder, die mit beschädigtem Trödel spielen. Die Reaktion der Regierung war rasch, streng – allem Anschein nach auch aufrichtig. Das Ganze aber war offensichtlich organisiert. Jeder hat begriffen, daß ›das‹ seit Wochen, ja seit Monaten untergründig rumort hat, ohne Wissen der Regierung und gegen sie. Jedenfalls ist Nationalismus + Rassismus insgesamt schrecklich. Und wenn man hinzunimmt, daß die Studenten dafür die Hand (und sogar noch etwas mehr) hergegeben haben, aus ›Linksradikalismus‹, ist man zutiefst betrübt. Und man fragt sich, aufgrund welcher List (oder Dummheit) der Geschichte der Marxismus für all das Anlaß (und Vokabular) hat liefern können.«

Michel Foucault verhehlt seinen Studenten den Abscheu, den ihm solche Vorfälle einflößen, durchaus nicht. Aber die Unruhen vom Juni 1967 sind nur der Ausgangspunkt einer Woge von Agitation, die die Universität mehr als ein Jahr lang in einen permanenten Spannungszustand versetzt. In der Bewegung »Perspectives« vereint, lehnen sich die marxistischen Studenten – die zunächst mehrheitlich Trotzkisten sind, dann aber mehr und mehr vom Maoismus angezogen werden – zugunsten ihrer »palästinensischen Brüder« auf, engagieren sich aber gleichzeitig in einer zunehmend radikaler werdenden Opposition gegen Regierung und Amtsführung von Präsident Bourguiba. In der Zeit zwischen März und Juni 1968 und nach erneutem Aufflammen der Agitation, die durch den Tunesienbesuch des amerikanischen Vizepräsidenten Humphrey geschürt wird, bricht die Repression mit großer Härte über sie herein. Unter den Inhaftierten sind auch mehrere Studenten Foucaults. Die französischen Mitglieder des Lehrkörpers schließen sich zusammen, um gegen die Verhaftungen und Folterungen zu protestieren. Aber diese Reaktion erscheint nur allzu verzagt in den Augen derer, die auffälligere und nachdrücklichere Aktionen empfehlen, um ihre Solidarität unter Beweis zu stellen. Bei der von der »Association syndicale« einberufenen Vollversammlung der französischen Lehrkräfte ergibt sich, daß Michel Foucault und Jean Gattegno im Verhältnis zu ihren Kollegen, die sich auf die Pflicht zur Nichteinmischung im Ausland berufen, in der Minderheit sind. Foucault sucht darüber hinaus den französischen Botschafter auf, um ihn zum Eingreifen aufzufordern. Der Diplomat erwidert, daß es natürlich unmöglich ist, sich in die inneren Angelegenheiten Tunesiens einzumischen.

Foucault, Gattegno und einige andere geben sich mit bloßer Passivität nicht zufrieden. Sie helfen den Studenten, die den Razzien entgangen sind, und gewähren ihnen bei sich Unterschlupf. Foucault versteckt beispielsweise das Vervielfältigungsgerät der Gruppe, und mehrere Flugblätter werden in seinem Garten hergestellt. Nach den Sommerferien des Jahres 1968 versucht er, wieder in Tunesien, als Zeuge zugunsten seiner Studenten auszusagen. Er hat eine Erklärung zugunsten von Ahmed Ben Othmani vorbereitet, die er vor dem Auditorium verlesen möchte. Aber er erhält keine Sprecherlaubnis, und die Auseinandersetzungen gehen hinter verschlossenen Türen vor sich. Foucaults Hartnäckigkeit führt dazu, daß er mehrfach von Polizisten in Zivil – oder polizeilichen Hilfskräften? – bedroht wird, und einmal wird er sogar, nachdem er auf der Straße nach Sidi Bou Saïd abgefangen worden ist, übel zugerichtet und geschlagen. Das sind Warnungen, die ihm von den tunesischen Behörden auf sehr wenig protokollgemäße Weise verabreicht werden. Aber er wird nicht offiziell behelligt: sein Prestige ist zu groß; es wäre sehr schwierig für die Regierung, sich mit ihm anzulegen. Georges Lapassade dagegen ist ausgewiesen worden, und er wirft Foucault später vor, allzu lasch gehandelt zu haben. Foucault aber zog das diskrete und effiziente Handeln vor, jedenfalls all dem vor, was er als bloßes unverantwortliches und zum Scheitern verurteiltes Aufbegehren auffaßte. Jean Gattegno dagegen muß erleben, daß sein Vertrag Ende Juli 1968 gekündigt und er in Abwesenheit zu fünf Jahren Gefängnis verurteilt wird. Die Studenten werden zu schweren, ja zu bestürzenden Gefängnisstrafen verurteilt. Als Foucault 1971 nach Tunis zurückkehrt, versucht er erneut, beim Innenminister zu intervenieren, den er um einen Gesprächstermin bittet und der einwilligt, ihn zu empfangen. Völlig ergebnislos. Foucault faßt den Entschluß, nie wieder einen Fuß in dieses Land zu setzen, solange die politischen Häftlinge noch nicht in Freiheit sind. Eines ist sicher: Foucault haben diese Ereignisse heftig aufgewühlt. In seinen Unterhaltungen mit Ducio Trombadori sagt er, als er seinen politischen Werdegang und seine politischen Erfahrungen nachvollzieht, mit großem Nachdruck: »Ich habe in meinem Leben Glück gehabt: ich habe in Schweden ein sozialdemokratisches Land gesehen, das ›gut‹ funktionierte, und in Polen eine Volksdemokratie, die ›schlecht‹ funktionierte. Ich habe Deutschland zu einem Zeitpunkt erlebt, als es – in den sechziger Jahren – im Begriff war, zu seinem ökonomischen Aufschwung anzusetzen. Dann ein Land der Dritten Welt: Tunesien. Ich habe dort zweieinhalb Jahre gelebt. Das war eindrucksvoll: ich habe dort Studentenunruhen beigewohnt, die sehr heftig, sehr intensiv waren und dem, was hier in Frankreich passierte, um mehrere Wochen vorausgingen. Das war im März 1968. Die Agitation hat das ganze Jahr über gedauert: Streiks, Vorlesungseinstellungen, Inhaftierungen. Und im März Generalstreik der Studenten. Die Polizei ist in die Universität eingedrungen, hat die Studenten mit Gummiknüppeln auseinandergetrieben, mehrere schwer verletzt und Verhaftungen vorgenommen. Es ist zu Prozessen gekommen, in deren Verlauf manche Studenten zu acht, zehn, ja bis zu vierzehn Jahren Gefängnis verurteilt worden sind. Von alledem, was an den Universitäten der ganzen Welt auf dem Spiele stand, habe ich mir eine direkte und genaue Vorstellung bilden können, um so mehr, als die Tatsache, daß ich Franzose war, einen gewissen Schutz vor den Behörden bildete und mir erlaubt hat, eine bestimmte Reihe von Dingen zu tun (was auch viele meiner Kollegen getan haben), zu sehen, was passierte, auch zu sehen, wie die Behörden, wie die französische Regierung auf alles das reagierten... das war nicht sehr schön. Ich muß sagen, daß diese jungen Burschen und Mädchen, die bemerkenswerte Risiken eingingen, wenn sie ein Flugblatt verfaßten, es verteilten oder einen Streikaufruf bekanntmachten..., die tatsächlich das Risiko des Freiheitsentzuges auf sich nahmen! – das hat mich ungeheuer beeindruckt. Das war für mich eine politische Erfahrung. Von meinem Eintritt in die Kommunistische Partei, von dem, was ich in Deutschland hatte sehen können, von der Art und Weise, wie sich die Dinge für mich abspielten, als ich nach Frankreich zurückkehrte, im Verhältnis zu den Problemen, die ich im Zusammenhang mit der Psychiatrie hatte aufrollen wollen..., von all dem war mir eine etwas bittere politische Grundeinstellung geblieben, ein sehr spekulativer Skeptizismus, das will ich gar nicht leugnen... Dort, in Tunesien, sah ich mich veranlaßt, den Studenten konkrete Hilfe zu leisten [...]. Ich mußte auf irgendeine Weise in die politische Auseinandersetzung eintreten.«

Was die hervorstechenden Züge dieser tunesischen Revolte betrifft, die sich vor Foucaults Augen abgespielt hat, so ist er besonders sensibel für die Rolle gewesen, die die politische Ideologie dabei gespielt hat. Hinsichtlich der Studenten erklärt er: »Alle beriefen sich auf den Marxismus, mit einer Gewalt, einer Intensität, einer Leidenschaft, die schlechthin bemerkenswert waren. Für sie stellte er nicht nur eine bessere Analyse der Dinge dar, sondern zugleich auch eine Art moralische Energie, eine Art ganz unerhörtem Existenzakt.« Und er fügt hinzu (das Gespräch wurde Ende 1978 aufgezeichnet, das heißt zu eben dem Zeitpunkt, als er sich über die Tragweite der iranischen Revolution begeistert): »Was kann in der gegenwärtigen Welt jemandem die Lust, die Neigung, die Fähigkeit, die Möglichkeit eines absoluten Opfers nahebringen? Ohne irgendeinen Vorteil, einen Ehrgeiz, einen Machthunger dabei zu argwöhnen? Ich habe all das in Tunesien gesehen. Der Beweis für die Notwendigkeit des Mythos... Eine politische Ideologie oder eine politische Wahrnehmung der Welt, der menschlichen Beziehungen und der Situationen war absolut unerläßlich, um den Kampf aufzunehmen. Dagegen waren die Genauigkeit der Theorie und ihre wissenschaftliche Gültigkeit ganz und gar sekundär und bildeten in den Diskussionen sehr viel eher einen Köder als ein wirkliches Prinzip korrekten und richtigen Verhaltens...«[4] Verständlich, daß Foucault im weiteren Verlauf des Interviews seine Überraschung, seine Verblüffung äußert, als er Ende 1968 nach Frankreich zurückkehrt und dort die »Hypermarxisierung« der Diskussionen bemerkt: »Ein Sturm von Theorien, Diskussionen, Bannflüchen, Ausschlüssen, Gruppenbildungen, der mich völlig aus der Fassung gebracht hat... Was ich 1968–1969 in Frankreich gesehen habe, war das genaue Gegenteil dessen, was mich im März 1968 in Tunis interessiert hatte.« Auf diese Weise erklärt er seinen

4 Ducio Trombadori, *Colloqui con Foucault*, a. a. O., S. 71–75. Ich schließe mich hier dem ursprünglichen französischen Wortlaut des Interviews an.

ausdrücklichen Willen, stets nur konkrete, punktuelle, präzise Kämpfe zu führen, jenseits der Wortgefechte und ausufernden Spitzfindigkeiten.

Im Herbst 1968 kehrt Foucault tatsächlich nach Frankreich zurück. Er hat sein Haus in Sidi Bou Saïd behalten, fühlt sich auf tunesischem Boden aber unerwünscht. Er hat einen Stützpunkt in Paris gefunden. Genauer: in der Nähe von Paris. Didier Anzieu hat ihn ersucht, sich dem Fachbereich Psychologie anzuschließen, den er kürzlich in Nanterre aufgebaut hat. Foucault zögert. Aus mehreren Gründen: zunächst deshalb, weil es ihm überaus peinlich ist, sich mit Pierre Kaufmann als Gegenkandidaten auseinanderzusetzen, einem Psychoanalytiker aus der Schule Lacans, von dem man weiß, daß er während des Krieges in der Résistance gekämpft hat. Als Foucault Canguilhem von den antisemitischen Unruhen erzählt, denen er als Zeuge beigewohnt hat, schließt er seinen Brief mit der Bemerkung, daß es ihm »physisch unerträglich ist, gegen einen Juden anzutreten«, selbst wenn dieser Widerstreit sich einfach nur im Rahmen eines »geregelten akademischen Spiels« vollzieht. Zweifellos gibt es jedoch noch andere Gründe: Foucault hat keine Lust mehr, Psychologie zu lehren: »Psychologie – das ist nichts für mich«, sagt er zu Robert Francès, einem der Professoren des Fachbereichs von Nanterre, der von einem regelrechten »Verzögerungswalzer« Foucaults spricht. Und vor allem hat Foucault verschiedene Eisen im Feuer. Erneut wird ein Lehrstuhl an der Sorbonne frei. Es ist die Rede von der École pratique des hautes études... Und vor allem: Die Bemühungen von Vuillemin und Hyppolite um einen Lehrstuhl im Collège de France gehen in aller Stille weiter. Schließlich aber nimmt er doch Anzieus Vorschlag an: er wird also nach Nanterre gewählt und berufen. Wohin er aber gar nicht geht, weil er es vorzieht, sich der Gründergruppe der Universität Vincennes anzuschließen. Am 18. November 1968 setzt er den Dekan von Nanterre davon in Kenntnis, daß er auf seine »Versetzung« an die Fakultät verzichtet, die ihm das Ministerium doch erst drei Monate zuvor mitgeteilt hatte, denn das Centre expérimental von Vincennes, so Foucault, hat ihm soeben »vorgeschlagen, den dort geschaffenen Lehrstuhl für Philosophie zu übernehmen«. Was wiederum zu einem merkwürdigen bürokratischen und finanziellen

Problem ausartet: Wer soll Foucault für die Zeit zwischen dem 1. Oktober 1968, dem Ende seiner Vertragsdauer in Tunis, und dem 1. Dezember 1968 bezahlen, dem effektiven Zeitpunkt seiner Berufung nach Vincennes? Der Kultusminister richtet einen höchst offiziellen Brief an den Dekan von Nanterre: Es ist an Ihnen, Michel Foucaults Gehalt zu überweisen, weil er zu dem fraglichen Zeitpunkt bei Ihnen ja auch administrativ geführt wurde, selbst wenn er seine Lehrverpflichtungen nie wahrgenommen hat.

Wenn Foucault das Angebot von Didier Anzieu schließlich angenommen und sich später dann für Vincennes entschieden hat, so offensichtlich deshalb, weil die Dinge an der Sorbonne eher schlecht standen, wo sein neuerlicher Versuch kaum mehr Erfolg hat als der vorige. Der immer getreue Georges Canguilhem hat sich dazu einem seiner Kollegen im Fachbereich Philosophie gegenüber geäußert: Raymond Aron. Aron hatte Foucault einige Monate zuvor in sein Seminar eingeladen. »Ich wäre hocherfreut«, hatte er am 27. Februar 1967 Foucault geschrieben, »Ihnen ein Publikum von etwa fünfzig Hörern bieten zu können, deren durchschnittliches Niveau sehr hoch ist und vor denen Sie in aller Freiheit über das sprechen können, was Sie interessiert, beispielsweise über Ihre Konzeption der Humanwissenschaften als Wissen. Ich verpflichte mich im voraus, mich jeder Polemik zu enthalten und Sie ganz friedlich den jungen Wölfen auszuliefern, wenn es denn welche gibt.« Und Foucault hat am 7. März geantwortet: »Da Sie so freundlich sind, mir das Wort zu überlassen, nehme ich die Gefahr mit großer Dankbarkeit auf mich. Ich werde versuchen, einige Unklarheiten dieser Beschreibung des ›Wissens‹ auszuräumen, die zu geben ich mich bemüht habe. Und wenn ich, Gott behüte, auch von Ihren jungen Wölfen in Stücke gerissen werde, so sehe ich dieser Begegnung doch mit großem Vergnügen entgegen.« Die Sitzung findet am 17. März statt und verläuft sehr zufriedenstellend. »Foucault wirkte neben Aron wie ein kleiner Junge«, erzählt ein Augenzeuge der Szene.

Aron scheint also bereit, Canguilhems Anliegen mit einer gewissen Sympathie aufzugreifen. Und am 28. April 1967 richtet er an den in Sidi Bou Saïd weilenden Foucault den folgenden Brief: »Mein lieber Freund, Georges Canguilhem und ich haben über Ihre Chancen geplaudert, nächstes Jahr einen Lehrstuhl in Paris zu bekommen. An der Sorbonne sind Ihre Aussichten, wie er Ihnen gesagt haben muß, schlecht. Ich habe also an eine leitende Stellung an der École pratique des hautes études gedacht. Heller versichert mir, daß Braudel Sie nur allzu bereitwillig aufnähme, daß er aber fürchtet, Ihre späteren Chancen für das Collège de France zu beeinträchtigen, wenn er Sie in die Sechste Sektion [der École pratique des hautes études] eingliederte, die, wie es den Anschein hat, im Collège de France aufgrund des Übergewichts der Vierten Sektion schlecht angesehen ist. Wohlgemerkt: Sie sind es, der die Wahl hat, und ich werde keinerlei Initiative unternehmen, bevor Sie mich nicht über Ihre Gefühle und Ihre Pläne ins Bild gesetzt haben. Ich nehme die Universitätslaufbahn nicht sehr ernst, aber ich wünsche, im Interesse Ihres eigenen Werkes, daß Sie diese Art Umtriebe außer acht lassen können und nicht die geschäftige Feindseligkeit von Kollegen kennenlernen müssen, die allzu auffälliges Talent und sichtbarer Erfolg nur verstimmen. Wohlgemerkt, ich halte Sie für durchaus fähig, diese Art von Feindseligkeit mühelos zu ertragen. Für das innere Gleichgewicht und für die Ruhe wissenschaftlichen Arbeitens aber ist es vorzuziehen, keinerlei Abwehrreaktionen überwinden zu müssen.« Und er schließt mit einer Anspielung auf die Diskussion vom Februar: »Ich habe großes Vergnügen aus unserem Dialog gezogen und hoffe, daß Sie mir meine Neckereien nicht verargt haben. Auf bald, und mit großer Sympathie der Ihre …« Aber diesen Brief, der doch in der Tat von »Sympathie« geprägt ist, wertet Foucault als Abweisung. Er schreibt einige Tage später an Canguilhem: »Ich habe Bedenken, Sie Ihre Zeit vergeuden zu lassen und Sie in diese ganze Angelegenheit hineinzuziehen. Es erscheint mir einfacher, Ihnen den Brief beizufügen, den ich heute morgen von M. Aron erhalten habe. Er macht einen sehr deutlichen und – meiner Treu! – sehr ehrlichen Eindruck, weil er mich fragt: ja oder nein, Sorbonne oder Collège.« Und Foucault fügt hinzu: »Das Collège ist für mich wohl eine Nummer zu groß, ich habe nicht genug gearbeitet, um mich dort bewerben zu können. Was die Sorbonne betrifft: wenn ich nicht von der großen Mehrheit der Philosophen unterstützt werde, so ist klar, daß ich dort keine Chancen habe. Daraus folgt eine gewisse Versuchung, zu bleiben, wo ich bin – und wo es mir nicht schlecht geht, wirklich, M. Hyppolite muß es Ihnen erzählt haben.« Der Brief trägt das Datum des 2. Mai 1967. Clemens Heller bestätigt in allen Stücken die von Raymond Aron gegebene Version der Tatsachen, soweit sie Braudels Position betreffen: Braudel hatte große Achtung für Foucault und wollte ihm seine Chancen für das Collège de France nicht verderben. Überdies unterstützte er seine Kandidatur dort sehr aktiv, wie das der Brief bezeugt, den ihm Foucault am 27. Dezember 1969 schrieb, um ihm für seine Hilfe zu danken, nachdem er den Wahlakt mit Erfolg bestanden hatte.

Ende 1968. Foucault scheidet von Tunesien. Er scheidet von Sidi Bou Saïd und läßt die Fakultät hinter sich, die von ihren Hügeln herab die Kasba beherrscht. Er scheidet von Sonne und Meer, die er so sehr geliebt hat. Er kehrt nach Frankreich zurück und verläßt es diesmal nie mehr, es sei denn für ziemlich kurze Reisen. Kurz nach seiner Rückkehr richtet er sich in einer großen Wohnung in der Rue de Vaugirard ein, im achten Stock eines Neubaus im 15. Arrondissement, direkt gegenüber dem Square Adolphe-Chérioux. Große Frontverglasungen bieten ihm einen prächtigen Blick über den ganzen Pariser Westen. Er nimmt häufig Sonnenbäder auf dem großen Balkon, der Wohnraum und Arbeitszimmer umläuft. Hinter ihm ragen nicht mehr die Anhöhen von Sidi Bou Saïd auf, sondern die glatte, mit Regalen für Bücher und Zeitschriften verkleidete Mauerwand.

III
»Politischer Aktivist
und Professor
am Collège de France«

Das Zwischenspiel in Vincennes

Es ist Nacht geworden an diesem 23. Januar 1969, als sich die kompakten Gruppen der CRS* in Richtung des merkwürdigen Gebäudekomplexes in Bewegung setzen, der den Rand des Waldes von Vincennes in wenigen Monaten zurückgedrängt hat. Die neue Universität hat gerade ihre Pforten geöffnet. Vor einigen Tagen, um genau zu sein: gerade Zeit genug, um den ersten Streik zu organisieren, die erste Institutsbesetzung in Angriff zu nehmen... und die erste Schlacht mit der Polizei. 23. Januar 1969: in dieser Nacht vollzieht Michel Foucault seinen Eintritt ins Heldenepos der Linken. Er schließt sich ihr erst spät an, denn sie hat bereits ihre Geschichte, ihre Traditionen und ihre Hauptgestalten. Er schließt sich ihr an, aber eher um sie zu begleiten oder ihren Weg zu kreuzen, als um ihr vorbehaltlos beizutreten. Aber es ist wirklich an dem: er schließt sich ihr an, und in den siebziger Jahren teilt er ein Gutteil seines eigenen Lebensweges mit ihr.

Nach der großen Furcht des Jahres 1968 wollte die Regierung die Lücken schließen und unternahm es sehr rasch, »das Universitätswesen zu reformieren«. Daher rührt das berühmte »Rahmenrichtlinien«-Gesetz, das zu Beginn des Studienjahres 1968 von Edgar Faure, dem neuen Erziehungsminister, präsentiert und am 10. Oktober 1968 beschlossen wird. Die Universitäten sollen fortan im Sinne der Prinzipien von Autonomie, Interdisziplinarität und Partizipation aller Angehörigen verwaltet werden. Aber ohne die Schlußabstimmung über das Gesetz abzuwarten, das seinen Namen tragen wird, hat der Minister bereits zu handeln begonnen: er hat sich entschlossen, schon im August neue Gebäude errichten zu lassen, die, in der Nähe der Porte Dauphine und im Bois de Vincennes gelegen, sogenannte Centres expérimentaux** aufnehmen sollen. Im ersten Falle auf einem Terrain, das von der NATO geräumt worden ist, im zweiten auf einem Gelände, das seit mehr als hundert Jahren

---

* Compagnie Républicaine de Sécurité: mobile Bereitschaftspolizei: (A. d. Ü.)
** Universitätszentren mit experimentellem Charakter. (A. d. Ü.)

der Armee gehört. Eben dort werden auf einem Baugrund von viereinhalb Hektar moderne Bauten aus Fertigteilen errichtet, die dazu bestimmt sind, das Centre expérimental von Vincennes zu beherbergen. Edgar Faure hat den Dekan der Sorbonne, Raymond Las Vergnas, einen angesehenen Anglisten, damit beauftragt, die Inbetriebnahme dieser neuen Universität an der unmittelbaren Peripherie von Paris voranzutreiben und den Vorlesungsbeginn zu organisieren. Um ihn ist also Anfang Oktober 1968 eine Richtlinienkommission versammelt – so ihre offizielle Bezeichnung –, in der rund zwanzig Personen Sitz und Stimme haben. Darunter: Jean-Pierre Vernant, Georges Canguilhem, Emmanuel Le Roy Ladurie, Roland Barthes, Jacques Derrida... Ihre Aufgabe ist es, den ersten Lehrkörper zu organisieren, dem in der Folge dann die Aufgabe zufällt, den Gesamtkomplex der Professoren, Dozenten und Assistenten hinzuzuwählen, die in der neuen Fakultät tätig sein sollen. »Die Mitglieder der Auswahlkommission für die Reformuniversität von Vincennes sind in der Mehrheit Linke«, schreibt *Paris-Presse*.[1] Und unter dieses Etikett werden dann frischfröhlich sowohl Roland Barthes, »eines der Häupter der strukturalistischen Schule und Vertreter der extremen Linken«, als auch Vladimir Jankélévitch eingereiht, »großer Unterzeichner von ultralinken Manifesten«... Der Ton ist gefunden, und die Polemik kann beginnen! Zur Stunde aber hat sich die Kommission trotz dieses feindseligen Klimas versammelt, um die Liste der Universitätslehrer abzuschließen, die den »harten Kooptionskern« bilden sollen.

Die Affäre wird unter großem Trommelwirbel abgewickelt: ein Dutzend Personen werden in den kommenden Wochen berufen. Jean-Claude Passeron und Robert Castel in Soziologie, Jean Bouvier und Jacques Droz in Geschichte, Jean-Pierre Richard in Französisch... Und in Philosophie ist die Wahl, auf Betreiben von Georges Canguilhem, auf Michel Foucault gefallen. Die Neuigkeit erregt Aufsehen, denn Foucault ist bereits sehr berühmt, und sein Name wird die Aufmerksamkeit auf sich lenken. Namentlich die der Linken, bei der sein Ansehen durchaus nicht glanzvoll ist. Foucault gilt nicht als sehr enga-

1 *Paris-Presse – L'Intransigeant*, 8. Oktober 1968.

gierter Mann, eine Todsünde in den Augen der Aktivisten jeglicher Observanz, die herbeiströmen, um das zu besetzen, was zur »roten Bastion« der Zeit nach 1968 werden wird. Man erzählt, daß er »Gaullist« sei, man wirft ihm häufig vor, im Mai 1968 »nichts getan« zu haben. Was richtig ist, weil er ja gar nicht in Frankreich war. Und als am 6. November in den Räumen der Sorbonne – denn die von Vincennes sind noch gar nicht eröffnet – eine große Vollversammlung stattfindet, die die Modalitäten der Inbetriebnahme des Centre expérimental ins Auge faßt und diskutiert, sieht sich Foucault direkt mit seinen Anklägern konfrontiert. Er flüstert Jean Gattegno zu, den der Dekan Las Vergnas damit beauftragt hat, die Einschreibung der Studenten in der neuen Fakultät zu organisieren: »Ich werde ihnen sagen: ›Während Ihr Euch auf Euren Barrikaden im Quartier latin amüsiert habt, hatte ich mich in Tunesien mit ernsthaften Dingen zu beschäftigen.‹« Aber sein früherer Kollege in Tunis rät ihm ab, zu antworten: »Das würde zu nichts führen.« Foucault schweigt. Von jetzt an aber weiß er, was ihn erwartet. Er weiß es um so besser, als das »Aktionskomitee«, dem die extremsten Elemente angehören, darunter Jean-Marc Salmon, André Glucksmann, ein früherer Schüler von Raymond Aron, der zur extravagantesten und sektiererischsten Linken übergeschwenkt ist, und einige andere, seine »Plattform« gerade in der Novembernummer der Zeitschrift *Action* verbreitet hat, einen Text, dem eine Kopfleiste vorangestellt ist, in der man liest: »Edgar Faure beginnt uns Sand in die Augen zu streuen: ›Die neue Fakultät wird eine Pilotuniversität sein, eine Universität des 20. Jahrhunderts.‹ Berufungen berühmter Professoren werden angekündigt, so die von Michel Foucault, einem der Sterne des ›Strukturalismus‹, der den Fachbereich Philosophie leiten soll. Das Ministerium hofft, die öffentliche Meinung auf diese Weise mit Sekten- oder Schulauseinandersetzungen in Bann zu schlagen: So wie es von der Abschaffung des Lateinunterrichts in der Sexta gesprochen hat, aber nicht von Freiheiten in den Gymnasien, so wählt auch *France-Soir* seine Schlagzeilen für oder gegen den Strukturalismus, in der Hoffnung, alles übrige vergessen machen zu können.« Die Diatribe schließt mit den Worten: »Genau das interessiert die Studentenbewegung nicht.«[2] Was die Studentenbewegung wirklich interessiert, ist recht einfach. Bei der Vollversammlung gibt einer der Redakteure der Plattform die folgende, von *Le Monde* mitgeteilte Erklärung ab: »Wir müssen durchsetzen, daß der Lehrbetrieb in Vincennes Reflexion und politische Bildung auf eben die Weise entwickelt, daß sie zur Handlungsgrundlage für die Arbeit draußen gemacht werden können.«[3]

Aber Foucault hat sich bereits an die Arbeit gemacht, und er versucht die Leute um sich zu sammeln, die in seinen Augen »das Beste, was es an Philosophie im heutigen Frankreich gibt«, repräsentieren, wie er sich einem der ihm Nahestehenden gegenüber äußert. Etwa so wie Vuillemin das zehn Jahre zuvor in Clermont-Ferrand vorhatte. Er beginnt damit, Deleuze zu umwerben. Aber der ist erneut schwer erkrankt und sieht sich nicht in der Lage, Foucaults Vorschlag anzunehmen. Als er zwei Jahre später nach Vincennes kommt, ist Foucault bereits wieder gegangen. Michel Serres dagegen schließt sich ihm sofort an. Er wird sogar offizielles Mitglied des »harten Kooptionskerns«, zieht es aber vor, sich vom Berufungsprozeß fernzuhalten. Foucault bemüht sich daraufhin, unter der jungen Generation Ausschau zu halten, bei den Schülern von Althusser und Lacan, vor allem aus der Gruppe, die die *Cahiers pour l'analyse* gegründet hatte. Soweit das jedenfalls möglich ist: denn mehrere derjenigen, die er gern »angeworben« hätte, leisten gerade ihren Militärdienst, etwa Alain Grosrichard. »Wenn ich berufen worden bin«, erzählt Judith Miller lachend, »so deshalb, weil dieses Problem sich für mich nicht gestellt hat!« Abgesehen von der Tochter Lacans, finden sich Alain Badiou, Jacques Rancière, François Regnault und einige andere ein. Die intellektuellen Kriterien werden jedoch ständig von den politischen überlagert. Um in Vincennes unterrichten zu können, jedenfalls in Philosophie, muß man den Mai 68 »mitgemacht« haben, muß man einem der Grüppchen angehören, die nach dem Verebben der großen Freiheitswelle aufsprießen und einander befehden. Um die Dinge ein wenig im Gleichgewicht zu halten, das heißt um zu verhindern, daß der Fachbereich Philosophie ganz und

2 *Action*, November 1968.
3 *Le Monde*, 12. Januar 1969.

gar von den Maoisten »geschluckt« wird, die die überwältigende Mehrheit in dem von ihm ausgewählten Philosophen-Team haben, beruft Foucault Henri Weber, der damals noch führender Trotzkist ist. Der ebenfalls berufene Étienne Balibar wird aufgrund seiner Mitgliedschaft in der Kommunistischen Partei kein leichtes Leben haben. Um schließlich die Rolle des Vermittlers in diesem aggressiv militanten Kreis zu besetzen, wählt Foucault einen »Weisen« aus, der sowohl wegen seiner pädagogischen Fähigkeiten als auch wegen seiner Integrationskraft anerkannt ist: François Châtelet.

Foucault kümmert sich nicht nur um seinen eigenen Fachbereich. Er nimmt auch an den vorbereitenden Sitzungen zur Eröffnung des Centre teil, die in der Sorbonne stattfinden, im engeren Kreis um Dekan Las Vergnas oder um Jean-Baptiste Duroselle, den Historiker, der als Delegierter des »harten Kooptionskerns« gewählt worden ist, der aber, von der Linkswendung, die die Ereignisse nehmen, erschreckt, sehr bald demissioniert. Andere Zusammenkünfte finden bei Hélène Cixous statt, einer Las Vergnas nahestehenden Anglistin, die eine sehr bedeutsame Rolle beim Universitätsprojekt von Vincennes gespielt hat. Eine der Hauptbestrebungen Foucaults: die Psychologen und die Psychologie fernhalten, um die Planstellen und Geldmittel der Psychoanalyse zuzuschanzen. Mit Unterstützung von Castel und Passeron kämpft er für die Berufung von Serge Leclaire: es werden zwei Abteilungen geschaffen – Psychologie und Psychoanalyse. Alle Welt aber hat bereits sein »strategisches« Talent bemerkt, seine Kunst des »Taktierens« und, wie manche meinen, der »Manipulation«.

Zuvor aber muß Foucault selbst noch offiziell berufen werden. Während in den anderen Fächern alles normal verläuft, macht die Sektion Philosophie des »Comité consultatif des universités« (CCU), das heißt die offizielle Körperschaft, die für die Karrieren der Universitätslehrkräfte verantwortlich ist, geltend, daß Foucault nicht als Titular des Lehrstuhls für Philosophie berufen werden kann, weil er ja selbst die Berufung ausspricht. Am 9. November 1968 schreibt Dekan Las Vergnas an den Erziehungsminister: »Auf Anraten der Rahmenrichtlinienkommission, die am 25. 10. 1968 getagt hat, hatte ich Ihnen vorgeschlagen, Michel Foucault als Mitglied des ›Kooptionskerns‹

von Vincennes zu benennen und ihn auf den Lehrstuhl für Philosophie zu berufen. Im Gefolge des abschlägigen Bescheids, den das CCU bei seiner Sitzung vom 5. November 1968 erteilt hat, hat mich Michel Foucault von seiner Absicht in Kenntnis gesetzt, sich aus dem ›Kooptionskern‹ zurückzuziehen, um sich als Wahlkandidat der Kooptionsabstimmung seiner künftigen Kollegen stellen zu können. Diese Wahl hat am 16. November 1968 stattgefunden. Die ordentlichen Professoren, die die Bekanntgabe ihrer Versetzung ans Centre universitaire von Vincennes mit Datum vom 15. 11. 1968 erhalten haben, sind elf an der Zahl. Es hat folgendes Ergebnis gegeben:
Votierende: zehn (einer abwesend). Michel Foucault: zehn Stimmen.
Ich habe also die Ehre, meinen Vorschlag zu erneuern, Michel Foucault als Kandidaten für den Lehrstuhl für Philosophie am CUE von Vincennes zu benennen, und Sie zu bitten, seinen Fall erneut dem CCU vorzulegen.«
Diesmal verläuft alles ohne Hindernis. Die Berufung Foucaults wird am 1. Dezember rechtskräftig.

Die Universität von Vincennes öffnet ihre Pforten – jedenfalls verwaltungstechnisch gesehen – im Dezember 1968. Die ersten Vorlesungen beginnen im Januar 1969. Der wirkliche »Start« aber erfolgt erst im Februar und März. »Die Atmosphäre in Vincennes ist die eines geräuschvollen Bienenkorbes, in dem jeder seinen Platz sucht«, schreibt *Le Monde* am 15. Januar. Aber das Summen und Brummen des Bienenkorbes weicht bald dem totalsten Chaos. Dieses gespannte Klima beschränkt sich übrigens nicht auf den Wald von Vincennes. Seit Beginn des Studienjahres im Herbst und den ganzen Winter 1968/1969 über widmet *Le Monde* Tag für Tag eine, zwei, manchmal sogar drei ganze Seiten einer Rubrik mit dem Titel »Agitation universitaire«, und die Aufzählung all der Streiks und Meetings, die in Paris oder in der Provinz an den Gymnasien und Fakultäten stattfinden, der permanenten Zwischenfälle und der mehr oder weniger gewaltsamen Zusammenstöße mit der Polizei fände schwerlich ein Ende. Die Studenten von Vincennes zögern nicht lange und reihen sich in den Reigen ein. Am 23. Januar hatte das Aktionskomitee des Lycée Saint-Louis beschlossen, eine Zusammenkunft zu organisieren, bei der Filme über den Mai 68 gezeigt werden sollten. Das Rektorat hat das Meeting verboten und den Strom abschalten lassen. Aber dreihundert Gymnasiasten sind mit einem Stromaggregat in die Anstalt eingedrungen. Sie haben die Filme vorgeführt und sind dann, um Verhören vorzubeugen, geschlossen abmarschiert und haben an einem anderen Meeting teilgenommen, das, nur wenige Meter entfernt, im Hof der Sorbonne auf der anderen Seite des Boulevard Saint-Michel begonnen hat. Bald kursiert eine Losung: Besetzung des Rektorats, dessen Räume sich im Gebäude der alten Sorbonne befinden. Gesagt, getan. Aber die Polizei greift ein und läßt den Versammlungsort räumen. Währenddessen kommt es im Quartier latin zu Krawallen. Aus Solidarität entschließen sich einige Hundert Studenten von Vincennes, darunter auch einige Professoren, ihre Fakultät zu besetzen, und verschanzen sich hinter Behelfsbarrikaden. Alles wird verwendet, was gerade zur Hand ist: die Tische, die Stühle, die Schreibpulte, die Schränke, die Fernsehapparate ... alles brandneue Material, das gerade erst installiert worden ist. Und als um Mitternacht die Polizei eingreift – zweitausend Mann ingesamt –, erlebt Vincennes seine erste Straßenschlacht. Tränengasgranaten auf der einen Seite, Steine und verschiedene Wurfgeschosse auf der anderen. Die Polizeieinheiten besetzen nach und nach die Räume und treiben die Studenten und Professoren im großen Hörsaal zusammen. Michel Foucault und Daniel Defert sind unter den letzten, die verhört werden. Sie treffen mit vom Tränengas geröteten Augen ein. Und Foucault sagt zu Passeron: »In Deinem Büro haben sie alles demoliert.« Dann werden alle in Wagen geladen und nach Beaujon »verfrachtet«, ins Kontrollzentrum der Pariser Polizei. Insgesamt zweihundertzwanzig Personen. Wie die anderen auch, wird Michel Foucault am frühen Morgen freigelassen. Die Reaktionen von Regierung und Presse sind recht heftig: Edgar Faure brandmarkt die »Absurdität« der Vorfälle und beklagt das Ausmaß der Verheerungen und Plünderungen, die in den Universitätsräumen angerichtet worden sind. Während die konservativen Kreise dem Minister seine »liberale« Haltung vorwerfen und ihm die Verantwortung für die Unruhen und den »Schaden« aufbürden.

Die Graffiti, die an diesem Tage das berühmte Porträt Riche-
lieus von Philippe de Champaigne in der Sorbonne entstellt
haben, werden zum unablässig beschworenen Symbol dieses
»linken Vandalismus«. Nach den Vorfällen werden 34 Studenten von der Universität verwiesen und 181 andere mit Strafver-
folgung bedroht. Am 10. Februar 1969 findet ein großes Meeting in der Mutualité statt, um gegen die Disziplinarmaßnah-
men zu protestieren. In einem berstend vollen Saal ergreifen
Jean-Paul Sartre und Michel Foucault das Wort, der, laut *Le
Monde*, einer der erbittertsten Redner war und die Provokation
der Ordnungskräfte und die »berechnete Repression« brandmarkte.
Nach dieser Eröffnung mit Donnergetöse verfällt Vincennes in
den Rhythmus von Vollversammlungen, Demonstrationen,
Zusammenstößen mit der Polizei, Feldschlachten zwischen
Kommunisten und extremen Linken und Grabenkämpfen
zwischen linken Sekten. Trotz alledem finden wirklich Vorlesungen statt, selbst wenn sie manchmal in Psychodramen ausar-
ten, mit verbalen Wortgefechten, mit endlosen Diskussionen,
mit delirierenden Spitzfindigkeiten über die Revolution, den
Klassenkampf, das Proletariat... Michel Serres verläßt Vincennes bald nach diesem ersten Jahr, und er hat nur dunkle Erinnerungen an diese Periode bewahrt: »Ich hatte den Eindruck«,
erzählt er, »in derselben Atmosphäre von intellektuellem Terrorismus wie der zu versinken, die die Stalinisten verbreiteten, als
ich Zögling der Rue d'Ulm war.« Dennoch macht er es sich zur
Pflicht, seine Vorlesungen zu halten und seine Examina abzu-
nehmen.
Michel Foucault ist als »Leiter« des Fachbereichs Philosophie
tätig, obwohl die Idee der »Leitung« in einem solchen Umfeld
wenig Sinn hat. Jedenfalls wird ein Vorlesungsprogramm her-
ausgebracht. Diese Liste der Lehrveranstaltungen ist übrigens
recht aufschlußreich in bezug auf die intellektuelle Atmosphäre
der Zeit und die Weltsicht der Vincennes-Mitglieder. Hier
einige Beispiele von Vorlesungstiteln für das Jahr 1968–1969:
»Revisionismus und Neue Linke« von Jacques Rancière, »Wissenschaften von den gesellschaftlichen Formationen und marxistische Philosophie« von Étienne Balibar, »Kulturrevolutio-
nen« von Judith Miller, »Ideologischer Kampf« von Alain

Badiou... Zwar versuchen manche Lehrkräfte ihre Arbeit an Leitlinien auszurichten, die eher klassisch und mit den Universitätsnormen besser vereinbar sind: Michel Serres stellt die positivistischen Wissenschaftstheorien und die Beziehungen zwischen griechischer Rationalität und Mathematik dar; François Châtelet lehrt »Das politische Denken der Griechen« oder »Identität und Widerspruch in der griechischen Philosophie«, während Michel Foucault selbst den »Diskurs der Sexualität« oder das »Ende der Metaphysik« analysiert. Im folgenden Jahr (1969–1970) klingen die Vorlesungstitel noch immer ganz ähnlich, und so finden sich buntgemischt »Theorie der zweiten Etappe des Marxismus-Leninismus: der Stalinismus«, von Jacques Rancière und »Dritte Etappe des Marxismus-Leninismus: der Maoismus« von Judith Miller; eine »Einführung in den Marxismus des 20. Jahrhunderts: Lenin, Trotzki und die bolschewistische Strömung« von Henri Weber; »Die marxistische Dialektik« von Alain Badiou..., während François Châtelet mit stoischer Unbeirrbarkeit eine »Kritik des spekulativen griechischen Denkens« vorträgt oder »Die epistemologischen Probleme der historischen Wissenschaften« analysiert. Foucaults Vorlesungen beziehen sich auf »Die Epistemologie der Wissenschaften vom Leben« und auf Nietzsche. Diese letztgenannte Vorlesung liefert auch das Material zu seinem Aufsatz über »Nietzsche, die Genealogie, die Geschichte« in der Festschrift für Jean Hyppolite, die er 1971 herausgibt. Im ersten Jahr ist der Andrang zu seiner Vorlesung so beträchtlich – mehr als 600 Hörer –, daß er die Zahl der Einschreibungen im darauffolgenden zu reduzieren versucht. »Nicht mehr als fünfundzwanzig«, sagt er zu Assia Melamed, der Sekretärin des Fachbereichs. Was aber nicht verhindert, daß sich ein gutes Hundert Hörer einfindet, und das, obwohl er einen kleineren Hörsaal gewählt hat.

Wie ersichtlich, haben die Vorlesungsthemen, von einigen Ausnahmen abgesehen, viel Überraschendes, und sie bieten auch wirklich Überraschungen. Am 15. Januar 1970 bedauert Olivier Guichard, der Nachfolger Edgar Faures als Erziehungsminister, die Bedingungen, unter denen das Philosophiestudium sich im Studienjahr 1968–1969 abgespielt hat; er brandmarkt den »marxistisch-leninistischen Charakter« der Lehrveranstaltungen und faßt den Entschluß, die »nationale Gültigkeit« der von Vincennes in diesem Fach erteilten Diplome zu widerrufen. Und das heißt: Die Studenten können sich nicht mehr zur Auswahlprüfung – CAPES und *agrégation* – für den Unterricht an höheren Schulen melden. Die Äußerungen des Ministers haben ins Schwarze getroffen, vor allem weil er im Radio einige Beispiele aus Vorlesungen zitiert hat. Michel Foucault antwortete ihm am 24. Januar bei einer von den Lehrkräften organisierten Pressekonferenz: Da die Aufgabe von Vincennes darin besteht, die zeitgenössische Welt zu untersuchen, wie kann der Fachbereich Philosophie umhin, auch »die Politik zu reflektieren«? Einige Tage später wirft er sich erneut in die Bresche, um »seinen« Fachbereich zu verteidigen: »Wie soll man ein differenziertes und vielgestaltiges Studienangebot machen können, wenn auf 950 Studenten nur acht Lehrkräfte kommen?« erklärt er in einem Interview, das er dem *Nouvel Observateur* gibt. »Man möge mir klipp und klar sagen«, fügt er hinzu, »was Philosophie ist und in wessen Namen, im Namen welcher Texte, welcher Kriterien, welcher Wahrheit man das, was wir machen, verwirft.« Dann holt er zum Gegenschlag aus: »Das Wesentliche an dem, was der Minister gesagt hat, sind nicht die Gründe, die er vorträgt; es ist die Entscheidung, die er treffen möchte. Sie ist deutlich: allen Studenten, die ihr Studium in Vincennes absolviert haben, soll das Recht aberkannt werden, an höheren Schulen zu unterrichten. Ich stelle meinerseits Fragen: Warum dieser Sanitätskordon? Was hat die Philosophie (der gymnasiale Philosophieunterricht) so Gefährliches an sich, daß sie mit solcher Sorgfalt geschützt werden muß? Und was haben die Vincennes-Absolventen so Gefährliches an sich?« Er verweist dann auf die »Falle«, die die politischen und akademischen Obrigkeiten dem Fachbereich Philosophie von Vincennes gestellt haben, indem sie ihm vollste Freiheit zusicherten und sie unterdrückten, sobald er sie auch nur nutzen wollte.[4]

Aber damit haben Foucaults Mühen noch kein Ende. Denn kurz darauf flammt eine weitere Affäre auf, die erneut die Aufmerksamkeit auf die Universität Vincennes und den Fachbe-

---

4 Michel Foucault, »Le Piège de Vincennes«, in: *Le Nouvel Observateur*, 9. Februar 1970.

reich Philosophie lenkt. Denn genau wie die Vorlesungen selbst haben auch die Methoden pädagogischer Kontrolle und die Prüfungsverfahren bereits den Zorn der Behörden des Kultusministeriums entfacht. Die Verteilung der *unités de valeur*, das heißt der Seminar- bzw. Vorlesungsscheine zu Ende des Studienjahres, vollzieht sich auf eine Weise, die man nur phantastisch nennen kann. Auf seiten der Lehrkräfte ist keine Rede davon, Examina abzuhalten. Die frühere Sekretärin des Fachbereiches berichtet folgendermaßen über die Zustände: Im ersten Studienjahr versammelten sich die Lehrkräfte in einem großen Raum, und die Studenten schoben ein Stückchen Papier mit ihrem Namen unter der Tür durch. Man verzeichnete sie auf der Liste derjenigen, die bestanden hatten. Im zweiten Jahr vervielfältigte man eine Liste der Durchgekommenen, aber es genügte, sie anzufordern, um dazuzugehören. Als Judith Miller Madeleine Chapsal und Michèle Manceaux in einem Interview zu ihrem Buch *Des Professeurs pour quoi faire* (Wozu dienen Professoren?) erzählt, daß sie diese *unités de valeur* auf der Fahrt im Autobus verteilt, und als sie hinzufügt, daß »die Universität ein Teil der kapitalistischen Gesellschaft« ist und sie ihr Bestes tun wird, damit sie »immer schlechter« funktioniert, liegt ein erneuter Skandal in der Luft. Der Auslöser: ein in *L'Express* erschienener Auszug des Buches. Für den Minister ist das zu viel.

Am 3. April 1970 erhält die Tochter von Jacques Lacan, militante Kämpferin der maoistischen Gruppe »Gauche prolétarienne«, eine Zuschrift des Ministers, der ihr mitteilt, daß er sich gezwungen sieht, ihrer »Verwendung im Bereich des Universitätslehramtes« ein Ende zu setzen und sie in den Gymnasialbereich zurückzustufen, aus dem sie gekommen war. Diese ministerielle Entscheidung bewirkt in Vincennes natürlich einen erneuten Anstieg der Spannungen. Besetzung von Institutsgebäuden, Räumung durch die Polizei...

Solche Vorfälle sind nur einige unter vielen, die die Chronik von Vincennes skandieren und die Polemik um die Universität und sogar um ihre bloße Existenz schüren. Schon am 8. Oktober 1969 hatte der Präsident der Universität, Jacques Droz, die Warnung ausgesprochen: »Wenn den unverantwortlichen Umtrieben nicht von seiten der Studentenschaft begegnet wird, fürchte ich, daß Vincennes einer Katastrophe entgegengeht und die Notwendigkeit besteht, die Universität zu schließen.« Die Schlagzeilen der Presse kommen übrigens mehrere Jahre lang mit geradezu stechender Intensität auf diese Frage zurück. Je nach ihrer politischen Option kreisen die Zeitungen das Thema folgendermaßen ein: Wird man (oder muß man) Vincennes schließen? »Aufschub für Vincennes«, »Vincennes muß leben« usw. – Losungen wie diese kehren im Laufe der nächsten Monate wie eine nach jedem Vorfall erneut angestimmte Litanei wieder. Vincennes lebt weiter. Aber – und noch lange – in jenem Klima von Gewalt, das bereits seine Anfänge überschattete.

Allen befragten Augenzeugen zufolge hat der Fachbereich Philosophie immer als Speerspitze dieser permanenten Unruhen agiert. Ein Angehöriger des Lehrkörpers, der an der Gründung der Fakultät beteiligt war, meint, daß dieser Fachbereich »von Anfang an von einem selbstzerstörerischen Schwindel« erfaßt war. Und alles das geschieht zwar nicht in voller Übereinstimmung, aber wenigstens mit Billigung oder Teilnahme von Michel Foucault, der sich in dieser Fehde der extremen Linken mit einer gewissen Leichtigkeit bewegt und sich gelegentlich mit Herzenslust an den verschiedenen Demonstrationen beteiligt, die sie Tag für Tag anzettelt. Jedenfalls anfangs. Denn es hat auch den Anschein, daß er alles dessen sehr rasch müde wurde. Manche glauben sogar, daß er von den Erfahrungen dieser Zeit in Vincennes und den ständigen Infragestellungen, denen die Lehrkräfte ausgesetzt waren, nachgerade traumatisiert war. Natürlich hat man ihn mit einer Eisenstange in der Hand gesehen, bereit, sich mit den kommunistischen Parteigängern anzulegen, natürlich hat man ihn Steine gegen die Polizeitruppen werfen sehen ... Aber das Klima von Vincennes war zweifellos nicht geschaffen, ihm für die Dauer zuzusagen. »Ich hatte genug davon, ständig von Halbverrückten umgeben zu sein«, sagt er wenig später, nach der Abreise zu einem seiner Freunde. Jedenfalls liebte er den allzu engen Kontakt mit den Studenten durchaus nicht. Und er arrangierte seinen Stundenplan so, daß er so wenig Zeit wie möglich auf dem Campus verbringen mußte, um seine Forschungen in der Bibliothèque nationale fortsetzen zu können. Im Grunde ist er sehr glücklich, diese

Umgebung verlassen zu können, wo seine Anwesenheit, wie er sehr wohl wußte, doch nur vorübergehend sein würde. Denn zu eben dieser Zeit leitet er die Kampagne für seine Wahl ins Collège de France ein: er schreibt die Broschüre für seine Kandidatur, stattet den dortigen Professoren seinen Besuch ab und bequemt sich den Ritualen an, die die ruhmreiche Institution allen auferlegt, die dort Zutritt suchen.

Foucault ist zwei Jahre in Vincennes geblieben. Zwei bewegte Jahre, die für sein Leben, für seine Laufbahn und für sein Werk ausschlaggebende Bedeutung haben. Denn eben dort hat er sich wirklich mit der Politik auseinanderzusetzen, begegnet er der Geschichte, »wie ein auf den Meeresgrund gesunkener Taucher, den ein plötzlicher Sturm an den Strand schwemmt« – so das Bild, das er selbst benutzt und das Jules Vuillemin in seiner berühmten Trauerrede im Collège de France in Erinnerung rufen wird.[5] Eine Rückkehr zur Oberfläche, ein Eintritt in die Politik, der zweifellos in erster Linie Daniel Defert zu verdanken ist, der sich in der maoistischen Strömung engagiert. Und der als Assistent für Soziologie nach Vincennes berufen worden ist. Es ist wirklich ein ganz anderer Foucault, der aus dieser Schlüsselphase seiner Laufbahn hervorgeht. In weiter Ferne liegt der Akademiker, der an ministeriellen Kommissionen teilnahm oder die mündliche Prüfung der ENA abnahm. Diese Gestalt verflüchtigt sich allmählich, gerät in Vergessenheit, und aus der Retorte von Vincennes steigt der engagierte Philosoph, der an allen Fronten eingreift, an der des Handelns wie an der des Denkens. Von 1969 an beginnt Foucault die eigentliche Gestalt des kämpferischen Intellektuellen zu verkörpern. Zu diesem Zeitpunkt erfindet sich der Foucault, den jedermann kennt, der der Demonstrationen und Manifeste, der der »Kämpfe« und der der »Kritik«, denen der Lehrstuhl am Collège de France zusätzliche und noch größere Festigkeit und Stärke verleiht. Ohne daß dieser »Eintritt in die Politik« übrigens augenblicklich sein Zeichen dem intellektuellen Bereich im eigentlichen Sinne aufgeprägt hätte: In Vincennes hält Foucault Vorlesungen über Nietzsche, und seine Inauguralvorlesung am

5 Jules Vuillemin, »Michel Foucault (1926–1984)«, in: *Annuaire du Collège de France*, 1984–1985, Jg. 85.

Collège de France, gehalten im Dezember 1970, steht den Bestrebungen der *Archäologie des Wissens* noch sehr viel näher als den späteren Arbeiten über die Macht. Die Aufsätze, die er veröffentlicht, oder die Vorträge, die er zu dieser Zeit hält, bleiben übrigens in erstaunlichem Maße von seinen früheren theoretischen Bestrebungen und seinem früheren Stil geprägt. Etwa jener Vortrag, den er am 22. Februar 1969 vor der Société française de philosophie hält: »Was ist ein Autor?« Wohlgemerkt: von einer Formulierung Becketts ausgehend: »Wen kümmert's, wer spricht?« Eine Gleichgültigkeit, in der sich, so Foucault, »das wohl grundlegendste ethische Prinzip zeitgenössischen Schreibens äußert«. Dieser Gleichgültigkeit stellt Foucault ein zweites Thema zur Seite, das der »Verwandtschaft von Tod und Schreiben«. Die Diskussion, die dem Vortrag folgt, ist denkwürdig: sie beginnt mit einem ziemlich lebhaften Wortwechsel zwischen Lucien Goldmann und Foucault. Goldmann kritisiert den »Strukturalismus« und schließt mit einem Zitat jenes Satzes, der im Mai 1968 von einem Studenten ans schwarze Brett vor einem Hörsaal der Sorbonne geheftet worden war: »Die Strukturen gehen nicht auf die Straße.« Und er fügt hinzu: »Es sind nie die Strukturen, die Geschichte machen, sondern die Menschen.« Foucault repliziert recht trocken: »Ich habe, was mich betrifft, nie das Wort Strukturalismus benutzt. Ich sähe es also gern, wenn mir alle diese leichtfüßigen Parolen über den Strukturalismus erspart blieben.« Dann äußert er sich zum »Tod des Menschen«: »Das ist ein Thema, das herauszuarbeiten erlaubt, wie der Begriff des Menschen im Wissen funktioniert hat. Es handelt sich nicht darum zu behaupten, daß der Mensch tot ist, es handelt sich darum herauszufinden, auf welche Weise und nach welchen Regeln der Begriff des Menschen sich gebildet hat und funktioniert. Ich habe dasselbe Verfahren beim Begriff des Autors angewendet. Halten wir also die Tränen zurück.« Ein anderer Diskussionsredner kommt Foucault zu Hilfe: Jacques Lacan. »Ich glaube nicht«, erklärt der Psychoanalytiker, »daß es irgendwie legitim ist, geschrieben zu haben, daß die Strukturen nicht auf die Straße gehen, weil es, wenn es irgend etwas gibt, das die Mai-Ereignisse beweisen, genau dieses Auf-die-Straße-Gehen der Strukturen ist. Der Umstand, daß man an eben der Stelle schreibt, wo sich dieses

Auf-die-Straße-Gehen vollzogen hat, beweist ganz einfach nur, daß das, was sehr häufig und eigentlich immer dem, was Akt heißt, intern ist, darin liegt, daß er sich selbst verkennt.«[6]

Was bleibt von Foucaults Zwischenspiel in Vincennes? Es bot ihm Gelegenheit, manche Maßnahmen zu treffen, die in der französischen Intellektuellenlandschaft dauerhafte Auswirkungen haben sollten. Denn trotz der Turbulenzen findet Vincennes zu seinem Wachstumsrhythmus und der Fachbereich Philosophie zu einer gewissen Ausstrahlung, weil sich dort später Deleuze, Lyotard, Scherer u. a. zusammenfinden... Deshalb ist Foucaults Ehrgeiz, das »Beste, was es gibt«, dort zu versammeln, nicht völlig vergeblich gewesen... Und der Fachbereich Psychoanalyse wird sehr bald zu einem der Zentren des Einflußbereichs von Lacan. Im Juli 1969 hatte Foucault übrigens Lacan selbst eingeladen, sein Seminar in Vincennes abzuhalten, als die Ecole normale sich weigerte, ihn länger zu beherbergen. Schließlich findet das Seminar in der juristischen Fakultät an der Place du Panthéon Zuflucht, aber Lacan willigt ein, zu einer Reihe von Vorträgen nach Vincennes zu kommen. Ein Zyklus, der bereits bei der ersten Sitzung am 3. Dezember 1969 einen Kurzschluß erleidet. Von Störern bedrängt und von den Studenten beiseite genommen, hat Lacan ihnen seine berühmt gewordene Apostrophe hingeworfen: »Wonach Ihr Euch als Revolutionäre sehnt – das ist ein Herr und Meister. Ihr werdet ihn kriegen.« Daraufhin ist er aufgestanden und hat den Hörsaal verlassen. Später ruft er einfach nur im Fachbereich Philosophie an und sagt, er werde den folgenden, für Anfang Februar anberaumten Vortrag »mardigratisieren«*; alle anderen annulliert er.

Den Fachbereich Philosophie von Vincennes an François Châtelet übergebend, weiß Michel Foucault sehr wohl, daß er ihm

---

* Von *mardi gras*: Fastnachtsdienstag; in der Bedeutung also von: »verfastnachten«, zum Spektakel machen. (A. d. Ü.)

6 Michel Foucault, »Qu-est-ce qu'un auteur?« (mitsamt der Diskussion), in: *Bulletin de la SFP*, Juli–September 1969, S. 73–104; deutsch: »Was ist ein Autor?« in: M. F., *Schriften zur Literatur*, München 1974; ern. Frankfurt am Main 1988, S. 7–31 (ohne die Diskussion).

ein recht schwer zu handhabendes Erbe vermacht. Er weiß, daß
er ihm einen Brandherd von Konflikten hinterläßt. Aber auch
einen Ort intellektueller Gärung.

Die Einsamkeit des Akrobaten

»Herr Vorsitzender, liebe Kollegen, meine Damen, meine Herren...« Im Saal ist Stille eingekehrt, und die Stimme hat sich zu heben begonnen, dumpf, vor Erregung gespannt, nahezu entstellt vor Lampenfieber, eher ein gemurmeltes Flüstern als volltönende Rede: »... in den Diskurs, den ich heute zu halten habe, und in die Diskurse, die ich vielleicht durch Jahre hindurch hier werde halten müssen...« Wir schreiben den 2. Dezember 1970, und Michel Foucault hält seine Inauguralvorlesung am Collège de France.

Mehrere hundert Personen haben sich im großen Hörsaal zusammengedrängt, in dem sich diese Zeremonie traditionellerweise abspielt und der sich seit Jahrzehnten nicht verändert zu haben scheint – das Ganze findet vor seiner Modernisierung statt –, mit seinen alten Holzbänken und seiner etwas dunklen Atmosphäre. An diesem Tage befindet sich das Quartier latin, wie so häufig in diesen sehr bewegten Jahren, im Belagerungszustand. Alle Hörer haben in den zur Sorbonne führenden Straßen Sperren aus Polizeifahrzeugen und in Reih und Glied aufmarschierten CRS-Truppen passieren müssen, die, behelmt, mit heruntergelassenem Visier und Gummiknüppeln in den Fäusten, ein merkwürdiges Bühnendekor für den Diskurs bilden, der bald darauf die »Einsperrungen«, die »Mächte« und die »Normen« beschwören und vergegenwärtigen wird. Natürlich ist die Polizei nicht um Foucaults willen da! Aber dennoch stellt jedermann diesen Zusammenhang her. Als Pierre Daix einige Tage später in *Les Lettres françaises* von der »großen Menge« spricht, die sich drängte, um den Philosophen zu hören, kann er nicht umhin, auf jene »Galerien voller stehender Leute« anzuspielen, »in der Mehrzahl junger Leute, so als ob der Mai 68 einige starke Delegationen in eine eher gesetzte Versammlung entsandt hätte«.[1] Mai-Delegationen, die von vornherein zu erkennen sind, als sie die kleine Ansprache des Vorsitzenden des Collège de France, Étienne Wolff, mit spöttischem Gemurmel aufnehmen, der den Neuankömmling in diesem »Land der

[1] Pierre Daix, *Les Lettres françaises*, 9. Dezember 1970.

Freiheit«, nämlich dem imposanten Gebäude an der Place Mar-
celin-Berthelot, willkommen heißen will...

Dann beginnt Foucault zu lesen – denn er liest seinen Text vom
Manuskript ab –, unter dem erstarrten Blick von Bergson, dessen Bronze-Profil den Saal beherrscht: »Ich hätte gewünscht,
daß es hinter mir eine Stimme gäbe, die schon seit langem das
Wort ergriffen hätte und im vorhinein alles, was ich sage, ver-
doppelte und daß diese Stimme so spräche: ›Man muß weiterreden, ich kann nicht weitermachen, man muß weiterreden,
man muß Wörter sagen, solange es welche gibt; man muß sie
sagen, bis sie mich finden, bis sie mich sagen – befremdende
Mühe, befremdendes Versagen; man muß weiterreden; vielleicht ist es schon getan, vielleicht haben sie mich schon gesagt,
vielleicht haben sie mich schon an die Schwelle meiner
Geschichte getragen, an das Tor, welches sich schon auf meine
Geschichte öffnet (seine Öffnung würde mich erstaunen).‹«
Indem er so in Sätze aus Becketts *Namenlosem* eintaucht, macht
sich Foucault das Auditorium gefügig. Unter seinen Hörern:
natürlich Georges Dumézil, aber auch Claude Lévi-Strauss,
Fernand Braudel, François Jacob, Gilles Deleuze...

Michel Foucault hat damit seinen Eintritt ins Allerheiligste des
französischen Universitätswesens vollzogen. Dieselbe Zeremonie hatte am Vorabend ein ganz anderes Publikum angelockt: es
handelte sich um die Aufnahme von Raymond Aron. Zwei Tage
später, am 4. Dezember, bewillkommnet das Collège de France
Georges Duby. Der Zusammenfall der Daten der Vorlesungen
von Michel Foucault und Raymond Aron ist durchaus kein
Zufallsergebnis. Sie sind am gleichen Tage in derselben Sitzung
der Professorenversammlung gewählt worden. Und ohne daß
die Dinge sich derart explizit vollzogen hätten, ist doch mehr
als einer davon der Meinung, es handele sich bei den Anhängern
des einen wie des anderen um eine Art Arrangement: Gibst Du
mir, geb' ich Dir.

Aber man muß sich einige Jahre zurückversetzen, um diese
Wahl Michel Foucaults gebührend würdigen zu können.
Zunächst in die Zeit seiner Freundschaft mit Dumézil. Dumézil
hat, da im Emeritierungsalter, das Collège zur Zeit der Stimmabgabe bereits verlassen. Er begnügt sich damit, aus den Vereinigten Staaten, wo er damals lehrt, fünf oder sechs Briefe an die-

jenigen seiner früheren Kollegen zu schreiben, die er zu überzeugen hofft und von denen er weiß, daß sie, von der schwefligen Reputation des Kandidaten etwas beunruhigt, noch zögern. Dumézil verfügt über ein gewaltiges Kapital an Prestige, und seine Interventionen sind zweifellos sehr nützlich gewesen. Und dann hat er vor allem angefangen, Foucaults Kandidatur bereits lange vor seiner Abreise zu lancieren und zu unterstützen.

Denn schon 1966 hatte Jean Hyppolite den enormen Erfolg von *Die Ordnung der Dinge* dazu benutzt, die Wahl Foucaults auf die Tagesordnung zu setzen. Er hat die notwendigen Schritte unternommen, um sein Projekt zu einem guten Ende zu führen; er hat damit begonnen, mit diesem und jenem über die bloße Möglichkeit einer solchen Kandidatur zu sprechen und die Reaktionen zu testen, die recht verschieden ausfallen. Unterstützt wird er bei dieser Aufgabe von Jules Vuillemin, dem Inhaber des anderen Philosophie-Lehrstuhls. Dumézil, Hyppolite, Vuillemin: diesem Trio von Anhängern mangelt es nicht an Gewicht. Und dazu kommt noch Fernand Braudel, der keine Mühe scheut. Leider sieht Hyppolite sein Projekt nicht mehr von Erfolg gekrönt: er stirbt am 27. Oktober 1968. Und als es darum geht, den durch seinen Tod vakant gewordenen Lehrstuhl erneut zu besetzen, richten sich aller Augen natürlich auf Michel Foucault. Vuillemin reicht also ganz offiziell die Bewerbung seines früheren Kollegen in Clermont-Ferrand ein. Oder genauer: er schlägt der Vollversammlung der Professoren die Schaffung eines Lehrstuhls vor, der später dann Foucault zugeschlagen werden kann. Denn die Wahlen am Collège de France gehen in zwei Etappen vor sich: im ersten Wahlgang stimmt man über einen Lehrstuhl ab, ohne daß der Name des Titulars auftaucht, selbst wenn das nur eine Fiktion ist, und im zweiten votiert man für die Person, die diesen Lehrstuhl innehaben soll.

Am 30. November 1969 versammeln sich die Professoren, um über die Schaffung zweier Lehrstühle abzustimmen: einer für Soziologie, der andere für Philosophie. Für diesen letzteren gibt es drei konkurrierende Vorschläge. Denn zwei weitere Professoren sind zum Kampf um die Nachfolge Jean Hyppolites in die Schranken getreten: Paul Ricœur und Yvon Belaval. Michel

Foucault hat, wie es der Brauch ist, eine Broschüre geschrieben, um seine »Titres et travaux« aufzulisten, die großen Linien seines künftigen Lehrprogrammes zu entwerfen und den Titel zu rechtfertigen, den er dem von ihm gewünschten Lehrstuhl geben möchte: *Histoire des systèmes de pensée* – »Geschichte der Denksysteme«. Diese ein Dutzend Seiten lange Broschüre wird allen Professoren des Collège zugestellt. Foucault beschreibt darin zunächst seinen akademischen Lebensweg: seine Studien, seine Diplome, die von ihm bekleideten Positionen... Dann folgt die Liste seiner Veröffentlichungen: Bücher, Aufsätze, Vorworte, Übersetzungen... Schließlich faßt er seine früheren Forschungen zusammen, von *Wahnsinn und Gesellschaft* bis zur *Archäologie des Wissens*.

Hier ein Überblick über die Art und Weise, wie er die Logik seiner Arbeit in diesem außerordentlich bedeutsamen Dokument präsentiert, das ausführlich zitiert zu werden verdient, weil es, in geringer Auflage gedruckt und nicht im Handel, heute schwer zugänglich ist:

»In *Wahnsinn und Gesellschaft* habe ich umreißen wollen, was man zu einer gegebenen Zeit von der Geisteskrankheit wissen konnte. Ein solches Wissen schlägt sich natürlich in ärztlichen Theorien nieder, die die verschiedenen pathologischen Typen benennen und klassifizieren und sie zu erklären versuchen; darüber hinaus sieht man es in Glaubensphänomenen in Erscheinung treten – in jener alten Angst, die die Irren im Spiel der sie begleitenden Einstellungen einflößen, in der Art und Weise, wie man sie auf dem Theater oder in der Literatur darstellt. Hier und da waren mir Analysen anderer Historiker als Führer hilfreich. Eine bestimmte Dimension aber schien mir gänzlich unerforscht: Untersucht werden mußte, wie die Irren erkannt, beiseite geschafft, aus der Gesellschaft ausgeschlossen, interniert und behandelt werden konnten; welche Institutionen dazu ausersehen waren, sie aufzunehmen und einzuschließen, manchmal sogar zu betreuen; welche Instanzen über ihre Verrücktheit entschieden und nach welchen Kriterien welche Methoden angewendet wurden, um sie zu zwingen, zu bestrafen oder zu heilen; kurz, in welchem Netz von Institutionen und Praktiken sich der Irre miteins erfaßt und definiert sah. Nun erscheint dieses Netz, wenn man seine Funktionsweisen und die ihm seinerzeit gegebenen Rechtfertigungen untersucht, sehr kohärent und sehr gut angepaßt: ein ganzes sehr genaues und artikuliertes Wissen hat daran mitgewirkt. Damals zeichnete sich für mich ein Gegenstand ab: das in komplexe Institutionssysteme eingegangene Wissen. Und eine Methode drängte sich auf: Anstatt, wie das so gern getan wird, allein die Bibliothek der wissenschaftlichen Schriften zu durchmustern, mußte ein ganzer Komplex von Archiven gesichtet werden, der Verordnungen, Krankenhaus- oder Gefängnisreglements, juristische Akten usw. umfaßte. Im Arsenal und in den Archives nationales habe ich dann die Analyse eines Wissens unternommen, dessen sichtbares Korpus nicht der theoretische oder wissenschaftliche Diskurs ist, auch nicht die Literatur, sondern eine alltägliche und reglementierte Praxis.

Das Beispiel des Wahns kam mir gleichwohl unzureichend topisch vor; im 17. und 18. Jahrhundert ist die Psychopathologie noch zu rudimentär entwickelt, als daß sie sich von einem einfachen Spiel traditioneller Meinungen unterscheiden ließe; für mich hatte es den Anschein, daß die klinische Medizin zum Zeitpunkt ihrer Entstehung das Problem in strengeren Begriffen aufwarf; zu Beginn des 19. Jahrhunderts steht sie nämlich in Verbindung mit bereits konstituierten oder im Zuge der Konstitution begriffenen Wissenschaften wie der Biologie, der Physiologie oder der pathologischen Anatomie; andererseits aber steht sie mit einem Komplex von Institutionen wie den Hospitälern, den Pflegeanstalten, den Ausbildungskliniken in Verbindung; ebenso mit Praktiken wie den behördlichen Untersuchungen. Ich habe mich gefragt, auf welche Weise zwischen diesen beiden Bezugspunkten ein Wissen entstehen, sich wandeln und sich entwickeln konnte, das der wissenschaftlichen Theorie neue Beobachtungsfelder, unerwartete Probleme und bis dahin gar nicht wahrgenommene Gegenstände bot; und wie umgekehrt wissenschaftliche Kenntnisse dort eingeführt worden waren und die Wertigkeit von Vorschriften und ethischen Normen erlangt hatten. Die Ausübung der Medizin beschränkt sich nicht darauf, eine strenge Wissenschaft und eine unsichere Tradition zu einer instabilen Mischung zu vereinen; sie ist wie ein Wissenssystem aufgebaut, das sein eigenes Gleichgewicht und seine eigene Kohärenz hat.

Man konnte also Wissensbereiche gelten lassen, die nicht genau mit Wissenschaften übereinstimmten, ohne deshalb doch nur einfache mentale Gewohnheiten zu sein. Ich habe in *Die Ordnung der Dinge* dann ein umgekehrtes Verfahren versucht: die gesamte praktische und institutionelle Seite neutralisieren – wenn auch ohne die Aufgabe des Plans, eines Tages darauf zurückzukommen –, einige dieser Wissensgebiete zu einem gegebenen Zeitpunkt ins Auge fassen (die Natur-Klassifikationen, die allgemeine Grammatik und die Analyse der Reichtümer im 17. und 18. Jahrhundert) und sie nacheinander prüfen, um den Typus von Problemen zu definieren, die sie stellen, von Konzepten, deren sie sich bedienen, und von Theorien, die sie erproben. Man konnte nicht nur die innere ›Archäologie‹ jedes dieser für sich genommenen Bereiche definieren, man gewahrte auch Identitäten, Analogien, Komplexe von Unterschieden zwischen den beiden, die beschrieben werden mußten. Eine globale Klassifikation trat in Erscheinung: sie war zwar weit davon entfernt, den Geist des klassischen Zeitalters im allgemeinen zu charakterisieren, organisierte aber auf durchaus kohärente Weise ein ganzes Gebiet der empirischen Erkenntnis.

Ich hatte also zwei ganz unterschiedliche Gruppen von Resultaten vor mir: einerseits hatte ich die spezifische und relativ autonome Existenz von ›etablierten Wissenschaften‹ konstatiert, andererseits waren mir systematische Beziehungen in der jeder von ihnen eigenen Architektur bewußt geworden. Es wurde eine Klarstellung erforderlich. Ich habe sie in der *Archäologie des Wissens* skizziert: zwischen Meinung und wissenschaftlicher Erkenntnis läßt sich die Existenz einer besonderen Ebene ausmachen, für die hier die Bezeichnung Wissen vorgeschlagen wird. Dieses Wissen nimmt nicht nur in theoretischen Texten oder Erfahrungsinstrumenten Gestalt an, sondern in einem ganzen Komplex von Praktiken und Institutionen; es ist keineswegs immer deren reines und einfaches Resultat, ihr halbbewußter Ausdruck; es enthält in der Tat Regeln, die ihm und nur ihm zugehören und damit seine Existenz, seine Funktionsweise und seine Geschichte charakterisieren; manche dieser Regeln sind für einen einzigen Bereich bezeichnend, andere für mehrere; es kann sein, daß wieder andere für eine ganze Epoche verbindlich sind; die Entwicklung dieses Wissens und seine

Transformationen bringen schließlich komplexe Kausalitätsbeziehungen ins Spiel [...].«[2]

Nachdem Foucault auf diese Weise seine »früheren Arbeiten« dargestellt hat, präsentiert er sein »Lehrprogramm«. Ein Lehrprogramm, das, wie er sagt, zwei Imperativen unterworfen ist: »Niemals den Bezugspunkt eines konkreten Beispiels aus den Augen verlieren, das als Versuchsfeld der Analyse dienen kann; die theoretischen Probleme entwickeln, auf die ich gestoßen bin oder auf die zu stoßen ich Gelegenheit haben werde.«[3]

Das konkrete Beispiel, das ihn »eine gewisse Zeitlang beschäftigen« soll, ist das »Wissen der Heredität«.[4] Und die theoretischen Probleme werden die folgenden sein: »Versuchen, diesem Wissen einen Status zuzuordnen: wo, innerhalb welcher Grenzen ist es einzukreisen, und welche Instrumente sind zu seiner Beschreibung zu wählen...« Schließlich muß die »Verarbeitung dieses Wissens zum wissenschaftlichen Diskurs« thematisiert werden, das heißt die Frage, was die »Konstitution einer Wissenschaft« ist, »wenn man nicht in transzendentalen, sondern in historischen Begriffen analysieren will«.[5] Und die dritte theoretische Ebene betrifft die »Kausalität in der Ordnung des Wissens: festlegen, wie – durch welche Kanäle und Codes – das Wissen, nicht ohne Wahl und Modifikation, die Phänomene registriert, die ihm bislang äußerlich waren, wie es für Prozesse empfänglich wird, die ihm fremd sind...«[6]

Foucault schließt seine Präsentation folgendermaßen: »Zwischen den bereits konstituierten Wissenschaften (deren Geschichte man häufig aufgezeichnet hat) und den Phänomenen des Meinens (die die Historiker behandeln können) müßte die Geschichte der Denksysteme unternommen werden.« Was wiederum, auf noch allgemeinere Weise, dazu führt, »die Erkenntnis, ihre Bedingungen und den Status des erkennenden Subjekts erneut zu befragen«.[7] Foucault befolgt das Programm,

2 Michel Foucault, *Titres et travaux*. Broschüre zur Kandidatur am Collège de France, Paris 1969, S. 4–6.
3 Ebd., S. 7.
4 Ebd., S. 8.
5 Ebd., S. 7.
6 Ebd., S. 8.
7 Ebd., S. 9.

das er hier aufstellt, jedoch nicht buchstäblich. Denn ein anderes »konkretes« Problem nimmt ihn seit 1971 in Anspruch: das Gefängnis und nicht die Heredität. Ein allerdings sehr »konkretes« Problem, weil es sich nicht nur um Archive, sondern auch um politische Aktionen handeln wird, die er unternimmt, um den gesellschaftlichen Bewegungen beizukommen, die das Strafvollzugssystem erschüttern.

Aber das liegt im Augenblick noch fern. Der Bericht ist abgefaßt, gedruckt und allen Professoren zugestellt... Es obliegt Jules Vuillemin, vor der Vollversammlung für die Schaffung eines Lehrstuhls zu plädieren. Zur Vorbereitung der Rede, die er halten wird, empfängt er Foucault mehrere Abende hintereinander bei sich zu Hause in der kleinen Wohnung, die er damals im Marais bewohnt. Sie diskutieren die Aspekte, die deutlich hervorgehoben werden müssen. Und da Vuillemin daran liegt, einen sehr klaren und seinen Kollegen aller Fachrichtungen verständlichen Bericht zu präsentieren, bittet er Foucault, ihm mehrere Punkte zu präzisieren und zu verdeutlichen, die ihm ungenau formuliert erscheinen. Alles verläuft glatt bis zu dem Augenblick, da vom Begriff des *énoncé* [Aussage] in der Form die Rede ist, wie er in der *Archäologie des Wissens* auftaucht. Hier geraten der Kandidat und sein »Pate« recht ernsthaft aneinander. Foucault mag noch so sehr erklären und wieder erklären, was er damit gemeint hat, Vuillemin findet den Begriff auch weiterhin dunkel. Foucault gerät in Zorn und geht türenknallend, wobei er Vuillemin den Vorwurf bösen Willens macht. Es bedarf einer »Versöhnungszeremonie«, damit die beiden Männer sich wieder an die Arbeit machen und Vuillemin seinen Bericht abschließt.

Sieben engzeilige maschinenschriftliche Seiten: Der Bericht von Jules Vuillemin ist aufgrund seiner Strenge und Durchschlagskraft überaus eindrucksvoll. Er bietet eine synthetische Zusammenfassung von Foucaults Denken und hebt dessen Höhepunkte und Entwicklung hervor. Er schließt mit folgender Definition des Foucaultschen Versuchs, wie er nach *Die Ordnung der Dinge* und *Archäologie des Wissens* gesehen werden kann, aber ohne den Autor dieser Bücher noch gar die Bücher selbst zu nennen, weil es sich ja nur darum handelt, die allgemeinen Prinzipien eines zu schaffenden Lehrstuhls zu definieren: »Die Geschichte der Denksysteme ist also keineswegs die Geschichte des Menschen oder der Menschen, die sie denken. Letztlich stellt der Konflikt zwischen Materialismus und Spiritualismus, weil er in den Begriffen dieser letzteren Alternative befangen bleibt, feindliche Brüder einander gegenüber, das heißt Brüder, die in bezug auf ein und dieselbe Frage entzweit sind: als Subjekte der Gedanken wählt man Individuen oder Gruppen, aber man wählt eben stets Subjekte. Allen, die daran zu zweifeln versucht sind, sei die erneute Lektüre jener häufig zitierten Passage von Marx anempfohlen, die die Biene dem Architekten unterordnet, wie beschränkt er auch sein mag, weil er das zu bauende Haus ja zunächst im Kopf konstruiert. Die Aufgabe dieses Dualismus und die Konstitution einer nicht-cartesianischen Epistemologie erfordern, wie man sieht, mehr: nämlich die Eliminierung des Subjekts unter Beibehaltung der Gedanken und den Versuch der Konstruktion einer Geschichte ohne menschliches Wesen.«[8]

Die Vollversammlung der Professoren wird an diesem Sonntag, dem 30. November 1969, um vierzehn Uhr dreißig eröffnet. Zwei andere Lehrstühle werden dabei gleichzeitig mit dem von Foucault vorgeschlagen: einer für Philosophie des Handelns für Paul Ricœur, unterstützt von Pierre Courcelle, Professor für lateinische Literatur; und ein Lehrstuhl für Geschichte des rationalen Denkens für Yvon Belaval, befürwortet von Alfred Fessard, Professor für Neurophysiologie. Yvon Belaval wird aktiv unterstützt von einem emeritierten Professor, der sich für diesen Anlaß eigens herbemüht hat: Martial Guéroult, der sich nicht damit abfinden will, Foucault ins Collège de France eintreten zu sehen, obwohl er von seinem Freund Vuillemin betreut wird. Die drei »Fürsprecher« betreten nacheinander das Rednerpult: das Los hat es gefügt, daß zuerst Pierre Courcelle, dann Jules Vuillemin und zum Schluß Alfred Fessard das Wort ergreifen. Schließlich schreitet man zur Abstimmung. Es gibt sechsundvierzig Votierende. Im ersten Wahlgang lautet das Ergebnis:

– Für einen Lehrstuhl für Philosophie des Handelns: 11 Stimmen.

8 Unveröffentlichter Text.

- Für einen Lehrstuhl für Geschichte der Denksysteme: 21 Stimmen.
- Für einen Lehrstuhl für Geschichte des rationalen Denkens: 10 Stimmen.
- Ungültige, mit einem Kreuz versehene Stimmen (das heißt Votierende, die die vorgesehenen Kandidaten explizit ablehnen): 4.

Da die erforderliche Stimmenmehrheit vierundzwanzig Stimmen beträgt (die absolute Mehrheit plus eine Stimme), muß ein zweites Mal gewählt werden. Das Ergebnis lautet folgendermaßen:

- Philosophie des Handelns: 10.
- Geschichte der Denksysteme: 25.
- Geschichte des rationalen Denkens: 9.
- Ungültige Stimmen: 2.

Vuillemin hat gewonnen. Foucault ist gewählt – mit 43 Jahren. Und er, der sich seine Laufbahn als immerwährende Reise von Stellung zu Stellung, als Irrweg von Stadt zu Stadt vorgestellt hatte, sieht sich jetzt, im Herzen von Paris, in den glorreichsten aller Tempel des Wissens aufgenommen.

Bleibt nur noch, daß die Vollversammlung ihn offiziell als Inhaber des so geschaffenen Lehrstuhls beruft. Am 12. April 1970 wird also ein neuer Wahlgang organisiert. Vuillemin schreibt erneut einen langen Bericht, analysiert diesmal jedes der Bücher Foucaults und hebt die Hauptrichtungen des von ihm geplanten Lehrprogramms hervor, wobei er die Hinweise aufgreift, die Foucault selbst in seiner Broschüre *Titres et travaux* gegeben hatte.[9] Unmittelbar darauf erfolgt die Wahl: es sind neununddreißig Votierende anwesend. Foucault erhält vierundzwanzig Stimmen, und es gibt fünfzehn ungültige, mit einem Kreuz versehene Stimmzettel, was auf die unerbittliche Feindschaft einer starken Minderheit von Professoren verweist. Jetzt muß das Collège noch um die Billigung einer der Akademien ersuchen, die das Institut de France bilden, bevor es seine Wahl dem Minister zur Entscheidung vorlegt. In diesem Falle fällt der Académie des sciences morales et politiques die Aufgabe zu, ihre Zustimmung zur Wahl des Collège zu geben. Eine rein

9 Unveröffentlichter Text.

konsultative Zustimmung, wie sie die Tradition vorsieht, zumal der Minister sich immer an das Votum der Professoren des Collège hält. Zum Glück für Foucault. Denn von einunddreißig Stimmberechtigten und siebenundzwanzig abgegebenen Stimmen erhält er keine einzige: zweiundzwanzig Zettel sind mit einem Kreuz markiert, und fünf sind einfach leer. Pierre Clarac, auf Lebenszeit Sekretär der Académie des sciences morales et politiques, rechtfertigt diese merkwürdige Wahl in seinem Bericht für das Ministerium folgendermaßen: »Die Académie hat die Abgabe von fünfzehn mit einem Kreuz markierten Nein-Stimmen [beim zweiten Wahlgang des Collège am 12. April 1970] zur Kenntnis genommen... Unter diesen Umständen hat sie sich entschlossen, für diesen Lehrstuhl keinen Kandidaten zu präsentieren.« Der Minister dagegen entschließt sich wohlgemerkt, Michel Foucault trotz dieser Ablehnung zu berufen.

Und am 2. Dezember 1970 ergreift Michel Foucault also das Wort, vor einem sehr ruhmreichen Parterre, vor den Professoren des Collège de France und vor zahlreichen Persönlichkeiten des akademischen und kulturellen Lebens, aber auch vor einer Menge anonymer junger Bewunderer, mit jener dumpfen und verhaltenen Stimme, die das Auditorium verblüfft. Diese Inauguralvorlesung veröffentlicht Foucault wenig später unter dem nachher berühmt gewordenen Titel *Die Ordnung des Diskurses*, wobei er die Passagen wieder einfügt, die er hatte auslassen müssen, um den vorgegebenen zeitlichen Rahmen nicht zu überschreiten. Das Thema dieses Diskurses ist der *Diskurs* selbst, und Foucault beginnt in einer Art ironischem Verweis auf die Situation damit, die Angst vor dem Sprechen, die Unruhe angesichts des Anfangens und die Institution zu vergegenwärtigen, die dazu da ist, die »feierlichen Anfänge« zu gewährleisten und die Ängste des Redners zu beschwichtigen: »Aber was ist denn so gefährlich an der Tatsache, daß die Leute sprechen und daß ihre Diskurse endlos weiterwuchern? Wo liegt die Gefahr?«[10] Als Antwort schlägt er vor: »Die Hypothese, die ich heute abend entwickeln möchte, um den Ort – oder vielleicht das sehr provisorische Theater – meiner Arbeit

10 *Die Ordnung des Diskurses*, a. a. O., S. 7.

zu fixieren: Ich setze voraus, daß in jeder Gesellschaft die Produktion des Diskurses zugleich kontrolliert, selektiert, organisiert und kanalisiert wird – und zwar durch gewisse Prozeduren, deren Aufgabe es ist, die Kräfte und die Gefahren des Diskurses zu bändigen, sein unberechenbar Ereignishaftes zu bannen, seine schwere und bedrohliche Materialität zu umgehen.«[11] Es sind alle diese Kontroll- und Beherrschungsmaßnahmen der Diskurse, die Foucault im Laufe dieser »Vorlesung« Revue passieren läßt. Und es handelt sich nicht um Geschichte, es sei denn um unsere eigene Geschichte: »Welche Zivilisation hat denn, allem Anschein nach, mehr als die unsrige Respekt vor dem Diskurs gehabt? Wo hat man ihn besser geehrt und hochgehalten? Wo hat man ihn denn radikaler von seinen Einschränkungen befreit und ihn verallgemeinert? Nun, mir scheint, daß sich unter dieser offensichtlichen Verehrung des Diskurses, unter dieser offenkundigen Logophilie, eine Angst verbirgt. Es hat den Anschein, daß die Verbote, Schranken, Schwellen und Grenzen die Aufgabe haben, das große Wuchern des Diskurses zumindest teilweise zu bändigen, seinen Reichtum seiner größten Gefahren zu entkleiden und seine Unordnung so zu organisieren, daß das Unkontrollierbarste vermieden wird; es sieht so aus, als hätte man auch noch die Spuren seines Einbruchs in das Denken und in die Sprache verwischen wollen. Es herrscht zweifellos in unserer Gesellschaft – und wahrscheinlich auch in allen anderen, wenn auch dort anders profiliert und skandiert – eine tiefe Logophobie, eine stumme Angst vor jenen Ereignissen, vor jener Masse von gesagten Dingen, vor dem Auftauchen all jener Aussagen, vor allem, was es da Gewalttätiges, Plötzliches, Kämpferisches, Ordnungsloses und Gefährliches gibt, vor jenem großen unaufhörlichen und ordnungslosen Rauschen des Diskurses.«[12]

Die Zwangssysteme, die von der Gesellschaft errichtet werden, um dieses große Rauschen des Diskurses zu befrieden, gruppiert Foucault in drei Kategorien. Zunächst die externen Verfahren der *Ausschließung*: das *Verbot* und das *Tabu* (man darf nicht alles sagen), die *Grenzziehung* und die *Verwerfung* (die

11 Ebd.
12 Ebd., S. 34 f.

beispielsweise die Rede des Irren relegieren) und schließlich der *Wille zur Wahrheit*, »jene gewaltige Ausschließungsmaschinerie«, die sich im Laufe der Jahrhunderte immer mehr erweitert hat und doch das Zwangssystem ist, von dem am wenigsten gesprochen wird. »Alle jene«, so Foucault, »die in unserer Geschichte immer wieder versucht haben, diesen Willen zur Wahrheit umzubiegen und ihn gegen die Wahrheit zu wenden, gerade dort, wo die Wahrheit es unternimmt, das Verbot zu rechtfertigen und den Wahnsinn zu definieren, alle jene – von Nietzsche zu Artaud und Bataille – müssen uns nun als – freilich erhabene – Orientierungszeichen unserer alltäglichen Arbeit dienen.«[13]

Zur zweiten Gruppe der Einschränkungsprinzipien gehören: alle diejenigen, die innerhalb des Diskurses selbst wirksam sind. Der *Kommentar*, der den Text oder die Rede verdoppelt, um deren Zufallscharakter zu annullieren; der Begriff des *Autors*, der dessen merkwürdige Singularität auf die wiedererkennbare Identität eines *Ichs* und einer *Individualität* zurückführt; schließlich die – wissenschaftlichen oder anderen – *Disziplinen*, die das Wissen ordnen und klassifizieren und alles, was sie sich nicht assimilieren können, jenseits ihrer Grenzen verweisen.

Die letzte Gruppe: Regeln der praktischen Umsetzung, die dem Diskurs auferlegt werden. Rituale seines Eintritts in die Gesellschaft, Erfordernisse, denen Genüge getan werden muß, bevor man zu sprechen berechtigt oder dazu imstande ist: »Man denke an das technische oder wissenschaftliche Geheimnis; man denke daran, wie der medizinische Diskurs verbreitet wird und zirkuliert; man denke an jene, die sich den ökonomischen oder politischen Diskurs angeeignet haben.«[14] Oder an die Rolle der Schule: »Jedes Erziehungssystem ist eine politische Methode, die Aneignung der Diskurse mitsamt ihrem Wissen und ihrer Macht aufrechtzuerhalten oder zu verändern.«[15]

Der Unordnung ihre vollen Rechte zurückzuerstatten? Wahrscheinlich ist das die Aufgabe, der sich Foucault in dem Kampf verschrieben hat, den er gegen das dichte Netz des Zwanges, der die »Ordnung des Diskurses« einsetzt, zu führen beabsich-

13 Ebd., S. 15.
14 Ebd., S. 29.
15 Ebd., S. 30.

tigt. Und wenn schon nicht diese Ordnung beseitigen, sie doch wenigstens analysieren und sichtbar machen, ihr die Maske der Evidenz abreißen, hinter der sie sich verbirgt. Und da die Philosophien – diejenigen wenigstens, die die Nachkriegszeit beherrscht haben – wenig mehr getan haben, als die Spiele der Ausschließung zu mehren und zu verstärken, und zwar durch die Idee eines sie begründenden Subjekts, einer originären Erfahrung oder gar einer universalen Vermittlung, ruft Foucault nach einem wirklichen Umsturz der Tafel philosophischer Werte. Und um diese Arbeit, die er zu der seinen machen wird, in den folgenden Jahren auf diesem *Theater* seiner Lehrtätigkeit leisten zu können, schlägt er eine doppelte Methode vor. Zunächst das *kritische* Verfahren, das die Verkettung der Verbote, Ausschließungen und Grenzziehungen, in die der Diskurs sich einbezogen sieht, entwirren muß. Und dann das *genealogische* Verfahren, um den Diskurs in der Phase seines eigentlichen Auftauchens zu erfassen, da, wo er mit den oder trotz der Zwangssysteme in Erscheinung tritt.

Das Programm, das Foucault damit seiner künftigen Forschungstätigkeit auferlegt, gliedert sich also im Sinne verschiedener Richtungen: In einem ersten Schritt einer der Hauptaspekte dieser Ausschließungsprinzipien analysieren: den Willen zur Wahrheit und den Willen zum Wissen. Und in eben diesem Rahmen darüber hinaus »die Wirkung eines Diskurses mit wissenschaftlichem Anspruch – des medizinischen, psychiatrischen, auch des soziologischen Diskurses – auf jene Gruppe von gebieterischen Praktiken und Diskursen untersuchen, die das System der Strafjustiz ausmachen. Die Analyse der psychiatrischen Gutachten und ihrer Rolle im Strafsystem wird den Ausgangspunkt und das Material dieser Untersuchung bilden.« Das wäre der kritische Aspekt. Für den genealogischen Aspekt macht er, obwohl die Unterscheidung schwer zu treffen ist, jene Analyse des »Diskurses über die Heredität« geltend, die er bereits in seiner Bewerbungsbroschüre vorgeschlagen hatte, und die »Verbote, welche den Diskurs über die Sexualität treffen«, eine ebensosehr genealogische wie kritische Arbeit, denn »es wäre in jedem Fall schwierig und abstrakt, diese Untersuchung durchzuführen, ohne gleichzeitig die literarischen, die religiösen oder ethischen, die biologischen und medizinischen und gleichfalls die juristischen Diskursgruppen zu analysieren, in denen von der Sexualität die Rede ist und in denen diese genannt, beschrieben, metaphorisiert, erklärt, beurteilt ist.«[16]

Foucault schließt mit einer Laudatio auf Jean Hyppolite: »Ich weiß, warum ich solche Angst hatte, das Wort zu ergreifen: ich habe das Wort an dem Ort ergriffen, wo ich ihn gehört habe, und wo er nicht mehr ist, um mich zu hören.«

Jean Lacouture berichtet am übernächsten Tag in *Le Monde* über diese »Initiationszeremonie«, der der Philosoph sich »mit der Leichtigkeit eines Diakons in den Zeiten der Häresie unterzogen« habe.[17]

Inauguralvorlesung – das bedeutet den Beginn einer Lehrtätigkeit: Die Vorlesung, die Foucault allwöchentlich hält, wird zu einem der Hauptereignisse des Pariser Geisteslebens. Jeden Mittwoch, anfangs am Spätnachmittag, dann um neun Uhr morgens, um – vergeblich – den Andrang zu drosseln, entfaltet Foucault alle Ressourcen seines Wissens, seiner Arbeit, seines pädagogischen Talents vor ebenso zahlreichen wie brennend interessierten Zuhörermengen, die sich im Hörsaal 8 und in den durch Lautsprecherübertragung angeschlossenen Räumen drängen. Hier eine Reportage über die großen Professorenpersönlichkeiten des französischen Universitätslebens aus dem Jahre 1975: »Wenn Foucault die Arena betritt, rasch, draufgängerisch, wie jemand, der ins Wasser springt, steigt er über Gliedmaßen und Körper von Hörern, um sein Pult zu erreichen, schiebt er Tonbandgeräte beiseite, um sein Manuskript ablegen zu können – er öffnet seine Jacke, schaltet eine Lampe an und beginnt, auf die Minute pünktlich. Eine starke, tragende Stimme, von Lautsprechern verstärkt, die einzige Konzession an die Moderne in einem Saal, der von einem aus Stuckbecken aufsteigenden Licht nur spärlich erhellt wird. Es sind dreihundert Plätze vorhanden und fünfhundert zusammengepferchte Personen, die auch das kleinste Fleckchen Raum mit Beschlag belegen. Nicht einmal eine Katze würde da noch einen Fuß hineinsetzen. Ich habe die Unvorsichtigkeit begangen, nur

16 Ebd., S. 43–46.
17 Jean Lacouture, *Le Monde*, 4. Dezember 1970.

knapp vierzig Minuten vor Beginn der Vorlesung dazusein. Ergebnis: alles tut mir weh. Beinahe zwei Stunden auf einer Fensterbank sitzen ist hart. Überdies erstickt man beinahe. [...] Keinerlei rednerischer Effekt. Das Ganze ist vollkommen klar und schrecklich durchschlagend. Nicht die geringfügigste Konzession an die Improvisation. Foucault hat zwölf Stunden pro Jahr zur Verfügung, um den Sinn und die Richtung seiner Arbeit im eben angebrochenen Jahr in öffentlicher Vorlesung zu erläutern. Also drängt er seinen Stoff so weit wie möglich zusammen und füllt auch die Ränder aus – wie jene Briefpartner, die noch so vieles zu sagen haben, wenn sie am unteren Rand des Blattes angekommen sind. 19 Uhr 15. Foucault hält inne. Die Studenten stürzen in Richtung seines Pults. Nicht um ihn zu sprechen, sondern um ihre Tonbandgeräte abzuschalten. Keine Fragen. Im einsetzenden Gedränge ist Foucault allein.« Dem Journalisten, der sich nach dieser Vorlesung zu ihm gesellt, versichert Foucault: »Man müßte diskutieren können, was ich vorgetragen habe. Manchmal, wenn die Vorlesung nicht so gut gewesen ist, ist nur ganz wenig nötig, eine Frage, um alles zurechtzurücken. Aber diese Frage bleibt immer aus. In Frankreich macht der Gruppeneffekt jede wirkliche Diskussion unmöglich. Und weil es keine Rückmeldung gibt, wird die Vorlesung immer theatralischer. Ich habe zu den Leuten, die da sind, die Beziehung eines Schauspielers oder Akrobaten. Und wenn ich mit meinem Vortrag zu Ende bin, ein Gefühl völliger Einsamkeit...«[18] Denn das Collège de France ist eine ganz besondere Institution: die Professoren haben keine Studenten im eigentlichen Sinne. Sie haben Hörer, denen sie keine Diplome zuerkennen, denen sie keine Examina abnehmen und mit denen sie folglich weder Dialog noch Kontakt unterhalten. Einzig diese merkwürdige allwöchentliche Konfrontation des Jongleurs mit den Zuschauern, die seine Kunststücke mit Beifall begleiten.

Diese Vorlesung im Collège de France ist für Foucault der Prüfstand für die Arbeiten, die er seit Beginn dieser siebziger Jahre herausbringt. Die Tradition des Collège will es so. Man hat eine

18 Gérard Petitjean, »Les Grands Prêtres de l'université française«, in: *Le Nouvel Observateur*, 7. April 1975.

laufende Untersuchung darzustellen, *la science se faisant* [die im Werden begriffene Wissenschaft], nach der Formulierung von Renan. Mit der Verpflichtung, jedes Jahr ein neues Gebiet in Angriff zu nehmen. Foucault stellt also das Material dar, an dem er gerade arbeitet, er verleiht den Hypothesen Gestalt, über die er nachdenkt. Daraus wird dann *Überwachen und Strafen* oder *Der Wille zum Wissen* oder schließlich die beiden letzten Bände von *Sexualität und Wahrheit*. Jedenfalls verlangt ihm diese Professorentätigkeit eine enorme Vorbereitungsarbeit ab. Und er wird in seinen letzten Lebensjahren häufig seinen Willen zum Ausdruck bringen, sich dieser Bürde zu entledigen, deren Gewicht er immer nachdrücklicher verspürt. Im Augenblick aber, an diesem 2. Dezember 1970, ist die Stunde des Triumphs angebrochen, noch nicht die der Müdigkeit.

Die Lehre der Finsternis

Das Heft hat ein seltsames, sehr längliches Format. Sein Titel: *Intolérable*. Auf dem Rückumschlag steht die folgende Liste von Institutionen, die vom Fallbeil dieses Titels bedroht sind:

> »Unerträglich sind:
> die Gerichte,
> die Bullen,
> die Krankenhäuser, die Narrentürme,
> die Schule, der Militärdienst,
> die Presse, das Fernsehen,
> der Staat.«

Seine wirkliche Zielscheibe aber ist das Gefängnis. Denn jenes kleine Heft von achtundvierzig Seiten Umfang, das im Mai 1971 erscheint, stellt sich als erste Nummer einer ganzen Reihe vor, die eine neue Bewegung veröffentlichen will: der »Groupe d'information sur les prisons« (Arbeitskreis zur Information über die Gefängnisse, GIP).[1]

Diese Bewegung ist auf Initiative von Michel Foucault entstanden. Er hat ihren Gründungsakt selbst angekündigt, und zwar am 8. Februar 1971, in der Kapelle Saint-Bernard unterhalb des Bahnhofs Montparnasse: »Keiner von uns darf sicher sein, vom Gefängnis verschont zu bleiben. Heute weniger denn je«, erklärt er an jenem Tage. Bevor er fortfährt: »Unser aller Alltagsleben fällt unter das sich immer dichter zusammenziehende Netz polizeilicher Überwachung: auf der Straße und auf den Wegen; im Umkreis der Ausländer und der Jugendlichen ist das Gedankenverbrechen wieder aufgetaucht: die Maßnahmen zur Abwehr des Drogenmißbrauchs mehren die Willkürakte. Wir stehen unter dem Zeichen der ›Überwachung‹. Man sagt uns, daß die Justiz überlastet ist. Wir sehen das wohl. Wenn es aber die Polizei wäre, die sie so überlastet hat? Man sagt uns, daß die Gefängnisse überbelegt sind. Wenn es aber die Bevölkerung wäre, die mit Gefängnissen übersetzt ist? Wenig Informa-

---

1 *Intolérable*, Nr. 1, 1971.

tionen werden über die Gefängnisse verbreitet; sie bilden eine
der Geheimzonen unseres Sozialsystems, eine der Dunkelzellen
unseres Lebens. Wir haben ein Recht darauf, Bescheid zu wissen. Wir wollen Bescheid wissen. Deshalb haben wir zusammen
mit Justizbeamten, Anwälten, Journalisten, Ärzten und Psychologen einen ›Groupe d'information sur les prisons‹ gegründet.
Wir haben uns vorgenommen, bekannt zu machen, was das
Gefängnis ist: wer da hineingerät, wie und warum man inhaftiert wird, was dort vor sich geht, wie das Leben der Gefangenen und auch das des Überwachungspersonals aussieht, wie die
Baulichkeiten, die Verpflegung, die Hygiene beschaffen sind,
wie das innere Reglement, die ärztliche Fürsorge und die Werkstätten funktionieren; wie man wieder herauskommt und was
das in unserer Gesellschaft bedeutet, einer von denen zu sein,
die herausgekommen sind.
Diese Auskünfte werden wir nicht in den offiziellen Berichten
finden. Wir verlangen sie denjenigen ab, die, in dieser oder jener
Hinsicht, Erfahrungen mit dem Gefängnis haben oder in Beziehung dazu stehen. Wir bitten sie, Kontakt mit uns aufzunehmen und uns mitzuteilen, was sie wissen. Wir haben einen Fragebogen entworfen, den man bei uns bekommen kann. Sobald
die Resultate zahlreich genug sind, werden wir sie veröffentlichen ...«[2]
Der Text dieses Aufrufs ist von drei Autoren unterzeichnet: von
Michel Foucault, von Pierre Vidal-Naquet, dem auf die
Geschichte des antiken Griechenland spezialisierten Historiker,
der sich während des Algerien-Krieges einen Namen gemacht
hat, als er die von der französischen Armee angewandten Folter-
praktiken brandmarkte, und von Jean-Marie Domenach, dem
damaligen Leiter der katholischen Zeitschrift Esprit. Die im
Impressum mitgeteilte »Briefkasten«-Adresse des »Arbeitskrei-
ses« ist keine andere als Nr. 285 der Rue de Vaugirard, Michel
Foucaults Wohnung. Übrigens ist auch der Aufruf zu großen
Teilen von Foucault verfaßt worden. Man sieht sehr deutlich,
welche Interessenschwerpunkte seine Aufmerksamkeit fessel-

2 »Création d'un groupe d'information sur les prisons«, in: Esprit, März
1971, S. 531–532.

ten. Wie beim Wahn ist auch die Trennungslinie, die den »normalen« Menschen vom inhaftierten scheidet, ungenauer und schwankender, als man glauben möchte, und eben da muß man seinen Beobachtungsposten beziehen, wenn man herausarbeiten will, wie sich die Mechanismen der Macht entfalten. Gleichwohl ist Foucaults Ausgangspunkt in dieser Affäre keineswegs theoretischer Art gewesen. Er hat sich zunächst in die Aktion gestürzt, in den von einem Tag zum anderen geführten Kampf. Wie himmelweit dieses Gründungsmanifest des GIP aber von der Inauguralvorlesung am Collège de France entfernt wirkt, die doch erst... vor zwei Monaten gehalten wurde!

Die auf den Mai 1968 folgenden Agitationswellen haben sich häufig in gewaltsamen Demonstrationen Ausdruck verschafft und zahlreiche Inhaftierungen und Verurteilungen militanter Linker zur Folge gehabt. Manche sind wegen Aufrufs zur Gewalt verfolgt worden, wegen Verletzung der staatlichen Sicherheit oder wegen Veröffentlichung verbotener Zeitungen und Zeitschriften wie *La Cause du peuple*. Unter den Inhaftierten: Alain Geismar, Michel Le Bris, Jean-Pierre Le Dantec... Im September 1970 beginnen neunundzwanzig dieser militanten Inhaftierten mit einem Hungerstreik, um eine »Sonderbehandlung« als politische Häftlinge zu erreichen. Denn bis dahin sind sie als Gefangene im Sinne des »allgemeinen Rechtes« aufgefaßt und denselben Haftbedingungen wie alle anderen unterworfen worden. Der Hungerstreik dauert nahezu einen Monat, führt aber nur zu geringfügigen Teilergebnissen: diejenigen, deren Fall explizit politisch gelagert ist, das heißt die Aktivisten, die sich vor der Staatssicherheitskammer zu verantworten haben, bekommen gewisse Hafterleichterungen zugestanden – Besuche, Bücher und Zeitungen... Die anderen, diejenigen, die mit dem Vokabular der Zeit als einfache »gewalttätige Demonstranten« bezeichnet werden – gegen sie ist ein besonderes Gesetz, die *loi anticasseurs*, beschlossen worden –, bleiben dem allgemein verbindlichen Haftrecht unterworfen. Die Bewegung aber ist damit vorübergehend ins Stocken geraten.

Sie lebt im Januar 1971 erneut auf, von außen unterstützt durch Hungerstreikende, die sich in der Kapelle Saint-Bernard am Bahnhof Montparnasse einrichten, und durch andere Gruppen in der Sorbonne oder in der Halle-aux-Vins verstärkt. Mehrere

Persönlichkeiten leisten den Fastenden Beistand: Yves Montand und Simone Signoret, Vladimir Jankélévitch, Maurice Clavel... Während in der Nationalversammlung der Abgeordnete des Départements Nièvre, François Mitterrand, beim Justizminister, René Pleven, interpelliert, indem er die Art und Weise brandmarkt, wie die politischen Häftlinge behandelt werden, »deren Taten, wenn sie denn kritisierbar wären, sich doch nichtsdestoweniger aus einer ideologischen Wahl ergeben«. Am 8. Februar lenkt René Pleven ein. Er kündigt die Einsetzung einer Kommission an, die mit der Untersuchung der von den Streikenden geforderten Hafterleichterungen betraut wird. Der »Secours rouge« (Rote Hilfe), eine für den Kampf gegen die Repression geschaffene Organisation, ruft für den folgenden Tag trotzdem zu einer Demonstration auf. Die Zusammenkunft wird sofort von der Polizeipräfektur verboten und gewaltsam unterbunden: Dutzende von Verhörten, zahlreiche Verletzte, darunter ein ganz entstellter junger Mann, der von einer Tränengasgranate mitten ins Gesicht getroffen worden ist. Noch immer am 8. Februar findet in der Kapelle Saint-Bernard eine Pressekonferenz statt. Die Anwälte der linken Aktivisten, Georges Kiejman und Henri Leclerc, legen Wert darauf, hervorzuheben, daß ihre »Klienten« im wesentlichen Satisfaktion erhalten haben. Dann übergibt Pierre Halbwachs, der Wortführer des »Secours rouge«, das Mikrofon an Michel Foucault, der das Manifest des GIP verliest.

Die Bewegung der linken Häftlinge hat in der Tat eine umfassendere Auseinandersetzung mit den Strafvollzugsbedingungen eingeleitet. Schon im September und bei ihrer ersten Aktion hatten die Hungerstreikenden im Bewußtsein, daß es paradox bei linken Kämpfern wirken mochte, einen Sonderstatus zu verlangen, ein »in den Gefängnissen Frankreichs« geschriebenes und auf den 1. September datiertes Kommuniqué veröffentlicht, in dem präzisiert wurde: »Wir fordern die effektive Anerkennung unserer Eigenschaft als politische Häftlinge. Wir dringen deshalb aber nicht auf Privilegien im Verhältnis zu den anderen Häftlingen im Sinne des allgemeinen Rechts: In unseren Augen sind sie Opfer eines gesellschaftlichen Systems, das sich, nachdem es sie hervorgebracht hat, weigert, sie zu resozialisieren, und sich damit begnügt, sie auszuschließen. Vielmehr wollen wir, daß unser Kampf, der das augenblickliche skandalöse Gefängnisregime bloßstellt, allen Gefangenen zugute kommt.«

Allen Gefangenen! Michel Foucault konnte für solche Erklärungen nicht unempfänglich bleiben, die bei ihm unausweichlich die halluzinierte Erinnerung an jene Stimmen wecken mußten, wie er sie im dichten Staub der Archive vernommen hatte, durch den noch dichteren Schleier der psychiatrischen, ökonomischen und juristischen Begriffe. Im Grunde schäumte alles das, was ihn in den siebziger Jahren interessieren wird, bereits in *Wahnsinn und Gesellschaft* auf. Es ist merkwürdig zu sehen, wie das Werk Foucaults sich entwickelt hat, wie es sich seit Anfang der sechziger bis in die siebziger und schließlich in die achtziger Jahre radikal gewandelt hat. Wie sein Vokabular und seine Themen sich geändert haben. Aber ebenso merkwürdig ist, wie alles das, was an Neuem auftritt, alles, was sich in der Arbeit, der Forschung und der Aktion »erfindet«, aus einer inneren Notwendigkeit zu erwachsen scheint. Es genügt, die Zusammenfassungen der Vorlesungen am Collège de France zu lesen, die Foucault gegen Ende jedes Studienjahres geschrieben hat und die kürzlich in einem Sammelband herausgegeben worden sind[3]: die Themen sind eng miteinander verknüpft, und jede Neubearbeitung scheint im Rückblick durch das bedingt, was ihr vorherging, und auf das zu verweisen, was ihr folgt. Die Brüche – es gab welche –, die Schwierigkeiten – sie sind nicht ausgeblieben –, die Schuldgefühle – sie haben ihre Rolle gespielt: all das trägt letztlich zum Eindruck einer ordnungsstiftenden Kohärenz bei.

Kurz nach seinem ersten Aufruf bringt der GIP die angekündigte Umfrage heraus. Fragebogen werden an die Familien von Häftlingen verteilt, die zu den Besuchszeiten vor den Gefängnissen Schlange stehen. Michel Foucault sucht diesen direkten Kontakt, bei dem er Zeugnisse und Berichte über die Lebensbedingungen der Inhaftierten und ihre Vergangenheit sammelt. Er nimmt leidenschaftlich Anteil an diesen Fragmenten individueller Geschichte, an diesen pathetischen Lebensläufen, an dieser ganzen Sphäre voller brutaler Realität, die er an den Rändern

3 Michel Foucault, *Resumés des cours du Collège de France. 1970–1982*, Paris 1989.

der Gesellschaft entdeckt. Dem Fragebogen liegt ein kleiner Kommentar bei, der die Situation der Häftlinge brandmarkt: »Man behandelt die Inhaftierten wie Hunde. Die wenigen Rechte, die sie haben, werden nicht respektiert. Wir wollen diesen Skandal in die Öffentlichkeit tragen.« Und dafür gibt es nur eine einzige Lösung: die Umfrage durchführen und Zeugnisse sammeln: »Um uns zu helfen, diese Auskünfte zusammenzutragen, müßte der beiliegende Fragebogen zusammen mit den Häftlingen oder Ex-Häftlingen ausgefüllt werden.«

Das erste Heft erscheint also im Mai 1971. Es wird im Verlag Champs libre veröffentlicht. Mit der oben zitierten Liste dessen, was »unerträglich« ist, und folgender kurzen Proklamation der Ziele der Bewegung: »Der GIP erwägt nicht, im Namen der Häftlinge verschiedener Gefängnisse zu sprechen: er beabsichtigt im Gegenteil, ihnen die Möglichkeit zu verschaffen, selbst und über das zu sprechen, was in den Gefängnissen vor sich geht. Das Ziel des GIP ist nicht reformistisch, wir träumen nicht von einem idealen Gefängnis: wir wünschen, daß die Häftlinge sagen können sollen, was am System des Strafvollzugs unerträglich ist. Wir müssen die von den Häftlingen selbst gemachten Enthüllungen so schnell wie möglich und so umfassend wie möglich verbreiten – das einzige Mittel, Innen- und Außenwelt des Gefängnisses in ein und demselben Kampf zu vereinen, dem politischen Kampf und dem juristischen Kampf.«

Das Heft selbst enthält eine Einleitung, die die Ziele des GIP ausführlicher darlegt: »Die Gerichte, die Gefängnisse, die Krankenhäuser, die psychiatrischen Spitäler, die Arbeitsmedizin, die Universitäten, die Presse- und Nachrichtenorgane: durch alle diese Institutionen und unter den verschiedensten Masken bringt sich eine Unterdrückung zum Ausdruck, die an ihrer Wurzel politische Unterdrückung ist. Diese Unterdrückung hat die ausgebeutete Klasse immer erkennen können; sie hat nicht aufgehört, ihr Widerstand entgegenzusetzen; aber sie ist auch gezwungen gewesen, sie zu erleiden. Jetzt aber wird sie für neue soziale Schichten unerträglich – für Intellektuelle, Techniker, Juristen, Ärzte, Journalisten usw. Diejenigen, die damit beauftragt sind, die Justiz, die Gesundheit, das Wissen und die Information zu verteilen, beginnen, auch in dem, was sie selbst machen, die Unterdrückung einer politischen Macht zu spüren. Diese neue ›Unerträglichkeit‹ trifft sich mit den seit langem vom Proletariat geführten Auseinandersetzungen und Kämpfen. Und diese beiden vereinten ›Unerträglichkeiten‹ finden wieder zu den Instrumenten zurück, die sich das Proletariat im 19. Jahrhundert geschaffen hat: in erster Linie die von den Arbeitern selbst angestellten Erhebungen über die Lage der arbeitenden Klassen. In dieser Richtung orientieren sich die *enquêtes intolérance*, die hier beabsichtigt sind.

1.) Diese Erhebungen sind nicht dazu ausersehen, ein Unterdrückungssystem zu verbessern, zu lindern, erträglicher zu gestalten. Sie sind dazu bestimmt, es da anzugreifen, wo es sich unter anderem Namen äußert – dem der Justiz, der Technik, des Wissens, der Objektivität. Jede einzelne muß also ein politischer Akt sein.

2.) Sie richten sich auf genau umrissene Zielscheiben, auf Institutionen, die einen Namen und einen Ort haben, Geschäftsführende, Verantwortliche, Direktoren – die Opfer produzieren und Revolten wecken, selbst bei denen, die sie leiten. Jede einzelne muß also die erste Etappe eines Kampfes sein.

3.) Sie fassen im Umkreis dieser Zielscheiben verschiedene Schichten zusammen, die die herrschende Klasse bisher durch das Spiel von sozialen Hierarchien und auseinanderstrebenden ökonomischen Interessen getrennt hatte. Sie müssen die für die Macht unerläßlichen Barrieren einreißen, indem sie Häftlinge, Anwälte und Richter zusammenführen. Oder Ärzte, Kranke und Krankenhauspersonal. Jede einzelne muß an jedem strategisch wichtigen Punkt eine Front bilden, und zwar eine Angriffsfront.

4.) Diese Erhebungen werden nicht draußen geführt, von einer Gruppe von Technikern; die Untersucher sind hier die Untersuchten selbst. An ihnen ist es, das Wort zu ergreifen, die Trennwand niederzureißen und zu formulieren, was unerträglich ist und nicht mehr ertragen wird. An ihnen ist es, den Kampf in die Hände zu nehmen, der die Unterdrückung hindern soll, sich auszubreiten.«[4]

4 *Intolérable*, Nr. 1, 1971.

Es folgen die Ergebnisse der bei Häftlingen aus zwanzig Gefängnissen erhobenen Umfrage. Und unter den konkreten Vorschlägen wird namentlich der ins Auge gefaßt, eine Kampagne zur »Aufhebung des Vorstrafenregisters« zu starten. Die Bewegung erlebt insgesamt vier Hefte. Das zweite erscheint ebenfalls bei Champs libre. Es enthält eine Umfrage über ein »Modell-Gefängnis«, das von Fleury-Mérogis. Die beiden letzten werden bei Gallimard veröffentlicht. Das dritte bezieht sich auf die »Ermordung von George Jackson« am 21. August 1971 im Saint-Quentin-Gefängnis in den Vereinigten Staaten. Das vierte und letzte Heft erscheint im Januar 1973 und ist den Selbstmorden von Häftlingen im Laufe des Jahres 1972 gewidmet: Michel Foucault und seine Freunde wollen zeigen, daß auf den verzweifelten Ausbruch kollektiver Aktionen die individuelle Verweigerung in ihrer dramatischsten Form gefolgt ist. Zahlreiche Fälle werden vor Augen geführt, aber die eindrucksvollsten Seiten dieses Heftes nehmen zweifellos die Briefe ein, die im Herbst 1972, kurz vor seinem Selbstmord, von einem jungen Mann geschrieben wurden, der mit seinen Initialen H. M. ausgewiesen ist. Er ist zweiunddreißig Jahre alt und hat davon etwa fünfzehn im Gefängnis verbracht. Er ist wegen Homosexualität zu Einzelhaft verurteilt worden – zur Isolierzelle – und hat sich erhängt. Seine unter dem Einfluß von Schlafmitteln geschriebenen erstaunlichen und bewegenden Briefe werden mit einem kurzen, nicht gezeichneten Kommentar eingeleitet, wie das die Regel bei diesen Heften ist, die sich als Emanation einer Gruppe verstehen. Dieser Text aber ist von Foucault selbst geschrieben worden, der, von diesem Briefwechsel fasziniert, ihn für »exemplarisch« hält, »weil er, mit seinen seelischen und gedanklichen Eigenschaften, genau das aussagt, woran ein Gefangener denkt. Und das ist durchaus nicht das, was man gewöhnlich glaubt.« Foucault fährt fort: »Sogar das Gefängnis hat ein noch geheimeres, noch groteskeres und noch härteres Gefängnis, die Isolierzelle, an die zu rühren sich die Pleven-›Reform‹ hütet.« Und etwas weiter unten: »Was hier in Frage steht, ist nicht nur ein gesellschaftliches System im allgemeinen, mit seinen Ausschließungen und Verurteilungen, sondern der Gesamtkomplex der willentlichen und personifizierten Provokationen, aufgrund deren dieses

System funktioniert, seine Ordnung sicherstellt, aufgrund deren es seine Ausgeschlossenen und Verurteilten produziert, in Übereinstimmung mit einer Politik, die die der Macht von Polizei und Verwaltung ist. Eine bestimmte Anzahl von Leuten sind direkt und persönlich verantwortlich für den Tod dieses Häftlings.«[5]

Im Vorbeigehen hat Foucault hier auf ein Thema angespielt, das zum Zentrum seiner Reflexion über das System des Strafrechts werden wird: er verweist auf die Art und Weise, wie das Gefängnis die Kriminalität erzeugt und sich als Schicksal für alle die abzeichnet, die einmal hinter seinen Gittern verwahrt worden sind: »Durch ein sehr genau umrissenes System von Polizei, Vorstrafenregister und Kontrolle, das ihnen jede Chance nimmt, den weiterwirkenden Folgen einer Erstverurteilung zu entrinnen, werden die jungen Leute dazu veranlaßt, sehr bald nach ihrer Entlassung erneut ins Gefängnis zu wandern.« Michelle Perrot, die diese Zeilen in ihrer Studie über »Foucault und das Gefängnis« zitiert, merkt dazu an: »Erzeugung des Kriminellen, Verwaltung der Gesetzwidrigkeiten: man erkennt hier bereits einige der Themen von *Überwachen und Strafen*. Man ermißt so überdies, aus welcher direkten und konkreten Erfahrung dieses Buch hervorgegangen ist. Ein großes Buch über die Nachtseite der Gesellschaften, speist es sich aus der Lehre der Finsternisse.«[6]

Der GIP – das ist zu Beginn der siebziger Jahre Michel Foucaults Hauptanliegen. Es ist wirklich seine Bewegung. Die seine und die von Daniel Defert. Eine ganze Anzahl von Vincennes-Lehrkräften schließt sich ihnen auf informelle Weise an, weil es sich ja nicht um eine Partei handelt und es weder Mitgliedschaft noch Parteibuch gibt: Jean-Claude Passeron, Jean Gattegno, Robert Castel, Gilles Deleuze, Jacques Rancière und seine Frau Danièle, Jacques Donzelot... Und etwas später dann Claude Mauriac, der wohl unerwartetste in dieser Geschichte, wenn auch nicht der unwichtigste.

5 »Suicides de prisons, 1972«, in: *Intolérable*, Nr. 4, Paris: Gallimard, 1973, S. 38–40.
6 Michelle Perrot, »La Leçon des ténèbres. Michel Foucault et la prison«, in: *Actes. Cahiers d'action juridiques*, Nr. 54, Sommer 1986, S. 76–77.

Claude Mauriac ist der Sohn von François Mauriac und unmittelbar nach dem Krieg persönlicher Referent von General de Gaulle gewesen. Im Jahre 1971, zu einem Zeitpunkt also, da Foucault bereits tief in die Anhängerschaft bei der extremen Linken verstrickt ist, ist Claude Mauriac Journalist beim *Figaro*. Nichts scheint auf ihre »Begegnung« im starken Sinne des Wortes hinzudeuten, von der der Schriftsteller in seinem Tagebuch berichtet, bevor er dann auf mehreren hundert Seiten dieses Journals ihre Folgen für sein Leben ausbreitet, *Le Temps immobile*: Chronik einer Freundschaft und zugleich Tag für Tag geführter Rechenschaftsbericht über die militanten Aktivitäten einer Handvoll Intellektueller in den siebziger Jahren.[7] Angefangen hat alles mit einem Zufall, wie er sich im Laufe der Demonstrationen so häufig ereignete: Am 29. Mai 1971 ist Alain Jaubert, Journalist beim *Nouvel Observateur*, in einem Polizeiwagen schwer zusammengeschlagen worden, als er einen verwundeten Demonstranten ins Krankenhaus begleiten wollte. Später ist Jaubert dann des Aufruhrs und des gewaltsamen Widerstandes gegen Vertreter der Staatsmacht beschuldigt worden. Da er Journalist ist, erregt die Affäre großes Aufsehen. Michel Foucault, Gilles Deleuze, ein Anwalt, Denis Langlois, Dr. Timsitt und einige Journalisten haben sich zusammengefunden, um eine »Gegen-Untersuchung« zu führen und die Wahrheit ans Licht zu bringen. Sie haben eine erste Pressekonferenz abgehalten. Claude Mauriac nahm daran als Vertreter des *Figaro* teil, und seine Präsenz wurde sehr nachdrücklich bemerkt. Michel Foucault ruft ihn an: Wollen Sie sich unserer Untersuchungskommission anschließen? Claude Mauriac willigt ein. Er berichtet über die Diskussion, die er einige Tage darauf in einem Café der Goutte d'Or, dem Araberviertel von Paris, führt: »Wenn man mir dieses Café nur acht Tage zuvor gezeigt und mir gesagt hätte, man werde mich dort mit Michel Foucault sitzen und mit ihm diskutieren sehen, hätte ich sicher Mühe gehabt, das zu glauben. Und er [Foucault] antwortet: ›Ich bitte Sie um Verzeihung, daß ich Sie in diesen Hinterhalt gelockt habe.‹«[8] Ein Hinterhalt, der Claude Mauriac für Jahre

7 Claude Mauriac, *Le Temps immobile*, Bd. III: *Et comme l'espérance est violente*, Paris 1977. Und die anderen Bände von *Le Temps immobile*.
8 Claude Mauriac, *Et comme l'espérance est violente*, a. a. O., S. 283.

beschäftigen sollte und an den er sich heute eine bewegte Erinnerung bewahrt.

Die Affäre Jaubert hat noch weitere Folgen als diese persönliche Beziehung zwischen zwei Männern, die nichts dazu prädisponierte, einander eines Tages kennenzulernen. Das Wahrheitsbedürfnis, der Wille, bestimmte Informationen zusammenzutragen und zu verbreiten, aber auch die Schwierigkeit, ein Echo bei den großen Presseagenturen und Zeitungen zu finden, sind bei der Gründung der APL mitbeteiligt, der »Agence de presse – Libération«, die von Maurice Clavel auf die Beine gestellt wird und eine entscheidende Rolle bei der Marktlancierung der Tageszeitung *Libération* spielt.

Die Zusammenkünfte des GIP finden häufig in der Wohnung von Hélène Cixous statt, nahe dem Parc Montsouris. Sie erinnert sich der »ganz aufs aktive Handeln eingeschworenen« Diskussionen sehr deutlich: »Foucault war wirklich ein sehr pragmatischer Mensch, er schaute stets auf Effizienz.« Jedermann erkannte in ihm den »Chef« dieser kleinen Gruppe an. Und Jean-Marie Domenach vergegenwärtigt seinerseits die unglaubliche Energie, die Foucault verausgabt, seine permanente Verfügbarkeit: »Ich weiß nicht, wie es ihm gelang, das alles zu organisieren«, erzählt er, »zusammen mit Daniel Defert kümmerte er sich um alles, er schrieb Briefe, fädelte Kontakte ein, führte tausend Telefongespräche, er war immer da, wenn man ihn brauchte...« Und er wurde oft gebraucht, denn an Anlässen zum Eingreifen hat es nicht gefehlt: Seit November 1971 kommt es in den französischen Gefängnissen zu einer ganzen Reihe von Häftlingsrevolten. Die Situation wird rasch explosiv und mündet in die gewaltsamen Zwischenfälle, die am 5. und 13. Dezember 1971 die Zentrale Ney in Toul in Brand setzen. Die Polizei geht zum Sturmangriff über. Ein Dutzend Häftlinge wird verwundet. Michel Foucault und der GIP setzen sich in Bewegung, um die Repression und natürlich auch die am Ursprung der Revolte stehenden Haftbedingungen anzuprangern. Ein Komitee »Justiz-Wahrheit« bildet sich in der Stadt und organisiert Informationstreffen. Die Sitzungen sind manchmal stürmisch: wenn sich nämlich die Gefängniswärter zu Wort melden. Foucault nimmt mehrfach an Pressekonferenzen teil. Die erste davon findet am 16. Dezember statt, zwei

Tage nachdem der Minister eine Untersuchungskommission zur Erforschung der Fakten, ihrer Ursachen und der möglichen Abhilfen benannt hat. Ein Höhepunkt der Polemik: der Bericht, den die Gefängnisärztin und -psychiaterin, Dr. Edith Rose, an den Justizminister und an den Präsidenten der Republik gerichtet hat. Ein bedrückender Text, der in allen Einzelheiten die Lebensbedingungen der Häftlinge, die Art und Weise ihrer Behandlung im Krankheitsfalle usw. beschreibt. Das alles ist ganz einfach schrecklich. Die Verlesung dieses Dokuments bei der Zusammenkunft von Toul hat Aufsehen erregt. Foucault präsentiert einige Tage später Auszüge daraus im *Nouvel Observateur*: »Was verbirgt sich in den einfachen Tatsachen – oder vielmehr: was kommt darin ans Tageslicht? Die Böswilligkeit des einen oder die Unregelmäßigkeit des andern? Kaum. Sondern die Gewaltsamkeit der Machtverhältnisse. Die Gesellschaft tut alles, um die Blicke aller von allen Ereignissen abzulenken, welche die wahren Machtverhältnisse verraten. Die Behörden sprechen nur in Tabellen, Statistiken und Kurven; die Gewerkschaften sprechen von Arbeitsbedingungen, Bilanzen, Investitionen, Beschäftigungszahlen. Hier wie dort will man das Übel nur ›an der Wurzel‹ packen, d. h. dort, wo niemand es sieht oder spürt – weit weg vom Ereignis, vom Spiel der Kräfte und vom Akt der Beherrschung. Jetzt aber hat die Psychiaterin von Toul geredet. Frau Rose hat die Spielregeln verletzt und das große Tabu gebrochen. Sie, die in ein Machtsystem integriert war, hat nicht dessen Funktionen kritisiert, sondern das beim Namen genannt, was darin passierte, was darin passieren sollte – an dem und dem Tag, an jenem Ort, unter jenen Umständen [...]. Die ›Rede von Toul‹ ist vielleicht ein wichtiges Ereignis in der Geschichte der Straf- und Heilanstalten.«[9] Am 5. Januar 1972 ergreift Foucault erneut das Wort: Nachdem er die Ereignisse der vom GIP bei den Häftlingen unternommenen Umfrage dargestellt hat, besteht er auf der »Notwendigkeit, die öffentliche Meinung über das, was in den Gefängnissen passiert, auch weiterhin zu unterrichten«, und fordert »M. Pleven heraus, die Wahrheit zu sagen«. Im Laufe derselben Zusammenkunft wird von der Tribüne herab eine Botschaft von Sartre verlesen, der im Aufstand von Toul den

9 Michel Foucault, »Die Rede von Toul«, in: M. F., *Über Strafjustiz, Psychiatrie und Medizin*, Berlin 1976, S. 29.

»Beginn des Kampfes gegen das repressive System« sich abzeichnen sieht, »das uns alle in einem Universum von Konzentrationslagern gefangenhält«.

Andere Meutereien brechen in Lille, in Nîmes, in Fleury-Mérogis, in Nancy aus... Der Justizminister, René Pleven, prangert die Aktion des GIP und der linken Gruppen an: »Es ist nur zu deutlich«, erklärt er, »daß sich gegenwärtig bestimmte subversive Elemente bemühen, die Häftlinge, die dafür natürlich die Konsequenzen auf sich zu nehmen haben, zu benutzen, um in verschiedenen Strafvollzugsanstalten eine gefährliche Agitation zu provozieren oder weiterzubetreiben.« Während die kommunistische Zeitung *La Marseillaise de l'Essonne* von den Machthabern verlangt, den Umtrieben dieses »Spitzbubensyndikats« ein Ende zu machen. Der GIP setzt seine Aktion gleichwohl fort: Um gegen das brutale Eingreifen der Sicherheitskräfte im Gefängnis Charles III in Nancy zu protestieren, entschließt er sich, eine Pressekonferenz im Justizministerium anzuberaumen. Und am 18. Januar 1972 finden sich vor dem Hotel Intercontinental in der Rue de Castiglione Claude Mauriac, Jean-Paul Sartre in Begleitung von Michelle Vian, Gilles und Fanny Deleuze, Michel Foucault, Daniel Defert und einige Dutzende anderer Persönlichkeiten ein. Die Gruppe setzt sich in Richtung der Place Vendôme in Marsch und durchquert das Torgewölbe des Ministeriums. Eine Schranke versagt ihnen den weiteren Zutritt. Also verliest Michel Foucault einen von Häftlingen des Gefängnisses von Melun verfaßten Bericht. Als die Demonstranten beginnen, »Pleven démission« und »Pleven assassin«* zu skandieren, treten die Sicherheitskräfte der CRS in Aktion und drängen, laut dem Bericht von Claude Mauriac, »diese ganze schöne Intellektuellenwelt rücksichtslos und gewaltsam hinaus, die ich dann, von draußen, der Unterdrückung Widerstand leisten sehe – Foucault an der Spitze, rot und mit vor Anstrengung verkrampften Muskeln«.[10] Auf dem Platz folgt der brüsken Vertreibung dann ein kurzes Handgemenge. Mehrere Personen werden verhört: Alain Jaubert, Marianne Merleau-Ponty... Sartre und Foucault haben versucht, sich

* »Pleven Rücktritt« – »Pleven Mörder« (A. d. Ü.)

10 Claude Mauriac, *Et comme l'espérance est violente*, a. a. O., S. 334.

einzuschalten. Vergeblich. Claude Mauriac, der seine Identität und seine Zugehörigkeit zum *Figaro* angibt, hat mehr Erfolg. Er verspricht, daß die Gruppe sich zerstreuen wird, sobald die beiden Demonstranten freigelassen sind. Was denn auch geschieht. Die Pressekonferenz wird dann in die Räumlichkeiten der APL verlegt, wo Foucault erneut den Bericht von Melun verliest und die Zusammenstöße von Nancy vor Augen führt. Drei Tage später ruft der GIP zu einer Demonstration am Boulevard Sébastopol auf, an der sich beinahe tausend Menschen beteiligen.

Auch andere, weniger spektakuläre Aktionen werden vom GIP organisiert. So die Versammlungen vor den Gefängnissen am Weihnachts- bzw. Silvesterabend, mit Knallfröschen und bengalischem Feuerwerk, Schreien und lautsprecherübertragenen Botschaften, um die Häftlinge wissen zu lassen, daß sie nicht von aller Welt verlassen sind: Foucault nimmt beispielsweise am 31. Dezember in Fresnes an einer solchen Demonstration teil. Oder etwa kleine Sketches vor den Portalen der Strafvollzugsanstalten, gespielt von den Schauspielern des *Théâtre du Soleil*, das Ariane Mnouchkine leitet: kaum mehr als einige Minuten, bevor die Mitwirkenden von der Polizei zerstreut werden… Denn die Gummiknüppelhiebe regnen nur so auf die Anhänger des GIP herab, in Paris, in Nancy und anderswo. »In Nancy bin ich von der Polizei buchstäblich grün und blau geschlagen worden«, erzählt Hélène Cixous. Michel Foucault und Jean-Marie Domenach machen da keine Ausnahme: am 1. Mai 1971 werden sie, zusammen mit einem Dutzend anderer, brutal vernommen, als sie vor dem Santé-Gefängnis in Paris Flugblätter zur Aufhebung des Vorstrafenregisters verteilen. Foucault beschwert sich über die »illegale Inhaftierung«, über »Angriffe auf die Grundrechte, öffentliche Beschimpfungen und mit Vorbedacht begangene leichte Tätlichkeiten«. Ein Verfahren, das für die Polizisten mit Freispruch endet.

Der GIP erfindet immer neue Aktionsformen. Als sechs der Rädelsführer von Nancy im Juni 1972 vor Gericht gestellt werden, möchte der GIP den Auseinandersetzungen etwas Öffentlichkeit vermitteln: in der Cartoucherie von Vincennes werden die Zuschauer nach der Aufführung von *1793*, jenem von der Truppe Ariane Mnouchkines gebotenen Theaterstück, aufge-

fordert, noch im Saal auszuharren, um einem kurzen Lokalter-
min beizuwohnen. Den Text dafür liefern ganz einfach die ste-
nografischen Protokolle des Prozesses. Foucault spielt dabei die
Rolle eines Wachpolizisten oder eines Untersuchungsrichters.[11]
Zur Gewährleistung des Rechtsbeistandes, dessen die Häftlinge
gegebenenfalls bedürfen, empfiehlt er auch die Gründung eines
Vereins: mit Gilles Deleuze begibt er sich zur Witwe von Paul
Eluard, die einwilligt, diese »Association de défence des droits
des détenus« zu beherbergen und zu betreuen, deren Präsiden-
tenamt der Schriftsteller Vercors übernimmt.

Der GIP hat bemerkenswerten Erfolg: beinahe überall in
Frankreich werden Komitees gegründet. Und wenn die Initiative dazu in der Mehrzahl der Fälle auch von militanten Maoisten ausgeht, dringt ihr Echo doch weitgehend über »linke«
Kreise hinaus: Anwälte, Ärzte, Geistliche schließen sich der
Bewegung an, die, wenn auch auf informelle Weise, bis zu zwei-
oder dreitausend Personen umfaßt. Aber dieser Erfolg ist nur
von kurzer Dauer. Seinem ursprünglichen Leitprinzip treu,
möchte Foucault das Wort den Häftlingen und früheren Häftlingen überlassen. Schon im Dezember 1972 veröffentlicht das
Aktionskomitee der Inhaftierten (CAP) seine erste Broschüre.
Das CAP wird namentlich von Serge Livrozet angekurbelt, der
mehrere Haftjahre in Melun abgeleistet hat und zu dessen
Lebenszeugnis, *De la prison à la révolte* (Vom Gefängnis zur
Revolte), Foucault ein Vorwort beisteuert: »Das Buch von Serge
Livrozet«, schreibt er da, »ist Bestandteil jener Bewegung, die
seit Jahren mit den Gefängnissen befaßt ist. Ich will damit nicht
sagen, daß er ›repräsentiert‹, was die Häftlinge insgesamt – und
nicht einmal zwangsläufig in ihrer Mehrheit – denken. Ich will
sagen, daß er ein Element dieses Kampfes ist; daß er aus ihm
hervorgegangen ist und darin eine Rolle spielt. Er ist der individuelle und starke Ausdruck eines bestimmten volkstümlichen
Erlebens und eines bestimmten volkstümlichen Denkens von
Gesetz und Illegalität. Eine Philosophie des Volkes.«[12]

Das CAP zögert nicht, seine vollkommene Unabhängigkeit von
den ruhmreichen Betreuern zu fordern. Serge Livrozet erwidert

11 Der Text dieses »Stückes« ist veröffentlicht in: *Esprit*, Oktober 1972.
12 Serge Livrozet, *De la prison à la révolte*. Vorwort von Michel Foucault,
Paris 1973, S. 14.

ganz brutal auf ein Interview, das Michel Foucault anonym in *Libération* hat erscheinen lassen, ein Interview über Kriminalität und Gesetzwidrigkeit. »Die Spezialisten der Analyse können uns den Buckel herunterrutschen«, beklagt er sich am 19. Februar 1974, »ich brauche niemanden, um das Wort zu ergreifen und zu erklären, was ich bin.«[13] Zu diesem Zeitpunkt hat der GIP bereits das Heft aus der Hand gegeben. Aber die Dynamik war zweifellos gebrochen. »Sie machen weiter, aber mit welchem Echo?« fragen sich mit ein wenig Bitterkeit Daniel Defert und Jacques Donzelot, als sie in einem 1976 erschienenen Bilanzierungsversuch auf die Leitfiguren des CAP zu sprechen kommen.[14]

Bitterkeit, Gefühl des Scheiterns – das ist es wohl, was auch Foucault nach der Selbstauflösung des GIP verspürt hat. »Michel hatte das Gefühl, daß alles das zu nichts geführt hat«, erklärt Gilles Deleuze in einem 1986 veröffentlichten Interview.[15] Deleuze hebt überdies die für Foucault so ausschlaggebende Bedeutung dieses »Abenteuers«, dieser »Erfahrung« hervor, die eine neue Konzeption des Engagements der Intellektuellen erprobte: eines Handelns, das nicht mehr im Namen höherer Werte ausgeübt wird, sondern mit dem Blick auf bisher unbemerkt gebliebene Realitäten. Das Unerträgliche zeigen, an einer unerträglichen Situation das zeigen, was darauf hinwirkt, daß sie wirklich unerträglich wird. Aber der GIP, fügt Deleuze hinzu, war auch eine Art und Weise der »Produktion von Aussagen«. Eben deshalb ist der GIP in seinen Augen – und im Gegensatz zu dem, was Foucault selbst davon gehalten hat – ein Erfolg gewesen: »Es gibt heute einen neuen Typ von Aussagen über das Gefängnis, der natürlich von Häftlingen vorgebracht wird, manchmal aber auch von Nicht-Häftlingen, von Aussagen, die zuvor nicht formulierbar gewesen wären.«[16]

13 Serge Livrozet, »Le Droit à la parole«, in: *Libération*, 19. Februar 1974.
14 Daniel Defert und Jacques Donzelot, »La Charnière des prisons«, in: *Le Magazine littéraire*, Nr. 112–113, Mai 1976; deutsch: »Die Schlüsselposition der Gefängnisse«, in: Michel Foucault, *Mikrophysik der Macht*, Berlin 1976, S. 7–15.
15 Gilles Deleuze, »Foucault and the Prison«, in: *History of the Present*, Nr. 2, Frühjahr 1986.
16 Ebd.

In seinen Vorlesungen am Collège de France konzentriert Foucault sein Interesse auf Fragen der Justiz und des Strafrechts...
Mit einer kleinen Studiengruppe veröffentlicht er 1973 ein Buch über Pierre Rivière, einen jungen Mörder, der zu Beginn des 19. Jahrhunderts verurteilt wurde, weil er Mutter, Bruder und Schwester getötet hatte. »Wir wollten die Geschichte der Beziehungen zwischen Psychiatrie und Strafjustiz studieren. Dabei stießen wir auf den Fall Rivière«, schreibt er in seiner Einführung.[17] Michel Foucault entschließt sich, den vom Mörder selbst zu Papier gebrachten Bericht über seine Verbrechen zu veröffentlichen, und zwar zusammen mit dem ganzen Dossier über die schwurgerichtliche Behandlung des Falles und die gerichtsmedizinischen Gutachten, über die Verurteilung, Inhaftierung und den Selbstmord des Täters. Was seine Aufmerksamkeit besonders gefesselt hat, erklärt er wie folgt: »Dokumente wie die über den Fall Rivière erlauben es, die Bildung und den Fluß eines Wissens (wie das Wissen der Medizin, der Psychiatrie, der Psychopathologie) in ihren Beziehungen mit den Institutionen und den Rollen, die dort gespielt werden müssen (Gericht, Gutachter, Angeklagter, Krimineller/Wahnsinniger usw.), zu analysieren. [...] Sie ermöglichen eine Aufschlüsselung der Macht-, Herrschafts- und Kampfverhältnisse, in deren Rahmen sich die Diskurse abspielen; sie ermöglichen also eine Analyse des Diskurses (und sogar wissenschaftlicher Diskurse), die zugleich Tatsachenanalyse und politische, also strategische, Analyse ist. [...] Schließlich läßt sich an diesem Beispiel die Verwirrung ermessen, die ein Diskurs wie der Rivières stiftet; es lassen sich all die Taktiken aufzeigen, mit denen man versucht, ihn zuzuschütten, ihn einzuordnen, ihn als Diskurs eines Wahnsinnigen oder eines Kriminellen zu qualifizieren.«[18] Wie nahe scheinen diese Zeilen doch der Inauguralvorlesung am Collège de France zu stehen! Abgesehen davon, daß die Analyse sich aus den diskursiven Bereichen in die institutionellen, aus der Ordnung des Diskurses auf die sozialen Praktiken verlagert hat. Andere Veröffentlichungen werden folgen: Vorworte, Aufsätze, Interviews, Debatten und Kolloquien über Justiz und Gefängnis.

17 Michel Foucault, *Der Fall Rivière. Materialien zum Verhältnis von Psychiatrie und Strafjustiz*, Frankfurt am Main 1975, S. 7.
18 Ebd., S. 11.

Auch über und gegen die Todesstrafe, ein Kampf, in dem sich Foucault aktiv engagiert. Beispielsweise weigert er sich 1976, an einem Essen mit Valéry Giscard d'Estaing teilzunehmen, der es abgelehnt hat, Christian Ranucci zu begnadigen.

Eines der schönsten Bücher Foucaults, vielleicht sogar das schönste, *Überwachen und Strafen*, erscheint 1975. Mit dem Untertitel *Die Geburt des Gefängnisses*. Foucault hat sein Untersuchungsfeld verschoben. Wir stehen nicht mehr an den Portalen der Gefängnisse. Sondern auf der Bühne der historischen Forschung, die er den Denkgewohnheiten und -geläufigkeiten entgegenstellt. Dieses Buch entstammt eher der Gegenwart als der Geschichte, sagt er zu Beginn. Und sein Projekt besteht eben darin, »die Geschichte der Gegenwart zu schreiben«.[19] Was im Kampf um die Gefängnisse auf dem Spiel stand, war die ganze Technologie der Macht, die sich auf die Körper erstreckt. Was ist das Gefängnis? Wie vollzieht sich der Übergang vom Glanz der Hinrichtungen früherer Zeiten zur gegenwärtigen Stille der Strafhaft? »Ein altes Erbteil der Kerker des Mittelalters? Eher eine neue Technologie: die sich vom 16. bis zum 19. Jahrhundert vollziehende Herausbildung eines ganzen Komplexes von Verfahren, um die Individuen rastermäßig zu erfassen, zu kontrollieren, zu messen und abzurichten, sie ›gelehrig und gefügig‹ zu machen. Überwachung, Übungen, Manöver, Bezeichnungen, Ränge und Plätze, Klassifizierungen, Prüfungen, Eintragungen – eine ganze festumrissene Art und Weise der Unterwerfung der Körper, der Beherrschung der menschlichen Vielgestaltigkeiten und der Manipulation ihrer Kräfte hat sich im Laufe der klassischen Jahrhunderte in den Hospitälern, den Heeren, in den Schulen, den Kollegien oder den Werkstätten entwickelt: die Disziplin. Das 18. Jahrhundert hat fraglos die Freiheiten erfunden; aber es hat ihnen einen tiefen und soliden Untergrund verliehen – die Disziplinierungsgesellschaft, der wir immer noch angehören. Das Gefängnis ist im Entstehungsprozeß der Überwachungsgesellschaft an den ihm gemäßen Ort zu stellen.«

19 Michel Foucault, *Surveiller et punir*, Paris 1975; deutsch: *Überwachen und Strafen*, Frankfurt am Main 1976, S. 43.

Foucault bemüht sich, die Rolle, die die »Humanwissenschaften« in diesem Prozeß gespielt haben, herauszuarbeiten: »Der moderne Strafvollzug wagt nicht mehr zu sagen, daß er Verbrechen bestraft; er erhebt den Anspruch, die Kriminellen wiederanzupassen. Zwei Jahrhunderte hält er nun schon bald gute Nachbarschaft mit den ›Humanwissenschaften‹. Es ist sein Stolz, jedenfalls seine Art und Weise, sich seiner selbst nicht allzusehr zu schämen: ›Ich bin vielleicht noch nicht vollkommen gerecht; habt ein wenig Geduld und schaut, wie ich mir Mühe gebe und dabei bin, weise zu werden.‹ Wie aber können die Psychologie, die Psychiatrie, die Kriminologie die Justiz von heute rechtfertigen, zumal ihre Geschichte ja, in dem Maße, wie sie sich beide gebildet haben, ein und dieselbe Technologie zeigt. Unter der Erkenntnis der Menschen und unter der Humanität der Strafen finden sich eine bestimmte disziplinierende Besetzung der Körper, eine aus Unterwerfung und Objektivierung gemischte Form zusammen, ein und dasselbe ›Macht-Wissen‹. Läßt sich die Genealogie der modernen Moral aus einer politischen Geschichte der Körper herleiten?«[20]
Wie in *Wahnsinn und Gesellschaft* oder *Die Geburt der Klinik* hat Foucault die kanonischen Texte der philosophischen Tradition beiseite gelassen, um statt dessen in der kriminalistischen Literatur oder in bestimmten Reformprojekten »herumzustöbern«. »Weder bei Hegel noch bei Auguste Comte«, erklärt er in einem Interview, »spricht die Bourgeoisie direkt. Abseits von diesen geheiligten Texten läßt sich eine völlig bewußte, organisierte, reflektierte Strategie aus einer Masse von unbekannten Dokumenten ganz klar ablesen, die den wirklichen Diskurs einer politischen Aktion darstellt.«[21] *Überwachen und Strafen* hat einen bemerkenswerten Erfolg erlebt. Die Seiten über die Hinrichtung von Damiens und die Grausamkeit der Strafen im 18. Jahrhundert, mit denen das Buch einsetzt, sind nur allzuoft zitiert worden. Ebenso häufig ist der Leitgedanke über die Rolle des Gefängnisses zitiert worden, das die Delinquenz als in sich geschlossenes Milieu produziert, dem die Macht ihre Kontrolle aufzuzwingen sucht. Der »Panoptismus«, das heißt jene

20 Michel Foucault, *Surveiller et punir*, a. a. O., Klappentext.
21 Michel Foucault, »Von den Martern zu den Zellen«, in: M. F., *Mikrophysik der Macht*, Berlin 1976, S. 48–53 (hier S. 52).

von Foucault ausführlich beschriebene Struktur des Gefängnisses, wie sie von Jeremy Bentham als Architektur entworfen wurde, die um einen Mittelpunkt herum angeordnet ist, der es ermöglicht, alles und zu jeder Zeit zu beobachten, ist zum Symbol jenes »Auges der Macht« geworden, jener institutionellen Rasterung, die die »sektoriellen Kämpfe« in den siebziger Jahren unablässig und unaufhörlich bloßstellen werden. In den Wechselfällen des Kampfes gereift und durchdacht, soll *Überwachen und Strafen* nunmehr selbst diesem Kampf dienen: »Alle meine Bücher«, sagt Foucault in dem bereits zitierten Interview, »sind, ob *Wahnsinn und Gesellschaft* oder dieses hier, wenn Sie so wollen, kleine Werkzeugkästen. Wenn die Leute sie öffnen und sich dieses Satzes, jener Idee, einer bestimmten Analyse als Schraubenzieher oder Maulschlüssel bedienen möchten, um die Machtsysteme kurzzuschließen, zu disqualifizieren, eventuell sogar die eingeschlossen, aus denen meine Bücher hervorgegangen sind – gut, um so besser.«[22]

Auf Seite 315 endet das Werk gleichsam in der Schwebe: »Hier breche ich dieses Buch ab, das verschiedenen Untersuchungen über die Normierungsmacht und die Formierung des Wissens in der modernen Gesellschaft als historischer Hintergrund dienen soll.«[23]

22 Ebd.
23 Michel Foucault, *Überwachen und Strafen*, a. a. O., S. 396.

Volksjustiz und Arbeitergedächtnis

»Schau an, das ist Foucault«, und jedermann dreht sich um, wenn er vorbeigeht. Foucaults Silhouette, seine unter Tausenden erkennbare Gestalt sind zu einem der Bilder geworden, die von den Demonstrationen auf Photos und in den Erinnerungen gespeichert worden sind. Zu Beginn dieser siebziger Jahre hat sich Foucaults Leben von Grund auf gewandelt. Und es sind die vielleicht am schwierigsten zu vergegenwärtigenden Jahre. Für die vorhergehenden Phasen lag die Schwierigkeit im Fehlen von Quellen: Dokumente, von deren Existenz niemand wußte und die entdeckt, ausgegraben werden mußten; Stationen der akademischen Laufbahn, von denen nur wenige Zeugen zu berichten wußten usw. Alles mußte aufgefunden, zusammengesetzt werden. Seit 1970 ist Foucault zu einer Persönlichkeit des öffentlichen Lebens geworden. Er ist bekannt, anerkannt, und sein Name tritt häufig in den Zeitungen, in den Büchern in Erscheinung... Die Memoiren, die Chroniken und die zeitgeschichtlichen Werke erwähnen ihn im Überfluß. Angefangen natürlich mit dem Journal von Claude Mauriac, einem wertvollen Dokument, wenn man so will. Dennoch wirft dieser Überfluß an Quellen ein anderes Problem auf. Diese Zeugnisse geben der öffentlichen Persönlichkeit, dem kämpferischen Streiter den Vorrang... Jener Persönlichkeit, an die Dumézil einfach nicht »glaubte«. Denn Foucaults Existenz ist zu dieser Zeit »fragmentarisiert«, wenn man so sagen darf. Beispielsweise hat sich sein Bekanntenkreis bemerkenswert erweitert und vor allem – was ausschlaggebend ist – diversifiziert. In einem Maße, daß er die Extrempole des intellektuellen und kulturellen Lebens zu umfassen vermag. Zu umfassen: der Ausdruck ist nicht angemessen. Foucault hielt an einer ziemlich scharfen Trennung zwischen den verschiedenen Personen und den verschiedenen Gruppen fest, mit denen er verkehrte. Und wie Jean Daniel eines Tages anmerkte, verfügte er über die Gabe, jedem seiner Gesprächspartner den Eindruck zu vermitteln, daß er der einzige sei, zu dem er privilegierte Beziehungen unterhielt. Was in den Berichten über diese Zeit häufig zu entstellten Perspektiven führt. Überdies war die jeweilige Geschlossenheit der verschiedenen Kreise zweifellos die Bedingung ihrer Weiterexistenz. Um nur ein einziges Beispiel zu wählen: man weiß, welche Meinung Canguilhem von Clavel hatte, der selbst davon berichtet hat.

Diese »Zersplitterung« und diese »Fragmentarisierung«, die sich im Bereich der persönlichen Beziehungen beobachten lassen, kehren auf allen Ebenen wieder. Und daher rührt die zweite Schwierigkeit. Die Vorlesungen am Collège de France, die Veröffentlichung von Büchern, die tagespolitischen Aktivitäten, die Auslandsreisen... all das mischt sich, greift ineinander, verschachtelt sich, überschneidet sich oder fällt zusammen, sobald es sich darum handelt, dieses oder jenes Phänomen in den zeitlichen Horizont einzuordnen oder es in eine Abfolge einzureihen, die ihm Sinn verleiht. Die von hier an benutzte Form des Berichts muß diesen fragmentarischen Aspekt in Rechnung stellen. Der erzählerische Fortgang wird manchmal zerfahren wirken, die Chronologie zerstückelt. Ich habe mich dafür entschieden, Themen- oder Problemkomplexe zu behandeln, zum Nachteil eines sonst allzu linearen Berichts. Ich habe Fakten, zwischen denen keine andere Verbindung besteht als die der Gleichzeitigkeit, nicht künstlich miteinander verknüpfen noch umgekehrt Ereignisreihen aufsplittern wollen, die über die Distanz von Jahren hinweg miteinander verbunden sind.

Wir schreiben den 27. November 1971 in der »Maison Verte«, einem von Pastor Hedrich geleiteten Treffpunkt in der Rue Marcadet im 18. Arrondissement von Paris, einem der ärmeren Viertel, in dem sich vor allem Gastarbeiter in großer Zahl zusammengefunden haben. Im Saal sind bereits Jean Genet, »unrasiert, mit weißen und sehr dichten Bartstoppeln«, und Michel Foucault anwesend. Claude Mauriac erzählt: »Und in diesem Saal in der Rue Marcadet, wo wir uns um vierzehn Uhr versammeln, um die letzten Details unserer Demonstration zu besprechen, trifft ein kleiner, zurückhaltender älterer Mann ein, der beinahe gar nichts sagt: Jean-Paul Sartre. Er nimmt mir gegenüber Platz, der ich zwischen Genet und Foucault sitze. Habe ich nicht richtig gesehen, falsch verstanden? Denn mir scheint, daß sie einander vorgestellt werden, daß sie sich sogar zum ersten Mal sehen, Jean-Paul Sartre und Michel Foucault...«[1] Der Szene, die sich an diesem 27. November abspielt, fehlt es nicht an Größe: »Zum ersten Mal habe ich so von Auge zu Auge Jean-Paul Sartre und Jean Genet gesehen, den Hagiographen und den Heiligen. Und so habe ich der ersten Begegnung des großen alten und des großen jungen Philosophen beigewohnt, Jean-Paul Sartres und Michel Foucaults.« Es war wahrscheinlich das erste Mal, daß sie miteinander sprachen, wenn auch nicht das erste Mal, daß sie einander sahen: weil Sartre und Foucault ja nach der Räumung von Vincennes beide am Meeting vom 10. Februar 1969 in der Mutualité teilgenommen hatten. Zweifellos aber hatten der Ort und die sich dort drängende Menge keinerlei Kontakt zwischen den beiden Philosophen erlaubt. Und Claude Mauriac darf also zu recht annehmen, daß »sie« sich faktisch zum ersten Mal »begegnen«.

Fünf Jahre sind verstrichen seit der heftigen Polemik, die die beiden Denker aufeinanderprallen lassen und die Aufmerksamkeit der Welt des Geistes auf sich gelenkt hat. Fünf Jahre, die sich wie ein Jahrhundert ausnehmen. Der Mai 1968 hat der französischen Gesellschaft mit einem solchen Sturm von Umsturz zugesetzt, daß alle früheren Orientierungspunkte hinfällig geworden sind. Wäre übrigens Claude Mauriac der Chronist dieser ganzen Geschichte geworden, wenn nicht eben das eingetreten wäre? – er, der frühere Gaulist, der sich bei den Demonstrationen jetzt Seite an Seite mit den linken Studenten wiederfindet, der in vorderster Reihe der »Kampffront« steht, wie man seinerzeit sagte, neben den Intellektuellen, die die radikale Subversion der herrschenden Ordnung predigen.

Die Begegnung von Sartre und Foucault ist also nicht überraschend: sie findet im Rahmen einer Aktion »gegen den Rassismus« statt. Djellali Ben Ali, ein junger Algerier, hat die Hausbesorgerin eines Wohnblocks in der Goutte d'Or, dem Araberviertel von Paris, übel zugerichtet. Der Freund dieser

---

1 Claude Mauriac, *Et comme l'espérance est violente*, a. a. O., S. 291. Zur ganzen Geschichte des »Komitees Djellali« vgl. diesen Band von *Le Temps immobile*, ebenso Bd. IX, *Mauriac et fils*. Ebenso das Buch von Katharina von Bülow und Fazia Ben Ali (vgl. Anm. 2) und natürlich die Sammlung von *Le Monde*.

Hausbesorgerin hat sich mit einem Gewehr bewaffnet. Aus bloßem Zufall hat sich ein Schuß gelöst, und der junge Mann war tot. Ein trauriges und geläufiges *fait divers*, wie *Le Monde* einige Jahre später sagen wird, zum Zeitpunkt des Prozesses. Aber das Drama wurde ganz anders erlebt, als es tatsächlich passierte. Mehrere tausend Personen haben gegen das »rassistische Verbrechen« protestiert, und Michel Foucault hat die Initiative zu einer Untersuchungskommission über die Lebensbedingungen im Viertel ergriffen. Gilles Deleuze, Jean Genet, Claude Mauriac, Jean-Claude Passeron und mehrere andere nehmen an diesem Komitee Djellali teil.

Am 27. November 1971, einige Augenblicke nach der von Claude Mauriac geschilderten Szene, versammeln sich kleine Gruppen an der Ecke der Rue Polonceau und der Rue de la Goutte d'Or. Das Viertel ist von Polizei umstellt. Aber die Polizisten haben, wie immer, die Order, Sartre nicht anzugreifen; die Demonstranten können also in aller Ruhe ihre Transparente entfalten. Darauf haben sie ihren »Aufruf an die Arbeiter des Viertels« dargestellt, indem sie die Drohungen brandmarken, die die »von der Macht gestützten Rassistenkreise« über das Goutte d'Or-Viertel verhängt haben... Der Text ist unterzeichnet von Gilles Deleuze, Michel Drach, Claire Etcherelli, Michel Foucault, Jean Genet, Monique Lange, Michel Leiris, Michèle Manceaux, Marianne Merleau-Ponty, Thierry Mignon, Yves Montand, Jean-Claude Passeron, Jean-Paul Sartre und Simone Signoret. Manche der Unterzeichner und eine starke Gruppe von Maoisten paradieren in den nahezu verlassenen, überwachten, von den CRS-Einheiten beherrschten Straßen auf und ab. Das ist die berühmte Photoserie, auf der Sartre und Foucault mit einem Megaphon in der Hand zu sehen sind. Sie kündigen an, daß sie schon am darauffolgenden Tage ein Bereitschaftszentrum im Saal des Jugendheims der Kirche Saint-Bruno einrichten werden. Ihr Ziel ist es, allen denen juristischen Beistand zu leisten, die ihn gegebenenfalls brauchen, oder ihnen einfach dabei zu helfen, die administrativen Unterlagen, Formulare und Fragebögen auszufüllen, die die Einwanderer ständig vorlegen müssen.

Sehr erschöpft und bereits krank, bricht Sartre unmittelbar nach Schluß der kleinen Demonstration auf, während die Gruppe sich erneut in der »Maison verte« versammelt, wo sie von Pastor Hedrich empfangen wird. Am nächsten Tag erzählt Foucault Claude Mauriac: »Ich bin gestern abend dageblieben, um in einem Restaurant des Viertels zu essen, und als ich eingetreten bin, hat jemand gerufen: ›Da ist Jean-Paul Sartre.‹« Und Foucault fügt hinzu: »Ich bin gar nicht sicher, ob es sich dabei um ein Kompliment gehandelt hat.«

Jean-Claude Passeron, Claude Mauriac, Michel Foucault, Jean Genet... übernehmen nacheinander den Bereitschaftsdienst. Es dauert nicht lange und das Komitee Djellali erweitert sich zu einem »Verteidigungsausschuß der Rechte der Einwanderer«, der mehrere Demonstrationen organisiert. Beispielsweise am 31. März 1973, als mehrere tausend Personen auf den Boulevards von Belleville und Ménilmontant defilieren, um gegen die »Circulaire Fontanet« zu protestieren, die die Möglichkeiten zur Erlangung von Aufenthalts- und Arbeitserlaubnissen beschränkt. Michel Foucault und Claude Mauriac marschieren an der Spitze des Demonstrationszuges.

Die Zusammenkünfte des Komitees verlaufen manchmal in gespannter Atmosphäre: die arabischen Arbeiter, die daran teilnehmen, sind nahezu alle auch Mitglieder des »Palästina-Komitees« und wünschen, daß die Verurteilung des Rassismus um eine Verurteilung Israels erweitert wird. Foucault aber ist, wie übrigens auch Sartre, immer strikt pro-israelisch eingestellt gewesen. Und er wird es auch immer bleiben. Das war zweifellos einer der wichtigsten Divergenzpunkte zwischen ihm und der maoistischen Bewegung, die, aktiv pro-palästinensisch, das Komitee häufig »manipuliert« und den Sinn seiner Aktionen verfälscht.

Wie diese Mobilisierung gegen den Rassismus Anlaß zur Begegnung von Sartre und Foucault gewesen ist, so ist sie jetzt auch Anlaß für eine kurze Verbindung von Foucault und Genet. Foucault bewundert den Schriftsteller seit langem. In Schweden bereits hat er in seinen Vorlesungen in Uppsala auf sein ätzendes Werk verwiesen. Genet unterstützt seit jeher alle radikalen Minderheiten und ist heftig angewidert von allem, was Ähnlichkeit mit Rassismus hat. Im Jahre 1970 hat er zwei Monate in den Vereinigten Staaten bei den Black Panthers verbracht. Er engagiert sich lebhaft für die Unterstützung der Palästinenser und hat bereits mehrere Aufenthalte in Flüchtlingslagern hinter sich. Dieses Interesse, ja diese direkte Leidenschaft wird sich auch nicht verleugnen, weil sein letztes Buch, *Un Captif amoureux* (*Ein verliebter Gefangener*), das 1986, wenige Wochen nach seinem Tode erscheint, ausschließlich diesen seinen Aufenthalten in den Palästinenser-Lagern gewidmet ist. Was veranlaßt ihn, sich in diesem Komitee Djellali an die Seite von Foucault zu stellen? Als Vermittlerin hat Katharina von Bülow fungiert. Sie ist Deutsche und hat lange in den Vereinigten Staaten gelebt, wo sie Tänzerin in der Compagnie der New Yorker Metropolitan Opera war. Sie hat sich in Frankreich niedergelassen und eine Anstellung bei Gallimard gefunden. Dort hat sie auch die Bekanntschaft von Foucault und Genet gemacht. Eine Zeitlang steht sie Genet sogar sehr nahe und kümmert sich um ihn, wenn er nach Paris kommt. Sie arbeitet im »Secours rouge« und bei *La Cause du peuple* mit und ist also in ihrem »Element«, als die Aktionen um das Komitee Djellali einsetzen. Sie hat über ihren Lebensweg in einem sehr bewegenden und ganz erstaunlichen Buch berichtet.[2] Foucault und Genet gehen in den Straßen der Goutte d'Or spazieren, sie setzen sich in die Cafés, wobei sich Genet offensichtlich wohler fühlt als Foucault. Wie Katharina von Bülow sagt, war Genet von der arabischen Welt geradezu fasziniert. Das ist übrigens auch der Grund, aus dem er sich bald aus der aufgeregten Szene der Pariser Demonstrationen zurückzieht: »Das einzige, was ihn interessierte«, fügt Katharina von Bülow hinzu, »war der Kampf der Palästinenser.« Niemand wußte je, wo er wohnte. In Paris, in Marokko oder anderswo. Er tauchte auf und verschwand wieder. Man wußte nie, wann oder für wie lange. Damals aber war er manchmal da, in seiner ewigen Lederjacke. Und dann »tauchte« er wieder weg, und niemand vermochte zu sagen, wohin er gegangen war und wann er wiederkommen würde. Zu diesem Zeitpunkt bestand zwischen Foucault und Genet eine gewisse Komplizenschaft. Zumindest in ihren Engagements, denn laut Katharina von Bülow hatten sie einander nicht viel zu sagen und außerhalb ihrer militanten Aktionen kaum Berührungspunkte. Aber

---

2 Katharina von Bülow und Fazia Ben Ali, *La Goutte d'Or ou le mal des racines*, Paris 1979.

Foucault schätzte Genet. Ein äußerstes Zeichen der Hochachtung, die er dem Schriftsteller entgegenbringt: er möchte, daß Genet die Bekanntschaft von Dumézil macht. Genet ist einverstanden. Aber Dumézil will nicht. Er mag die Person nicht, und er mag die Bücher nicht. Warum also dem Menschen begegnen?, fragt er Foucault.

Samstag, 16. Dezember 1972, sechzehn Uhr, vor dem Rex, auf den großen Boulevards; es erschallen Rufe: »Bullen, Rassisten, Mörder...« Mehrere Dutzend Personen versuchen, sich vor der Métro Bonne-Nouvelle zusammenzurotten... Einhundertsechsunddreißig Intellektuelle haben »zum Zeichen der Trauer und des Protests« zu einer Demonstration aufgerufen: Ein algerischer Arbeiter, Mohammed Diab, ist einige Tage zuvor auf einer Polizeiwache unter besonders zweifelhaften Umständen getötet worden. Die Versammlung ist von der Polizeipräfektur verboten worden, und die Reihen der CRS schwärmen alsbald aus, um das Geleit zu zerstreuen, das sich zu formieren versucht. Dieser Strudel von Gewalt währt nur einige Minuten. Die Polizisten vermeiden es, sich an die anwesenden großen Persönlichkeiten zu halten. Aber da Foucault und Claude Mauriac nicht aufhören, sich ins Mittel zu legen, und einige der gefaßten Demonstranten den Händen der Polizisten wieder zu entreißen versuchen, haben sie schließlich dasselbe Geschick zu erleiden wie die anderen. Geschlagen, beschimpft, übel zugerichtet und vernommen, werden Claude Mauriac, Michel Foucault und Jean Genet zur Überprüfung ihrer Personalpapiere ins Centre Beaujon geschafft. Claude Mauriac notiert in seinem Journal: »Wir finden uns in einer Zelle wieder, allein, Michel Foucault und ich, nachdem wir an mehreren anderen, mit jungen Kameraden gefüllten Zellen entlanggeführt worden sind... Vorbei kommt Jean Genet, der unter sicherem Geleit wer weiß wohin gebracht wird und mit dem wir nur einige wenige Worte wechseln können.«[3] Alle Beteiligten werden um Mitternacht freigelassen. An den darauffolgenden Tagen aber erregt die Affäre großes Aufsehen in den Zeitungen.

3 Claude Mauriac, *Les Espaces imaginaires*, Bd. II von *Le Temps immobile*. Taschenbuchausgabe, S. 293–294.

Foucault ist nicht Mitglied irgendeiner politischen Bewegung. Während dieser ganzen Phase aber steht er den Maoisten von *La Cause du peuple* sehr nahe, mit denen sich Daniel Defert eng verbunden hat. Bei allen von Foucault geleiteten Aktionen ist die Präsenz der Maoisten sehr ausgeprägt, gleichgültig, ob im Rahmen des GIP oder im Komitee Djellali. Und er selbst zögert nicht, an den Zusammenkünften der Komitees »Justiz-Wahrheit« teilzunehmen, die von den »Maos« beinahe überall in Frankreich gegründet werden. Beispielsweise beteiligt er sich am Meeting des Komitees »Justiz-Wahrheit« von Grenoble, das Ende November 1972 fünfzehnhundert Menschen auf die Beine bringt. Es handelt sich darum, die in den Verwaltungsbehörden sitzenden Verantwortlichen für den Brand einer Diskothek in der Gegend bloßzustellen, des 5/7 in Saint-Laurent-du-Pont, wo im Jahre 1970 beinahe einhundertfünfzig Personen den Tod gefunden haben. Foucault ergreift das Wort und führt die Situation der jungen Arbeiter vor Augen, denen man nur Hand- und Lagerarbeiten und Hungerlöhne anbietet. Und er fügt hinzu: »So ein junger Bursche muß, weil er keine Wohnung hat, ausgehen. Also geht er aus, und was er findet, ist wieder nur der Gummiknüppel: er muß 12 oder 15 Francs Eintritt für die Diskothek bezahlen, er bestellt sich einen Orangensaft, der kostet acht oder zehn Francs usw. Und ich sage, daß diese jungen Burschen und Mädchen da ausgebeutet und bestohlen werden...« Und nachdem er den organisierten Diebstahl angeprangert hat, den die »Ganovensteuer« darstellt, das heißt das von Schlägerbanden garantierte »Schutz«-System, dem die Nachtlokale unterworfen sind, geht er den Verbindungen zwischen Männern der Politik und diesen Korruptionsformen zu Leibe. Und er schließt: »Im ganzen Land verbreitete sich, diskret oder indiskret, geräuschvoll oder ohne großen Lärm, ein dichtes Netz: der Abgeordnete mit seiner Kokarde, die Kader von UDR* und SAC**, die parallel- oder nichtparallelgeschalteten Polizeien: das alles ist im Begriff, die Bevölkerung zu

---

* »Union des Démocrates pour la République«, gaullistische Partei. (A. d. Ü.)

** »Service d' Action Civique«: ursprünglich der gaullistische Ordnungsdienst, später Sammelbecken ultrarechter Gaullisten. 1982 verboten. (A. d. Ü.)

umgarnen, und darauf versessen, sie gleichzuschalten oder zum Schweigen zu bringen. Und was tun die Behörden bei alledem? Sie haben nur eines zu tun, und das tun sie gut: sie schließen die Augen und lassen alles geschehen. Sie lassen das 5/7 erbauen, eröffnen und verbrennen; sie lassen es immer und überall geschehen, wenn jemand Profit machen will.«[4]

Im Jahre 1972 veröffentlicht Foucault in *Les Temps modernes* einen langen Dialog mit Pierre Victor über die Volksjustiz, und zwar im Rahmen eines »von militanten Maoisten erarbeiteten« Sonderhefts, an dem sich André Glucksmann, Jean-Pierre Le Dantec, Alain Geismar usw. beteiligen. Pierre Victor, mit wirklichem Namen Benny Lévy, ist einer der Führer der maoistischen Bewegung und wird ab 1973 Sartres letzter Privatsekretär. Er ist, zusammen mit Philippe Gavi, insbesondere auch Sartres Gesprächspartner bei dem Band mit dem Titel *On a raison de se révolter* und wird zum Autor der mit Sartre geführten und 1980, kurz vor seinem Tod, veröffentlichten Unterhaltungen, die die Verblüffung der ihm Nahestehenden und den bekümmerten Zorn Simone de Beauvoirs weckten, die Sartres Denken hier in Themen abgleiten sah, die sie gar nicht mehr wiedererkannte. Hinzugefügt werden muß, daß Pierre Victor, nach Verlassen der kämpfenden Reihen des Maoismus *à la française*, sich der Religion zugewandt hat und zum orthodoxen Judentum konvertiert ist. Heute widmet er sich dem Studium des jüdischen Denkens und der jüdischen Religion.[5]

Im Jahre 1972 aber sind wir noch nicht so weit: Victor ist noch der – wie alle Zeitzeugen sagen: – »charismatische Führer« einer kleinen Armee von »Widerstandskämpfern«: so nämlich denken und erleben sich die militanten Maoisten zu Beginn der siebziger Jahre – als Widerstandskämpfer in einem von der

4 *La Vérité Rhône-Alpes*, Nr. 3, Dezember 1972. Ein Auszug aus Foucaults Redebeitrag ist ebenso zitiert in Nr. 33 von *La Cause du peuple* – »J'accuse« – vom 1. Dezember 1972. Der Text dieses Auszuges weicht davon geringfügig ab. Ein Photo illustriert den Artikel: mit Michel Foucault auf der Rednertribüne des Meetings.

5 Zu den Beziehungen zwischen Jean-Paul Sartre und Pierre Victor und der Reaktion von Simone de Beauvoir siehe Annie Cohen-Solal, *Sartre, 1905–1980*, Reinbek 1989, S. 576–602. Ebenso Simone de Beauvoir, *La Cérémonie des adieux*, Paris 1981.

Macht der Unternehmer und ihrer Polizeikräfte besetzten Land. Die Idee eines Dialoges mit Foucault ist im Juni 1971, nach der Gegen-Untersuchung in der Affäre Jaubert entstanden, in der Foucault eine Hauptrolle gespielt hat. Die Maoisten möchten ein Volkstribunal schaffen, um über die Rolle der Polizei zu Gericht zu sitzen, wie sie das bereits im Jahre 1970 in Lens getan haben, um nach dem Tod mehrerer Bergarbeiter die Compagnie des Houillères zur Rechenschaft zu ziehen. Sartre war einer der Hauptakteure bei diesem Gegen-Prozeß gewesen, der eine gewisse Breitenwirkung erzielt hatte. Und mit einer Auseinandersetzung über den Begriff des Volkstribunals setzt auch der Dialog zwischen Victor und Foucault in *Les Temps modernes* ein. Foucault lehnt den Begriff des Tribunals ab: »Man sollte von der Volksjustiz ausgehen, von Aktionen der Volksjustiz, und sich dann fragen, welchen Stellenwert ein Tribunal dabei hat. Meine Hypothese ist es nun, daß das Tribunal nicht die natürliche Ausdrucksform der Volksjustiz ist, sondern daß es eher die geschichtliche Rolle hat, diese einzuholen, sie zu kontrollieren und zu ersticken, indem sie es wieder innerhalb typischer Institutionen des Staatsapparates eingliedert.« Mit dem Hinweis auf die Massaker vom September 1792 fügt er hinzu: »Die September-Hinrichtungen waren gleichzeitig ein Kriegsakt gegen die inneren Feinde, ein politischer Akt gegen die Machenschaften der Regierenden und ein Racheakt an den Unterdrückerklassen. War das nicht eine Aktion der Volksjustiz im Laufe einer Phase des gewaltsamen revolutionären Kampfes, annäherungsweise zumindest: eine Erwiderung der Unterdrückung, strategisch nützlich und politisch notwendig? Kaum aber hatten die Hinrichtungen im September begonnen, da griffen auch schon andere Leute ein, um das Tribunal in Szene zu setzen: Richter hinter einem Tisch, Vertreter einer dritten Instanz, die sich zwischen das Volk, das ›nach Rache schreit‹, und die ›schuldigen‹ oder ›unschuldigen‹ Angeklagten schiebt; Verhöre, um die ›Wahrheit‹ zu erweisen oder um ›Geständnisse‹ zu bekommen; Beratungen, um herauszufinden, was ›gerecht‹ ist; eine Instanz, die allen autoritär aufgezwungen wird. Tritt da nicht wieder ein wenn auch schwacher Ansatz eines Staatsapparates in Erscheinung? Die Möglichkeit einer Klassen-Unterdrückung? Ist die Errichtung einer neutralen Instanz zwischen dem Volk und seinen Feinden, einer Instanz, der man zugesteht, zwischen wahr und falsch, schuldig und unschuldig, gerecht und ungerecht zu unterscheiden, nicht eine der Volksjustiz entgegengesetzte Form? Ein Vorgehen, das sie in ihrem wirklichen Kampf entwaffnet, zugunsten einer idealen Rechtsprechung? Aus allen diesen Gründen frage ich mich, ob das Tribunal, anstatt eine Ausdrucksform der Volksjustiz zu sein, nicht eher ihre erste Entstellung ist.«

Die Antwort von Pierre Victor: »Ja, aber nimm Beispiele nicht der bürgerlichen Revolution, sondern einer proletarischen Revolution wie in China: die erste Etappe besteht in der ideologischen Revolutionierung der Massen, in Rebellionen in den Dörfern, in gerechten Aktionen der Bauernmassen gegen ihre Feinde: Hinrichtungen von Despoten, Gegenschläge aller Art gegen die jahrhundertelang erduldeten Erpressungen usw. Die Hinrichtungen der Volksfeinde nehmen zu, und wir stimmen darin überein, daß es sich dabei um Aktionen der Volksjustiz handelt. So weit, so gut: das Auge des Bauern sieht richtig, und auf dem Lande geht alles gut voran. Aber in einem späteren Stadium, im Augenblick, wo eine Rote Armee gebildet wird, gibt es nicht mehr nur die rebellierenden Massen und ihre Feinde, sondern es handelt sich um die Massen, ihre Feinde und um ein Instrument der Vereinigung der Massen, die Rote Armee. Von diesem Moment an werden alle Aktionen der Volksjustiz unterstützt und diszipliniert. Und es bedarf einer Rechtsprechung, damit die verschiedenen möglichen Racheakte einem Recht entsprechen, einem Recht des Volkes, das nichts mehr mit den früheren feudalen Rechtsprechungen zu tun hat. Und man muß sicher sein, daß diese Hinrichtung oder jener Racheakt nicht einfach zu einer persönlichen Abrechnung wird, zur einfachen Revanche eines Egoismus an allen Unterdrückkungsapparaten, die ebenfalls auf Egoismus basieren. In diesem Beispiel gibt es zweifellos das, was du eine dritte Instanz zwischen den Massen und ihren Unterdrückern nennst. Bestehst du weiter darauf, daß in diesem Fall das Volkstribunal nicht nur keine Ausdrucksform der Volksjustiz, sondern ihre Entstellung ist?«

Foucault antwortet: »Bist du sicher, daß sich in diesem Fall eine dritte Instanz zwischen die Massen und ihre Unterdrücker geschoben hat? Ich glaube nicht: im Gegenteil, ich würde eher sagen, die Massen selbst sind zum Vermittler geworden zwischen jemandem, der sich von den Massen und ihrem Willen gelöst hat, um einen individuellen Rachedurst zu befriedigen, und jemandem, der wohl ein Volksfeind hätte sein können, auf den es der andere aber nur als persönlichen Feind abgesehen hat...«

Im ganzen weiteren Verlauf dieses etwa vierzigseitigen Dialogs bemüht sich Foucault um eine Geschichte des Justiz-Systems und der Tribunal-Form. Am meisten überrascht an den Äußerungen der beiden Gesprächspartner der Gegensatz zweier tiefverwurzelter Einstellungen: Pierre Victor ist ein Mann der Ordnung, ein Mann der Organisation, des Apparates... Foucault erscheint auf geradezu viszerale Weise störrisch, was Institutionen und Rückfälle in die Institution betrifft, die jede Bewegung und jede Erhebung belauern. Man lese beispielsweise folgende Beschreibung Foucaults, eine Beschreibung dessen, was, im physischen und materiellen Sinne, ein Tribunal ist: »Betrachten wir mal ganz genau die Bedeutung der räumlichen Anordnung des Tribunals, die Stellung der Leute im Gerichtssaal oder vor Gericht. Das zumindest weist auf eine Ideologie hin. Wie sieht diese Anordnung aus? Ein Tisch, hinter diesem Tisch, der sie von den beiden Parteien trennt, dritte Personen, die Richter. Ihre Position zeigt erstens, daß sie beiden gegenüber neutral sind; zweitens, daß ihr Urteilsspruch nicht vorherbestimmt ist, sondern daß er in der Folge einer Untersuchung, des Anhörens beider Parteien gefällt wird, entsprechend einer bestimmten Wahrheitsnorm und bestimmten Ideen dessen, was gerecht oder ungerecht ist; und drittens, daß ihre Entscheidung rechtskräftig ist. Das und nichts anderes bedeutet die einfache räumliche Anordnung. Diese Vorstellung nun, daß es Leute geben soll, die den beiden Parteien gegenüber neutral sind, die sie verurteilen können im Sinne absoluter Ideen von Gerechtigkeit, und daß ihre Entscheidungen Exekutivcharakter haben, ich meine, das führt doch sehr weit, und es scheint der Idee einer Volksjustiz sehr fremd zu sein. Im Falle einer Volksjustiz hast du es nicht mit drei Elementen zu tun, sondern du hast die Massen und ihre Feinde.« Und als Antwort auf Victors Einwände, der immer wieder auf China und die Idee des Revolutionstribunals zu sprechen kommt, erklärt Foucault seine Position folgendermaßen: »In Gesellschaften wie der unseren aber ist der Justizapparat ein äußerst wichtiger Staatsapparat gewesen, dessen Geschichte stets verschwiegen wurde. Man behandelt die Rechtsgeschichte, die Wirtschaftsgeschichte, aber von der Geschichte der Rechtsprechung, der Gerichtspraktiken, dessen, was ein Strafsystem wirklich gewesen ist, dessen, was die Unterdrückungssysteme wirklich gewesen sind, davon wird nur selten gesprochen. Ich glaube aber, daß die Justiz als Staatsapparat geschichtlich von ganz ungeheurer Bedeutung war. [...] Von einer bestimmten Epoche an hat sich das Strafsystem, das im Mittelalter vor allem eine steuerliche Funktion hatte, auf die Bekämpfung von Aufständen umgestellt. Die Niederschlagung von Volksrevolten war bis dahin vor allem eine militärische Aufgabe gewesen. Sie wurde anschließend, vorbeugend, durch den Systemkomplex Justiz-Polizei-Gefängnis gesichert. [...] Deshalb muß die Revolution den Justizapparat und alles, was an das Strafsystem erinnert, seine Ideologie mit einbegriffen, radikal ausrotten, und es muß verhindert werden, daß diese Ideologie sich klammheimlich wieder in die Praktiken der Volksjustiz einschleicht.«

Der Dialog sagt viel aus über den politischen und ideologischen Horizont der französischen Linken zu Beginn der siebziger Jahre. Darüber hinaus läßt sich feststellen, daß Foucault weit davon entfernt ist, dem politischen Denken der Gruppe, mit der er sich zusammengetan hat, rückhaltlos anzuhängen. So liest man beispielsweise:

Foucault: »Wenn du aber von der Kontrolle durch die *Ideologie des Proletariats* sprichst, was ist dann ›Ideologie des Proletariats‹?«

Victor: »Ich meine damit das Denken Mao Tsetungs.«

Foucault: »Schön und gut. Du wirst mir aber zugestehen, daß die Masse der französischen Proletarier keine Mao Tsetung-Gedanken und nicht einmal unbedingt eine revolutionäre Ideologie im Kopf hat.«

Was Foucault nämlich in diesem Tribunal sieht, ist die Reproduktion der bürgerlichen Ideologie: »Das Tribunal setzt auch voraus, daß die beiden anwesenden Parteien gemeinsame Kriterien anerkennen (Strafkategorien wie Diebstahl oder Betrug;

moralische Kategorien wie Ehrenhaftigkeit oder Unehrenhaftigkeit) und bereit sind, sich ihnen zu unterwerfen. All das gerade will die Bourgeoisie von der Justiz, von ihrer Justiz glauben machen. Alle diese Ideen sind Waffen, deren sich die Bourgeoisie in ihrer Machtausübung bedient. Deshalb ist mir die Vorstellung eines Volkstribunals nicht sehr lieb. Besonders wenn Intellektuelle dort die Rollen des Staatsanwalts oder Richters spielen sollen; denn gerade mit Hilfe der Intellektuellen hat die Bourgeoisie die ideologischen Kategorien, von denen ich sprach, verbreitet und aufgezwungen.«

Als Victor, um die Diskussion zusammenfassend zu rekapitulieren, eine Formel wie die folgende vorbringt: »Im ersten Stadium der ideologischen Revolution bin ich für die Plünderung, für ›Ausschreitungen‹. Man muß den Spieß umdrehen. Die Welt kann nicht umgestürzt werden, ohne daß dabei etwas kaputt gemacht wird«, kann Foucault deshalb auch ganz einfach einwenden: »Vor allem muß man den Spieß kaputt machen.«[6]

In einem Interview, das Jean-Paul Sartre einer belgischen Zeitschrift gibt, kommentiert er Foucaults Position hinsichtlich der Volksjustiz. Sieben Jahre nach jenem anderen Interview, in dem er auf den »strukturalistischen« Foucault von *Die Ordnung der Dinge* antwortete und ihn anklagte, das letzte Bollwerk der Bourgeoisie zu verteidigen, diskutiert Sartre diesmal die Thesen Foucaults, der ihn links überholt zu haben scheint: Foucaults Gesichtspunkt, erklärt er, veranlaßt ihn, die »Volksjustiz immer da, wo sie sich vollzieht, als einfache Gewaltakte aufzufassen«. Und er fügt hinzu: »Es besteht keine Übereinstimmung zwischen den Maos und mir auf der einen und ihm auf der anderen Seite. Wir sind der Meinung, daß das Volk sehr wohl einen Gerichtshof schaffen kann. [...] Foucault dagegen ist radikal: jede Form bürgerlicher oder feudaler Gerichtsbarkeit setzt das Tribunal voraus, das Gericht, die Richter hinter ihrem Tisch, also hat man es zu unterdrücken. Die Justiz impliziert zunächst eine gewaltige Bewegung, die die Institutionen umstürzt. Aber wenn im Laufe dieser großen Bewegung die Form der revolutionären Justiz in Erscheinung tritt, das heißt, wenn man die

6 Michel Foucault, »Über die Volksjustiz. Eine Diskussion«, in: M. F., Alain Geismar, André Glucksmann, *Neuer Faschismus, neue Demokratie*, Berlin 1972, S. 115–143 (insbes. S. 115, 116, 121, 126, 127, 136).

Leute im Namen der Justiz fragt, welche Schäden sie erlitten haben, sehe ich nicht, welches Übel daraus erwachsen soll, daß da Leute hinter einem Tisch sitzen oder auch nicht.«[7]

Im vorliegenden Zusammenhang und angesichts der Hauptbestrebungen Foucaults wird auch verständlich, daß er sich lebhaft für ein *fait divers* zu interessieren vermag, das sich zwei Monate nach der Diskussion mit Victor ereignet und das ganze Jahr 1972 über die Aufmerksamkeit der Öffentlichkeit fesselt: das Verbrechen von Bruay-en-Artois. In einer kleinen Bergarbeiterstadt im Norden Frankreichs ist ein sechzehnjähriges Mädchen ermordet worden, nachts, auf freiem Feld. Der Untersuchungsrichter lenkt seinen Verdacht auf einen der Notablen der Stadt, den Notar, der mit der Abwicklung von der Compagnie des Houillères betriebener Immobiliengeschäfte betraut ist. Er beschuldigt also Pierre Leroy und läßt ihn in Haft nehmen. Als die Staatsanwaltschaft die vorläufige Freilassung des Beschuldigten fordert, verweigert der »kleine Richter« das Ersuchen seiner Vorgesetzten in der Diensthierarchie. Und die ganze Arbeiterbevölkerung der Stadt unterstützt seinen Widerstand gegen den Eigensinn einer »Klassenjustiz«. Richter Pascal redet viel. Redet er zuviel? Wie dem auch immer sei, er wird angeklagt, die juristische Schweigepflicht in einem laufenden Verfahren gebrochen zu haben, und am 20. Juli 1972 wird ihm vom Kassationshof der Fall entzogen.[8]

Natürlich haben sich die Maoisten der Affäre bereits vor diesem Zeitpunkt angenommen. Schon am 4. Mai ist ein Komitee »Justiz-Wahrheit« gegründet worden, um »die von der Bourgeoisie gelieferte Klasseninformation« bloßzustellen, wie das die handvervielfältigte Zeitung *Le Pirate* ausdrückt, die von militanten Maoisten und Journalisten herausgegeben wird. Das Komitee organisiert Demonstrationen, Aufmärsche, Meetings, einen Hungerstreik... Die von den Maoisten des Nordens verfaßten Flugblätter schlagen die Tonart an: »Eine Arbeitertochter, die einfach nur friedlich ihre Großmutter besuchen wollte,

---

7 Jean-Paul Sartre, »A propos de la justice populaire«, Interview in der Zeitschrift *Pro justitia*, Jg. I, erstes Trimester 1973, S. 22–23.

8 Zur Affäre Bruay-en-Artois siehe das Buch von Richter Henri Pascal, *Une certaine idée de la justice*, Paris 1973. Vgl. darüber hinaus Jacques Batigne, *Bruay, un juge nous fait juge*, Paris 1972.

ist zerfleischt worden. Das ist ein Akt von Kannibalismus. Wie auch das Verdikt der bürgerlichen Justiz ausfallen wird, Leroy muß das der Volksjustiz erleiden.« Die Anfang Mai erscheinende Nummer von *La Cause du peuple* kündigt die Affäre in einem Sonderteil mit dem Titel »Und jetzt massakrieren sie unsere Kinder« an. Und im Innenteil des Blattes liest man: »Das kann nur ein Bürgerlicher getan haben.« In diesem von den Einwohnern von »Bruay in Wut« signierten (aber nicht geschriebenen) Text werden die Äußerungen der Straße mit einer gewissen Überschwenglichkeit wiedergegeben: »Man muß ihn auf kleiner Flamme schmoren lassen«, oder: »Ich würde ihn hinten an meinen Wagen binden und ihn mit hundert Stundenkilometern nachschleifen.«[9] Sartre aber, der ja der (nominelle) Herausgeber von *La Cause du peuple* ist, will solche Äußerungen nicht decken. In der folgenden Nummer stellt er die Frage: »Lynchrecht oder Volksjustiz?« Und nachdem er alle vorgängigen Garantien seiner überzeugten Parteinahme für die Prinzipien des »Klassenhasses« gegeben hat, »ein Grundgefühl, das die Ausbeutung bei jedem Ausgebeuteten weckt«, stellt er die Angelegenheit in aller Entschiedenheit klar und weigert sich, einen Angeklagten ohne Beweise schuldig zu sprechen. Sartre schreibt: »Man hätte zeigen müssen, daß der legitime Haß des Volkes sich gegen den Notar wegen seiner *gesellschaftlichen* Aktivitäten richtet, als kenntlichen Klassenfeind, und nicht gegen Leroy, den Mörder der kleinen Brigitte, und zwar deswegen, weil noch nicht hinreichend bewiesen ist, daß er sie getötet hat.«[10] Die Versuche Sartres, seine »Genossen« zur Vernunft zu bringen, bleiben wirkungslos. Pierre Victor antwortet Sartre in einer kollektiv mit *La Cause du peuple* gezeichneten Klarstellung, die neben Sartres Text in der nächsten Nummer erscheint: »An uns ist es jetzt, die Frage zu stellen: Wenn Leroy (oder sein Bruder) überführt wäre, hätte die Bevölkerung dann das Recht, sich seiner Person zu bemächtigen? Wir antworten mit ja. Zur Umstürzung der Autorität der bürgerlichen Klasse tut die gedemütigte Bevölkerung recht daran, eine kurze Schreckensperiode eintreten zu lassen und

9 *La Cause du peuple*, Neue Folge, Nr. 23, 1. Mai 1972.
10 *La Cause du peuple*, Neue Folge, Nr. 24, 17. Mai 1972.

sich an einer Handvoll verächtlicher, hassenswerter Individuen zu vergreifen. Es ist schwer, den Kampf mit der Autorität einer Klasse aufzunehmen, ohne daß einige Köpfe von Mitgliedern dieser Klasse an der Spitze einer Pike spazierengetragen werden.«[11] Eine andere Bruay gewidmete Nummer erscheint im August 1972, und die Tendenz des Blattes ändert sich in keiner Weise. Sartre begibt sich trotz alledem an Ort und Stelle, auf Einladung des Komitees »Justiz-Wahrheit«.

Auch Foucault unternimmt die Reise. In dieser Mobilisierung einer ganzen Stadt als Reaktion auf Justiz-Probleme sieht er einen exemplarischen Akt des Volkskampfes: zum ersten Mal politisiert das Volk ein *fait divers*, ein Alltagsvorkommnis. Der politische Kampf verläuft nicht mehr nur auf dem Wege über Lohnforderungen, sondern auch auf dem der Infragestellung des ganzen Justizsystems.[12] Es ist sicherlich schwierig, den genauen Anteil und Grad der Verwicklung Foucaults in die Affäre von Bruay ausfindig zu machen. Laut François Ewald beispielsweise, der zu jener Zeit am Gymnasium von Bruay unterrichtete und einer der Hauptinitiatoren des Komitees »Justiz-Wahrheit« war (er marschiert auf den von *La Cause du peuple* veröffentlichten Photos immer an der Spitze der Demonstrationszüge), wäre es ein schwerer Fehler, Foucaults Namen mit der Affäre Bruay zu verquicken. Ihm zufolge hat sich Foucault einfach nur an Ort und Stelle umgesehen, sozusagen wie alle Welt, zumal ja auch Sartre und Clavel gekommen waren, um sich das auf traurige Weise berühmt gewordene Ödland »anzuschauen«. Philippe Gavi bestätigt diese Version: er sah Foucault zu jener Zeit häufig und erinnert sich, daß Foucault den Maoisten gegenüber äußerst kritisch eingestellt war. Claude Mauriac vergegenwärtigt Foucaults Position in seinem Journal. In einer auf den 23. Juni 1972 datierten Unterhaltung wundert er sich über den Radikalismus Foucaults, der ihm antwortet: »Ich bin da oben gewesen. Man muß sich nur die

11 Ebd. Die kollektiv mit *La Cause du peuple* signierte Antwort wird von Hervé Harmon und Patrick Rotman in *Génération*, Bd. II, *Les Années de poudre*, Paris 1988, S. 434, Pierre Victor zugeschrieben.

12 Aufzeichnung einer Unterhaltung, die meines Wissens nie veröffentlicht oder gesendet worden ist. Die Cassette findet sich im Foucault-Archiv von Berkeley.

Gegend anschauen – und diese Hecke, nicht aus Weißdorn, wie behauptet worden ist, sondern aus Hagebuchen, sehr hoch, an genau der Stelle ausgeschnitten, wo der Leichnam gefunden wurde...« Claude Mauriac wendet ein, daß das Problem nicht darin besteht herauszubekommen, ob der Notar und seine Freundin schuldig sind oder nicht (»es ist möglich, daß sie oder er oder sie beide es sind«, sagt er), sondern die Eingriffe von außen zu verurteilen, die ohne Beweise über diese Schuldzuweisung entscheiden. Und Foucault sagt zu ihm: »Ohne diese Eingriffe wäre Leroy in Freiheit gesetzt worden. Richter Pascal hätte den Pressionen der Staatsanwaltschaft nachgeben müssen. Das ist das erste Mal, daß die Bourgeoisie des Nordens, die sonst immer geschützt wird, diesen Schutz einbüßt, und genau das ist es, was dem, was in Bruay-en-Artois passiert ist, solche Bedeutung verleiht.«[13]

Claude Mauriac berichtet von einer weiteren Unterhaltung mit Foucault über Bruay. Sie findet sehr viel später, im Februar 1976 statt:

Claude Mauriac: »Sie halten also den Notar nicht für schuldig?

– Nein.

– Aber Sie erinnern sich doch Ihrer Schlußfolgerungen nach jenem Besuch an Ort und Stelle.

– Ja, und ich hatte sofort eine ganze Theorie darauf gestützt...«[14]

Diese zweite Unterhaltung kommt zustande, als sich Claude Mauriac und Michel Foucault über François Ewald unterhalten. Ewald hat Bruay 1975 verlassen und Foucault aufgesucht, um unter seiner akademischen Betreuung eine Arbeit über eben die Affäre von Bruay zu schreiben, und er ist seit dieser Zeit zu einem der wichtigsten Mitglieder von Foucaults Seminar geworden. François Ewald leitet heute das Ende 1987 geschaffene »Centre Foucault«.

Aus alledem läßt sich also der Schluß ziehen, daß Foucault, wenn er auch lange von der Schuld des Notars überzeugt war und sich sehr intensiv für die Affäre von Bruay interessiert hat,

13 Claude Mauriac, *Et comme l'espérance est violente*, a. a. O., S. 373 f.
14 Claude Mauriac, *Une certaine rage*, Paris 1977, S. 73.

doch zweifellos nicht sehr viele Sympathien für die in *La Cause du peuple* erschienenen Artikel hatte, und in diesem Punkt lag er sicherlich auf derselben Wellenlänge wie Jean-Paul Sartre. Das ist übrigens einer der Gesichtspunkte, die er bei den die Gründung der Zeitung *Libération* vorbereitenden Diskussionen hervorhebt. Unser Projekt, hatte einer der Teilnehmer an einem Vorbereitungstreffen erklärt, besteht darin, Artikel »unter Volkskontrolle« zu schreiben. Und Foucault fragt sich nach der Bedeutung dieses Ausdruck »Kontrolle«, indem er das genaue Gegenbeispiel zu den Artikeln von *La Cause du peuple* über Bruay geltend macht. Das Problem der späteren Niederschrift, sagt er, muß denen, die man befragen will, vorher und in aller Offenheit dargelegt werden. Sie müssen wissen, daß man ihnen in der Absicht Gehör schenkt, ihre Äußerungen in Anführungsstrichen wiederzugeben: »Gehör, ja: jeder soll wissen, daß er an der Redaktion beteiligt ist, und zwar schon dadurch, daß er spricht, während man bei *La Cause du peuple* den Eindruck hat, daß ihr euch die Möglichkeit der Auswahl vorbehaltet. Und dazu sage ich: nein.«[15]

Warum so ausführlich auf die Affäre von Bruay eingehen? Weil die Meinungsverschiedenheiten, die sie hat aufbrechen lassen, nach Aussage der Zeitzeugen die Bruchstelle markiert haben, die das Ende einer bestimmten Erscheinungsform der Linken nach sich ziehen sollte. Eben diese Analyse gibt heute Serge July, der in der Affäre Bruay einer der engagiertesten maoistischen Kämpfer und einer der Hauptanreger der inkriminierten Artikel gewesen ist.

Man erinnert sich, daß Foucault zum Zeitpunkt der Affäre Jaubert, im Juni 1971, eine Untersuchungskommission gebildet hatte, vor allem zusammen mit Claude Mauriac. Und es war zu einer umfassenden Mobilisierung der Journalisten zur Verteidigung der Rechte ihres Berufsstandes gekommen. Einige davon hatten nun die Idee, eine Presseagentur zu gründen. Evelyne Le Garrec, Claude-Marie Vadrot, Jean-Claude Vernier... haben Maurice Clavel gebeten, leitender Direktor dieser *Agence de Presse – Libération* zu werden, die am 18. Juni 1971 ins Leben gerufen wird und sich sehr bald mit dem Kürzel APL einen

---

15 Claude Mauriac, *Et comme l'espérance est violente*, a. a. O., S. 418 f.

Namen macht. Maurice Clavel ist, wie Claude Mauriac, früherer Gaullist, der sich nach 1968 der linken Bewegung angeschlossen hat. Er war Mitarbeiter der Zeitschrift *Liberté de l'esprit* in den Nachkriegsjahren, als der stalinistische Marxismus in den Intellektuellenkreisen vorherrschte. Zu einer Zeit, als Claude Mauriac in dieser Zeitschrift die Linksintellektuellen heruntermachte, »die sich auf ihren Lorbeeren ausruhen, um sich Unehrlichkeit und Dummheit durchgehen lassen zu können«[16], hat Clavel Romane und Theaterstücke geschrieben... Er ist überdies Philosophielehrer an einem Gymnasium gewesen, aber sein Mangel an Ernsthaftigkeit hat ihm die unwiderrufliche Feindschaft eines Generalinspekteurs zugezogen, der, wie man erraten wird, Georges Canguilhem heißt. Clavel läßt den Lehrerberuf sehr rasch fahren, lebt dann von Gelegenheitsarbeiten und findet bei einem technischen Berater von General de Gaulle Zuflucht, einem seiner früheren *khâgne*-Freunde, der sich dafür einsetzt, ihn sehr viel später wieder ins Lehramt einzuschleusen. Diese Person ist übrigens einer derer, die sich der Berufung Foucaults in die Position eines stellvertretenden Direktors des Höheren Bildungswesens widersetzt haben.[17] Und dann ist Clavel eines schönen Tages im Jahre 1966, nachdem er aus Anlaß der Ben Barka-Affäre mit General de Gaulle gebrochen hat, in die Redaktion von *Le Nouvel Observateur* eingetreten, wo er sehr bald zu einem der Star-Chronisten aufsteigt. Seit dem Erscheinen von *Die Ordnung der Dinge* hat er

16 *La Liberté de l'esprit*, Nr. 1, Februar 1949.
17 Ich führe alle diese Elemente an, um zu zeigen, in welchem Maße die persönlichen Geschichten und die intellektuellen Abenteuer ineinander verflochten und komplex sind und sich nicht auf irgendwelche Slogans oder Allzweckformeln reduzieren lassen. Nur aufgrund einer Häufung historischer Irrtümer und Mißgriffe hinsichtlich der Perspektiven der Epoche können Luc Ferry und Alain Renaut das, was sie das »68er Denken« nennen, mit so viel vereinfachender Naivität beschreiben. Bei diesem »68er Denken« haben sie, um nur ein Beispiel anzuführen, ganz einfach Sartre zu erwähnen vergessen, dessen bloße Präsenz bereits ihre These einer engen Beziehung zwischen Mai 1968 und den Philosophien aus dem Felde schlägt, die den Primat des Subjekts ablehnen. Aus einem symmetrischen Grund sind sie genötigt, Lévi-Strauss' Einfluß außer acht zu lassen, der den Primat des Bewußtseins ablehnt, dem Mai 1968 aber immer mit großem Widerstand begegnet ist.

das Werk Foucaults auf Händen getragen: »Das ist Kant«, wiederholt er Jean Daniel immer wieder, »das ist Kant«, schreibt er in seinen Artikeln.[18] Später dann hat Clavel, wie so viele andere, den Schock vom Mai 1968 erlitten, und dieser glühende Katholik entwickelt poetisch-gauchistische Thesen, die er in einem kleinen, für die Fernsehsendung »A Armes égales« (Mit gleichen Waffen) gedrehten Film zum Ausdruck bringt. Die direkte Konfrontation stellt ihn am Mittwoch, dem 13. Dezember 1971, Jean Royer gegenüber, einem wegen seines Ultra-Konservativismus bekannten Abgeordneten und Bürgermeister von Tours. In dem überschwenglichen Kommentar, der die Bildfolgen seines Filmes begleitet, beschwor Clavel die »Aversion« von Präsident Pompidou gegen die Résistance. Die Formulierung hat die Auftraggeber der Sendung schockiert, die sie haben streichen lassen. Unmittelbar nach der Ausstrahlung des Kurzfilms hat sich also Clavel vor Millionen von Fernsehzuschauern erhoben und mit dem Ausruf »Meine Herren Zensoren, guten Abend!« das Studio verlassen, ein Auftritt, mit dem er in der Presse der folgenden Tage ein gewaltiges Getöse entfachte.

Das Ziel der APL: die Neuigkeiten über die Kämpfe zusammenfassen und verbreiten, die Photos und die Kommuniqués der Bewegung sammeln und veröffentlichen, die große Schwierigkeiten haben, den Filter der anderen Agenturen zu passieren und ihren Platz in den Kolumnen der Zeitungen zu finden. Foucault hat von Anfang an Verbindungen zu dieser Presseagentur gehabt: mit Clavel und Sartre beispielsweise will er die Untersuchung über den Tod von Pierre Overney führen, jenem militanten Maoisten, der am 25. Februar 1972 vor den Werkstoren von Renault in Billancourt getötet worden ist. Aber die derzeit herrschende Spannung ist zu groß, als daß sich irgendeine Diskussion mit den Arbeitern führen ließe.

Die APL arbeitet sehr bald schon auf den Zusammenschluß mit

18 In *Le Nouvel Observateur* vom 3. April 1968 schreibt Clavel beispielsweise eine Rezension des Buches von Mikel Dufrenne mit dem Titel *Pour l'homme*, das sich, wie sich denken läßt, als Verteidigung der humanistischen Werte gegen die Wege des »Strukturalismus« versteht. Clavel spricht von Dufrenne mit Wärme und Sympathie, wirft ihm aber auch explizit vor, die alte philosophische Wertetafel wiederherstellen zu wollen, die Foucaults Buch umgestürzt hat.

einem anderen Projekt hin: Die Maoisten von *La Cause du peuple* haben gespürt, daß sie sich allzusehr auf sich selbst zurückgezogen haben und andere Lösungen finden müssen als die sektiererische Isolierung und das gewaltsame Abenteuer. Der »Secours rouge« hatte diese Rolle bereits vorwegnehmend gespielt: die »demokratischen Persönlichkeiten« zu sammeln, um den Kampf gegen die Unterdrückung auszuweiten, die allen linken Bewegungen droht. Foucault hat darin übrigens eine recht aktive Rolle übernommen. Das Projekt, das sich Ende 1972 entwickelt, ist sehr einfach und zugleich sehr ehrgeizig: eine linke Volkszeitung auf den Markt bringen, die zum Reflex der Kämpfe wird, ohne das Organ einer politischen Strömung zu sein. Sartre hat eingewilligt, die Leitung zu übernehmen. Und trotz seines angeschlagenen Gesundheitszustandes nimmt er beträchtlichen Anteil an den langen und schwierigen Vorbereitungen dessen, was später zu einer der wichtigsten französischen Tageszeitungen werden wird.[19] Sartre hat sogar eine Einladung von Jacques Chancel zu dessen Rundfunksendung »Radioscopie« am 7. Februar 1973 angenommen. Seit dem Manifest der 121 von 1960 im Algerien-Krieg hatte er sich nicht mehr in einem staatlichen Rundfunksender geäußert. Aber um dem Start der Zeitung das größtmögliche Echo zu verschaffen, läßt er sich auf einen einstündigen Dialog ein, spielt er das Spiel von Frage und Antwort zu Leben und Werk mit und bemüht sich, immer wieder auf das eine und einzige Problem zurückzukommen, das für ihn auf der Tagesordnung steht: *Libération*.

Das Gründungsmanifest präsentiert die neue Zeitung als »Hinterhalt in einem Dschungel von Information«: eine Tageszeitung, die endlich »dem Volk das Wort« erteilt. In den letzten Monaten des Jahres 1972 und zu Anfang 1973 finden Zusammenkünfte in der Rue de Bretagne im 3. Arrondissement statt, um die Formen zu diskutieren, die der neue Journalismus sich zu geben hat. Vertreten sind Pierre Victor und Serge July für die Maoisten. Philippe Gavi, der die Öffnung in Richtung nichtmaoistischer Strömungen repräsentiert. Und eine Gruppe von Intellektuellen: Jean-Paul Sartre, Claude Mauriac, Michel Fou-

19 Zur Entstehung von *Libération* verweise ich auf das sehr umfassende und sehr materialreiche Buch von François-Marie Samuelson, *Il était une fois Libé...*, Paris 1979.

cault, Alexandre Astruc... Diese Intellektuellen begnügen sich nicht damit, Geld zu stiften. Sie wollen darüber hinaus auch wirklich an der Entwicklung des Blattes mitwirken. Foucault schlägt beispielsweise vor, den Unterstützungskomitees für *Libération*, die nahezu überall in Frankreich gegründet werden, eine entscheidende Rolle einzuräumen. Jedes Komitee soll sich nicht darauf beschränken, die Zeitung zu vertreiben, sondern sich auch damit befassen, Informationsmaterial zu sammeln, es wieder in Umlauf zu bringen und damit die Rolle eines öffentlichen Schriftstellers zu spielen. Und vor allem muß sich, wie er meint, die berühmte »Volkskontrolle« durch Vermittlung äußerer Gruppen vollziehen, von Bewegungen wie denen der Kriminellen, der Homosexuellen, der Frauen usw.

Foucault würde sich auch gern mit einer »Chronik des Arbeiterbewußtseins« beschäftigen. Und in einer der Nullnummern[20] führt er einen Dialog mit einem Arbeiter der Régie Renault, José mit Vornamen, und bringt jene Rubrik, die er entwickeln möchte, als eine Art regelmäßiges Feuilleton in den Kolumnen der Zeitung in Vorschlag: »Es existiert«, so Foucault, »in den Köpfen der Arbeiter ein Fundus grundlegender, aus den großen Kämpfen hervorgegangener Erfahrungen: aus der Volksfront, aus der Résistance... Aber die Zeitungen, die Bücher, die Gewerkschaften halten davon nur fest, wer sie anzettelt, wenn sie sie nicht gar schlicht vergessen. Aufgrund aller dieser Vergeßlichkeiten kann man nicht mehr vom Wissen und von der Erfahrung der Arbeiterklasse profitieren. Es wäre interessant, alle diese Erinnerungen einmal im Rahmen der Zeitung zu sammeln, um sie bekannt zu machen und sich ihrer vor allem bedienen zu können, um von da aus Instrumente möglicher Kämpfe zu definieren«.[21] Die »Fortsetzungsseite« könnte den Verlauf des 19. Jahrhunderts zurückverfolgen und sogar noch weitergehen und die Geschichte der Volkskämpfe rekonstruieren.

Einen Monat später unterhält sich Foucault erneut mit dem portugiesischen Renault-Arbeiter. Im Titelkopf des Artikels wird der Philosoph als »politischer Aktivist und Professor am Collège de France« bezeichnet:

20 Laut François-Marie Samuelson hat es deren insgesamt fünf gegeben.
21 Michel Foucault, »Pour une chronique de la mémoire ouvrière«, in: *Libération*, Nr. 00, 22. Februar 1973.

José: »Die Rolle eines Intellektuellen, der sich in den Dienst des Volkes stellt, kann darin liegen, das Licht zu verstärken, das von den Ausgebeuteten ausstrahlt. Er dient als Spiegel.«

Michel Foucault: »Ich frage mich, ob du die Rolle der Intellektuellen nicht etwas übertreibst. Einigkeit besteht zwischen uns darin, daß die Arbeiter die Intellektuellen nicht brauchen, um zu wissen, was sie zu tun haben, sie wissen es sehr gut von selbst. Ich als Intellektueller bin der Typ, der nicht in den Produktionsapparat, sondern in den Informationsapparat eingebunden ist. Dieser Typ kann sich verständlich machen. Er kann in den Zeitungen schreiben, seinen Standpunkt bekanntmachen. Er ist darüber hinaus auch in den alten Informationsapparat eingebunden. Er verfügt über das Wissen, das ihm die Lektüre einer bestimmten Zahl von Büchern vermittelt, über die die anderen Leute nicht direkt verfügen. Seine Rolle besteht also nicht darin, das Arbeiterbewußtsein zu formen, weil es ja existiert, sondern es diesem Bewußtsein, diesem Arbeiterwissen zu ermöglichen, in das Informationssystem einzutreten, sich zu verbreiten und folglich anderen Arbeitern oder Leuten zu helfen, die nicht in der Lage sind, ein Bewußtsein von dem, was passiert, zu entwickeln. Ich stimme mit dir überein, wenn du von Spiegel sprichst und Spiegel dabei als Transmissionmittel auffaßt. [...] Man kann folgendermaßen sagen: Das Wissen eines Intellektuellen ist immer partiell im Verhältnis zum Wissen eines Arbeiters. Was wir von der Geschichte der französischen Gesellschaft wissen, ist vollkommen partiell im Verhältnis zur umfassenden Gesamterfahrung, über die die Arbeiterklasse verfügt.«[22]

Foucault möchte nicht einfach nur ein berühmter »Taufpate« des Blattes sein und sich auch nicht damit begnügen, von Zeit zu Zeit einen Artikel zu schreiben. Er möchte aktiv mitarbeiten: Reportagen liefern, an den Redaktionssitzungen teilnehmen, in die Entscheidungen einbezogen sein... Sehr bald merkt er aber, daß diese seine Konzeption journalistischen Engagements nur dann Sinn hätte, wenn er wirklich tagtäglich da wäre. Nun ist es ihm aber unmöglich, seine ganze Zeit in den Redaktionsräumen zu verbringen, wie das diejenigen tun müssen, die das effektive

22 *Libération*, Erster Jahrgang, Nr. 16, Samstag, 26. Mai 1973.

Erscheinen der Zeitung gewährleisten. Und dann muß auch gesagt werden, daß letztere gar nicht so große Lust haben, die Intellektuellen dauernd um sich zu sehen. Sie hatten, wie Philippe Gavi das heute ausdrückt, eine sehr viel »manipulatorischere« Konzeption, als Foucault sich das denken mochte.

Deshalb geht Foucaults Mitarbeit bei *Libération* denn auch nicht über dieses Stadium präliminarischer Erklärungen hinaus. Abgesehen von einem oder zwei Artikeln, darunter der Text über die Gesetzwidrigkeit, der ihm 1974 die heftige Replik von Serge Livrozet einträgt, hat Foucault nichts für *Libération* geschrieben. Übrigens ist das Leben bei *Libération* durchaus kein Ruhekissen. Wie Maurice Clavel später anmerken wird: »Ich erinnere mich, eine bescheidene Rolle bei der Gründung einer linken Zeitung, *Libération*, gespielt zu haben, mit einer marxistischen, einmütigen, beherzten, enthusiastischen Redaktion. Sie hörten aber bald auf, einander zu lieben. Nach einigen Monaten hatten sie sich, mit weltlicher Gewalt bewaffnet, schon selbst ausgelöscht.«[23] Und in den Jahren 1975–1980 ergreift Foucault das Wort, wenn er es denn ergreifen will, lieber in *Le Nouvel Observateur*. Erst 1980 beginnt er wieder mit regelmäßiger Mitarbeit bei *Libération*. Claude Mauriac berichtet überdies von einigen Unterhaltungen mit Foucault in den Jahren 1975–1976, die sich auf *Libération* bezogen: Foucault gibt seiner Traurigkeit darüber Ausdruck, das Blatt tagtäglich Lügen verbreiten und genau wie die verbissenste Rechtspresse die Fakten entstellen zu sehen. Zu dieser Zeit taucht in Foucault Äußerungen zur Politik immer wieder ein bestimmtes Thema auf: wenn man glaubwürdig sein will, wenn man wirksam sein will, muß man die Wahrheit zunächst erkennen und vor allem *sagen*. Die Aufrichtigkeit, die *véridiction*, das Wahrsagen, muß das Grundprinzip eines intervenierenden Journalismus sein.

Foucault behält recht enge Bindungen zu Maurice Clavel bei. Als Clavel im Jahre 1976 eine in seinem Haus in Vézelay gedrehte Fernsehsendung organisiert, bittet er Foucault, daran teilzunehmen. Foucault willigt ein. Weiter sind anwesend: Christian Jambet, Guy Lardreau, André Glucksmann... Die politischen Optionen haben sich gewandelt: Die Linke ist tot,

23 Maurice Clavel, *Ce que je crois*, Paris 1975, S. 98.

und die früheren Maoisten gehen mit sich über Gott oder das Wesen der Totalitarismen zu Rate. Aber die in der linken Phase – und vor allem in den maoistischen Gruppen – geknüpften Bindungen funktionieren auch weiterhin, so wie die zwischen den Stalinisten der Nachkriegszeit geknüpften Bindungen auch nach ihrem Umschwenken zur Rechten weiterhin Bestand hatten – und haben: Netze von Freundschaften, gegenseitiger Hilfe und Kooptation.

Clavel hat eine wirkliche Leidenschaft für Foucault. Er spricht fortgesetzt von ihm. Er widmet ihm Dutzende von Seiten in seinem Buch mit dem Titel *Ce que je crois*, das er 1975 veröffentlicht. Darin zitiert er einen Brief, den Foucault ihm im April 1968 geschrieben hat, um ihm dafür zu danken, daß er so genau begriffen hat, was er in *Die Ordnung der Dinge* sagen wollte, und seine theoretische Arbeit so scharf zu analysieren vermochte.[24] Clavel gesteht seine obsessionelle Vorliebe für Foucault in einem seiner Artikel von 1976 ein, als *Der Wille zum Wissen* erscheint: »Meine Monomanie in bezug auf Michel Foucault, den ich für Kant halte, für den Menschen, ›nach dem man nicht mehr denken kann wie zuvor‹, ist nur allzu bekannt. Allerdings glaube ich gezeigt zu haben, daß Kant sich sehr bald wieder zur Ruhe gesetzt hat, während Foucault nicht aufhört, unser Erwachen durch stetig steigende Erschütterungen anzuregen und zu befördern.«[25] Beim Tode Clavels im Jahre 1979 erweist Foucault seinem alten Kampfgefährten eine bewegte Huldigung: er veröffentlicht in *Le Nouvel Observateur* einen kurzen Artikel, in dem er ihn mit Blanchot vergleicht – und man weiß, was das für Foucault bedeutet: »Blanchot: diaphan, reglos, einem Tag auf der Spur, der transparenter aufscheint als der Tag, auf Zeichen aufmerksam, die Zeichen nur in der Bewegung setzen, die sie zum Erlöschen bringt. Clavel: ungeduldig, beim kleinsten Geräusch auffahrend, im Halbschatten rufend, gewitterdrohend. Diese Männer – und lassen sich überhaupt verschiedenere vorstellen? – haben in die morgenlose Welt, in der wir leben, die einzige Spannung eingeführt, über die wir in

24 Maurice Clavel, a. a. O., vor allem S. 122–148. Foucaults Brief findet sich auf den Seiten 138 f.

25 Maurice Clavel, »Vous direz trois rosaires«, in: *Le Nouvel Observateur*, 27. Dezemder 1976.

der Folge nicht zu lachen oder zu erröten haben: die Spannung, die den Faden der Zeit zerreißt.« Und er schließt: »Er stand im Zentrum dessen, was es in unserer Epoche an fraglos Wichtigem gab. Ich will damit sagen: eine sehr weitreichende und sehr tiefgreifende Veränderung in bezug auf das Bewußtsein, das sich das Abendland allmählich von der Geschichte und von der Zeit gebildet hat. Alles, was dieses Bewußtsein organisierte, was ihm Kontinuität verlieh, alles, was ihm eine Zukunft verhieß, zerreißt. Manche möchten es wieder zusammenheften. Er aber sagt uns, daß die Zeit, gerade heute, anders gelebt werden muß. Vor allem heute.«[26]

»Was haben wir nur getan? Mein Gott, was haben wir getan?« Ein Professor des Collège de France telephoniert eines schönen Tages im Jahre 1971 mit Georges Dumézil, um ihm seine Bestürzung zum Ausdruck zu bringen. Er hat viel zur Wahl Foucaults beigetragen und ist nachgerade verstört, wenn er den Zeitungen entnimmt, was da an ›Taten und Meinungen‹ des Neugewählten berichtet wird: Foucault an der Seite Sartres und der Linken, Foucault an der Spitze von Einwandererdemonstrationen, Foucault vor Gefängnisportalen ... »Was haben wir nur getan?«, ruft der Professor aus, wahrscheinlich um Dumézils Meinung zu hören zu bekommen, den ja alle Welt als moralische und wissenschaftliche Autorität auffaßt. Aber Dumézil läßt es sich angelegen sein, den Kollegen zu besänftigen: »Gut haben wir daran getan«, antwortet er ihm. Gleichwohl ist er weit davon entfernt, die politischen Optionen Foucaults zu teilen. Er nimmt die »Entgleisungen« seines Schützlings ganz einfach nicht tragisch. Man könnte sogar sagen, daß er sie nicht einmal ernst nimmt. Für ihn ist das eine der Komödien, die jeder für sich und die anderen spielt. Er hat überdies die Siebzig überschritten und will eine derart tiefe Freundschaft nicht mehr aus politischen Gründen aufs Spiel setzen. Es ist sehr lange her, daß er selbst darauf zurückgekommen ist. Wenn Foucault ihn besucht, meiden sie das Thema. Höchstens wirft Dumézil ihm einmal von Zeit zu Zeit eine bissige Bemerkung hin: »Aber was

26 Michel Foucault, »Vivre autrement le temps«, in: *Le Nouvel Observateur*, 30. April 1979.

hattest du denn schon wieder vor dem Portal eines Gefängnisses zu tun!« Keinerlei Anlaß aber, die tiefe, wesensgemäße, vor fünfzehn Jahren zwischen den beiden Männern geknüpfte Beziehung in Frage zu stellen, geknüpft auf den eisigen Straßen des Hohen Nordens oder auf den Fluren der Carolina Rediviva.

Die Geschichte hat gezeigt, daß Dumézil recht hatte. Und daß der Professor, der sich um Foucaults wenig akademische Aktivitäten Sorgen machte, im Unrecht war: Michel Foucault ist nicht nur ein sehr großer Lehrer, er nimmt vor allem am Leben der Institution wie alle seine Kollegen teil. »Es gab zwei Foucaults«, äußert sich dazu Le Roy Ladurie, »einmal den der Demonstrationen und dann den der Versammlungen des Collège. Foucault nahm seine Universitätsrolle sehr ernst.« Foucault spielt das akademische Spiel bis zur Neige und versucht dabei einfach nur, die Institution von Zeit zu Zeit etwas ins Unkonventionelle zu drängen: beispielsweise als er die Kandidatur von Boulez vorschlägt. Er nimmt an den Diskussionen teil und vertritt seinen Standpunkt hinsichtlich der Bewerber, die das Collège wählen könnte. Er ist imstande, Kandidaten zu eliminieren, die er absolut nicht unterstützen will, oder sich für andere einzusetzen, die seine Stimme haben.

Am Collège hält Foucault mittwochs seine Vorlesung. Im ersten Jahr bezieht sie sich auf den »Willen zur Wahrheit«, der allerdings noch nicht das Thema eines Buches, sondern nur ein Arbeitstitel ist, dann auf »Die Straftheorien und -institutionen« im Jahre 1971–1972 und auf »Die Strafgesellschaft« im Jahr 1972–1973. 1973–1974 steht die »Psychiatrische Macht« und 1974–1975 »Die Anormalität« auf seinem Programm. Im Jahre 1975–1976 behandelt er schließlich die Benutzung von Kriegsschemata im politischen Denken – in einer Vorlesung mit dem suggestiven, natürlich in Anführungszeichen gesetzten Titel »Die Gesellschaft muß verteidigt werden«. Nach einjähriger Vorlesungspause nimmt er 1977–1978 den Lehrbetrieb mit einer Analyse des »Bevölkerungszuwachses« wieder auf, und zwar in einer Vorlesung mit dem Titel »Sicherheit, Territorium, Bevölkerungen«. Von diesem Zeitpunkt an richtet er seine Arbeit an dem in seiner *Geschichte der Sexualität* vorgegebenen Programm aus, indem er sich allmählich zeitlich zurücktastet. Bis zu seinem letzten Unterrichtsjahr 1983–1984, in dem er das Thema des *vrai-dire* [Aufrichtigkeit], der *parrhesia* in ihrer Beziehung zur »Sorge um sich« im antiken Griechenland in Angriff nimmt.

Montags gibt Foucault auch eine Seminarstunde. In der Vorlesung kündigt er an, daß er dort nur diejenigen anwesend zu sehen wünscht, die auch tatsächlich mit konkreten Arbeiten befaßt sind. Bei jeder Sitzung sieht er sich jedoch mehr als hundert Personen gegenüber. Er versucht zwar, eine strengere Handhabung der »Zulassungsberechtigung« durchzusetzen, wird aber von der Administration des Collège zur Ordnung gerufen. Die Anstalt beruht nun einmal auf dem Prinzip, daß die Lehrveranstaltungen allen zugänglich sein müssen. Foucault setzt wahre Stratageme ein: im November versammelt er in seinem Büro eine kleine Gruppe von Studenten und Forschern und betraut jeden davon mit einem bis zum Januar auszuarbeitenden Exposé, das vorgetragen werden soll, wenn Vorlesung und Seminar beginnen. Schließlich legt Foucault beide Veranstaltungen zusammen und hält mittwochs morgens zwei Vorlesungsstunden. Wobei er gleichzeitig, mehrere Jahre lang, in seinem Büro oder einem kleinen Café den kleinen Kreis von Leuten betreut, mit denen er eine kollektive Arbeit plant. Es ist recht schwierig, ein genaues und erschöpfendes Verzeichnis dieser Mitglieder des kleinen «Foucaultschen Stammes« anzulegen, dessen Grenzen weitgehend fließend geblieben sind. Es hat sogar den Anschein, daß es weder an Konflikten noch an Zwistigkeiten gefehlt hat, denen zuweilen grelle Brüche folgten. Ein solcher Kreis hat manchmal – und das darf nicht wundernehmen – die Aura eines »Hofstaates«, und seine Funktionsweise setzt Rivalitäten und Kämpfe um Rang und Ansehen voraus. Das dürfte in jedem Seminar der Fall sein. Und man vermag kaum zu sehen, wie gerade der Kreis Foucaults eine Ausnahme von dieser Regel hätte bilden sollen. Foucault war sich dieser Situation durchaus bewußt und machte sich gelegentlich Sorgen darüber. Er hat mit manchen seiner Freunde darüber gesprochen. Und er beschäftigt sich explizit damit in einem Brief, in dem er mit der Rolle der einen und der anderen ins Gericht geht und sich dem Sinne nach fragt: Was wird nur aus ihnen, wenn ich einmal nicht mehr bin?

Vorsicht und Objektivität mahnen einen hier, sich nicht ausschließlich an die offiziellen Quellen zu halten. Gegen Ende jedes Studienjahres schrieb Foucault, wie es der Brauch will, eine Zusammenfassung seiner Vorlesung für das Jahrbuch, das *Annuaire* des Collège. In manchen Fällen hält er dabei Thema und Namen der Personen fest, die Seminararbeiten vorgetragen haben. Diese Listen sind zweifellos nicht erschöpfend, und für manche Jahre fehlen sie sogar ganz. Im Jahre 1970 hat das Seminar das »Strafsystem« im Frankreich des 19. Jahrhunderts zum Thema; im Jahre 1971–1972 den »Fall« Rivière, und Foucault verweist darauf, daß Robert Castel, Jean-Pierre Peter, Gilles Deleuze, Alexandre Fontana, Philippe Riot und Maryvonne Saison daran teilgenommen haben. Im Jahre 1972–1973 handelt es sich darum, die Veröffentlichung des Bandes zum Dossier über *Pierre Rivière* vorzubereiten. Foucault gibt keinerlei Namen an, aber wenn man sich auf die im Inhaltsverzeichnis des Bandes ausgewiesene Liste von Beiträgern stützt, müßte man den obengenannten Namen sicher noch die folgenden hinzufügen: Blandine Barret-Kriegel, Patricia Moulin, Jeanne Favret, Gilbert Burlet-Torvic und Georgette Legée. Gilles Deleuze hat zu dem Band nichts beigetragen. Im Jahre 1973–1974 wird das Seminar in zwei Themenkomplexe gespalten: »Das gerichtsmedizinische Gutachten in der Psychiatrie« und »Die Geschichte der Krankenhausinstitution und -architektur im 18. Jahrhundert«. Der letztgenannte Komplex hat einer weiteren Kollektivpublikation zur Entstehung verholfen, *Les Machines à guérir* (Die Heilmaschinen), mit Beiträgen von Michel Foucault, Blandine Barret-Kriegel, Anne Thalamy, François Béguin und Bruno Fortier.[27] Im Jahre 1974–1975 wird die Arbeit am gerichtsmedizinischen Gutachten fortgesetzt. Und 1975–1976 steht der Begriff des »gefährlichen Individuums« in der Kriminalpsychiatrie auf dem Programm.

Im Jahre 1977–1978 analysiert das Seminar »alles, was auf eine Steigerung der Macht des Staates abzielt«, darunter »vor allem die Aufrechterhaltung der Ordnung, die Disziplin, die Dienstvorschriften...« Exposés dazu werden von Pasquale Pasquino,

---

27 *Les Machines à guérir. Aux origines de l'hôpital moderne*. Dossiers und Architekturdokumente, Institut de l'environnement, 1976.

Anne-Marie Moulin, François Delaporte und François Ewald vorgetragen.

Das Jahr 1978–1979 vergeht mit dem Studium des juristischen Denkens gegen Ende des 19. Jahrhunderts. Arbeiten dazu werden von François Ewald, Catherine Mevel, Éliane Allo, Nathalie Coppinger, Pasquale Pasquino, François Delaporte und Anne-Marie Moulin beigesteuert.

Im Studienjahr 1979–1980 bezieht sich das Seminar auf bestimmte Aspekte des liberalen Denkens im 19. Jahrhundert. Und die diesbezüglichen Exposés werden geliefert von Nathalie Coppinger, Didier Deleule, Pierre Rosanvallon, François Ewald, Pasquale Pasquino, A. Schutz und Catherine Mevel.[28]

Im Sinne der Verwaltungsregelung des Collège de France hat »Michel Foucault nie *strictu sensu* einen ›förmlichen Assistenten‹ gehabt. Zwei Forscher wurden ihm nacheinander zur Erfüllung dieser Aufgabe beigestellt: von 1977–1980 François Ewald, der aus der Gymnasialstufe kam und ins CNRS überwechselte, wenn er auch weiterhin für Michel Foucault arbeitete. Später dann, bis 1983, Éliane Allo, die zum Assistentenkreis am Collège gehört...«

Foucault liebte die gemeinschaftliche Arbeit, die Kollektivforschung. Das war zweifellos auch einer der Aspekte, die ihn am amerikanischen Universitätsleben anzogen: die Möglichkeit, die es bot, Seminare abzuhalten, wie er sie liebte. Er hat sich Paul Rabinow gegenüber oft in diesem Sinne geäußert.

Wie ersichtlich geworden ist, hatte sich Foucault, auch über die linke Phase hinaus, manche Freundschaften bewahrt, die damals entstanden waren. Eine ist gleichwohl darunter, die die Neuordnung seiner politischen Optionen nach 1975 nicht überleben wird: so seltsam das auch erscheinen mag, ist sie doch eine der ältesten und sicherlich auch eine der wahrhaftigsten. Aber der Fall tritt nun einmal ein. Man kann nicht einmal sagen, daß es zu offenem Bruch gekommen wäre. Sie hören einfach auf, einander zu sehen. Oder eher: Foucault wollte diese Beziehung, die für ihn so viel Gewicht gehabt hatte, auf Distanz halten.

28 Alle diese Angaben stammen aus dem *Annuaire du Collège de France*. Sie finden sich gesammelt in dem Band M. F., *Résumés des cours*, Paris 1989.

Diese Beziehung, die ihn seit 1962 mit Gilles Deleuze verband.

Diese Freundschaft ist in Clermont-Ferrand zustande gekommen, im Schatten Nietzsches. Sie hat sich entwickelt, vertieft und sich im Laufe der Jahre in einer Reihe von »gekreuzten« Artikeln geäußert, mit denen jeder der beiden Philosophen die Veröffentlichungen des anderen begrüßt. Deleuze rezensiert voller Begeisterung Foucaults Buch über Roussel in der Zeitschrift *Arts*.[29] Dann schreibt er 1966 eine große Besprechung von *Die Ordnung der Dinge* in *Le Nouvel Observateur*.[30] Noch ausführlicher berichtet er 1970 in der Zeitschrift *Critique* über die *Archäologie des Wissens*. Der Titel seines Aufsatzes ist berühmt geworden: »Un nouvel archiviste« – »Ein neuer Archivar«.[31] Wiederum in *Critique* gibt er 1975 auch eine Rezension von *Überwachen und Strafen*, und zwar unter dem Titel »Ecrivain non: un nouveau cartographe«.[32]

Foucault hält ihm Widerpart: mit »Ariane s'est pendue« begrüßt er 1969 in *Le Nouvel Observateur* Deleuzes *Différence et répétition*.[33] Und 1970 kommentiert er mit noch größerer Ausführlichkeit in *Critique* die beiden Bücher *Logique du sens* und *Différence et répétition* in einem Aufsatz mit dem Titel »Theatrum philosophicum«. »Ich habe«, schreibt er zu Beginn dieses Textes, »von zwei Büchern zu reden, die mir groß unter den großen scheinen [...]. So groß, daß es schwer ist, davon zu reden, und es nur wenige getan haben. Schon seit langem kreist Deleuzes Werk über unseren Köpfen – in rätselhafter Resonanz mit dem von Klossowski, das ebenfalls ein gewaltiges und außergewöhnliches Zeichen ist. Eines Tages wird das Jahrhundert vielleicht deleuzianisch sein.«[34]

Foucault-Deleuze. Eine philosophische Freundschaft. Und eine

---

29 Gilles Deleuze, »Raymond Roussel ou l'horreur du vide«, in: *Arts*, 23. Oktober 1963.

30 Gilles Deleuze, »Der Mensch, eine zweifelhafte Existenz«, in : G. D. und M. F., *Der Faden ist gerissen*, Berlin 1977, S. 13–20.

31 In: Gilles Deleuze, *Foucault*, Frankfurt am Main 1987, S. 7–36.

32 Ebd. S. 37–66.

33 Michel Foucault, »Der Ariadnefaden ist gerissen«, in: G. D. und M. F., *Der Faden ist gerissen*, a. a. O. S. 7–12.

34 Ebd., S. 21–58.

politische Freundschaft. Als Foucault 1971 den GIP gründet, ist Deleuze natürlich einer der ersten, der dazustößt. Er beteiligt sich an der Untersuchungskommission zur Affäre Jaubert. Er arbeitet aktiv im Komitee Djellali mit. Eine lange Diskussion über die Rolle der Intellektuellen bezeugt ein tiefes Einverständnis zwischen den beiden. Dieser Dialog bezieht sich auf »Die Intellektuellen und die Macht« und erscheint in der Nummer der Zeitschrift *L'Arc*, die 1972 Deleuze gewidmet wird. Darin definieren Foucault und Deleuze die neue Rolle der Intellektuellen im Hinblick auf das, was die vorhergehende Generation das »Engagement« genannt hatte. Es kann fortan keine Rede mehr davon sein, die Kämpfe zu »totalisieren«, ihre Theorie aufzustellen oder ihre Bedeutung herauszuarbeiten. Dem »totalen« Intellektuellen *à la* Sartre stellen sie den »spezifischen« Intellektuellen gegenüber. Der spezifische Intellektuelle: das soll heißen, daß die Kämpfe nur noch an genau bestimmten Punkten, an festgelegten Orten geführt werden. Lokale Kämpfe, die gleichwohl nicht weniger »radikal« sind, wie Foucault sagt: »ohne Kompromiß noch Reformismus, ohne Versuch, dieselbe Macht neuzuverteilen, höchstens mit ein wenig Inhaberwechsel. Und diese Bewegungen sind mit der revolutionären Bewegung des Proletariats selbst in eben dem Maße verbunden, wie es alle die Kontrollen und Zwänge zu bekämpfen hat, die überall wieder dieselbe Macht verlängern.« Was die Einheit, die Allgemeinheit der partiellen Kämpfe hervorbringt, so Foucault, ist »das System der Macht selbst«, alle ihre »Vollzugs- und Anwendungsformen«. Und Deleuze antwortet: »An welchen einzelnen Punkt man auch rühren mag, immer ist man mit jenem diffusen Ganzen konfrontiert. Wenn man die kleinste Forderung erhebt, ist man gezwungen, das Ganze in die Luft sprengen zu wollen. Auf diese Weise verbindet sich jede revolutionäre Attacke und jede revolutionäre Abwehr mit dem Kampf der Arbeiter.«[35]

1975, 1976, 1977: die Konstellationen der politischen Landschaft haben sich verändert. Und keiner der beiden Protagonisten dieses Dialoges würde mehr dasselbe Vokabular verwenden.

---

35 Gilles Deleuze und Michel Foucault, »Die Intellektuellen und die Macht«, in: G. D. und M. F., *Der Faden ist gerissen*, a. a. O., S. 99 f.

Obgleich die Bücher Foucaults, die zu diesem Zeitpunkt erscheinen, offensichtlich noch immer von manchen Elementen dieser Thematik imprägniert sind, vor allem *Überwachen und Strafen*. Ein Buch aber bringt *per definitionem* zum Zeitpunkt seines Erscheinens zum Ausdruck, was der Autor dachte, als er es entwarf oder schrieb. Es gibt eine konstitutive Verspätung der Veröffentlichung auf die geleistete Forschung. Und vielleicht erklärt eben diese zeitliche Verschiebung die »Krise«, die Foucault 1976 und 1977, nach der Publikation von *Der Wille zur Wahrheit* durchlebt. Sollte man dieser Krise die Distanzierung zuschreiben, die ihn von diesem Zeitpunkt an Deleuze entfremdet? Denn sie sehen einander nicht mehr.

Es hat den Anschein, daß der wirkliche Grund eher politischer Art ist. Deleuze und Foucault kämpfen 1977 gemeinsam gegen die Auslieferung von Klaus Croissant, dem Anwalt der »Baader-Meinhof-Gruppe«, der um politisches Asyl in Frankreich gebeten hat und in Deutschland verurteilt zu werden droht, weil er die Rechte der Verteidigung mißbraucht haben soll, indem er den Angeklagten materielle Unterstützung verschaffte. Er steht unmittelbar vor der Auslieferung, und Foucault lehnt sich dagegen auf. Am 14. November 1977 schreibt er im *Nouvel Observateur*: »Es ist allgemeines Recht, einen Anwalt zu haben, der für Sie spricht, mit Ihnen spricht, der es Ihnen ermöglicht, sich Gehör zu verschaffen und Ihr Leben zu schützen, Ihre Identität und die Kraft Ihrer Verweigerung. [...] Dieses Recht ist keine juristische Abstraktion und kein verträumtes Ideal, dieses Recht ist Bestandteil unserer historischen Realität und darf nicht daraus getilgt werden.«[36] Als Klaus Croissant aus seiner Zelle geholt wird, um ausgeliefert zu werden, findet sich Michel Foucault vor dem Santé-Gefängnis ein, um zusammen mit mehreren Dutzenden anderer eine symbolische Sperre zu errichten. Sie werden von der Polizei mit Gewalt vertrieben, und Foucault zieht sich sogar eine gebrochene Rippe zu. Einige Tage später appelliert er, wiederum in *Le Nouvel Observateur*, an die Führer der Linken und fordert sie auf, geschlossener Position zu beziehen und vor allem die beiden

---

36 Michel Foucault, »Va-t-on extrader Klaus Croissant?«, in: *Le Nouvel Observateur*, 14. November 1977.

Frauen zu verteidigen, die gerichtlich belangt werden, weil sie Klaus Croissant vor seiner Inhaftierung in Paris »versteckt« haben sollen.[37] Als der Justizminister, Alain Peyrefitte, seinem früheren Kameraden von der École normale antwortet, erwidert Foucault mit äußerster Härte.[38] Nach der Auslieferung ruft Foucault, zusammen mit mehreren Persönlichkeiten wie Jean-Paul Sartre, Simone de Beauvoir und Marguerite Duras, zu einer Demonstration am 18. November auf der Place de la République auf. Man sieht: Foucault hat es an tatkräftigem Einsatz für den deutschen Anwalt nicht fehlen lassen. Er hat sich wirklich engagiert. Er hat seinen Kampf jedoch auf ein streng juristisches Problem beschränken wollen. Er möchte zwar den Anwalt unterstützen, nicht aber dessen Schützlinge. Für ihn kann keine Rede davon sein, Leute zu unterstützen, die er für »Terroristen« hält. Genau das aber scheint er Deleuze vorzuwerfen. Auch Deleuze hat sich zum Verteidiger von Klaus Croissant gemacht. Aber die beiden Philosophen haben verschiedene Texte unterzeichnet. Der von Foucault bezieht sich ausschließlich auf die Rechte der Verteidigung und der Auslieferungsverweigerung. Derjenige, den Deleuze zusammen mit Felix Guattari unterzeichnet, stellt Westdeutschland als ein Land dar, das einer Polizeidiktatur entgegentreibt. Von diesem Zeitpunkt an datiert zweifellos der »Zwist« zwischen Foucault und Deleuze. Oder genauer: das Abrücken Foucaults von Deleuze. Denn es gab keinerlei Eklat, keinerlei Diskussion, keinerlei Erklärung. Ihre lange Verbundenheit hat sich einfach aufgelöst.

Diese Deutung wird von einem Abschnitt in Claude Mauriacs Journal bestätigt, der das Datum des 10. März 1984 trägt. Claude Mauriac und Michel Foucault versuchen zu diesem Zeitpunkt, zugunsten immigrierter Arbeiter zu intervenieren, die aus ihren Wohnungen in der Goutte d'Or vertrieben worden sind. Sie fragen sich, wen sie anschreiben könnten, um den Brief an den Bürgermeister von Paris mitzuunterzeichnen: »X... Das wäre sehr gut« (sagt Foucault). Aber nein, er kann

37 Michel Foucault, »Lettres à quelques leaders de la gauche«, in: *Le Nouvel Observateur*, 28. November 1977.
38 »Alain Peyrefitte s'explique... Et Michel Foucault répond«, in: *Le Nouvel Observateur*, 23. Januar 1978.

ihn nicht fragen. Und als Claude Mauriac sich wundert, antwortet Foucault: »Wir sehen uns nicht mehr ... Seit Klaus Croissant. Ich habe den Terrorismus und das Blut nicht gebilligt und auch Baader und seine Gruppe nicht gutgeheißen ...«[39] Claude Mauriac, der sonst immer alle Namen anführt, hat es an dieser Stelle vorgezogen, die von Foucault bezeichnete Person nicht zu nennen. Derjenige aber, den er mit »X« gemeint hat, ist natürlich Gilles Deleuze.

Seit dieser Zeit, das heißt seit Ende 1977/Anfang 1978, sehen Foucault und Deleuze einander nicht mehr. Ihre Wege trennen sich. Wobei jeder auch weiterhin die Bücher oder Aufsätze des anderen liest: fortan ihr einziges Kommunikationsmittel.

Foucault hat einen Monat nach der Auslieferung von Klaus Croissant ein merkwürdiges Mißgeschick in Deutschland erlitten. Im Dezember 1977 ist er mit Daniel Defert in Berlin. Sie wollen nach Ost-Berlin einreisen und sehen sich plötzlich mit einer sehr unsanften Polizeibürokratie konfrontiert, die ihre Papiere durchwühlt, ihre Notizen photokopiert, ihnen Rechenschaft über die Hinweise auf Bücher abfordert, die sich in ihren Heften finden ... Sie gewinnen einen »schrecklichen Eindruck«, wie Foucault sagt. Zwei Tage später, diesmal in West-Berlin: sie kommen gerade aus ihrem Hotel, als sie von drei Polizeiwagen angehalten werden. Maschinengewehrbewaffnete Polizisten umringen sie. Sie werden, bei erhobenen Händen, durchsucht und gefilzt. Sie haben den Fehler begangen, beim Frühstück über eines der Bücher von Ulrike Meinhof zu sprechen, und jemand hat sie denunziert. Also werden sie zur Überprüfung ihrer Personalpapiere auf die Polizeiwache überführt. Wir haben nichts getan, kommentiert Foucault im *Spiegel*.[40] Wir hatten einfach nur das Aussehen von Intellektuellen, also von potentiellen Verdächtigen. Die Intellektuellen: jene Leute, die für alle Machthaber einer »schmutzigen Spezies« angehören. Einen Monat später demonstriert Foucault in den eisigen Straßen Hannovers zur Verteidigung von Peter Brückner, einem Professor, der von der Universität verwiesen worden ist, weil er

39 Claude Mauriac, *Le Temps immobile*, Bd. IX, *Mauriac et fils*, Paris 1986, S. 388.
40 Michel Foucault, »Wir fühlten uns als schmutzige Spezies«, in: *Der Spiegel*, Nr. 52, 19. Dezember 1977.

ein verbotenes Buch verteidigt hat (Foucault schreibt später ein Vorwort zur französischen Ausgabe von Brückners Pamphlet *Staatsfeinde*).[41] Zu diesem Zeitpunkt aber begegnet er einem helleren, einem freundlicheren Deutschland als dem der »Berufsverbote«. Er nimmt nämlich mit Katharina von Bülow am großen TUNIX-Kongreß teil, der Ende Januar 1978 in West-Berlin stattfindet. Drei Tage lang debattieren dreitausend Personen mit Begeisterung alle erdenklichen Möglichkeiten des Kampfes, die sich den »alternativen« Bewegungen eröffnen.

Die stark abweichenden Bewertungen der Affäre Croissant, wie sie Foucault und Deleuze vornehmen, waren in Wirklichkeit nur Ausdrucksformen ihrer radikal auseinanderstrebenden Entwicklung in allgemeinen politischen Fragen. Ihre Opposition ist bereits sehr deutlich in der Auseinandersetzung um die »neuen Philosophen« zutage getreten. Deleuze hat Glucksmann und Konsorten in einem kleinen Faltblatt geradezu hingeschlachtet, in dem er die leeren und hohlen Konzepte derjenigen demoliert, die er lediglich für Gaukler in Fernsehsendungen hält. Er bringt sein »Entsetzen« angesichts ihrer Palinodien, angesichts ihrer »Märtyrerhaltung« zum Ausdruck: »Sie leben von Leichnamen«, sagt er mit einer jener heftigen Formulierungen, von denen sein Text wimmelt. Diese überaus harten Äußerungen stammen vom 5. Juni 1977.[42] Deleuze weiß sehr wohl, daß Foucault einen Monat zuvor in den Spalten des *Nouvel Observateur* ein überschwengliches Lob auf Glucksmanns Buch *Les Maîtres-Penseurs* (*Die Meisterdenker*) angestimmt hat. Glucksmann, früherer Ultra-Maoist, hat 1974 einen spektakulären Rückzug vollzogen und mit der systematischen Bloßstellung des Gulag begonnen, das heißt der Totalitarismen und Philosophien, die dahin führen. Foucault dankt ihm dafür, im philosophischen Diskurs jenen »Flüchtlingen« Gehör verschafft zu haben, jenen »Opfern, den Unbeugsamen, den Dissidenten, die keine Ruhe geben, aufstehen – jenen mit

41 Michel Foucault, Vorwort zu Peter Brückner und Alfred Krovoza, *Ennemis de l'État*, Claix 1979.
42 Gilles Deleuze, »A propos des nouveaux philosophes et d'un problème plus général«, 5. Juni 1977. Supplement zur Zeitschrift *Minuit*, Nr. 24, Mai 1977.

Blut beschmierten Köpfen und überhaupt jenen Gespenstern, die Hegel aus der Nacht der Welt verbannen wollte«.[43]

Es besteht keinerlei Zweifel daran, daß Foucaults Wahl zu diesem Zeitpunkt mehr von politischen als von philosophischen Erwägungen bestimmt war. In den darauffolgenden Jahren sprach er häufig mit seinen Freunden über Deleuze. Vor allem mit Paul Veyne. Das ist »der einzige philosophische Geist in Frankreich«, sagte er oft. Und es ist, kurz vor seinem Tode, einer seiner sehnlichsten Wünsche, sich mit Deleuze zu versöhnen. Daniel Defert wußte das nur zu gut, als er Deleuze besuchte und ihn bat, bei Foucaults Beerdigung zu sprechen. Und auch Deleuze muß das gewünscht haben, der Foucault ein großartiges, von Intelligenz und Affektivität bebendes Buch widmen sollte. Warum dieses Buch? »Was mich betrifft, aus Notwendigkeit«, antwortet Deleuze. »Was ihn betrifft, aus Bewunderung, aus Bewegung über seinen Tod, über sein abgebrochenes Werk.«[44]

43 Michel Foucault, »Die große Wut über die Tatsachen«, in: M. F., *Dispositive der Macht. Über Sexualität, Wissen, Wahrheit*, Berlin 1978, S. 217–224 (hier S. 224).
44 Gilles Deleuze, »La Vie comme une œuvre d'art«, in: *Le Nouvel Observateur*, 29. August 1986.

»Wir sind alle Beherrschte«

22. September 1975. In der Bar eines Grandhotels von Madrid verliest Yves Montand eine Erklärung: »Elf Frauen und Männer sind soeben zum Tode verurteilt worden. Sie sind von Sondergerichten abgeurteilt worden und haben keinen Anspruch auf Gerechtigkeit. Noch auf Beweise zu ihrer Verurteilung. Noch auf das, was den Verurteilten die Fähigkeit verleiht, sich zu verteidigen. Noch auf das, was ihnen, wie schwer die ihnen zur Last gelegten Beschuldigungen auch sein mögen, den Schutz der Gesetze verbürgt. Noch auf das, was die Mißhandlung Gefangener untersagt. Man hat sich in Europa stets für diese Gerechtigkeit geschlagen. Noch heute muß man immer dann für sie kämpfen, wenn sie bedroht ist. Wir wollen hier keine Unschuldsbehauptungen aufstellen, dazu haben wir nicht die Mittel. Wir bitten auch nicht um späte Gnade, die Vergangenheit des spanischen Regimes erlaubt uns diese Geduld nicht mehr. Aber wir verlangen, daß die grundlegenden Regeln der Justiz für die Menschen Spaniens wie für alle anderen eingehalten werden.«

Im Umkreis des hochberühmten Schauspielers sind Régis Debray, Costa-Gavras, Jean Lacouture, Pater Ladouze, Claude Mauriac und Michel Foucault versammelt... Und es ist überdies Foucault, der den Text verfaßt hat.

Einige Tage zuvor hatte Katharina von Bülow ihn angerufen: »Man muß etwas unternehmen. Man kann die franquistische Diktatur diese jungen Kämpfer nicht einfach hinrichten lassen...« Foucault ist einverstanden: man »muß etwas tun«. Aber was? Zunächst nachdenken. Aber schnell nachdenken. Für den nächsten Morgen wird eine Zusammenkunft bei Katharina von Bülow verabredet. Daran nehmen Claude Mauriac, Jean Daniel, Pater Ladouze, der den *Témoignage chrétien* repräsentiert, Régis Debray und Costa-Gavras teil. Der Cinéast schlägt vor, nach Spanien zu reisen, um durch körperliche, effiziente Präsenz jene Solidarität zu bezeugen, die die Petitionen, die Manifeste und die Demonstrationen zum Ausdruck zu bringen nicht mehr ausreichen. »Foucault war von dieser etwas verrückten Idee sofort in Bann geschlagen, er hat mich rasch überzeugt«, erzählt Claude Mauriac. »Wir haben überdies die Zusage von Yves Montand, der zwar nicht da ist, aber doch zu den unsrigen gehört.«[1]

Kaum begeistert ist Foucault dagegen vom Vorschlag, eine Pressekonferenz abzuhalten, den Régis Debray, Jean Daniel und Costa-Gavras vorbringen: »Was uns fehlt«, erklärt er, »ist eine Idee, die es uns ermöglicht, die Aktion zu theatralisieren. Unsere physische Präsenz in Spanien, mit den Risiken, die sie voraussetzt (wahrscheinlich keine beträchtlichen, aber sie existieren) – das ist wichtig, das ist neu, das hat es noch nie gegeben. Und wenn es dann auf eine Pressekonferenz hinausläuft...«[2] Foucault steht eigentlich dem Gedanken einer Flugblattverteilung auf offener Straße näher. Nach vielen Diskussionen und Verzögerungen werden sich die verschiedenen Protagonisten dann einig: eine Pressekonferenz, ja, aber auch ein Text, der von hervorragenden Persönlichkeiten unterzeichnet und verbreitet werden soll, von denen sie eine Liste anlegen: Sartre natürlich. Aragon, trotz allem. Claude Mauriac wird beauftragt, sich an André Malraux zu wenden. Katharina von Bülow spricht den Namen Simone de Beauvoirs aus und erntet einen Wutanfall Foucaults, über den sie heute lacht, der sie damals jedoch verblüfft hat: »Aber nein, nicht diese gute Frau. Und wenn doch, werde ich nicht mitmachen.« Er hat immer noch nicht die Attacken von Sylvie Le Bon verdaut, einer Vertrauten der Romanautorin, die sich 1967 in *Les Temps modernes* gegen ihn gewandt hatte.

Claude Mauriac erhält die Unterschrift von Malraux. Foucault die von Aragon... Schließlich stehen fünf Namen unter dem Aufruf: André Malraux, Pierre Mendès France, Louis Aragon, Jean-Paul Sartre und François Jacob. Und sieben Personen machen sich auf, den Spaniern diese Botschaft zu überbringen. Jean Daniel hat die Logistik des *Nouvel Observateur* in den Dienst dieser sehr heiklen Aktion gestellt, die von Paris aus organisiert werden muß. Aber er kann sich der Gruppe nicht selbst anschließen: er kann sich nicht montags freimachen, das heißt am Tage des »Redaktionsschlusses« seiner Zeitschrift.

---

1 Claude Mauriac, *Le Temps immobile*, Bd. III, *Et comme l'espérance est violente*, a. a. O., S. 540.
2 Ebd. S. 542.

Aber Jean Lacouture vervollständigt die Gruppe und macht eine Reportage über diesen bewaffneten Ausfall ins Land des agonisierenden, aber noch immer mörderischen Faschismus. Sieben Stunden. Sie können nicht mehr als sieben Stunden bleiben. Und das ist bereits eine gute Ausbeute. Sie dürfen sich keine Hoffnungen machen, die Verurteilten zu retten. Aber sie wollen ihre Entrüstung in der Hauptstadt Spaniens zum Ausdruck bringen.

Am Flughafen sagt Foucault beim Besteigen des Flugzeuges zu Claude Mauriac und dessen Frau Marie-Claude, die sie begleitet: »André Malraux habe ich als Student derart bewundert, daß ich Seiten um Seiten seiner Bücher auswendig kannte...«

Die Ankunft in Madrid geht problemlos vonstatten. Die Pressekonferenz beginnt, und Yves Montand kann sich die Zeit nehmen, den Text den versammelten Journalisten auf französisch vorzulesen. »Wir sind nach Madrid gekommen«, schließt er, »um diese Botschaft zu überbringen. Die Tragweite der Angelegenheit hat uns dazu bewogen. Unsere Anwesenheit soll zeigen, daß die uns bewegende Entrüstung uns mit vielen anderen solidarisch für diese bedrohten Existenzen eintreten läßt.« Als er das Wort Régis Debray überlassen will, der die spanische Übersetzung verlesen soll, brechen Zivilpolizisten in den Saal ein und geben Befehl, sitzen zu bleiben und sich nicht von der Stelle zu rühren. Costa-Gavras dient als Dolmetscher. Foucault fragt: »Sind wir verhaftet?« Antwort der Polizisten: »Nein, aber jedermann hat sitzen zu bleiben.« Foucault hat einige Exemplare des Aufrufs in der Hand behalten und weigert sich, sie dem Polizisten, der sie ihm wegnehmen will, auszuhändigen. Es kommt zu einem kurzen Zusammenstoß zwischen dem ungebärdigen Philosophen und dem Vertreter der Ordnungsmacht. Eines der tausend Gesichter Foucaults kommt zum Vorschein: »Bleich, gespannt, zitternd«, erzählt Mauriac, »bereit aufzuspringen, hochzufahren, zum Angriff überzugehen, zum sinnlosesten, gefährlichsten und schönsten Angriff, der in seiner Verweigerung, seiner Aggressivität, seinem Mut um so schöner ist, als man spürt (als man weiß), daß es sich bei ihm um eine physische Reaktion und ein moralisches Prinzip handelt: die instinktive Unmöglichkeit, den Körperkontakt zu einem Polizisten zu ertragen und von ihm einen Befehl entgegenzunehmen.«[3] Einige Tage später kommentiert Foucault den Zwischenfall in *Libération*: »Ich bin der Meinung, daß der Beruf eines Polizisten darin besteht, körperliche Gewalt auszuüben. Wer sich den Bullen widersetzt, darf ihnen also nicht die Scheinheiligkeit erlauben, sich hinter Befehlen zu verschanzen, denen auf der Stelle Folge geleistet werden muß. Sie müssen gezwungen werden, bis ans äußerste dessen zu gehen, was sie repräsentieren.«[4] Erst auf dringliches Eingreifen Claude Mauriacs gibt Foucault auf... der ihm zuflüstert, denn die Gewaltsamkeit hat ihn seinen Humor nicht verlieren lassen: »Wenn er eine Maschinenpistole gehabt hätte, hätte ich ihm natürlich schneller nachgegeben.«[5] Das ist auch eine der lebhaftesten Erinnerungen an diese Expedition nach Spanien, die Yves Montand im Gedächtnis behalten hat: Foucaults körperlicher Mut. Übrigens kehrt dieser Zug in allen Berichten und Zeugnissen über Foucaults militante Aktionen wieder: diese Kraft der Verweigerung, dieser ungestüme Wille, sich gegen den Unterdrückungsakt aufzulehnen, gegen den polizeilichen Eingriff. Gegen die »Disziplin«.

Einige Augenblicke später geht eine Gruppe von Polizisten in Uniform und mit Maschinengewehren zur Inhaftierung aller anwesenden Journalisten über, die in der Mehrzahl Ausländer sind. Sie werden, mit Handschellen gefesselt, abgeführt und in den meisten Fällen zwei Stunden später freigelassen, in anderen erst nach Anbruch der Nacht...[6] Im selben Geleit, aber ohne Handschellen, verlassen die sieben französischen »Söldner«, wie sie die franquistische Zeitung *Arriba* am folgenden Tage nennt, das Hotel. Foucault hat die Szene in *Libération* dargestellt: »Yves Montand ist als letzter herausgekommen. Er ist oben auf den Treppenstufen des Hotels aufgetaucht, bewaffnete Polizisten waren beiderseits der Treppe verteilt; unten hatte die Polizei Platz geschaffen, und ihre Wagen standen nicht weit entfernt. Hinter den Wagen beobachteten mehrere hundert Zuschauer die Szene. Das Ganze war gewissermaßen eine Wie-

3 Ebd., S. 561.
4 *Libération*, 24. September 1975.
5 Claude Mauriac, a. a. O., S. 562.
6 Jean Lacouture, »Le Cadavre bafouille«, in: *Le Nouvel Observateur*, 29. September 1975.

derholung der Szene in Z, wo der Abgeordnete der Linken, Lambrakis, mit Gummiknüppelhieben traktiert wird. Montand ist, sehr würdevoll, den Kopf etwas hochgereckt, ganz langsam heruntergekommen. Gerade da haben wir die Präsenz des Faschismus verspürt. Diese Art und Weise, die die Leute haben, zu schauen, ohne zu sehen, so als ob sie eine solche Szene schon hundert Mal beobachtet hätten. Und gleichzeitig diese Traurigkeit... Und die Stille.«[7]

Die Überbringer der Botschaft werden zum Flughafen zurückgebracht und finden sich, nach einer langen, minutiösen, endlosen Durchsuchung, in einem Flugzeug in Richtung Paris wieder. In diesem Augenblick kommt es zu einem Zwischenfall. Ein Polizist beleidigt auf spanisch Pater Ladouze. Und Costa-Gavras erwidert schreiend: »*Abajo fascismo, abajo Franco*...« Der Polizist stürzt sich auf ihn und befiehlt, ihm zu folgen. Costa-Gavras weigert sich. Das Flugzeug kann nicht abheben. Das Warten beginnt. Endlich kommen die Dinge ins Lot, das Flugzeug rollt auf die Piste und fliegt Paris entgegen, wo bereits Dutzende von Journalisten und Photographen warten...

Einige Tage später, als die Hinrichtungen unmittelbar bevorzustehen scheinen, gehen Michel Foucault, Daniel Defert und Claude Mauriac gemeinsam zur Spanischen Botschaft in der Avenue Georges-V. Als ein junger Aktivist Foucault fragt, ob er gekommen ist, um vor den Kreisen seiner Organisation über Marx zu sprechen, gerät Foucault in Harnisch: »Man höre mir doch nur ja mit Marx auf! Ich will nie mehr von diesem Herrn reden hören. Wendet euch an die, deren Beruf das ist. Die dafür bezahlt werden. Die auf diesem Gebiet Funktionäre sind. Ich selbst bin mit Marx vollkommen fertig.«[8] Natürlich war der Augenblick für eine solche Bitte an den Philosophen denkbar schlecht gewählt. Aber der von Claude Mauriac mitgeteilte Zwischenfall ist weit mehr als eine einfache Anekdote: der Marxismus steht noch immer im Zentrum ungezählter Diskussionen unter Pariser Intellektuellen. Doch das 1974 in Frankreich erschienene Buch Solschenizyns, *Der Archipel Gulag*, hat seine gewaltige Unterminierungsarbeit begonnen, die nichts mehr

7 *Libération*, 24. September 1975.
8 Claude Mauriac, a. a. O., S. 581.

aufhalten wird. Mitten in den siebziger Jahren ist der französische Marxismus, der in den vorausgehenden dreißig Jahren omnipräsent war, als der zwangsläufige Durchgangspunkt jeder theoretischen oder politischen Reflexion, als der unüberschreitbare Horizont der Epoche usw. – ist der französische Marxismus ganz einfach im Begriff, einzustürzen und von der intellektuellen Szene abzutreten.

Michel Foucault, Claude Mauriac und Daniel Defert nehmen am 29. September noch, diesmal aber getrennt, an dem gewaltigen Aufmarsch teil, der von der Place de la République zur Bastille zieht, als die ersten Hinrichtungen in Spanien stattfinden. Mit diesem Aufmarsch schließt der Band seines Journals, dem Claude Mauriac den Titel *De Gaulle, Malraux, Foucault* hatte geben wollen: gegen Ende dieser Demonstration, als die Tränengasgranaten zu schwirren beginnen, als die Reihen der CRS auszuschwärmen anfangen, ballt der frühere Gaullist, der ehemalige Persönliche Referent de Gaulles, die Faust... mit Tausenden militanter Kämpfer der extremen Linken...

Wie doch Freundschaften entstehen! Diejenige zwischen Foucault und Montand, die sich hier anbahnt, wird bis zum Tode des Philosophen währen. Und sie vermehrt sich für Foucault noch um eine weitere, sogar intensivere Beziehung, die zu Simone Signoret. Sie sehen einander häufig. Sie sprechen telephonisch oft miteinander. Und mehr als einmal findet man ihre Namen auf den Unterzeichnungslisten von Petitionen. *Ma copine*, »meine Freundin«, wie Foucault sie nannte, wenn er von der Schauspielerin sprach. Wenn er sagte: »Ich habe mit meiner Freundin gegessen« oder »Ich muß mit meiner Freundin telephonieren«, wußte jedermann, daß er von *la Simone* sprach, dem anderen Namen, den er ihr gegeben hatte. Im Jahre 1982 reisen Michel Foucault und Simone Signoret zusammen mit Bernard Kouchner nach Polen, um dort ihre Solidarität im Herzen eines unterdrückten Landes zum Ausdruck zu bringen.

Yves Montand hat große Mühe, seiner Gemütsbewegung Herr zu werden, wenn er heute von seinen Verbindungen zu Foucault spricht oder den Brief zeigt, den der Philosoph Simone Signoret nach ihrer beider Auftritt im Olympia im Herbst 1981 geschickt hat. Ein warmherziger Brief, in dem Foucault den beiden für diesen wunderbaren Abend dankte und die Gelegenheit nutzte, ihnen eine wirkliche Freundschaftserklärung zu machen: »So viel Vollkommenheiten, die da schlichten Erinnerungen geboten wurden – das ist außergewöhnlich und verblüffend«, schreibt Foucault am 14. Oktober 1981 anläßlich des Auftritts von Montand. »Und dann war da die ganze gestrige Freundschaft: die Ihrige ist wunderbar gewesen. Seit vielen Jahren hat sie für mich großes Gewicht. Seit gestern haben Sie mir, mit Montand, ermöglicht, viel mehr Dinge in meiner Vergangenheit und Gegenwart zu lieben. Ich umarme Sie.«

Zwischen 1975 und 1984 unterzeichnen sie gemeinsam zahlreiche Manifeste und viele Petitionen, sie planen und organisieren Aktionen, vor allem mit Bernard Kouchner, einer der Haupttriebkräfte der Organisation »Médecins du Monde«. Die einzige Verstimmung, deren sich Montand erinnert, tritt gegen Ende des Sommers 1983 ein: »Der Tag, an dem Glucksmann, Kouchner und ich einen Text geschrieben hatten, um die französische Regierung zu drängen, im Tschad gegen Ghadafi mehr Entschlossenheit zu zeigen. Foucault wollte ihn nicht unterschreiben. Und Simone hat sich ihm angeschlossen. Sie wollten nicht, daß die Leute den Eindruck bekämen, ihnen läge daran, daß dort zum Krieg aufgerufen würde.«

Yves Montand, Simone Signoret, Michel Foucault: immer bereit, eine Ungerechtigkeit anzuprangern, immer auf dem Sprung, sich für eine Sache einzusetzen. Als Roger Knobelspiess aus den Tiefen des Kerkers, in denen er eingesperrt ist, seine Unschuld beteuert, gerät die Gruppe in Harnisch und organisiert die Verteidigung des Verurteilten. Im Jahre 1972 zu fünfzehn Jahren Gefängnis für einen Raubüberfall verurteilt, den er schlicht und einfach leugnet. Fünfzehn Jahre für einen Raubüberfall, dessen Beute achthundert Francs gewesen sind. Hier ist freilich Einsatz geboten! Nach einer Ausgangserlaubnis, die er mißbraucht, um zu »türmen«, hat er dann allerdings eine neue Reihe von Raubüberfällen begangen, zu denen er sich bekennt und für die er 1981 verurteilt wird. Aber Knobelspiess ist zum Rebell geworden, zu einem derer, die aufschreien und den Justizapparat anprangern. Ein Häftling für den Hochsicherheitstrakt. Und der Bücher schreibt, um seiner Stimme Gehör zu verschaffen: eines davon erscheint im Jahre 1980. Es trägt einfach nur den Titel *QHS* und ist, wie die erste Buchseite besagt, »auf Ersuchen eines Verteidigungskomitees veröffentlicht worden, dem unter anderen angehören: Michel Foucault, Jean Genet, André Glucksmann, Claude Mauriac, Yves Montand, Simone Signoret, Paul Thibaud, und mit Unterstützung der Richtergewerkschaft, der Gewerkschaft der Anwälte Frankreichs und der Französischen Vereinigung demokratischer Juristen«. Das Buch setzt mit einem Vorwort Michel Foucaults ein. »Hier liegt ein harsches Dokument vor«, schreibt er. »Seit gut zehn Jahren hat in Frankreich eine Auseinandersetzung mit. ungezählten Stimmen eingesetzt. Manche verlieren bereits die Geduld: sie sähen es lieber, wenn die Institution von sich aus und inmitten des Schweigens der Unberufenen ihre eigene Reform betriebe. Gut so, daß das nicht der Fall ist. Die realen und tiefen Transformationen gehen aus radikalen Einwänden, aus sich behauptenden Verweigerungen und Stimmen hervor, die sich nicht mundtot machen lassen. Das Buch von Knobelspiess gehört in den Rahmen dieses Kampfes.« Und Foucault übernimmt es, die unerbittliche Logik der Einsperrung und des Kerkers zu demontieren: »Er ist für ein Verbrechen verurteilt worden, das er leidenschaftlich leugnet. Könnte er sich mit dem Gefängnis abfinden, ohne sich selbst für schuldig zu halten? Aber der Mechanismus wird deutlich: weil er Widerstand leistet, sperrt man ihn ins QHS. Wenn er im QHS ist, so deshalb, weil er gefährlich ist. ›Gefährlich‹ im Gefängnis, also noch mehr, als wenn er in Freiheit wäre. Folglich ist er fähig, das Verbrechen begangen zu haben, dessen man ihn beschuldigt. Es verschlägt wenig, daß er es leugnet; er hätte es begehen können. Das QHS liefert die Beweise; das Gefängnis zeigt, was die Untersuchung wahrscheinlich unzureichend festgestellt hatte.«[9] Ein zweites Buch von Knobelspiess, *L'Acharnement* (Der Ingrimm), wird von Claude Mauriac präsentiert. Als er 1981 für die sechs Raubüberfälle vor Gericht gestellt wird, die er 1976 und 1977 gestanden hat, handelt es sich laut *Le Monde* eher darum, den Justizirrtum von 1972 wiedergutzumachen. Er wird zu fünf Jahren Gefängnis verurteilt, aber das Schwurgericht verlangt, daß ihm Begnadigung seitens des Staats-

9 Roger Knobelspiess, *QHS*, Paris 1980. Vorwort von Michel Foucault, S. 13 f.

präsidenten zuteil wird. Was denn auch geschieht. Und zwar von François Mitterrand. Als der freigelassene Häftling 1983 in den Verdacht gerät, sich an einem Überfall auf einen gepanzerten Geldtransport beteiligt zu haben, und in der Nähe von Honfleur erneut in Haft genommen wird, schlägt die Rechtspresse einen ironischen Ton an und verteilt Lehren: Wohin sind die Unterzeichner der Manifeste entschwunden, die diesen Banditen verteidigt haben? Die Antwort läßt nicht auf sich warten: Simone Signoret und Michel Foucault werfen sich in die Bresche. In *Libération* erklärt Foucault: »Was ist passiert? Ein Mensch ist wegen Raubüberfalles zu fünfzehn Jahren Gefängnis verurteilt worden. Neun Jahre später erklärt das Schwurgericht von Rouen, daß die Verurteilung sichtlich übertrieben ist. In Freiheit, wird er alsbald und erneut anderer Taten beschuldigt. Und sofort schreit die ganze Presse Irrtum, Täuschung, Vergiftung. Schreit gegen wen? Gegen diejenigen, die eine maßvollere Justiz verlangt hatten, gegen diejenigen, die behauptet hatten, das Gefängnis sei seinem Wesen nach wohl nicht der rechte Ort, einen Verurteilten von Grund auf zu verändern. Stellen wir einige einfache Fragen. Wo liegt der Irrtum? Diejenigen, die versucht haben, das Problem des Gefängnisses mit aller Ernsthaftigkeit zu stellen, sagen es seit Jahren: das Gefängnis ist eingerichtet worden, um zu bestrafen und zu bessern. Bestraft es? Wahrscheinlich. Bessert es? Schwerlich. Weder Wiedereingliederung noch Entwicklung, sondern Konstitution und Verstärkung eines ›kriminellen Milieus‹. Wer für einen Diebstahl von einigen tausend Francs ins Gefängnis kommt, hat größere Chancen, daraus als Gangster hervorzugehen denn als Ehrenmann. Knobelspiess' Buch hat das sehr deutlich gezeigt: das Gefängnis innerhalb des Gefängnisses, der Hochsicherheitstrakt, drohte rasende Heißsporne hervorzubringen. Knobelspiess hat es gesagt, wir haben es gesagt, und es müßte eigentlich bekannt sein. Die Fakten, soweit wir sie kennen können, sollten das bestätigen.« Und allen denen, die von unverantwortlichen Intellektuellen gesprochen haben, antwortet Foucault knapp: »Was euch betrifft, für die ein heutiges Verbrechen eine gestrige Bestrafung rechtfertigt, so könnt ihr einfach nicht denken. Schlimmer noch, ihr seid für uns und für euch selbst gefährlich, wenn ihr euch denn nicht, wie wir, eines

Tages unter dem Zugriff einer in ihre Willkürakte verstrickten Justiz wiederfinden wollt. Ihr seid aber auch eine historische Gefahr. Denn eine Justiz muß sich stets selbst in Frage stellen, so wie auch eine Gesellschaft nur von der Arbeit leben kann, die sie an sich selbst und an ihren Institutionen verrichtet.«[10]

Im Frühjahr 1975 erschienen, hat *Überwachen und Strafen* ganz beträchtliche Resonanz gefunden. Die Doppelseite in *Le Monde* oder das Sonderheft des *Magazine littéraire*, die Foucaults Buch gewidmet werden, sind nur zwei Indizien unter anderen. Kaum aber hat sich der Lärm der Hochrufe abgeschwächt, als Foucault erneut den Vordergrund der Szene betritt. Anderthalb Jahre nach diesem Hauptwerk über die »Geburt des Gefängnisses« beginnt er, eine *Geschichte der Sexualität* zu publizieren. Welche Beziehung besteht zwischen diesen beiden Aspekten, ließe sich fragen. Die Beziehung ist offenkundig und wird von Foucault umstandslos eingeräumt: in beiden Fällen spricht er von »Macht« und den Modalitäten ihrer Ausübung. Und da er in *Überwachen und Strafen* gezeigt hat, daß die Macht den Gesamtkomplex der Gesellschaft mit »Disziplinierungs«-Verfahren durchsetzt, die die Körper in Zucht nehmen, nimmt es nicht sonderlich wunder, daß er mit sich über die »Dispositive« zu Rate geht, die die Sexualität mit den Macht-Mechanismen und -Netzen verknüpfen.
Diese *Geschichte der Sexualität* ist aus der Kreuzung zweier Arbeitsstränge entstanden: aus einem alten Projekt und aus der »Aktualität«. Das alte Projekt ist bekannt. Bereits im 1960 geschriebenen Vorwort zu *Wahnsinn und Gesellschaft* hatte Foucault eine Arbeit zu diesem Thema angekündigt. Er hat nicht aufgehört, darüber nachzudenken. Das Echo dieser reflexiven Anstrengung findet sich 1963 im Aufsatz über Bataille – »Vorwort zur Überschreitung«. Damals dachte er die Sexualität noch in den Begriffen von Verbot und es konstituierender Überschreitung, der *Transgression*. In diesem Sinne hat er sich gegenüber Gérard Lebrun geäußert, als er 1965 in Brasilien

10 Michel Foucault, »Vous êtes dangereux«, in: *Libération*, 10. Juni 1983. Knobelspiess ist 1986 freigesprochen worden, was die Anklage von 1983 betraf. Aber er ist 1987 erneut inhaftiert worden, nach einem Feuergefecht mit der Polizei im Laufe eines Banküberfalles.

Vorträge hielt. Als Michel Foucault seinem Freund in São Paulo das Manuskript von *Die Ordnung der Dinge* zeigt, vertraut er ihm auch an, daß er später gern eine Geschichte der Sexualität schreiben würde. Und fügt hinzu: »Aber das ist nahezu unmöglich: man fände doch nie die geeigneten Archive.« Diese Idee, die sehr weit in die theoretische Planung Foucaults zurückreicht, hat dann ihre ganze Wucht in der Aktualität der Zeit nach 1968 gewonnen, in der Befreiungsideologien geradezu wucherten und das grassierte, was Robert Castel »Psychanalysmus« nennt: die von der psychoanalytischen Vulgata ausgehende Überschwemmung aller Weisen des Denkens und des Handelns. Die beiden Phänomene haben eine bestimmte Gemeinsamkeit: die unterbrochene, die abgeschnittene Rede über die Sexualität. Alle Welt spricht vom Sex, um zu sagen, daß er von der bürgerlichen Moral, von der Zielvorstellung von Ehe und Familie verdrängt und unterdrückt wird... Von dieser Moral, sagen die einen, hat uns Freud in gewisser Hinsicht befreit. Aber nur so geringfügig, sagen die anderen, nur so vorsichtig, auf so konformistische Weise, daß jetzt sogar auch die normalisierenden Funktionen der Psychoanalyse selbst angeprangert werden müßten. Aber gleichgültig, auf welche Art und Weise – alle wollen, daß vom Sex gesprochen wird, der angeblich die Wahrheit des Menschen enthüllt oder ihm doch Möglichkeiten des Glücks bietet.

Von dieser »Unterdrückung«, sagt Foucault, sprechen wir kaum noch, »ohne uns ein wenig in die Pose zu werfen: Bewußtsein, der herrschenden Ordnung zu trotzen, Brustton der Überzeugung von der eigenen Subversivität, leidenschaftliche Beschwörung der Gegenwart und Berufung auf eine Zukunft, deren Anbruch man zu beschleunigen glaubt. Ein Hauch von Revolte, vom Versprechen der Freiheit und vom nahen Zeitalter eines anderen Gesetzes schwingt mit im Diskurs über die Unterdrückung des Sexes. Alte traditionelle Funktionen der Prophetie finden sich hier wiederbelebt. Der gute Sex ist nahe.«[11]

Schon auf den ersten Seiten bringt Foucault diese »repressive Hypothese« und die in ihrem Umkreis wuchernden theoreti-

11 *Der Wille zur Wahrheit*, Frankfurt am Main 1977, S. 15 f

schen und politischen Formulierungen zum Einsturz. Was er hat machen wollen? Den »Fall einer Gesellschaft [...] prüfen, die seit mehr als einem Jahrhundert lautstark ihre Heuchelei geißelt, redselig von ihrem eigenen Schweigen spricht und detailliert beschreibt, was sie nicht sagt, die genau die Mächte denunziert, die sie ausübt, und sich von den Gesetzen zu befreien verspricht, denen sie ihr Funktionieren verdankt. [...] Die Frage, die ich stellen möchte, lautet nicht: weshalb werden wir unterdrückt? sondern: weshalb sagen wir mit solcher Leidenschaft, mit solchem Groll gegen unsere jüngste Vergangenheit, gegen unsere Gegenwart und gegen uns selbst, daß wir unterdrückt werden? Durch welchen Spiralgang sind wir dahin gelangt, zu bejahen, daß der Sex verneint wird, ostentativ zu zeigen, daß wir ihn verbergen, zu sagen, daß wir ihn verschweigen – und das gerade dadurch, daß wir explizit darüber reden, daß wir ihn in seiner nacktesten Realität zu enthüllen suchen und daß wir ihn in der Positivität seiner Macht und seiner Wirkungen affirmieren? Sicher kann man sich rechtens fragen, warum man so lange Zeit den Sex und die Sünde verbunden hat – wobei man sich noch anzusehen hätte, auf welche Weise diese Verbindung hergestellt worden ist, statt global und vorschnell zu sagen, warum wir uns heute dermaßen dafür anschuldigen, ehedem eine Sünde aus ihm gemacht zu haben.«[12] Diese »repressive Hypothese« aber als gültigen Beweis abzulehnen, bedeutet nicht, daß sie schlicht und einfach umgekehrt werden muß. Foucaults Arbeit versteht sich einmal mehr als historisch und kritisch, als archäologisch und genealogisch: »Kurz, es geht darum, das Regime von Macht – Wissen – Lust in seinem Funktionieren und in seinen Gründen zu bestimmen, das unserem Diskurs über die menschliche Sexualität unterliegt. [...] Und schließlich wird es nicht darauf ankommen zu bestimmen, ob die diskursiven Produktionen und die Machtwirkungen tatsächlich die Wahrheit des Sexes an den Tag bringen oder aber Lügen, die sie verdunkeln, sondern darauf, den ›Willen zum Wissen‹ freizulegen, der ihnen gleichzeitig als Grundlage und Instrument dient.«[13]

---

12 Ebd. S. 18 f.
13 Ebd., S. 21 f.

Foucault, der bereits in der *Archäologie des Wissens* und später dann in der *Ordnung des Diskurses* die Verknappungsprinzipien des Diskurses untersucht hatte, hat seine Perspektive hier ins Gegenteil verkehrt. Was ihn hier und heute interessiert, ist das zwanghafte Gebot, davon zu sprechen, sind die Formen, die es annimmt; es ist die Geschichte dieser ausufernden Wucherung und der ihr zugrundeliegenden Prinzipien, ebenso der Instanzen, auf die sie sich stützt, zumal die »Diskursivierung« des Sexes seit dem 16. Jahrhundert nicht einem Restriktionsprozeß, sondern im Gegenteil einem Mechanismus »zunehmenden Anreizes« unterworfen ist: »daß der Wille zum Wissen nicht vor einem unaufhebbaren Tabu haltgemacht, sondern sich vielmehr eifrigst bemüht hat – sei es auch durch viel Irrtümer hindurch –, eine Wissenschaft von der Sexualität zu konstituieren«.[14] Man kann nicht umhin, zu konstatieren, daß »wir alles in allem die einzige Zivilisation (sind), in der eigene Aufseher dafür bezahlt werden, daß sie jedem zuhören, der sich ihnen über seinen Sex anvertrauen will«.[15]

Der Wille zum Wissen ist ein kleines Werk: kaum zweihundert Seiten in einem Format, das dem einer Taschenbuchausgabe ähnelt. Die Zahl der angeschnittenen Themen und Probleme aber ist derart weitläufig, daß es zu ihrer genauen Analyse eines ganzen Buches bedürfte. Foucault bringt hier erneut seine bereits in der Broschüre zur Kandidatur am Collège de France angekündigten Untersuchungen zur Heredität ein, er gibt überdies einige Kostproben seiner ersten Arbeitsergebnisse über den Liberalismus und das Bevölkerungswachstum, über die »Bio-Politik«. Natürlich findet sich auch die unermüdliche Infragestellung der Trennlinie zwischen Normal und Pathologisch wieder, die Vergegenwärtigung des dem Blick der Psychiatrie ausgelieferten »Perversen«. Geradezu geblendet ist man von den Seiten über Recht, Gesetz und Norm. Darin finden sich tausendfach kommentierte Schock-Formulierungen wie die folgende: »Die Macht kommt von unten.« Angesichts dieses Satzes und der daraus hervorgegangenen Mißverständnisse hat Foucault später immer wieder darauf zu verweisen, daß er nicht ohne die ihm folgenden Sätze verständlich wird: »Die Macht

14 Ebd., S. 23.
15 Ebd., S. 16.

kommt von unten, d. h., sie beruht nicht auf der allgemeinen Matrix einer globalen Zweiteilung, die Beherrscher und Beherrschte einander entgegensetzt und von oben nach unten auf immer beschränktere Gruppen und bis in die letzten Tiefen des Gesellschaftskörpers ausstrahlt. Man muß eher davon ausgehen, daß die vielfältigen Kraftverhältnisse, die sich in den Produktionsapparaten, in den Familien, in den einzelnen Gruppen und Institutionen ausbilden und auswirken, als Basis für weitreichende und den gesamten Gesellschaftskörper durchlaufende Spaltungen dienen.«[16] Im Gefolge von *Überwachen und Strafen* will Foucault damit die Machttheorien marxistischer Prägung schleifen, die zu dem Zeitpunkt, als er diese Bücher zu schreiben unternimmt, noch zählebig weiterexistieren und erst ins Schlingern geraten, als sie erscheinen.

Was aber fraglos den Ausgangspunkt und die geheime Triebfeder des Buches ausmacht, ist der Bruch, den Foucault mit der Psychoanalyse vollzieht. Und vor allem mit der Psychoanalyse Lacanscher Prägung. Foucault weiß, daß man ihm entgegenhalten wird: Sie verwechseln Ihre Gegner. Sie verwechseln diejenigen, die von Repression und Zensur sprechen und glauben, die Sexualität müsse von diesen Lasten befreit werden, mit jenen anderen, die von »Gesetz« sprechen und umgekehrt glauben, daß »das Gesetz für das Begehren und den es begründenden Mangel konstitutiv« ist (das ist Foucaults Formulierung, hinter der natürlich jedermann Lacan erkennt). In Wirklichkeit, erklärt Foucault, sind diese beiden Gruppen aber verschwistert: obwohl sie auf entgegengesetzte Schlußfolgerungen und Optionen hinauslaufen, haben sie an derselben »Repräsentation der Macht« teil, an einer juristisch-politischen Konzeption, die vom monarchistischen Leitbild einer einzigen und zentralisierten Macht beherrscht wird.

Welch langer Weg, der hier seit der *Ordnung der Dinge* durchlaufen wurde! Drei Humanwissenschaften entgingen damals dem Foucaultschen Mordanschlag: die Ethnologie, die Linguistik und die Psychoanalyse Lacanscher Prägung. Auf den Spuren von Lacan (und von Lévi-Strauss) hatte Foucault in diesem Werk denn auch jene ganze archäologische Arbeit unternehmen

16 Ebd., S. 115.

können, die ihn berühmt gemacht hat. Heute wendet er die genealogische Suche des *Willens zum Wissen* gegen eben diesen Lacan. Und zwar in einem Maße, daß er die Reihe von Studien, die er zur Veröffentlichung vorbereitet, als »Archäologie der Psychoanalyse« präsentieren kann.[17] Bruch mit Lacan, aber auch mit allen, die sich seinen Analysen widersetzen: mit den Ideologien der Befreiung, mit dem Freudo-Marxismus, mit den Theorien des Begehrens und den Rückfällen in de Sade und Bataille... Das sind widersprüchliche, aber miteinander verschwisterte Doktrinen, erklärt Foucault: sie sind in dieselben »Dispositive« von Macht und Wissen verstrickt.[18]

Auf welchen Verankerungspunkt will Foucault diese einander entgegengesetzten Diskurse zurückführen? Er macht deutlich, daß der zeitliche Rückgriff auf die christlichen Elemente der Beichte und des Geständnisses verweist. »Das Geständnis war und ist bis heute die allgemeine Matrix, die die Produktion des wahren Diskurses über den Sex beherrscht. Allerdings hat es beträchtliche Transformationen erfahren. Für lange Zeit war es fest in die Praktik der Buße eingebaut. Nach und nach aber, mit dem Protestantismus, der Gegenreformation, der Pädagogik des 18. und der Medizin des 19. Jahrhunderts hat es seine rituelle und exklusive Lokalisierung verloren; es hat sich verstreut...«[19] Vom Beichtstuhl bis zur Couch, kann Maurice Blanchot kommentieren, gibt es nur den Verlauf der Jahrhunderte, aber stets die gleiche Verbissenheit, den Sex zu Worte kommen zu lassen.[20] Und schließlich findet sich im *Willen zum Wissen* jene Infragestellung der Konzepte der Wissenschaft, die von Anfang an alle Bücher Foucaults umzutreiben scheint. Denn die einfache und einzige Praxis des Geständnisses, wie sie in den Bußhandbüchern des Mittelalters und des 16. Jahrhunderts beschrieben

---

17 Ebd., S. 156.

18 Siehe beispielsweise den Beitrag von Jacques-Alain Miller zum Kolloquium »Foucault philosophe«, Paris, 9.–11. Januar 1988, a.a.O., deutsch in: François Ewald und Bernhard Waldenfels (Hg.), *Spiele der Wahrheit. Michel Foucaults Denken*, a.a.O. Ebenso den Text von Denis Hollier im gleichen Band.

19 Michel Foucault, *Der Wille zum Wissen*, a.a.O., S. 81.

20 Maurice Blanchot, *Michel Foucault tel que je l'imagine*, Paris 1986, S. 58.

wird, ist der »Explosion verschiedener Diskursivitäten« gewichen, »die in der Demographie, der Biologie, der Medizin, der Psychiatrie, der Psychologie, der Moral, der Pädagogik und der politischen Kritik Gestalt angenommen haben...«[21] Und es handelt sich darum, so Foucault, die Verfahren ausfindig zu machen, »durch die der auf den Sex gerichtete Wille zum Wissen, der das moderne Abendland charakterisiert, die Rituale des Geständnisses in den Schemata der wissenschaftlichen Regelhaftigkeit hat funktionieren lassen; wie ist man dazu gekommen, die maßlose und traditionsreiche Erpressung des sexuellen Geständnisses in wissenschaftlichen Formen zu konstituieren«.[22] Was bei der Untersuchung dieses ganzen »Apparates« von Macht auf dem Spiel steht, der das Geständnis in den neuen Formen der Wissenschaft funktionieren läßt: das Bedürfnis, zu zeigen, welche bemerkenswerte Unterwerfungsarbeit im Laufe der Jahrhunderte von der abendländischen Kultur an den Menschen geleistet worden ist. *Assujettissement* [Unterwerfung], das heißt Konstitution von *sujets* [Subjekten] im doppelten Wortsinne. Wie man sieht, sind wir nicht weit von *Überwachen und Strafen*.

Der Wille zum Wissen ist ein sehr schmales Buch, in dem sich dennoch der ganze Foucault zu finden, zu bündeln scheint. In seinen Augen aber ist es nur ein Vorspiel, der Prolog zu einer Reihe historischer Forschungen, die die Ausgangshypothese verifizieren sollen. Als der Band erscheint, taucht auf dem Rückendeckel die folgende Liste auf:

GESCHICHTE DER SEXUALITÄT
1. *Der Wille zum Wissen*

Demnächst erscheinen:
2. *Fleisch und Körper*
3. *Der Kinderkreuzzug*
4. *Die Frau, die Mutter und die Hysterikerin*
5. *Die Perversen*
6. *Populationen und Rassen*

---

21 Michel Foucault, *Der Wille zum Wissen*, a.a.O., S. 47.
22 Ebd., S. 84.

Und zur Vervollständigung des Ganzen kündigt Foucault innerhalb des Bandes selbst ein demnächst erscheinendes Werk mit dem Titel *Die Macht der Wahrheit* an.

Diese historischen Untersuchungen will Foucault, wie stets, selbst ausführen. Das ist seine Art von historischer Praxis. Sich nicht damit begnügen, bereits publizierte Bücher zu dieser oder jener Frage, dieser oder jener Epoche zu lesen. Sondern sich selbst ein Bild machen. Wahrscheinlich ist das einer der schärfsten Brüche, die Foucault ins philosophische Denken eingeführt hat. »Lange Zeit« erklärt er in einem Interview, »hat die theoretische oder ›spekulative‹ Reflexion zur Geschichte eine distanzierte und vielleicht sogar etwas herablassende Einstellung unterhalten. Man forderte der Lektüre häufig sehr hochkarätiger historischer Werke ein Material ab, das dann als roh und gleichsam ›exakt‹ galt; und es genügte, darüber zu reflektieren, um ihm einen Sinn und eine Wahrheit zu verleihen, die es von sich aus nicht besaß. Der freie Gebrauch der Arbeit anderer war eine gängige Verfahrensweise. Und so verbreitet, daß niemand auch nur daran dachte, zu verheimlichen, daß er bereits geleistete Arbeit weiterentwickelte; er zitierte sie ohne jede Scham. Diese Dinge haben sich anscheinend verändert.« Wahrscheinlich aufgrund dessen, was »mit dem Marxismus« passiert ist: Es schien nicht mehr »ausreichend, den Wissenden Vertrauen zu schenken und von oben herab zu bedenken, was andere tief unten gesucht hatten«. Jedenfalls hat eben dieser Typ von Veränderung die »Lust geweckt, nicht mehr alles, worüber man reflektieren wollte, fix und fertig aus den Händen der Historiker in Empfang zu nehmen. Man mußte sich selber auf die Suche machen, um es zu definieren und als historischen Gegenstand in Angriff zu nehmen. Das war das einzige Mittel, der Reflexion über uns selbst, über unser Denken und unser Verhalten einen realen Inhalt zu geben. [...] Es war nicht mehr Reflexion über die Geschichte, es war Reflexion in der Geschichte. Eine Art und Weise, dem Denken den Beweis historischer Arbeit abzuverlangen; und auch eine Art und Weise, die historische Arbeit auf die Probe zu stellen, auf die Probe einer Transformation der begrifflichen und theoretischen Rahmenbedingungen.« Jedenfalls – und das ist wahrscheinlich der wichtigste Gesichtspunkt – »ist das eine Arbeit, die man selbst machen muß. Man muß bis auf den Grund der Mine schürfen; das braucht Zeit, und es kostet Mühe«.[23] Die Reaktionen der Historiker angesichts der Foucaultschen Streifzüge auf ihrem Gebiet fallen unterschiedlich aus: von Begeisterung bei den einen bis zu Skepsis bei den anderen, von gemeinsamer Mitarbeit bis zu kategorischer Ablehnung.[24]

Die Folgebände zu *Sexualität und Wahrheit* sind angekündigt, die Materialsammlungen bereits fertig. Auf seinem Arbeitstisch liegt für jeden der vorgesehenen Titel eine voluminöse Mappe, die der Stunde ihrer endgültigen Bearbeitung harrt, des Augenblicks, da Foucaults Prosa, diese so schöne, so eigentümliche Prosa, die er mit soviel Detailgenauigkeit handhabt, sich des darin enthaltenen Materials bemächtigen wird, um es umzugestalten. Ein Manuskript von Foucault: das ist zunächst eine nahezu unleserliche Graphik. Unentzifferbar und mit Zusätzen und Streichungen überladen. »Anfangen und erneut anfangen«, wie er sagt. Aber er ist guter Hoffnung, recht schnell ans Ziel zu kommen. Er teilt seinen Freunden sogar einen Zeitplan mit: alle drei Monate ein Band.

Der Wille zum Wissen – der einzige explizit Nietzschesche Titel, den er einem seiner Werke gegeben hat – ist ein schneidend-scharfer, leidenschaftlicher Text voller Ironie. Wahrscheinlich derjenige, in dem Foucault, mit einer erstaunlichen Schreibökonomie, das Denken am meisten »zum Tanzen« gebracht hat. Und das ist zweifellos auch einer der Gründe, aus denen er eine Aufnahme findet, die Foucault für zaghaft, für reserviert hält. Er hat gegen den Strom schwimmen wollen, hat den herrschenden Ideen der »Aktualität« die Stirn bieten und den einen wie den anderen die historische Wahrheit ihrer Worte und Taten sagen wollen. Das ist ihm über alles Erwarten gelungen. Durfte er aber erwarten, daß eben diejenigen, die er so übel zugerichtet hatte, ihm jetzt ihren Dank dafür aussprachen? Die Aufnahme bei der Presse ist eher günstig. Sogar sehr günstig. Foucault erklärt sich in einer beträchtlichen Zahl von Interviews, er wird in Dutzenden von Artikeln kommentiert. Höch-

23 *Libération*, 21. Januar 1983.
24 Als Stichprobe auf diese Reaktionen und auf Michel Foucaults Auseinandersetzung mit den Historikern siehe den ausgezeichneten Band *L'Impossible prison*, hg. von Michelle Perrot, Paris 1980.

stens lassen sich hier und da einige Vorbehalte heraushören. Aber er spürt überall in seinem Umkreis eine gewisse Enttäuschung. Und viel Unverständnis. Er tut den ersten Schritt und eröffnet sich Gilles Deleuze – wir schreiben Anfang 1977, und die beiden haben sich noch nicht voneinander enfernt –, der ihm einen Brief schickt, eher eine »Notiz« von einem Dutzend Blättern, um ihm darzulegen, was das Buch in seinen Augen an Neuem beiträgt und worin seine Stärke und Fruchtbarkeit liegt. Aber Foucault scheint niedergeschlagen. Natürlich hat er, als die unverblümtesten Angriffe auf ihn niederzuprasseln beginnen, noch die Energie, sich aufzubäumen und mit einem einzigen Satz jenen Essayisten hinzuschlachten, der da glaubte, man könne auf wenig mehr als fünfzig Seiten »Foucault vergessen« machen.[25] Als das Buch Baudrillards unter eben diesem Titel erscheint, wischt er es mit einer souveränen Geste beiseite: »Mein Problem wäre es wohl eher, mich Baudrillards zu erinnern.« Er sieht darin sogar das Zeichen seiner Bedeutung und seines Einflusses: »Es genügt, einen beliebigen Namen neben den meinen zu setzen, und jeder beliebige Schreiber erzielt damit einen Verkaufserfolg.« Dieselbe Reaktion legt er gegenüber dem Buch von Jean-Paul Aron und Roger Kempf – *Der sittliche Verfall. Bourgeoisie und Sexualität in Frankreich*[26] – an den Tag. Alle diese Kritiker präsentieren sich als eine Art Anti-Foucault, was ihm wiederum ein schönes Echo sichert.

Was aber hat Foucault so anfällig machen können? Vielleicht Widerstände auf seiten derer, die ihm näherstanden? Jedenfalls bedauert er es, diesen ersten Band ohne die Studien aus der Hand gegeben zu haben, zu denen er nur das Vorspiel bildet. Eben das äußert er im Vorwort zur deutschen Ausgabe: »Ich weiß, daß es unvorsichtig ist, gleichsam als Leuchtbombe ein Buch vorauszuschicken, das ständig auf kommende Veröffentlichungen anspielt. Die Gefahr ist groß, daß es den Anschein des Willkürlichen und Dogmatischen erweckt. Seine Hypothesen mögen sich wie Behauptungen ausnehmen, die kurzen Prozeß machen, und die vorgeschlagenen Analyseraster könnten als

25 Jean Baudrillard, *Oublier Foucault*, Paris 1977; deutsch: *Foucault vergessen*, München 1978.

26 Jean-Paul Aron und Roger Kempf, *Der sittliche Verfall. Bourgeoisie und Sexualität in Frankreich*, Frankfurt am Main 1982.

eine neue Lehre mißverstanden werden. So haben mir in Frankreich Kritiker, die plötzlich zu den Segnungen des antirepressiven Kampfes bekehrt waren (ohne daß sie bislang hier großen Eifer an den Tag gelegt hätten), vorgeworfen, ich leugnete, daß die Sexualität unterdrückt worden ist. Ich habe aber keineswegs behauptet, daß es keine Unterdrückung der Sexualität gegeben habe. Ich habe mich nur gefragt, ob man zur Entschlüsselung der Beziehung zwischen der Macht, dem Wissen und dem Sex die gesamte Analyse am Begriff der Repression orientieren müsse; oder ob man diese Dinge nicht besser begreifen könnte, wenn man die Untersagungen, die Verhinderungen, die Verwerfungen und die Verbergungen in eine komplexere und globalere Strategie einordnet, die nicht auf die Verdrängung als Haupt- und Grundziel gerichtet ist.«[27]

Foucault macht die bittere Erfahrung, falsch gelesen, falsch verstanden worden zu sein. Und vielleicht auch nicht oder zu wenig geliebt zu werden. »Wissen Sie, warum man schreibt?« hatte er einstens Francine Pariente gefragt, als sie seine Assistentin in Clermont-Ferrand war. »Um geliebt zu werden.« Wird er in diesem Jahre 1976 wirklich »zu wenig geliebt«? *Der Wille zum Wissen* erlebt einen gewaltigen Verkaufserfolg. Es ist eines der Bücher Foucaults, das die höchsten Auflagen erreicht: Heute [Juni 1989] nähert sich die Zahl hundertzwanzigtausend Exemplaren. Aber der Erfolg kann auch schädlich sein: dieser hier treibt Foucault in eine »Krise«. In eine persönliche Krise, in eine intellektuelle Krise...

Keiner der von Foucault angekündigten Folgetitel erscheint. Die auf dem Rückendeckel firmierende Liste bleibt eine Totgeburt. Vielleicht hatte er sich allzusehr in diese Analysen der Macht verstrickt, wie Deleuze vermutet, und vielleicht mußte er einem solchen Gegenüber zunächst entrinnen, bevor er diesem ersten Band eine Fortsetzung zu geben vermochte, als er das Projekt erst einmal umgearbeitet hatte? Gleichwohl hat er alle angeschlagenen Themen unverzüglich zu bearbeiten begonnen, und mehrere Publikationen tragen die Spuren dieser Arbeit. So

27 Vorwort zur deutschen Ausgabe von *Der Wille zum Wissen*, a. a. O., S. 8.

gibt er beispielsweise die *Souvenirs* eines französischen Herm-
aphroditen heraus, Herculine Barbin, genannt Alexina B.[28] Für
die amerikanische Ausgabe schreibt er einen langen Kommentar
über das Thema »Brauchen wir ein wahres Geschlecht?«[29] Dieser Band erscheint in Frankreich im Jahre 1978, und zwar in
einer neuen Reihe, die Foucault bei Gallimard herausgibt: »Les
Vies parallèles.« Er stellt sie folgendermaßen vor: »Die Alten
liebten es, die Lebensläufe erlauchter Männer in Parallele zu
setzen; über die Jahrhunderte hinweg hörte man sich diese bei-
spielhaften Schatten miteinander verständigen. Parallelen sind,
ich weiß es, dazu geschaffen, einander im Unendlichen zu
schneiden. Stellen wir uns also andere vor, die unendlich aus-
einanderstreben. Weder Schnittpunkt noch Ort der Sammlung.
Häufig finden sie kein anderes Echo als das ihrer Verurteilung.
Man müßte sie in der Kraft der Bewegung erfassen können, die
sie trennt; man müßte wahrscheinlich das plötzliche und auf-
schäumende Kielwasser aufspüren, das sie hinter sich gelassen
haben, als sie einer Dunkelheit entgegentrieben, in der ›so etwas
nicht mehr erzählt wird‹ oder jedes ›Ansehen‹ verlorengegangen
ist. Das wäre so etwas wie das Gegenteil von Plutarch: Lebens-
linien, die so parallel verlaufen, daß nichts sie wieder einholen
kann.«[30]
Darüber hinaus schreibt er ein Vorwort zu *My Secret Life*,
jenem Text eines englischen Libertins des 19. Jahrhunderts, auf
den im *Willen zum Wissen* mehrfach angespielt wird.[31] Und
dann veröffentlicht er in den *Cahiers du chemin* einen langen
Aufsatz mit dem Titel »La Vie des hommes infâmes«, der als
Einführung zu einem Buch gleichen Titels dienen soll. Er kündigt an, daß hier merkwürdige Personen, »quasi fiktive« Wesen
Revue passieren werden, von denen er »einige Rudimente für

28 *Herculine Barbin dite Alexina B.* Hg. von Michel Foucault, Paris 1978.
29 Vorwort zur amerikanischen Ausgabe, New York 1980. Eine französische Fassung in der Zeitschrift *Arcadie*, November 1980.
30 *Herculine Barbin dite Alexina B.* a. a. O. Klappentext von Michel Foucault.
31 *My Secret Life.* Vorwort von Michel Foucault, Ed. »Les Formes du
secret«; deutsch: *Mein geheimes Leben*, hrsg. von Ph. und E. Kronhau-
sen, Olten 1968.

eine Legende der obskuren Menschen«[32] sammeln möchte. Das Buch selbst aber kommt nie zustande. Jedenfalls nicht in der angekündigten Form. Denn jenen pathetischen Schatten, die sich hinter den von ihm aufgespürten Texten verbergen, den einzigen Spuren jener »zu Asche gewordenen niedrigen Lebensläufe« wird er dennoch eines Tages das Wort erteilen. Dieses einzige Wort, an dem sie sich noch hören oder erraten lassen: dasjenige, das sie mit der Macht gewechselt haben, in einer Geste von Raserei oder Verzweiflung, das heißt, wenn diese »Unglücklichen« sich an den König wandten, um ihn zu bitten, gegen andere »Unglückliche« einzugreifen und überall da Ordnung zu schaffen, wo das Zentrum ihres Universums außer Rand und Band geriet: in der Familie, in der Nachbarschaft... Einigen dieser Dokumente begegnet man also in *Le Désordre des familles* wieder, einer Sammlung von *lettres de cachet* aus den »Archiven der Bastille«, die er 1982 in Zusammenarbeit mit Arlette Farge publiziert und präsentiert.[33] Zwanzig Jahre nach seinem Buchprojekt über jene »Gefangenen der Bastille« und für dieselbe Reihe »Archives«, in der es dann tatsächlich erscheint.

17. Dezember 1976: Im Rahmen der Fernsehsendung »Apostrophes«, die diesmal ausnahmsweise aus dem Musée du Louvre ausgestrahlt wird, fragt Bernard Pivot voller Erstaunen: »Also wollen Sie wirklich nicht über Ihr Buch sprechen?« »Nein«, antwortet Michel Foucault, »zunächst schreibt man bestimmte Sachen ja, weil man darüber nachdenkt, und auch, um nicht mehr darüber nachdenken zu müssen. Ein Buch fertigstellen heißt auch, es nicht mehr sehen können. Solange man sein Buch liebt, arbeitet man daran. Hört man einmal auf, es zu lieben, hört man auch auf, daran zu schreiben.« Und vor allem: da ist bereits ein weiteres Buch, das mehr Aufmerksamkeit verdient. »Ein Buch, wie ich es liebe: aufgebaut aus Realitätsfragmenten, aus Äußerungen, Gesten, Dokumenten, Traurigkeiten, Beschwerden...« Der Autor? Man suche erst gar nicht danach.

32 Michel Foucault, »Das Leben der infamen Menschen«, in: *Tumult*, H. 4, 1982, S. 41–57 (hier S. 45 f.).
33 *Familiäre Konflikte. Die »Lettres de cachet«*, hg. und kommentiert von Arlette Farge und Michel Foucault, Frankfurt am Main 1989.

Es handelt sich einfach um Tonbandaufzeichnungen eines Prozesses in der Sowjetunion, die dank des Mutes der Kinder des Angeklagten in den Westen gelangt sind: eines Dr. Stern. Ein »gewöhnlicher Prozeß«, wie der Titel des Bandes sagt. Dieser Mann hatte zwei Söhne, die nach Israel auswandern wollten. Der KGB hat Dr. Stern, der seit dem Krieg Kommunist ist, aufgefordert, ihnen diesen Exodus zu untersagen, und als er sich weigert, ist er vor Gericht gestellt worden, wenn man so sagen darf. Und zwar unter der Anklage, Schmiergelder angenommen zu haben. Das soll vor dem Tribunal von Dutzenden vorgeladener Zeugen bestätigt werden. Bei der eigentlichen Verhandlung aber haben sie widerrufen, um Dr. Sterns Unschuld zu erweisen, der aber dennoch verurteilt worden ist... zu acht Jahren Arbeitslager.[34] Und über dieses Buch möchte Foucault sprechen: ein außerordentliches Dokument zur »gewöhnlichen« Realität in der Sowjetunion. Ist die Sendung nicht der »Zukunft des Menschen« gewidmet? Natürlich ist es wichtig, über die ersten Schritte des Menschen auf dem Mond zu sprechen, aber darüber sollten nicht »die Schritte dieser Männer und Frauen« vergessen werden, »die die Wahrheit kenntlich machen werden«. Und man sollte nicht vergessen, daß es angesichts der Macht des Staates über die Körper auch den Widerstand der Individuen gibt, die *nein* zu sagen verstehen.

Der Zeitschrift *La Nouvelle Critique*, die Foucault gebeten hatte, an einer Diskussion über den *Fall Rivière* teilzunehmen, hatte er die folgende Antwort erteilt: Ich möchte nicht über dieses Buch diskutieren, aber ich will sehr gern einen Artikel über den Fall von Dr. Stern schreiben. Der Vorschlag hat keinerlei Reaktion nach sich gezogen.

Michel Foucault scheut keine Mühe, um den »Dissidenten aus den Ländern des Ostens« zu helfen. Als im Juni 1977 Leonid Breschnew nach Paris kommt, möchte er wie gewöhnlich »irgend etwas machen«: Zusammen mit Pierre Victor hat er die Idee, die französischen Intellektuellen und die sowjetischen Dissidenten zusammenzuführen. Foucault organisiert alles mit

---

34 *Un Procès ordinaire en URRS*. Heimliche Tonbandaufzeichnung. Paris 1976.

bemerkenswerter Effizienz. Die Einladung ist von zwölf Persönlichkeiten unterzeichnet, darunter Sartre, François Jacob, Roland Barthes...: »Zu eben dem Zeitpunkt, da Leonid Breschnew in Frankreich empfangen wird, bitten wir zu einem freundschaftlichen Empfang mit den Dissidenten der Länder des Ostens, und zwar im Théâtre Récamier, am 21. Juni, um 20 Uhr 30.« Zur festgesetzten Zeit ist bereits Ionesco im Saal, als Sartre am Arm von Simone de Beauvoir eintrifft. Das ist die Szene, die alle Zeugen am meisten bewegt hat: ein alter Mann, krank, beinahe blind, sich langsam vorantastend, von jener legendenumrankten Frau geführt. Zahlreiche Dissidenten sind anwesend: Leonid Pliuschtsch, Andrej Sinjawski, Andrej Amalrik, Wladimir Bukowski. Und Michail Stern, dem es schließlich doch gelungen ist, die Sowjetunion zu verlassen. Foucault empfängt die Persönlichkeiten im Innenraum des Theaters. Die sich drängende Menge ist bemerkenswert zahlreich. Ebenso die französischen und ausländischen Fernsehkameras.

Im März 1979 stellt Foucault seine Wohnung für das israelisch-palästinensische Kolloquium zur Verfügung, das dieses Jahr auf Betreiben von Pierre Victor von *Les Temps modernes* organisiert wird. »Foucaults Wohnraum wurde mit Tischen, Stühlen und einem Tonbandgerät ausgestattet«, schreibt Simone de Beauvoir. Trotz einiger technischer Schwierigkeiten konnte das erste Treffen am 14. März stattfinden. Sartre eröffnete die Sitzung mit einer kleinen Rede...[35] Aber Foucault nimmt an der Zusammenkunft nicht teil: »Er wollte uns zwar beherbergen, aber nicht an den Diskussionen teilnehmen«, erzählte Edward Saïd.[36] Wenn man Simone de Beauvoir und Edward Saïd glauben darf, wurde dieses Kolloquium übrigens zu einem »Desaster«.

Foucault–Sartre. Ein erneutes Zusammentreffen am 20. Juni 1979. Diesmal handelt es sich um die Rettung der *boat people*. Bernard Kouchner und einem Ärzteteam ist es gelungen, vor der Insel Poulo Bindong ein Schiff namens »L'Île de lumière«

35 Simone de Beauvoir, *La Cérémonie des adieux*, Paris 1981, S. 144.
36 Zitiert nach Annie Cohen-Solal, *Sartre, 1905–1980*, a. a. O., S. 626.

zu verankern, das Vietnamesen zu Hilfe kommen soll, die die Flucht aus ihrem Lande antreten. Aber Kouchner und seine Freunde möchten künftig einen Luftstützpunkt zwischen den Lagern von Malaisien und Thailand und den Transitlagern in den westlichen Ländern einrichten. Im Hotel Lutétia wird eine Pressekonferenz abgehalten. Auf der Tribüne Wiederannäherung von Jean-Paul Sartre und Raymond Aron, die einander von Glucksmann »vorgestellt« werden. Nach dreißig Jahren Trennung. Und vor allem zehn Jahre nach der Flut von Beschimpfungen, mit denen Sartre seinen früheren Kameraden an der École normale bedacht hatte. Einige Tage später zählen Sartre und Aron zu den Mitgliedern der Intellektuellendelegation, die vom Präsidenten der Republik, Valéry Giscard d'Estaing, empfangen wird, der ihnen »Versprechungen« macht, »die nur leere Worthülsen waren«, wie Simone de Beauvoir schreibt (die übrigens hinzufügt, daß Sartre »dieser Begegnung mit Aron, über die sich die Journalisten so ausführlich verbreitet haben, keinerlei Bedeutung beigemessen« habe[37]). Bei der Pressekonferenz in den Räumen des Hotels Lutétia ist auch Michel Foucault mit Yves Montand und Simone Signoret im Saal und ergreift das Wort, man möge doch »M. Giscard d'Estaing nahelegen, daß die Zahl der Flüchtlinge, denen der Aufenthalt in Frankreich erlaubt ist, erhöht werde«. Und er wiederum ist es auch, der Aron und Sartre im Collège de France zu einer erneuten Pressekonferenz empfängt, als sie, ein wenig enttäuscht, von ihrer Visite im Élysée-Palast heimkehren. Foucault hat viel für diese Aktion eingesetzt. Er war Mitglied des Gründungskomitees »Ein Schiff für Vietnam« im November 1978. Und 1981 nimmt er in Genf an einer Pressekonferenz »gegen die Piraterie« teil. Er schreibt und verliest eine Erklärung, eine Art Charta der Menschenrechte: »Es gibt eine internationale Bürgerschaft, die ihre Rechte und Pflichten hat und sich dafür einsetzt, jedem Machtmißbrauch entgegenzutreten, von wem er auch ausgehen mag und welches auch seine Opfer sein mögen. Letztlich sind wir alle Beherrschte und in dieser Hinsicht solidarisch.

37 Simone de Beauvoir, a. a. O., S. 146. Siehe auch Raymond Aron, *Erkenntnis und Verantwortung*, a. a. O., S. 466 ff. Und Claude Mauriac, *Le Temps immobile*, Bd. VII, *Le Rire des pères dans les yeux des enfants*, Paris 1981, S. 503–505.

Weil die Regierungen behaupten, sich mit dem Glück der Gesellschaften zu befassen, maßen sie sich das Recht an, das Unglück der Menschen mit Gewinn und Verlust in Rechnung zu stellen, das ihre Entscheidungen bewirken oder ihre Versäumnisse ermöglichen. Es ist eine Pflicht dieser internationalen Bürgerschaft, den Regierungen fortgesetzt mit den Mißgeschicken der Menschen in Augen und Ohren zu liegen, von denen es einfach nicht wahr ist, daß sie nicht dafür verantwortlich sind. Das Unglück der Menschen darf nie ein stummer Rest der Politik bleiben. Es begründet ein absolutes Recht, sich zu erheben und gegen diejenigen zu wenden, die über die Macht verfügen. Die Arbeitsteilung, die uns so oft vorgeschlagen wird, muß verweigert werden: den Individuen soll es anstehen, sich zu empören und zu sprechen, den Regierungen, zu reflektieren und zu handeln. Zwar lieben die guten Regierungen die gerechte Entrüstung der Beherrschten, sofern sie nur lyrisch bleibt. [...] Der Wille der Individuen muß sich einer Realität aufprägen, an der die Regierungen sich das Monopol bewahren wollten, jenes Monopol, das man ihnen allmählich und Tag für Tag streitig machen muß.«[38]

Samstag, 19. April 1980: Katharina von Bülow telefoniert mit Foucault: Gehen Sie zur Beerdigung von Sartre? »Das versteht sich von selbst«, antwortet Foucault. Einige Stunden später schließen sich beide jenem gewaltigen Geleit an. Zwanzig-, dreißigtausend Menschen folgen dem Leichenwagen bis zum Friedhof Montparnasse. »Die letzte Demo vom Mai 1968«, wie so häufig gesagt worden ist. Foucault plaudert mit Katharina von Bülow. Auch mit Claude Mauriac. »Wir haben über Sartre gesprochen«, erzählt Katharina von Bülow. »Und er hat mir gesagt: als ich jung war, war gerade er es und alles, was er repräsentierte, der Terrorismus von *Les Temps modernes*, wovon ich mich befreien wollte.«

38 Text in: *Libération*, 30. Juni 1984.

Die Revolte mit nackten Händen

Im Flugzeug, das sie nach Teheran bringt, beginnen Michel Foucault und Thierry Voeltzel unruhig zu werden. Was für ein Land werden sie vorfinden, wenn sie dort einige Tage nach jenem »Schwarzen Freitag« ankommen? Am 8. September 1978 hat die Armee das Feuer auf die Menge eröffnet. Nahezu viertausend Tote waren der Preis. Die von der wankenden Monarchie verübten Massaker haben die Bestürzung und Entrüstung der gesamten Weltöffentlichkeit erregt. In Paris wurde von der »Liga für Menschenrechte«, von den Gewerkschaften und den Linksparteien eine Protestdemonstration organisiert.

Foucault unterzieht sich dieser Reise in den Iran im Rahmen eines journalistischen Projekts. Im Jahre 1977 hat ihm der Chefredakteur der italienischen Zeitung *Corriere della sera* vorgeschlagen, in ihren Spalten eine Art Chronik zu führen. Foucault aber hatte keine Lust gehabt, philosophische oder kulturelle Artikel zu schreiben. Also hat er angeregt, die Idee durch konkrete »Feldforschung« zu ersetzen. War das seine Art und Weise, der Aufforderung aus dem Wege zu gehen, wie manche Zeugen sagen? Oder spürte er, wie andere meinen, einfach nur das Bedürfnis, sich vom Fleck zu rühren und Paris zu entrinnen – nach dem, was er für den Mißerfolg von *Der Wille zum Wissen* hielt? Fest steht, daß der *Corriere della sera* das Projekt in der Form akzeptiert hat, wie es von Foucault vorgelegt wurde. Journalistische Erfahrung ist für Foucault nichts Neues: wie erinnerlich, hatte er sich aus nächster Nähe für die Lancierung von *Libération* interessiert, und er arbeitet seit langem und regelmäßig für *Le Nouvel Observateur*. Was die journalistische »Umfrage« betrifft, so hat sich Foucault damit in seiner »linken« Phase vertraut gemacht, namentlich bei seiner Aktivität für den GIP. Eine der ersten Maßnahmen, die zu treffen sind – denn er hält am kollektiven Aspekt des Unternehmens fest –: ein kleines Team zusammenstellen. Er beauftragt Thierry Voeltzel mit der Koordination. Foucault hat den jungen Mann eines Tages als Reisenden per Anhalter kennengelernt. Sie haben freundschaftliche Beziehungen zueinander entwickelt, und Foucault hat ihn sogar über seine Vergangenheit, seine gegenwärtige Lage und sein Leben im Rahmen eines erstaunlichen kleinen Buches interviewt, das einige Monate zuvor, mit einem Vorwort von Claude Mauriac, bei Grasset erschienen ist. Der Name des Interviewers wird in diesem Buch nicht erwähnt. Aber Foucault gibt im Laufe seiner Fragen einige eigene Erfahrungen preis, um sie mit denen seines Gesprächspartners zu vergleichen.[1] Über Thierry Voeltzel hinaus hat Foucault einige Personen angesprochen, mit denen er seinerzeit auf sehr vertrautem Fuße steht: André Glucksmann natürlich, aber auch Alain Finkielkraut, für den er einige Zeit lang viel Sympathie hat, und manche andere. Hier seine Konzeption der Reportage, wie er sie im *Corriere* zum Ausdruck bringt: »Die zeitgenössische Welt wimmelt von Ideen, die entstehen, sich regen, auftauchen oder verschwinden und Menschen und Dinge durcheinanderrütteln. Das geschieht nicht nur in den Intellektuellenkreisen oder in den Universitäten West-Europas, sondern auch im Weltmaßstab und vor allem im Rahmen der Minderheiten, denen die Geschichte bisher kaum Gelegenheit gegeben hatte, zu sprechen oder sich Gehör zu verschaffen.« Und er fügt hinzu: »Es gibt mehr Ideen auf Erden, als die Intellektuellen sich vorzustellen vermögen. Und diese Ideen sind aktiver, stärker, widerstandsfähiger, leidenschaftlicher, als die ›Politiker‹ glauben. Der Geburt von Ideen und der Explosion ihrer Kraft muß man beiwohnen: nicht in den Büchern, die sie zum Ausdruck bringen, sondern in den Ereignissen, in denen ihre Macht sich äußert, und in den Kämpfen, die im Umkreis dieser Ideen, für oder gegen sie geführt werden. Es sind nicht die Ideen, die die Welt bewegen. Aber gerade weil die Welt Ideen hat (und fortgesetzt welche produziert), wird sie nicht passiv von denen, die sie leiten, oder denen bewegt, die ihr ein für allemal beibringen möchten, was zu denken ist. Das ist der Sinn, den wir diesen ›Reportagen‹ geben möchten, in denen die Analyse dessen, was zu denken sein wird, mit der Analyse dessen verknüpft wird, was vor sich geht. Die Intellektuellen werden mit den Journalisten an dem Punkt zusammenarbeiten, wo Ideen und Ereignisse sich kreuzen.«[2]

1 Thierry Voeltzel, *Vingt ans et après*, Paris 1978, mit einem Vorwort von Claude Mauriac.
2 Michel Foucault, »Die Ideen-Reportagen«, in: *Corriere della sera*,

Vor der Reise hat Foucault mehrfach Umgang mit Ahmad Salamatian gehabt, einem seit 1965 im Pariser Exil lebenden Iraner. Er gehört der Bewegung »Nationale Front« an, einer laizistischen und liberalen Partei der linken Mitte, die ganz im Sinne »Dritte Republik« ausgerichtet ist. »Radikal-sozialistisch, im Rahmen nationaler Befreiung«, wie sie Salamatian definiert. Es war die Partei von Mossadegh bei der 1953 fehlgeschlagenen demokratischen Erhebung. Foucault und Salamatian sind miteinander durch Vermittlung des Anwalts Thierry Mignon und seiner Frau Sylvie bekannt geworden. Sie wiederum haben Foucault in der Phase des GIP und der Immigranten-Verteidigung kennengelernt, bei der sie eine aktive Rolle gespielt haben. Sie nehmen auch an der Arbeit für das »Comité pour la défense des prisonniers politiques iraniens« teil, und Maître Mignon hat in diesem Rahmen für die »Liga für Menschenrechte« mehrere Informationsmissionen in den Iran geführt. Seit 1971 ist Foucault einer der Unterzeichner der Verlautbarungen dieses Komitees. Er nimmt nicht direkt teil, stellt aber seinen Namen zur größeren Gewichtung von Petitionen zur Verfügung, neben Jean-Paul Sartre vor allem, der 1966 zu den Gründungsmitgliedern gehört hat. Am 4. Februar 1976 beispielsweise erscheint in *Le Monde* ein Text, in dem gegen »das Schweigen der französischen Behörden zu den flagranten Verletzungen der Menschenrechte im Iran« protestiert wird, wo gerade neunzehn »aktive antifaschistische Revolutionäre« hingerichtet worden sind. Unter den Unterzeichnern finden sich sowohl Jean-Paul Sartre und Simone de Beauvoir als auch François Mitterrand, Michel Rocard, Lionel Jospin, Jean-Pierre Chevènement oder Yves Montand, Claude Mauriac, Gilles Deleuze und Michel Foucault... Das ganze Jahr 1978 hindurch nimmt der wachsende Widerstand gegen das Schah-Regime erheblich an Gewicht zu, und Anfang September geht die Unterdrückung dann ins Blutbad über.

Ahmad Salamatian besorgt Foucault Bücher und Dokumentationsmaterial, er liefert Adressen, Kontaktstellen und eine Liste mit Personen, die aufgesucht werden müssen. Und einige Tage

---

12. November 1978. Text zur Präsentation eines Artikels von Finkielkraut über das Amerika Carters (ital. Titel im folgenden deutsch; A.d.Ü.)

später ist Foucault auf iranischem Boden: »Wenn man nach der Sperrstunde am Flughafen ankommt, fährt einen ein Taxi in scharfer Fahrt durch die Straßen der Stadt: sie sind leer. Das Fahrzeug verlangsamt seine Fahrt nur an den Straßensperren, die von Männern mit Maschinenpistolen kontrolliert werden. Pech, wenn der Fahrer sie nicht sieht: sie feuern. In der Fluchtlinie der Avenue Reza Schah, die ebenfalls verlassen daliegt, so weit das Auge reicht, blinken die Rot- und Grünlichter der Ampeln sinnlos weiter wie die Uhr am Handgelenk eines Toten. Das ist das ungeteilte Reich des Schah.«[3] Foucault macht sich gleich am nächsten Morgen an die Arbeit und beginnt mit der »Feldforschung«. Es ist jedoch sehr schwierig, mit der religiösen Opposition in Kontakt zu kommen. Er sucht also zunächst die Militärs der demokratischen Opposition auf, um ein besseres Verständnis der Rolle zu gewinnen, die die Armee bei der sich ankündigenden Kraftprobe spielen wird. »Freunde«, schreibt er, »haben mir an einem völlig aseptischen Ort im Umland von Teheran eine Begegnung mit einigen hochrangigen Oppositionellen ermöglicht. Je größer die Unruhen werden, sagen sie mir, um so mehr ist die Regierung gezwungen, sich zur Aufrechterhaltung der Ordnung auf Truppen zu stützen, die dazu weder vorbereitet noch in der Lage sind. Und sie haben bald Gelegenheit, zu entdecken, daß sie es nicht mit dem internationalen Kommunismus, sondern mit der Straße, mit den Händlern vom Bazar, mit den Angestellten und den Arbeitslosen zu tun haben, wie das ihre Brüder sind oder wie sie selbst es wären, wenn sie nicht gerade das Glück hätten, Soldaten zu sein.«[4]

Foucault setzt seine Berichterstattung fort. Bei der Unterhaltung mit einem der Oppositionsführer, der das »Regime« anprangert, das heißt den »gesamten Komplex Modernisierung –Despotie–Korruption«, erinnert er sich eines Spazierganges, den er zwei oder drei Tage zuvor gemacht hat: »Ein Detail war

3 Diese Zeilen bildeten den Schluß des am 1. Oktober in *Corriere della sera* erschienenen Artikels, sind aber (mit Zustimmung Foucaults) aus technischen Gründen (zu langer Artikel) gestrichen worden.
4 Michel Foucault, »Die Armee. Wenn die Erde erzittert«, in: *Corriere della sera*, 28. September 1978. Nach dem französischen Originaltext zitiert.

mir aufgefallen, als ich den Bazar besuchte, der nach achttägigem Streik gerade wieder eröffnet worden war: dutzendweise reihten sich da in den Auslagen unglaubliche Nähmaschinen, hoch und geschwungen, wie man sie auf den Reklamen von Zeitungen des 19. Jahrhunderts sehen kann: mit Schmuckzierat in Gestalt von Efeu, Kletterpflanzen und Blütenknospen, der auf grobe Weise alte persische Miniaturen nachahmte. Diese abendländischen Ladenhüter mit dem Zeichen eines abgelebten Orients trugen allesamt das Warenzeichen: *made in South Corea*. Da hatte ich das Gefühl, zu verstehen, daß die jüngsten Ereignisse nicht das Zurückweichen der am weitesten zurückgebliebenen Gruppen vor einer allzu brutalen Modernisierung bedeuteten, sondern die von einer ganzen Kultur und einem ganzen Volk vollzogene Ablehnung einer Modernisierung, die in sich selbst ein Archaismus ist. Das Unglück des Schah liegt darin, sich mit diesem Archaismus gemein zu machen. Sein Verbrechen ist es, dieses Fragment von Vergangenheit durch Korruption und Despotie in einer Gegenwart aufrechtzuerhalten, die davon nichts mehr wissen will.« Und dann zieht Foucault die Lehre aus allem, was er gehört und gesehen hat: »Die Modernisierung als politisches Projekt und Prinzip sozialen Wandels ist im Iran eine Sache der Vergangenheit [...]. Mit der Agonie des gegenwärtigen iranischen Regimes wohnt man den letzten Zügen einer Episode bei, die vor bald sechzig Jahren eingesetzt hat: einem Versuch der Modernisierung der islamischen Länder nach europäischem Vorbild.« Und Foucault schließt diesen Artikel mit den Sätzen: »Ich möchte Sie also bitten, in Europa nicht mehr vom Wohl und Wehe eines Souveräns zu sprechen, der zu modern für ein zu altes Land sei. Was hier im Iran alt ist, ist der Schah: fünfzig, hundert Jahre Verspätung. Er hat die Statur räuberischer Fürsten, er hegt den verblaßten Traum, sein Land durch Laisierung und Industrialisierung öffnen zu können. Die Archaik von heute – das ist sein Modernisierungsprojekt, seine Despotenwaffen, sein Korruptionssystem.«[5] Foucault gibt sich nicht damit zufrieden, mit den

5 Michel Foucault, »Der Schah hat hundert Jahre Verspätung«, in: *Corriere della sera*, 1. Oktober 1978. Der Titel stammt von der italienischen Redaktion. Foucault hatte ursprünglich »Der Ballast der Modernisierung« vorgesehen.

Führern der Opposition und Männern der Politik zusammenzutreffen. Er möchte auch mit den Studenten, den Menschen auf der Straße, den jungen Islam-Anhängern Kontakt aufnehmen, die sich bereit erklären, dafür zu sterben. Er geht auf den Friedhöfen spazieren, den einzigen gebilligten Versammlungsorten, in der Universität, vor den Toren der Moscheen. Mit Thierry Voeltzel macht er sich auf den Weg, um Ayatollah Shariat Madari zu besuchen, dessen Wohnsitz in Qhom vielen Anhängern des »Komitees zur Verteidigung der Menschenrechte« als Zufluchtstätte dient. Er spricht mit Ayatollah Madari, aber auch mit Mehdi Bazargan, der nach der Rückkehr Ayatollah Khomeinis Premierminister wird. Das Haus von Ayatollah Madari ist nicht leicht zugänglich. Soldaten mit Maschinenpistolen in den Fäusten überwachen die Straße. Eine ganze Woche lang erkundigt sich Foucault, hört er zu, beobachtet er ... Fortgesetzt macht er sich Notizen, er ist dauernd und überall in Bewegung, will alles sehen, alles verstehen. Thierry Voeltzel erinnert sich der Ermattung, die sie nach derart aufreibenden Tagen überfiel.[6]

Einige Tage vor ihrer Ankunft haben in allen Moscheen des Landes Trauerfeierlichkeiten für die Opfer der Unterdrückung stattgefunden. Die an diesem Tage von den Mullas ausgestoßenen Verwünschungen sind in Form von Kassettenaufzeichnungen in Umlauf, und Foucault kann das Echo ihrer Stimmen hören, die »schrecklich« klingen, »so wie die Stimmen von Savonarola in Florenz, die der Wiedertäufer in Münster oder die der Presbyterianer zu den Zeiten von Cromwell schrecklich geklungen haben müssen«.[7] Allen, denen er begegnet, stellt Foucault dieselbe Frage: »Was wollt ihr?« Und er hält unweigerlich die immergleiche Antwort: »Eine islamische Regierung«.

Foucault bleibt eine Woche im Iran. Und nach der Rückkehr nach Paris schreibt er vier Artikel in einem sprühenden Stil, der markante Details und Anekdoten mit randscharfer Reflexion

---

6 Michel Foucault, »A quoi rêvent les Iraniens?« in: *Le Nouvel Observateur*, 16. Oktober 1978.
7 Michel Foucault, »Teheran: Der Glaube gegen den Schah«, in: *Corriere della sera*, 8. Oktober 1978. Foucaults ursprünglich vorgesehener Titel war »Iran. In Erwartung des Imam.«

verbindet; sie erscheinen in der Zeit zwischen dem 28. September und dem 22. Oktober im *Corriere della sera*.[8] Und in *Le Nouvel Observateur* vom 16. Oktober veröffentlicht er eine geraffte Fassung, die folgendermaßen schließt: »In der Morgenröte der Geschichte hat Persien den Staat erfunden und dessen Lasten dem Islam übertragen: seine Verwalter haben dem Kalifen als Beamte gedient. Aus eben diesem Islam aber hat es eine Religion entstehen lassen, die seinem Volk unermeßliche Ressourcen erschlossen hat, um der Macht des Staates widerstehen zu können. Muß man in diesem Wunsch nach einer ›islamischen Regierung‹ eine Versöhnung sehen, einen Widerspruch oder die Schwelle einer Neuentwicklung? [...] Dieser kleine Winkel der Erde, dessen Grund und Untergrund zum Objekt weltweiter Strategie geworden ist – welchen Sinn hat es für die ihn bewohnenden Menschen, sogar um den Preis ihres Lebens nach jenem Element zu suchen, dessen Möglichkeit wir anderen seit der Renaissance und den großen Krisen des Christentums eingebüßt haben: nach politischer Spiritualität. Ich höre die Franzosen bereits lachen. Aber ich weiß, daß sie unrecht haben.«[9]

Ein alter geistlicher Würdenträger nähert sich langsam und nimmt unter dem großen Apfelbaum mitten im Garten Platz. In seinem Umkreis mehrere Personen, die ihn umringen und seinen Worten lauschen, die er mit nahezu abgeklärter Stimme äußert, deren tausendfach wiederholtes Echo jedoch die Welt ins Wanken bringt. Neauphles-le-Château ist ein kleiner Flekken in der Umgebung von Paris, und eben hier hat sich Ayatollah Khomeini am 7. Oktober 1978 nach vierzehn Jahren Exil im Irak niedergelassen. Aus ganz Europa kommen iranische Studenten und Exilanten, um den Ayatollah aufzusuchen – Vertreter aller Strömungen der Opposition. Darunter auch einige Europäer: vor allem natürlich Journalisten. Zu den ersten Ankömmlingen zählen Pierre Blanchet und Claire Brière, damals Journalisten bei *Libération*. Und mit ihnen kommt Michel Foucault. Als der Ayatollah einige Tage zuvor in Paris eingetroffen ist, sind Pierre Blanchet und Claire Brière sofort von

8 Michel Foucault, »Rückkehr zum Propheten«, in: *Corriere della sera*, 22. Oktober 1978.
9 Michel Foucault, »A quoi rêvent les Iraniens?« a. a. O.

Abol Hassan Bani Sadr davon in Kenntnis gesetzt worden, einem der Oppositionsführer im Exil und »geistlichen Söhne« Khomeinis, der seit langem in Frankreich heimisch ist und damals in Cachan in der Pariser Banlieu wohnt. Er wird im weiteren Verlauf der Ereignisse Interimspräsident der Islamischen Republik und lebt heute erneut in der Umgebung von Paris. Pierre Blanchet und Claire Brière haben unverzüglich Foucault angerufen, den sie seit seiner Iran-Reise kennen, bei der sie ebenfalls als Reporter beteiligt waren. Und sie fahren zusammen mit ihm nach Cachan zu Bani Sadr, um den Ayatollah zu erwarten. Foucault spricht mit Bani Sadr und bittet ihn, dem Ayatollah auseinanderzusetzen, daß er davon absehen möge, allzu geharnischte Erklärungen gegen den Schah abzugeben, weil das die Gefahr unverzüglicher Ausweisung nach sich zöge. An diesem Abend sieht Foucault nur die Silhouette des Ayatollah. Genau wie am nächsten Morgen in Neauphles, wo sich die Journalisten drängen, die ihn sprechen wollen. Sie müssen einige Tage warten, um empfangen zu werden.

Es läßt sich denken, daß Foucault nach allem, was er im Iran gesehen hat, geradezu darauf brennt, diese Persönlichkeit zu sehen, deren bloßer Name bereits Millionen von Menschen in den iranischen Städten in Bewegung setzt, Fluten und Ströme von Menschen, die sich von nichts aufhalten lassen, nicht einmal von den Maschinengewehren der Diktatur. Kaum angekommen, hat der Ayatollah auch schon »reinen Tisch« gemacht, wie Foucault in seinem Artikel für *Le Nouvel Observateur* schreibt. Er hat nein gesagt. Nein zu allen Ausgleichs- und Versöhnungsversuchen. Nein zu allen Kompromissen. Keine Wahlen, keine gemischte Regierung. Der Schah muß weichen, das ist alles. Und er hat alle Männer der Politik mit Ausschluß aus der Bewegung bedroht, die gegebenenfalls bereit wären, sich den vom Schah zur Rettung seines Regimes vorgeschlagenen Lösungsversuchen anzuschließen. Die Unruhe im Umkreis von Neauphles, das Kommen und Gehen »wichtiger Iraner« haben eines ganz deutlich gemacht: die Unnachgiebigkeit des Ayatollah hat sich nicht gemildert. Ganz im Gegenteil, alle Welt glaubt »an die Kraft des geheimnisvollen Stromes, der zwischen einem alten, seit fünfzehn Jahren im Exil lebenden Mann und dem ihn im Munde führenden Volk kreist«. Die

Situation im Iran scheint »sich zu einem großen Kampf zwischen zwei Personen im traditionellen Habit zuzuspitzen: dem König und dem Heiligen. Der Souverän in Waffen und der wehrlose Verbannte; der Despot mit dem Menschen vor sich, der, von seinem Volk bejubelt, die nackten Hände emporstreckt. Dieses Bild hat seine ganz eigene Anziehungskraft, aber es deckt eine Realität, die Tausende von Toten mit ihrer Unterschrift besiegeln.«[10]

Bei einem Besuch in Neauphles, den Foucault zusammen mit Ahmad Salamatian und Thierry Voeltzel unternimmt, kommt es zu einem kleinen Zwischenfall: Ein Mulla aus Khomeinis Umgebung will eine deutsche Journalistin am Eintritt in den Garten hindern, weil sie unverschleiert ist. Ahmad Salamatian protestiert: »Ist das das Bild, das Sie von Ihrer Bewegung vermitteln wollen?« fragt er. Der Sohn und der Schwager des Ayatollah legen sich ins Mittel und machen dem Mulla seinen Glaubenseifer zum Vorwurf. Die Journalistin darf eintreten. Bei der Rückfahrt im Wagen kommentieren Ahmad Salamatian, Michel Foucault und Thierry Voeltzel den Zwischenfall. Foucault erzählt, wie sehr es ihn, als er im Iran war, beeindruckt hat, zu sehen, daß das Tragen des Schleiers eine politische Geste war: Frauen, die ihn sonst nicht trugen, hielten darauf, ihn bei Demonstrationen anzulegen.

Kurze Zeit später faßt Foucault den Entschluß, erneut in den Iran zu reisen. Zuvor konsultiert er ausführlich Bani Sadr. »Michel Foucault ist zu mir nach Cachan gekommen«, erzählt Bani Sadr, und wir haben lange Arbeitssitzungen miteinander verbracht. Er wollte verstehen, wie es zu dieser Revolution kommen konnte, die sich ohne jede Beziehung zu einer fremden Macht vollzog und trotz der Distanz, die die Städte voneinander trennt, und trotz der Kommunikationsschwierigkeiten eine ganze Nation in Wallung brachte. Er wollte über den Begriff der Macht nachdenken.«

Einen Monat nach seinem ersten Besuch trifft Foucault zum zweitenmal in Teheran ein. Wiederum in Begleitung von Thierry Voeltzel. Und er nimmt seine »Feldforschung« wieder

10 Ebd.

auf. Er befragt Vertreter verschiedener Arbeiterkategorien, die sich im Streik befinden: »Privilegierte« der Mittelklassen wie einen Piloten von *Iran Air* in seiner modernen Neubauwohnung in Teheran oder Erdölarbeiter der Raffinerie von Abadan, tausend Kilometer im Süden.

Gegen Ende dieser neuen Serie von Reportagen – vier Artikel, die im November 1978 im *Corriere della sera* erscheinen[11] – geht Foucault mit sich über die Rolle Khomeinis zu Rate, jener »beinahe mythischen Persönlichkeit«: »Kein Staatschef, kein politischer Führer, selbst wenn er sich auf alle Medien seines Landes stützen könnte, kann sich heute schmeicheln, Gegenstand einer so persönlichen und so intensiven Ergebenheit zu sein. Diese Bindung hängt zweifellos von drei *Dingen* ab: Khomeini ist *nicht da*: seit fünfzehn Jahren lebt er im Exil, aus dem er nur heimkehren will, wenn der Schah abtritt, Khomeini *sagt nichts*, nichts anderes als nein – zum Schah, zum Regime, und Khomeini ist schließlich *kein Politiker*: es wird keine Khomeini-Partei geben, es wird keine Khomeini-Regierung geben. Khomeini ist der Fixierungspunkt eines kollektiven Willens.« Und folgendermaßen fällt Foucaults Definition der iranischen Bewegung aus: »Es ist die Erhebung von Menschen mit nackten Händen, die das gewaltige Gewicht lüften wollen, das auf jedem von uns lastet, mehr noch aber auf ihnen, jenen Erdölarbeitern, jenen Bauern an den Grenzen der Reiche: das Gewicht der Ordnung der ganzen Welt. Es ist vielleicht die erste große Erhebung gegen das planetarische System, die modernste Form der Revolte. Und die verrückteste.«[12]

Die Kontroverse braucht nicht die zweite Staffel von Reportagen abzuwarten, um sich auch in den Kolumnen der französischen Zeitungen einzunisten: *Le Nouvel Observateur* veröffentlicht den Brief einer iranischen Leserin, die sich über den

11 Michel Foucault, »Eine Revolte mit nackten Händen«, in: *Corriere della sera*, 5. November 1978. »Herausforderung an die Opposition«, 7. November; »Die iranische Revolution verbreitet sich über Tonband-Kassetten«, 19. November, »Der mythische Führer der Revolte«, 26. November, alle a. a. O.

12 Michel Foucault, »Der mythische Führer der Revolte«, in: *Corriere della sera*, 26. November 1978. Foucaults ursprünglicher Titel war »Der Wahnsinn des Iran«.

von der Wochenzeitung am 16. Oktober veröffentlichten Artikel Foucaults beschwert: »Nach fünfundzwanzig Jahren Schweigen und Unterdrückung könnte das iranische Volk also nur zwischen Savak [der Geheimpolizei] und religiösem Fanatismus wählen?« Und sie fährt fort: »Spiritualität? Rückkehr zu den Quellen des Volkes? Saudi-Arabien trinkt von der Quelle des Islam. Die Hände und Köpfe von Dieben und Liebenden rollen. Man möchte meinen, daß für die abendländische Linke in Humanismusnöten der Islam erwünscht ist... bei den anderen! Viele Iraner, darunter ich selbst, sind angesichts der Idee einer ›islamischen Regierung‹ ratlos und verzweifelt. Sie wissen, wovon sie reden. Überall im Umkreis des Iran dient der Islam als Wandschirm der feudalen oder pseudo-revolutionären Unterdrückung. Häufig ist der Islam leider auch, wie in Tunesien, in Pakistan, in Indonesien und bei uns, das einzige Ausdrucksmittel geknebelter Völker. Die liberale Linke des Abendlandes sollte wissen, zu welcher Bleiglocke das islamische Gesetz für entwicklungsbereite Gesellschaften werden kann, und sich nicht durch ein Heilmittel verführen lassen, das vielleicht noch schlimmer ist als das Übel.« Foucault antwortet ihr unverzüglich, und seine Klarstellung erscheint in der folgenden Nummer der Wochenzeitung vom 13. November 1978. Er schreibt: »Da man im Iran demonstriert und sich mit dem Ruf nach einer ›islamischen Regierung‹ töten lassen hat, war es eine elementare Pflicht, sich zu fragen, welcher Inhalt diesem Begriff gegeben wurde und welche Kraft ihn antrieb. Ich habe übrigens auf mehrere Elemente hingewiesen, die mir wenig beruhigend vorkommen. Hätte im Brief von Mme. H. nur ein Lektüremißverständnis vorgelegen, hätte ich gar nicht darauf geantwortet. Aber er enthält zwei nicht leichtzunehmende Dinge: 1.) Die Verquickung aller Formen, aller Aspekte und aller Kräfte des Islam in ein und derselben Verachtung, nur um sie dann kurzerhand alle unter dem jahrtausendealten Vorwurf des ›Fanatismus‹ abzulehnen. 2.) Die Verdächtigung jedes Abendländers, sich nur aus Verachtung für die Muselmanen für den Islam zu interessieren (und was wäre von einem Abendländer zu sagen, der den Islam verachtete?). Das Problem des Islam als politischer Kraft ist ein entscheidendes Problem für unsere Epoche und für die kommenden Jahre. Die erste Bedingung, wenn man es auch nur mit einem bißchen Intelligenz in Angriff nehmen will, ist die, nicht damit anzufangen, Haß zu säen.«[13]

Foucault fährt auch weiterhin fort, sich für den Islam zu interessieren. Als Ayatollah Khomeini Paris am 1. Februar verläßt, nehmen gemeinsam mit ihm mehrere Journalisten das Flugzeug. Darunter Serge July und Claire Brière. Foucault ist zum Flughafen gekommen, um an dem teilzunehmen, was immerhin zu einem Ergebnis von weltweiter Tragweite wird. Am 13. Februar 1979 liefert er dem *Corriere della sera* erneut einen Artikel. Der Schah hat abgedankt, Ayatollah Khomeini ist zurückgekehrt. Millionen von Iranern drängen sich auf den Straßen, die vom Flughafen ins Herz von Teheran führen, Millionen von Frauen und Männern, die ekstatisch rufen: »Khomeini, Du bist endlich heimgekehrt.« Foucault geht mit sich über die Zukunft zu Rate. In einem früheren Artikel hatte er gesagt: »Ich kann keine Geschichte der Zukunft schreiben. Ich bin unanstellig, wenn es darum geht, die Vergangenheit vorauszusehen. Gleichwohl möchte ich versuchen, das zu erfassen, *was im Begriff ist, zu passieren*, denn in diesen Tagen ist nichts entschieden, und die Würfel rollen noch mitten im Schwung. Wahrscheinlich ist genau das die Arbeit des ›Journalisten‹, aber ich bin eben doch nur ein Neophyt.«[14] In diesem letzten Text schließt er seine lange Artikelreihe mit der folgenden Würdigung der Bewegung, die er vor seinen Augen sich hat abspielen sehen: »Ihre historische Bedeutung hängt vielleicht nicht von ihrer Übereinstimmung mit einem bekannten ›revolutionären‹ Modell ab. Sie verdankt sie wohl eher der Möglichkeit, die sie hat, die politischen Gegebenheiten des Mittleren Ostens umzustürzen, nämlich das weltweite strategische Gleichgewicht. Ihre Einzigartigkeit, die bisher ihre Stärke ausgemacht hat, birgt die Gefahr in sich, in der Folge ihre Expansionskraft zu fördern. Gerade als ›islamische‹ Bewegung kann sie die gesamte Region in Brand stecken, indem sie die instabilsten Regimes überrennt und die solidesten verunsichert. Der Islam, der nicht nur Religion, sondern auch Lebensweise ist, Zugehörigkeit zu einer

13 »Une Iranienne écrit«, in: *Le Nouvel Observateur*, 6. November 1978. Und Michel Foucault, »Réponse à une lectrice iranienne«, in: *Le Nouvel Observateur*, 13. November 1978.
14 *Corriere della sera*, 26. November 1978. Franz. Originaltext.

Geschichte und zu einer Zivilisation, droht ein gigantisches Pulverfaß im Maßstab von Hunderttausenden von Menschen zu bilden. Seit gestern kann jeder muslemische Staat von innen heraus revolutioniert werden, aus seinen weltlichen Traditionen.«[15]

Man hat viel von Foucaults Engagement »zugunsten« des Irans geredet. Nur wenige aber haben, was er diesbezüglich geschrieben hat, in aller Vollständigkeit zur Kenntnis genommen. Denn diese Texte sind nie übersetzt worden. Und Foucault hat sich dagegen ausgesprochen, daß sie in Italien zu einem Sammelband vereinigt würden. Es handelte sich in seinen Augen um Reportagen und nicht um Texte zur Aufnahme in ein Buch. Liest man sie heute im Zusammenhang, so bemerkt man die außerordentliche Faszination, die für ihn von der iranischen Revolution ausgegangen ist: einer Revolution, die sich der Politik oder zumindest abendländischen politischen Kategorien entzog. Sie war übrigens ein Phänomen, das alle Beobachter faszinierte. Bei Foucaults Tod kommt Jean Daniel auf diesen »Irrtum, den wir geteilt haben«, zu sprechen, und Serge July sagt noch heute, daß er dasselbe wie Foucault gedacht – und geschrieben – habe. Und doch konnte man, wie er hinzufügt, »bereits alle Zeichen dessen erahnen, was sich später ereignen sollte«. Es sei daran erinnert, daß das Regime des Schah tiefen Abscheu einflößte und die unvorstellbare Unterdrückung, die ihre Blutopfer forderte, einen breiten Strom von Sympathie für das iranische Volk geweckt hatte. Alle Welt wünschte sich, daß der Schah den Kampf verlieren, daß er den Iran verlassen möge. Ohne allzuviel Nachdenken darauf zu verwenden, was denn später passieren könnte. Foucault hat deutlich gesehen, daß dieses Land keineswegs so leicht zu traditionellen Formen der Politik zurückfinden und daß der religiöse Elan, der der Volkserhebung ihre ganze Kraft verliehen hatte, nicht verschwinden würde, wenn der Sieg einmal errungen war. Nein, die Mullas würden sich nicht weise in ihre Moscheen zurückziehen. Foucault sagt das ganz ausdrücklich. Eben das stellte er übrigens in der Folge seinen Widersachern vor Augen, um ihnen zu ent-

15 Michel Foucault, »Ein Pulverfaß namens Islam«, in: *Corriere della sera*, 13. Februar 1979. Franz. Originaltext.

gegnen: Ich hatte bereits vorausgesagt, was sich ereignen würde. Daniel Defert macht sich eben diese Sicht der Dinge in der kurzen biographischen Skizze zu eigen, die er in dem von der CFDT herausgegebenen Sammelband zu Ehren Foucaults veröffentlicht hat: »Foucault geht für die italienische Zeitung *Corriere della sera* zu politischen Reportagen in den Iran. Er erregt Anstoß, indem er zeigt, daß sich unter der politischen Subversion eine tiefe religiöse Bewegung ankündigt.«[16] Hat Foucault etwas anderes geäußert als diese einfache und hellsichtige Feststellung? Hat er unbedachte Hoffnungen in diese Zukunft gesetzt, die er da nahen sah? Daran besteht keinerlei Zweifel. Es ist jedoch sehr schwierig, nachträglich die Reichweite seines Mißgriffs auszuloten. Es ist ohnehin heikel genug, sich auf die Seite der Dinge zu schlagen und in journalistischen Reportagen die Wahl zwischen Fieber des historischen Augenblicks und tiefschürfendem politischen Urteil zu treffen. Foucault wollte einfach nur Journalist sein, sagt Thierry Voeltzel. Er war immer in Begleitung der Gruppe, die den Iran bereiste. Er kam und ging mit ihr. Vor allem mit Claire Brière und Pierre Blanchet, den Sonderkorrespondenten von *Libération*, denen er wenig später ein langes Interview für ihr Buch über den Iran gewährte.[17] Einfacher Journalist? Er wäre es gewesen, wenn heute niemand mehr daran dächte, ihm zum Vorwurf zu machen, was er geschrieben hat. Aber Foucault war es nicht. Vielleicht hatte er vergessen, vielleicht wollte er vergessen, daß er eben Michel Foucault war?

Andere machen sich stark, ihn daran zu erinnern. Sobald die neue Macht ihr wahres Gesicht gezeigt hat, das heißt ganz kurz nach der Rückkehr von Ayatollah Khomeini im Februar 1979, als die Inhaftierungen, die Exekutionen und die erneute Litanei der Blutopfer der Unterdrückung beginnen, wird Michel Foucault zur Zielscheibe einer Reihe manchmal brutaler Angriffe. Claudie und Jacques Broyelle, frühere Maoisten, die sich wieder zur Tugendlehre bekehrt haben, machen sich in den Spalten von *Le Matin* über ihn her. »Wovon träumen die Iraner?« hatte

16 Daniel Defert, »Quelques Repères chronologiques«, in: *Michel Foucault, une histoire de la vérité*, Paris 1985, S. 114.

17 Michel Foucault, »L'Esprit d'un monde sans esprit«, in: Claire Brière und Pierre Blanchet, *Iran. La révolution au nom de Dieu*, Paris 1979.

sich Foucault gefragt. »Woran denken die Philosophen?« erwidern die Broyelles. Foucault antwortet recht gezielt.[18]

Einige Tage später veröffentlicht er in *Le Nouvel Observateur* einen offenen Brief an Mehdi Bazargan, den Premierminister der »Islamischen Regierung«. Er erinnert an ihre Begegnung in Qhom im September 1978 und sagt: »Wir diskutierten über alle Regimes, die Unterdrückung geübt haben, und kamen auch auf die Menschenrechte zu sprechen. Sie brachten eine Hoffnung zum Ausdruck: es könne gelingen, in dem damals von den Iranern so allgemein geäußerten Willen nach einer islamischen Regierung eine reale Garantie für diese Rechte zu finden. Sie führten drei Gründe dafür an. Eine geistliche Dimension, sagten Sie, durchzog die Revolte eines Volkes, in dem jeder für eine ganz andere Welt alles riskierte (und für viele war dieses ›alles‹ nicht mehr und nicht weniger als sich selbst); es war nicht der Wunsch, von einer ›Regierung von Mullas‹ geleitet zu werden – Sie haben, glaube ich, diesen Ausdruck benutzt. Was ich damals, von Teheran bis Abadan, gesehen habe, stellte Ihre Äußerungen nicht in Abrede, weit gefehlt. Sie sagten auch, daß der Islam in seiner historischen Tiefe, in seiner heutigen Dynamik in der Lage sei, in dieser Frage der Rechte die schreckliche Wette zu halten, die der Sozialismus – und das ist das mindeste, was man sagen kann – nicht besser eingelöst hat als der Kapitalismus.«[19]

Ein letztes Mal stellt Foucault die Dinge in einem langen Artikel klar, der einen Monat später auf der Titelseite von *Le Monde* erscheint: »Inutile de se soulever?« (Unnötig, sich zu erheben?) – prachtvoller Ausfall eines bitteren und verletzten Menschen, der mit herablassender Eleganz an Äußerungen festhält, die er gemacht hat, und sie allen denen vor Augen führt, die sich berechtigt fühlen, ihm Lehren in politischer Moral zu erteilen. Der Artikel schließt mit einer Definition der Rolle der Intellektuellen und der ihr zugrundeliegenden Moral: »Die Intellektuellen heutiger Zeit haben keine sehr gute ›Presse‹: ich

18 Claudie und Jacques Broyelle, »A quoi pensent les philosophes?« in: *Le Matin*, 24. März 1979. Und Michel Foucaults Antwort ebenda, 26. März 1979.

19 Michel Foucault, »Lettre ouverte à Mehdi Bazargan«, in: *Le Nouvel Observateur*, 14. April 1979.

glaube, dieses Wort in einem recht präzisen Sinn verwenden zu können. Es ist also nicht der rechte Augenblick, zu sagen, daß man kein Intellektueller ist. Das käme mir übrigens komisch vor. Ich bin Intellektueller. Wenn man mich fragte, wie ich mir das, was ich mache, vorstelle, würde ich antworten: wenn der Stratege ein Mensch ist, der sagt: ›was bedeutet jener Tod, jener Schrei, jener Aufstand im Verhältnis zur Notwendigkeit des großen Ganzen, und was bedeutet mir jenes allgemeine Prinzip in der besonderen Situation, in der wir sind‹ – gut, dann ist es mir gleichgültig, ob der Stratege ein Politiker, ein Historiker, ein Revolutionär, ein Anhänger des Schah oder des Ayatollah ist; meine theoretische Moral ist die umgekehrte. Sie ist ›anti-strategisch‹: mit Respekt reagieren, wenn eine Einzelheit sich erhebt, mit Unnachgiebigkeit, wenn die Macht das Allgemeine verletzt. Die Wahl ist einfach, die Arbeit schwer: denn man muß etwas unterhalb der Geschichte auf das lauern, was sie unterbricht und antreibt, und gleichzeitig etwas hinter der Politik auf das achten, was sie bedingungslos einzugrenzen hat. Das aber ist letztlich meine Arbeit: ich bin weder der erste noch der einzige, der sie tut. Aber ich habe sie mir gewählt.«[20]

In der Folge bemüht sich Michel Foucault, Ahmad Salamatian zu helfen, der 1979 stellvertretender Minister für Auswärtige Angelegenheiten geworden ist, den Iran aber 1981 verlassen muß, nachdem er einige Monate im Untergrund verbracht hat.

Was die politische und journalistische Intervention betrifft, so versagt Foucault sie sich für lange Zeit, von einigen wenigen Ausnahmen abgesehen. Serge July erinnert sich, ihm einige Vorschläge unterbreitet zu haben, die er aber alle abgelehnt hat: man wird nicht aus dem Stegreif Journalist, gibt er ihm dem Sinne nach zur Antwort, man muß mehr arbeiten, alles besser kennenlernen... Der lange Artikel, den Foucault zu diesem Zeitpunkt über Jean Daniels *L'Ère des ruptures* (Die Ära der Brüche) schreibt, ist nicht nur eine Huldigung an eine freundschaftliche Verbindung: er klingt wie die Beichte einer fehlgeschlagenen Berufung, wie das Eingeständnis von Bewunderung für diejenigen, die ein Metier beherrschen, das nur allzu häufig

20 Michel Foucault, »Inutile de se soulever?« in: *Le Monde*, 11. Mai 1979.

darin besteht, Gewißheiten zu untergraben, ohne auf Überzeugungen zu verzichten, ein Urteil bis ins Gegenteil zu revidieren, dabei aber sich selbst treu zu bleiben. Bewunderung für jene, die von Tag zu Tag Merleau-Pontys Lehre in die Tat umsetzen, der dazu aufforderte, »sich nie damit zu begnügen, sich allzu behaglich in seinen eigenen Gewißheiten einzurichten«. Der Titel des Artikels: »Pour une morale de l'inconfort.«[21]

Nicht wenige Kommentatoren sind der Meinung, Foucault sei von den Einwänden und sarkastischen Entgegnungen, deren Gegenstand er nach jenem »Irrtum« in bezug auf den Iran wurde, tief getroffen gewesen. Und er habe Mühe gehabt, die erneute persönliche Prüfung zu bestehen, die sich jener früheren Krise hinzugesellte, nämlich der reservierten, kritischen Aufnahme des *Willens zum Wissen*. Aber er setzt seine Arbeit fort. Die angekündigte Fortführung von *Sexualität und Wahrheit* hat er noch nicht geliefert, und er arbeitet das ganze Projekt völlig um. Die Reihe thematischer Studien, die er geplant hatte, kommt nie zustande. Er hat sich in eine gewaltige Entzifferungsarbeit von Literatur aus der Frühzeit des Christentums gestürzt. Und zu diesem Zweck hat er seinen bisherigen Lieblingsort verlassen: die Bibliothèque nationale. Der Service dort hat sich derart verschlechtert, daß er es nicht mehr ertragen kann, endlose Wartezeiten für ein Buch auf sich zu nehmen, das er benötigt, oder Hindernisse und Formalitäten zu überwinden, die sich bei der Benutzung auch des geringfügigsten Dokuments häufen ... Er hat einen Zufluchtsort gefunden, an dem er über alle Bücher verfügen kann, die ihn interessieren: die Bibliothèque des Saulchoir in der Rue de la Glacière im 13. Arrondissement. Es ist die Bibliothek der Dominikaner von Paris, und sie wird von Michel Albaric geleitet, den Foucault im Jahre 1979 kennengelernt hat, als sie eines Abends gemeinsam bei Roger Stéphane speisten. Einige Zeit später trifft Foucault Albaric in der Bibliothèque nationale und beklagt sich über die Schwierigkeiten, mit denen er sich herumzuschlagen hat. »Kommen Sie doch ins Saulchoir«, bedeutet ihm der Geistliche.

21 Michel Foucault, »Pour une morale de l'inconfort«, in: *Le Nouvel Observateur*, 23. April 1979; deutsch: »Für eine Moral des Unbequemen«, in: M. F., *Von der Freundschaft*, a.a.O., S. 123–132.

Der »Saulchoir« ist ein winziger Lesesaal, dessen Glasscheiben auf einen viereckigen Hof hinausführen. Foucault liebt es, sich dort in der Nähe eines Fensters einzurichten, und verbringt ganze Tage dort.

Aber Foucault reflektiert nicht nur über Material und Inhalt der Bücher, an denen er gerade schreibt. Er beschäftigt sich auch mit ihrer äußeren Gestalt und, allgemeiner noch, mit verlegerischen Problemen. Das ist zu Anfang dieser achtziger Jahre sogar eine seiner Hauptsorgen. Die Gründe dafür sind vielgestaltig: Er ist der Meinung, daß der allzu große Ausstoß von wissenschaftlichen Büchern ihrer angemessenen Rezeption im Wege steht und eine Vielzahl von Mißverständnissen nach sich zieht. Sobald ein Werk den Kreis seiner realen Adressaten hinter sich läßt, das heißt der Forscher, die die Probleme, die es behandelt, und die theoretischen Traditionen, auf die es sich bezieht, kennen, bringt dieses Buch keine »Wissenseffekte« mehr hervor, sondern – nach Foucaults Ausdruck – »Meinungseffekte«. Diesen Meinungseffekten entrinnen – das scheint damals sein Hauptbestreben zu sein. Seine Losung: Ernsthaftigkeit. Einen Augenblick lang denkt er daran, fortan bei Vrin zu publizieren, jener rein akademischen Verlagsbuchhandlung an der Place de la Sorbonne, die sich auf akademische Arbeiten und fachwissenschaftliche Werke spezialisiert hat.

Diese Besinnung auf die Probleme von Edition und Verlagswesen verschärft sich und wird dringlicher, als Foucault jäh seine Verbindungen zu Pierre Nora abbricht. Seit dem Erscheinen von *Die Ordnung der Dinge* im Jahre 1966 sind ihre Beziehungen freundschaftlicher und einvernehmlicher Art gewesen. Anfang 1980 aber bringt Pierre Nord eine Zeitschrift mit dem Titel *Le Débat* heraus. Und Foucault schätzt die editorische Vorbemerkung Pierre Noras zu Beginn der ersten Nummer durchaus nicht – soviel läßt sich zumindest sagen –, die alle Autoren seiner eigenen Reihen, der »Bibliothèque des sciences humaines« und der »Bibliothèque des histoires« im Verlag Gallimard, reihum anzugreifen scheint. Foucault selbst sieht sich in mehreren Passagen dieses Textes angesprochen. Das ist der Anlaß zu einer heftigen Auseinandersetzung zwischen den beiden Männern, und Foucault faßt den Entschluß, die Folgebände von *Sexualität und Wahrheit* anderswo zu veröffentlichen. Er nimmt Kontakt zu verschiedenen Verlegern auf, und da die Neuigkeit sich sehr schnell herumspricht, nehmen auch verschiedene Verleger Kontakt zu ihm auf. Seine Wahl fällt auf den Verlag Seuil. Das Abkommen wird mit François Wahl getroffen, dem Herausgeber und Freund von Barthes.

Es ist allgemein bekannt: Foucaults Werke erscheinen dennoch weiter bei Gallimard. Was ist passiert? Warum dieses Umschwenken Foucaults, während Seuil bereits das Erscheinen der Bücher angekündigt hat? Der Grund dafür ist ganz einfach: Claude Gallimard hat Foucault empfangen und ihn daran erinnert, daß sein Haus seinerzeit den Film von René Allio, eine visuelle Adaption des *Falls Rivière*, mit finanzieller Unterstützung gefördert hat... Im Gegenzug hatte sich Foucault verpflichtet, alle seine Bücher bei Gallimard erscheinen zu lassen. Bis dahin hatte sich Foucault durch nichts umstimmen lassen. Sein Entschluß, Gallimard zu verlassen, war unwiderruflich. War er durch Vertrag gebunden? »Sollen sie mir eben einen Prozeß anhängen«, wiederholte er jedem, der es hören wollte. Diesmal aber fühlt er sich moralisch verpflichtet: er gibt also seine Bücher an Pierre Nora, mit dem er sich gleichwohl nie wirklich aussöhnt. Foucaults Zorn war, einmal ausgebrochen, nicht leicht zu besänftigen. Es gab bei ihm zwar »antike Weisheit«, aber er verfügte auch über die Leidenschaft und die Wutausbrüche, wie sie großer griechischer Tragödien würdig waren. Das ist einer der durchgehenden Züge seiner Existenz: Foucault hat sich sehr häufig mit Menschen zerworfen, denen er verbunden war. Er verlangte absolute Treue in der Freundschaft und verzieh nie, wenn er etwas als Verrat oder Heimtücke aufzufassen Anlaß sah. Der Bruch mit Pierre Nora ist eines der bezeichnendsten Beispiele dafür. Aber Nora ist bei weitem nicht der einzige, der die Nachwirkungen jener legendären Foucaultschen Gewitterstürme zu ertragen hatte. Eine ganze Vielzahl von Namen durfte in Foucaults Gegenwart nicht ausgesprochen werden.

Foucault läßt also seine Bücher bei Gallimard erscheinen, und es kommt im Jahre 1983 bei einem Gespräch mit Edmond Maire sogar zu einer Zusammenarbeit mit *Le Débat*. Ebenso gibt es das Projekt eines Dialoges mit Robert Badinter. Dennoch bleiben die Kontakte und Diskussionen mit François

Wahl bei Seuil nicht ohne Wirkung. Foucault sähe seine neuen Bücher gern als Ausgangspunkt einer Reihe, die strengen wissenschaftlichen Forschungen ihr volles Recht gibt, die von der Situation im Verlagswesen und der breiten Ideenzirkulation etwas erstickt werden. Diese Reihe wird denn auch gegründet. Sie trägt einen Titel, der wie eine Proklamation klingt: »Des Travaux«. Sie wird der Leitung von Paul Veyne, François Wahl und Michel Foucault unterstellt. »Das französische Verlagswesen«, erklären sie in ihrem (von Foucault geschriebenen) Werbetext, »spiegelt die Arbeit, die an den Universitäten und an den verschiedenen Forschungsstätten geleistet werden kann, augenblicklich nicht angemessen wider. Ebensowenig spiegelt sie wider, was im selben Rahmen im Ausland vor sich geht. Dafür gibt es wirtschaftliche Gründe – Produktionskosten, Übersetzungskosten –, die sich auf den Verkaufspreis der Bücher niederschlagen. Darüber hinaus gibt es den Raum der Meinungsbücher und das Echo, das sie in der Presse finden. Das Ziel dieser Reihe liegt nicht darin, sich diesen Platz zu erobern. Sie will keine wissenschaftlichen Werke in die Kreisläufe des Großkonsums einspeisen. Sie will Beziehungen zwischen homogenen Elementen stiften: von denen, die arbeiten, zu denen, die arbeiten. Es ist zu begrüßen, daß die Lektüre Allgemeingut wird, aber die verschiedenen Editionsraster dürfen nicht miteinander verquickt werden. Drei Arten von Texten sollen hier veröffentlicht werden: Arbeiten weitläufigen Zuschnitts, vor denen die Verleger oft zurückscheuen; kurze Arbeiten, die eine Untersuchung in einige Dutzend Seiten aufspalten und es ihr ermöglichen, sich zur Reihe zu entwickeln; Übersetzungen ausländischer Werke, die wir brauchen, um die Forschung in Frankreich aus der geistigen Enklave herauszuführen.«

Der erste Titel wird im Februar 1983 veröffentlicht – ein Buch von Paul Veyne mit dem Titel *Les Grecs ont-ils cru à leurs mythes?* (*Glaubten die Griechen an ihre Mythen?*). Am Schluß des Bandes findet sich ein Hinweis auf Werke, die »demnächst in derselben Reihe« erscheinen werden. Zwei Bände sind angekündigt: *La Reine et le Graal* von Charles Méla und *Le Gouvernement de soi et des autres* von Michel Foucault.[22]

22 Das hier angekündigte Buch Foucaults ist zweifellos dasjenige, das spä-

Alle, die zu Beginn dieser achtziger Jahre Foucaults Weg gestreift haben, erinnern sich, ihn über diese Probleme mit geradezu obsessioneller Hartnäckigkeit reden gehört zu haben. Die Bedingungen intellektueller Arbeit und die Situation der Forschung ließen ihn nicht los. Er ging viel mit sich über die Rolle der Zeitungen bei der Inkursetzung von Ideen und vor allem über die allgemeine Wertekonfusion zu Rate: Die »eilends hingeschluderten Bücher, die nahezu alles über die Geschichte der Welt seit ihrer Erschaffung ausbreiten«, erklärt er in einem Interview, »oder neuere Geschichten anhand von Slogans und vorfabrizierten Sätzen zusammenschustern«, werden auf eine Ebene mit den ernsthaften und strengen Werken gestellt. Mehr noch: sie drängen sich in den Vordergrund der Schaufenster und verweisen die anderen in den Hintergrund, wobei sie ihnen allmählich sogar die bloße Möglichkeit schmälern, überhaupt das Licht des Tages zu sehen.[23]

Michel Foucault bedauert vor allem die Auszehrung der »kritischen Funktion«: »Der Meinungsaustausch, die Diskussionen und eventuell sogar die recht lebhafte Auseinandersetzung in bezug auf unterschiedliche Ideen haben keinen Ort mehr, an dem sie sich zum Ausdruck bringen könnten. Denken Sie an die Zeitschriften. Es sind entweder Zeitschriften von Sekten oder Stützpunkte eines faden Eklektizismus. Was vergessen worden ist, ist gerade die Funktion der kritischen Arbeit. In den fünfziger Jahren war die Kritik eine Arbeit. Ein Buch lesen, über ein Buch sprechen war eine geistige Übung, der man sich gewissermaßen um ihrer selbst willen hingab, zu eigenem Nutzen, um sich selbst zu verändern. Gut über ein Buch sprechen, das man nicht liebte, oder mit hinreichender Distanz über ein Buch sprechen, das man etwas zu sehr liebte – diese Anstrengung arbeitete darauf hin, daß, von Schrift zu Schrift, von Buch zu Buch, von Werk zu Artikel, tatsächlich etwas passierte. Was Blanchot und Barthes ins französische Denken der fünfziger Jahre einge-

ter zu einem der Bände von *Sexualität und Wahrheit* geworden ist, die Foucault anfangs separat veröffentlichen wollte, später aber in das Gesamtprojekt integrierte. Vgl. zu diesem Aspekt unten, Teil III, »Das Leben als Kunstwerk«.

23 Michel Foucault, »Pour en finir avec les mensonges«. Postum erschienenes Interview in: *Le Nouvel Observateur*, 21. Juni 1985.

führt haben, war bemerkenswert. Die Kritik aber hat diese Funktion anscheinend vergessen, um mit politisch-richterlichen Funktionen vorliebzunehmen: den politischen Feind anprangern, beurteilen und verdammen oder urteilen und Kränze flechten. Das sind die armseligsten, die uninteressantesten Funktionen, die sich denken lassen. Ich gebe niemandem die Schuld. Ich weiß nur zu gut, daß die Reaktionen der Individuen in enger Verknüpfung mit den Mechanismen der Institutionen stehen, als daß ich mir erlauben könnte, zu sagen: da steht der Verantwortliche. Offenkundig aber existiert heute keinerlei Publikationstyp mehr, der eine wirklich kritische Funktion übernehmen könnte.«

Welche Abhilfen können einer solchen Situation von Verarmung entgegenarbeiten? »Mehrere Dinge sind da miteinander verbunden«, erklärt Foucault im selben Interview. »Es müßte neu bedacht werden, was die Universität oder wenigstens der Teil der Universität sein kann, den ich am besten kenne und wo Literatur, Humanwissenschaften, Philosophie usw. betrieben werden. Die Arbeit, die in den letzten zwanzig Jahren geleistet worden ist, ist durchaus beträchtlich. Man darf nicht zulassen, daß sie sich selbst steril macht. Zweitens muß die Frage der akademischen Editionen, der Forschungseditionen und Studienausgaben neu bedacht werden. Drittens müssen neue Publikationsorte, Zeitschriften, Broschüren usw. erschlossen werden.«[24] Und im Vorbeigehen prangert Foucault die Absurdität der der Universität anheimgestellten und mit dem System der *concours* verknüpften Ausbildung an: »Die Universität ist noch immer in häufig lächerliche oder altmodische Schulaufgaben versunken. Wenn man sieht, welche Aufgaben ein Kandidat für die *agrégation* in Philosophie zu bewältigen hat, ist das zum Weinen. Es ist falsche Arbeit, allem, was Forschung ist und sein müßte, absolut äußerlich. Ich kenne eine bestimmte Zahl von Studenten, die sich eine wirklich vollkommene Ausbildung bei der Herausgabe von Texten, bei der Kommentierung von Editionen, bei der Übersetzung fremdsprachiger Werke und bei der Präsentation ausländischer oder auch französischer Arbeiten erwerben könnten ... Das heißt Arbeit leisten, die für sie selbst

24 Ebd.

und andere nützlich ist.« Und Foucault schließt mit dem Geständnis: »Wissen Sie, wovon ich träume? Von der Gründung eines wissenschaftlichen Verlages. Ich bin ganz angestrengt auf der Suche nach solchen Möglichkeiten, die Arbeit in ihrem Werden, in ihrer problematischen Form in Erscheinung treten zu lassen. Ein Ort, an dem die Arbeit sich in ihrem hypothetischen und vorläufigen Charakter präsentieren könnte.«[25]

25 Ebd.

Die verfehlten Begegnungen

Die Place de la Bastille wimmelt von Menschen. Man singt die *Internationale*, die roten Fahnen werden entfaltet... Das »Volk der Linken« im Sinne jenes Ausdruckes, der später Furore machen sollte, feiert ausgelassen den Triumph seines Kandidaten für das Amt des Präsidenten der Republik. François Mitterrand hat über Giscard d'Estaing gesiegt. Michel Foucault hatte die Wahlaufrufe zugunsten des sozialistischen Kandidaten nicht unterzeichnen wollen: »Man darf sicher sein, daß die Leute erwachsen genug sind, sich zum Zeitpunkt der Stimmabgabe selbst zu entscheiden und sich später auch selbst freuen zu können, wenn es dazu kommt.«[1] Und eben das geschieht: An diesem 10. Mai 1981 geht er mit einigen Freunden in der sanften Wärme des Pariser Frühlings spazieren, mitten in der freudig erregten Menge, die seit der Bekanntgabe des Sieges von Mitterrand auf die Straßen geströmt ist. Einige Tage später sichert er der neuen Regierung, mit dem Blick darauf, daß »jetzt die Zeit gekommen ist, auf das zu reagieren, was in Angriff genommen werden muß«[2], in einem Interview, das in *Libération* erscheint, öffentliche und spektakuläre Unterstützung zu: »Drei Dinge beeindrucken mich«, erklärt er da. »Seit gut zwanzig Jahren ist in der Gesellschaft selbst eine Reihe von Fragen aufgeworfen worden. Und diese Fragen haben lange keinerlei Heimatrecht in der ›seriösen‹ und institutionalisierten Politik gehabt. Die Sozialisten scheinen die einzigen gewesen zu sein, die die Realität dieser Probleme erfaßt und darauf reagiert zu haben scheinen – was ihrem Sieg zweifellos zugute gekommen ist. Zweitens – und im Hinblick auf diese Probleme (ich denke vor allem an die Justiz oder an die Einwanderer-Frage) – sind die ersten Maßnahmen oder die ersten Erklärungen absolut konform mit dem, was man eine ›Logik der Linken‹ nennen könnte. Jene, aus der heraus Mitterrand gewählt worden ist. Drittens, und das ist das Bemerkenswerteste, zielen die Maßnahmen nicht in Richtung der öffentlichen Mehrheitsmeinung. Weder in bezug auf

---

1 Michel Foucault, »Est-il donc important de penser?«, Interview in: *Libération*, Samstag, 30. Mai, 1981.
2 Ebd.

die Todesstrafe noch auf die Einwanderer-Frage folgen die Entscheidungen dem Hauptstrom der öffentlichen Meinung.«[3] Aber gleichsam von einer erstaunlichen Vorahnung dessen inspiriert, was sich nur zu bald ereignen sollte, fügt er hinzu: »Mir scheint es, daß diese Wahl von vielen als eine Art Sieg-Ereignis erlebt worden ist, das heißt als Modifikation der Beziehung zwischen Herrschenden und Beherrschten. Nicht daß die Beherrschten den Platz der Herrschenden eingenommen haben. Letztlich hat es sich um eine Verschiebung in der politischen Klasse gehandelt. Man tritt in eine Parteiherrschaft ein, mit all den Gefahren, die das mit sich bringt, wie man nie vergessen sollte. Aber was seit dieser Modifikation auf dem Spiel steht, ist, herauszufinden, ob es möglich ist, zwischen Beherrschten und Herrschenden eine Beziehung herzustellen, die kein Gehorsamkeitsverhältnis, sondern ein Verhältnis ist, bei dem die Arbeit eine wichtige Rolle spielen wird. [...] Man muß aus jenem Dilemma herausfinden: man ist für etwas oder gegen etwas. Letzten Endes muß man einander offen und aufrecht entgegentreten. Die Zusammenarbeit mit einer Regierung setzt weder Unterwerfung noch globale Anerkennung voraus. Man kann sehr wohl gleichzeitig zusammenarbeiten und widerspenstig sein. Ich glaube sogar, daß beides Hand in Hand geht.«[4] Aber nicht diese gemeinschaftliche »Arbeit« ist es, die die sozialistische Regierung Foucault vorschlagen wird. Zwar bietet man ihm Positionen an: Kulturattaché in New York oder Generaldirektor der Bibliothèque nationale. Es hat sogar den Anschein, daß er es war, der im ersten Falle abgelehnt hat. Zweifellos hätte er eingewilligt, Botschafter zu werden, aber er war der Meinung, daß der Status eines Kulturattachés seinem Alter nicht mehr entsprach und auch nicht dem entsprochen hätte, was er sich von einer Regierung erhoffen durfte, die ihn ehren wollte. Umgekehrt hätte er die Leitung der Bibliothèque nationale mit Sicherheit angenommen. Er führte sich bereits – im Scherz natürlich, aber das beweist immerhin, daß er die Angelegenheit für möglich hielt – die prachtvolle Dienstwohnung und das eindrucksvolle Büro vor Augen, die ihm dann zur Verfügung

3 Ebd.
4 Ebd.

426

gestanden hätten. Berufen wird dann jedoch ein François Mitterrand Nahestehender. Und als die Position zwei Jahre später erneut vakant wird, ist keine Rede mehr davon, Foucault für ihre Übernahme zu gewinnen. Es ist vielmehr sein Kollege André Miquel vom Collège de France, der gewählt wird.

Warum haben sich die Beziehungen zwischen Foucault und der sozialistischen Regierung so rasch verschlechtert? Weil Foucault, der sich seit der Iran-Affäre etwas ins Abseits zurückgezogen hatte, zum Zeitpunkt des Staatsstreiches in Polen einen laut nachhallenden Wiedereintritt ins Universum der Manifeste und Bittschriften vollzieht. Indem er mit allem Nachdruck unter Beweis stellt, was er seine »Widerspenstigkeit« in bezug auf die Macht genannt hat, und sei es die der Linken.

Am 13. Dezember 1981 erfährt alle Welt mit Verblüffung, daß der polnische Traum im Scheitern begriffen ist und General Jaruselski soeben mehreren Monaten von Agitation und Entwicklung der Gewerkschaftsbewegung Solidarność ein brutales Ende gesetzt hat. Die Oppositionsführer sind inhaftiert, und in den Straßen der großen Städte patrouillieren die Panzerwagen. Die Reaktion des französischen Außenministers, des Sozialisten Claude Cheysson, schockiert alle diejenigen heftig, die sich hinsichtlich des Ingangkommens eines Demokratisierungsprozesses in Warschau und Danzig mit großen Hoffnungen getragen hatten. Er erklärt nämlich, daß es sich da um eine ausschließlich innere Angelegenheit Polens handele und die französische Regierung keinerlei Einmischung beabsichtige.

Am folgenden Morgen klingelt bei Michel Foucault sehr früh das Telefon. Es ist noch nicht einmal acht Uhr. Am Apparat ist Pierre Bourdieu. Er ruft an, um ihm vorzuschlagen, auf diese Erklärung zu reagieren, die er für skandalös hält. Foucault ist einverstanden. Ohne das geringste Zögern. Und einige Minuten später schreiben der Philosoph und der Soziologe in der Rue de Vaugirard einen Protestaufruf. Die beiden Männer kennen sich relativ gut. Sie sind sich in der Rue d'Ulm begegnet, wo Bourdieu 1951 eingetreten ist. Sie haben seither wenig miteinander zu tun gehabt, aber doch viele Berührungspunkte. Etwa die große Wertschätzung, die sie Georges Canguilhem entgegenbringen, für dessen Schüler sich beide halten. Foucault hat überdies zu Beginn des Jahres 1981 zur Wahl Bourdieus ins

Collège de France beigetragen. Und von diesem Zeitpunkt an datiert zweifellos eine gewisse Annäherung zwischen den beiden »Star«-Denkern des französischen Universitätslebens, die ihre jeweiligen Laufbahnen und Interessenschwerpunkte etwas voneinander entfernt gehalten hatten. Dies ist zweifellos das erste Mal, daß sie sich gemeinsam in eine Aktion stürzen. Bourdieu hat sich nämlich, was die Bewegungen in der Nachfolge vom Mai 1968 betrifft, etwas zurückgehalten. Er ist kein militanter Kämpfer gewesen und hat zu den linken Gruppen der sechziger und siebziger Jahre immer Distanz gewahrt, so wie er das in den fünfziger Jahren zur Kommunistischen Partei getan hatte, der er im Gegensatz zu vielen anderen nie beigetreten ist. Während Jean-Claude Passeron, mit dem zusammen Bourdieu 1964 *Les Héritiers* (*Die Illusion der Chancengleichheit*) und 1970 *La Réproduction* (*Grundlagen einer Theorie der symbolischen Gewalt*) geschrieben hatte, Foucault in Vincennes wieder begegnet war und bei den Aktivitäten des GIP und des Komités Djellali mit ihm zusammengearbeitet hatte.

Am Vormittag dieses 14. Dezember aber sind Foucault und Bourdieu auf gleicher Wellenlänge. Der Text ihres Aufrufes ist rasch bewerkstelligt, und die Tonart fällt ziemlich heftig aus. Foucault ist darüber hinaus auch von Bourdieus Vorschlag eingenommen, Kontakt zur CFDT aufzunehmen, natürlich mit dem Hintergedanken, zwischen einer Arbeitergewerkschaft und den Intellektuellen ähnliche Verbindungen zu entwickeln wie diejenigen, die in Polen zwischen *Solidarność* und kulturellen und akademischen Kreisen bestanden haben.

Zuvor aber müssen noch einige Unterschriften unter den Text gesammelt werden, den sie geschrieben haben und der dann veröffentlicht werden soll. Die Affäre wird kurz und knapp betrieben, und einige Stunden später wird der Text an *Libération* und AFP übermittelt, unterstützt von einigen Namen, die für die französische Linke Symbolcharakter haben: Marguerite Duras, die dafür bekannt ist, daß sie François Mitterrand nahesteht, der Regisseur Patrice Chéreau, Simone Signoret und Yves Montand, bei denen an diesem Tage der Cinéast Claude Sautet und der Schriftsteller Jorge Semprun zum Essen geladen sind, die in einem Zug mit unterschrieben haben. Gilles Deleuze, zu dem Kontakt aufgenommen wird, zieht es vor, sich der Unterschrift zu enthalten, weil er eine sozialistische Regierung, die sich eben erst konstituiert hat, nicht in Verlegenheit bringen möchte. Der Aufruf erscheint also am 15. Dezember in *Libération*, und zwar unter dem Titel »Die verfehlten Begegnungen«: »Die französische Regierung sollte nicht, wie Moskau und Washington, glauben machen wollen, daß die Einsetzung einer Militärdiktatur in Polen eine innere Angelegenheit ist, die den Polen die Möglichkeit freistellt, selbst über ihr Geschick zu bestimmen. Das ist eine unmoralische und trügerische Behauptung [...]. Im Jahre 1936 hat sich eine sozialistische Regierung mit einem Militärputsch in Spanien konfrontiert gesehen; im Jahre 1956 hat sich eine sozialistische Regierung mit der Unterdrückung des Ungarn-Aufstandes konfrontiert gesehen. Im Jahre 1981 ist eine sozialistische Regierung mit dem Staatsstreich von Warschau konfrontiert. Wir wollen nicht, daß ihre Einstellung dazu wie die ihrer Vorgängerinnen ausfällt. Wir rufen ihr in Erinnerung, daß sie versprochen hat, gegenüber den Verpflichtungen der *Real-Politik**den Verpflichtungen der internationalen Moral Geltung zu verschaffen.« Es folgt die ziemlich kurze, aber sehr ruhmreiche Liste der Erstunterzeichner: »Pierre Bourdieu, Professor am Collège de France; Patrice Chéreau, Regisseur; Marguerite Duras, Schriftstellerin, Bernard Kouchner, Mitglied von Médecins du Monde; Michel Foucault, Professor am Collège de France; Claude Mauriac, Schriftsteller; Yves Montand, Schauspieler; Claude Sautet, Filmregisseur; Simone Signoret, Schauspielerin.«[5]

In der vom 15. Dezember stammenden Nummer von *Libération* ist dieser Aufruf ein wenig an den unteren Seitenrand gerutscht. Man kann nicht sagen, daß die Leitung des Blattes ihn geradezu habe herausstreichen wollen. Übrigens durfte niemand, nicht einmal die Unterzeichner, auf den gewaltigen Widerhall gefaßt sein, den diese wenigen Zeilen und die Namen in ihrem Gefolge finden würden. Dennoch lädt der Journalist Ivan Levaï, der das Vormittagsprogramm von Europe I mit einer sehr hohen Einschaltquote leitet, auf der Stelle Michel Foucault und Yves Montand ein, die ihm am 16. Dezember ihr

---

* Deutsch im Original. (A. d. Ü.)

5 *Libération*, 15. Dezember 1981.

Vorgehen erläutern sollen. Am darauffolgenden Tag veröffentlicht *Libération* den Protestaufruf erneut, diesmal mit neuen Unterzeichnern: der Schauspieler Guy Bedos, der Bildhauer Ypousteguy, der Cinéast Jean-Louis Comolli, der Historiker Pierre Vidal-Naquet... Mit einer Adresse: der der Historikerin Jeannine Verdès-Leroux, der Unterschriften und Solidaritätsbekundungen eingesandt werden können. Es kommt zu einer wahren Sintflut. In wenigen Tagen treffen mehrere hundert Briefe ein. *Libération*, das Blatt, das angekündigt hatte, tagtäglich die Listen mit den neuen Unterzeichnern zu veröffentlichen, muß rasch darauf verzichten, so eindrucksvoll ist der tägliche Posteingang. Namen aus dem Kunst- und Universitätsleben: Claude Roy und Loleh Bellon, Suzanne Flon, René Allio, Emmanuel Le Roy Ladurie, Georges Canguilhem, Jean Bollack, Paul Veyne... Und Dutzende weiterer Forscher, Studenten, Gymnasiasten und Gewerkschaftler, die ganze Seiten voller in den Hörsälen, den Klassenräumen, den Instituten und den Büros gesammelter Unterschriften einsenden... Häufig sind die Unterschriften von Briefen begleitet: sie gehen von der einfachen Sympathiekundgebung bis hin zum Hilfsangebot bei eventuellen Initiativen. Das Echo dieser Bittschrift ist um so handgreiflicher, als es den Strom von Sympathie aufs deutlichste zur Geltung bringt, der fünfzigtausend Menschen veranlaßt hat, auf die Straßen von Paris zu gehen, um gegen den polnischen Staatsstreich zu protestieren, eine Demonstration, bei der die Sozialisten ausgebuht und ausgepfiffen und mit Rufen wie »Jeder kehre vor seiner eigenen Tür, Cheysson« begleitet werden. Im Umkreis der Ereignisse in Polen kommt es in Frankreich zu einer bemerkenswerten Mobilisierung der öffentlichen Meinung, und die gesamte Presse verwendet jeden Tag sehr viele Seiten darauf. Die Verkaufszahlen von *Libération*, die sich in gewisser Weise zum Wortführer der ganzen Bewegung gemacht hat, schnellen buchstäblich in die Höhe, und das Blatt veröffentlicht sogar eine Sondernummer, in der die von einem Tag zum anderen erschienenen Artikel und Kommentare gesammelt und zusammengefaßt werden.

Die Reaktion der Sozialistischen Partei und der Regierung bemißt sich an der Aufnahme, die diesem von Bourdieu und Foucault in aller Eile verfaßten Entrüstungsmanifest bereitet wird. Lionel Jospin, damals Generalsekretär der Partei, geht bei einer Rundfunksendung sehr heftig mit Yves Montand ins Gericht, um daran zu erinnern, daß der Schauspieler und Sänger 1956 eine Tournee in die UdSSR unternommen hatte. Yves Montand erwidert am nächsten Tag mit einem öffentlichen Brief: »Gerade weil ich 1956 in die UdSSR gegangen bin, hat man mich seither niemals mehr bewegen können, Wörter wie ›Gegen-Revolution‹, ›Nicht-Einmischung in die inneren Ange-legenheiten von Bruderparteien‹ oder ›da gibt es nichts zu tun‹ zu schlucken.«[6] Jack Lang, der Kultusminister, ist nicht der letzte, der sich ins Getümmel wirft, um den Gegenangriff zu organisieren. »Welche Clowns, welche Unehrlichkeit«, preßt er sich entrüstet in *Les Nouvelles littéraires* ab[7], bevor er dann in einem in *Le Matin* erscheinenden Interview diese Gruppe von Intellektuellen angreift, die in seinen Augen den Beweis für eine »typisch strukturalistische Inkonsequenz« abgelegt hat. Und er fügt hinzu: »Man ist genötigt, festzustellen, daß die Unter-zeichner zunächst die französische politische Mehrheit spalten wollen, bevor sie dem polnischen Volk Hilfe leisten.«[8] Richtig ist, daß die »Einheit der Linken« am Rande des Zusammen-bruchs steht und die Rechte lauthals nach der Demission der kommunistischen Minister in der Regierung ruft. Aber der von Jack Lang angeschlagene, übertrieben polemische Tonfall über-rascht alle Beobachter. Die Virulenz seiner Äußerungen erklärt sich in der Tat aus der Atmosphäre, die damals in Frankreich nach der Wahl von François Mitterrand zum Präsidenten der Republik herrscht. Jack Lang hat sich für den Minister der Intellektuellen gehalten, für den Chronisten ihrer Taten und Meinungen, und vor allem hat er wohl etwas vorschnell geglaubt, daß alle diejenigen, die auf seiten der Linken Auf-nahme gefunden haben, einstimmig das Lob dieser neuen Macht anstimmen würden, die die Rechte gestürzt und das »alte Regime« aufgehoben hatte – im Sinne der Rhetorik, die er sich in diesem Augenblick zur Geltung zu bringen bemüht. Der Kultusminister beschrieb diesen Machtantritt der Linken gern

6 *Libération*, 18. Dezember 1981.
7 *Les Nouvelles littéraires*, Sondernummer Polen. Ergänzungsbeilage zu Nr. 2817, Dezember 1981.
8 *Le Matin*, 21. Dezember 1981.

als Übergang vom »Dunkel« zum »Licht«. In diesem Zusammenhang erscheint ihm eine Petition von Mitgliedern der Linken, an eine Macht gerichtet, die sie in seinen Augen als die ihre hätten auffassen müssen, unannehmbar, undenkbar, unmöglich. Und doch – genau das passiert. Also setzt er alle ihm zu Gebote stehenden Mittel ein, um ein »Gegen-Feuer« zu entfachen, wie eine seiner früheren Mitarbeiterinnen sagt, und um zu zeigen, daß die Intellektuellen in dichtgeschlossenen Reihen hinter ihm und dem von ihm verehrten Präsidenten stehen. Das geschieht zunächst mittels einer weiteren Petition, die – in Gestalt einer vom Kultusministerium bezahlten Werbeeinschaltung – eine halbe Seite von *Le Monde* einnimmt. Sie ist von Jack Lang ganz buchstäblich bei einem der ihm Nahestehenden in Auftrag gegeben worden, bei dem Schriftsteller Jean-Pierre Faye, den er auch damit betraut hat, Unterschriften unter einen Text zu sammeln, der die Unterdrückung in Polen brandmarkt, wenn er auch gleichzeitig auf schonende Weise das Handeln Mitterrands billigt. Dieser Aufruf findet die Zustimmung einer großen Zahl von Persönlichkeiten, die sich allerdings größtenteils nicht über die Strategie im klaren sind, der der Text, den man ihnen zur Unterzeichnung vorlegt, dient. Darunter sind François Jacob, Jean Lacouture, Alfred Kastler, Vladimir Jankélévitch, Antoine Vitez und Jean Daniel ... Ebenso Pierre Vidal-Naquet, der später leugnen wird, seine Zustimmung gegeben zu haben. Und Gilles Deleuze ... Jack Lang und Jean-Pierre Faye organisieren überdies eine große Demonstration zur Unterstützung des polnischen Volkes, bei der sich am 22. Dezember vor der Opéra von Paris zweitausend Eingeladene drängen. Michel Foucault, Simone Signoret, Yves Montand und Patrice Chéreau beschließen, daran teilzunehmen, und treffen sich in einem nahegelegenen Café, um als Gruppe aufzutreten. Foucault hat im Gegensatz zu den anderen keine Einladungskarte bekommen. »Vergeblich«, erzählt Claude Mauriac, »hatten Costa-Gavras und ich ihm vorgeschlagen, doch eine von unseren Einladungen zu nehmen. Niemals, hatte er aufgeschrien, es kam gar nicht in Frage; wenn man ihm diesen Papierfetzen abforderte und ihm den Eintritt verwehrte, würde er eben auf der Stelle gehen (und wir mit ihm, sagten wir uns, Simone Signoret, Costa-Gavras, Chéreau und ich) und telefonieren. Mit wem? Mit *Libération*, man stelle sich den Skandal vor, um keinen Preis möchte er das versäumen, und er jubelte im voraus, während wir anderen fest entschlossen waren, uns mit ihm zu solidarisieren, ohne aber doch ganz sicher zu sein, ob das zweckmäßig wäre.«[9] Aber es kam zu keinem Zwischenfall. Foucault hatte keinerlei Mühe, die Opéra zu betreten.

Inzwischen setzt sich die Polemik fort: Pierre Bourdieu entgegnet im Namen der Protestierenden und schmettert Jack Lang und Lionel Jospin gewaltsam in die Seile. Er fordert die Unabhängigkeit der Intellektuellen von allen Mächten, bevor er dann für die Rückkehr zur Tradition der »libertären Linken« plädiert, die von der Linken der Apparate und Apparatschiks erstickt wird.[10] Mit dem Austausch solcher Liebenswürdigkeiten ist der Bruch zwischen der sozialistischen Regierung und einigen der hervorragendsten Vertreter des französischen Geisteslebens vollzogen. Dennoch waren die Sozialisten, allem Anschein und der Virulenz ihrer Reaktion zum Trotz, für die ihnen entgegengehaltenen Vorwürfe nicht taub: Als Michel Foucault und Yves Montand im Rundfunk gesprochen hatten, war eigens ein Streifenpolizist aus dem Élysée-Palast gekommen, um das Tonband der Sendung abzuholen. Und tatsächlich haben sowohl Lionel Jospin als auch Jack Lang, obwohl sie aggressiv auf die Unterzeichner-Intellektuellen reagieren, sich bemüht, den Schuß zu korrigieren, indem sie sich weigern, die Erklärungen von Claude Cheysson mitzutragen, und statt dessen darauf verweisen, daß sie nur ihren Autor und nicht die Sozialisten insgesamt binden.

Aber das Unglück ist nun einmal geschehen, und Michel Foucault wird diese Episode nicht so bald vergessen. Er lehnt es ab, sich mit der sozialistischen Partei und ihrer Regierung auszusöhnen, trotz zahlreicher Ansätze dazu, die von ihren Vertretern ausgehen. Jack Lang lädt ihn ein, sich in seinem Büro zu all dem zu erklären. Michel Foucault macht sich auf und kommt zurück, indem er zu seinen Freunden sagt: »Ich habe ihn wie einen Dummkopf behandelt.« Die Unterhaltung verlief zweifellos weniger brutal, eines aber ist sicher: die Brücken werden

9 Claude Mauriac, *Le Temps immobile*, Band IX: *Mauriac et fils*, Paris 1986, S. 359 f.
10 *Libération*, 23. Dezember 1981.

nahezu völlig abgebrochen, selbst wenn Foucault im September 1982 an einem von François Mitterrand organisierten Essen teilnimmt, bei dem auch Simone Signoret, Pierre Vidal-Naquet und Jean Daniel zugegen sind. Ein Essen, dem »sich zu entziehen ihm nicht gelungen war«, wie er zu den ihm Nahestehenden sagte. Foucault hat daraufhin sozusagen keine weiteren Beziehungen mehr zu den Sozialisten. Mit einigen bemerkenswerten Ausnahmen, wie man sehen wird. Foucault entschließt sich überdies, nie mehr *Le Monde* zu lesen, dessen Chefredakteur, Jacques Fauvet, die Intellektuellen kritisiert hat, denen »es so schwer fällt, den 10. Mai hinzunehmen.« Er versäumt keine Gelegenheit, daran zu erinnern, daß er das Blatt nicht mehr liest, und fordert seine Freunde und Studenten auf, es ihm nachzutun.

Letztlich wird diese »Petition«, die auch weiter nichts als eine einfache Peripetie hätte bleiben können, also zu einem politischen Faktum allererster Bedeutung. Zunächst für die Sozialisten. Später dann auch für Foucault. Denn die Idee Bourdieus hat sich ihren Weg gebahnt, und die Annäherung an die CFDT ist ohne langes Zögern vollzogen worden. Noch am selben Tag, als sich die Unterzeichner des Aufrufs der »verfehlten Begegnungen« zusammenfanden, hatte Bourdieu, fest entschlossen, dieses Treffen nicht zu versäumen, mit den Mitarbeitern von Edmond Maire telefoniert. Der Generalsekretär der Gewerkschaft gibt Hinweise auf diese ersten Unterhaltungen in einem in *Libération* vom 15. Dezember erschienenen Interview, das heißt in eben der Nummer, in der der »Foucault-Bourdieu«-Protestaufruf steht, wie man diese Petition, die soviel Aufsehen erregt, fortan auch nennt: »Wir haben heute morgen Kontakt mit einer ganzen Reihe von Intellektuellen gehabt, die bisher keine besonderen Beziehungen zur CFDT unterhalten haben. Sie brachten den Wunsch zum Ausdruck, daß sich in Frankreich eben die Verbundenheit von Arbeitern und Intellektuellen manifestiert, die eines der Glieder und Kräfte von *Solidarność* gewesen sind.«[11] Ein erstes Treffen wird am 16. Dezember um 18 Uhr in den Räumen der CFDT in der Rue Cadet im 9. Arrondissement von Paris organisiert. Mehrere leitende

11 *Libération*, 15. Dezember 1981.

Gewerkschaftsführer aus der Zentrale nehmen teil, darunter auch Edmond Maire, der allerdings nicht lange bleiben kann: er muß einige Minuten später zu einem Empfang beim Premierminister. Anwesend sind Michel Foucault, Pierre Bourdieu und der Mathematiker Henri Cartan, ebenso einige der CFDT nahestehende Universitätsvertreter wie Alain Touraine, Jacques Julliard, Pierre Rosanvallon... Bourdieu besteht auf der Notwendigkeit der Begründung einer dauerhaften Verbindung zwischen der Gewerkschaft und der aus Anlaß des Augenblicks versammelten Intellektuellengruppe, um im Notfall rasch reagieren zu können. Foucault beharrt seinerseits auf der Schaffung eines Informationszentrums oder einer Presseagentur, der dann die Aufgabe zufiele, die Informationen aller Art – politische, juristische usw. – über die Situation in Polen zu sichten, zu filtern und wieder in Umlauf zu bringen.

Ein weiteres Treffen findet am darauffolgenden Tag statt, bei dem ein gemeinsamer Text in der Absicht verfaßt wird, ihn einige Tage später zu veröffentlichen. Und dieses Mal, nämlich am 22. Dezember, findet die Zusammenkunft im Hauptsitz der Gewerkschaft am Square Montholon im 9. Arrondissement statt. Denn es handelt sich nicht mehr einfach nur um ein Treffen im kleinen Kreis. Im Saal sind etwa hundert Personen anwesend. Auf dem Podium nebeneinander: Edmond Maire, Pierre Bourdieu, Michel Foucault, Jacques Chérèque... Es ist der Mathematiker Laurent Schwartz, der die einige Tage zuvor verfaßte Denkschrift verliest: »Es genügt nicht, den Gewaltstreich zu verurteilen... Man muß sich mit dem polnischen Volk in seinem Kampf verbünden.« Dann wird die Operation *badges* angekündigt: kleine weiße Rechtecke, auf denen in Rot der Namenszug *Solidarność* steht, sollen an den Revers der Jakken und Mäntel getragen werden. Foucault trägt seines mehrere Monate lang. Im Laufe dieses Vormittags ergreift er ausführlich das Wort: »Wir haben langfristig und auf kontinuierliche Weise zu arbeiten. Das erste Problem ist das der Information. Die Stimme von *Solidarność* darf nicht erstickt werden. Also muß alle Aufmerksamkeit auf die Initiative gerichtet sein, die darauf abzielt, der *Solidarność* eine Presseagentur zur Verfügung zu stellen, die jeden Tag ein Informationsbulletin herausbringen könnte.« Ebenso schlägt er die Entsendung einer Juristen- und

Ärztedelegation nach Polen vor und verweist auf die Projekte der Organisation »Médecins du Monde« und ihre Operation »Varsovivre«.*

Auf diese Demonstration in den Räumen der CFDT folgt einige Tage später eine Reihe von Zusammenkünften, die in der Fakultät von Jussieu stattfinden und am 20. Februar in einen »Studientag« über Polen münden, der unter dem Hauptthema »Brückenschlag in den Ost-West-Beziehungen« steht. Michel Foucault nimmt mit schöner Regelmäßigkeit an den Vorbereitungssitzungen, später dann auch am Studientag selbst teil, der mehrere hundert Personen anzieht.

Manche der Teilnehmer an den Gruppensitzungen gehen jedoch mit sich über das Wesen ihrer Beziehungen zur CFDT zu Rate und stellen sie manchmal ernstlich in Frage. Kurz vor dem Studientag kommt das Unbehagen jäh zum Ausbruch: »Wir wollen keine Weggefährten der CFDT werden«, erklären sie, »ihr seid da als Organisation«, sagen sie zu den Gewerkschaftsvertretern, »wir sind da als Individuen, wir werden zu bloßen Satelliten-Mitläufern.« Michel Foucault beeilt sich, die Gemüter zu beruhigen, und beschließt den recht lebhaft ausgebrochenen Meinungsaustausch mit folgenden versöhnlichen Worten: »Es handelt sich nicht darum, Weggefährten zu werden. Es handelt sich nicht darum, Seite an Seite zu gehen, sondern zusammenzuarbeiten.« Eine Formulierung, die sehr genau die Optik erkennen läßt, aus der er diese Aktion geführt sehen wollte. Schließlich läßt er diese Jussieu-Treffen dann aber doch fahren, etwas ermüdet von ihrem »folkloristischen« Aspekt und vor allem von ihrer völligen Ergebnis- und Sinnlosigkeit. Bourdieu hat sich aus eben diesen Gründen bereits seit langem ausgeklinkt. Im übrigen überlebt die Bewegung ihren gedämpften Abschied nicht allzu lange.

Mehrere Monate lang nimmt Foucault jedoch weiterhin an den Sitzungen des *Solidarność*-Komitees teil, die von den in Paris ansässigen Polen organisiert werden. Der dafür Verantwortliche, Seweryn Blumstajn, hat eine Schilderung des Philosophen gegeben, »der, mit außergewöhnlicher Hingabe, ganze Stunden

---

* »Varsovivre«: Zusammensetzung aus *Varsovie* (Warschau) und *vivre* (leben). (A. d. Ü.)

darauf verwendete, uns bei den allerbürokratischsten und immer wiederholten und ermüdenden Aufgaben zu helfen. Man konnte stets auf ihn zählen. Ich hatte den Eindruck, daß ich ihn dazu nötigte, kostbare Zeit zu verschwenden. Beispielsweise war er Mitglied unserer Finanzkontrollkommission. Ich erinnere mich seiner zahlenübersähten langen Rechenschaftsberichte. Ich konnte mich nicht der Idee erwehren, daß er eigentlich Besseres zu tun hatte.«[12] Besseres zu tun? Jedenfalls nimmt Foucault sein Engagement zugunsten der Polen sehr ernst und scheut keine Mühe. Im September 1982 beispielsweise macht er sich zusammen mit Simone Signoret auf, um Bernard Kouchner bei der letzten von »Médecins du Monde« organisierten »Varsovivre«-Delegation zu begleiten. Zwei weitere Ärzte sind dabei: Jean-Pierre Maubert und Jacques Lebas. Dreitausend Kilometer, in deren Verlauf jeder den Lastwagen steuert, der den Polen Medikamente bringt, »die sie zwar nicht wirklich brauchen«, wie Bernard Kouchner schreibt, um damit zum Ausdruck zu bringen, daß diese Konvois schlicht und einfach »das einzige Mittel waren, nicht alle diejenigen aufzugeben, die die Hoffnungen dieser großen Hälfte eines zum Käfig gewordenen Europa trugen«.[13] Der Lastwagen transportierte darüber hinaus, wenn auch auf diskretere Weise, Schriften und Druckmaterial.

In Warschau begegnen sie militanten Regimegegnern, Intellektuellen, Studenten... Und die kleine Gruppe entwickelt den Plan, Walesa einen Besuch im Gefängnis abzustatten. Aber die Genehmigung dazu wird ihnen nicht bewilligt. Ein Augenblick tiefer Betroffenheit bei diesem kurzen Aufenthalt: ihr Besuch in Auschwitz. »Wir trennten uns voneinander, um herunterzusteigen«, erzählt Bernard Kouchner, »um jeder einen ganz kurzen Augenblick lang zu warten, einen kurzen Moment, bis der Verbrennungsofen da vor uns in seiner thermischen Einfachheit zur Gewißheit wurde.«[14] Bei seiner Rückkehr aus Polen erläutert Foucault die Gründe, die ihn zu dieser gerade beendeten Reise bewogen haben: »Die Polen brauchen es dringend, daß man mit

12 Seweryn Blumstajn, in: *Michel Foucault, une histoire de la vérité*, Paris 1985, S. 98.
13 Bernard Kouchner, »Un vrai samouraï«, in: ebd., S. 126.
14 Ebd.

ihnen spricht, daß man hinfährt. Aber sie brauchen es auch, damit man nach der Rückkehr über Polen sprechen kann. Zum gegenwärtigen Zeitpunkt gibt es in Frankreich keinerlei Auseinandersetzung über Polen und die Hilfe und die Schuldenfinanzierung, die man dem Land gewährt. Das permanente Problem Polens wirft das europäische Problem des sowjetischen Blockes, der Teilung Europas auf. Abgesehen von kurzen Phasen aber – der von Invasionen oder Staatsstreichen – ist davon keine Rede [...]. ›Nicht nur uns laßt ihr im Stich‹, sagen die Polen, ›ihr laßt auch euch selbst im Stich‹, so als ob wir, wenn wir sie im Stich lassen, auf einen Teil unserer selbst verzichteten.«[15]

Dieser Eintritt für Polen wird die letzte politische Betätigung Michel Foucaults sein. Sie hat ihn auf die Spuren seiner eigenen Vergangenheit geführt, in dieser Stadt Warschau, in der er fünfundzwanzig Jahre zuvor gelebt und gearbeitet hatte, in diesem Land, das er überstürzt hatte verlassen müssen und in das er erneut zurückgekehrt war, um einmal mehr dem Ehre zu erweisen, was er im Vorwort zu *Wahnsinn und Gesellschaft* die »große gleißende Sonne der polnischen Freiheit« genannt hatte.

Foucault bleibt mit der CFDT und auch mit Edmond Maire in Verbindung. Zusammen mit ihm veröffentlicht er sogar einen langen Dialog über »Polen und danach...«, eine gemeinschaftliche Reflexion zu Themen wie Gewerkschaftsbewegung, Volksbewegungen, Politik, zur Linken und ihrer Geschichte... »Das Problem war also Polen«, sagt Foucault zu Beginn dieser Unterhaltung. »Was sich dort unten abspielte, lieferte das Beispiel einer Bewegung, die durch und durch Gewerkschaftsbewegung war, deren sämtliche Aspekte, Aktionen und Wirkungen jedoch politische Dimensionen hatten; was sich dort unten abspielte, warf das Problem – warf erneut, aber zum ersten Mal seit langer Zeit – das Problem Europas auf; und hier war es zugleich ein Test, um herauszufinden, wie groß das Gewicht der kommunistischen Präsenz in der Regierung sein mochte. An diesem Punkt hat sich, wie Sie nur zu gut wissen,

15 Unterhaltung mit Bernard Kouchner, Simone Signoret und Michel Foucault, in: *Le Nouvel Observateur*, 9. Oktober 1982.

die Annäherung an die CFDT vollzogen, und zwar ganz natürlich. Wir haben uns nicht ›gesucht‹; das ›Bündnis‹ mit einer
Handvoll Intellektueller war für Sie ohne strategische Bedeutung; und das Gewicht einer Gewerkschaft mit einer Million
Mitgliedern war für uns nicht zwangsläufig beruhigend. Wir
sind uns an eben diesem Punkt begegnet, erstaunt lediglich darüber, daß das nicht schon früher der Fall war: seit der Zeit, als
sich manche Intellektuelle mit dieser Art von Problemen her-
umschlugen, seit der Zeit, als die CFDT einer der Orte war, an
dem die politische, ökonomische und gesellschaftliche Reflexion am aktivsten vor sich ging...«[16]
Diese »Zusammenarbeit«, die mit der institutionalisierten Linken nicht zustande gekommen war, versucht Foucault mit der
CFDT zu führen. Was beispielsweise auf seine Beteiligung an
einem von der Gewerkschaft herausgegebenen Sammelband
über die Probleme der Sozialversicherung hinausläuft.[17] Die
CFDT erinnert sich dieser Zusammenarbeit und erweist dem
Philosophen kurz nach seinem Tode eine Ehrung, indem sie
eine Ausstellung organisiert und einen Sammelband veröffentlicht, zu dem Edmond Maire, Bernard Kouchner, Pierre Bourdieu u. a. Aufsätze beisteuern.[18]
Als weiterer Rückfall in diese Phase kämpferischen Einsatzes
plant Foucault im Sommer 1983 die Niederschrift eines kleinen
Buches über – gegen – die Sozialisten. Der in den Monaten
Juli und August entfachte Aufruhr zum Thema des »Schweigens der Linksintellektuellen« hat ihn verblüfft und gereizt. In
den Spalten von *Le Monde* ist nämlich eine ausgreifende
Debatte über das Verschwinden der Petitionsunterzeichner der
Linken entfesselt worden. Den Ausgangspunkt hat ein Artikel
von Max Gallo, dem Pressesprecher der Regierung, abgegeben.
Ein übrigens sehr gemäßigter Artikel, der stark einem Versöh-
nungsangebot ähnelt. Allen denen, die sich fragen, wohin die
Gides, die Malraux, die Alains oder die Langevins von gestern
entschwunden sind, allen denen, die die Podien der Meetings

16 Edmond Maire, »La Pologne et après...«, Unterhaltung mit Michel
   Foucault, in: *Le Débat*, Nr. 25, Mai 1983, S. 5 f.
17 *Sécurité sociale, l'enjeu*, Paris 1983.
18 *Michel Foucault, une histoire de la vérité*, Paris 1985.

mit den Blicken absuchen, um die Zahl der anwesenden Intellektuellen auszumachen, antwortet Max Gallo mit dem Versuch einer Analyse: »Der Zeitraum von Mai–Juni 1981, dessen Verbindung zum Mai 68 doch evident ist, mag als Sieg der Linken erscheinen, an dem die Intellektuellen als emblematische Gruppe relativ wenig Anteil gehabt haben, wenigstens aktiv. Von daher rühren die Schwierigkeiten, die sich zwischen dieser Gruppe der Intellektuellen und der neuen Macht aufgetan haben. Gegenseitige Mißverständnisse, Frustrationen und Appelle von Institutionen an die Verfasser, die sich förmlich bei der politischen Unterstützung engagiert hatten und, was ihre Arbeiten betrifft, nicht immer zu den ›fortgeschrittensten‹ zählten. Von daher rührt auch das Gefühl vieler Intellektueller, vergessen oder verkannt worden zu sein oder einfach nur herbeizitiert zu werden, um zu feiern oder zu loben. Diese Situation ist folgenschwer.« Und er schließt mit folgendem Satz, der den Intellektuellen recht zu geben scheint, die von der Sozialistischen Partei anderthalb Jahre zuvor noch angegriffen worden waren: »Es sind nicht die großen Namen auf den Tribünen des politischen Engagements, die das Land in erster Linie braucht, sondern konkrete Einlassungen in die Reflexion, in aller Unabhängigkeit, in aller Wahrheit.«[19] Eine lange Reihe von Artikeln und eine heftige Kontroverse werden die Folge dieser Stellungnahme sein. Foucault aber sagt nichts. Privat dagegen macht er sich lustig: »Als ich im Dezember 1981 sprechen wollte, gebot man mir zu schweigen. Wenn ich schweige, wundert man sich darüber, daß ich still bin. Und das kann doch nur eines bedeuten: sie billigen mir das Recht aufs Wort nur zu, wenn ich mit ihnen einverstanden bin.« Ernsthafter charakterisiert er dann seine Arbeit mit der CFDT: »Während man sich über das Schweigen der Intellektuellen wundert, denke ich mit den Gewerkschaftlern über die Sozialversicherung nach.« Im Grunde aber schätzt er kaum, was er doch für ein regelrechtes Gebot, für einen Ordnungsruf hält; für den Ausdruck eines »maskierten Pétainismus« im Sinne einer Formulierung, die er in mehrfacher Wiederholung benutzen wird: »Mitterrand – das ist Pétain«, sagt er jedem, der es

19 *Le Monde*, 26. Juli 1983.

hören will. Einige Zeit später erklärt er sich zu dieser Kontroverse in einem der letzten Interviews, die er einen Monat vor seinem Tode gibt: »Als ihr uns drängtet, unseren Diskurs zu ändern, habt ihr uns im Namen eurer abgedroschensten Slogans verurteilt. Und jetzt, da ihr unter dem Druck eines Realen, das wahrzunehmen ihr nicht in der Lage wart, die Front wechselt, bittet ihr uns, euch nicht das Denken, das es euch ermöglichte, ihm entgegenzutreten, sondern den Diskurs zu liefern, der euren Wandel verschleiert. Das Übel rührt nicht daher, wie gesagt wurde, daß die Intellektuellen zu dem Zeitpunkt, da die Kommunisten an die Macht kamen, aufgehört haben, Marxisten zu sein, es hängt vielmehr damit zusammen, daß die Zweifel angesichts eures Bündnisses euch daran gehindert haben, zur rechten Zeit zusammen mit den Intellektuellen die Denkarbeit zu leisten, die euch in die Lage versetzt hätte, zu regieren.«[20]

Foucault hatte also gegen Ende des Sommers 1983 über dieses Thema des »anders Regierens« ein kleines Buch zu schreiben geplant, als Replik auf die Äußerungen zu seinem Schweigen. Darin wollte er die tieferen Gründe des sukzessiven Scheiterns linker Parteien in Frankreich analysieren, die an die Macht gekommen waren. Was den Sozialisten fehlte, glaubte er, sei gerade diese »Kunst des Regierens«, und das wollte er mit einem Ausgriff in die Geschichte zeigen. Er hatte bereits zu arbeiten und erneut die Texte von Blum zu lesen begonnen. Er hatte sogar schon den Titel dieser kleinen Arbeit zur Hand: »Der Kopf der Sozialisten«. Denn eben diese Erforschung der geistigen Strukturen von Männern der Partei wollte er leisten. Und zwar um so mehr, als ihn, aus allgemeinerer Sicht, alle die summarischen Analysen aufgebracht hatten, die in den letzten Jahren hier und da zum Phänomen des Totalitarismus aufgekeimt waren. Er sagte: »Dieser Begriff von ›Totalitarismus‹ ist kein ergiebiges Konzept. Mit einem so groben Instrument läßt sich nichts wirklich verstehen. Was untersucht werden muß, sind die Parteien, ist die Partei-Funktion.« Das Buch sollte in Gestalt von Unterhaltungen zustande kommen, die ich mit ihm

20 Interview in: *Magazine littéraire*, Nr. 204, Mai 1984.

führen wollte.* Und bei einem kleinen Verleger, Paul Otchakovsky-Laurens, erscheinen, der ihm sogar schon einen Dokumentaristen besorgt hatte, der ihm bei seinen Bibliotheksarbeiten behilflich sein sollte. Dieses Buch hat bekanntlich nie das Licht des Tages erblickt. Es war noch nicht einmal recht begonnen: von Anfang an war sich Foucault bewußt, daß es unmöglich war, ein derart komplexes und derart brennendes Thema, zu dem bereits zahllose Bände geschrieben worden waren, in Angriff zu nehmen, ohne ihm mehrere Jahre Arbeit zu widmen. Andere Aufgaben warten. Wesentlichere. Erneut steht *Sexualität und Wahrheit* auf der Tagesordnung, und er gibt die Hoffnung nicht auf, in den folgenden Monaten den Schlußpunkt darunter setzen zu können.

Mit Bernard Kouchner und einigen anderen – darunter André Glucksmann, Pierre Blanchet, Claire Brière, Michelle Beauvillard – organisiert Michel Foucault im Herbst des Jahres 1983 eine Arbeitsgruppe, die sie, ein wenig aus Selbstverspottung, nach dem Namen des Krankenhauses, das ihren Zusammenkünften als Tagungsort dient, Académie Tarnier nennen. Es handelt sich um den Versuch, Leute außerhalb der Parteien zu sammeln, die die Aufgaben übernehmen wollen, die sich Foucault zum Zeitpunkt seiner Polen-Aktion vorgestellt hatte: zugleich Informationsarbeit leisten und nach Möglichkeiten des Handelns Ausschau halten. Jedes Treffen bezieht sich auf ein genau umrissenes Problem: den Libanon, Afghanistan, Polen (eine Zusammenkunft, an der auch Yves Montand teilnimmt) usw. Einer der Gesichtspunkte, dem Foucault eines Tages eines dieser Treffen widmen möchte: die Linke in Frankreich. Michel Foucault und Bernard Kouchner erwägen sogar, ihre Überlegungen und Diskussionen in einer Zeitschrift zu veröffentlichen, die sie ganz einfach *Académie Tarnier* nennen möchten.
Die Existenz der Gruppe währt nur kurz über Foucaults Tod hinaus: »Man versammelte sich natürlich ausschließlich um ihn«, sagt Claire Brière. »Er war die intellektuelle und moralische Autorität, um die man sich scharen wollte. Nach seinem

---

* Ich habe es im Laufe des gesamten vorliegenden Buches vermieden, in der ersten Person zu sprechen. Hier ist es einmal schwierig, anders zu verfahren.

Tode hatte es keinerlei Sinn weiterzumachen. Für mich hat sich die Frage übrigens nicht einmal gestellt.«

Andere Projekte erwachsen aus langen Unterredungen, die Foucault zu dieser Zeit mit Pierre Bourdieu geführt hat. »Wenn wir nichts tun, wird man uns das ernstlich zum Vorwurf machen, wenn die Rechte einmal wieder an die Macht kommt«, sagte Michel Foucault fortgesetzt laut Bourdieus Berichten. Beide stimmen darin überein, die Reflexion, soweit möglich, in Richtung einer »Logik der Linken« zu orientieren, indem sie alle Gesichtspunkte hervorheben, in bezug auf die die Sozialisten nichts oder zu wenig oder nur ganz Schlechtes tun. Aus ihren Dialogen entsteht zunächst die Idee eines »Weißbuches«, das von einem Spezialistenkollektiv erarbeitet werden und das Elend und die Probleme in einer bestimmten Zahl von Bereichen beschreiben soll, indem es gleichzeitig Lösungsskizzen und Handlungsvorschläge beisteuert. Kultur, Erziehung, Forschung... sollen im Mittelpunkt dieses Einmischungs-Buches stehen, das aber ebensowenig das Licht des Tages erblickt.

Eben diese Fragen und Probleme hätte die Arbeitskommission in Angriff nehmen sollen, die Michel Rocard, damals Planungsminister, unter dem Vorsitz von Simon Nora auf die Beine stellen wollte und an der teilzunehmen Pierre Bourdieu und Michel Foucault eingewilligt hatten. Michel Rocard ist übrigens einer der wenigen sozialistischen Politiker, zu denen die Verbindungen nicht abgebrochen worden sind. Mehrere Arbeitssessen müssen stattfinden, von Jean Daniel organisiert, der in einem Restaurant in der Nähe der Place des Victoires Michel Rocard und Michel Foucault, Edmond Maire und Pierre Bourdieu zusammenführt; weiter einige Verantwortliche des *Nouvel Observateur* wie Franz-Olivier Giesbert und Jacques Julliard. Übrigens hat man zu warten, bis Michel Rocard im Mai 1988 Premierminister wird, damit sich nach zwei Jahren der Rückkehr der Rechten an die Macht dann endlich die Versöhnung zwischen den »Petenten« von 1981 und der sozialistischen Regierung vollziehen kann: Bernard Kouchner ist Generalsekretär bei der »Action humanitaire« geworden, Pierre Bourdieu führt den Vorsitz einer Kommission über die Inhalte des Lehrbetriebes, die von Erziehungsminister Lionel Jospin ins Leben gerufen worden ist. Vielleicht deshalb, wie Pierre

Bourdieu heute meint, weil diese Geschichte der »verfehlten Begegnungen« eine schmerzliche Erschütterung im Bewußtsein der Leitfiguren der Sozialistischen Partei ausgelöst und ihr Bild der Beziehungen nachhaltig gewandelt hat, die eine Macht zu den Intellektuellen unterhalten kann? Weil sie die Lektion zu lernen verstanden haben, die ihnen verabfolgt wurde? Wer vermag zu sagen, ob Michel Foucault heute nicht vielleicht sogar Vorsitzender einer Kommission zur Reform des Strafgesetzbuches wäre?

Im Jahre 1984 bittet Foucault Bernard Kouchner, ihm eine Mission anzuvertrauen: sie diskutieren, erwägen mehrere Möglichkeiten, und schließlich macht der Arzt ihm den Vorschlag, als Organisator und verantwortlicher Leiter des nächsten »Ein-Schiff-für-Vietnam«-Projektes tätig zu werden. Foucault willigt ein. Er will aufbrechen, sobald *Sexualität und Wahrheit* abgeschlossen ist.

Zen und Kalifornien

»Der Kardinal, in roter Robe, leitete die Zeremonie«, erzählt
Michel Foucault, »er ist den Gläubigen entgegengetreten und
hat sie mit den Rufen ›Shalom, Shalom‹ begrüßt. Während es im
Umkreis des Platzes und in der Kirche von bewaffneten Polizisten und Agenten in Zivil nur so wimmelte. Die Polizei ist
zurückgewichen; dagegen hat sie nichts ausrichten können. Ich
muß sagen – das hatte eine Größe, eine Kraft; darin liegt ein
gewaltiges historisches Gewicht.« Foucault war im Oktober
1975 zu einer Reihe von Vorträgen in Brasilien, als ein Journalist, Mitglied der unerlaubten Kommunistischen Partei, in den
Räumen der Polizei getötet wurde. Er war Jude, »aber die jüdi-
sche Gemeinde«, fügt Foucault hinzu, »hat es nicht gewagt, die
Trauerfeierlichkeiten zu vollziehen. Und es war der Erzbischof
von São Paulo, der eine bekenntnisübergreifende Zeremonie
zum Gedenken des Journalisten in der Kathedrale São Paulo
stattfinden ließ; das hat Tausende und Abertausende von Leuten in die Kirche geführt, auf den Platz usw.«[1] Es herrscht eine
Zeit der Unterdrückung mit ihrem Gefolge von Verhaftungen,
Gewalttaten... Foucault möchte seine Vorlesungen in dieser
Atmosphäre nicht fortsetzen und verliest eine öffentliche Erklärung an die Universität, um wissen zu lassen, daß er sich weigert, in diesem Land zu lehren, wo es keine Freiheit gibt. »Von
diesem Augenblick an wurden wir von der Polizei überwacht«,
sagt Gérard Lebrun, bei dem er wohnt. Foucault verläßt das
Land sehr rasch.

Er war erstmals 1965 nach São Paulo gekommen und erneut
1973, diesmal auf Einladung der Katholischen Universität von
Rio; und noch einmal 1974 ins Institut für Sozialmedizin der
medizinischen Fakultät von Rio. Er hat Reisen ins Landes-
innere unternommen, bis nach Belo Horizonte... Zweifellos ist
Brasilien ein Land, das Foucault bewundert und in dem es ihm
sehr gefällt. Nach den Vorfällen von 1975 weiß er jedoch, daß er
fortan hier unerwünscht ist. Sicher um dieser offiziösen Aus-
sperrung die Stirn zu bieten, willigt er 1976 ein, eine Reihe von

[1] In Thierry Voeltzel, *Vingt ans et après*, Paris 1978, S. 157.

Vorträgen im Rahmen der Alliance française in Salvador, der Hauptstadt des Staates Bahia, zu halten, weiter in Recife, in Belem... Aber er hat keinerlei Probleme.

Wenn Foucault sich nach der Rückkehr aus Tunesien auch endgültig in Frankreich niedergelassen hat, ist er doch weit davon entfernt, seine Streifzüge durch die Welt aufzugeben. Seine Vorlesungen am Collège de France verschlingen ein Gutteil seiner Zeit: sie erfordern eine enorme Vorbereitungsarbeit, eine intensive Verausgabung von Energie. Aber die Professoren sind nur zu vierundzwanzig jährlichen Unterrichtsstunden verpflichtet (zwölf Stunden Vorlesungen, zwölf Stunden Seminar). Was, aufgrund der beiden Stunden pro Woche, eine Bürde von etwa drei Monaten bedeutet. Foucault gibt sich sehr viel Mühe, seine Hörer zufriedenzustellen. Aber das läßt ihm dennoch viel Zeit zum Reisen. Zwischen 1970 und 1983 hält er sich mehrfach in Brasilien, Japan, Kanada und natürlich in den Vereinigten Staaten auf.

In Japan hat er im April 1978 ein merkwürdiges Erlebnis. Er möchte sich in die Praxis der Zen-Meditation einführen lassen, und Meister Omori Sogen, der das internationale Meditationszentrum im Tempel Seioniji in Uenohara leitet, bietet ihm die Möglichkeit, einige Tage lang das Leben der Mönche zu teilen. Christian Polac, Kulturattaché an der französischen Botschaft, und ein Journalist der Zeitschrift *Shunjuu* begleiten Foucault. Später veröffentlichen sie eine Reportage über diese Reise des Philosophen ins Universum der Religion. »Ich bin sehr interessiert an der Philosophie des Buddhismus«, erklärt Foucault dem ihn empfangenden Bonzen, »aber das ist nicht der Grund, aus dem ich gekommen bin. Was mich am meisten interessiert, ist das Leben im Zen-Tempel selbst, nämlich die Praxis des Zen, seine Vorschriften und Regeln.« Und als der Bonze ihn zu erklären bittet, worin seiner Meinung nach die Beziehungen zwischen Zen und christlicher Mystik liegen, antwortet ihm Foucault: »Was an der christlichen Spiritualität sehr beeindruckt, ist, daß man dabei stets nach einem Mehr an Individualisierung sucht. Man versucht zu erfassen, was auf dem Grunde der Seele des Individuums liegt. ›Sag' mir, wer du bist‹ – das ist die Spiritualität des Christentums. Beim Zen, scheint mir, haben alle die Techniken, die mit der Spiritualität in Zusammenhang stehen, die Neigung, das Individuum auf den Weg seiner Selbstauslöschung zu bringen.« Nach dieser präliminarischen Erörterung und der Besichtigung der Baulichkeiten muß zur Tat geschritten werden: Foucault bemüht sich, Zen zu praktizieren, aber, wie er hinterher sagt, »das ist sehr schwierig«. Der Bonze erklärt ihm, wie man sitzen, wie man atmen muß... Bis zu dem Augenblick, da die kleine Glocke ertönt, die das Ende der Meditationsübung ankündigt.[2] Foucault interessiert sich sehr für Japan, das steht außer Frage: Wie sollte jemand, erklärt er, der mit sich über die westliche Rationalität und ihre Grenzen zu Rate geht, umhin können, den Umweg über diese Zivilisation einzuschlagen, die in dieser Hinsicht eine Art »sehr schwer zu entzifferndes Rätsel« darstellt? Aber sein aufgeschlossener Blick verwandelt sich nicht in jene zärtliche Leidenschaft, wie das bei Barthes oder Lévi-Strauss der Fall sein wird.

Das Land, zu dem Foucault die intensivsten Bindungen anknüpft, sind die Vereinigten Staaten. Seine allerersten Besuche fallen mit dem Beginn der siebziger Jahre zusammen. Zweimal wird er vom French Department der Universität Buffalo im Norden des Staates New York eingeladen, ganz in der Nähe der Niagara-Fälle. Bei seiner ersten Vortragsreihe ist seine Bekanntheit auf den amerikanischen Campus noch ganz jungen Datums, und die Zahl seiner Hörer übersteigt kaum hundert. Leider spricht er nur Französisch. Im Jahre 1970 äußert er sich über Tauschformen und Geld, 1972 über die Geschichte der Wahrheit, ausgehend von einer Analyse der Gerechtigkeit im antiken Griechenland. Bei seinem ersten Aufenthalt wird er im »Club« der Fakultät untergebracht, einer sehr steifen Umgebung, in der man ihn bittet, zum Essen eine Krawatte anzulegen. Eben das aber schätzt er gar nicht: seine Vorliebe gilt nun einmal dem weißen Rollkragenpullover; dem ewigen weißen Rollkragenpullover, wie er durch Dutzende von Photos berühmt geworden ist.

Im Jahre 1972 organisiert John K. Simon, einer der Professoren des French Department, mit Hilfe eines juristischen Kollegen, der sich auf die Gefängnisreform spezialisiert hat, einen Besuch

2 »Michel Foucault et le Zen«, in: *Shunjuu*, Nr. 197, 1978.

in Attica, das nur sechzig Kilometer von Buffalo entfernt liegt. Ein Jahr zuvor ist diese Strafanstalt Schauplatz sehr heftiger Aufstände und ihrer gewaltsamen Unterdrückung gewesen: es hat beinahe fünfzig Tote gegeben. Foucault ist von dieser gewaltigen Festung höchst beeindruckt, deren äußerer Aspekt an den eines mittelalterlichen Schlosses erinnert. Er ist, wie er in dem Interview sagt, das er John K. Simon gibt, besonders von jener »Disneyland«-Kulisse der Eingangshalle beeindruckt, hinter der sich eine »gewaltige Maschine« verbirgt, »eine Maschinerie« von reinlichen, sauberen Gängen, die für diejenigen, die sie benutzen, direkte, effiziente und beobachtbare Wegbahnen festlegen. In diesem Interview äußert Foucault natürlich auch das Interesse, das er dem Strafvollzugssystem entgegenbringt: »Die traditionelle Soziologie [...] stellte das Problem eher so dar: Wie kann eine Gesellschaft Individuen zusammenhalten? [...] Mich interessierte das ziemlich entgegengesetzte Problem oder, wenn Sie so wollen, die entgegengesetzte Antwort zu diesem Problem: Durch welches Ausschließungssystem, durch wessen Ausmerzung, durch die Ziehung welcher Scheidelinien, durch welches Spiel von Negation und Ausgrenzung kann eine Gesellschaft beginnen zu funktionieren? Nun, die Frage, die ich mir jetzt stelle, ist die umgekehrte: Das Gefängnis ist ein zu komplexer Mechanismus, als daß man ihn auf rein negative Ausschließungsfunktionen reduzieren könnte; seine Kosten, seine Wichtigkeit, der Verwaltungsaufwand, die Rechtfertigungen, die man dafür zu geben bestrebt ist, scheinen darauf hinzudeuten, daß es positive Funktionen besitzt...«[3] Während eines Aufenthaltes in Buffalo hält Foucault 1972 auch einen Vortrag über Manet im Museum von Halbright-Knox.

Von diesem Zeitpunkt an werden Foucaults Reisen in die Vereinigten Staaten recht zahlreich. 1973 hält er Vorträge in New York. Im Frühjahr 1974 wird er von Leo Bersani eingeladen, der das French Department von Berkeley leitet. Einem Auditorium von etwa hundert Personen stellt er die großen Linien dessen dar, was später zu *Der Wille zum Wissen* werden wird.

3 Michel Foucault, »Über Attica«, in: M. F., *Mikrophysik der Macht. Über Strafjustiz, Psychiatrie und Medizin*, Berlin 1976, S. 54–67 (hier S. 56 f.).

Foucaults erste Schritte in einem Kalifornien, das sich anschickt, ihm in den folgenden Jahren einen triumphalen Empfang zu bereiten.

Im November 1975 nimmt Foucault an einem Kolloquium der »Gegen-Kultur« in New York teil, das unter der Schirmherrschaft der von Sylvère Lothringer herausgegebenen Zeitschrift *Semiotexts* steht. Die in den Räumen der Columbia University geplante Veranstaltung muß ins Teacher's College verlegt werden, um die tausend Hörer fassen zu können, die sich um einen Platz im Hörsaal drängen. Foucault hält einen Vortrag über die Sexualität. Und er führt einen Dialog mit Ronald D. Laing, einem der Gründerväter der antipsychiatrischen Bewegung, und zwar vor einem sehr »radikalen«, das heißt hyper-linken Publikum, und das erklärt wohl auch den Tonfall und den Tenor seiner Äußerungen. Er versteigt sich da zwar zu tönenden Erklärungen, hält aber dennoch an den Rechten der Analyse und des theoretischen Blickes fest: »Ich glaube, daß, was seit 1960 passiert ist, die Heraufkunft neuer Formen von Faschismus, neuer Bewußtseinsformen des Faschismus, neuer Beschreibungsformen des Faschismus und zugleich neuer Kampfformen gegen den Faschismus ist. Und die Rolle des Intellektuellen liegt seit diesen sechziger Jahren eben genau darin, sich im Sinne seiner Erfahrungen, seiner Kompetenz, seiner persönlichen Wahlentscheidungen, seines Begehrens festzulegen, sich an einem bestimmten Punkt zu situieren, der so beschaffen sein muß, daß er Faschismusformen, die leider unbemerkt geblieben oder leicht hingenommen worden waren, in Erscheinung treten lassen, diese Formen von Faschismus beschreiben kann, daß er versuchen kann, sie unerträglich zu machen und zu definieren, welche spezifische Form des Kampfes man gegen den Faschismus wählen soll.« Foucault nimmt die Psychiatrie und das Gefängnis als Beispiele und schließt folgendermaßen: »Ich glaube, daß das Problem ›Schreiben Sie oder kämpfen Sie?‹ ein altes Problem ist, das jetzt völlig *out of date* ist, und daß jedenfalls die Spezifität dessen, was jüngst unternommen worden ist, es ausschließt, daß die theoretische oder historische Analyse vom präzisen Kampf getrennt wird.«[4]

4 In: *Semiotext(s)*, Nr. 9, 1978. Erneut in: *Foucault live*, hg. von Sylvère

Ein Zwischenfall versetzt Foucault in blinde Wut: ein Zuhörer hat sich nach seinem Vortrag über die Sexualität – der vom Übersetzer auf Englisch verlesen worden ist – erhoben und Foucault den Vorwurf hingeschleudert, er gehöre regierungsamtlichen Kreisen an und sei nach New York gekommen, um die französischen Behörden über die radikalen amerikanischen Aktivitäten zur Gefängnisreform zu informieren. Im Laufe des *round table*-Gespräches mit Laing ruft ein anderer: »Laing wird wie Foucault vom CIA bezahlt.« Diesmal wahrt Foucault die Ruhe und entgegnet: »Ja, alle Welt wird vom CIA bezahlt, ausgenommen ich, der ich vom KGB bezahlt werde.« Trotz alledem ist das Kolloquium ein bedeutsamer Markstein auf dem Wege des »Durchbruchs« des französischen Philosophen in Amerika.

Ein weiterer großer Augenblick, diesmal jedoch im Sinne klassischerer akademischer Kanons: Foucault übernimmt im Oktober 1979 die »Tanner lectures« in Stanford und behandelt darin die »seelsorgerische Macht«. Die Vorträge tragen den Titel »*Omnes et singulatim*: zu einer Kritik der politischen Vernunft«. Mehr als dreihundert Personen finden sich als Zuhörer ein. Um so bemerkenswerter ist das Fehlen der großen Mehrheit der Philosophieprofessoren: nicht daß sie Foucault grollten; sie interessieren sich einfach kaum für dieses »französische Denken«, das sie für zu wenig »argumentativ« halten. Zu diesem Zeitpunkt macht Foucault auch die Bekanntschaft von Hubert Dreyfus und Paul Rabinow, zwei Berkeley-Professoren, die ein Buch über sein Werk vorbereiten. Dreyfus ist Philosoph, Spezialist für Heidegger, aber auch für das Gebiet der künstlichen Intelligenz und der Informatik, Rabinow ist Ethnologe und lehrt im Fachbereich Anthropologie. Sie haben mit Foucault telefoniert und ihn um ein Treffen gebeten, das er augenblicklich akzeptiert hat. »Das sind also meine Mörder«, begrüßt er sie, als sie ihn in seinem Hotel in San Francisco aufsuchen. Aber er verbringt acht Stunden Arbeit mit ihnen, und diese Zeit wird zum Ausgangspunkt einer fortgesetzten Zusammenarbeit, die in wechselseitigen intellektuellen Austausch und freundschaft-

Lothringer, *Semiotexts*, New York 1989. Ich zitiere nach dem französischen Original.

liche Beziehungen mündet. Das – bemerkenswerte – Buch der beiden amerikanischen Autoren enthält mehrere Dialoge mit Foucault.[5] Andere Interviews erscheinen im *Foucault Reader*, der wenig später von Rabinow herausgegeben wird: eine Auswahl von Texten, die Werkauszüge, Artikel, Vorträge und unveröffentlichte Vorworte[6] enthält... Dieser Band findet ein ganz beträchtliches Echo, das sogar den Verkauf der eigentlichen Werke Foucaults übertrifft, der, ihrem amerikanischen Verleger André Schiffrin zufolge, die Marke von zwei- oder dreitausend Exemplaren in der Originalausgabe nie überschritten hat. Umgekehrt, fügt er hinzu, hat das Werk Foucaults in Taschenbuchausgaben einen wirklichen Widerhall erlebt, der von 80 000 Exemplaren bei *Der Wille zum Wissen* bis zu 200 000 Exemplaren bei *Wahnsinn und Gesellschaft* reicht.

Im Oktober 1980 ist Foucault erneut in Berkeley. Wiederum auf Einladung des French Department, und zwar als *visiting professor*. Dort übernimmt er auch die ruhmreichen »Howison lectures«. Als Thema hat er »Wahrheit und Subjektivität« gewählt. Diese Vorträge werden auf dem Campus ausführlich kommentiert, wo ihn bereits das empfängt, was Keith Gandal und Stephen Kotkin die »Fanfare« nennen.[7] Übrigens herrscht so viel Andrang zu diesen wirklichen Meetings, daß die Polizei eingreifen muß, um die Eingänge abzusperren. Im November 1980 kommt Foucault nach New York, und zwar auf Einladung des Institute of Humanities der New York University, und spricht vor einem recht zahlreichen Publikum: sechs- bis siebenhundert Personen. Doppelvorträge: auch der Soziologe und Romanautor Richard Sennett hält eine Vorlesung. Dieses »New Yorker Ereignis«, wie Tom Bishop sagt, lenkt die Aufmerksamkeit auf sich und geht weit über bloß akademische Zirkel hinaus: *Time Magazine* widmet – ein *rarissimum* – ganze zwei Seiten dem »Kult«, der sich um den französischen Philosophen entwickelt, und spöttelt über seine »opaken« Theorien. Das

---

5 Hubert Dreyfus und Paul Rabinow, *Michel Foucault. Beyond Structuralism and Hermeneutics*, Chicago 1982; deutsch: *Jenseits von Strukturalismus und Hermeneutik*, Frankfurt am Main 1987.

6 *The Foucault Reader*, hg. von Paul Rabinow, New York 1984.

7 Keith Gandal und Stephen Kotkin, »Foucault in Berkeley«, in: *History of the Present*, Nr. 1, Februar 1985.

Porträt ist alles andere als zartfühlend – das ist das mindeste, was sich sagen läßt –, und der Journalist hebt mit beträchtlicher Grausamkeit hervor, daß es Foucault im amerikanischen Universitätsleben an eingefleischten Feinden gewiß nicht fehlt. Sein Werk wird in diesen Kreisen häufig ernstlich kritisiert und hart angegriffen.[8] Der Historiker Peter Gay und der Ethnologe Clifford Geertz beispielsweise scheuen keine Mühe, sich der foucaldischen Woge entgegenzustemmen. Die Konservativen machen ihm seine radikalen Positionen zum Vorwurf und die – sehr zahlreichen – Marxisten den verzweifelten »Nihilismus«, den sie ihm zuschreiben. Foucault muß sich mehr als einmal herumstreiten, um Klarstellungen anzubringen, muß gegen häufig widersinnige Deutungen seiner Schriften die Fakten rektifizieren oder gegen das protestieren, was er in einer seiner beißenden Repliken »Monstrositäten in der Kritik«[9] nennt. Man erhebt ihm gegenüber sogar den Vorwurf, er sei aufgrund seiner Analyse der Asyl-Institutionen für die Präsenz der *bag ladies*, der plastiktütenbepackten Stromerinnen in den Straßen von New York, mitverantwortlich.

Dennoch muß alle Welt zur Kenntnis nehmen: Foucaults Name auf einer Plakatanzeige lockt fortan ganze Studentenmassen in die Hörsäle, wie das beispielsweise im November 1981 an der Universität von Südkalifornien in Los Angeles der Fall ist, eine Woche vor dem *Time*-Artikel. Drei ganze Tage mit Debatten und Diskussionen galten da Foucaults Werk, und vor allem ein *round table*-Gespräch mit Historikern, an dem auch Michel de Certeau teilnahm.

Im Jahre 1982 verbringt Foucault sechs Wochen in Burlington

---

8 Otto Friedrich, »France's Philosopher of Power«, in: *Time Magazine*, 16. November 1981.

9 Michel Foucault, »Monstrosities in Criticism«, in: *Diacritics*, I, 1, Herbst 1971. Michel Foucault antwortet hier namentlich auf einen Artikel von Georges Steiner – »The Mandarin of the Hour – Michel Foucault« –, der am 28. Februar 1971 in der *New York Times Book Review* erschienen war. Die Kontroverse setzt sich mit einer Antwort Steiners fort, auf die eine neue Klarstellung Foucaults folgt (*Diacritics*, I, 2, Winter 1971). Siehe auch seine Replik in der *New York Review of Books* vom 31. März 1983 auf einen Artikel, den Lawrence Stone ebendort am 16. Dezember 1982 veröffentlichte.

in Vermont, einer in den Wäldern des Nordens verlorenen kleinen Universitätsstadt. Und im Frühjahr 1983 zieht es ihn wieder nach Berkeley. Diesmal steht er auf dem Gipfel seines amerikanischen Ruhmes: sein öffentlicher Vortrag über »Die Kultur seiner selbst« bringt ein »volles Haus«. Und das ist keine bloße Metapher. Er muß im Theater sprechen und nicht in einem Hörsaal der Universität, und dort drängen sich dann mehr als zweitausend Hörer. Nur Lévi-Strauss, sagt man, hat mit mehr als dreitausend Hörern besser abgeschnitten. Foucault äußert sich fortan auf Englisch, und abseits dieser Art von *shows*, die er nur mäßig schätzt, versucht er Studiengruppen und Arbeitsteams aufzustellen.

Die letzte Reise: im Herbst 1983. Wiederum nach Berkeley. Foucault ist diesmal von den Fachbereichen Französisch und Philosophie eingeladen. Obwohl er von der Mehrzahl der heimischen Philosophen nahezu völlig ignoriert wird, deren Arbeiten Lichtjahre von den seinen entfernt zu liegen scheinen. »*Frog fog*«, sagt einer der berühmtesten von ihnen zur Kennzeichnung des französischen Denkens. Eine Formel, deren Bündigkeit – und Rassismus – bewundernswert und die zu übersetzen schwierig ist. Versuchen wir es dennoch. Sie könnte bedeuten: »der Nebel von Frosch-Essern«. Kurz: das alles ist »kontinental«, es ist nebelhaft, und die Spezialisten für Logik oder Sprachtheorien haben mit dieser »Literatur« nichts zu schaffen, die sie in die ganz französische Tradition der Bergson und Sartre einreihen und mit einer Handbewegung hinwegwischen. Die Hörer Foucaults sind vor allem Studenten der Geschichtswissenschaften, beispielsweise diejenigen, die an den Vorlesungen von Peter Brown teilgenommen haben, dem Historiker der Spätantike, dessen meisterliches Buch über den heiligen Augustinus Foucault nahezu auswendig kann. Oder Schüler von Rabinow, die aus dem Fachbereich Anthropologie kommen. Foucault hält eine Vorlesung über den Liberalismus und absolviert ein Seminar mit beschränkter Teilnehmerzahl über die »Kunst des Regierens« in den zwanziger Jahren des 20. Jahrhunderts. Seine Studenten teilen die Perioden und Länder unter sich auf: Deutschland, England, die Vereinigten Staaten, die UdSSR usw. Er hält eine weitere Vorlesung über die Bedeutung der »Aufrichtigkeit« im antiken Griechenland: das

Problem der *véridiction*, das in seiner Beziehung zur »Sorge um sich« und zur Ethik analysiert wird, um dann die Entwicklung des Begriffs der »Wahrheit« durch die Zeiten zu verfolgen. Er hat diesen Untersuchungsstrang in seinen Vorlesungen am Collège de France entwickelt, und zweifellos bleibt er einer seiner Hauptorientierungspunkte in seinen letzten Arbeiten.

Die Studenten beten diesen ruhmverwöhnten Professor geradezu an, der es liebt, mit ihnen zu reden. Foucault ist durchaus nicht schwer zugänglich: er nimmt seine *office hours*, seine »Dienststunden«, genau wie jeder andere Professor wahr, und in diesen *office hours* können die Studenten kommen und mit ihm diskutieren. Er steht immer zur Verfügung, in seinem Büro in Dwinelle Hall, im French Department, er ist immer bereit, eine Frage, eine Bitte entgegenzunehmen, immer bereit auch, einen Rat, eine Erklärung zu geben. »In den ersten Tagen wagte man gar nicht hinzugehen«, erzählt David Horn, »aber später hat man sich dann getraut, und alles verlief bemerkenswert gut. Man ging sogar mit ihm mittag- oder abendessen...«

Foucault verbringt viel Zeit in der Bibliothek. Bei jeder Rückkehr nach Frankreich preist er jene wunderbaren Arbeitsstätten, wie es die amerikanischen Bibliotheken sind, reich an tausend ungehobenen Schätzen, wunderbar organisiert, mit zahlreichem und kompetentem Mitarbeiterpersonal. Kurz: die in die Potenz 10 erhobene Carolina Rediviva von Uppsala. Foucault bleibt ganze Stunden da und verbringt die Zeit mit Arbeit, Lektüre, der Anfertigung von Notizen und der Aufbereitung von Materialien und Dokumenten. Er stellt seine Arbeit *Wahrheit und Sexualität* fertig, hat aber bereits zwei weitere Projekte in Aussicht genommen: er möchte seine Studie über den Liberalismus fortführen und ein anderes Buch wiederaufgreifen, von dem er, wie er Dreyfus und Rabinow sagt, »bereits mehr als den Entwurf« geschrieben hat und das sich auf die Sexualmoral des 16. Jahrhunderts und die Rolle der »Selbstbeherrschungstechniken«, der Gewissensprüfung und der Sorge ums Seelenheil in der katholischen und protestantischen Kirche beziehen soll.

Der Einfluß Foucaults in den Vereinigten Staaten ist erheblich gewesen und es auch geblieben. Nach seinem Tode werden Kolloquien in New York und Berkeley organisiert, die jeweils Dutzende von Forschern und Hunderte von Studenten zusammenführen. Die Arbeitsgruppe, die Foucault in Berkeley begründet hatte, funktioniert auch weiterhin, und ihre Ergebnisse werden regelmäßig von einem Informationsbulletin, *History of the Present*, veröffentlicht, so wie es auch in jeder Lieferung unveröffentlichte Arbeiten Foucaults oder ihm gewidmete Beiträge vorstellt. *Time Magazine* sprach 1981 von Kult. Beinahe zehn Jahre später hat die Leidenschaft der Amerikaner für Foucaults Werk nichts von ihrer Glut eingebüßt.

Die Vereinigten Staaten – für Michel Foucault ist das die Lust an der Arbeit. Aber es ist auch die Lust schlechthin. Er genießt jene Freiheit, wie sie in New York oder San Francisco existiert, mit ihren Homosexuellenvierteln, in denen Zeitschriften und Zeitungen, Bars und Nachtlokale sprießen und blühen... Die *gay community* ist zahlenmäßig groß, gut organisiert und entschlossen, ihre Rechte durchzusetzen und wahrzunehmen. Und dann – und das ist nicht ohne Bedeutung – sind die Vereinigten Staaten ein Land, in dem die Homosexualität nicht durch Altersgrenzen, nicht durch ausschließlich von der Jugend definierte Kriterien eingeschränkt wird. Das ist etwas, das jeden Reisenden aus Europa überrascht, der in San Francisco eintrifft: Männer von sechzig Jahren oder mehr spazieren in Jeans und Lederjacken umher, sich an der Hand haltend, sich in den Armen liegend, sich auf der Straße umarmend... Der genaue Gegensatz zu Paris, zu Frankreich, wo ein Homosexueller jung und schön sein muß, wenn er bejahen will, was er ist.

Foucault will diese Homosexualität fortan offen ausleben, die er so viel Mühe gehabt hat zu akzeptieren, auf sich zu nehmen und die er in New York oder San Francisco als Lebensweise und Kultur entdeckt, die in aller Öffentlichkeit zur Schau gestellt werden. In einem Inverview, das er der »Schwulen«-Zeitung von Los Angeles, *The Advocate*, gibt, erklärt er ohne Umschweife: »Die Sexualität ist ein Teil unseres Verhaltens, unserer Freiheit. Sie ist etwas, das wir hervorbringen und das sehr viel weiter reicht als bis zur Entdeckung der Nachtseite unserer Begierde, nämlich bis hin zu neuen Formen der Beziehung, der Liebe, des Schaffens. Das Geschlecht ist kein Verhängnis: es ist eine Möglichkeit schöpferischen Lebens. Es reicht nicht aus, uns als Schwule zu bejahen, wir müssen auch eine schwule Lebensweise hervorbringen.« Und er spricht ausführlich über die »SM-Subkultur«, das heißt die sado-masochistische. »Die Praxis der SM ist die Hervorbringung von Lust, und die SM ist wirklich eine Subkultur. Sie ist ein Erfindungsprozeß, sie benutzt eine strategische Beziehung als Quelle physischer Lust.« Ja, diese »Möglichkeit, unseren Körper als mögliche Quelle zahlreicher Lüste zu benutzen, ist wirklich etwas sehr Bedeutsames«. Und bedeutsam ist auch, was die Droge da noch hinzufügen kann. Es hat keinen Sinn, »für« oder »gegen« die Droge zu sein, erklärt er: »Die Droge ist Bestandteil unserer Kultur. Es ist wie bei der Musik: es gibt gute Musik und schlechte Musik. Es gibt gute und schlechte Drogen.« Es hat überdies den Anschein, als sei die Erfahrung mit der »guten Droge« bei Foucault nicht nur auf einige »Marihuana-Pflanzen« beschränkt gewesen, die man auf seinem Balkon in Paris züchten kann und die der Artikel im *Time Magazine* beschreibt. Claude Mauriac berichtet von einer Unterhaltung, die er 1975 mit Foucault geführt hat, und kommentiert: »LSD, Kokain, Opium, er hat alles versucht, wohlgemerkt: mit Ausnahme von Heroin, wird vielleicht aber in seinem gegenwärtigen Taumel auch davor nicht zurückschrecken.«[10] Und laut Paul Veyne, dem Foucault das alles erzählt hat, stand er unter dem Einfluß von Opium, als er im Juli 1978 in der Rue de Vaugirard vor seiner Wohnung in Paris von einem Wagen über den Haufen gefahren wurde. Ins Krankenhaus überführt, hatte er damals verlangt, Simone Signoret zu benachrichtigen, der er den Text einer Petition zurückzugeben hatte. Zum Erstaunen der Schauspielerin, als ein Polizeibeamter ihr, mit der Bitte um Entschuldigung für die Störung, am Telefon sagt: »Da ist ein gewisser Herr Foucault, der Sie davon in Kenntnis setzen möchte, daß er einen Unfall erlitten hat.« »Sie wissen nicht, wer das ist?«, ruft sie. »Das ist der größte französische Philosoph!«

Das Wichtigste an dem Interview, das er der Zeitschrift *The Advocate* gibt, ist wahrscheinlich aber die Thematisierung der Geschichte der homosexuellen Freundschaft: »Ich interessiere mich zu diesem Zeitpunkt sehr für das Problem der Freund-

---

10 Claude Mauriac, *Le Temps immobile*, Bd. IX: *Mauriac et fils*, Paris 1986, S. 227.

schaft. Seit der Antike ist die Freundschaft jahrhundertelang ein sehr wichtiger Beziehungsmodus gewesen, in dessen Schutz die Menschen über eine gewisse Freiheit verfügten, über eine Art Wahlmöglichkeit, und die zugleich eine intensiv erlebte affektive Beziehung war. Ich glaube, daß man diese Art Freundschaft im 16. und 17. Jahrhundert verschwinden sieht, wenigstens in der maskulinen Gesellschaft [...]. Eine meiner Hypothesen lautet dahingehend, daß die Homosexualität, der Sex unter Männern, im 18. Jahrhundert zum Problem geworden ist. Wir sehen sie mit der Polizei, mit dem Justizsystem usw. in Konflikt geraten. Der Grund, aus dem sie zum gesellschaftlichen Problem wird, ist der, daß die Freundschaft verschwunden ist. Solange die Freundschaft eine wichtige und gesellschaftlich gebilligte Sache war, legte sich niemand Rechenschaft darüber ab, ob und daß die Männer gemeinsam Liebe machten. Ob sie Liebe machten oder nicht, hatte überdies keinerlei Bedeutung. Nachdem die Freundschaft als kulturell gebilligte Beziehung aber einmal verschwunden war, stellte sich das Problem: ›Was treiben denn die Männer da so gemeinsam?‹ Ich bin sicher, daß das Verschwinden der Freundschaft als sozialer Beziehung und die Erklärung der Homosexualität zum sozio-politisch-ärztlichen Problem ein und derselbe Prozeß sind.«[11]

Amerikanisches Glück Foucaults: die endlich vollzogene Versöhnung mit sich selbst. Er ist glücklich in und mit seiner Arbeit. Er ist glücklich in den Lüsten des Körpers. Seit Beginn der achtziger Jahre versucht er ganz ernsthaft, Frankreich und Paris hinter sich zu lassen, die er zunehmend schwerer erträglich findet, und sich in den Vereinigten Staaten einzurichten. Laut träumt er von einem Leben in diesem kalifornischen Paradies. Sonnenüberflutet, wunderbar...

Gerade da aber begann die neue Pest ihre schrecklichen Verheerungen anzurichten.

---

11 »Sex, Power and the Politics of Identity« – Interview, das, im Oktober 1982 gegeben, am 7. August 1984 in der Zeitschrift *The Advocate* in Los Angeles erscheint. Teilweise wiederabgedruckt unter dem Titel »Que fabriquent donc les hommes ensemble?«, in: *Le Nouvel Observateur* vom 22. November 1985.

Das Leben als Kunstwerk

»Diese Untersuchungen erscheinen später als vorgesehen und in einer ganz andern Form.«[1] Acht Jahre sind verstrichen zwischen *Der Wille zum Wissen*, das als Vorspiel zu einem Komplex von fünf Einzelstudien dienen sollte, und jenem Juni 1984, in dem die beiden Bände mit den Titeln *L'Usage des plaisirs* (*Der Gebrauch der Lüste*) und *Le Souci de soi* (*Die Sorge um sich*) erscheinen. Acht Jahre, in denen Foucault sein ursprüngliches Projekt völlig umgestülpt hat. Er hat es sogar mehrfach umgearbeitet, und er hat große Mühe, den Gesamtkomplex der Probleme neu zu organisieren, auf die er gestoßen ist, seit er sich in das Gebiet einer »Geschichte der Sexualität« gestürzt hat. Zunächst hat er das Programm weiterverfolgt, das er angekündigt hatte: im Christentum und in der Lehre des Geständnisses den Ort der Geburt des »Diskurses über die Sexualität« zu suchen. Wie erinnerlich, handelte es sich darum, eine »Archäologie der Psychoanalyse« in Angriff zu nehmen. Also macht er sich daran, die Beichthandbücher zu lesen, stürzt er sich in die christliche Literatur. Er muß aber zeitlich sehr viel weiter ausgreifen, als er sich vorgestellt hatte. Seine Vorlesung am Collège de France behandelt im Studienjahr 1979–1980 »Die Herrschaft der Lebenden« und gilt im wesentlichen den »Verfahren zur Prüfung der Seelen und des Geständnisses im Urchristentum«. Die gestellte Frage lautet: »Wie hat sich ein Typus von Herrschaft der Männer gebildet, bei der man nicht nur einfach aufgefordert wird, gehorsam zu sein, sondern, indem man es ausspricht, unter Beweis stellt, daß man es ist.« Foucault analysiert darin die »Geschichte der Strafpraktiken« und die Codifizierung der »Gewissensprüfung« in den Klöstern, die mit der Pflicht verbunden ist, alles über sich selbst vor dem Älteren oder Meister auszusprechen.[2] Diese Untersuchung nimmt Gestalt an, und Foucault stellt damals ein Buch fertig, das er *Les Aveux de la chair* (*Die Geständnisse des Fleisches*) nennt. Bei dieser langen Auseinandersetzung mit der christlichen Moral ist

1 Michel Foucault, *Der Gebrauch der Lüste*, Frankfurt am Main 1986, S. 9.
2 Michel Foucault, *Résumés des cours. 1970–1983*, Paris 1989, S. 123–128.

er jedoch gewahr geworden, daß es schwierig gewesen wäre, über die Frühzeiten des Christentums zu reflektieren, ohne das Vorangegangene in Frage zu stellen. Ohne den Versuch einer Prüfung auszukommen, woher die Formen einer »Beziehung zu sich« kamen, die die »Lehren des Fleisches« in Richtung einer Theorie der Sünde und der Schuld umbiegen und neu strukturieren. Denn was Foucault bei seiner Analyse des Christentums entdeckt hat, ist eher die Heraufkunft einer neuen »Technik des Selbst« als, wie er zu Beginn geglaubt hatte, die Einführung einer härteren und strengeren Lebensweise. Er muß also die »Einleitung« fahrenlassen, die er für *Les Aveux de la chair* geschrieben hatte und in der er die antike Philosophie und die heidnische Moral in einem raschen Überblick vergegenwärtigte. Weil er sich im Grunde damit zufriedengegeben hatte, »Allgemeinplätze« zu reproduzieren, wie sie in einigen dieser Epoche gewidmeten Büchern zu finden waren, in denen der heidnischen Kultur eine sehr viel freiere und tolerantere Sexualmoral zugeschrieben wurde, als die Dokumente zu bestätigen vermochten. Das christliche Thema der (Sitten-)»Strenge« ist bereits weitgehend präsent. Aber auch und vor allem deshalb, weil in dieser Kultur des Heidentums das Hauptthema nicht das der verbindlichen Regeln der Strenge, sondern das der »Selbstpraktik«, der »Selbstbildung« ist... Daher dieses neue Abenteuer: in der antiken Philosophie nach den Themen der »Sorge um sich« und des »Gebrauchs der Lüste« suchen, um zu sehen, auf welche Weise die Moralen des Heidentums diese »Unterwerfungsweisen« am Vorabend der Entwicklung des Christentums konstituiert hatten. Die Vorlesung am Collège de France trägt im Studienjahr 1980–1981 den Titel »Subjektivität und Wahrheit«: »Untersucht worden ist«, schreibt Foucault in seinem *Résumé*, »was in der hellenischen und römischen Kultur von den Philosophen, den Moralisten und den Ärzten der Periode, die sich vom 1. Jahrhundert v. Chr. bis zum 2. Jahrhundert n. Chr. erstreckt, als ›Lebenstechnik‹, als ›Existenztechnik‹ entwickelt worden war. Diese Lebenstechniken werden nur in ihrer Anwendung auf jenen Typus von Akten ins Auge gefaßt, den die Griechen *aphrodisia* nennen; und bei dem man sieht, daß unser Begriff der ›Sexualität‹ nur eine sehr unangemessene Übersetzung davon bietet.« Foucault fügt hinzu:

»Man sieht, wie weit man von einer Geschichte der Sexualität entfernt ist, die sich um die gute alte Repressionshypothese und ihre üblichen Fragen herum aufbaut (wie und warum wird das Begehren unterdrückt?). Es handelt sich um Akte und Lüste und nicht um Begehren. Es handelt sich um die Selbstbildung anhand von Lebenstechniken und nicht um Verdrängung, um Verbot oder Gesetz. Es handelt sich nicht darum zu zeigen, wie der Sex ins Abseits gedrängt worden ist, sondern wie sich diese lange Geschichte angebahnt hat, die in unseren Gesellschaften das Geschlecht und das Subjekt verbindet.«[3]

Im Studienjahr 1981–1982 greift Foucault etwas weiter in die Geschichte aus. Seine Vorlesung bezieht sich auf »Die Hermeneutik des Subjekts«: »Der Ausgangspunkt einer der Sorge um sich gewidmeten Studie ist ganz natürlicherweise der *Alkibiades* [der Dialog Platos]. Darin tauchen drei Fragen auf, die die Beziehung der Sorge um sich zur Politik, zur Pädagogik und zur Selbsterkenntnis betreffen.« Und Foucault konfrontiert abschließend die Empfehlungen von Sokrates an Alkibiades mit den späteren Texten der stoischen Moral. Was sich auf dem Wege von Plato zum Stoizismus verändert hat: »Alkibiades legte sich Rechenschaft davon ab, daß er sich, in dem Maße, wie er sich später um andere kümmern wollte, zunächst mit sich selbst zu befassen hatte. Es handelt sich jetzt also darum, sich mit sich selbst zu beschäftigen, für sich selbst. Man muß für sich selbst und im ganzen Verlauf seiner Existenz zum eigenen Objekt werden...«[4]

Feststellen läßt sich, daß das Projekt Foucaults im Laufe der Jahre von den Zufällen einer »Logik der Entdeckung« verändert worden ist, bei der auch das Zögern und das Fehlgreifen, die Irrtümer und die Schuldgefühle ihre Rolle gespielt haben, bevor sie von neuen Einfällen und neuen Funden aufgehoben und verdrängt wurden. *Sexualität und Wahrheit* wird zu einer Geschichte der Techniken des Selbst, zu einer Genealogie des »Subjekts« und der Weisen, auf die es sich in der Morgenröte der westlichen Kultur konstituiert hat. Im Frühjahr 1983 antwortet Foucault auf eine Reihe von Fragen, die ihm Hubert

3 Ebd., S. 136 f.
4 Ebd., S. 150.

Dreyfus und Paul Rabinow stellen. Die beiden Berkeley-Professoren versuchen sich in den vielfachen und abweichenden Titeln der Werke zurechtzufinden, die er ankündigt und schreibt. Er erklärt ihnen das ganz einfach. Es wird zwei Bände einer »Geschichte der Sexualität« geben. Der erste soll *L'Usage des plaisirs* (*Der Gebrauch der Lüste*) heißen und auf die Moral des Heidentums und die Techniken des Selbst eingehen, die sie in Verbindung mit der Sexualethik unmittelbar vor dem Christentum vorschreibt. Der zweite Band soll den Titel *Les Aveux de la chair* (*Die Geständnisse des Fleisches*) tragen und sich auf das Urchristentum beziehen. Und dann gibt es ein weiteres Buch, das aber nicht Bestandteil der »Geschichte der Sexualität« werden soll: es faßt eine Reihe von Einzeluntersuchungen über *le soi* (*Das Selbst*) zusammen und bietet vor allem einen Kommentar zum *Alkibiades*, dem antiken Text, in dem sich, wie er sagt, die erste Aufarbeitung jenes Themas der Sorge um sich findet. Der Grund, aus dem er diesen Band mit dem Titel *Le Souci de soi* (*Die Sorge um sich*) versehen möchte. Und als Rabinow Foucault fragt, ob es dieses Buch ist, das bei den Éditions du Seuil erscheinen soll, während die beiden anderen an Gallimard gehen, ist die Antwort: *ja*.[5] Es handelt sich sehr

5 Hubert Dreyfus und Paul Rabinow haben Michel Foucault sehr ausführlich interviewt, besonders bei Foucaults Berkeley-Aufenthalt im Jahre 1983. Die Bruchstücke, die ich biete, stammen aus einer am 19. April aufgezeichneten Diskussion. Die schriftliche Transkription ist im Foucault-Archiv der Zeitschrift *History of the Present* einzusehen. Ich danke Paul Rabinow, Hubert Dreyfus und David Horn dafür, daß sie mir den Gesamtkomplex dieser Unterhaltungen zur Verfügung gestellt haben (der insgesamt mehrere hundert Seiten umfaßt). Paul Rabinow und Hubert Dreyfus haben ihn für den Dialog benutzt, der sich auf den Seiten 323–346 der französischen Ausgabe ihres Buches findet (*Michel Foucault, un parcours philosophique*, Paris 1984). Sie haben natürlich jeden anekdotischen Aspekt beiseite gelassen; man sieht jedoch deutlich, daß in diesem Dialog die Teilung der »Geschichte der Sexualität« in zwei Bände und ein späteres selbständiges Buch bereits beschlossene Sache war. Was wiederum erklärt, warum Foucault, als er 1982 einen Artikel über »Le Combat de la chasteté« (Der Kampf der Keuschheit) publiziert, ihn als »Auszug aus dem dritten Band der ›Geschichte der Sexualität‹« präsentieren kann. Ganz offensichtlich handelt es sich hier um *Les Aveux de la chair*. Vgl. *Communications*, Nr. 35, 1982.

wahrscheinlich um eben das Buch, das in der Vorankündigung für die Reihe »Des Travaux« unter dem Titel *Le Gouvernement de soi et des autres* (Die Herrschaft über sich und die anderen) auftaucht. Die erste Fassung des Vorwortes, das Foucault für *Der Gebrauch der Lüste* schreibt und das er Paul Rabinow für dessen *Foucault Reader* anvertraut, trägt das Siegel dieses Programms: *Der Gebrauch der Lüste* soll die »Spätantike« untersuchen, das heißt die heidnische Kultur der ersten Jahrhunderte unserer Zeitrechnung. Vom antiken Griechenland ist in dieser allgemeinen Präsentation der Folge der »Geschichte der Sexualität« keine Rede.

Allmählich aber wandelt sich das ganze Programm erneut: Foucault entschließt sich, seine beiden Projekte miteinander zu verschmelzen und ineinander zu integrieren. Also greift er zu einer Permutation der Titel: Die Studie über Plato hat sich ausgeweitet, übrigens in einem Maße, daß der *Alkibiades* ganz ausgeschieden wird (er wird nur einmal zitiert), und diese Reflexion über die griechische Antike wird zum Zentrum des Bandes mit dem Titel *Der Gebrauch der Lüste*. Während Plutarch, Epiktet, Seneca und Galenus sich im folgenden Band wiederfinden, der den Titel *Die Sorge um sich* übernimmt. Und schließlich noch der letzte Band, dessen Titel unverändert bleibt: *Les Aveux de la chair* (Die Geständnisse des Fleisches). An diesem Punkt der Arbeit angekommen, geht Foucault mit sich über die Aufteilung in Einzelbände zu Rate. Er fragt sich: Wäre es nicht einfacher, das Ganze zu einem einzigen großen Buch zusammenzufassen, das dann allerdings mehr als achthundert Seiten enthielte? Aber man muß abwarten, bis das alles völlig fertig ist. Denn es stellt sich ein Problem: Der Band, der das Ganze abschließen soll, ist weit vor den anderen und vor allem in einer Phase geschrieben worden, da das Projekt durchaus noch nicht in dieser Form konzipiert war. Foucault möchte es also überarbeiten, um die Angleichungen einzubringen, die sich aufdrängen. Und da er auch die geringfügigste Verzögerung vermeiden will, da er das Ganze so schnell wie möglich veröffentlichen möchte, optiert er für einen »einfachen Vertrieb« in drei Bänden, die die chronologische Abfolge der jeweils behandelten Perioden respektieren. Das ist nicht weiter störend, weil das Werk, das ja noch nicht abgeschlossen ist, den Schlußstein dieser Kette historischer Sequenzen bildet. Und im Mai 1984, während er die Fahnenkorrektur der beiden Bände beendet, die dann im Juni erscheinen, äußert er sich seinen Freunden gegenüber, daß ihm jetzt nur noch ein oder zwei Monate Arbeit an *Les Aveux de la chair* bleiben, und alles ist fertig. Er hofft, bei Wiederbeginn des Studienjahres, also im Oktober, auch den letzten Band erscheinen lassen zu können.

Die *Histoire de la sexualité* ist, nach der im Juni 1984 verbreiteten »Verlagsankündigung«, folgendermaßen aufgebaut:

> Band 1: *La Volonté de savoir* (erschienen 1976);
> Band 2: *L'Usage des plaisirs*;
> Band 3: *Le Souci de soi*;
> Band 4: *Les Aveux de la chair* (in Vorbereitung).

Hier also ein Auszug aus jenem »Waschzettel«, der, von Foucault selbst verfaßt, heute nahezu unauffindbar geworden ist und die *summa*, die ihn soviel Mühe gekostet hat, folgendermaßen präsentiert:

»Das ursprüngliche Projekt dieser Reihe von Studien, wie es in *Der Wille zum Wissen* dargestellt worden ist, bestand nicht darin, die Geschichte sexueller Verhaltensweisen und Praktiken zu rekonstituieren noch die (wissenschaftlichen, religiösen oder philosophischen) Ideen zu analysieren, anhand deren man sich diese Verhaltensweisen vorgestellt hat; es bestand darin, sich verständlich zu machen, wie sich in den modernen abendländischen Gesellschaften etwas als ›Erfahrung‹ der ›Sexualität‹ konstituiert hatte – ein vertrauter Begriff, der gleichwohl kaum vor Anfang des 19. Jahrhunderts in Erscheinung tritt.

Von Sexualität als historisch konstituierter Erfahrung reden setzte also voraus, daß die Genealogie des begehrenden Subjekts in Angriff genommen und nicht nur auf die Anfänge der christlichen Tradition, sondern auf die antike Philosophie selbst zurückgegriffen wurde.

Mit dem Rückgriff von der Moderne aus über das Christentum hinaus bis in die Antike stieß Michel Foucault auf eine Frage, die zugleich sehr einfach und sehr allgemein war: Warum wird das Sexualverhalten, warum werden die Aktivitäten und Lüste, die damit zusammenhängen, zum Gegenstand einer moralischen Sorge? Warum diese ethische Sorge, die zeitweise mehr oder weniger wichtig erscheint als die moralische Aufmerksamkeit, die man anderen Bereichen des individuellen oder kollektiven Lebens widmet, etwa den Ernährungsgewohnheiten oder der Erfüllung der bürgerlichen Pflichten? Diese Problematisierung der Existenz, der die griechisch-römische Kultur unterliegt, hat offenbar ihrerseits mit einem Komplex von Praktiken in Verbindung gestanden, die man die ›Existenzkünste‹ oder die ›Selbsttechniken‹ nennen könnte und die von so beträchtlicher Bedeutung sind, daß ihnen eine ganze Einzelstudie gewidmet werden konnte.

Daher rührt letztlich die allgemeine Verankerung dieser ausladenden Studie in der Genealogie des Begehrensmenschen seit der klassischen Antike bis in die ersten Jahrhunderte des Christentums. Und ihre Unterteilung in drei Bände, die ein Ganzes bilden:

– *L'Usage des plaisirs* untersucht die Art und Weise, wie das Sexualverhalten vom klassischen griechischen Denken als Bereich moralischen Ermessens und moralischer Wahl vorgestellt worden ist, und die Subjektivierungsweisen, auf die es sich bezieht: ethische Substanz, Modi der Unterwerfung, Formen der Entwicklung von Selbst und moralischer Teleologie. Und wie darüber hinaus das ärztliche und philosophische Denken jenen ›Gebrauch der Lüste‹ – *chresis aphrodision* – entwickelt und einige Strengheitsmotive formuliert hat, die auf vier großen Achsen der Erfahrung rekurrent werden sollten: der Beziehung zum Körper, der Beziehung zur Gattin, der Beziehung zu jungen Männern und der Beziehung zur Wahrheit.

– *Le Souci de soi* analysiert diese Problematisierung anhand von griechischen und lateinischen Texten aus den beiden ersten Jahrhunderten unserer Zeitrechnung, ebenso die Verbiegung, die sie in einer von der Sorge um sich selbst dominierten Lebenskunst erlebt.

– *Les Aveux de la chair* werden schließlich die Erfahrung des Fleisches in den ersten Jahrhunderten des Christentums und die Rolle behandeln, die dabei die Hermeneutik und die reinigende Enträtselung der Begierde spielen.«

Foucault hat hart gearbeitet, um schließlich letzte Hand an diese so lange angekündigte Reihe von Studien legen zu können. Sein langes Schweigen hat manches Gerücht aufkeimen lassen: Foucault ist fertig, er hat nichts mehr zu sagen, er ist in der Sackgasse... Die Zeitungen und Zeitschriften, immer bereit, Brüche und Risse sichtbar zu machen, Mängel aufzustöbern, das Scheitern auszuposaunen, die jubelnden Gegner, die ungeduldigen Anhänger oder die unruhigen Freunde – alle Welt stellte mit geradezu obsessioneller Hartnäckigkeit immer wieder die Frage: Wann bekommen wir denn die Fortsetzung zu lesen? Foucault hat den Eindruck einer Hetzjagd gehabt. Einer wirklichen »Jagd auf den Geist (gar nicht unähnlich einer Menschenjagd)«, wie Blanchot sagt.[6] Die Formulierung mag übertrieben erscheinen. Jedenfalls aber hat Foucault die Dinge sehr häufig so erlebt. Und in dieser Phase trägt er sich auch mit dem Gedanken, das Collège de France zu verlassen. »Eines ist sicher, nächstes Jahr werde ich meine Vorlesung nicht wiederaufnehmen«, sagt er zu Beginn des Jahres 1984 zu Pierre Bourdieu, der sich heute fragt, wie diese Formulierung wohl zu verstehen gewesen sei. Foucault spricht auch, und mehrfach wiederholt, davon, das Schreiben aufzugeben. Im Grunde, sagt er zu Paul Veyne und mehreren anderen, beginnt man aus Zufall zu schreiben und macht dann aufgrund der Macht der Verhältnisse weiter. Er wiederholt, daß das Schreiben keine Aktivität ist, die er wirklich gewählt hat. Er ist das genaue Gegenteil von Sartre, der sich von früher Kindheit an dazu berufen fühlte, wie er in *Die Wörter* erzählt hat. Und dann findet Foucault vor allem den Preis zu hoch, der für den »Ruhm« entrichtet werden muß. Aber was tun? Wie sein Leben ändern, wenn man auf die Sechzig zugeht? Er denkt an den Journalismus. Er möchte eine geopolitische Chronik in Artikelform schreiben. Aber es gibt bei ihm fraglos auch eine Trägheit des Vergangenen, von der man sich nicht so leicht losmachen kann. Und dann wollte er vor allem diese Bücher fertigstellen, an die er zehn Jahre seines Lebens gewendet hatte, zehn Jahre ununterbrochener Arbeit. »Er mußte seine Bücher zu Ende bringen«, schreibt Hervé Guibert, einer seiner nächsten Freunde, in einer großartigen Erzählung, die den Todeskampf und den Tod eines Philosophen vergegenwärtigt. »Dieses Buch, das er geschrieben und zehn Jahre

6 Maurice Blanchot, *Michel Foucault tel que je l'imagine*, Paris 1986, S. 62.

lang immer wieder neu geschrieben, vernichtet, verleugnet, wieder zerstört, neu durchdacht, wiederhergestellt, verkürzt und verlängert hatte, dieses endlose Buch des Zweifels, der Wiedergeburt, der großartigen Bescheidenheit. Er war versucht, es für immer zu vernichten, seinen Feinden ihren dummen Triumph zu gönnen, damit sie das Gerücht ausstreuen konnten, er sei nicht mehr in der Lage, ein Buch zu schreiben, sein Geist sei seit langem tot und sein Schweigen lediglich das Eingeständnis von Scheitern...«[7]

Dennoch aber findet das Unternehmen zu seinem Ende. Der unglaubliche Ehrgeiz, die Geburt des modernen Menschen und seines Selbstbewußtseins zu enträtseln – dieser maßlose Ehrgeiz hat seine Früchte getragen. Die Bücher werden bald erscheinen, und Foucault läßt es sich nicht nehmen, allen denen, die über sein Schweigen spötteln, einen Stoß frisches Holz hinzuwerfen: »Was aber die angeht«, schreibt er zu Beginn von *Der Gebrauch der Lüste*, »die meinen, es müsse einer abgedankt haben, der sich Mühe gibt, anfängt und wieder anfängt, versucht, sich täuscht, alles von neuem aufrollt und noch immer auf Schritt und Tritt zaudert, zurückgezogen und unruhig arbeitet: was also die angeht, nun wohl, wir sind ganz offensichtlich nicht vom selben Planeten.«[8]

Foucault hätte diese sehr süße Rache ohne Zweifel bekommen: 1986 widmet die gestrenge, ruhmreiche und höchst »akademische« englische Zeitschrift *Journal of Roman Studies* seinen letzten Büchern einen langen, sehr ausführlichen, sehr durchdachten... und sehr lobenden Artikel.[9]

Um die Geschichte der Gegenwart zu schreiben, hat Foucault seine »genealogische« Suche bis zum archäologischen Urgrund unserer abendländischen Kultur vortreiben müssen. Paul Veyne, Altertumsforscher und Historiker der Antike, hat bei dieser Umorientierung von Foucaults Blick auf die ältesten und entlegensten Zeiten zweifellos eine sehr bedeutsame Rolle

---

7 Hervé Guibert, »Les Secrets d'un homme«, in: *Mauve le Vierge*, Paris 1988.

8 Michel Foucault, *Der Gebrauch der Lüste*, a. a. O., S. 14.

9 *Journal of Roman Studies*, Bd. LXXVI, 1986.

gespielt. Foucault kannte ihn seit den Jahren, in denen er an der Rue d'Ulm Psychologie lehrte. Veyne war damals einer seiner Schüler und, zusammen mit Passeron und einigen anderen, auch einer seiner Freunde, wie oben bereits dargestellt. In der Zwischenzeit hatten sie einander aus den Augen verloren. Im Jahre 1975 ist Paul Veyne ins Collège de France gewählt worden. Und ihre Verbindungen knüpfen sich langsam erneut, bis sie in den siebziger und beginnenden achtziger Jahren zu enger Freundschaft und äußerster intellektueller Vertrautheit werden. Im Jahre 1978 widmet Veyne der historischen Methode Foucaults einen langen Aufsatz mit dem zündenden Titel »Foucault revolutioniert die Historie«.[10] Wenn Veyne nach Paris kommt, um seine Vorlesungen zu halten – denn er wohnt im Süden –, beherbergt ihn Foucault in dem kleinen Appartement, das zu seiner Wohnung gehört und das ihm gewöhnlich als Büro dient. Bei diesen Gelegenheiten essen sie gemeinsam, allein oder mit einigen Mitgliedern der kleinen Foucaldischen Familie. Veyne und Foucault führen lange Unterhaltungen, Unterhaltungen nicht nur theoretischer oder philosophischer Art: sie erzählen einander viel und lassen ihre gemeinsame Vergangenheit oder die Jahre wiederaufleben, in denen sie sich nicht gesehen haben. Nach der Niederschrift von *Les Aveux de la chair* hat Foucault sein Projekt also gänzlich umgestülpt, und nur zu häufig konsultiert er Paul Veyne, als er sich an *Der Gebrauch der Lüste* und *Die Sorge um sich* macht. Im Vorwort erweist er ihm seinen Dank: »P. Veyne hat mich in diesen Jahren ständig unterstützt. Als wirklicher Historiker weiß er, was es heißt, das Wahre zu suchen; aber er kennt auch das Labyrinth, das man betritt, sobald man die Geschichte der Spiele des Wahren und Falschen schreiben will; er gehört zu den wenigen, die die Gefahr auf sich nehmen, die die Frage der Geschichte der Wahrheit für jedes Denken mit sich bringt. Sein Einfluß auf diese Seiten wäre nur schwer einzugrenzen.«[11] Denn die Begegnung von Veyne und Foucault vollzieht sich nicht nur in den Bereichen der Antike. Mehr noch wird sie von dem überstrahlt, was Foucault in *Wahnsinn und Gesellschaft* die »große Sonne der Forschung

10 Paul Veyne, »Foucault revolutioniert die Historie«, in: P. V., *Der Eisberg der Geschichte*, Berlin 1981, S. 5–78.
11 Michel Foucault, *Der Gebrauch der Lüste*, a. a. O., S. 15.

Nietzsches« nannte. Das ist eine der Hauptbestrebungen Foucaults in den letzten Jahren seines Lebens: die Geschichte im Sinne von »Wahrheitsspielen« denken: jener »Spiele des Wahren und des Falschen, in denen sich das Sein historisch als Erfahrung konstituiert, das heißt als eines, das gedacht werden kann und muß«. Hier verbindet Foucault seine letzten Arbeiten mit allem, was ihnen vorausgegangen ist: »Anhand welcher Wahrheitsspiele gibt sich der Mensch sein eigenes Sein zu denken, wenn er sich als Irren wahrnimmt, wenn er sich als Kranken betrachtet, wenn er sich als lebendes, sprechendes und arbeitendes Wesen reflektiert, wenn er sich als Kriminellen beurteilt und bestraft?« Und schließlich: »Anhand welcher Wahrheitsspiele hat sich das Menschenwesen als Begehrensmensch erkannt und anerkannt?«[12]

Von den drei Bänden, die auf *Der Wille zum Wissen* folgen, ist also der letzte als erster geschrieben worden. Der Grund, aus dem er nicht erscheint. Foucault hatte sich bereits daran gemacht, *Les Aveux de la chair* neuzubearbeiten. Ein, zwei Monate... Und alles wäre fertig gewesen. Andere Projekte warteten, in den Materialsammlungen, in den Schubladen, in den Seminaren von Berkeley... Und dann wollte er sich vor allem ausruhen: »Wenn ich meine Bücher fertig habe? Dann werde ich mich zunächst um mich selbst kümmern«, hatte er Dreyfus und Rabinow im April 1983 geantwortet. Aber die schreckliche Krankheit hat ihr schreckliches Geschäft fortgesetzt, und Foucault muß Anfang Juni 1984 ins Krankenhaus eingeliefert werden. Er hat gekämpft, er kämpft bis zuletzt. Diesmal aber war die Schlacht von vornherein verloren. Und da er den Wunsch geäußert zu haben scheint, es möge keinerlei »postume Veröffentlichung« geben, bleibt dieser Band gegenwärtig unveröffentlicht, denn die Familie macht sich die Respektierung dieses Willens zur Pflicht. Hier eine Äußerung von Pierre Nora in einem Interview vom September 1986: »In einem privaten Brief aus der Zeit vor seiner Erkrankung brachte er den Wunsch zum Ausdruck, es möge ›keine postume Veröffentlichung‹ geben. Die Erben Michel Foucaults, die seine Vor-

12 Ebd., S. 15.

liebe für Perfektion kennen, verhalten sich also sehr zögernd. Es ist eine Frage der Interpretation. Die meine ist sehr klar. Es gibt drei Komplexe: zunächst die unvollendeten oder aufgegebenen Texte wie das Manuskript über Manet oder die Korrespondenz. Bei diesem Komplex ist keinerlei Zweifel möglich: keine Veröffentlichung. Die Vorlesungen am Collège de France? Darüber läßt sich diskutieren, und er selbst hat dabei gezögert. Ich höre ihn noch zu mir sagen: ›Da ist viel Abfall dabei, aber auch viele gute Funde und Spuren, die den jüngeren Leuten nützlich sein könnten.‹ Dagegen scheint mir bei diesem vierten Band keinerlei Doppelsinn angebracht. Er ist Bestandteil der ›Geschichte der Sexualität‹, zu der er sogar den Schlüssel bildet, und er ist es auch, an dem Foucault am meisten hing. Daß er ihn an dem Tage, wo er sich daran machte, völlig neu geschrieben hätte und daß diese bei ihm ganz übliche Neu- und Umschrift ihn weiter geführt hätte, als er selbst wohl glauben mochte, als er mir das zwei Monate später vorschlug – davon bin ich zutiefst überzeugt. Was aber nichts daran ändert, daß das Manuskript, so wie es ist, mit einem Minimum an editorischer Aufmachung (beispielsweise nachzuweisender Zitate) existiert und einen bestimmten Zustand des Denkens von Foucault widerspiegelt, einen vollkommen kohärenten Zustand. In diesem Falle erscheint mir die Nicht-Veröffentlichung als schwere Bürde an Verantwortung. Aber ich kann nichts anderes tun als sie respektieren.«[13] Georges Dumézil teilte diese Position, was *Les Aveux de la chair* betrifft: »Es genügt, ihm eine ›Vorbemerkung an den Leser‹ mitzugeben, um den Status dieses Buches zu erläutern«, sagte er. Das ist auch der Standpunkt von Paul Veyne. Hinzugefügt sei, daß Dumézil, im Gegensatz zu Pierre Nora, der Veröffentlichung von unveröffentlichten Texten keine Grenzen setzte und daß auch Paul Veyne weiterhin der Meinung ist, es sei geboten, »alles zu veröffentlichen«. Ein älterer Text von Michel Foucault scheint ihnen recht zu geben. Es handelt sich um das 1965 geschriebene und 1967 publizierte Vorwort von Gilles Deleuze und Michel Foucault zu den *Œuvres complètes* von Nietzsche, die damals bei Gallimard zu erscheinen begannen. Die beiden Philosophen plädieren da für

13 Interview in: *L'Evénement du jeudi*, 18. September 1986.

die Veröffentlichung aller postumen Schriften, für freien Zugang zu den Manuskripten und Aufzeichnungen usw.: »Niemand kann im voraus über die Form und die Gestalt urteilen, die das große Buch angenommen hätte (noch über die anderen Formen, die Nietzsche erfunden hätte, hätte er sein Projekt nicht aufgegeben). Der Leser kann höchstens träumen: dazu allerdings müssen ihm die Mittel an die Hand gegeben werden.«[14]

Am 2. Juni 1984 wird Michel Foucault von einem Unwohlsein befallen und in seiner Wohnung in der Rue de Vaugirard ohnmächtig. Er wird in ein Krankenhaus des 15. Arrondissements gebracht, wo er einige Tage bleibt, bevor er am 9. Juni in die Salpêtrière überführt wird, jenes Krankenhaus, dessen Rolle und Entwicklung er in *Wahnsinn und Gesellschaft* mit solcher Ausführlichkeit beschrieben hatte.

Seit mehreren Monaten hat Foucault nicht aufgehört, sich über jene elende »Grippe« zu beklagen, die ihn derart schwächt und seine Arbeit in Mitleidenschaft zieht. Er hustet fortgesetzt, manchmal leidet er auch an schrecklichen Migräneanfällen. Zu Beginn des Jahres 1984 bringt die Krankheit sich mit immer deutlicher spürbarer Härte zum Ausdruck. »Ich fühle mich wie in einem Nebel«, sagte er. Dennoch setzte er die Neubearbeitung von *Les Aveux de la chair* und die Fahnenkorrektur der beiden Bände fort, die jenem ersten schließlich vorausgehen sollten, *Der Gebrauch der Lüste* und *Die Sorge um sich*.

Es werden seine letzten Bücher sein. Und seine Eile, seine Ungeduld, seine Hartnäckigkeit, sie veröffentlicht zu sehen, die Anmerkungen in der Bibliothek zu verifizieren, trotz der häufigen Schwindelanfälle und der quälenden Mattigkeit, seine absolute Weigerung, sich Ruhe zu gönnen, etwas Urlaub zu nehmen, eine Pause einzulegen, und sei sie noch so kurz – alle diese Elemente legen die Vermutung nahe, daß er wußte: das würden seine letzten Bücher sein, und er wollte alles daransetzen, sie in ihrer integralen Form herauszubringen.

Er wußte also, daß er an der Schwelle des Todes stand? Daß er

---

14 Gilles Deleuze und Michel Foucault, »Introduction générale«, in: Nietzsche, *Le Gai Savoir*, Paris 1967, S. 11.

mit Aids infiziert war? Nein, antwortet die Mehrzahl der ihm Nahestehenden, er hat das Wesen des Leidens, das ihn erstickte, nie erkannt. Noch im Krankenhaus malte er sich das Projekt einer Reise nach Andalusien aus, wohin er im vergangenen Jahr mit Daniel Defert gereist war und das ihn begeistert hatte. Ja, eben das sagte er. Dahin wollte er sich aufmachen, um Ruhe zu finden und sich von seiner Krankheit zu erholen. Glaubte er das wirklich? Oder wollte er nur seine Freunde beruhigen? Mehrere Zeugnisse lassen die Waage in dieser Richtung ausschlagen: im Laufe des Winters, der seinem Tod vorausging, hat er mit Georges Dumézil telefoniert und ihm gesagt: »Ich glaube, ich habe mir Aids zugezogen.« »Ich glaube...« Die Formel bringt nicht gerade Sicherheit zum Ausdruck. Aber muß man in dieser vertraulichen Mitteilung, die er seinem alten Freund zuflüsterte, der damals sechsundachtzig Jahre alt war, eine der Persönlichkeiten, der er seit nahezu dreißig Jahren nahegestanden hat, nicht die Stimme der Wahrheit hören, die sich selbst wiedererkennt? Foucault wußte es und wollte es vor allem nicht den Leuten eingestehen, die ihn umgaben. Er hat ganz einfach denjenigen in Kenntnis gesetzt, den er gewissermaßen als seinen »geistlichen Herrn« anerkannte, denjenigen, der für ihn so häufig die Rolle des »Beichtvaters« gespielt hatte. Foucault wußte es. Und wollte es nicht wissen.

Als Paul Veyne für die Sondernummer von *Critique* im September 1986 einen Aufsatz schreibt, möchte er von einer Unterhaltung berichten, die er im Februar 1984 mit Foucault geführt hat. Jean Piel* hat es vorgezogen, die beiden Blätter nicht zu veröffentlichen. Veyne hatte darin Foucaults Einstellung zum Tode beschrieben. Hatte Foucault nicht selbst darauf verwiesen, und zwar in seinem Buch über Raymond Roussel, daß die Beziehung eines Autors zum Tod keine anekdotische Frage ist? Hier der Bericht von Paul Veyne:

»Foucault hatte keine Angst vor dem Tode: er äußerte sich manchmal in diesem Sinne seinen Freunden gegenüber, wenn die Unterhaltung auf den Selbstmord zu sprechen kam, und die Fakten haben, wenn auch auf andere Weise, bewiesen, daß er nicht prahlte. Die antike Weisheit war ihm auf allerdings andere

* Herausgeber von *Critique*. (A. d. Ü.)

Weise zur persönlichen geworden; während der acht letzten Monate seines Lebens hat die Niederschrift dieser beiden Bücher für ihn die Rolle gespielt, die das philosophische Schreiben und das intime Tagebuch in der antiken Philosophie spielten: die einer Arbeit des Selbst an sich selbst, einer Selbst-Stilisierung. Hierher gehört auch ein Vorfall, der sich mir als heroischer Zug eingeprägt hat; unaufhörlich sprach er von diesen Büchern und ließ mich manchmal eine seiner Übersetzungen berichtigen, aber er klagte über einen hartnäckigen Husten und ständiges leichtes Fieber, das ihn erschlaffen ließ; aus Höflichkeit bat er mich um Ratschläge seitens meiner Frau, die Ärztin ist und keine wußte. ›Deine Ärzte werden sicher glauben, daß du Aids hast‹, sagte ich ihm eines Tages im Scherz (die wechselseitigen Scherze über den Unterschied unserer Geschmacksrichtungen in der Liebe waren eines der Rituale der Freundschaft). ›Das ist genau das, was sie denken‹, antwortete er mir lachend, ›und ich habe das bei den Fragen, die sie mir gestellt haben, auch genau gemerkt.‹ Die Leser von heute werden Mühe haben, sich vorzustellen, daß ein Fieber und ein Husten in diesem Februar 1984 noch niemandem irgendeinen Verdacht einflößten: jene Krankheit war eine Geißel, die noch so weit entfernt und so unbekannt war, daß sie geradezu legendenhaft und wahrscheinlich imaginär wurde. Keiner seiner Vertrauten hatte irgendeine Ahnung: wir haben das erst nachträglich begriffen. ›Du solltest dich eine gute Weile ausruhen‹, fuhr ich fort, ›du hast zu viel Griechisch und Latein getrieben, das hat dich angegriffen.‹ ›Ja‹, antwortete er, ›aber später. Zuerst will ich mit den beiden Schmökern fertig werden.‹ ›Sag’ mal‹, fragte ich ihn aus schlichter Neugier (denn die Geschichte der Medizin ist nicht gerade meine größte Leidenschaft), ›existiert das denn wirklich, dieses Aids, oder ist das nur eine erbauliche Legende?‹ ›Hör’ mal‹, gab er ganz ruhig zur Antwort, und nach einem Augenblick des Überlegens, ›ich bin der Frage genauer nachgegangen, ich habe eine Menge darüber gelesen: ja, das gibt es, das ist keine Legende. Die Amerikaner haben das sehr genau untersucht.‹ Und er verriet mir in zwei oder drei Sätzen genaue methodologische Einzelheiten, die ich vergessen habe. Letztlich war er Medizinhistoriker, und als Philosoph, dachte ich mir, interessiert er sich für die Gegenwart. Denn die Pressenotizen aus amerikanischen Quellen über den ›Krebs der Homosexuellen‹ (wie man damals sagte) erschienen regelmäßig in den Zeitungen. Rückblickend nimmt mir seine Kaltblütigkeit bei meiner albernen Frage den Atem; er selbst hat annehmen müssen, daß es eines Tages mit ihm so weit kommen würde, er selbst hat die Antwort bedenken müssen, die er mir gab, und sich dabei auf mein Erinnerungsvermögen verlassen – mit einem winzigen bitteren Trost; den Lebenden *exempla* geben war eine weitere Tradition der antiken Philosophie…«[15]

In einem kleinen Krankenhauszimmer empfängt Michel Foucault seine Freunde. Daniel Defert, Hervé Guibert, Mathieu Lindon und einige andere verbringen einige kurze Augenblicke bei ihm. Der Sommer strahlt bereits über Paris, und das Gebäude des Krankenhauses liegt inmitten eines weitläufigen Parks. Man muß einen beträchtlichen Fußmarsch zurücklegen, um dort Zugang zu finden. Foucault lacht. Er scherzt. Er kommentiert die ersten Artikel über die beiden Bücher, die gerade für den Buchhandel ausgeliefert werden. Es hat den Anschein, als ginge es ihm besser. Die Zeitungen haben sich überdies zum Echo dieser Besserung seines Gesundheitszustandes gemacht. Es gibt jemanden, den Foucault gern sähe und den er zu benachrichtigen bittet: das ist Georges Canguilhem. Aber es ist zu spät. Am 25. Juni löst eine AFP-Meldung am hellen Nachmittag in den Redaktionsräumen und später in der Intellektuellengemeinde Bestürzung aus, als Rundfunk- und Fernsehstationen die Information verbreiten: »Michel Foucault ist tot.«
Le Monde veröffentlicht das Ärzte-Kommuniqué: »Prof. Paul Castaignac, Leiter der Neurologischen Abteilung des Salpêtrière-Krankenhauses, und Dr. Bruno Sauron haben, im Einverständnis mit der Familie von M. Michel Foucault, das folgende Kommuniqué veröffentlicht: ›Monsieur Michel Foucault ist am 9. Juni 1984 in die Klinik für Krankheiten des Nervensy-

---

15 Text von Paul Veyne, der ursprünglich den Schluß des Artikels bildete, der im Sonderheft der Zeitschrift *Critique*, Nr. 471–472 vom August–September 1986, erschien. Ich veröffentliche diese Seiten, wie wohl nicht extra präzisiert werden muß, auf ausdrücklichen Wunsch von Paul Veyne…

stems der Salpêtrière überwiesen worden, und zwar zur Abwicklung bestimmter Ergänzungstests, die durch neurologische Symptome notwendig geworden waren, die ihrerseits durch einen Zustand septischer Blutvergiftung kompliziert wurden. Diese Untersuchungen haben die Existenz von zerebralen Suppurationsherden ergeben. Die Behandlung mit Antibiotika nahm anfangs einen günstigen Verlauf; eine Remission hat es M. Michel Foucault erlaubt, von den ersten Reaktionen auf das Erscheinen seiner beiden Bücher Kenntnis zu nehmen. Eine jähe Verschlechterung des Gesundheitszustandes hat dann jede Hoffnung auf therapeutische Wirksamkeit zunichte gemacht, und der Tod ist am 25. Juni um 13 Uhr 15 eingetreten‹‹

»Michel Foucault ist tot.« Das wird die häufigste Schlagzeile der Zeitungen des nächsten Tages sein. Ein Photo nimmt die ganze Titelseite von *Libération* in Anspruch, die dem Tode des Philosophen acht Seiten widmet. Mit einer editorischen Notiz von Serge July, Gedenkartikeln und einer Reihe von Zeugnissen (von Edmond Maire, Pierre Boulez, Jack Lang, Robert Badinter...). Überdies mit einer verblüffenden Klarstellung. Davon sollte durchaus die Rede sein, zumal alle Welt fünf Jahre später noch davon spricht, noch immer davon spricht, mit tiefem Abscheu und Ekel. Ein kleines Kästchen ganz unten auf einer der Seiten bemüht sich, das bereits kursierende »Gerücht« zu zerstreuen: Foucault sei an Aids gestorben. »Angesichts der Virulenz dieses Gerüchts«, besagt der nicht gezeichnete Artikel, »bleibt man verwirrt. Als ob Foucault aus Scham hätte sterben müssen.«[16] Man wird nie die genaue Zahl der Protestbriefe erfahren, die das Blatt an den folgenden Tagen erhalten hat, aber es traf eine regelrechte Sintflut ein: Wie konnte eine Zeitung, die sich *Libération* nennt, entrüsteten sich die Leser, von der »Scham« sprechen, daß er an Aids gestorben sei? Dutzende von Personen in New York, in Paris, in Berkeley oder anderswo haben mich im Verlauf meiner Recherchen gebeten, diesen Artikel zu brandmarken, der überall als »Schmach« gewertet wurde. Richtig ist, daß dieser Text ausgesprochen unbeholfen ausgefallen ist. Der Autor kannte Foucault, mochte ihn

16 »Hier à 13 heures...«, in: *Libération*, 26. Juni 1984.

sehr und wollte zweifellos nicht sagen, was er dann wirklich geschrieben hat. »Er hat guten Glaubens gehandelt«, sagt einer seiner Freunde, er hat Foucault gegen das zu verteidigen geglaubt, was er als eine Campagne auffaßte, die auf die Diskreditierung des Denkers abzielte. Und zweifellos – und vor allem – wollte er es den Foucault Nahestehenden ersparen, mit Fragen bestürmt zu werden. Ich weiß, daß er es jeden Tag seines Lebens bedauert, diese Eselei veröffentlicht zu haben. Ich möchte nicht zu denen gehören, die über ihn herfallen.

Einige Tage später kommt *Libération* ausführlich auf den Tod Foucaults zurück. Namentlich mit einem Artikel, der sein Leben zu »erzählen« unternimmt. Ein bemerkenswertes Dokument in Hinsicht auf die Schwierigkeit der Erfüllung eines solchen Programms: ein Netz von Irrtümern und Absurditäten, eine großsprecherische Prosa, um schließlich auf nur vier Seiten alle die Legenden und Mythologien zu wiederholen, die über Foucault im Umlauf sind.[17] Umgekehrt vergegenwärtigt in den Artikeln gewichtigeren Zuschnitts Robert Maggiori die Beziehungen zwischen Sartre und Foucault und Roger Chartier das Verhältnis zwischen dem Philosophen und den Historikern ...

Am Tage nach dem Tode des Philosophen widmet auch *Le Matin* der traurigen Neuigkeit seine ganze Titelseite. Und in *Le Monde* findet sich ein großer Aufmacher auf Seite 1 mit einem Artikel von Pierre Bourdieu und zwei vollen Seiten im Innern des Blattes, auf denen mehrere Mitarbeiter der Zeitung die foucaldische Epopöe auf der Bühne der Theorie oder der Politik vergegenwärtigen, während Paul Veyne das Werk seines verstorbenen Freundes beschwört. »Nichts ist gefährlicher«, schreibt Pierre Bourdieu, »als eine Philosophie, zumal eine derart subtile, komplexe und von der Norm abweichende, auf eine Handbuchformel zu reduzieren. Dennoch möchte ich sagen, daß Foucaults Werk eine lange Erforschung der Überschreitung, der Überquerung der sozialen Grenze ist, die unzertrennlich mit dem Bewußtsein und der Macht zusammenhängt.« Der Soziologe schließt seinen Artikel mit den Sätzen: »Ich hätte mir gewünscht, in der Lage zu sein, dieses Denken besser zu

---

17 Daniel Rondeau, »Le Canard et le renard ou la vie d'un philosophe«, in: *Libération*, 30. Juni 1984.

beschreiben, das so hartnäckig darum bemüht war, die Beherrschung seiner selbst zu erreichen, das heißt die Beherrschung
seiner Geschichte, einer Geschichte der Kategorien des Denkens, einer Geschichte des Willens und der Begierden. Und
auch jene Sorge um Strenge, jene Ablehnung des Opportunis-
mus in der Erkenntnis wie in der Praxis, in den Techniken des
Lebens wie in den politischen Wahlentscheidungen, die Foucault zur unersetzlichen Gestalt machen.«[18] Paul Veyne äußert
seinerseits einige Spalten weiter: »Das Werk Foucaults scheint
mir das bedeutsamste Denkereignis unseres Jahrhunderts zu
sein.«[19]

Einige Tage später nimmt das beklommene Gesicht Michel
Foucaults die ganze Titelseite von *Le Nouvel Observateur* in
Anspruch. Jean Daniel widmet seinen Leitartikel der »Leiden-
schaft von Michel Foucault«. Ein Artikel voll verhaltener
Gefühlsbeteiligung: Erinnerung an die ersten Begegnungen in
Sidi Bou Saïd, politische Übereinstimmungen, in den darauffolgenden Jahren manchmal Diskussionen oder Divergenzen.
Letzte Ehrung des dahingerafften Freundes.[20] Die Wochenzeit-
schrift publiziert mehrere Artikel und Zeugnisse. Fernand
Braudel spricht von »nationaler Trauer«: »Frankreich verliert
einen der glänzendsten Geister seiner Epoche, einen seiner
hochherzigsten Intellektuellen.«[21] In dieser Nummer von *Le
Nouvel Observateur* kann man jedoch vor allem den be-
wegendsten Artikel lesen, der je über Foucault geschrieben
worden ist. Georges Dumézil hatte die Angewohnheit zu
sagen: »Wenn ich einmal sterbe, wird Michel meinen Nachruf
schreiben.« Die natürliche Ordnung der Lebensalter ist hier
jedoch einmal nicht respektiert worden, und die Voraussage des
Mythologen sieht sich in ihr Gegenteil verkehrt. Der alte Mann
hat, gebrochen und bestürzt, in aller Eile einige Blätter
geschrieben, auf denen er erzählt, wie er Foucault kennengelernt hat und wie sie diese Vertrauensbeziehung zueinander
geknüpft haben, die Jahrzehnte zu überdauern vermocht hat,

18 Pierre Bourdieu, »Le Plaisir de savoir«, in: *Le Monde*, 27. Juni 1984.
19 Paul Veyne, »La Fin de vingt-cinq siècles de métaphysique«, ebd.
20 Jean Daniel, »La Passion de Michel Foucault«, in: *Le Nouvel Observateur*, 29. Juni 1984.
21 »Le Témoignage de Fernand Braudel«, ebd.

ohne sich je zu lockern, ohne daß sie je der kleinste Sturm, das kleinste Wölkchen getrübt hätte. Dann spricht er über die Arbeit des Philosophen, dessen erste Schritte er in der Bibliothek von Uppsala begleitet hat: »Foucaults Intelligenz war buchstäblich ohne Grenzen, sogar *sophisticated*. Er hatte sich sein Beobachtungsfeld über den Zonen des lebendigen Seins errichtet, wo die traditionellen Unterscheidungen zwischen Körper und Geist, zwischen Trieb und Idee absurd erscheinen: der Wahn, die Sexualität, das Verbrechen. Von da aus schweifte sein Blick wie ein Leuchtfeuer über die Geschichte und die Gegenwart, zu den beunruhigendsten Entdeckungen · bereit, alles zu akzeptieren fähig, ausgenommen den Einhalt bei einer Orthodoxie. Eine Intelligenz mit vielfachen Brennpunkten, mit beweglichen Spiegeln, in denen das jeweils entstehende Urteil sich alsbald um seinen Gegensatz vermehrte, ohne sich gleichwohl aufzuheben oder zurückzuweichen. Und das alles, wie auf dieser Ebene üblich, auf der Grundlage äußersten Wohlwollens, äußerster Güte.« Und Dumézil schließt: »Unsere Freundschaft war ein leichtes Gelingen. Michel Foucault läßt mich, weil er davongegangen ist, etwas wehrloser zurück, bar nicht nur der Zierden des Lebens: sondern bar seiner eigentlichen Substanz.«[22]

Es war eine der letzten Vorlesungen Michel Foucaults am Collège de France, jene Vorlesung im Februar 1984 über »Der Mut der Wahrheit«: er untersuchte darin die Texte Platos über den Tod des Sokrates, um zu zeigen, wie die Praxis der »Aufrichtigkeit« *(parrhesia)* und die »Sorge um sich« uns der Wahrheit unserer selbst entgegenführen können. Er stützte seinen Kommentar auf einen Text von Dumézil, der gerade erschienen war, auf einen Text über »die letzten Worte des Sokrates«.[23]

22 Georges Dumézil, »Un Homme heureux«, ebd. Dumézil geht mit größerer Ausführlichkeit auf seine Freundschaft mit Foucault in jenem Buch mit Gesprächen und Erinnerungen ein, das ich 1986 mit ihm zusammengestellt habe und das »dem Gedenken von Michel Foucault« gewidmet ist. Vgl. Georges Dumézil, *Entretiens avec Didier Eribon*, Paris 1987.
23 Vgl. Éliane Allo, »Les Dernières Paroles du philosophe«, in: *Actes de la*

Es ist sehr früh an diesem Junimorgen, und die Sonne ist noch nicht über Paris aufgegangen. In dem kleinen Hof hinter dem Krankenhaus Pitié-Salpêtrière aber sind bereits mehrere hundert Personen versammelt, um Michel Foucault die letzte Ehre zu erweisen. Ein langes Warten. Tiefes Schweigen. Dann erhebt sich miteins eine gebrochene, belegte, vom Kummer entstellte Stimme: »Das Motiv, das mich getrieben hat, ist sehr einfach. Manchen, so hoffe ich, könnte es für sich selber genügen. Es war Neugier – die einzige Art Neugier, die die Mühe lohnt, mit einiger Hartnäckigkeit betrieben zu werden: nicht diejenige, die sich anzueignen sucht, was zu erkennen ist, sondern die, die es gestattet, sich von sich selber zu lösen. Was sollte die Hartnäckigkeit des Wissens taugen, wenn sie nur den Erwerb von Kenntnissen brächte und nicht in gewisser Weise und soweit wie möglich das Irregehen dessen, der erkennt? Es gibt im Leben Augenblicke, da die Frage, ob man anders denken kann, als man denkt, und anders wahrnehmen kann, als man sieht, zum Weiterschauen oder Weiterdenken unentbehrlich ist. [...] Aber was ist die Philosophie heute – ich meine die philosophische Aktivität –, wenn nicht die kritische Arbeit des Denkens an sich selber? Und wenn sie nicht, statt zu rechtfertigen, was man schon weiß, in der Anstrengung liegt, zu wissen, wie und wieweit es möglich wäre, anders zu denken?« Das sind Worte von Foucault: ein Fragment aus dem Vorwort zu *Der Gebrauch der Lüste*. Der sie liest, ist Gilles Deleuze. Die Menge hört zu. Eine buntscheckige Menge, in der sich alle zusammenfinden, die Michel Foucaults tausend Wege gekreuzt, die eines seiner tausend Gesichter kennengelernt haben: im Universitätsleben, in den politischen Kämpfen oder in beiden zusammen, in der Freundschaft, in der Zuneigung... Ganz im Hintergrund,

recherche en sciences sociales, Nr. 61, März 1986 – ein Artikel, in dem É. Allo, die Foucaults Assistentin am Collège de France war, Dumézil gebeten hatte, auf Foucaults Kommentar zu antworten. Der Text Dumézils über Sokrates trägt den Titel »Divertissement sur les dernières paroles de Socrate« und findet sich in *Le Moyne noir en gris dedans Varennes*, Paris 1984 (deutsch: »Divertissement über die letzten Worte des Sokrates«, in: Georges Dumézil, *Der schwarze Mönch in Varennes*, Frankfurt am Main 1989). Die Vorlesungen Foucaults über diesen Text fanden am 15. und 22. Februar 1984 statt.

an der Mauerwand, erkennt man Georges Dumézil und Georges Canguilhem, ebenso bewegt wie diskret. Einige Professoren vom Collège de France nehmen ebenfalls an der Zeremonie teil: Paul Veyne, Pierre Bourdieu, Pierre Boulez... Alle Welt bemerkt die Anwesenheit von Simone Signoret und Yves Montand oder Robert Badinter, dem Justizminister. Ebenso sind anwesend Alain Jaubert, Jean Daniel, Bernard Kouchner, Claude Mauriac und viele andere, berühmte oder anonyme: diejenigen, die zusammen mit ihm Protestaufrufe unterzeichnet haben, und diejenigen, die einfach nur mittwochs seine Vorlesungen hören gingen...

Einige Stunden später, am Nachmittag des 29. Juni, wird der Sarg auf dem kleinen Friedhof von Vendeuvre in die Erde gesenkt. Diesmal ohne jede ihn begleitende Menschenmenge. Einzig die Familie ist anwesend. Und einige Freunde. Auf die Bahre ist ein Strauß Rosen hingebreitet worden, der sich auf dem ganzen langen Weg von Paris nicht verschoben hat. Er ist mit einer Schleife und drei Vornamen geschmückt: Mathieu, Hervé, Daniel. Da Mme. Foucault darauf bestanden hat, daß eine religiöse Zeremonie stattfinden soll, fällt Michel Albaric, dem Dominikanerprior, der die Bibliothek des Saulchoir leitet, die Aufgabe zu, eine kurze Homilie zu sprechen. Und damit ist alles zu Ende.

Man muß ein knarrendes Gitter zurückschieben. Und dann langsam die zypressengesäumte Allee entlanggehen. Ein Grabstein. Eine schlichte Platte aus grauem Marmor. Darauf steht zu lesen:

PIERRE GIRAUDEAU

GATTE DER MARIE BONNET

1800 – 1848

Und darunter, in denselben vergoldeten Lettern eingraviert:

PAUL MICHEL FOUCAULT

PROFESSOR AM COLLÈGE DE FRANCE

1926 – 1984

Auf der anderen Straßenseite bemerkt man das große Haus, das hier das Schloß genannt wird, das alte Gebäude des Piroir. Michel Foucault war zwei Monate vor seinem Tode ein letztes

Mal hierhergekommen, um die Druckfahnen von *Die Sorge um sich* zu korrigieren.

In seinen beiden letzten Büchern hat sich Foucaults Schreibweise sehr gewandelt: sie ist ruhig geworden, leidenschaftslos, »gedämpft«, sagt Maurice Blanchot[24], nüchterner, Gilles Deleuze.[25] Nahezu neutralisiert. Man ist weit entfernt vom früheren Glanz, von der »lodernden« Schreibweise von ehedem.[26] So als ob das Herannahen des Todes und die Vorahnung, die er mehrere Monate zuvor davon hatte, Michel Foucault auf den Weg der Heiterkeit geführt hätten, im Sinne des Leitbildes des »philosophischen Lebens«, wie es noch Seneca hochschätzen mochte, den er zu seiner Lieblingslektüre gemacht hat. Foucault scheint an diesem Punkt die antike Weisheit verinnerlicht zu haben, die sich sogar seinem Stil aufgedrängt hat: der Stil des Schriftstellers als Stil des Menschen. Denn das Problem, das zu seinem eigenen geworden ist, ist die »Stilisierung der Existenz«, die »Ästhetik des Lebens« – ein historisches Problem natürlich, das er, wie immer, anhand von Dokumenten formuliert. Aber ein Problem, das sich, ebenfalls wie immer, in sehr enger Verbindung zu dem sehen läßt, was er erlebt. Gilles Deleuze hebt das mit großem Recht hervor: Was Foucault zu diesem Zeitpunkt interessiert, ist nicht die Rückkehr zur Antike, sondern »wir heute«.[27] Hatte Foucault nicht Dreyfus und Rabinow erklärt: »Was mich in Erstaunen setzt, ist, daß die Kunst in unserer Gesellschaft nur noch eine Beziehung zu den Gegenständen hat und nicht zu den Individuen oder zum Leben... Das Leben jedes Individuums – könnte es nicht ein Kunstwerk sein?«[28]

Ein schmaler Band ist Anfang 1989 erschienen. Er versammelt die Vorlesungen in Kurzfassung, die Foucault für das *Annuaire du Collège de France* geschrieben hat. Der letzte von ihm

24 Maurice Blanchot, *Michel Foucault tel que je l'imagine*, a. a. O., S. 63.

25 Gilles Deleuze, »La Vie comme une œuvre d'art«, in: *Le Nouvel Observateur*, 29. August 1986.

26 Maurice Blanchot, a. a. O., S. 63.

27 Gilles Deleuze, a. a. O.

28 Unterhaltung mit Hubert Dreyfus und Paul Rabinow, in: Dreyfus und Rabinow, *Michel Foucault, un parcours philosophique*, a. a. O., S. 331.

selbst verfaßte Vorlesungsbericht bezieht sich auf die Lehrveranstaltung des Jahres 1981–1982, die der »Hermeneutik des Subjekts« galt. Ganz zu Ende liest man da die folgende Vergegenwärtigung stoischer Vorschriften:

»Was den besonderen Wert der Meditation über den Tod ausmacht, ist nicht nur, daß sie auf das vorgreift, was die öffentliche Meinung sich im allgemeinen als das größte Unglück vorstellt, ist nicht nur, daß sie erlaubt, sich davon zu überzeugen, daß der Tod kein Übel ist; sie bietet die Möglichkeit, sozusagen antizipierend einen Rückblick auf sein Leben zu werfen. Wenn man sich selbst als im Banne des Todes stehend auffaßt, kann man jede der Aktionen, die man auszuführen im Begriff ist, in ihrem Eigenwert beurteilen. Der Tod, sagte Epiktet, überfällt den Landmann bei der Feldarbeit, den Seemann bei der Navigation: ›Und Du, bei welcher Beschäftigung möchtest Du von ihm betroffen werden?‹ Und Seneca faßte den Augenblick des Todes als denjenigen ins Auge, da man gewissermaßen zum Richter seiner selbst werden und den moralischen Fortschritt ermessen könne, den man bis zu seinem letzten Tage erzielt habe. In seinem Brief Nr. 26 schrieb er: ›Wie weit ich vorangekommen bin, will ich dem Tod glauben. Nicht ängstlich stelle ich mich daher auf jenen Tag ein, an dem ich ohne Tricks und falschen Aufputz über mich urteilen werde, ob ich nur mutig rede oder auch fühle.‹«[29]

Welch merkwürdiges Echo lassen diese wenigen Sätze heute nachklingen.

29 Michel Foucault, *Résumés des cours. 1970–1982*, Paris 1989, S. 165 f. (lat. Originalwortlaut: »Quid profecerim morti crediturus sum. Non timide itaque componor ad illum diem quo remotis strophis ac fucis de me iudicaturus sum, utrum loquar fortia an sentiam« [*Epistulae morales ad Lucilium*, Liber III], A. d. Ü.).

Anhang

Danksagungen

Ein Buch wie das vorliegende hätte nicht zustande kommen können ohne
das Zeugnis, die Hilfe und die Ratschläge eines großen Personenkreises.
Mir liegt daran zu danken:
Maurice Agulhon, Michel Albaric, Éliane Allo, Louis Althusser (†), Gilbert
Amy, Didier Anzieu, Jean-Paul Aron (†), Pierre Aubenque, Suzanne
Bachelard, Michèle Bancilhon, Abol-Hassan Bani Sadr, Jean-François Bat-
tail, François Bédarida, Jacques Bellefroid, Renée Bernard, Leo Bersani,
Tom Bishop, Pierre Blanchet, Maurice Blanchot, Howard Bloch, Olivier
Bloch, Pierre Boulez, Jean-Marcel Bouguereau, Christian Bourgois, Paule
Braudel, Yvon Brès, Claire Brière, Jacques Brunschwig, Katherina von
Bülow, Étienne Burin des Roziers, Robert Castel, Maurice Caveing, Fran-
çois Chamoux, Jean Charbonel, Hélène Cixous, Maurice Clavelin, Francis
Cohen, Anne Cohen-Solal, Michel Crouzet, Raoul Curiel, Pierre Daix,
Jean Daniel, Marie-Josèphe Dhavernas, Régis Debray, Guy Degen, Jean
Delay (†), Gérard Deledalle, Gilles Deleuze, Jean Deprun, Jacques Derrida,
Jean-Toussaint Desanti, Jacques Dolly, Jean-Marie Domenach, Hubert
Dreyfus, Claude Dumézil, Elisabeth Dutartre, Jean und Antoinette Erhard,
Dr. Etienne, François Ewald, Michel Fano, James Faubion, Jean-Pierre
Faye, Sylvie Ferrand-Mignon, Anne Foucault (†), Robert Francès, Nori-
hiko Fukui, Keith Gandal, Maurice de Gandillac, Pierre Ganter, Jean-Louis
Gardies, Jean Gattegno, Antoine de Gaudemar, Philippe Gavi, Gérard
Genette, Bronislaw Geremek, Louis Girard, André Gisselbrecht, Henri
Gouhier, François Gros, Georges Gusdorf, Fathma Haddad, Else Hammar,
Ahmed Hasnaoui, Clemens Heller, Stenn-Gunnar Hellström, Malou
Höjer, Denis Huisman, Marguerite Hyppolite, Rose-Marie Janzen, Jean-
François Josselin, Madeleine Julien, Serge July, Gilbert Kahn, Jérôme
Kanapa, Pierre Kaufmann, Hugues de Kerret (†), Pierre Klossowski, Jean
Knapp, Bernard Kouchner, Arthur Krebs, Annie Kriegel, Sylvia Lacan,
Agnès Lagache, Jean und Nadine Laplanche, Olivier Laude, Gérard
Lebrun, Serge Leclaire, Victor Leduc, Bernard Legros, Michel Leiris (†),
Emmanuel Le Roy Ladurie, Claude und Monique Lévi-Strauss, Marc Lévy,
Jérôme Lindon, Sylvère Lothringer, Roberto Machado, Pierre Macherey,
Alexandre Matheron, Claude Mauriac, Robert Mauzi, Louis Mazauric,
Essaied Mazouz, Assia Melamed, Suzanne Merleau-Ponty, Philippe Meyer,
Jean Michon-Bordes, Jacques-Alain und Judith Miller, Jean-François
Miquel, Jean Molino, Yves Montand, Jean-Pierre de Morant, Jacques
Morel, Yann Moulier, Georg Nagy, Jacques Narbonne, Paule Neuvéglise,
Marcel Neveux, Erik Nilsson, Pierre Nora, Jean-Christophe und Birgit
Oberg, Jean d'Ormesson, Ahmed Othmani und Simone Othmani-Lellou-

che, Guy Papon, Jean-Claude und Francine Pariente, Jean-Claude Passeron, Michelle Perrot, Pierre Petitmengin, Françoise Peyrot, Pierre Pichot, Jean Piel, Dom Pierrot, Maurice Pinguet, Bernard Pivot, Raymond Polin, Jean-Bertrand Pontalis, Jacques Proust, Lucette Rabaté, Erik Rankka, Philippe Rebeyrol, Pierre Rivière, Alain Robbe-Grillet, Régine Roche, Daniel Rocher, Ahmad Salamatian, Jean-Marc Salmon, François-Marie Samuelson, Jean Sarvonnat, André Schiffrin, Jürgen Schmidt-Radefeldt, Dominique Schnapper, John Searle, Jacques Seebacher, Richard Sennett, Michel Serres, Lucien Sève, Margareta Silenstam, John K. Simon, Michel Simon, Jean Sirinelli, Jean-François Sirinelli, Roger Stéphane, Stig Strömholm, Emmanuel Terray, Anne Thalamy, Jacqueline Tomaka, Fathi und Rachida Triki, Jean-Louis Van Regemorter, Georges Vallet, Paul und Nelly Viallaneix, Jacqueline Verdeaux, Jeannine Verdès-Leroux, André Vergez, Étienne Verley, Guy Verret, Michel Verret, Thierry Voeltzel, Maurice Vouzelaud, Jules Vuillemin, Raymond Weil, Marc Zamansky, Jean-Marie Zemb, Maciej Zurowski...

Mehrere Personen haben mir ihre Beihilfe und Zeugenschaft zur Verfügung gestellt und dabei, aus den verschiedensten Gründen, darum gebeten, nicht namentlich genannt zu werden. Ich halte mich für verpflichtet, ihnen meine Dankbarkeit für alles, was dieses Buch ihnen schuldet, zum Ausdruck zu bringen.

Mein Dank gilt darüber hinaus:
– Marthe Burais, Corinne Deloi und Thérèse Richard und der Photo- und Dokumentationsabteilung des *Nouvel Observateur*;
– den Dokumentationsabteilungen der »Fondation nationale des sciences politiques«;
– dem »Centre Michel Foucault« von Paris und der Bibliothèque des Saulchoir;
– dem »Centre Michel Foucault« in Berkeley und der Zeitschrift *History of the Present*;
– den Kulturabteilungen der französischen Botschaften in Stockholm, Tunis und Warschau.

Mir liegt daran, meine besondere Dankbarkeit auszudrücken:
– Francine Fruchaud und Denys Foucault für die mir freundlicherweise erteilte Erlaubnis, Auszüge aus der Korrespondenz ihres Bruders zu veröffentlichen;
– Françoise Verney und Monique Nemer für die »Strenge« und Geduld, mit der sie die Niederschrift des vorliegenden Buches »verfolgt« haben;
– David Horn und Dominique Seglard für die kostbare und großzügige Hilfe, die sie gewährt haben;

– Mathieu Lindon, der am besten weiß, was ich ihm alles verdanke;

– Pierre Bourdieu, Georges Canguilhem, Paul Rabinow und Paul Veyne, die, über die zahllosen Informationen hinaus, die sie ihrem Gedächtnis und ihren Archiven entlockten, meine Arbeit mit ihrer unwandelbaren Unterstützung und Freundschaft begleitet haben, mit einer Freundlichkeit und Einsatzbereitschaft, die nur schwer zu vergessen ist;

– Marie Ymonet, die jedes Kapitel dieser Untersuchung gelesen, wiedergelesen und kommentiert hat, nach Maßgabe seiner Fertigstellung, und ohne die dieses Buch nie zum Abschluß gebracht worden wäre.

Ich kann schließlich nicht den Schlußpunkt unter diese Danksagungen setzen, ohne mit großer Bewegung jenes Georges Dumézil zu gedenken, der am Ursprung dieses Buches beteiligt gewesen ist, mich zu den ersten Schritten ermutigt hat, jetzt aber nicht mehr da ist, um es lesen zu können.

Bibliographie

Die benutzten Werke, Aufsätze oder Dokumente sind in den Anmerkungen zu jedem Einzelkapitel zitiert worden. Ich erwähne hier nur die wichtigsten Texte Michel Foucaults, ebenso einige ihm gewidmete Untersuchungen.*

Selbständige Einzelwerke von Michel Foucault

Maladie mentale et personnalité, Paris: P.U.F., 1954.

Maladie mentale et psychologie, Paris: P.U.F., 1962; dt. *Psychologie und Geisteskrankheit* (übers. von Anneliese Botond), Frankfurt/M.: Suhrkamp, 1968 (es 272).

Folie et déraison. Histoire de la folie à l'âge classique, Paris: Plon, 1961; Neuausgabe unter dem Titel *Histoire de la folie à l'âge classique*, Paris: Gallimard, 1972; dt. *Wahnsinn und Gesellschaft. Eine Geschichte des Wahns im Zeitalter der Vernunft* (übers. von Ulrich Köppen), Frankfurt/M.: Suhrkamp, 1969 (gekürzte Version nach der ersten frz. Ausgabe).

Introduction à l'»Anthropologie« de Kant. Thèse complémentaire zur Erlangung des *doctorat ès lettres* (maschinenschriftliche Fassung; Bibliothek der Sorbonne).

Naissance de la clinique. Une archéologie du regard médical, Paris: P.U.F., 1963; dt. *Die Geburt der Klinik. Eine Archäologie des ärztlichen Blicks* (übers. von Walter Seitter), München: Hanser, 1972.

Raymond Roussel, Paris: Gallimard, 1963; dt. *Raymond Roussel* (übers. von Renate Hörisch-Helligrath), Frankfurt/M.: Suhrkamp, 1989 (es 1559).

Les Mots et les choses. Une archéologie des sciences humaines, Paris: Gallimard, 1966; dt. *Die Ordnung der Dinge. Eine Archäologie der Humanwissenschaften* (übers. von Ulrich Köppen), Frankfurt/M.: Suhrkamp, 1971 (mit einem neuen Vorwort des Autors zur dt. Ausgabe).

L'Archéologie du savoir, Paris: Gallimard, 1969; dt. *Archäologie des Wissens* (übers. von Ulrich Köppen), Frankfurt/M.: Suhrkamp, 1973.

Titres et travaux. Broschüre zur Präsentation der Kandidatur für das *Collège de France*, (Selbstverlag) 1969.

L'Ordre du discours. Inauguralvorlesung am Collège de France, Paris: Gallimard, 1972; dt. *Die Ordnung des Diskurses* (übers. von Walter Seitter), München: Hanser, 1974.

Moi, Pierre Rivière, ayant égorgé ma mère, ma sœur et mon frère … Her-

---

* Im Textteil des Bandes sind die Übersetzernamen (wie sie hier in der Bibliographie ausgewiesen werden) in den Anmerkungen aus Ersparnisgründen weggelassen worden. (A. d. Ü.)

ausgegeben von Michel Foucault (Gemeinschaftsarbeit), Paris: Gallimard-Julliard, 1973, Coll. »Archives«; dt. *Der Fall Rivière. Materialien zum Verhältnis von Psychiatrie und Strafjustiz* (übers. von Wolf Heinrich Leube), Frankfurt/M.: Suhrkamp, 1975.

Surveiller et punir. Naissance de la prison, Paris: Gallimard, 1975; dt. *Überwachen und Strafen. Die Geburt des Gefängnisses* (übers. von Walter Seitter), Frankfurt/M.: Suhrkamp, 1976.

La Volonté de savoir (Band I der *Histoire de la sexualité*), Paris: Gallimard, 1976; dt. *Der Wille zum Wissen* (übers. von Ulrich Raulff und Walter Seitter), Frankfurt/M.: Suhrkamp, 1977.

Le Désordre des familles. Lettres de cachet des archives de la Bastille. Herausgegeben von Arlette Farge und Michel Foucault, Paris: Gallimard-Julliard, 1983; dt. *Familiäre Konflikte: Die »Lettres de cachet«* (übers. von Chris E. Paschold und Albert Glier), Frankfurt/M.: Suhrkamp, 1989 (es 1520).

Le Souci de soi und *L'Usage des plaisirs* (Band II und III der *Histoire de la sexualité*), Paris: Gallimard, 1984; dt. *Die Sorge um sich* und *Der Gebrauch der Lüste* (übers. von Ulrich Raulff und Walter Seitter), Frankfurt/M.: Suhrkamp, 1986.

Résumés des cours au Collège de France. 1970–1982, Paris: Julliard, 1989.

Vorworte zu

Binswanger, Ludwig, *Le Rêve et l'existence*, Paris: Desclée de Brouwer, 1954.
Nietzsche, Friedrich, *Œuvres complètes*, Band V: *Le gai savoir. Les fragments posthumes*, Paris: Gallimard, 1967 (zusammen mit Gilles Deleuze).
Bataille, Georges, *Œuvres complètes*, Band I, Paris: Gallimard, 1970.
Livrozet, Serge, *De la prison à la révolte*, Paris: Mercure de France, 1973.
Knobelspiess, Roger, *QHS*, Paris: Stock, 1980.

Aufsätze oder Vortragstexte

»La Recherche du psychologue«, in: *Des Chercheurs français s'interrogent*, Paris: Privat-P.U.F., 1957.
»Histoire de la psychologie de 1850 à 1950«, in: Denis Huisman und Alfred Weber (Hg.), *Tableau de la philosophie contemporaine. Histoire de la philosophie*, Band III, Paris: Fisbacher, 1957.
»Préface à la transgression«, in: *Critique*, Nr. 195–196, August–September 1963; dt. »Vorrede zur Überschreitung«, in: Walter Seitter (Hg. und Übers.), *Michel Foucault. Von der Subversion des Wissens*, München: Hanser, 1974, S. 32–53.
»Guetter le jour qui vient«, in: *NRF*, Nr. 130, Oktober 1963.

»Distance, aspect, origine«, in: *Critique*, Nr. 198, November 1963.

»La Prose d'Actéon«, in: *NRF*, Nr. 135, März 1964; dt. »Die Prosa Aktaions« (übers. von Sigrid von Massenbach), in: Pierre Klossowski, *Die Gesetze der Gastfreundschaft*, Reinbek: Rowohlt, 1966 (Marginalien).

»Le Langage de l'espace«, in: *Critique*, Nr. 203, April 1964.

»Pourquoi réédite-t-on l'œuvre de Raymond Roussel? Un précurseur de notre littérature moderne«, in: *Le Monde*, 22. August 1964.

»La Pensée du dehors«, in: *Critique*, Nr. 229, Juni 1966 (als Separatdruck Éd. Fata Morgana, 1986); dt. »Das Denken des Außen« (übers. von Walter Seitter), in: Walter Seitter (Hg.), *Von der Subversion des Wissens*, a. a. O., S. 54–82.

»Nietzsche, Marx, Freud«, in: *Nietzsche. Cahiers de Royaumont*, Paris: Éd. de Minuit, 1967.

»Structuralisme et analyse littéraire«, in Tunis am 4. Februar 1967 gehaltener Vortrag, veröffentlicht in: *MCF Informations*, Französische Botschaft, Tunis, 10. April–10. Mai 1967.

»Réponse à une question«, in: *Esprit*, Nr. 371, Mai 1968.

»Réponses au cercle d'épistémologie«, in: *Cahiers pour l'analyse*, Nr. 9, Sommer 1968.

»Ceci n'est pas une pipe«, in: *Cahiers du chemin*, Nr. 2, Januar 1968 (als Separatdruck Éd. Fata Morgana, 1973, mit den Briefen Magrittes an Foucault); dt. *Dies ist keine Pfeife* (übers. von Walter Seitter), München: Hanser, 1974.

»Qu'est-ce qu'un auteur?«, in: *Bulletin de la Société française de philosophie*, Jg. 63, Nr. 3, Juli–September 1969; dt. »Was ist ein Autor?« (übers. von Karin von Hofer), in: M. F., *Schriften zur Literatur*, München: Nymphenburger Verlagshandlung, 1974; ern. Frankfurt/M.: Fischer, 1988, S. 7–31.

»Jean Hyppolite, 1907–1968«, in: *Revue de métaphysique et de morale*, Bd. XIV, Nr. 2, April–Juni 1969.

»Theatrum philosophicum«, in: *Critique*, Nr. 282, November 1970, dt. »Theatrum philosophicum« (übers. von Walter Seitter), in: M. F. und Gilles Deleuze, *Der Faden ist gerissen*, Berlin: Merve, 1977, S. 21–58.

»Nietzsche, la généalogie, l'histoire«, in: *Hommage à Jean Hyppolite*, Paris: P.U.F., 1971; dt. »Nietzsche, die Genealogie, die Historie« (übers. von Walter Seitter), in: Walter Seitter (Hg.), *Von der Subversion des Wissens*, a. a. O., S. 83–109.

»Manet«, Vortrag in Tunis, gehalten am 20. Mai 1971. Unveröffentlichter Text.

»Rapport« zur Schaffung eines Lehrstuhls für literarische Semiotik am Collège de France und »Rapport« zur Präsentation der Kandidatur von Roland Barthes, 1975. Beide unveröffentlicht.

»La Vie des hommes infâmes«, in: *Cahiers du chemin*, Nr. 29, 15. Januar 1977; dt. »Das Leben der infamen Menschen« (anonyme Übers.), in: *Tumult*, Nr. 4, 1982, S. 41–57.

»La Vie, l'expérience et la science«, in: *Revue de métaphysique et de morale*, Jg. 90, 1985, Nr. 1.

Reportagen über den Iran, in: *Corriere della sera*, 28. September, 1., 8. und 22. Oktober, 5., 7., 19. und 26. November 1978 und 13. Februar 1979.

»A quoi rêvent les Iraniens?«, in: *Le Nouvel Observateur*, 16. Oktober 1978.

»Inutile de se soulever?«, in: *Le Monde*, 11. Mai 1979.

»Roland Barthes (1915–1980)«, in: *Annuaire du Collège de France*, Jg. 80, 1979–1980.

»Le vrai sexe«, in: *Arcadie*, November 1980.

»Pierre Boulez ou l'écran traversé«, in: *Le Nouvel Observateur*, 22. Oktober 1982.

»Qu'est-ce que les lumières?« (Vorlesung am Collège de France), in: *Magazine littéraire*, Nr. 207, Mai 1984.

Erste Fassung des *Préface* zum zweiten Band der *Histoire de la sexualité*. Auf Französisch unveröffentlicht. In: Paul Rabinow (Hg.), *The Foucault Reader*, New York: Pantheon Books, 1984 (der Band enthält darüber hinaus sehr bedeutsame Diskussionen über die Politik, die in Frankreich ebenfalls unveröffentlicht sind).

»Pour une morale de l'inconfort«, in: *Le Nouvel Observateur*, 23. April 1979; dt. »Für eine Moral des Unbequemen« (übers. von Marianne Karbe), in: M. F., *Von der Freundschaft*, Berlin: Merve, o. J., S. 123–131.

Dialoge und Diskussionen

»Sur la justice populaire. Débat avec les maos [Philippe Gavi und Pierre Victor]«, in: *Les Temps modernes*, Nr. 310a, Februar 1972; dt. »Über die Volksjustiz. Eine Diskussion« (übers. von Sybil Bebermeyer), in: M. F., Alain Geismar, André Glucksmann, *Neuer Faschismus, neue Demokratie*, Berlin: Wagenbach, 1972, S. 115–143.

»Les Intellectuels et le pouvoir« (Dialog mit Gilles Deleuze), in: *L'Arc*, Nr. 49, 1972; dt. »Die Intellektuellen und die Macht« (übers. von Walter Seitter), in: M. F., Gilles Deleuze, *Der Faden ist gerissen*, Berlin: Merve, 1977, S. 86–99.

»Pour une chronique de la mémoire ouvrière« (Dialog mit einem José genannten Arbeiter bei Renault), in: *Libération*, Nr. 00, 22. Februar 1973.

»L'Intellectuel sert à rassembler les idées« (Dialog mit einem José genannten Arbeiter bei Renault), in: *Libération*, Nr. 16, 26. Mai 1973.

»Enfermement, psychiatrie, prison« (Dialog mit David Cooper und Jean-Pierre Faye), in: *Change*, Nr. 22, Oktober 1977.

»L'Angoisse de juger« (Debatte über die Todesstrafe mit Robert Badinter und Jean Laplanche), in: *Le Nouvel Observateur*, 30. Mai 1977.

Thierry Voeltzel, *Vingt Ans et après*, Paris: Grasset, 1978.

»Conversation avec Werner Schröter«, in: Gérard Courant, *Werner Schröter*, Goethe-Institut, 1981.

»La Pologne et après...« (Dialog mit Edmond Maire), in: *Le Débat*, Nr. 25, Mai 1983.

»La Musique contemporaine et le public« (Dialog mit Pierre Boulez), in: *CNAC Magazine*, Nr. 15, 1983.

Unterhaltungen und Interviews mit

Weber, Jean-Paul, in: *Le Monde*, 22. Juli 1961 (über *Wahnsinn und Gesellschaft*).

Badiou, Alain, in: *Dossiers pédagogiques de la radio-télévision scolaire*, 27. Februar 1965 (über Philosophie und Psychologie).

Bellour, Raymond, in: *Les Lettres françaises*, 31. März 1966 und 15. Juni 1967 (zwei Gespräche über *Die Ordnung der Dinge*); ern. in: *Le Livre des autres*, Éd. de l'Herne, 1971.

Chapsal, Madeleine, in: *La Quinzaine littéraire*, 15. Mai 1966 (über *Die Ordnung der Dinge*).

Bonnefoy, Claude, in: *Arts et Loisirs*, 15. Juni 1966 (über *Die Ordnung der Dinge*).

Caruso, Paolo, in: *La Fiera letteraria*, 28. September 1967; ern. in: *Conversazioni con Lévi-Strauss, Foucault, Lacan*, Mailand: U. Mursia, 1969.

Perrot, Gérard, in: *La Presse de Tunis*, 2. April 1967 (über Strukturalismus).

Lindung, Yngve, in: *Bonniers Litterära Magasin*, März 1968.

Elkabbach, Jean-Pierre, in: *La Quinzaine littéraire*, 1. März 1968 (»Foucault répond à Sartre«).

Palmier, Jean-Michel, in: *Le Monde*, 3. Mai 1969 (über die *Archäologie des Wissens*).

Brochier, Jean-Jacques, in: *Le Magazine littéraire*, April–Mai 1969 (über die *Archäologie des Wissens*).

Loriot, Patrick, in: *Le Nouvel Observateur*, 9. Februar 1970 (über Vincennes).

Hafsia, Jelila, in: *La Presse de Tunis*, 12. August 1971.

Meienberg, Klaus, in: *Tagesanzeiger-Magazin*, Nr. 12, 25. März 1972.

Simon, John K., in: *Telos*, Nr. 19, Frühjahr 1974 (über Attica); dt. »Über Attica« (übers. von H.-U. Möhring), in: M. F., *Mikrophysik der Macht*, Berlin: Merve, 1976, S. 54–67.

Droit, Roger-Pol, in: *Le Monde*, 21. Februar 1975; dt. »Von den Martern zu den Zellen« (übers. von Walter Seitter), in: M. F., *Mikrophysik der Macht*, Berlin: Merve, 1976, S. 48–53.

Ézine, Jean-Louis, in: *Les Nouvelles littéraires*, 17. März 1975.

Brochier, Jean-Jacques, in: *Le Magazine littéraire*, Juni 1975 (über *Überwachen und Strafen*).

Lévy, Bernard-Henri, in: *Le Nouvel Observateur*, 12. März 1977 (über den *Willen zur Wahrheit*).

Fontana, Alessandro, in: *L'Arc*, Nr. 70, 1977.

Polac, Christian, in: *Shunjuu*, Nr. 197, 1978 (über Zen).

Blanchet, Pierre, und Brière, Claire, *L'Esprit d'un monde sans esprit*. Nachwort zu B., P. und B., C.: *Iran. La révolution au nom de Dieu*, Paris: Éd. de Seuil, 1979.

Dante, J., Le Bitoux, J., und Ceccaty, R. de, in: *Le Gai Pied*, Nr. 25, April 1981.

Trombadori, Ducio, *Colloqui con Foucault*, Mailand: Cooperativa editrice, 1981.

Eribon, Didier, in: *Libération*, 30. Mai 1981 (über die Linke an der Macht und die Rolle der Intellektuellen).

Blanchet, Pierre, in: *Le Nouvel Observateur*, 9. Oktober 1982 (mit Bernard Kouchner und Simone Signoret über Polen).

Eribon, Didier, in: *Libération*, 21. Januar 1983.

Raulet, Gérard, in: *Telos*, Nr. 55, Frühjahr 1983.

Riggins, Stephen, in: *Ethos*, I, 2, Herbst 1983.

Farge, Arlette, Daumont, Jean-Paul, Iommi, Jean-Paul, in: *Le Matin de Paris*, 21. Februar 1984 (über Philippe Ariès).

Ewald, François, in: *Le Magazine littéraire*, Nr. 204, Mai 1984 (über *Histoire de la sexualité*, aber auch über Politik).

Barbedette, Gilles, und Scala, André, in: *Les Nouvelles littéraires*, 28. Juni 1984 (über *Histoire de la sexualité*).

Boncenne, Pierre, in: *L'Express*, 6. Juli 1984 (bereits 1978 realisiert; über die Macht).

Gallagher, Bob, und Wilson, Alexander, in: *The Advocate*, 7. August 1984 (bereits im Juni 1982 realisiert; über Homosexualität und Drogen).

Ruas, Charles. Nachwort zur amerikanischen Ausgabe von *Raymond Roussel*; auf Französisch ern. in: *Le Magazine littéraire*, Nr. 221, Juli–August 1985.

Eribon, Didier, in: *Le Nouvel Observateur*, 21. Juni 1985 (bereits 1982 realisiert; über Probleme des Verlagswesens und der Kritik).

Die bis heute vollständigste Bibliographie der Schriften Michel Foucaults (Bücher, Aufsätze, Vorworte, Gespräche usw.), zusammengestellt von Tom Keenan, findet sich in dem Sammelband *The Final Foucault*, den James

Bernauer und David Rasmussen herausgegeben haben (Cambridge, Mass.: MIT Press, 1988).

Über Michel Foucault

1.) Unveröffentlichte Dokumente

Canguilhem, Georges, »Rapport sur le manuscrit déposé par M. Michel Foucault en vue de l'obtention du permis d'imprimer comme thèse principale pour le doctorat ès lettres«, 19. April 1960.

Gouhier, Henri, »Compte rendu« zur Verfechtung der *thèse* vom Vorsitzenden des Prüfungsausschusses, 23. Mai 1960.

Vuillemin, Jules, »Rapport«, um dem Collège de France die Schaffung eines neuen Lehrstuhls für Geschichte der Denksysteme vorzuschlagen, 30. November 1969.

Vuillemin, Jules, »Rapport« zur Präsentation der Bewerbung Michel Foucaults für das Collège de France, 13. April 1970.

2.) Werke

Dreyfus, Hubert, und Rabinow, Paul, *Michel Foucault, un parcours philosophique*, Paris: Gallimard, 1984; dt. *Jenseits von Strukturalismus und Hermeneutik*, Frankfurt/M.: Syndikat, 1987.

Deleuze, Gilles, *Foucault*, Paris: Éd. de Minuit, 1986; dt. *Foucault*, Frankfurt/M.: Suhrkamp, 1987.

Blanchot, Maurice, *Michel Foucault tel que je l'imagine*, Paris: Éd. Fata Morgana, 1986.

Sheridan, Alan, *Discours, sexualité, pouvoir. Initiation à Michel Foucault*, Paris: Pierre Mardaga, 1985.

[Kollektiv], *Michel Foucault, une histoire de la vérité*, Paris: Éd. Syros, 1985.

Perrot, Michelle (Hg.), *L'Impossible Prison. Débat avec Michel Foucault*, Paris: Éd. du Seuil, 1980.

Rajchmann, John, *Foucault et la liberté de savoir*, Paris: P.U.F., 1987.

Mauriac, Claude, *Le Temps immobile*, Bd. II bis X, Paris: Grasset, 1975–1988.

–, *Une certaine rage*, Paris: Laffont, 1977.

Protokolle des Kolloquiums »Michel Foucault philosophe«, Paris: Éd. du Seuil, 1989; dt. François Ewald und Bernhard Waldenfels (Hg.), *Spiele der Wahrheit. Michel Foucaults Denken*, Frankfurt/M.: Suhrkamp, 1991 (es 1640).

Blanchot, Maurice, »L'oubli, la déraison«, in: *NRF*, Oktober 1961; ern. in: *L'Entretien infini*, Paris: Gallimard, 1969.

Barthes, Roland, »Savoir et folie«, in: *Critique*, Nr. 17, 1961; ern. in: *Essais critiques*, Paris: Éd. du Seuil, 1963.

Serres, Michel, »Géométrie de la folie«, in: *Mercure de France*, Nr. 1188, August 1962, und Nr. 1189, September 1962; ern. in: *Hermès ou la communication*, Bd. I, Paris: Èd. de Minuit, 1968.

Mandrou, Robert, »Trois Clefs pour comprendre la folie à l'époque classique«, in: *Annales ESC*, Jg. 17, Nr. 4, Juli–August 1962.

Braudel, Fernand, »Note«, in: *Annales ESC*, ebd.

Derrida, Jacques, »Cogito et histoire de la folie«, in: *Revue de métaphysique et de morale*, Nr. 4, Oktober–Dezember 1963; ern. in: *L'Ecriture et la différence*, Paris: Éd. du Seuil, 1967, dt. »Cogito und Geschichte des Wahns«, in: *Die Schrift und die Differenz*, Frankfurt/M.: Suhrkamp, 1972, S. 53–100.

Sartre, Jean-Paul, »Sartre répond«, in: *L'Arc*, Nr. 30, 1966.

Canguilhem, Georges, »Mort de l'homme ou épuisement du *cogito*«, in: *Critique*, Nr. 242, Juli 1967.

Paul Veyne, »Foucault révolutionne l'histoire«, in: *Comment on écrit l'histoire*, Paris: Éd. du Seuil, 1979; dt. »Foucault revolutioniert die Geschichte« (übers. von Karin Tholen-Struthoff), in: P. V., *Der Eisberg der Geschichte*, Berlin: Merve, 1981, S. 5–78.

Bourdieu, Pierre, »Une pensée libre: ›Ne me demandez pas qui je suis‹«, in: *Indice*, Nr. 1, 1984 (Rom).

Broberg, Gunnar, »Foucault à Uppsala«, in: *Tvärsnitt*, Nr. 4, 1985.

Gandal, Keith, und Kotkin, Stephen, »Foucault in Berkeley«, in: *History of the Present*, Nr. 1, 1985.

Allo, Éliane, »Les dernières paroles du philosophe. Dialogue entre Georges Dumézil et Michel Foucault sur le souci de l'âme«, in: *Actes de la recherche en sciences sociales*, Nr. 61, März 1986.

Deleuze, Gilles, »La Vie comme une œuvre d'art«, in: *Le Nouvel Observateur*, 28. August 1986.

–; »Fendre les choses, fendre les mots«, in: *Libération*, 2. September 1986.

Dreyfus, Hubert, »Avant-propos« zur amerikanischen Ausgabe von *Maladie mentale et psychologie*, University of California Press, 1987.

Sonderhefte von Zeitschriften

Le Magazine littéraire, Nr. 101, Juni 1975.
Le Magazine littéraire, Nr. 207, Mai 1984.
Actes. Cahiers d'action juridique, Nr. 54, Sommer 1986.
Critique, Nr. 471–472, August–September 1986.
Le Débat, Nr. 41, September–November 1986.

Quellen

Archives nationales de France
Rektorat der Académie de Paris
Ministère de l'Éducation nationale
Ministère des Affaires étrangères
Archiv des Lycée Henri-IV (Poitiers) und Archives
départementales des Départements Vienne
Archiv des Collège Saint-Stanislas (Poitiers)
Lycée Henri-IV (Paris)
École normale supérieure (Paris)
Institut de psychologie (Paris)
Fondation Thiers (Paris)
Universität Lille
Alliance française von Uppsala
Bibliotheca Carolina Rediviva (Schweden)
CNRS (Paris)
Bibliothèque de la Sorbonne
Universität von Clermont-Ferrand
Universität von Tunis
Universität Paris VIII
Collège de France
New York University
Columbia University (New York)
University of California (Berkeley, Cal.)

Éditions Flammarion
Éditions Gallimard
Éditions de Minuit
Éditions Plon

Archive der INA
Archive von »Apostrophes« (Antenne 2)
Archive des *Corriere della sera*
Archive des *Nouvel Observateur*

Archive von Raymond Aron
Archive von Jacques Barraqué

Die wichtigsten Privatarchive:
Pierre Bourdieu, Paule Braudel, Georges Canguilhem, Georges Dumézil (†), Anne Foucault (†), Henri Gouhier, Jelila Hafsia, Marguerite Hyppolite, Jean Knapp, Claude Lévi-Strauss, Assia Melamed, Jean-Christophe Oberg, Jean-Claude Passeron, Jacqueline Verdeaux, Paul Veyne, Jules Vuillemin.

Kurze Erläuterungen zum französischen Hochschul- und Forschungssystem

Concours

Ein Phänomen, das auf allen gesellschaftlichen Ebenen Frankreichs wirksam ist und dementsprechend im öffentlichen Bewußtsein eine herausragende Rolle spielt. Der ›concours‹ ist unterschiedlich ausgeprägt, doch geht es dabei immer um eine Prüfung und Auswahl in Form eines Wettbewerbs um eine beschränkte Zahl von Plätzen, Stellen und Titeln.

Bereits im 17. Jahrhundert im Universitätsbereich eingeführt, wird das meritokratische und anti-nepotistische Element des ›concours‹ nach der Französischen Revolution demokratisch gewendet und bildet als Vorstellung von der Auswahl der Besten gemäß ihren Fähigkeiten bis heute die zentrale Rechtfertigung für diese Institution.*

Universität

1. Université und faculté

Ebenso wie jeder andere staatliche Bereich ist auch das allgemeine Bildungswesen Frankreichs durch extreme Zentralisierung gekennzeichnet. Die Revolution von 1789 hat in dieser Hinsicht die bereits im Ancien Régime einsetzenden Tendenzen lediglich fortgesetzt oder zum Teil sogar erst festgeschrieben. Der entscheidende Zentralisierungsschub erfolgte mit Napoleon, dessen ab 1806 durchgeführte Bildungsreform institutionelle Rahmenbedingungen und Denkstrukturen schuf, die bis in die jüngste Vergangenheit das Denken und Handeln im Bildungsbereich geprägt haben, ja teilweise noch immer prägen.

---

* *Concours général:* Jährlich auf nationaler Ebene stattfindender schulischer Wettbewerb in Form einer schriftlichen Arbeit in bestimmten Fächern. Die Teilnehmer werden von der Schulleitung vorgeschlagen. Die Namen der Bestplazierten eines Fachs werden unter anderem in *Le Monde* veröffentlicht.

Die einschneidendste Neuerung bestand in der Vereinheitlichung des gesamten öffentlichen und privaten Erziehungs- und Unterrichtswesens, seiner Einrichtungen und seines Personals, unter der Kontrolle des Staates, in letzter Instanz Napoleons.

Dieses staatliche Unterrichtswesen, *l'Université impériale*, wird auf horizontaler Ebene gegliedert in *académies*, das heißt Verwaltungsbezirke, deren Sitz zunächst mit dem der Appellationsgerichte zusammenfällt. An der Spitze jeder ›académie‹ steht ein *recteur*, der über das gesamte Unterrichtswesen seines Bezirks, darunter auch die Universität bzw. Fakultäten, die Aufsicht ausübt. (Die Befugnisse und Funktionen des ›recteur‹ haben sich gewandelt; aber er ist immer noch der Repräsentant des Erziehungsministeriums [oder des Ministers für Hochschulangelegenheiten] in seiner ›académie‹. Noch heute obliegt ihm als *chancellier des universités* die Koordinierung der Universitätsverwaltungen seines Bezirks.)

Auf Hochschulebene besteht die entscheidende Neuerung der napoleonischen Reform in der Auflösung der Zentralstruktur Universität zugunsten einzelner und voneinander unabhängiger *facultés* (Fakultäten). Der *doyen* (Dekan) wird von der Zentralmacht ernannt.

Die administrative Gliederung in einzelne ›facultés‹ wurde 1896 aufgehoben, und es wurde neuerlich die Körperschaft *université* geschaffen. Dennoch blieb im öffentlichen Bewußtsein Frankreichs für den Hochschulbereich der Begriff der ›faculté‹ gegenüber dem der ›université‹ dominant. (Dies gilt in gewisser Weise bis heute: man studiert nicht an der ›université‹, sondern an der ›faculté‹, kurz *fac* genannt; der Hochschullehrer wird, in Abhebung zum Gymnasiallehrer – der ebenfalls den Titel *professeur* trägt –, als *professeur de faculté* bezeichnet. Andererseits meint, wer von ›université‹ spricht, nicht selten immer noch das gesamte Bildungswesen).

Mit dem 1968 verabschiedeten Hochschulgesetz – der *Loi d'orientation* – wurden die Fakultäten abgeschafft und durch den deutschen Fachbereichen analoge Einheiten ersetzt: *Unités d'enseignement et de recherche* (UER), inzwischen: *Unités de formation et de recherche* (UFR). (Aber auch dafür hat sich umgangssprachlich der Begriff der ›fac‹ erhalten.)

2. Studium und akademische Grade

Das Studium ist in drei Abschnitte (*cycles*) gegliedert, die jeweils zwei Studienjahre umfassen, also:

> *1e cycle* (Grundstudium): 1. + 2. Jahr
> *2e cycle* (Hauptstudium): 3. + 4. Jahr
> *3e cycle* (Aufbaustudium): ab 5. Jahr

Jeder Abschnitt schließt mit einem nationalen Diplom ab:
– das Grundstudium mit einer Art Zwischenprüfung oder Vordiplom;
– das Hauptstudium im ersten Jahr mit der *licence*; im zweiten Jahr mit der *maîtrise*. Die ›licence‹ ist der erste berufsqualifizierende Abschluß und berechtigt zur Teilnahme an einem ›concours‹ zur Erlangung der Lehrerlaubnis an Sekundarschulen (CAPES). Die ›maîtrise‹ berechtigt zur Teilnahme am *concours d'agrégation de l'enseignement secondaire* (siehe unten);
– das Aufbaustudium sieht nach dem ersten Jahr eine Art Zwischendiplom nach Vorlage einer schriftlichen Arbeit vor, das *Diplôme d'études approfondies* (DEA); dieser Abschnitt schließt ab mit dem *doctorat de 3e cycle* (seit 1954) oder dem *doctorat d'Etat*. Zum Erwerb beider Doktorate ist die Fertigstellung einer entsprechenden *thèse* (*de 3e cycle* oder *d'Etat*) sowie deren öffentliche Verteidigung (*soutenance*) erforderlich. Analog zur Habilitation ist das ›doctorat d'Etat‹ formale Voraussetzung für die Berufung als Professor.
Die ›thèse d'Etat‹ in den Geisteswissenschaften besteht aus zwei Teilen: einer *thèse principale* (oder *grande thèse*) und einer *thèse complémentaire* (oder *petite thèse*). Wie der Name sagt – Haupt- und Zusatz-These –, gelten in beiden Fällen andere Anforderungen: Während die ›thèse principal‹ eine ausführlich dokumentierte und detaillierte Behandlung eines Themas erfordert, darf die ›thèse complémentaire‹ allgemeiner und offener gehalten sein (zum Beispiel aus der Erarbeitung eines kritischen Apparates im Rahmen einer wissenschaftlichen Herausgeberschaft bestehen).
In der Organisation des ›3e cycle‹ und vor allem dessen Doktorat-Abschlüssen vollzieht sich gegenwärtig ein Umbruch. 1984

wurde von der sozialistischen Regierung die ›thèse de 3e cycle‹ und die ›thèse d'Etat‹ abgeschafft und durch eine »mittlere« ›thèse‹ sowie eine *habilitation à diriger des recherches* (wörtlich: Befähigung zur Leitung von Forschungsarbeiten) ersetzt. Obwohl nahezu Einigkeit darüber besteht, daß die ›thèse d'Etat‹ aufgrund ihres Umfangs und Zeitaufwandes – zwischen fünf und zehn Jahren – nicht selten anti-produktiv wirkt, hat sich auf universitärer wie politischer Ebene Widerstand gegen diese Reform formuliert.

Agrégation – Zu unterscheiden ist zwischen der *agrégation d'enseignement secondaire* und der *agrégation d'enseignement supérieure*. Die Unterscheidung deckt sich weitgehend mit der zwischen Geistes- und Naturwissenschaften (›lettres et sciences‹) auf der einen, Jura (›droit‹), Medizin (›médecine‹) und Pharmazie (›pharmacie‹) auf der anderen Seite. In den klassischen Geistes- und Naturwissenschaften (einschließlich Mathematik) bildet die ›agrégation‹ primär ein Instrument zur Rekrutierung von Lehrern des weiterführenden Schulwesens, das heißt der Oberstufen der Gymnasien (*lycées*) sowie der *classes préparatoires* (siehe unten, GRANDES ECOLES). Die nach erfolgreich absolviertem *concours d'agrégation* verbeamteten *agrégé(e)s* genießen neben der niedrigsten Lehrverpflichtung die höchsten Bezüge.
Der jährlich auf nationaler Ebene stattfindende ›concours‹ umfaßt einen schriftlichen Teil, mit dem eine Vorauswahl getroffen wird, und einen mündlichen. Das Lernprogramm ist jeweils ein Jahr im voraus bekannt. Zur Teilnahme ist die ›maîtrise‹ erforderlich.

GRANDES ECOLES

Das höhere Bildungswesen Frankreichs ist durch die scharfe Trennung und Konkurrenz zwischen Universitäten und ›grandes écoles‹ geprägt.
Die von den Universitäten und untereinander unabhängigen ›grandes écoles‹ (etwa 300) unterstehen mehrheitlich den zuständigen Fachministerien oder, wie die ENA, direkt dem Premierminister. Neben einer Reihe privater Einrichtungen gibt es

zudem noch »konsularische« Hochschulen halbstaatlichen Charakters, die, besonders in den Wirtschaftswissenschaften, den Industrie- und Handelskammern unterstehen.

Gegenüber den Universitäten zeichnen sich die ›grandes écoles‹ durch besondere Studiengänge, Abschlüsse und vor allem Aufnahmebedingungen aus. In nahezu allen renommierten Hochschulen dieses Typs ist eine Aufnahmeprüfung (*concours d'entrée* oder *d'admission*) erforderlich.

Auf diesen ›concours‹ bereiten sich die in der Regel besten ›baccalauréats‹ (Abiturienten) in den *classes préparatoires* (Vorbereitungsklassen) vor, die in ca. 240 vom Erziehungsministerium bestimmten staatlichen und einigen wenigen privaten *lycées* eingerichtet sind.

Khâgne (wörtlich: Faulpelz) wird im Schülerjargon die geisteswissenschaftlich orientierte Vorbereitungsklasse bezeichnet, als *taupe* (wörtlich: Maulwurf) die naturwissenschaftlich ausgerichtete.

Wie für die ›grandes écoles‹, so gilt auch für die ›classes préparatoires‹ eine zwar inoffizielle, aber im öffentlichen Bewußtsein und für die Karriereerwartungen und Karriereentscheidungen eminent wirksame Rangfolge von Erfolgsaussichten und Prestige.

Ein wesentlicher Faktor für das Renommee der prestigereichsten ›grandes écoles‹ und den beruflichen Erfolg ihrer Absolventen beruht im ausgeprägten Korpsgeist, den alle diese ›Schulen‹ pflegen und der bis zur Ausbildung spezifischer Sprachstile und Haltungen führen kann. In Beruf wie gesellschaftlichem Leben ist die Tatsache, Ehemaliger einer berühmten ›grande école‹ zu sein (»ancien élève de...«), von eminenter Bedeutung für Status und Vorwärtskommen. Jeder Versuch einer Eindämmung des korporatistisch-elitären Charakters dieser »Hochschulen« ist bisher denn auch immer nicht zuletzt am vehementen und einflußreichen Widerstand und Protest der Vereinigungen der Ehemaligen (*Associations* oder *Sociétés des ancien élèves*) gescheitert.

Die Anfänge der ›grandes écoles‹ gehen auf Gründungen ingenieurwissenschaftlicher Ausbildungsstätten gegen Ende des

Ancien Régime zurück. Zu ihnen gehören einige der noch heute renommiertesten Ingenieurhochschulen.

In der Revolutionsphase entstanden neben einer Reihe von Forschungseinrichtungen zwei weitere bedeutende ›grandes écoles‹:

École normale supérieure (Rue d'Ulm) (ENS) – Renommierteste und älteste der gegenwärtig sechs ›Écoles normales supérieures‹ ist die 1794 gegründete ENS in der Rue d'Ulm. Für deren Absolventen allein gilt die Bezeichnung und der Titel eines *normalien* (sie war bis vor wenigen Jahren eine reine Jungenanstalt). Anfangs nur vorgesehen für die Ausbildung von Lehrern höherer Schulen, hat sich die ENS Rue d'Ulm im 19. und 20. Jahrhundert zu dem Zentrum und Symbol für die Rekrutierung der geisteswissenschaftlichen (und teilweise auch naturwissenschaftlichen: Bourbaki) Elite Frankreichs entwickelt. Eine Vielzahl namhafter französischer Wissenschaftler und Intellektueller hat sich hier in drei bis vier Jahren auf die ›agrégation‹ vorbereitet (u. a. Emile Durkheim, Raymond Aron, Jean-Paul Sartre, Paul Nizan, Maurice Merleau-Ponty, Michel Foucault, Emmanuel Le Roy Ladurie, Alain Touraine, Pierre Bourdieu, Raymond Boudon . . .). Die Studenten der ENS, Beamte ›auf Widerruf‹ und mit Gehalt, besuchen die Vorlesungen und Kurse der Sorbonne und bereiten sich häufig parallel oder in einem nur kurzen zeitlichen Abstand auf die ›maîtrise‹ und die ›agrégation‹ vor. Äußere Bindungen – Internatsatmosphäre, leichter Zugang zu Arbeitsmitteln (Bibliothek usw.) und nicht zuletzt die äußerst intensive wissenschaftliche Begleitung durch oft renommierte Lehrer – sowie das im spezifischen Bildungsgang prämierte und verinnerlichte Leistungsdenken garantieren in der Regel den Erfolg bei der ›agrégation‹.

École Polytechnique (auch *l'X* genannt) – Zunächst betraut mit propädeutischem Unterricht für Kandidaten der ingenieurwissenschaftlichen ›grandes écoles‹, wurde die 1794 gegründete Schule unter Napoleon zu einer dem Armeeministerium unterstehenden Ausbildungsstätte für Militäroffiziere. Wenn in seinen äußeren Formen auch abgemildert, gilt der Militärstatus noch heute. Das Berufsbild des *polytechnicien* hat sich allerdings vom Offizier zum Manager und Verwaltungsbeamten gewandelt.

Nach einer dreijährigen Ausbildung und dem Besuch einer weiteren Ingenieurhochschule zu vertiefter Spezialisierung besetzen die besten Absolventen von X leitende Positionen in der Privatwirtschaft wie im Staatsdienst.

ENS und École Polytechnique sind in den letzten Jahrzehnten einem verstärkten Konkurrenzdruck anderer, zumal wirtschafts-, rechts- und politikwissenschaftlicher ›grandes écoles‹ ausgesetzt. So wird die administrative Elite Frankreichs, die die Schlüsselpositionen innehat, heute nahezu monopolartig von Absolventen einer weiteren Institution ausgebildet.

École nationale d'administration (ENA) – Gegründet 1945. In der etwa 30 Monate dauernden Ausbildung ist auch ein 14monatiges Praktikum an einer französischen Verwaltungsinstitution sowie ein kürzeres in einem französischen Unternehmen enthalten. Die Platzziffer in der Abschlußbewertung entscheidet weitgehend über die weiteren Stationen der Karriere des Absolventen.

GRANDS ÉTABLISSEMENTS

Wie bereits an der Existenz und dem Stellenwert der ›grandes écoles‹ im Sozialgefüge Frankreichs sichtbar wird, hat der extreme Zentralismus im öffentlichen Bildungswesen eine breitgestreute horizontale Differenzierung unterschiedlicher Bildungsinstitutionen keineswegs verhindert – wohl im Gegenteil eher noch gefördert. Eine Reihe derartiger weder zu den ›grandes écoles‹ noch zu den Universitäten zählenden Lehr- und Forschungsanstalten mit Sonderstatus, die *grands établissements*, sind entstanden, um den Verkrustungen der zu reinen Reproduktionsagenturen erstarrten Einrichtungen zumal universitärer Natur entgegenzuwirken. Freilich muß in einem System, das derart explizit auf die Reproduktion der »Eliten« ausgerichtet ist, der Status solcher Institutionen mit kompensatorischer Funktion zwangsläufig ambivalent bleiben.

Folgende Einrichtungen gelten heute u. a. als ›grands établissements‹:

Institut de France – Das sicher prestigereichste ›grand établissement‹, gegründet 1795 als Ersatz für die königlichen Akademien. Es wurde als lehrende Körperschaft und universale Hochschule konzipiert, zunächst als Forschungsinstitut ohne Lehrfunktion realisiert und bildet heute die Dachorganisation der fünf *Académies*:

Académie française – Gegründet 1635. Ihr gehören 40 auf Lebenszeit gewählte Mitglieder an (académiciens). Davon sind traditionell etwa die Hälfte Schriftsteller und Literaten; daneben finden sich Geistes- und Naturwissenschaftler, Politiker, Diplomaten, kirchliche Würdenträger und Künstler. Fernand Braudel gehört ebenso wie Claude Lévi-Strauss zu den sogenannten »Unsterblichen«. Unter der Losung der Pflege der französischen Sprache widmen sich die ›académicien‹ während ihrer einstündigen Tagung pro Woche im wesentlichen der Erarbeitung und Herausgabe eines französischen Wörterbuchs (Dictionnaire).

Académie des inscriptions et belles-lettres (1663) – Arbeitsgebiete sind Archäologie, Frühgeschichte, Mediävistik und Epigraphik.

Académie des sciences (1666) – Akademie der Naturwissenschaften.

Académie des beaux-art (1795) – Akademie der Schönen Künste.

Académie des sciences morales et politiques (1795) – Ihre Mitglieder sind Philosophen, Soziologen, Historiker, Rechts- und Wirtschaftswissenschaftler sowie Geographen.

Collège de France – 1530 von François I. auf Anregung des Humanisten G. Budé gegründete Lehr- und Forschungsanstalt in Natur- und Geisteswissenschaften. Von Beginn an als Gegeninstitution zur scholastisch-dogmatischen Sorbonne entworfen, hat sich das Collège de France stets neuen Wissenschaftsbereichen und -methoden geöffnet, auch auf naturwissenschaftlich-experimentellem Gebiet. Im 19. Jahrhundert gehörten ihm so eminente Gelehrte wie Claude Bernard und Ampère ebenso an wie Edgar Quinet, Jules Michelet, Renan, später Henri Bergson und Paul Valéry, heute Jacques Monod, Georges Duby, Pierre Bourdieu u. a. Das Collège vergibt keine Grade, wie auch die

Mitglieder ungeachtet akademischer Titel und Grade kooptiert werden. Die Professoren nehmen keine Examina ab und sind an kein vorgeschriebenes Lehrprogramm gebunden. Die Vorlesungen, in denen in der Regel die Ergebnisse persönlicher Forschungsarbeiten vorgetragen werden, sind für jedermann frei zugänglich.

École pratique des hautes études – Die 1868 gegründete Anstalt wurde zwar in den Räumen der Sorbonne untergebracht, aber durch ihre explizite Forschungsorientierung von Beginn als eine Art Gegenmodell gegen diese konzipiert. Ursprünglich aus vier Abteilungen (*sections*) bestehend – Mathematik; Physik und Chemie; Naturgeschichte und Physiologie; historische und philologische Wissenschaften –, kam 1886, während des »Kulturkampfes« zwischen katholischer Kirche und laizistischer Bewegung, eine fünfte Sektion hinzu: Religionswissenschaften; 1947 dann eine sechste Sektion: Wirtschafts- und Sozialwissenschaften. Nach dem Weggang der sechsten und der Auflösung der beiden ersten Sektionen besteht die EPHE heute nur noch aus drei Sektionen.
Aufgaben der Hochschule sind die Weiterentwicklung der Wissenschaften durch Forschung und die forschungsgeleitete Ausbildung von Forschern.
Ihre Lehrstuhlinhaber (*directeurs d'études*) wie die anderen Lehrkräfte werden kooptiert, wobei keine besonderen akademischen Titel oder Grade vorausgesetzt werden, sondern wissenschaftliche Qualifikation und Forschungsleistungen allein den Ausschlag geben (sollen).
An der EPHE haben unter anderem gelehrt: Marcel Mauss, Alexandre Koyré, Lucien Febvre, Fernand Braudel, Claude Lévi-Strauss, Georges Dumézil; von Emigranten sind zu nennen: Alexandre Kojève, Mircea Eliade, Eric Weil.

École des hautes études en sciences sociales (EHESS) – 1975 hervorgegangen aus der ehemaligen 6. Sektion der EPHE. Aufbau und Funktionsweise der EHESS entspricht weitgehend noch der EPHE.
Entsprechend der Tradition dieser Einrichtung sind Forschung und Lehre wesentlich um einzelne Forscherpersönlichkeiten

(*directeur d'études*) sowie deren Forschungszentren (*centres de recherche*) aufgebaut.

Wie bereits die 6. Sektion, so war die EHESS lange Zeit von der sogenannten *nouvelle histoire*, deren Publikationsorgan, der Zeitschrift *Annales* und den Wissenschaftlern in ihrem näheren oder weiteren Umkreis dominiert (Fernand Braudel, Lucien Febvre, Georges Duby, Emmanuel Le Roy Ladurie, François Furet usw.). Doch von Beginn an wurden auch Vertreter anderer Geistes- und Sozialwissenschaften kooptiert. An der EHESS lehrten oder lehren weiterhin u. a.: Raymond Aron, Roland Barthes, Pierre Bourdieu, Jacques Derrida, Louis Dumont, Serge Moscovici, Alain Touraine…

Maison des Sciences de l'Homme (MSH) – Die Stiftung MSH, seit 1970 im gleichnamigen Gebäude untergebracht, wurde 1963 auf Betreiben von Fernand Braudel gegründet, der sie auch bis zu seinem Tode im Jahre 1985 leitete. Sein Nachfolger wurde Clemens Heller. Die MSH war von Anbeginn als eine Drehscheibe vielfältigster wissenschaftlicher Aktivitäten, Orientierungen und Disziplinen konzipiert und hat – nicht zuletzt dank ihrer offensiven Politik der internationalen wissenschaftlichen Zusammenarbeit – wesentlich zur Öffnung der französischen Humanwissenschaften gegenüber Entwicklungen im Ausland und zur nationalen wie internationalen Durchsetzung innovativer Forschungsansätze beigetragen.

Andere Nationale Forschungsinstitutionen

Centre national de la recherche scientifique (CNRS) – 1939 gegründete staatliche Forschungs- und Forschungsförderungseinrichtung (vergleichbar der Deutschen Forschungsgemeinschaft *und* der Max-Planck-Gesellschaft). Neben eigenen Forschungseinheiten (Laboratorien und Gruppen) unterstützt der CNRS auch Forschungsaktivitäten anderer Institutionen, darunter wesentlich auch der Universitäten.

Der CNRS gliedert sich in sieben Abteilungen, einschließlich einer human- und sozialwissenschaftlichen. Sein Forschungspersonal (ca. 10 000) bestand bis vor kurzem aus Kategorien analog zum Lehrkörper der Universitäten, also aus Mitarbeitern auf Zeit (*attachés de recherche*) und festangestellten Forschern (*chargés de recherche, maîtres de recherche* und an der Spitze einen *directeur de recherche*).

Bernd Schwibs

Personenregister

(bezieht sich ausschließlich auf den Textteil)

Michel Foucault
im Suhrkamp Verlag

44/1/5.91

Philosophie
in den suhrkamp taschenbüchern

257/1/7.93

Philosophie
in den suhrkamp taschenbüchern

Lenk, Hans: Kritik der kleinen Vernunft. Einführung in die jokologische
   Philosophie. st 1771
Russell, Bertrand: Eroberung des Glücks. Neue Wege zu einer besseren
   Lebensgestaltung. Autorisierte Übersetzung von Magda Kahn. st 389
Sloterdijk, Peter: Der Zauberbaum. Die Entstehung der Psychoanalyse
   im Jahr 1785. Ein epischer Versuch zur Philosophie der Psychologie.
   st 1445
Sternberger, Dolf: Über den Tod. st 719
Weischedel, Wilhelm: Skeptische Ethik. st 635

257/2/7.93

Soziologie, Ethnologie, Politik
in den suhrkamp taschenbüchern

Adorno, Theodor W.: Studien zum autoritären Charakter. Aus dem Amerikanischen von Milli Weinbrenner. Vorrede von Ludwig von Friedeburg. st 107

Alsheimer, Georg W.: Eine Reise nach Vietnam. st 628

Beck, Ulrich: Politik in der Risikogesellschaft. Essays und Analysen. Mit Beiträgen von Oskar Lafontaine, Claus Offe, Joschka Fischer, Erhard Eppler u.a. st 1831

– Das ganz normale Chaos der Liebe. st 1725

Broch, Hermann: Massenwahntheorie. Beiträge zu einer Psychologie der Politik. st 502

Duerr, Hans Peter: Sedna oder die Liebe zum Leben. st 1710

Elias, Norbert / John L. Scotson: Etablierte und Außenseiter. Aus dem Englischen von Michael Schröter. st 1882

Eschenburg, Theodor: Über Autorität. st 178

Fanon, Frantz: Die Verdammten dieser Erde. Vorwort von Jean-Paul Sartre. Deutsch von Traugott König. st 668

Gauland, Alexander: Gemeine und Lords. Porträt einer politischen Klasse. st 1650

Grimm, Dieter: Recht und Staat der bürgerlichen Gesellschaft. st 1358

Huch, Ricarda: Michael Bakunin und die Anarchie. st 1493

Kohl, Karl-Heinz: Entzauberter Blick. Das Bild vom Guten Wilden und die Erfahrung der Zivilisatoren. st 1272

Konrád, György / Iván Szelényi: Die Intelligenz auf dem Weg zur Klassenmacht. Übersetzt von Hans-Henning Paetzke. st 726

Korte, Hermann: Eine Gesellschaft im Aufbruch. Die Bundesrepublik in den sechziger Jahren. st 1471

– Über Norbert Elias. Das Werden eines Menschenwissenschaftlers. st 1558

Kracauer, Siegfried: Die Angestellten. Aus dem neuesten Deutschland. Mit einer Rezension von Walter Benjamin. st 13

Mayer, Hans: Außenseiter. st 736

Mitscherlich, Alexander: Thesen zur Stadt der Zukunft. st 10

Moser, Tilmann: Jugendkriminalität und Gesellschaftsstrukturen. Zum Verhältnis von soziologischen, psychologischen und psychoanalytischen Theorien. st 1472

Nachtigall, Horst: Völkerkunde. st 184

Rossanda, Rossana: Einmischung. Gespräche mit Frauen über ihr Verhältnis zu Politik, Freiheit, Gleichheit, Brüderlichkeit, Demokratie, Faschismus, Widerstand, Staat, Partei, Revolution, Feminismus. Aus dem Italienischen übersetzt von Maja Pflug, Andrea Spingler und Burkhart Kroeber. st 921

Soziologie, Ethnologie, Politik
in den suhrkamp taschenbüchern

258/2/4.92

Kunst und Musik
in den suhrkamp taschenbüchern

Barthes, Roland: Die helle Kammer. Bemerkungen zur Photographie. Übersetzt von Dietrich Leube. st 1642

Elias, Norbert: Mozart. Zur Soziologie eines Genies. Herausgegeben von Michael Schröter. st 2198

Hart Nibbrig, Christiaan L.: Spiegelschrift. Spekulationen über Malerei und Literatur. Mit Abbildungen. st 1464

Hesse, Hermann: Musik. Betrachtungen, Gedichte, Rezensionen und Briefe. Mit einem Essay von Hermann Kasack. Eine Dokumentation. Ausgewählt und zusammengestellt von Volker Michels. st 1217

Hildesheimer, Wolfgang: Mozart. st 598

Kiefer, Anselm: Über Räume und Völker. Ein Gespräch mit Anselm Kiefer. Mit einem Nachwort von Klaus Gallwitz. st 1805

Kraus, Karl: Theater der Dichtung. Jacques Offenbach. Herausgegeben von Christian Wagenknecht. st 1323

Mayer, Hans: Richard Wagner in Bayreuth. 1876–1978. st 480

Paz, Octavio: Nackte Erscheinung. Das Werk von Marcel Duchamp. Aus dem Spanischen von Rudolf Wittkopf. st 1833

Piper, Ernst: Nationalsozialistische Kunstpolitik. Ernst Barlach und die »entartete Kunst«. Eine Dokumentation. st 1458